# SOZIALE ORDNUNGEN
## IM SELBSTVERSTÄNDNIS DES MITTELALTERS

# MISCELLANEA MEDIAEVALIA

VERÖFFENTLICHUNGEN DES THOMAS-INSTITUTS
DER UNIVERSITÄT ZU KÖLN

HERAUSGEGEBEN VON ALBERT ZIMMERMANN

BAND 12/1

SOZIALE ORDNUNGEN
IM SELBSTVERSTÄNDNIS DES MITTELALTERS

WALTER DE GRUYTER · BERLIN · NEW YORK
1979

# SOZIALE ORDNUNGEN IM SELBSTVERSTÄNDNIS DES MITTELALTERS

1. Halbband

HERAUSGEGEBEN VON ALBERT ZIMMERMANN
FÜR DEN DRUCK BESORGT VON GUDRUN VUILLEMIN-DIEM

WALTER DE GRUYTER · BERLIN · NEW YORK
1979

*CIP-Kurztitelaufnahme der Deutschen Bibliothek*

**Soziale Ordnungen im Selbstverständnis des Mittelalters** / hrsg.
von Albert Zimmermann. Für d. Dr. besorgt von Gudrun
Vuillemin-Diem. — Berlin, New York : de Gruyter.
NE: Zimmermann, Albert [Hrsg.]
Halbbd. 1. — 1979.
  (Miscellanea mediaevalia ; Bd. 12)
  ISBN 3-11-008027-3

# VORWORT

Die Frage nach Herkunft, Sinngehalt und Aussagekraft der Kategorien, mit denen in den Quellen die soziale Wirklichkeit beschrieben und gedeutet wird, ist jedem Historiker, gleich welcher Fachrichtung, vertraut. Für die Mediävisten hat diese Frage besonderes Gewicht. Die mittelalterlichen Autoren – Theologen und Philosophen, Poeten und bildende Künstler, Juristen wie auch Chronisten – verwenden bei ihren Deutungen der sozialen und politischen Ordnung ihrer Zeit durchweg kanonisierte Begriffe, welche den Interpretationshorizont der aktuellen Erfahrung bilden. Diese stammen jedoch aus anderen geschichtlichen Räumen und Zeiten: aus dem Judentum, aus der griechischen Polis oder aus dem römischen Reich. Passen sie überhaupt auf die veränderte Wirklichkeit? Welche normative, kritische oder rechtfertigende Funktion hat die Wahl einer bestimmten Begrifflichkeit?

Diese Fragen bildeten den Themenkreis der einundzwanzigsten Kölner Mediävistentagung, die vom 6.–9. September 1978 vom Thomas-Institut der Universität zu Köln veranstaltet wurde. Mittelalterforscher aller Disziplinen haben in Vorträgen und Diskussionen die Problemstellung erörtert. Ihre Referate und schriftlichen Beiträge sind in dem vorliegenden 12. Band der Miscellanea Mediaevalia vereinigt. Das Interesse und die aktive Beteiligung an der Thematik waren diesmal so groß, daß die Anzahl der Beiträge den bisher üblichen Rahmen überstieg und wir aus editorischen Gründen gezwungen waren, den Band in zwei Halbbände aufzuteilen. Beide Teile bilden jedoch eine systematische Einheit; die Seiten werden durchgezählt, das Register zum Gesamtband befindet sich am Ende des 2. Halbbandes.

Für die geistige und organisatorische Vorbereitung der Tagung habe ich in allererster Linie Herrn Privatdozent Dr. Klaus Jacobi zu danken. Mein Dank gilt auch allen anderen Mitarbeitern des Thomas-Instituts. Den Druck des Bandes besorgte Frau Dr. Gudrun Vuillemin, das Register wurde von Herrn Hermann Hastenteufel erstellt.

Für die finanzielle Unterstützung, die es uns ermöglicht hat, die Tradition der Kölner Mediävistentagungen zu erhalten und fortzusetzen, möchte ich dem Herrn Minister für Wissenschaft und Forschung des Landes Nordrhein-Westfalen und der Deutschen Forschungsgemeinschaft meinen besonderen Dank aussprechen.

Dem Verlag de Gruyter, der den umfangreichen Band aufgenommen und in bewährter Zusammenarbeit betreut hat, sage ich ebenfalls meinen aufrichtigen Dank.

Köln, im Juni 1979                                        Albert Zimmermann

# INHALTSVERZEICHNIS

## (1. Halbband)

# INHALTSVERZEICHNIS

## (2. Halbband)

# CONCEPTIONS OF HIERARCHY BEFORE THE THIRTEENTH CENTURY

by D. E. LUSCOMBE (University of Sheffield)

This paper does not pretend to offer a general discussion of conceptions of orders and of offices in the early as well as in the high middle ages. It is concerned with conceptions of hierarchy "stricto sensu". The term "hierarchy" stems from Denis the pseudo-Areopagite who in two treatises outlined the three triads of angels who constitute the celestial hierarchy and who provide the model for the proportional distinction of functions in nine orders in the ecclesiastical hierarchy[1]. Denis' presentation of the hierarchies provided many medieval writers with the encouragement to justify the orders and grades which they found or which they wished to find in their own society. Père Congar, in a famous paper which he published in the *Archives d'histoire doctrinale et littéraire du moyen âge* in 1961[2], has shown that the propagandists of the claims of the Mendicant Friars and of the Secular Clergy in the thirteenth century made great use of Denis' treatises on the Celestial and the Ecclesiastical Hierarchy. These writers were of course much concerned with the right relationships between the bishop or priest and the monk or the religious order and many were also concerned to justify the ecclesiastical orders by revealing their resemblance to the structure of the angelic orders, for the church in heaven was the model or exemplar of the church on earth. On all this Professor Dufeil gives an excellent analysis elsewhere in this volume with particular reference to the conception of hierarchy, of "Ierarchia", in the debates that took place in Paris university in the 1250s.

But what was the role played by conceptions of hierarchy before the thirteenth century? Who had earlier used Denis' writings in support of the distinction of orders and offices in society? How important had Denis been in the development of ideas of authority, both spiritual and temporal? Obviously, the importance of Denis to writers who were concerned to examine the categories of rulership and of responsibility was much less in the earlier centuries than it became to the contemporaries of Robert Grosseteste and Saint Bonaventure. To take just one example, the

---

[1] Cf. J. Stiglmayer, *Über die Termini Hierarch und Hierarchie,* "Zeitschrift für Katholische Theologie" 22 (1898) pp. 180–2.

[2] Y. M. J. Congar, *Aspects ecclésiologiques de la querelle entre mendiants et séculiers dans la seconde moitié du XIIIe siècle et le début du XIVe siècle,* "Archives d'histoire doctrinale et littéraire du moyen âge" 36ème année (1961) pp. 35–151.

*Liber de diversis ordinibus et professionibus qui sunt in Aecclesia* which
was written between 1121 and 1161 and which was edited a few years ago
by Professor Giles Constable and by B. Smith (Oxford, 1972), does not
show any interest in the teaching of Denis on hierarchy even though the
author was concerned to justify the compatibility of a diversity of orders
with unity in the church and to describe the spiritual tendencies within
each of the various religious orders. Polemical literature about the orders
and dignities in spiritual and in temporal society is of course very extensive
before the thirteenth century and there are many other examples of
writings which make no appeal whatsoever to Denis. Nonetheless,
sometimes Denis does appear and I want to examine some occasions where
he does so and to try to draw some conclusions from those particular
examples.

Denis' writings were first translated into Latin by Hilduin of Saint-
Denis by the year 835. John the Scot — Eriugena — produced two
revisions of this translation before 866. Long before this, however, Pope
Gregory the Great had summarized Denis' exposition of the celestial
hierarchy. In Book II, Homily 34, on the Gospels, Gregory described the
nine choirs of angels in the supernal city; he explained that the destiny of
men was to join the angels in heaven by forming a tenth choir[3]. Gregory
described the mission of the angels to men more concretely and more
realistically than Denis for whom hierarchy was perhaps a more
intellectual conception. In the Carolingian age, Denis' writings, being
translated into Latin, found several keen students. One of these who was
also much impressed by Gregory the Great's teaching on angels, was
Hincmar, the archbishop of Rheims from 845 to 882.

Hincmar had been taught by Hilduin when a boy in the monastery of
Saint-Denis from 813 at the earliest and he was a fellow monk with
Hilduin during the period before 835 when Hilduin translated Denis'
writings. Many years later, in the course of controversy with his nephew,
Hincmar the bishop of Laon, Hincmar archbishop of Rheims produced
his *Opusculum LV capitulorum*; in it he included a colourful and powerful
statement about the duty of lesser priests to obey their superiors[4]. This
passage was inspired by Denis' *Celestial Hierarchy* as well as by Gregory
the Great. Hincmar here describes the church as a single divine institution
consisting of both angels and men. Both angelic society in heaven and the
church of men on earth are divided into different orders or paternities.

---

[3] J. P. Migne, *Patrologia latina*, vol. 76, cols. 1246–1259, here 1249–55. Cf. Gregory
the Great, *Moralia in Job*, 33, 48 (PL. 76, 665).

[4] Cap. XI–XV (PL. 126, 324–34). For a full account of the quarrel between the two
Hincmars see J. Devisse, *Hincmar, Archevêque de Reims, 845–882*, "Travaux d'histoire
ethico-politique, XXIX. 3 vols, Geneva, 1975–6, vol. II, pp. 738–90. For comment on
Hincmar's statement of the principles of obedience see W. Ullmann, *The Carolingian
Renaissance and the Idea of Kingship*, Methuen, 1969, pp. 114–16.

Inequality is a necessary fact for men as it is for the angels. Angels and archangels and the other ranks, although they have the same nature, are different in their order and in their power. Men are born equal by nature; nonetheless, since the Fall men have been divided by divine judgement in unequal ranks. The specific divisions instituted between men are given in the writings of Gregory the Great who learned them from blessed Denis the Areopagite, the pupil of St. Paul, who wrote two books on the *Angelic* and on the *Ecclesiastical Principatus*. Just as in heaven there are both ministering and assisting angels, so too there are inequalities on earth and not only among the priesthood. Hincmar does not here survey in detail the structure of offices in the church on earth. He is content to impress upon Hincmar of Laon his duty as a bishop to obey his metropolitan archbishop. But the argument of Hincmar of Rheims has a universal frame of reference for Gregory the Great had written that "the universe could not subsist by any other reason than because a great order of difference conserved it".

Hincmar was one of the greatest champions of order and of authority in Carolingian times. His characteristic ideas appear in the legislation of Charles the Bald. In the Capitulary of Pîtres of 862 the fall of the angels is presented as a lesson to those who spread violence and destruction. Man's duty is to regain his place among the angels in heaven. The devil and his followers were expelled from the celestial church because they refused to be the subjects of God and the equals of their fellow-angels. Men too must accept their status as subjects of a power that has been constituted by God and accept that they have peers or coequals in the kingdom of the Franks. Otherwise they will become the subjects of the devil[5]. The divisions of rank between men are divinely instituted; they are an emanation of the divine order. Hincmar therefore found in Denis powerful support for his deep conviction that the structure of authority upon earth was of divine origin and was supported by the heavenly example. Because western, Frankish society was highly stratified and because Carolingian writers differentiated sharply between grades and functions, Denis' writings proved capable of contributing some support to hierocratic theory among the Latins.

Nonetheless Hincmar's appeal to Denis was in a sense a 'false start'. His reputation declined. In the ninth century and later most authors who discussed the origins and functions of the offices in the church were not influenced by Denis. Amalarius' *Liber officialis*, Rabanus Maurus' *De institutione clericorum*, the *Decretals* of pseudo-Isidore, determined the theology of orders for many years to come without drawing upon Denis' treatises or upon his conception of hierarchy. Likewise, when Rabanus

---

[5] "M. G. H. Legum Sectio II. Capitularia Regum Francorum", Tom. II (1897), 304–6. Cf. Ullmann, *The Carolingian Renaissance*, loc. cit.

Maurus summarized teaching on angels in his encyclopedia *De universo*, he drew his material from Gregory and not from Denis.

In view of the widespread appeal to Denis' conceptions of hierarchy in the thirteenth century, it is worth asking why the example of Hincmar in the ninth century is a comparatively isolated one. It is not unique. There is an important letter of Pope Nicholas I, dated September 28, 865, in which the Pope complained to the Byzantine Emperor Michael about the deposition of the Patriarch Ignatius and about his challenge to the primacy of Rome[6]. Pope Nicholas suggested that the Emperor have read to him the Letter that Denis addressed to Demophilus concerning the immunity of a priest from judgement by his inferiors. In the church there should be no confusion of order or status. But examples such as this where Denis is invoked to support authority are very rare at this time.

Part of the reason for this is surely the fact that Hilduin's translation of Denis' writings was little read. It was unreadable[7]. Even John the Scot's version, which was an improvement, was difficult to understand[8]. Moreover, John the Scot who made great use of Denis' theology and who wrote an important commentary upon Denis' *Celestial Hierarchy*[9] suffered eclipse and unpopularity for centuries because he was suspected of error.

An interest in Denis' conceptions of hierarchy seems to have waxed and waned in the tenth and eleventh centuries along with interest in the thought of Eriugena. Anastasius the Librarian had quickly set about correcting John the Scot's translation; there was a healthy stream of copies made of the Anastasian and Eriugenian version[10]. But in the tenth century constructive use of the contents of Denis' writings seems to have ceased almost altogether.

In the eleventh century the men who were attracted by Denis' writings were largely scholars of a mystical and visionary outlook such as Otloh,

---

[6] *Epist. 88*, "M. G. H. Ep. VI", 466 (also printed as *epist. 86* in PL. 119, 939CD).

[7] For a full examination and edition of Hilduin's translation see G. Théry, *Etudes dionysiennes*, 2 vols. "Etudes de philosophie médiévale", XVI, XIX (Paris, 1932, 1937). The translation is also printed (by Dom P. Chevallier) in *Dionysiaca. Recueil donnant l'ensemble des traductions latines des ouvrages attribués au Denys l'Areopage . . . 2 vols.*, Bruges, 1937.

[8] The translation is printed in PL. 122, 1031–1194 and in *Dionysiaca*. On its qualities see G. Théry, *Scot Erigène, traducteur de Denys*, "Bulletin du Cange", VI (1931), pp. 185–278; Théry, *Scot Erigène, introducteur de Denys*, "The New Scholasticism" VII (1933) pp. 91–108; R. Roques, *Traduction ou interprétation? Brèves remarques sur Jean Scot traducteur de Denys*, "The Mind of Eriugena", ed. J. J. O'Meara and L. Bieler, Irish University Press, Dublin 1973, pp. 59–77 (reprinted in R. Roques, *Libres sentiers vers l'érigénisme*, "Lessico intellettuale europeo" IX (Rome 1975), chap. 3).

[9] Ed. J. Barbet, *Iohannis Scoti Eriugenae expositiones in ierarchiam coelestem*. Corpus Christianorum. Continuatio mediaevalis 31, Turnhout 1975. Only one known manuscript copy of this work is older than the mid-twelfth century.

[10] For the Anastasian "corpus" reference must be made to H. F. Dondaine, *Le Corpus Dionysien de l'université de Paris au XIIIe siècle*, Rome 1953, chap. 2.

the monk of Sankt Emmeram, and Gerard, bishop of Csanád in Hungary. Otloh copied Denis' writings; he also laid the foundation of the legend that the body of Saint Denis the Areopagite had been removed from the monastery in Saint-Denis in France to Regensburg. Professor Bischoff has described the little "Renaissance" of Dionisian thought that took place in about 1049 in Regensburg where hierarchic themes and motifs were being used to celebrate the finding of Denis' relics[11]. Othoh's own interest in Denis' writings focussed on Denis' symbolical and sacramental teaching, but in the Gospel Book of Abbess Uta, which may have been produced at Sankt Emmeram (Clm. 13601), there are pictures of Saint Erhard wearing a pallium bearing the words "IHPAPXIA" and in explanation "SACER PRINCIPATUS". There appear also the words: "ORDO SAECULO-RUM: UMBRA LEGIS; CORPUS ECCLESIAE; LUX AETERNAE VITAE" – a clear reference to the three epochs of hierarchy described by Eriugena – the Old Testament, the New Testament and the future age[12]. Gerard of Csanád in his *Deliberatio supra hymnum trium puerorum*[13] also drew upon Eriugena's translation of Denis; he was drawn to Denis' "heavenly wisdom" and to his teaching on angels as virtues and on bishops as perfectors[14]. And he was highly allegorical.

It appears then that interest in Denis' writings in the eleventh century is chiefly found in a few deeply spiritual writers. But in the eleventh century there were also some people who were prepared to appeal to Denis as an authority who should guide discussion of contemporary problems of social and ecclesiastical order.

For example, in 1025 Gerard I, bishop of Cambrai and of Arras, wrote at the synod of Arras: "The King of Kings . . . organizes in distinct orders . . . both the celestial and spiritual republic as well as the terrestrial and temporal . . .. He divides according to a marvellous order the functions of angels and men . . . . It is God who has established the sacred orders on heaven and on earth"[15]. Gerard's chapter on the orders of ecclesiastical government draws upon Gregory the Great and through him upon Denis' two books on the angelic and the ecclesiastical "principatus" and Gerard's clear purpose is to show that the distinction of ecclesiastical orders is an

[11] Cf. B. Bischoff, *Mittelalterliche Studien*, 2 vols, Stuttgart 1967, II, pp. 102 et seq.

[12] Cf. John the Scot (Eriugena), *epistola Valde quidem admiranda*, "M. G. H. Epist. VI", Berlin 1902, pp. 158–161 (also ed. in PL. 122, 1031–6); also, idem, *Commentary on St. John's Gospel*, PL. 122, 300; 308–9.

[13] On Gerard the fundamental study now is by G. Silagi, *Untersuchungen zur Deliberatio supra hymnum trium puerorum*, "Münchener Beiträge zur Mediävistik und Renaissance-Forschungen", 1 (Munich 1967). Silagi is preparing an edition of the work for the "Corpus Christianorum. Continuatio mediaevalis", Turnhout.

[14] Cf. Silagi, op. cit., pp. 29–93 and E. von Ivánka, *Das "Corpus areopagiticum" bei Gerhard von Csanád (†1046)*, "Traditio" XV (1959) pp. 205–22.

[15] *Acta synodi Atrebatensis in Manichaeos*, PL. 142, 1269–1312, here cap. XV, "de ordinibus ecclesiastici regiminis", 1307–9.

extension and a reflection of the angelic hierarchy. At nearly the same
date, another northern bishop also referred to Denis as a guide on the
question of authority. Bishop Adalbero of Laon in his *Carmen ad
Rotbertum regem* described for King Robert the Pious the right order of
human relationships[16]. Adalbero wrote this poem to express his anger over
the anarchy which he believed had been created by ineffective royal
government. The bishop addressed the king as an equal and at one point
the king is represented asking the bishop: "who live in the City of God
and, if there are any princes there, what is their ranking?". The bishop
replied: "Ask Denis called the Areopagite. He has written two books on
the subject. Gregory too has written in the *Moralia* and in other works"[17].
Whether it was written in 1016 as Dom Hourlier has suggested[18] or in the
1020s as Professor Lemarignier prefers[19], the background to the poem is
disagreement between the bishops of France and the abbey of Cluny about
the developing practice of monastic exemption and about the growth of
papal influence in France. Adalbero saw Cluny as a menace to episcopal
and royal rights; the laws of France were being made by Odilo, the abbot
of Cluny and not by the king. So Adalbero reminded King Robert, since
he seemed to have forgotten the fact, that an order had been created by
God. Adalbero was an old man who felt attached to the political structures
of the Carolingian world with its inherited aristocratic prerogatives. He
was a Lorrainer and had been chancellor of King Lothar in 974. He had
gained his bishopric with the help of Lothar and he held it from 977 to
1030; his see lay in the heart of the lands occupied by the Carolingian
"fideles". He clearly wanted Robert to listen to the ministers established
by God and to re-establish the rights of bishops and hence he sought to
impress Robert with an appeal to the authority of Denis who had written
on the *Celestial* and on the *Ecclesiastical Hierarchy*. Denis seemed to
support an ideal of order[20]. Adalbero and Hincmar, therefore, share a
common devotion to Denis as an aid in proclaiming the virtues of
Carolingian methods of rule. But now the Carolingian state was in ruins;
the authority of bishops was consequently impaired, and at the very time
that the Capetian kings were weak a new church order arose.

The polemicists and propagandists who in the eleventh century attacked
simony and emphasised the primacy of Rome were in general oblivious of

---

[16] See G. A. Huckel, *Les poèmes satiriques d'Adalbéron*, "Mélanges d'histoire du Moyen
Age, ed. A. Luchaire (Bibliothèque de la Faculté des Lettres de l'Université de Paris 13),
Paris 1901, pp. 49—184; edition pp. 129—67.

[17] Huckel, *Les poèmes satiriques*, p. 150.

[18] J. Hourlier, *Saint Odilon. Abbé de Cluny*. "Bibliothèque de la Revue d'Histoire
Ecclésiastique", fasc. 40, Louvain 1964, appendix III, pp. 214—16.

[19] J. F. Lemarignier, *Le Gouvernement royal aux premiers temps Capétiens (987—1108)*,
Paris 1965, pp. 78—82.

[20] See further R. T. Coolidge, *Adalbero, Bishop of Laon*, "Studies in Medieval and
Renaissance History" II (1965) pp. 1—114, here pp. 71 et seq.

Denis. Perhaps this was a reflection of unease over the reputation of John the Scot, his translator and commentator. Such unease was strengthened by the eucharistic controversy caused by the teaching of Berengar of Tours. It is well known that Berengar of Tours relied upon a eucharistic treatise by Ratramnus of Corbie which circulated spuriously in the eleventh century under the name of John the Scot and which was condemned at the council of Vercelli in 1050[21]. Moreover, Ivo of Chartres in his *Decretum* reports the text of a letter which was supposed to have been written by Pope Nicholas I to Charles the Bald and which requests that a copy of John the Scot's translation of Denis' works on the *Divine Names* and on the *Celestial Orders* be submitted to the pope for examination since "a persistent rumour" questions the orthodoxy of John the Scot[22]. The letter attributed to Pope Nicholas is a forgery[23], arising perhaps from the eucharistic dispute between Berengar and Lanfranc, but that does not weaken the interest of Ivo's documentation which can only have helped to diminish the good name of John the Scot. Denis' authority perhaps suffered through its association with the suspected teachings of John the Scot. At the same time an extensive, new literature appeared re-examining the orders and grades in the church; some of this writing was directed against traditional or Carolingian defences of the rights of bishops. Hincmar was not one of the heroes of the papal reformers[24] and Denis' writings which did nothing to champion the papacy, empire or kingship clearly needed to be reread in a new light. This was all the more necessary since in the 'Gregorian' age the number of the clerical orders was coming to be fixed at seven, whereas Denis in his *Ecclesiastical Hierarchy* listed nine orders in the church on earth[25].

Nonetheless, Denis was not abandoned. Indeed, fresh approaches slowly began to emerge. One approach, that does not appear to have been followed directly by others, is found in Cardinal Humbert's treatise *Against the Simoniacs*[26]. In the third book of this work Humbert

---

[21] Cf. J. de Montclos, *Lanfranc et Bérenger. La Controverse eucharistique du XIe siècle.* "Spicilegium sacrum lovaniense. Etudes et documents", fasc. 37, Leuven 1971, pp. 49, 53–5, 78. Ratramnus' *De corpore et sanguine Domini* is printed in PL. 121, 125–7.

[22] Ivo of Chartres, *Decretum*, IV, 104 (PL. 161, 289D–90A). The letter (J. L. 2833) is also edited in M. G. H. Epist. VI, 651–2; PL. 119, 1119BC; Pl. 122, 1025–6.

[23] Cf. M. Cappuyns, *Jean Scot Erigène. Sa vie, son œuvre, sa pensée* (Louvain, 1933), pp. 155–7.

[24] On Hincmar's eclipse in the Middle Ages see J. Devisse, *Hincmar, Archevêque de Reims, 845–882.* 3 vols. "Travaux d'histoire ethico-politique" XXIX, Geneva 1975–6, I, pp. 11–13.

[25] Cf. R. E. Reynolds, *Marginalia on a Tenth-Century Text on the Ecclesiastical Officers,* "Law, Church and Society. Essays in Honor of Stephan Kuttner", ed. K. Pennington and R. Somerville, University of Pennsylvania Press 1977, pp. 115–129. The sequence of seven orders that came to be established in the eleventh century was: doorkeeper, lector, exorcist, acolyte, subdeacon, deacon and priest.

[26] Humbert, *Adversus simoniacos*, III, 3, "M. G. H. Libelli de lite", I (1891), p. 201.

described the workings of the Holy Spirit in the making of ecclesiastical appointments. Humbert made reference to St Paul's *Epistle to the Romans*, chapter 12, verses 6–7, where Paul had written of three gifts, those of prophecy, administration and teaching. Humbert related these three gifts to the division of the church in his time into three grades, those of doctors, celibates, and married people, and he adds that these three divisions are a reflection of the distinction of the three persons in the Trinity. He also remarked, with reference to St. Paul's *First Epistle to the Corinthians*, chapter 12, that St. Paul, having now seen the third heaven and the nine orders of the heavenly troops, counts as many gifts of the Spirit as there are orders of angels. And Humbert concluded that in the present church the three orders would be found to be nine if they are considered according to the example of the heavenly host, as the "venerabilis pater Dionisius Areopagita" testifies subtly and sufficiently in his writings on the celestial hierarchy. Humbert is rather vague; he does not list the nine orders in the ecclesiastical hierarchy that correspond to the nine gifts of the Spirit and the nine orders of angels. Probably Denis' two treatises on hierarchy were still regarded by many as an honourable but arcane testimony to the divine origin of human ranks and orders, deserving to be mentioned but too difficult to interpret at length. No author hitherto had felt it necessary to suggest a detailed ordering of ecclesiastical society into nine ranks following Denis' example.

As far as I know, the first writer in the west to describe nine orders of just men and nine offices in the church and to base his enumeration upon the nine orders of angels is Honorius Augustodunensis. Possibly it was through association with Sankt Emmeram in Regensburg that Honorius acquired his enthusiasm for Eriugena's writings[27]. Eriugena offered a grand vision of the "cosmos" that proceeds from and returns to God, and that constitutes a theophany or manifestation of God to creatures. All creation participates in God; resemblances unite creatures. In the church there are nine orders of just men (patriarchs, prophets, apostles, martyrs, confessors, monks, virgins, widows and spouses) and nine ecclesiastical offices (bishops, priests, deacons, subdeacons, acolytes, exorcists, lectors, doorkeepers and laymen) who resemble the nine orders of angels[28].

The Eriugenian revival gathered strength with Hugh of Saint-Victor's *Commentary* on Eriugena's translation of Denis' *Celestial Hierarchy*[29].

---

[27] Honorius' career is a puzzle; J. A. Endres firmly associated Honorius and Regensburg, *Das S. Jacobsportal in Regensburg und Honorius Augustodunensis*, Kempton – Munich 1903; idem, *Honorius Augustodunensis*, Kempton – Munich 1906. Some sort of link is likely. See especially M. T. d'Alverny, *Le cosmos symbolique du XIIe siècle*, "Archives d'histoire doctrinale et littéraire au moyen âge" XX (1953) pp. 31–81.

[28] Honorius Augustodunensis, *Liber duodecim quaestionum*, PL. 172, 1177–86, esp. cap. VIII (1128C).

[29] PL. 175, 923–1154.

Hugh accepts the hierarchical theory that each rank is illuminated and converted, according to its capacity, by a higher rank. And he describes three hierarchies — that of the Trinity which lacks grades and differences; that of angels and that of men. Professor René Roques has taught us to see Hugh as more practical, more moralistic and less intellectual than Denis[30]. He speaks of hierarchy as "principatus" and "potestas": the whole world is ruled by these three powers — the "potestas divinitatis", the "potestas angelica" and the "potestas humana"[31]. He is also aware that a study of angelic natures provides the exemplar of the human hierarchy. He writes that God has made rational creatures participants in his power, instituting sacred magistracies and powers and principalities (*Wisdom*, IX, 2) in heaven among angels and on earth among men, so that his creatures may be ruled[32]. Later copies of the *Commentary* carry a dedication to a secular prince — King Louis VII of France[33] — and Hugh stressed that mankind is ordered and arranged and sanctified by angels[34]. He followed Denis in calling the sacred princes of men (that is, the supreme pontiffs, priests and other ministers of the word of God), angels[35]. But the gifts of spiritual grace and power are imparted "per partes et divisiones et gradus et ordines"[36]. The splendour of creation is fully manifested in its proportions and its variety and the dependence of all upon one is the guarantee of its unity[37]. In his principal work, the *De sacramentis Christianae fidei*, Hugh also dwells upon the principle of hierarchy — the principle, that is, of unity in diversity — but he does not list nine orders in the ecclesiastical hierarchy[38]. Seven was the traditional number of orders in the church, and the foremost ecclesiastical office was that of priest. But each order contains within it various dignities, and within the order of priesthood are included the princes of priests such as bishops, archbishops, primates and the pope[39]. Hugh, in common with other early scholastic thinkers, did not

---

[30] R. Roques, *Structures théologiques. De la gnose à Richard de Saint-Victor. Essais et analyses critiques*, "Bibliothèque de l'Ecole des Hautes Etudes. Section des Sciences religieuses" LXXII, Paris 1962, pp. 294–364.

[31] PL. 175, 931 CD.

[32] PL. 175, 927 C.

[33] Cf. R. Baron, *Hugues de Saint-Victor: Contribution à un nouvel examen de son œuvre*, "Traditio" XV (1959) p. 271; D. Van den Eynde, *Essai sur la succession et la date des écrits de Hugues de Saint-Victor*, Rome 1960, p. 58. F. Chatillon also comments on the different versions of Hugh's Commentary in his *Note sur quelques manuscrits dionysiens, érigéniens et victorins de l'abbaye du Mont Saint-Michel*, "Millénaire monastique du Mont Saint-Michel, II. Vie montoise et rayonnement intellectuel du Mont Saint-Michel", ed. R. Foreville, Paris 1967, pp. 313–20, here pp. 318–19.

[34] PL. 175, 1138 A.

[35] PL. 175, 1108.

[36] PL. 175, 928–9.

[37] PL. 175, 930 AB.

[38] *De sacramentis christianae fidei*, lib. II, pars 2, c. 4 (PL. 176, 418).

[39] *De sacramentis christianae fidei*, lib. II, pars III, c. 5 (PL. 176, 423).

regard bishops as a distinct order of hierarchy, merely as a prop to discipline[40].

With Boto the monk of Prüfening we come back to Regensburg for the third time. Like Otloh before him, he was a visionary and a spiritual writer and he was active until c 1170. He wrote a commentary on Denis' *Hierarchy* though the text has not yet been found[41]. He also wrote in the 1150s a treatise *De domo Dei* which contains reflections on the state of the church in Boto's time[42]. Boto was worried by the spread of novelties, by the presence of discord, by the misappropriation of revenues, by bad appointments, by the disappearance of the ideal of common ownership and of the ideal of equality. He was anxious to extol the fullness of papal power and with it the authority of papal legates. The authority of the pope and his legates is universal; it is superior to that of bishops who all too often interfere with the practices followed in particular monasteries. Boto addressed his *De domo Dei* to the pope and asked him to enforce the law of the whole church, the universal "instituta", in preference to local deviations from the universal norm. He writes in rather general terms. He does not offer concrete examples of his criticisms. But underlying his statements is a knowledge of Denis' writings. It appears, for example, in his comparison between the apostles and the angels; both are "nuntii". It appears also in his argument that the house of God on earth is constructed as the similitude of the heavenly house. The first three of the five books in the *De domo Dei* describes the plan of the house, its development and its discipline. The image of the house of God proceeds from the divine mind; it is implanted in the reason of man and is displayed in the reasonable behaviour of men. Book IV, which proposes the plan of the heavenly house as the model of the earthly house that should be observed in every grade and order in the church, is a summary of Denis' *Celestial Hierarchy*. Boto particularly stresses that the different types of holy men on earth correspond to the different orders of angels. But he is not specific and does not itemize the different grades of men.

---

[40] P. de Alcantara, *Función eclesial del obispo en la escolástica incipiente*, "XXII Semana española de teologia (17—28 Sept. 1962). Teologia del episcopado. Otros estudios", Consejo superior de Investigaciones cientificas. Instituto "Francisco Suarez", Madrid 1963, pp. 217—53, here especially pp. 226—37. I owe this reference to the kindness of M. J. Congar.

[41] P. Lehmann, *Neue Textzeugen des Prüfeninger Liber de viris illustribus (Anonymus Mellicensis)*, "Neues Archiv" 38 (1913) pp. 550—8, here pp. 554—8.

[42] The only edition of the work, but without the prologue, is that of J. A. Brassicanus, *D. Pothonis, Presbyteri Prumiensis, Scriptoris Vetustissimi, De Statu Domus Dei Libri Quinque. Eiusdem, De Magna Domo Sapientiae Liber Unus*, Hagenau 1532. It was republished in "Maxima Bibliotheca Patrum Veterum Lugdunensis", ed. M. La Bigne, 21, Lyons 1677, pp. 489—513. Extracts were printed and discussed by J. A. Endres, *Boto von Prüfening und seine schriftstellerische Tätigkeit*, "Neues Archiv" 30 (1905) pp. 603—46, here pp. 626—33. A. E. Schönbach found the prologue to the work in Graz MS. 1448, *Miscellen aus Grazer Hss*, "Mitteilungen des histor. Vereins für Steiermark" 48 (1900) pp. 95—120 (ed. here pp. 106—8).

The theme that the ranks of the church on earth generally reflect the orders of the spirits in heaven was a favourite one among Cistercian writers of the twelfth century. Pope Eugenius III employed it in a letter to Archbishop Henry of York in 1151 where he outlined the difference between patriarchs and primates, archbishops and metropolitans and bishops[43]. Bernard of Clairvaux in his *De consideratione* also argues: "exemplar habet e caelo"[44]. The ranks of primates, patriarchs, archbishops, bishops, priests or abbots are arranged like the angels from the Seraphim downwards — all under one head[45]. Bernard does not suggest that the pope is the head of the church on earth just as God is the head in heaven. Both orders are instituted by God and *De consideratione* contains a plea to the pope to respect the different degrees of ecclesiastical jurisdiction and not to by-pass any ecclesiastical grade[46]. He argues that the pope should support and maintain the grades and orders of honours and dignities established in the church and should not encourage abbots to seek exemption from the authority of their bishops, for no angel may secure exemption from the higher authority of an archangel. The pope's apostolic power is the highest in the church, but it is not the only power established by God in the church: there are middle and inferior powers[47]. No doubt Bernard knew something of Denis' writings but I do not think that he was much influenced by him[48]. He never uses the term hierarchy. His references to angels seem more likely to have been inspired by Gregory the Great than by Denis, and he does not follow Denis' listing of the offices of the ecclesiastical hierarchy. Nonetheless, Bernard, like many other writers in the twelfth century, although they did not precisely turn to Denis for the principle that hierarchy consists of three groups of three orders, did broadly distinguish authority in the church into three groups — upper, middle and lower groups and this habit of making a distinction of offices into three groups facilitated easy reference to Denis' own more elaborate depiction of the ecclesiastical and heavenly orders.

Alan of Lille († 1203) was prepared to follow Denis directly and to elaborate upon his schemas. He was interested in John the Scot and showed an especial interest in the conception of hierarchy. He defined

---

[43] Ed. W. Holtzmann, *Papsturkunden in England II*. "Abhandlungen Göttingen" 15, Berlin 1936, p. 231, no. 66.

[44] *De consideratione*, III, 4, ed. J. Leclercq and H. M. Rochais, "S. Bernardi Opera" III, Rome 1963, p. 445. Cf. *Exod.* XXV 40; *Apoc.* XXI 2.

[45] *De consideratione*, III, 4 (ed. cit., p. 445).

[46] *De consideratione*, III, 4 (ed. cit., p. 442).

[47] "Non ergo tua sola potestas a Domino; sunt et mediocres, sunt et inferiores", *De consideratione*, III, 4 (ed. cit., p. 444).

[48] This question has been carefully discussed by E. Boissard, *La doctrine des anges chez S. Bernard*, "Saint Bernard théologien" (Analecta Sacri Ordinis Cisterciensis IX), 1953, pp. 114–35; *Saint Bernard et le Pseudo-Aréopagite*, "Recherches de théologie ancienne et médiévale" XXVI (1959) pp. 214–63.

hierarchy as lordship — as "legitimum nature rationalis dominium"; he distinguished three grades of hierarchy — supercelestial, celestial and subcelestial — and he distinguished the three principal ranks of the angelic hierarchy or theophany by the very confusing terms epiphany, hyper-phany and hypophany, each of which includes three orders of angels[49]. Alan embodied these definitions in a work which he wrote and to which he gave the title *Hierarchia*; it has been edited by Mlle d'Alverny[50]. His *Summa 'Quoniam Homines'*[51] and his *Expositio* of the tenth century *Prosa de angelis*[52] also expound this doctrine of hierarchy. He liked to cite Denis in Scot's translation. He also liked Gregory the Great's teaching about man being destined to join the angels in the heavenly republic. Man had in fact been created from the different grades of the heavenly citizens, not only to fill the gap left by the fall of the bad angels but in order to ornament the heavenly Jerusalem[53]. Above all, Alan watered down the highly elevated thought of Scot and of Denis by using imagery that was more popular and more easily understandable on the ordinary human level. He describes the specific functions of angels towards men and he also describes in detail the different types of men who will, after receiving appropriate angelic tuition, join the angelic order which most suitably corresponds to their condition. He is much more expansive than Gregory the Great had been in his 34th Homily on the Gospels. He refers to the actual social classes, professions and occupations of men, unlike Gregory who had referred more generally to differing spiritual gifts and "conver-sationes". Alan's world was one of preachers, monks, rulers, masters of the sacred page. It was also faced by nine convents of demons who sought to wrench men away from their angelic guardians. Man was in fact the object of a struggle between three angelic hierarches on the one hand and three demonic anti-hierarchies on the other. Alan's references to the triadic character of hierarchy shows that he has left Gregory the Great and returned to Denis. To each of the three groups in the nine orders of angels corresponds an order of men and an anti-order of demons. The orders of

---

[49] These statements are found in a collection of definitions, supposedly by John the Scot, that were first identified by H. Dondaine, *Cinq citations de Jean Scot chez Simon de Tournai*, "Recherches de théologie ancienne et médiévale", XVII (1950) pp. 303–11 and later attributed cautiously to Alan by M. T. d'Alverny in her most important study, *Alain de Lille. Textes inédits avec une introduction sur sa vie et ses œuvres.* "Etudes de philosophie médiévale" LII, Paris 1965, pp. 94–9. The collection does not survive on its own but only in the writings of others such as Alan who, even if he did not compose it, took it over in several of his writings, especially in the *Hierarchia*, ed. M. T. d'Alverny, *Alain de Lille*, p. 223.

[50] M. T. d'Alverny, *Alain de Lille*, pp. 106–8 ; ed., pp. 223–35.

[51] Ed. P. Glorieux, *La Somme "Quoniam homines" d'Alain de Lille*, "Archives d'histoire doctrinale et littéraire au moyen âge" XXVIII (1953) pp. 112–364, here pp. 283–5. Cf. the Prologue (here pp. 119–20) where Alan extolls Denis' teaching.

[52] M. T. d'Alverny, *Alain de Lille*, pp. 85–106; ed., pp. 194–217.

[53] Alan, *Contra haereticos*, lib. I, cap. 14 (PL. 210, 319 A). Cf. Alan, *Sermo in die sancti Michaelis*, ed. d'Alverny, *Alain de Lille*, pp. 249–51.

the human hierarchy are 1) contemplatives 2) students of Scripture 3) judges 4) & 5) rulers 6) defenders against diabolic temptations 7) miracle workers 8) major preachers 9) lesser preachers and teachers[54]. Obviously Alan could have been a little clearer but he does borrow his imagery from the contemporary world. In two of his Sermons he compares the world to a city in which wise men should rule, soldiers should guard and people should obey. But some of the soldiers are in revolt – a reference to the bad angels under Lucifer – and are attempting to construct a second "castrum" or castle[55]. Moreover, although Alan is rather fanciful in his imagery, he opened a window and showed how Denis' angelic hierarchy could be used as a guide to a new classification of orders in human society on the assumption that the orders in human society are constructed on the angelic model. There is no doubt that Alan's work was of great interest to his contemporaries. In the late twelfth and early thirteenth centuries many writers quoted the definitions of hierarchy or theophany that Alan had given. They served to flavour argument and discussion for more than one generation[56]. For example, at one of the general chapters of the Cistercian order, Garnier of Rochfort, a disciple of Gilbert of Poitiers and a Cistercian abbot, preached a sermon which outlined the resemblances between terrestrial dignities and the orders of angels according to which they are constituted[57]. All who act on earth in the spirit of God are his angels and they reproduce on earth the characteristics of the heavenly theophany described by John the Scot. They may be divided into orders such as those of priors, abbots, bishops and popes. The members of the Cistercian general chapter participate in the work of the heavenly theo-

---

[54] For the detailed listing of the hierarchies of angels, man and demons see Alan's *Hierarchia*, ed. d'Alverny, *Alain de Lille*, pp. 229–35; *Expositio Prosae de angelis*, ibid., pp. 206–10; *Sermo in die sancti Michaelis*, ibid., pp. 249–51. Also Alan's *Summa "Quoniam homines"*, ed. Glorieux, op. cit., pp. 283–5 and his *Anticlaudianus*, lib. V, ll. 373–442, ed. R. Bossuat, *Alain de Lille. Anticlaudianus. Texte critique avec une introduction et des tables*, "Textes philosophiques du moyen âge" I, Paris 1955, pp. 135–6.

[55] Sermon on Palm Sunday, ed. M. T. d'Alverny, *Alain de Lille*, pp. 246–7 (cf. pp. 141–2); Sermon on the feast of the Annunciation, PL. 210, 200–3.

[56] For references cf. Dondaine *Cinq citations*; d'Alverny, *Alain de Lille*, pp. 94, 97, 98–9. Also, Alexander of Hales, *Glossa in quatuor libros Sententiarum Petri Lombardi . . . studio et cura PP. Collegii S. Bonaventurae II, In Librum Secundum*, "Bibliotheca Franciscana Scholastica Medii Aevi" XIII, Quaracchi 1952, dist. IX, pp. 83 et seq (written c 1223–7); anon., *De hierarchia caelesti et angelica tractatus*, Basel MS, University Library, B. X. 26, ff. 101–5.

[57] *Sermo XXXV* (PL. 205, 793–8). Cf. also Garnier's Epiphany Sermon, IX (PL. 205, 631–2); also *Sermo XXIII* (PL. 205, 730). C. Bäumker, *Contra Amaurianos. Ein anonymer, wahrscheinlich dem Guarnerius von Rochefort zugehöriger Traktat gegen die Amalrikaner aus dem Anfang des XIII. Jahrhunderts*, "Beiträge zur Geschichte der Philosophie des Mittelalters", XXIV. 5/6, Münster i.W. 1926, pp. XXXII et seq, XLI et seq, published extracts from Garnier's *Ysagoge Theophaniarum Symbolice*. This also makes use of the definitions of hierarchy; see N. M. Häring, *John Scottus in Twelfth-Century Angelology*, "The Mind of Eriugena", ed. J. J. O'Meara and L. Bieler, Dublin 1973, pp. 158–69.

phany by judging justly, and by struggling against difficulties, but when they succumb to cupidity or disobey their prelates, they unite with the fallen orders of angels.

So, at the turn of the thirteenth century the term hierarchy was being commonly applied to men in the religious life. Godfrey of Poitiers in his *Summa* written between c. 1212–15 defines hierarchy as "gerarchia religiosorum hominum qui sub celestis dicitur"[58].

However, with William of Auvergne the idea of hierarchy was extended to include fully men in secular life. Denis became "politicized"[59]. William's "magnum opus", the *Magisterium divinale sive sapientiale* which was written from c 1223, is a vast survey of knowledge embracing the Trinity, the universe of spirits and men, of planets, stars and elements, as well as of the realms of faith, laws, sacraments, virtues and vices[60]. William was an enthusiast. He loved the beauty and the magnificence of the universe. In the second of the seven treatises of which the *Magisterium divinale* is composed and which was written between 1231 and 1236[61] he described the 'universe of creatures'. He wrote of heaven in terms of a kingdom which enjoys peace but which nonetheless has many varied orders of ministers; these are set over all the nations of men[62]. William tells us that in his youth he had had the idea of comparing the ranks of angels with those of the well-ordered earthly kingdom[63]. He was apparently much influenced by Alan's schema of nine orders in heaven, on earth and in hell[64]. But unlike Alan of Lille and his followers, William compares the nine angelic orders not only with the "clerus", but also with the offices found in the temporal kingdom. And he treats the church as if it too were a well-ordered kingdom following the model of secular as well as of celestial monarchy[65]. He insists that the offices of state in the earthly kingdom are not merely casual resemblances of the heavenly order; they

---

[58] Paris, Bibliothèque nationale, MS latin 3143, f. 18ra.

[59] The fundamental and pioneering study of politicized angelology refers especially to William of Auvergne, B. Vallentin, *Der Engelstaat. Zur mittelalterlichen Anschauung von Staate (bis auf Thomas von Aquino)*, "Grundrisse und Bausteine zur Staats- und zur Geschichtslehre zusammengetragen zu den Ehren Gustav Schmollers", by K. Breysig, F. Wolters, B. Vallentin and F. Andreae, Berlin 1908, pp. 41–120.

[60] I have used the Venetian edition of William's works, *Guilielmi Alverni episcopi Parisiensis . . . Opera omnia . . . per Ioannem Dominicum Traianum Neapolitanum*, Venice 1591.

[61] Cf. J. Kramp, *Des Wilhelm von Auvergne "Magisterium divinale"*, "Gregorianum" II (1921), pp. 42–103.

[62] *De universo*, II, ii, c. 109–111 (pp. 904–7).

[63] *De universo*, II, ii, c. 112 (p. 908).

[64] Of this Vallentin (cit. supra) was unaware. See M. T. d'Alverny, *Alain de Lille*, p. 108.

[65] Cf. on this Y. M. J. Congar, *Aspects ecclésiologiques de la querelle entre mendiants et séculiers dans la seconde moitié du XIIIe siècle et le début du XIVe*, "Archives d'histoire doctrinale et littéraire au moyen âge", 28 (1961) pp. 35–151, here pp. 118–19.

are actually modelled upon heavenly order, for the orders in heaven are "exemplares". Thus for William the City of the Angels becomes the model to be followed by human society.

Although William does not name Denis he clearly refers to him as the "sanctus ac sapiens vir" who had learned from his master (Paul) the names and the orders of the angelic "militiae". At times William comes close to writing a commentary on Denis' *Celestial Hierarchy* and he is especially concerned in his *De universo* with the relationship between variety and unity. Order presupposes variety. Many varieties and orders of monks are fused into a single monastic order; the order of clerics covers both secular and regular clergy; the orders of nobility include "illustres", "spectabiles" and "clarissimi"; the order of "milites" contains centurions, decurions, quaternions, dukes, marquises, counts and constables. William passes with ease from discussion of the "tractatus de sacratissimis hierarchiis" – that is, Denis' *Celestial Hierarchy* – to discussion of the elaborateness of the orders of modern society and to discussion also of the ministrations towards them of angels and demons[66].

The correspondences that William found between the nine orders in heavenly, ecclesiastical, secular and demonic society were very detailed[67]. The secular hierarchy is presented in antique Roman terms such as centurion and "dux legionum" but it bears the traces of modern development. For example, William argues that the officials of a royal household should not exercise governmental office in a kingdom in which a philosopher sits on the throne. It is well known that in royal households in the middle ages, in England and France, for example, the holders of ordinary household offices were often a king's closest advisers but William expressly excludes from the position of "proximi" to the king the whole array of chefs and cellarers, chamberlains and treasurers. Instead, in the highest ranks of the secular or royal hierarchy William placed the men who frame the laws and the judges who put a stop to legal disputes. Magnates and barons come below these professional bureaucrats and in this William reflects well the development of royal government in France from the stage when the king relied upon a small household government to the stage in the thirteenth century when the king recruited professional lawyers or "maîtres" to the court. From at least 1229 William had an intimate knowledge of the royal court[68].

Also remarkable is William's description of the ecclesiastical hierarchy. Alan and his followers had attempted to show how the qualities found in the angelic theophany may appear also among the "viri religiosi". William does the same but when he thinks of the grades and dignities which fulfil

---

[66] *De universo*, II, ii, c. 151–2 (pp. 942–5); c. 157–62 (pp. 949–54).

[67] *De universo*, II, ii, c. 112–20 (pp. 907–14); II, iii, c. 10 (p. 976).

[68] Cf. N. Valois, *Guillaume d'Auvergne, évêque de Paris (1228–49), sa vie et ses ouvrages*, Paris 1880, p. 145.

angelic functions in the church he does so from a more administrative or institutional point of view than Alan. He is clearly a spokesman of the secular, as distinct from the regular, clergy. His ecclesiastical hierarchy consists exclusively of the "clerus"[69]. The religious orders are completely omitted from it. So is the laity or the faithful. This priestly hierarchy ranges from Cardinals at the top serving the pope down to ordinary priests who form the lowest grade. The fact that the three top orders of this priestly hierarchy are filled by different types of Cardinals indicates how important papal monarchy and the papal curia were in William's mind. The fact also that the remaining six ranks of William's priestly hierarchy run down from the grades of patriarchs, archbishops and bishops to those of archdeacons, archpriests and priests makes it clear that William shared the general view of many clerics after the fourth Lateran council that the church is an ordered, pyramidical structure containing at the top a busy papal curia which exercises central direction and then, moving downwards, consisting of provinces, then of dioceses and finally of parishes at the bottom. This was perhaps a natural outlook for a prominent diocesan bishop of the 1230s, especially one who had owed his own nomination as bishop of Paris in 1228 to Pope Gregory IX and who was frequently employed by the Roman curia as a papal judge-delegate[70].

William even portrays heaven as a throbbing "curia" busy with the tasks of government and with law suits. Heaven is a consistory, a tribunal of justice to which accusations may be brought to be considered by judges and by defendants. Christ appears as the public advocate of the human race, just as in an earthly republic advocates are appointed by the prince to assist litigants and to remedy the mistakes of government. Christ is frequently called 'the legislator of the Christians'[71]. Many legal decisions regarding the human race are made in heaven by the Thrones. The distinction between Archangels and Angels suggests to William the practises of royal courts which do not, for example, send out a Duke merely to hang a worthless thief. It also puts him in mind of the cities of Italy which send out messengers or "ambassatores" of greater or lesser distinction according to the importance of the mission[72].

William's survey of offices does not, of course, do full justice to all the features of government in the church or in France. But it does illustrate some lines of development being taken by royal and papal administration in the early decades of the thirteenth century. No one hitherto had used

---

[69] Cf. Y. Congar, *Aspects ecclésiologiques*, p. 119.

[70] N. Valois, *Guillaume d'Auvergne*, "pièces justificatives", e.g. II, III, XXXVI, XXXVIII, XLII, LIV, etc.

[71] *De universo*, II, ii, c. 156, 157, 160 (pp. 948, 950, 952).

[72] *De universo*, II, ii, c. 138 (p. 929). On the novelty and Italian origins of the term "ambassador" see D. E. Queller, *The Office of the Ambassador in the Middle Ages*, Princeton 1967, pp. 3–5, 60–4.

Denis' hierarchies as a model for such detailed analogies and the fact that William was prepared to try to describe contemporary government by reference to Denis' hierarchies suggests that structures of government and administration were becoming complex to the point where they needed to be classified systematically. No doubt one of William's aims in defining the ranks and grades of offices in both church and state was that of persuading his contemporaries of the virtues of the order he described and of its dependence on the heavenly order. However, William nowhere in the *De universo* demonstrates that the secular hierarchy is subordinate to the ecclesiastical. He was "staatsfreundlich"[73] and he wanted to persuade the holders of secular office that their tasks are dignified because they are a direct reflection of the work of the heavenly court and of the purposes of the creator. Many historians have emphasised that the thirteenth century saw the replacement of an Augustinian view of human authority as rooted in sin by an Aristotelian view of the rationality and naturalness of political authority. William does not here base his friendliness towards the state upon Aristotle. His justification of political authority and of centralized government owes more to the hierarchies of Denis. Denis had not himself described a secular hierarchy but it was always possible in the Middle Ages to use Denis' conceptions of hierarchy as a guide to the workings of secular government and William fully saw and exploited the opportunity. In this way therefore Denis' treatises emerge as key texts in the elaboration of medieval attitudes to authority.

In conclusion one or two remarks are necessary to set the development I have described in context. Firstly, there was in the twelfth century a developing fashion for making lists, for producing classifications, of all kinds. The lists of orders provided by Denis were obviously attractive to those who, as it were, thought that understanding consisted in classifying the available information. We find similar tendencies and developments among the teachers of rhetoric in the twelfth century. As Professor Constable has recently shown[74], the authors of the "artes dictandi", in order to lay down the forms of address to be observed by the writers of letters, divided people into three broad orders – upper, middle and lower. They differed between themselves as to the types of men who belonged to each of these three orders and they placed differing emphases upon the criteria for membership such as power, office, birth, family connections and so on. They owed nothing to Denis; they could treat bishops and counts or clerics and soldiers as equals; they did not use the term hierarchy; the distinctions they formulated were not uncompromisingly spiritual. But they helped to spread the notion that all society is tripartite,

---

[73] I take the epithet from B. Vallentin, *Der Engelstaat,* p. 66.

[74] G. Constable, *The Structure of Medieval Society According to the Dictatores of the Twelfth Century,* "Law, Church and Society. Essays in Honor of Stephan Kuttner", ed. K. Pennington and R. Somerville, University of Pennsylvania Press 1977, pp. 252–67.

and has at the top men who are "sublimes", "maiores", "summi", "altiores", "superiores", "supremi", "graves" or "excellentes" and at the bottom men who are the opposite — "exiles", "minores", "inferiores", "infimi", "extenuati". The middle consisted of men who were "mediocres" or "medie". The *Ars dictandi Aurelianensis* written at the end of the twelfth century by, perhaps, Ralph of Tours, gives two separate lists for the clergy and for the laity[75]; so did Ludolf of Hildesheim towards the middle of the thirteenth century, and these lists went into considerable detail[76]. This gathering fashion for describing more fully than ever before in the Middle Ages the differing orders in society can only have encouraged readers of Denis by the turn of the thirteenth century to see in his lists material that could be adapted. Thus, by the middle of the thirteenth century, and especially in the course of the quarrel between the Mendicants and the Seculars, very elaborate alternative schemas of the orders in the ecclesiastical hierarchy were prepared, defended and attacked by the different polemicists who referred especially to Denis as the authority on hierarchy[77].

Secondly, the growing interest in the conception of hierarchy was not limited to the preparation of detailed classifications of human society. Obviously anyone can describe a society of orders; it can be done without any knowledge of Denis; it can even be done in a society which does not have the orders that one is describing. But one cannot give a society of orders a strictly hierarchical basis without some understanding of the very difficult treatises composed by Denis, and one cannot make much use of Denis' principle of hierarchy without realizing that it has a very wide application in the macrocosm or in the whole universe. Professor Javelet, in his great work on *Image et ressemblance au douzième siècle de saint Anselme à Alain de Lille*[78], has shown that the representation of the whole universe as an image or similitude, form of figure, sign or symbol of the Creator was an important and widely-supported feature of twelfth-century thought. The Areopagitic corpus of writings played a capital role in supporting the idea that all created phenomena were connected to each other and to the Creator by being harmoniously arranged in vertical series according to their perfection as beings. The masters of the schools — we need not think only of Chartres — promoted an understanding of all creation as a revelation or theophany of God, and in this way Denis, as Père Chenu rightly stressed[79], supported the 'discovery of nature'. Denis,

---

[75] L. Rockinger, *Briefsteller und Formelbücher des elften bis vierzehnten Jahrhunderts*, "Quellen und Erörterungen zur bayerischen und deutschen Geschichte" IX, Munich, 1863, I, pp. 103—14.

[76] Rockinger, *Briefsteller*, I, pp. 360—1.

[77] Congar, *Aspects ecclésiologiques*, pp. 114 et seq.

[78] "Editiones Letonzey et Ané", 1967.

[79] M. D. Chenu, *La Théologie au douzième siècle*, "Etudes de philosophie médiévale" XLV, Paris 1957, e.g. pp. 33—35, 291—3, 304—6.

in effect, encouraged his readers to accept that the "cosmos" is orderly, in spite of its diversity, and that the structures which would be found in it were necessary aspects of its unity and harmony because they are graded in hierarchies which reflect their origin. Père Chenu has compared the enthusiasm of the twelfth-century masters for the 'hierarchical' explanation of the world with the vogue enjoyed in the nineteenth and twentieth centuries for another total hypothesis, namely, Darwin's evolutionary theory[80]. Writers such as Eriugena, Boto and Hugh of Saint-Victor were mystical. So was Denis, and the detailed study of Denis' writings took a great deal of effort that was not really made before the thirteenth century. Nonetheless, Denis' conceptions of hierarchy gained increasing attention before the thirteenth century and they did occasionally colour discussions of the contemporary social and ecclesiastical order before William of Auvergne. By the middle of the thirteenth century these discussions and their reference to hierarchy became much more extensive, for example through the writings and actions of men such as Bonaventure and Grosseteste, Adam Marsh and Albertus Magnus, but there had been a long history earlier of the development of ideas of hierarchy. It was a somewhat patchy development, intermittent and faltering before Alan of Lille, but it deserves to be better known if the thirteenth-century writings are to be set in context.

---

[80] Chenu, *La Théologie au douzième siècle*, pp. 130, 291.

# KLASSEN UND HIERARCHIEN IM JENSEITS

## von Peter Dinzelbacher (Stuttgart)

„And the sea shall give up its dead" — unter diesem Titel schildert der amerikanische Dichter Thornton Wilder in einem seiner „Dreiminuten- spiele", wie die Seelen der Ertrunkenen aus den Wassern der See zum Jüngsten Gericht aufsteigen. Sie bekennen einander, welche Torheiten jede von ihnen in den langen Jahren im Meeresschlamm abgelegt hat: die Liebe, die Eigenliebe, die Eigenart . . . Abgelegt? Wie sie höher und höher steigen, bricht aus jeder Seele ein Schrei hervor, der Schrei ihrer Angst, mit den anderen nach dem Gericht unwiderruflich und unkenntlich zu einer Einheit verschmolzen zu werden. Ihr Gebet lautet: „O God, do not take away my identity!"[1]

Wilder hat hier ein ganz zentrales Element der Selbsterfahrung des „neuzeitlichen Menschen"[2] dargestellt, der sich primär als Individuum begreift, auch den Eschata gegenüber. Dessen Erwartung, wenn er über- haupt ein Drüben glaubt, ist es doch, daß ihm nach seinem Urteilsspruch auch seine ganz persönliche Vergeltung zugemessen werde. Und dies allein nach Maßstäben der Moral, ohne Rücksicht auf Stand und Rang in dieser Welt, nur „secundum opera eius"[3].

Inwieweit sich hier die Vorstellungen des „mittelalterlichen Menschen" von den unseren unterscheiden, ist am unmittelbarsten aus der Visions- literatur zu erfahren, jener Quellengattung, die von Personen stammt, welche selbst die jenseitige Welt betreten hatten und daher aus unmittel- barer Anschauung Zeugnis ablegen konnten[4]. Für die meisten Visionäre des Mittelalters[5] waren ihre Schauungen mit einem unabweisbaren Evi- denzgefühl verbunden; daher sind sie der beste Spiegel dessen, was man weithin über das Leben in der anderen Welt tatsächlich glaubte. Nicht auf

---

[1] *The angel that troubled the waters*, London usw. 1928, pp. 67—71.

[2] Dieser Ausdruck ist natürlich eine grobe Verallgemeinerung. Solange wir aber an „Neuzeit, Mittelalter, Antike" als Epochen festhalten, nehmen wir eo ipso an, es gäbe gewisse, jeder dieser Perioden eigene Konstanten.

[3] Apoc. 18, 6.

[4] Ich formuliere bewußt nicht: „. . . glaubten, betreten zu haben . . ." usw. cf. Erich Heintel, „*Wie es eigentlich gewesen ist*", „Festschr. Theodor Litt", Düsseldorf 1960, pp. 207—230.

[5] cf. Peter Dinzelbacher, *Die Visionen des Mittelalters*, „Zs. f. Religions- u. Geistes- geschichte" 30 (1978) pp. 116—128; id., *Vision und Visionsliteratur im Mittelalter*, Habil.- Schr. Stuttgart 1978 (Druck in Vorbereitung).

eigene Erfahrung gegründete Reflexionen (etwa der Theologen) bleiben hier also außer Betracht.

Im einzelnen ist zu fragen, inwieweit die Seelen im Jenseits alleine vorgestellt werden und inwieweit als Teil irgendeiner Gemeinschaft; wenn Letzteres zutrifft: nach welchen Einteilungskriterien die Seelen zu verschiedenen Klassen[6] vereinigt werden, ob die Zugehörigkeit zu einem irdischen Sozialverband in der anderen Welt von Bedeutung sein kann, und wieweit dort noch den diesseitigen vergleichbare Hierarchien existieren. Das Folgende ist also der Versuch eines Überblicks über die namentlich in der Visionsliteratur anzutreffenden Kategorienbildungen und Strukturierungen.

Wenn die Seele den sterbenden Körper − oftmals unter Flüchen wider ihn[7] − verläßt, um der Prüfung und dem Urteil unterworfen zu werden, dann ist dies auch nach vielen mittelalterlichen Texten ein Schicksal, das ihr ganz alleine zu eigen ist. Mit großer Furcht und Kümmernis beklagt sie da ihr Verlassensein von allen Menschenwesen:

> „Wer bin ich? Wo hin kum ich?
> Ich bin mir selber gar ungelich . . .
> Wo sein mein freünd und mein mâgen?
> Die lassen mich von hinnen varn . . .
> Wo sein meid und auch knecht?
> Wo ist alles dein geslecht?
> Sie haben dein vergessen . . .“[8].

Während das „Besondere Gericht“, dem nun der Tote ausgeliefert wird, auch in den meisten Visionen ein individuelles ist, so werden die Seelen während der darauffolgenden Vergeltung nicht nur bestimmten „receptacula“ in der anderen Welt zugewiesen, sondern gleichzeitig auch bestimmten Gruppen von zu Belohnenden oder zu Bestrafenden (bzw. zu Läuternden) beigesellt. Weder Gerechte noch Sünder bleiben mit Gott oder Teufel alleine.

Wie stellt sich das Mittelalter dieses „iudicium“ und die „remuneratio“ vor?

Daß der Menschensohn bei seiner Wiederkunft die gesamte Menschheit in zwei Gruppen einteilen werde, hat Jesus selbst gelehrt. Wie der Hirt

---

[6] Dieses Wort wird hier synonym zu Gruppe u. ä. gebraucht.

[7] s. die in allen Sprachen in unzähligen Versionen bekannte *Visio Philiberti* = *Visio Fulberti* = *Debat du corps et de l'âme* = *Disputa del alma y el cuerpo* usf.; cf. z. B. Robert W. Ackermann, *The Debate of the Body and the Soul and parochial Christianity*, „Speculum“ 37 (1962) pp. 541−565.

[8] Nürnberger „O Welt“ Gedicht vs. 47ss. (Handschrift v. 1454ss.) ed. Nigel Palmer, *Die Letzten Dinge in Versdichtung und Prosa des späten Mittelalters*, in: Wolfgang Harms, L. Peter Johnson edd., „Deutsche Literatur des späten Mittelalters“, (Hamburger Colloquium 1973) Berlin 1975, pp. 225−239, 233; der „Ubi sunt“-Topos gilt für das ganze Mittelalter, cf., l.c. 235, und Edelgard Dubruck, *The Theme of Death in French Poetry of the Middle Ages and the Renaissance*, The Hague 1964, pp. 45ss.

zwischen Schafen und Böcken scheidet, wird dann geschieden werden zwischen Gerechten, für die das Himmelreich bereitet ist, und Sündern, denen das ewige Feuer bereitet ist[9]. Daß es für diese beiden Scharen auch getrennte Räume, in denen diese Wiedervergeltung statthaben sollte, geben müßte, war dem konkreten Denken der Frühzeit selbstverständlich[10]. Doch als sich die Wiederkunft des Menschensohns nicht ereignete, die Parousie sich verzögerte, wurde die Frage unausweichlich, was denn dann mit den Seelen der Abgeschiedenen bis zum Endgericht geschähe. Als Antwort wurden zwei Konzepte entwickelt: die Lehre vom zwischenzeitlichen Seelenschlaf, der Psychopannychie, die sich jedoch nicht durchsetzen konnte, und die Lehre vom persönlichen Gericht und dem Vollzug seines Urteils unmittelbar nach dem Tode. Letztere wurde ein fester Bestandteil des katholischen Glaubens und damit auch Grundlage für eine Reihe mehr volkstümlicher als theologischer Vorstellungen über das Schicksal der Verstorbenen im Jenseits.

Über die Art dieses besonderen Gerichtes gibt es im Mittelalter nebeneinander verschiedene Konzeptionen. Die Seele kommt vor den Richtstuhl Gottes, es findet eine regelrechte eschatologische Verhandlung statt, mit Anklägern (die Teufel) und Verteidigern (die Engel), die aus dem Buch der guten und bösen Taten zitieren und ganz handgreiflich um die Seele streiten[11], mit Interzessoren (vor allem Maria und von dem jeweiligen Sünder besonders verehrte Heilige) und dem Schiedsspruch[12]. Dabei wägt der hl. Michael die guten und bösen Taten gegeneinander ab. Oft aber greift die himmlische Gnade zu Gunsten des Sünders ein und ein Blutstropfen des Erlösers oder ein dem hl. Laurentius einstmals verehrtes Goldgefäß läßt den richtigen Balken der Seelenwaage in die Höhe schnellen[13]. Dieselbe Funktion der Scheidung erfüllt auch die Totenbrücke zwischen irdischer und jenseitiger Welt bzw. zwischen Straf- und Gnadenorten: leicht überschreiten sie die Gerechten, für diese wird sie nämlich immer breiter, währenddem die Ungerechten von ihr in die Unterwelt hinabstürzen, da sie sich für sie bis zur Dünne eines Haares zusammenzieht[14]. Soweit in kürzestem Resümee verbreitete Konzeptionen des Schicksals der Seele unmittelbar nach dem Tode.

[9] Matth. 25, 31ss.

[10] Die Meinung von der „una communisque custodia" vor dem Endgericht für Gute und Böse (Lactanz u.a., cf. Joseph Bautz, *Die Hölle*, Mainz ²1905, pp. 47s.) spielt im Mittelalter keine Rolle mehr.

[11] z.B. Frederic C. Tubach, *Index Exemplorum* („FF Communications" 204) Helsinki 1969, nr. 232, 1492.

[12] wie Anm. 11, p. 463 s.v. „Judgment, vision of" und nr. 1179, 3493, 5131.

[13] wie Anm. 11, nr. 4180; Leopold Kretzenbacher, *Die Seelenwaage*, Klagenfurt 1958; Baudouin de Gaiffier, *Études critiques d'hagiographie et d'iconologie* („Subsidia Hagiographica" 43) Bruxelles 1967, pp. 246–253.

[14] Peter Dinzelbacher, *Die Jenseitsbrücke im Mittelalter* („Diss. d. Univ. Wien" 104) Wien 1973; id., *Ida von Nijvels Brückenvision*, „Ons Geestelijk Erf" 52 (1978) pp. 179–194.

Nach dem Urteil nun gibt es in der anderen Welt verschiedene Örtlichkeiten, denen die Seele zugewiesen werden kann. Die vollausgebildete Jenseitstopographie des späten Mittelalters nennt diese vier Verbleibsorte der abgeschiedenen Seelen: „quatuor distinguuntur receptacula seu loca animarum post hanc vitam . . . celum empirreum . . . infernus sub terra creditus . . . limbus puerorum . . . purgatorium . . .“[15]. Von diesen Stätten und ihren Bewohnern gibt es eine sehr große Zahl visionärer Beschreibungen; jedoch keineswegs gleichmäßig verteilt: am häufigsten sind wohl die Himmels- und Paradiesesvisionen, dann die aus dem Fegefeuer, das seit Gregor I. und Beda bis hin zu den Fioretti vielleicht am meisten die Phantasie der Gläubigen beschäftigt hat[16], selten und meist nur kurz die Gesichte aus der Hölle – Dante hat dies ausgeglichen –, und schließlich nur vereinzelt die Berichte vom Limbus Puerorum[17]. In der obigen Aufzählung nicht erwähnt, aber von vielen Ekstatikern geschaut und durchwandert ist das irdische Paradies, in dem ebenfalls Seelen die Endzeit erwarten[18].

Über das ganze Mittelalter verstreut findet sich eine Fülle meist kurzer Erscheinungen und Visionen, in denen es nur um das Schicksal einer einzelnen Person geht, die dann in der Glorie, Läuterung oder Verdammnis geschaut wird. Zielgerichtet wie sie sind, geben sie oft keine weitere Beschreibung des Jenseitsraumes und seiner eventuellen Bewohner, so daß hier der Eindruck einer tatsächlich isolierten Vergeltung von Verdienst oder Schuld entsteht.

Hierfür ein Beispiel: Als der Verwalter der Güter des Klosters Helfta gestorben war, erblickte ihn die hl. Gertrud in einem nicht weiter geschilderten Jenseits, wo er zur Läuterung über eine Reihe von Stufen hinansteigen mußte, die seine irdischen Werke bedeuteten. Manche dieser Werke waren so übel, daß er nur mit Zittern und Starren die entsprechenden Stufen betreten konnte[19]. Nach dieser Schilderung erlebt hier also ein Abgeschiedener das Purgatorium gänzlich alleine, auf ein Art büßend, die genau seinen speziellen Sünden entspricht. Ähnliche Visionen, die über das Schicksal eines bestimmten, sei es noch lebenden oder eben verstorbenen Menschen Kunde geben sollten, wurden oftmals geradezu herabgebetet: so ließ etwa ein übelbeleumdeter schottischer Abt einen Mönch zwei Wochen mit den sieben Bußpsalmen um eine auf ihn bezogene Offenbarung beten. Tatsächlich hatte dieser dann eine Vision, in der er

[15] Jacobus de Clusa (= de Jüterbog = de Paradiso † 1465), *Tractatus optimus de animabus exutis a corporibus* c. 2, Lyptzick 1497, sine pag.

[16] cf. zuletzt (zu summarisch) Jacques Le Goff, *La naissance du purgatoire*, „Coll. ‚recherches et documents‘ de la soc.sav. d'alsace“ 25 (1977) pp. 7–10.

[17] cf. Bautz (wie Anm. 10) pp. 127s.; Moltke Moe, *Limbus Puerorum*, „Samlede Skrifter“ III, Oslo 1927, pp. 346–356.

[18] cf. R. R. Grimm, *Paradisus Coelestis, Paradisus Terrestris*, München 1977.

[19] Legatus divinae pietatis 5, 13, Solesmenses Monachi edd., *Revelationes Gertrudianae ac Mechthildianae*, Pictavii, Parisiis 1875, I, pp. 559s.

seinen Herrn hoffnungslos durch eine schreckliche Dornenwüste irren sah,
aus der es kein Entkommen gab[20]. Auch hier entspricht das geschaute Bild
dem Interesse des Visionärs, dem es ja nur um diese Person geht. Ob es an
jenem Strafort noch andere Seelen gibt, berührt ihn nicht. Diese Art von
intentionalen Schauungen sind überhaupt eine gewisse Fortsetzung der aus
Antike und Germanentum bekannten Wahrsageträume, im Christentum
freilich nur mehr selten auf die irdische Zukunft gerichtet, sondern
gewöhnlich auf die in der anderen Welt. In ihnen erfahren wir also nichts
über ein Weiterbestehen irgendwelcher Gemeinschaften. Da es auch unter
den größeren Visionen, die durchaus nicht nur auf eine spezielle Person
konzentriert sind, solche gibt, die nur oder vorwiegend vom Zustand
einzelner Seelen berichten (sei es solcher von Verwandten und Bekannten
des Sehers, sei es solcher von exemplarischen Heiligen oder Sündern),
wobei nichts davon gesagt wird, ob sie allein oder in einer Gruppe
weiterexistieren, müssen wir schließen, daß im Mittelalter die Vorstellung
einer individuellen Vergeltung nicht unbekannt war. Sie ist aber sicherlich
weniger häufig bezeugt, als die Vorstellung, daß die Seele nach dem Tode
nicht allein Lohn und Strafe empfange, sondern dabei mit anderen, in
irgendeiner Hinsicht gleichartigen, Gemeinschaft habe.

Wir werden nun einige der Visionsberichte, die diese Konzeption
bezeugen, daraufhin untersuchen, nach welchen Einteilungsprinzipien die
Seelen zu Gruppen zusammengefaßt werden, wobei wir mit den Sündern
in den Strafstätten beginnen. Oft finden wir, daß dort die gleiche Art der
Schuld zu einer gemeinsamen Bestrafung führt. Eine der ältesten und im
Mittelalter weitestverbreiteten Visionen war die apokryphe *Visio Beati
Pauli Apostoli*. Hier heißt es z. B. von allen Männern und Frauen, „qui
non sperauerunt in deum nec fidem habuerunt in illo"[21], sie seien so eng
in den Abyssus gezwängt, daß einer auf dem anderen kauern muß. Alle
Fastenbrecher müssen zusammen die Qualen des Tantalus erleiden. Kin-
desmörderinnen und Wahrsagerinnen sind an einem besonderen Ort zu
einer Gruppe zusammengefaßt und werden, in brennendes Pech und
Schwefel gekleidet, von Dämonen gepeinigt[22], usf. Andere Versionen
dieser Apokryphe differenzieren noch viel weiter, indem z. B. alle, „qui
con multa ferramenta inuiolauerunt"[23], zusammen leiden, oder diejenigen,
die „cauallo et iumenta et alia quadropedia inuiolauerunt", ect. Es sind
also schon ausgesprochen spezielle Untaten, deretwegen hier Seelen bei
der Vergeltung zu einer Gruppe versammelt werden.

---

[20] Bower's Continuatio zu Johan v. Fordun, Scotichronicon 9, 9ss. ed. Walterus Goodall,
Edinburgh 1759, II, pp. 12—16.
[21] Redaktion I, ed. Theodore Silverstein, *Visio S. Pauli*, London 1935, p. 154.
[22] l.c.
[23] Redaktion VI, ed. cit. p. 217.

Neben dieser Schrift war sicher grundlegend für die mittelalterlichen Vorstellungen das erste lateinische Sammelwerk von Visionen, das vierte Buch der *Dialogi* des hl. Gregor d. Gr. Unter Berufung auf das Herrenwort von den vielen Wohnungen in des Vaters Haus[24] stellt er dort fest, „quod viro [sic!] sive electi seu reprobi, quorum communis causa in opere fuerit, ad loca etiam communia deducuntur". Es gibt in den Himmelsregionen „distinctae [sic!] bonorum ordines, et propter meritorum consortium communiter laetantur", denen zwar eine Seligkeit, aber gleichzeitig auch eine „dispar retributionis qualitas" zukommt. Genau parallel dazu geht es an den Strafstätten zu: „cum pares paribus in tormentis similibus sociant; ut superbi cum superbis, luxoriosi cum luxoriosis, avari cum avaris, fallaces cum fallacibus, invidi cum invidis, infideles cum infidelibus ardeant . . . similes in culpa ad tormenta similia ducuntur . . ."[25]. Die „communis causa in opere", das gleiche Verhalten hier auf Erden, sei es im Guten oder Bösen, führt also im Jenseits dazu, daß die Seelen in einzelne „ordines" zusammengefaßt werden.

Schon in der ersten größeren Jenseitsvision des frühen Mittelalters, der des Barontus von Longorus (678/9) wird obige Stelle bei der Beschreibung der Hölle ausdrücklich zitiert. Die „ordines" und „societates" der Bösen umfassen neben den von Gregor genannten Sündern noch die „periuri cum periuris, homicidi cum homicidis" und die „detractores cum detractoribus"[26].

Diese Vorstellung von den gemäß ihrer Schuld zu einzelnen Klassen zusammengezogenen Seelen wird dann in vielen anderen Berichten von ekstatischen Jenseitsreisen weiter ausdifferenziert. Um mich auf nur noch ein Beispiel zu beschränken: die beliebteste Vision des Mittelalters überhaupt war die *Visio Tnugdali*, die erschütternde Jenseitswanderung, die der irische Ritter Tundal 1149 in dreitägiger Entraffung vollbringen mußte. Von ihr haben wir heute noch mehr als 150 lateinische Manuskripte[27] und mittelalterliche Übersetzungen in sämtlichen Vulgärsprachen, weder Isländisch noch Russisch oder Serbokroatisch ausgeschlossen[28]. Es genügt, hier nur die einzelnen Kapitelüberschriften zu lesen: „De prima pena homicidarum", „De pena insidiatorum et perfidorum", „De valle et pena superborum", „De avaris et pena eorum", „De pena furum et raptorum" etc[29]. Diesen verschiedenen Klassen von Sündern entsprechen verschiedene Straforte, so daß die Zusammenfassung in differente Abtei-

---

[24] Joh. 14,2.

[25] 4, 36 ed. U. Moricca, „Fonti per la storia d'Italia" 57, 1924, p. 284.

[26] c. 17, MG SS rer. Merov. 5, p. 391; cf. für das Paradies c. 10, ed. cit. p. 384.

[27] Richard J. Hayes, *Manuscript Sources for the History of Irish Civilisation*, Boston 1965, IV, pp. 697–701.

[28] Nigel Palmer, *The German and Dutch Translations of the ‚Visio Tundali'*, Diss. Oxford 1975, pp. 1s. (Druck in Deutschland für 1979 angekündigt).

[29] c. 4ss., ed. Albrecht Wagner, *Visio Tnugdali*, Erlangen 1882 pp. 12ss.

lungen durch die räumliche Trennung voneinander unterstrichen wird. Die
Mörder erwartet ein tiefes Tal voll brennender Kohlen, das von einem
glühenden Eisendeckel nach oben abgeriegelt wird, ein anderes ist für die
Hochmütigen vorgesehen, wo sie in einen von Schwefel und mitgeführten
Kadavern stinkenden Fluß stürzen, ein wogender Sumpf voll von grauen-
haften Ungeheuern ist für die Diebe und Räuber bereitet, die die darüber
hinwegführende, mit spitzen Eisennägeln besetzte Brücke nicht zu überschreiten vermögen . . . Das Prinzip der Einteilung nach Sünden ist genau
durchgeführt: die irdische Einteilung von Mann und Frau dagegen, von
Kleriker und Laien hat keine Gültigkeit mehr: „. . . in ipsa verenda
virorum ac mulierum non solum secularium, verum, quod est gravius, . . .
sub religionis habitu conversantium, quam dire intrabant bestie . . .
Nullus sexus, nullus habitus immunis extitit ab his plagis . . .“ heißt es
z. B. über die Bestrafung der Unkeuschen[30]. Solche Visionsberichte haben
dann eine der stofflichen Grundlagen für die „Divina Commedia“ gebildet. Über neun „cerchi“, deren tiefste noch in einzelne „bolge“ und
„zone“ untergliedert sind, steigt man dort zum Erdmittelpunkt durch den
„inferno“, über zwei „balze“ und sieben „cornice“ führt der Weg durch
„antipurgatorio“ und „purgatorio“ zu der Höhe des irdischen Paradieses[31]. Der Vielzahl dieser topographischen Abteilungen entspricht eine
gleich große Zahl verschiedener Gruppen von Sündern; sie ist so groß, daß
Dante etwa innerhalb der Klasse der Verräter fünf Unterklassen unterscheiden kann: vier davon befinden sich in den vier Zonen des neunten
Kreises, die fünfte im Maul Luzifers selbst. Aber dies ist, wie wir sehen
werden, nur eine der von Dante angewandten Gruppierungskategorien.
    Neben diesem Prinzip der Einteilung nach Einzelsünden hat es noch
ein weit einfacheres gegeben, das mit jenem aber kombiniert werden
konnte: es ist die Scheidung von „mali“ und „mali sed non valde“, denen
logischerweise die „boni“ und „boni sed non valde“ gegenüberstehen[32].
Nach einer Andeutung beim hl. Augustinus[33] sind es wieder die Schriften
des hl. Gregor, in denen sich dieser Gedanke vorgeformt findet: die
„electi“ und die „repropi“ zerfallen in zwei Untergruppen, je nach dem,
ob sie gerichtet werden, oder nicht[34]; bei ersteren scheidet er ausdrücklich
diejenigen, die „de perfecta iustitia aliquid minus habuerunt“ und daher
noch nicht ins Himmelreich selbst eingehen, von den „perfecti iusti“, die
sofort „in caelestibus sedibus recipiuntur“[35].

---

[30] c. 9, ed. cit. pp. 24s.
[31] Zur Bedeutung dieser einzelnen Raumelemente cf. die entsprechenden Artikel in der
„Enciclopedia Dantesca“, Roma 1970ss.
[32] cf. Herrad Spilling, *Die Visio Tnugdali*, München 1975, pp. 98ss.
[33] „valde boni – non valde boni – valde mali“ Ench. 29, 110, CC 46, p. 109.
[34] *Mor. in Job* 26, 27 (20)[50], PL 76, 378s.
[35] *Dial.* 4, 26, ed. cit. (wie Anm. 25) pp. 263s.; cf. Honorius v. Augustodunum, PL 172,
281 C.

Dieses entwicklungsfähige Schema sollte besonders in der irischen Kirche Erfolg haben. Ihre Eschatologie erfuhr im 10. Jahrhundert die Änderung, daß man den vielfach bezeugten[36] Glauben an die Möglichkeit, auch aus der Hölle könnten Seelen noch erlöst werden, aufgab, und die bei den Anglosachsen und auf dem Kontinent geläufigen Vorstellungen übernahm[37], d. h. ein gesondertes Purgatorium akzeptierte. Der Engel, der den „pater familias" Dricthelm aus Northumbria in seiner Vision (692/6) durch die andere Welt führt, unterscheidet ja ausdrücklich einen Strafort für die „animae castigandae" und einen für die, von denen keine „inde liberabitur in aeuum"[38], was Paradies und Himmel bei den Gerechten entspricht. Eine Reihe altenglischer Quellen[39] vertritt mindestens eine Dreiteilung (Hölle, Purgatorium, Himmel). Die Vierergruppierung taucht dann (nach möglichen Vorläufern in irischen Imrama, abenteuerlichen Reisen aus der keltischen Mythologie in christlichem Gewand[40]) implizit in der irischen Visionsliteratur auf. Zunächst im jüngeren Teil der Vision des hl. Adamnan von Jona (†704), *Fís Adamnáin,* der jedoch wohl erst 200 Jahre nach dem Tode des „Visionärs" entstand. Hier werden die ganz Bösen in die Hölle gestürzt, währenddem die „hordes and companies" der nicht sehr Bösen „find a restless and unstable habitation, until the coming of Judgment, on heights and hilltops, and in marshy places"[41]. Ein altirischer Text über das Jüngste Gericht nennt diese Gruppe beim Namen: „mali valde" resp. „mali non valde"[42]. Der schon genannte Tundal vertritt die nämliche Eschatologie. Auf die Frage des Ritters erklärt ihm sein Schutzengel, wer die in Luzifers Klauen wie Trauben zerquetschten Sünder seien: „. . . Isti sunt, inquit, qui jam judicati sunt, et multos adhuc alios expectant . . ."; und über die Seelen, die dagegen nur dem Hunger und Durst, dem Regen und Wind ausgesetzt sind, erfährt er später: „Isti sunt mali, set non valde . . ."[43]. Diese große Zweiteilung der Bewohner der Unterwelt wird dann noch durch die Untergliederung nach verschiedenen Sündenarten differenziert, die oben erwähnt wurde. Ähnlich kennt ein anderer irischer Text, die Jenseitsschilderung des Ritters Oenus aus dem Purgatorium St. Patricii (ca. 1153) Fegefeuer, Hölle, irdisches und himmlisches Paradies, ohne jedoch Gruppen von Sündern und Erwählten

---

[36] St. John D. Seymour, *Irish Visions of the Other-World,* London 1930, pp. 30ss.

[37] op. cit. p. 94; id., *Studies in the Vision of Tundal,* „Proc. Roy. Irish Acad." 37C (1924/27) pp. 87—106, pp. 97s.

[38] Beda Venerabilis, *Hist. Eccl.* 5, 12, ed. Carolus Plummer, *Venerabilis Baedae opera historica,* Oxford 1896 = 1961, p. 308.

[39] Seymour (wie Anm. 36) pp. 48ss.

[40] op. cit. pp. 94ss.; „Kindler Literatur Lexikon" s. v. *Immram Brain* etc.

[41] c. 14, 19, C. S. Boswell, *An Irish Precursor of Dante,* London 1908 pp. 34ss.; cf. dazu Seymour (wie Anm. 36) pp. 97ss., id., *The Vision of Adamnan,* „Proc. Roy. Irish Acad." 37C (1924/27) pp. 304—312, pp. 305s.

[42] Seymour (wie Anm. 36) p. 107 (die einzigen lateinischen Worte dieses Textes).

[43] c. 14, ed. cit. (wie Anm. 29) p. 38; c. 15, ed. cit. p. 40.

darin ausdrücklich anzuführen[44]. Und auch die etwas ältere Vision des
Alberich v. Settefrati, deren Zugehörigkeit zum irischen Visionszyklus
man bisher übersehen hat[45], zeigt implizit diese Einteilung: den „mali
valde" entsprechen die Sünder, die ohne Gericht zugrunde gehen, den
„mali non valde" die, die durch die verschiedenen Fegefeuerpeine ge-
reinigt werden[46].

Wollte man nur an einer speziellen Gruppe von Sündern illustrieren,
wie eine bestimmte Verfehlung in dieser Welt in der jenseitigen das
Zusammensein mit anderen zur Folge hat, die sich der gleichen Tat
schuldig gemacht haben, so wären z. B. die Gestalten, die man mit dem
Erzverräter Judas zusammengestellt hat, ein gutes Beispiel. Einmal sitzt er
mit Kaiphas, Annas und Herodes zusammen „in circuitu inferni"[47], dann
wieder zappelt er neben Cassius und Brutus im Maul des Höllenfürsten[48]
— also zum einen ist die verbindende Schuld der Widerstand gegen den
Gottessohn, zum anderen das Motiv des Verrates[49]. Noch aus vielen
anderen Gründen hat man verschiedenste Personen diesem Höllenbe-
wohner par excellence an die Seite gegeben. Mit Judas konnte man sogar
hypothetisch noch Lebende zusammenstellen: die Poenformeln vieler
mittelalterlichen Urkunden sprechen den Fluch aus, der Übertreter der in
ihnen festgelegten Bestimmungen möge mit Judas in der Hölle verdammt
sein, von den Höllenhunden und Teufeln ewiglich zerrissen zu werden
u. ä.[50].

Dies ist also ein erstes Gliederungsschema: die Seelen derer, die sich im
Diesseits gleiche Sünden zuschulden kommen ließen, werden im Jenseits
zu Gruppen zusammengestellt. Die Zugehörigkeit zu diesen Gruppen ist
unabhängig von den Gemeinschaften, in die diese Menschen während ihres
Erdendaseins eingebunden waren.

Dagegen gibt es nun auch Berichte, nach denen die Seelen der Abgeschiedenen nicht entsprechend der Art ihrer Sünden in Klassen vereinigt
werden, sondern sie im Jenseits in dem sozialen Verband weiterexistieren,
in dem sie auf Erden lebten. Am häufigsten ist dies ihr irdischer Stand.

Für das Frühmittelalter zeigt dies etwa die bekannte Reichenauer *Visio
Wettini* von 824. In den ersten Straforten findet Wetti „plurimos tam
minoris quam maioris ordinis sacerdotes". Diese werden, wie aus den

---

[44] Tractatus de Purgatorio S. Patricii c. 15, 17 ed. T. Atkinson Jenkins, *The Espurgatoire
Saint Patriz of Maire de France, with a text of the Latin original*, „The decennial public.
Univ. of Chicago" 1st ser. VII, Chicago 1903, pp. 78—95.

[45] cf. jedoch Peter Dinzelbacher, *Alberich v. Settefrati*, „Lexikon d. Mittelalters" I/2
(1978) p. 282.

[46] c. 3—19, ed. Mauro Inguanez, *Cod. Casin.* 257, „Miscellanea Cassinese" 11 (1932)
pp. 81—103.

[47] *Visio Alberici* c. 9, ed. cit. p. 91.

[48] Dante, *Div. Com.*, I, 34, 55ss.

[49] Peter Dinzelbacher, *Judastraditionen*, Wien 1977, pp. 53ss., 69ss.

[50] so ein anglosächsisches Dokument um 1000, op. cit. p. 54.

Erklärungen des begleitenden Engels eindeutig hervorgeht, dort nicht nur wegen ihrer sexuellen Vergehen gezüchtigt (was Wetti selbst sieht)[51], sondern auch wegen ihrer weltlichen Interessen, ihrem Kleiderluxus, ihrer mangelnden seelsorgerischen Tätigkeit etc. Eine zweite Gruppe, eingeschlossen in eine rauchdurchzogene Feste, ist die der „monachorum de diversis locis et regionibus in unum congregatorum ad purgationem suam". Eine dritte die der „Comitum . . . diversarum provinciarum", denen Bestechung, Raub, aber auch Unglauben zum Vorwurf gemacht werden. Nur diese drei Klassen der Oberschicht des Karolingerreiches beschreibt Wetti hier: die Mönche, die Priester und die Grafen, die jeweils zusammen für verschiedene Sünden büßen. Über das Schicksal der Plebs werden keine Einzelheiten berichtet[52].

Dieses Weiterleben irdischer sozialer Klassen im Jenseits bezeugen auch manche hochmittelalterliche Visionen. In ihnen werden namentlich die Religiosen, ungeachtet ihrer verschiedenen Verfehlungen, zusammengestellt. So erblickt Gunthelm (1161) an einem Ort „religiosas personas promiscui generis, monachos scilicet et sanctimoniales", die zusammen von den Teufeln grausam geschunden werden, denn „Quidam namque risui multo . . . dediti erant, quidam turpiloquiis . . . alii gulae . . . alii immunditiis . . ." usw.[53]. Über die weltlichen Sünder wird in bezug auf ein gemeinsames Schicksal nichts gemeldet, sondern es werden nur einzelne genannt: zwei „potentes" und ein „miles", wobei nicht klar ist, inwieweit ihre Verbrechen als typisch für ihren Stand gelten können. Einzelne Standesvertreter als Repräsentanten bestimmter typischer Sünden – und das kann wohl als charakteristisch für die Individualisierungstendenz des hohen Mittelalters betrachtet werden – finden sich in den Visionen des Edmund v. Eynsham (1196) und des Thurkill (1206), in denen die Ständesatire des spätmittelalterlichen Theaters fast vorweggenommen ist.

Am wohl ausdrücklichsten hat die sel. Veronica Negroni v. Binasco (1445−97) die genaue Entsprechung oder Weiterführung der irdischen Klassen in der Hölle beschrieben. In einer ihrer vielen Visionen führt sie Christus selbst in die Unterwelt[54]. Er zeigt und erklärt der Jungfrau deren Aufbau: „Hic est principum ac dominorum . . . locus infelix: quod sequitur antrum est nobilium . . . Tertius . . . locus est, vbi foeneratorum animae cruciantur; . . . His proximior erat pauperum carcer, erantque ceteris pauciores. Tum antrum immane vidit, vbi religiosorum animae . . . affligebantur . . ." Fein säuberlich sind hier also die Stände, von den obersten bis zum niedrigsten, geschieden. Viel Platz beanspruchen auch

---

[51] sie stehen „usque ad loca genitalium" mit ihren Buhldirnen im Feuer: eine Kombination mit jener anderen Gruppierung nach gleicher Sünde.

[52] c. 6ss., 12ss., MG Poet. lat. 2, pp. 267−275.

[53] Giles Constable ed., *The Vision of Gunthelm*, „Rev. Bénédict." 66 (1956) pp. 92−114, p. 110.

[54] Isidoro Isolani, *Vita* 3, 4[7], AASS Jan. 1, 1643, p. 902.

hier die Großen dieser Welt, währenddem, einer verbreiteten Anschauung zufolge, die unteren Klassen minder zahlreich vertreten sind. Als Berufsstand hervorgehoben werden nur die Wucherer, die besonders leicht dem zweiten Tod verfallen[55]. Wiederum eine Gruppe für sich bilden die Ordensangehörigen. Veronica spricht dann ohne andere Spezifikation von noch weiteren „tormentorum loca" und betont, daß es für die verschiedenen Verbrechen verschiedene Strafen gibt. Hier spielt also die etwaige Gleichartigkeit von Sünden keine Rolle, ausschlaggebend ist allein die Stellung, die man in der Gesellschaft der Lebenden innehatte.

Das wirklich primäre Sozialsystem für den mittelalterlichen Menschen war gewiß die familiäre Hausgemeinschaft. Andere Systeme werden nach ihrem Vorbild geschaffen (im Kloster: „abbas", „frater", „familia" etc.). Bei den sonstigen Zeugnissen von der Vorstellung eines Weiterbestehens dieser Bindungen ins Jenseits hinüber[56] kann man wohl erwarten, daß auch die Visionäre, die im übrigen regelmäßig eigene Verwandte in der anderen Welt antreffen[57], Familienangehörige dort zusammen schauen. So war es etwa nötig, gegen den Aberglauben zu polemisieren, nur nahe Verwandte würden einander beim Jüngsten Gericht erkennen[58]. Andererseits mußte auch immer wieder betont werden, daß dann

> „Ne ti ami, ne ti parent
> Valoir ne ti porront noient,
> Tiut ensamble te g⟨u⟩erpiront
> Quant il mal jugié te verront."[59]

Solche Ermahnungen setzen den Glauben an ein Weiterwirken familiärer Bande im Jenseits voraus. Dies geht auch aus den Schauungen mancher Ekstatiker hervor.

Den Inhalt einer Vision bildet jenes im ganzen Mittelalter umlaufende Exempel von der (meist glühenden) Leiter, auf der ein Sünder und seine Nachkommen in der Hölle aufgereiht sind[60]. Der Visionär sieht „un escala en que eran diez grados en que estaban enforcados diez hombres uno sobre otro . . . en el primer grado fue un viejo que de usuras ganó muchas riquetas . . . E el segundo fue su fijo . . . E el tercero fue nieto del primero . . ." und so weiter bis zum „décimo fijo del nono". Diese Sippenhaftung erfolgt nicht, weil die Nachkommen des Alten etwa auch Wucherer

---

[55] viele Exempla bei Tubach (wie Anm. 11) p. 506; Jean V. Alter, *Les origines de la satire anti-bourgeoise en France*, Genf 1966, pp. 40ss.

[56] Rolf Sprandel, *Mentalitäten und Systeme*, Stuttgart 1972, pp. 35ss.

[57] über deren Schicksale etwas in Erfahrung zu bringen, ist das einzige Ziel mancher Visionen, z. B. Tubach (wie Anm. 11) nr. 4716, 4888 u. ö.

[58] op. cit. nr. 2872.

[59] zit. G. Schiavo, *Fede e Superstizione nell' antica poesia francese*, „Zs. f. romani. Philol." 17 (1893) 55–112, p. 68.

[60] zum Motiv cf. Dinzelbacher, (wie Anm. 14) p. 141ss., 155s.

gewesen wären, sondern weil sie in irgendeiner Form mit dem unrecht erworbenen Reichtum in Berührung kamen, ohne Buße zu tun. „E por ende cada uno con el primero padescerá esta pena cuanto Dios estoviere en el cielo."[61] Die Überschrift zu einem ähnlichen Exempel sagt ausdrücklich „Usurari et heredes simul puniuntur"[62]. In einer anderen kurzen Vision wird Ähnliches ausgesagt, wo der Seher in der Hölle einen Sünder erblickt, aus dessen Bauch ein Stammbaum unbußfertiger Nachfolger erwächst[63]. Wie die Leiter das höllische Gegenstück zur Jakobsleiter war, ist dieses Bild das Pendent zur Wurzel Jesse.

Diese Geschichte von der Leiter hatte schon Gregor VII. in einer Predigt verwendet: ein „religiosus vir per spiritum ad inferna descendit", wo er einen mächtigen Grafen auf einer brennenden Leiter erblickte, welche als „ad suscipiendos omnes, qui ex eadem comitum genealogia descenderent, constituta" beschrieben wird. Immer tiefer muß er rücken, sobald ein neues Mitglied seiner Sippe eintritt, von der alle auf dieser Leiter Platz zu nehmen haben. Der Grund, daß „omnes isti non diverso supplicio deputati sunt", ist, daß ihr Ahn einst einer bestimmten Kirche Besitzungen entfremdet hatte. Zwar wird dann als Grund für das „commune supplicium" die „non dispar avaritiae culpa" genannt[64], doch ist klar, daß das so unmittelbare Zusammensein eine Funktion der genealogischen Verknüpfungen ist: wie an einem Stammbaum sind diese Sünder an der Leiter aufgereiht. Und das Weiterwirken der verwandtschaftlichen Beziehung bewirkt, daß der Älteste dieses Geschlechtes durch die Last jedes neuen Sünders in buchstäblichem Sinne tiefer in die Unterwelt hinab muß.

Das Weiterbestehen der familiären Bande an den Stätten der Strafe ist auch in der Form bekannt, daß in einigen Visionen die bösen Eltern, ja sogar schlechte Taufpaten, von ihren Kindern gequält werden, ein Motiv, das aus der apokryphen Literatur in die mittelalterliche aufgenommen wurde[65].

Wenn in der „Caina", dem Marterort der Verräter an Verwandten im neunten Höllenkreis[66], die Brüder Alessandro und Napoleone degli Alberti Brust an Brust aneinander angefroren leiden, so ist dies allerdings mehr Ausdruck ihres gegenseitigen Verrats, als ihrer Verwandtschaft, da ja auch sonst in diesem Eissee Feinde auf ähnliche Weise zusammen gepeinigt werden.

---

[61] Clemente Sánchez de Vercial (†1434?), *Libro de los enxemplos por A.B.C. (Madrid)* 385, ed. Juan Alcina Franch, *El conde Lucanor y otros cuentos medievales*, Barcelona usw. 1973, p. 868; cf. Tubach (wie Anm. 11) nr. 5027.
[62] *Libro* nr. 430 (384), ed. cit. (wie Anm. 61) p. 867.
[63] Tubach (wie Anm. 11) nr. 4975.
[64] Petrus Damiani, *De abdic. ep.* 6, PL 145, 433C.
[65] Silverstein (wie Anm. 21) p. 84.
[66] *Div. Comm.* I, 32, 1–72.

Schließlich ist noch eine ausgesprochen seltene Einteilung nach der Religionszugehörigkeit zu finden. Die drei hier erscheinenden Gruppen sind Heiden, Juden, Christen. Eine Episode der „Vitae Patrum", jener für die mittelalterliche Exempelliteratur so ungemein fruchtbaren Sammlung von Anektoden über die frühen Mönchsväter, ist die Grundlage dafür. Der hl. Macarius, so heißt es in einer spätmittelalterlichen Bearbeitung, erweckte „eyn todin hoybet" und fragte es nach der Wohnstätte seiner Seele. Da es der Überrest eines Heiden war, mußte es die Hölle als Verbleibsort zugeben. Über ihr brennt „daz für, als hoe ist von der erden byz an den hemel. Als es ist ouch vnder my . . . vnder my sint dy joden . . . vnder den sint dy pharysei vnde dy falschen christen . . ."[67] Daß man diese Fabel zur Warnung an minder fromme Christen erfunden hat, ist evident. Man benützt die schon genug verachteten Heiden und Juden als Schablone, von der sich die schlechten Christen als noch verachtenswerter abheben. Das Mittel dazu ist das Bild von einer Hölle, in der für jede dieser Religionen eine Ebene vorgesehen ist, deren jeweilige Entfernung vom Himmel ihre Beurteilung ausdrückt. „Mayor pena sufre el mal cristiano / que moro nin judio nin pagano", wie Sánchez de Vercial dazu reimt[68]. So beliebt dieses Exempel an sich war, so hat es doch die allgemeinen Höllenvorstellungen nicht nachhaltiger beeinflußt. Ein so unterteilter Inferno ist in der Visionsliteratur kein Topos geworden. Bei Mechthild v. Magdeburg taucht dieses Schema allerdings in der selben Reihenfolge auf: „In dem nidersten teil der helle ist dc fúr und die vinsternisse und stank und eisunge und allerleige pine allergrost, und da sint cristanlúte na iren werken ingeordent. In dem mittelen teile der ist allerleie pine meslichor. Da sint die juden nach iren werken ingeordent. In dem oberosten teil der helle ist allerleie pine allerminest, und da sint die heiden nach iren werken ingeordent."[69] Hier sind die drei Gruppen noch weiter nach dem Schema der Sündenart unterteilt. Die meisten anderen Visionäre jedoch schweigen, was das Schicksal der Heiden und Juden anbelangt.

In den Strafstätten haben wir also Gruppierungen nach vier Einteilungsprinzipien feststellen können: nach Vergehen, irdischem Stand, Familienzugehörigkeit und Religion. Wenn wir die Visionen nach den Gemeinschaften in den himmlischen und paradiesischen Gebieten befragen, finden wir wiederum mehrere Einteilungsprinzipien, von denen aber nur die ersten beiden denen in den Strafstätten entsprechen. Wie dort eine gleiche Sünde die Seelen zusammenbringt, ist es hier zunächst das gleiche Ver-

---

[67] Carl Reinhold ed., *Die Wundergeschichten des Cod. Pal. Germ. 118*, Diss. Greifswald 1913, pp. 19s. Quellen und Varianten bei Tubach (wie Anm. 11) nr. 3111, Leopold Kretzenbacher, *Zur Kärntner Sage vom redenden Totenkopf*, „Carinthia I", 162 (1972) pp. 499–503.

[68] *Libro* 435 (392), ed. cit. (wie Anm. 61) p. 872.

[69] vliessendes lieht 3, 21 ed. Gall Morel, *Die Offenbarungen der Schwester Mechthild v. Magdeburg*, Regensburg 1869 = Darmstadt 1976, pp. 82ss.

dienst. In der Vision Wettis bilden die heiligen Priester, Märtyrer und Jungfrauen drei auch lokal voneinander getrennte Gruppen: der Mönch und sein Engel begeben sich zu ihnen, um ihre Interzession bei der göttlichen Majestät zu erflehen: „. . . perrexerunt, ubi consessus sanctorum sacerdotum in gloria . . . fuit . . . perrexerunt, ubi beatorum martirum multitudo innummerabilis inaestimabili gloria praefulgebat . . . tendentes ad locum, in quo innummerabilis sanctarum virginum multitudo morabatur . . ."[70] Die jeweiligen Verdienste sind also eine heiligmäßige Ausübung des Priesteramtes (in Kontrast zu der vorher genannten Gruppe der sündigen Priester), der Märtyrertod und die Einhaltung lebenslänglicher Keuschheit. Man sieht, daß die zweite und dritte Gruppe kein Pendant zu den Mönchen[71] bzw. Grafen in der Hölle bietet. Während bei den Priestern das ständische Schema zu dem des Verdienstes hinzukommt, entstammen Märtyrer und Jungfrauen allen möglichen Standesgruppen: bei ihnen ist eben nur das gleiche Verdienst das Tertium Comparationis.

Die einfache Gliederung in „boni valde" und „boni sed non valde" haben in Symmetrie zu den Strafstätten die vorhin genannten Visionen, die eine Einteilung in „mali valde" und „mali sed non valde" kennen. Im *Fís Adamnáin* gibt es Seelen, die, nahezu vollkommen, vom Land der Heiligen aus die neun Himmel betrachten und die dreitausend Lobeshymnen der Engelschöre hören dürfen. In den Himmel jedoch werden mit unaussprechlichem Willkommen vom Herrn und den seligen Heerscharen die vollkommen Gerechten aufgenommen[72].

Alberich berichtet: „Chorus etiam sanctorum angelorum et reliquorum sanctorum qui in sexto celo sunt, non iudicabuntur." Dies sind also die Vollkommenen. Die minder Vollkommenen werden noch dem Endgericht unterworfen werden, sind aber schon „in circuitu paradisi", was ihr endgültiges Schicksal sicher vorwegnimmt[73].

Präzise ist die Einteilung im Tundal auch in den Gnadenorten eine Spiegelung der der Peinstätten. Die „boni non valde, qui de inferni cruciatibus erepti nondum merentur sanctorum consortio conjungi" wohnen auf dem „campus letitie", der hell und mit duftenden Blumen als „satis amenum" bezeichnet wird[74]. Die „boni" dagegen gehen sogleich in jene der drei paradiesischen „mansiones" ein, die ihnen zukommt, wobei sie in Gruppen nach Stand und Verdienst zusammengefaßt werden. Durch hohe Mauern aus Silber, Gold und Edelstein werden dort die frommen Laien, die Verächter des „saeculum" und die gehorsamen Mönche und Nonnen voneinander getrennt[75].

---

[70] MG *Poet. lat.* 2, p. 272.

[71] Allerdings konnte das mönchische Leben als eine Art Martyrium aufgefaßt werden, cf. E. Malone, *The Monk and the Martyr*, Washington 1950.

[72] c. 4ss, 19, Boswell (wie Anm. 41) pp. 30ss.

[73] c. 21s., ed. cit. (wie Anm. 46) p. 95.

[74] c. 16, ed. cit. (wie Anm. 29) p. 41.          [75] cf. Spilling (wie Anm. 32) pp. 142ss.

Daß es das jeweilige Verdienst ist, nach dem die Ordnung der Guten im Himmel wie auf Erden erfolgt, erfährt Gertrud d. Gr. ganz klar in einer Vision am Allerheiligentage. Wie ein irdischer Herrscher, der seinen Fürsten und Vornehmen ein Gastmahl bereitet, läd auch der Himmelskönig dazu Freunde und Nachbarn ein. Es sind dies die Angehörigen der „ecclesia militans" auf Erden, die mit denen der „ecclesia triumphans" in der ewigen Welt vereinigt werden und zwar „secundum meritorum suorum dignitatem". Gottesfürchtige Eheleute werden den hl. Patriarchen zugesellt, Seher der Geheimnisse Gottes den Propheten, Prediger den Aposteln und Klosterleute den Märtyrern. Ausdrücklich vergleicht Gertrud jene zwei Gruppen und kommt zu dem Schluß, daß die Ordensangehörigen wegen des Verzichtes auf die körperlichen Genüsse „sanctorum Martyrum meritis adaequati consimilem cum ipsis percipient remunerationem", ja sogar noch höher als jene stehen. Die einzelnen Klassen der Heiligen sind durch verschiedene Blumenfarben unterschieden, die auch ihr während ihrer Ekstase verliehen werden[76]. Abgesehen davon, daß dieses Gesicht eine selten greifbare Vergegenwärtigung des Theologumenon von der Zusammengehörigkeit der Lebenden und der Toten in einem „corpus mysticum" bietet, erhellt, daß die Religiosen in bezug auf ihre Jenseitsbestimmung weniger als soziale Gruppe angesehen werden, denn als Menschen, die eine bestimmte religiöse Leistung verbindet, was auch die oben bemerkte Sondergruppierung dieses „Standes" in solchen Visionen, die sonst auch das Verdienst-Schema verwenden, erklären kann. Diese Offenbarung erinnert an eine ähnliche, die eine ungenannte Schwester des Klosters Weiler von ihrem Konvent hatte: sie sah „den convent in dreyen scharen geteylet: dy ersten waren volkumen . . . die andern waren heilig . . . die dritten waren in geprechen . . ."[77]. Hier wird in einem mystischen Erlebnis nur der irdische Gnadenstand der Nonnen erkannt, jedoch wieder in bezug zu ihren Verdiensten bzw. Sünden.

Am weitesten treibt diese Gliederung wohl der anonyme Dichter der *Cour de Paradis* aus dem Ende des 13. Jahrhunderts. In schwer zu überbietender Naivität[78] überträgt er die Formen einer „Cour-Pléniere" — oder fast eher eines Minnehofes — ins Paradies. Der Herr läßt dort aus den „dortoirs", „chambres" und „refretoirs" alle Heiligen zum Himmelsreigen zusammenrufen. Acht Gruppen werden dabei namentlich vorgestellt: Engel, Patriarchen, Apostel, Märtyrer, Konfessoren, Unschuldige Kinder, Jungfrauen und Witwen. Sie alle wohnen in verschiedenen Paradiesesgemächern und singen ihre eigenen Liebeslieder. Schließlich ver-

---

[76] Legatus divinae pietatis 4, 55, ed. cit. (wie Anm. 19) pp. 471ss.

[77] Bihlmeyer Karl, *Mystisches Leben in dem Dominikanerinnenkloster Weiler b. Eßlingen im 13.–14. Jh.*, „Württembergi. Vierteljahrshefte f. Landesgesch." NF 25 (1916) pp. 61–93, p. 84.

[78] oder ist es „la più terribile delle satire"? Schiavo (wie Anm. 59) p. 81.

einigen sie sich unter Marias Führung mit den Seelen des Purgatorium zum Freudentanz[79]. Zusammen treten hier also die Heiligen einerseits nach ihrer historischen Verbundenheit auf (Apostel . . .), andererseits nach ihrem Verdienst (Märtyrer . . .).

Aber auch der irdische Stand hat nach den Schauungen mancher Charismatiker noch Gültigkeit im Himmel. Ein sehr feudaler Himmel ist es bisweilen, der in visionären Texten beschrieben wird. Rupert v. Deutz schildert ihn als Reichstag, wobei er das in einer fast hundert Jahre älteren Vision nur knapp gegebene Bild deutlich vor unseren Augen entstehen läßt: Der Visionär, Bischof Eppo von Bamberg, betritt eine prächtige Versammlungshalle „et ecce illic innumerabilis residebat concio personarum venerabilium, episcoporum, abbatum, regum, atque imperatorum caeterorumque cujuscunque ordinis virorum illustrium, secundum suum quique oridinem vestiti . . . quasi ad agendum generale concilum . . .“[80] Daß auch die „viri illustres“ in dieser Versammlung gleichermaßen Angehörige des Reichsadels sein müssen, darf man aus dem Adjektiv wohl schließen; von den unteren Ständen findet niemand bei diesem himmlischen Reichskonzil Platz, genausowenig wie bei einem irdischen. Hier ist eine hierarchische Ordnung aus der Umwelt des Visionärs in die jenseitige Welt projiziert, die offenbar auch den Vorstellungen der Berichterstatter genau entsprach. Auf Texte ähnlicher Art müssen sich Satiren bezogen haben, wie wir sie u. a. aus dem hochmittelalterlichen Frankreich kennen. Der Fablel „Du vilain qui conquit paradis par plaid“ ist ein gutes Beispiel und nur verständlich, wenn man solche feudale Himmelsvorstellungen, wie die eben zitierte, voraussetzt. Da kommt nämlich einmal die Seele eines Bauern an die Himmelspforte, ohne ein englisches Geleite erhalten zu haben. Der hl. Petrus weist sie schroff zurück: „Nos n'avons cure de vilein. / Vilein si n'a rien en cest estre.“ Ganz so der hl. Thomas: „Il n'i doit vilain remanoir: / Ce est la meson as courtois“ und erst der hl. Paulus: „Vuidiez paradis, vilain faus!“ Doch setzt sie der schlaue Bauersmann alle schachmatt, indem er Petrus an seine Verleugnung Christi, Thomas an seinen Unglauben und Paulus an seine Christenverfolgung erinnert. Ja sogar Gottvater kann er überzeugen, daß er im Paradies am rechten Platz ist[81] – aber ist dies nicht letztlich doch ein heftiger Protest gegen einen Himmel, der nur den Hofleuten Gottes vorbehalten ist und seine treuen Diener niedrigen Standes ausschließt? Gegen die hohen Herren, die keine „cura“ für das Volk haben? Muß man da nicht – so der Bauer –, daran zweifeln, daß es einen Sinn hat, den Lehren der Kirche zu

---

[79] eine kritische Edition und Studien fehlen m.W. Auszüge zuletzt bei Maurice Vloberg, *La Cour de Paradis*, „Neuphilol. Mitteilungen“ 32 (1931) pp. 230–245.

[80] *Vita S. Hereberti* 34, PL 170, 422 C; die Vorlage: Lantbert v. Deutz, *Miracula S. Heriberti* 4, MG SS 15, p. 1247.

[81] ed. Jean Rychner, *Contribution à l'étude des Fabliaux*, Neuchâtel, Genf 1960, II, pp. 179–183.

folgen? Die Angehörigen der himmlischen Kurie bilden in dieser Erzählung ja geradezu eine soziale Klasse, die sich nach unten abschließt.

Auch nach dem *Tundal* bleibt man bis zu einem gewissen Grade im Jenseits das, was man auf Erden war. Neben der Vierteilung nach Schuld und Verdienst werden von ihm die Seligen auch in Stände eingeteilt. Ein König bleibt auch im Vorparadies ein König in seinem goldenen Palast, auf seinem goldenen Thron, umgeben von seinen Hofleuten und seinem Hofklerus. Nur daß dies nicht mehr, wie der Visionär staunend bemerkt, die selben Leute sind, die ihm zu Lebzeiten dienten, sondern die Armen und Pilger, die er beschenkt hatte. Sie bilden jetzt seinen Hofstaat und dienen ihm mit Fürbitten, da er noch immer einige Sünden abzubüßen hat[82]. Auch hier also diese altertümliche Vorstellung von der Fortsetzung des irdischen Lebens und Treibens, „verchristlicht" durch den Wechsel der Hausgenossen – eine deutliche Mahnung an die Herrschenden, sich durch Almosen hier auch in der anderen Welt Getreue zu schaffen. Was andere Klassen betrifft, so sieht Tundal die Verheirateten, die Klosterleute, die Märtyrer, Kirchenbauer und Jungfrauen, so daß sich irdischer Stand und Verdienst als Gruppierungskriterien vermengen[83].

Die irdische Dignität der einzelnen Angehörigen der „ecclesia militans" bleibt auch, wenigstens nach den Schauungen der sel. Veronica v. Binasco, gewahrt, wenn sie schon längst nach dem Tode Angehörige der „ecclesia triumphans" geworden sind. „Ibi supernae Hierusalem ciues per choros sectos hoc ordine procedere vidit": hinter den Aposteln und Märtyrern kommen: „. . . tum Summi Pontifices Romani, vna cum Archiepiscopis, Episcopis, minoribusque Sacerdotibus iunctis turbae Sanctorum omnis generis," Trotz des „vna" hat man sich, wie in einer Prozession, einzelne Scharen der Würdenträger vorzustellen, denn der Engel erklärt Veronica die „Turbas singulas". „omnis Sanctorum turba singuli ad proprias abiere sedes, quae toto Paradisiacae regionis spatio locatae diuinitus apparebant."[84] Wie im irdischen Zeremoniell bleibt die Reihenfolge wichtig: Papst, Erzbischof, Bischof, Priester . . . An anderer Stelle berichtet Veronica von den Laien, die ein Ehe eingegangen sind: „Quam vero coniugati habituri sint gloriam, minorem ceteris omnibus asseruit."[85] Daß es auch im Mittelalter manche bedeutende Heilige gegeben hat, die verehelicht gewesen waren, scheint diese Laienschwester im Mailänder Augustiner-Eremitenkloster nicht beeindruckt zu haben. Hier ist es der (weniger Möglichkeiten für ein heiligmäßiges Leben bietende) Stand, der eo ipso, unabhängig vom persönlichen Verdienst, eine Schmälerung der Seligkeit mit sich bringt. 200 Jahre vorher hatte Berthold v. Regensburg

---

[82] c. 18. ed. cit. (wie Anm. 29) pp. 42ss.; cf. Spilling (wie Anm. 32) pp. 126ss.
[83] op. cit. c. 19ss., ed. cit. pp. 45ss.
[84] *Vita* (wie Anm. 54) 5, 1[1], AASS Jan. 1, 1643, p. 914.
[85] op. cit. 3, 8[13], ed. cit. p. 903.

das Verhältnis in nüchternen Zahlen anzugeben gewußt: im Vergleich mit den Jungfrauen empfangen die Witwen nur zwei Drittel, die Eheleute gar nur unter einem Drittel des himmlischen Lohnes[86].

Opposition gegen diese Communis Opinio, solch ein Himmel voll von kirchlichen Würdenträgern sei das denkbar Erstrebenswerteste, hat es sicher gegeben, wenn sie auch in unseren Quellen nicht oft laut wird. Die bekannteste Stelle in diesem Zusammenhang ist wohl, was der junge Prinz Aucassin über Himmel und Hölle sagt: „En paradis qu'ai je a faire? . . . Il i vont ci viel prestre et cil viel clop . . . qui tote jor et tote nuit cropent devant ces autex . . . Mais en infer voil jou aler, car en infer vont li bel clerc, et li bel cevalier . . . Et s'i vont les beles dames . . . et si i vont herpeor et jogleor et li roi del siecle . . ."[87]. Das ist geradezu eine Umdrehung der uns für diese Gruppen im religiösen Schrifttum entgegentretenden Wertung. Den Priestern und frommen Betern mag „li damoisiax", Aucassin, nicht zugesellt werden. Ganz stark zeigt sich hier die Anschauung, der irdische Stand sei auch nach dem Tode bestimmend für das weitere Schicksal: die Kinder der Welt, Ritter, Könige, Harfner, Spielleute . . . von diesen Ständen denkt sich Aucassin keinen im Paradies. Dies stimmt mit dem Zeugnis vieler Visionen überein, die nichts von solchen Himmelsbewohner melden, wie der unbekannte Autor der Chantefable dieses Motiv auch in einer die kirchliche Tradition parodisierenden Weise darbietet.

Abgesehen von diesen beiden weitaus häufigsten Gruppierungen nach verdienstvollem Erdenleben bzw. irdischem Stand hat es noch ein anderes Einteilungsprinzip gegeben, das jedoch nur in frühmittelalterlichen irischen Visionen vereinzelt auftaucht. Im Land der Heiligen, das Adamnains Seele besucht, gibt es „diverse and wondrous companies": „The Saints of the Eastern world form a company apart on the East of the Land of the Saints; the saints of the Western world are to the West . . . the saints of the Northern world and of the South . . . are to the South and North."[88] Hier also die sonst kaum anzutreffende Vorstellung, daß in einer Art „stabilitas loci" die Seele auch im Jenseits an ihre geographische Herkunft gebunden sei. Eine Spur davon findet sich auch in der fragmentarischen Vision Laisrens (9. Jh.?), allerdings vor der Hölle, wo er das Volk der Insel (Irland) versammelt sieht[89], so daß er schon meint, seine Landsleute seien allesamt von der Pest dahingerafft worden. Jedenfalls erscheinen auch hier die Seelen nach ihrem Herkommen aus dem selben Land zusammen.

---

[86] Franz Pfeiffer, Joseph Strobl edd., *Berthold v. Regensburg . . . Predigten*, Wien 1862/ 1880, II, p. 192.

[87] *Aucassin et Nicolette* 6, ed. Jean Dufournet, Paris 1973, pp. 58ss.

[88] *Fís Adamnáin* 4, ed. cit. (wie Anm. 41) p. 30.

[89] c. 7, ed. Kuno Meyer, *Stories and Songs from Irish Manuscripts I.*, „Otia Merseiana" 1 (1899) pp. 113–119, pp. 115s.

Diese verschiedenen Klassen im Paradies oder Himmel sind nun aber
nicht gleichwertig, sondern stehen nach den Berichten vieler Visionäre in
einem Rangverhältnis, bilden eine Hierarchie. Dem zugrunde liegt eine
Projektion: so wie der Stellvertreter des Christkönigs auf Erden haust und
herrscht, so denkt man sich, muß es auch im Himmelreich zugehen. Reich
und Gottesreich entsprechen einander[90]. Sehr viele Visionäre schauen den
Sitz Gottes als überirdische „curia"; als Hof des himmlischen Herrschers.
     Vielleicht besonders eindrucksvoll ist die erste Vision des jungen
Anselm v. Aosta, des später berühmten hl. Erzbischofs von Canterbury
und „Vaters der Scholastik". „. . . contigit, ut . . . per visum videret se
debere montis cacumen ascendere et ad aulam magni regis Dei properare
. . . vidit in planitie . . . mulieres quae regis erant ancillae segetes metere
. . . monte transacto regiam aulam subiit, deum cum solo suo dapifero
invenit . . ."[91] Wie ein vornehmer Herr residiert Gott in einem Palast, auf
Bergesspitzen erbaut, hat er Mägde, die für ihn arbeiten, einen Küchen-
meister, der ihm aufwartet und seine Gäste verköstigt . . . So irdisch-nah
ist dem Knaben noch der Himmelspalast, daß man nur einen Berg hinauf-
steigen muß — was den Berichterstatter, Eadmer, zu einem kleinen
Lächeln veranlaßt. Aber diese Vorstellung vom himmlischen Königshof,
mag er auch um einige Sphären höher gedacht werden, ist dem ganzen
Mittelalter geläufigst.
     Sein Hofstaat ist wie der der irdischen Kurien hierarchisch gegliedert.
Die verschiedenen Rangordnungen werden dabei regelmäßig durch die
Stellung im Raum ausgedrückt. Aus vielen nur drei Beispiele für Hoch-,
Früh- und Spätmittelalter.
     Im *Fís Adamnáin* ist „the Host of Heaven and the Host of the Saints"
durch einen goldenen Poticus voneinander geschieden. Der Himmel liegt
gegen Süden über dem Land der Heiligen, die aber in ihn hineinblicken
können. Dort „the Twelfe Apostles and Mary the pure Virgin form a band
apart, about the mighty Lord. Next to the Apostles are the Patriarchs and
Prophets and the disciples of Jesus. On the other side are holy Virgins, at
Mary's right hand, and with no great space between . . ."[92] Gerade diese
letzte Bemerkung zeigt deutlich, daß der Zwischenraum als Maßstab der
Rangstufe angesehen wird. Weiter weg umkreisen andere Heilige das
Antlitz des Herrn in gleichem Abstand.
     Mehr ausdifferenziert ist die jenseitige Hierarchie, die Elisabeth von
Schönau (†1164) während ihrer so häufigen Ekstasen im Himmel schauen
darf. „Multa milia sanctorum" gibt es da. „Stabant autem in circuitu
maiestatis magne, secundum huiusmodi ordinem dispositi. Erant in

90 Darauf hat Friedrich Heer immer wieder hingewiesen, bes. *Reich und Gottesreich*,
Diss. Wien 1938; id. *Aufgang Europas*, Wien, Zürich 1949; id. *Die Tragödie des Heiligen
Reiches*, Wien, Zürich 1952; etc.
91 Eadmer, *Vita Anselmi* 2, RS 81, pp. 314s.
92 c. 5s., ed. cit. (wie Anm. 41) pp. 30s.; c. 12, ed. cit. p. 34.

quadam fronte illius circuitus viri quidam magnifici . . . Et intellexi . . . ex singulari gloria, quam pre aliis habebant, hos esse venerabiles apostolos Christi. Ad dexteram autem eorum copiosus quidam exercitus . . . Post hos et alii virii . . . Ad sinistram vero apostolorum sacer ordo virginum effulgebat decoratus martiriis insigniis. Post has et alter chorus insignium puellarum . . . Deinde et alie reverende mulieres . . . Alius quoque magne claritatis circuitus infra illum apparuit."[93] Faßt man unter Berücksichtigung der bekannten Bedeutung von „links" und „rechts" zusammen, so ergibt sich folgende Abstufung: Apostel, Märtyrer, andere Heilige, Märtyrerinnen, Jungfrauen, Witwen, Engel. In ihren ersten drei Gliedern zeigt diese Hierarchie gewisse historische Einheiten: gleichzeitig herrscht Trennung zwischen den Geschlechtern und zwischen Menschen und Engeln. Ähnliche Visionen berichtet die Charismatikerin noch öfter von sich.

Aus einem anderen Kulturkreis sowie einer späteren Epoche stammt die sel. Gerardesca v. Pisa († ca. 1269). Trotzdem beschreibt sie die himmlischen Heerscharen erstaunlich ähnlich, währenddem ihre Himmelsvorstellung die Welt der italienischen Stadtstaaten reflektiert: da gibt es den „comitatus Ierusalem civitatis sanctae": die erhabene Stadt inmitten einer Unzahl von Burgen, von denen sieben der hl. Jungfrau insbesonders angehören. Dreimal jährlich werden sie „a tota caelesti Curia" besucht. Wie sieht dieser himmlische Hofstaat aus? Wie bei der deutschen Benediktinerin sind Engel und Selige getrennt. Gott der Vater und Gott der Sohn thronen nebeneinander[94]. „& beata Virgo aliquanto inferior filio, ita quidem quod possunt se invicem tangere Mater & Filius. Et viginti quatuor Seniores permanent prope Patrem . . . Iohannes Euangelista habet locum juxta beatam Virginem, ita videlicet quod se possunt ad invicem tangere." Wenn er sich aber seiner Interzession für die Lebenden entledigt hat „ad locum revertitur, quem cum Apostolis obtinet super omnes choros Sanctorum. Chori vero Sanctorum ita proportionabiliter ordinantur in caelo, quod alter supereminet alteri, secundum uniuscujusque promerentis meritum." So sind tatsächlich im Himmel „universa disposita secundum ordinem sum."[95] „Ordo" heißt hier geradezu „Rangordnung". Zwar erfolgt diese Staffelung gemäß der Verdienste — aber nicht der Verdienste der Individuen, sondern der des „chorus", also einer Klasse von Heiligen. Daß diese wiederum nach den Verdiensten der einzelnen geordnet wären, wird nirgends gesagt, obwohl es noch viele ähnliche Schilderungen der höfischen Ordnung im Himmelreich gibt.

Eine jede Kurie bedarf natürlich ihres Zeremoniells, so auch die in der

---

[93] *Liber visionum* 1, 20 ed. Friedrich Willhelm E. Roth, *Die Visionen der hl. Elisabeth* . . ., Brünn ²1886, pp. 11s.

[94] Der Hl. Geist wird überhaupt nicht erwähnt! Ein deutlicher Hinweis auf die Unterschiedlichkeit von Volksglauben und Theologie. Auch in der sonstigen Visionsliteratur kommt er nur äußerst selten vor.

[95] *Vita* 4, 34ss., AASS Mai 7, 1688, 164−180, p. 172.

anderen Welt. Das tritt besonders bei der Interzession der Heiligen für einen noch Lebenden in Erscheinung. Die Vision Gunthelms zeigt anschaulich, wie man sich die Perpetuierung der Verhältnisse, Formeln und Gesten des irdischen Feudalwesens vorstellt. In einer in der Luft schwebenden Kapelle führt die Gottesmutter den Vorsitz über den „beatus conventus". Der hl. Benedikt als Führer des Visionärs begrüßt sie „reuerenter inclinans". Gunthelm wird auf ihren Befehl hin („iubere") vorgeführt („exhibere"). Auf ihre Frage, ob er „ad seruiendam michi" bereit sei, antwortet er, daß er nie von ihrem „obsequium" lassen werde und „Super altare . . . iurauit . . . custodire mandata Dei sui"[96]. Es sind dies die wohlbekannten Termini technici der Feudalsprache, die im Himmel gelten wie auf Erden, das Versprechen von „servitium" und „fidelitas"[97].

Vergleichbare Hierarchien der Unterwelt finden sich dagegen in den Visionen kaum; denn während die himmlischen Gefielde regelmäßig durch Ordnung ausgezeichnet sind, herrscht in den höllischen genauso regelmäßig das Chaos.

Zusammenfassend können wir nun als Ergebnis unserer Übersicht feststellen: die visionären Texte des Mittelalters berichten sowohl von Seelen, die nach dem Tode alleine weiterexistieren, als auch, häufiger, von solchen, die einer bestimmten Gruppe zugeteilt werden. Einteilungskriterien sind hierbei gleiche Schuld bzw. gleiches Verdienst; im einfachsten Fall ist nach mehr oder minder böse bzw. gut, sonst nach einzelnen Sünden bzw. Tugenden unterteilt. Ein weiteres Einteilungsschema ist das nach dem irdischen Stand, ein drittes das nach den Familienbanden. Dazu kommen die beiden seltenen Gruppen nach Religionszugehörigkeit in der Hölle und nach regionaler Herkunft im Himmel. Bei den Gruppen der Seligen läßt sich nicht selten eine Hierarchie feststellen, die entweder nach verschiedenen Arten von Verdienst oder nach der Stellung in der irdisch-kirchlichen Rangordnung gebildet wird.

Von hier ausgehend wären weitere Untersuchungen auf der Basis eines umfangreicheren Materials als dessen, das auf dem hier zu Verfügung stehenden Raum berührt werden konnte, wünschenswert[98]. Die dargestellten Schemata wären dann nach ihrer Häufigkeit in bestimmten Perioden des Mittelalters, bestimmten Gebieten, bestimmten Typen von Visionären . . . zu differenzieren und eine Korrelation zu den Verhältnissen der jeweiligen irdischen Gesellschaftform zu geben. Interessant wäre auch ein Vergleich mit den zeitgenössischen Himmel- und Höllendarstellungen der Malerei und Plastik.

---

[96] ed. cit. (wie Anm. 53) p. 107.

[97] Zur Terminologie cf. François Louis Ganshof, *Qu'est-ce que la féodalité*, Bruxelles ⁴1968.

[98] cf. Peter Dinzelbacher, *Reflexionen irdischer Sozialstrukturen in mittelalterlichen Jenseitsschilderungen*, „Archiv f. Kulturgesch." 1979 od. 80.

# HIMMLISCHE UND KIRCHLICHE HIERARCHIE
## BEI BONAVENTURA

von WERNER DETTLOFF (München)

Für die Erfassung sozialer Strukturen unter theologischem Aspekt kommt dem Hierarchiegedanken im Mittelalter eine wohl einzigartige Bedeutung zu. Ganz allgemein gesagt, geht es bei der Lehre von den Hierarchien um das Problem der religiösen Sozialeinheit, wobei jedoch berücksichtigt werden muß, daß der Grundgedanke dann auch auf Gott und die Einzelseele angewandt wird. Die religiöse Sozialeinheit selbst wird nicht so sehr als juristisch-abstrakte Ordnung, sondern vielmehr als die lebendig-konkrete Einheit eines Organismus gesehen, dessen Glieder und Organe die einzelnen sind[1]. Bonaventura ist vielleicht der interessanteste Repräsentant des Hierarchiegedankens im Mittelalter. Er ist einerseits Gied einer gewichtigen abendländischen Tradition und hat anderseits durch die vielfältige Weise, in der er mit dem Hierarchiegedanken arbeitet, diesem ein besonderes Gepräge gegeben.

Es ist immer faszinierend zu sehen, mit wie wenigen Worten Bonaventura oft die Gedanken, die er entfalten will, in seine theologische Gesamtschau einordnet und zugleich alles auf einige immer wiederkehrende Grundgedanken zurückführt. Es ist aber keineswegs leicht, die systembildende und systemtragende Bedeutung solcher Grundgedanken, wie es auch der Hierarchiegedanke ist, darzulegen, weil dazu fast immer das ganze System Bonaventuras nachgezeichnet werden müßte. Was ich deshalb im folgenden zu bieten habe, kann nur ein ziemlich unbefriedigender Versuch sein. Eingehender, als es hier geschehen kann, habe ich die Hierarchienlehre Bonaventuras in drei Aufsätzen behandelt, in denen auch die einschlägigen Texte ausführlich mitgeteilt sind: *Der Ordogedanke im Kirchenverständnis Bonaventuras*[2], *Das officium praelationis*[3] und *Christus Hierarchia*[4]. Im übrigen weiß ich mich für das folgende besonders verpflichtet: H. Krings, *Ordo. Philosophisch-historische Grundlegung*

---

[1] Vgl. R. Guardini, *Systembildende Elemente in der Theologie Bonaventuras* (hrsg. von W. Dettloff), Leiden 1964, p. 148.

[2] „Ecclesia et Ius" (Audomar Scheuermann zum 60. Geburtstag), hrsg. von Karl Siepen, Joseph Weitzel und Paul Wirth, München – Paderborn – Wien 1968, pp. 25–55.

[3] „Ius sacrum" (Klaus Mörsdorf zum 60. Geburtstag), hrsg. von Audomar Scheuermann und Georg May, München – Paderborn – Wien 1969, pp. 207–229.

[4] „Studia mediaevalia et mariologica" (P. Carolo Balić OFM septuagesimum explenti annum dicata), ed. Antonianum, Rom 1971, pp. 121–131.

*einer abendländischen Idee*, Halle/S. 1941, J. Rief, *Der Ordobegriff des jungen Augustinus*, Paderborn 1962 und R. Guardini, *Systembildende Elemente in der Theologie Bonaventuras*, Leiden 1963.

## I. Die Grundlage der Hierarchienlehre: der Ordogedanke

Grundlage der Lehre von den Hierarchien ist der Ordogedanke. Ja, man wird sagen können, daß die Hierarchienlehre eine besondere Anwendung und Ausgestaltung des Ordogedankens ist, der dem mittelalterlichen Denken ganz allgemein eine wesentliche Hilfe für die Darstellung seines Weltbildes und für die Interpretation des Daseins- und Lebensgefüges geleistet hat. Das gilt, auch wenn man kaum bei einem mittelalterlichen Autor ausdrückliche Abhandlungen über das Thema „ordo" findet[5]; ja vielleicht weist das gerade darauf hin, daß dieser Begriff so sehr zum selbstverständlichen Ausdruckselement geworden war, daß man kaum die Notwendigkeit empfand, sich mit ihm eigens zu befassen. Der Begriff selbst hat eine lange Geschichte. Im vorbiblischen und biblischen Sprachgebrauch findet sich der Ordogedanke im Kosmosbegriff. Die Vorsokratiker, Platon und Aristoteles sprechen häufig von der „τάξις τοῦ κόσμου". Auf die Bedeutung von „τάξις" in der Stoa und des Ordogedankens bei Cicero und Plotin sei hier nur kurz hingewiesen[6]. Die einschlägigen Texte zeigen, welche Vielschichtigkeit, ja welche Welt sich mit Hilfe des Ordogedankens darstellen läßt. Vor allem zeigt sich jedoch, daß vorchristliche und nichtchristliche Denker durch die nicht zu übersehende Tatsache der Ordnung im Universum auf Wege gewiesen wurden, die theologische Wege werden mußten, wenn sie folgerichtig weitergegangen werden sollten. Schließlich stößt man in der Tat auch sehr bald – nämlich grundlegend bei Augustinus und dann immer wieder bei den mittelalterlichen Denkern – auf wichtige theologische Zusammenhänge.

Wie schon erwähnt, gibt es im Mittelalter kaum ausdrückliche Abhandlungen über „ordo", und deshalb bereitet die Erfassung und Bearbeitung der entsprechenden Texte nicht geringe Schwierigkeiten. H. Krings hat mit Recht darauf aufmerksam gemacht, zugleich jedoch auf ein Such- und Gliederungsprinzip hingewiesen, das auf alle Autoren anwendbar ist und mit Hilfe dessen ihre Gedanken erfaßt werden können[7]. Dieses Gliederungsprinzip ist theologischer Natur; es liegt in dem Satz aus Weish 11, 20, daß Gott alles nach Maß, Zahl und Gewicht geordnet habe, was

---

[5] Der Schrift Augustins, *De ordine*, ist kein mittelalterliches Werk an die Seite zu setzen.
[6] Vgl. dazu J. Rief, *Der Ordobegriff des jungen Augustinus*, Paderborn 1962, pp. 42–72. Zum vorbiblischen und biblischen Sprachgebrauch vgl. H. Sasse, κόσμος, „Theologisches Wörterbuch zum Neuen Testament", Stuttgart 1933 ff., Bd. III, pp. 867–896.
[7] H. Krings, *Ordo. Philosophisch-historische Grundlegung einer abendländischen Idee*, Halle/S. 1941, p. 11.

allerdings nicht besagt, daß die Autoren des christlichen Mittelalters die entsprechenden Gedanken immer in irgendeiner Verbindung mit jenem Schriftzitat äußern. Es kommt in der Hauptsache vielmehr darauf an, die Gedanken zusammenzufassen, die sich an die Elemente der genannten Schriftstelle knüpfen, eben an „mensura", „numerus" und „pondus", die in Gott ihr Urbild haben, von ihm ausgehen und wieder zu ihm zurückführen.

Mensura, numerus und pondus erweisen sich also als die wesentlichen Elemente der Ordnung. Dabei handelt es sich näherhin um das Sein, die Unterschiedenheit und die Beziehung. Ordnung besteht nicht für sich, sondern immer an etwas, am Seienden. Ordnung setzt ferner nicht nur ein Seiendes, sondern mehrere voraus, die voneinander unterschieden sind, und Ordnung besagt schließlich, daß diese unterschiedenen Seienden in einer bestimmten Beziehung zueinander, in einer gegenseitigen Zuordnung stehen. Mensura bezeichnet in diesem Zusammenhang das Dasein eines Dinges aus seinem Ursprung: die Abmessung der Entstehungsgründe eines Seienden, insofern sie Voraussetzung für eine bestimmte Form sind; das Maß legt das Seiende in seinem zeitlichen Dasein, in seinem Früher oder Später fest, und es bezeichnet die Zumessung der Seinsvollkommenheit. Die Zahl enthält den eben genannten Begriff des Maßes; sein Gegenstand ist hier jedoch nicht mehr der Ursprung, sondern die Quantität, und ihre Funktionen als Ordnungselement sind drei: die Zahl begründet die Unterscheidung der einzelnen entstandenen Dinge, ferner ihre Spezifizierung, und sie ist schließlich das Fundament der Schönheit der Dinge. Das Seiende und nicht zuletzt die Gesamtheit der Seienden ist jedoch nicht nur ein Gefüge, sondern hat auch Gefälle. Ordnung ist nicht nur etwas Statisches, sondern zugleich etwas Dynamisches, und dieses dynamische Element der Ordnung wird mit Gewicht bezeichnet, das dem geordneten Ganzen eine bestimmte Art von Festigkeit und Zusammenhalt gibt und sowohl die Teile der Welt wie auch die Welt als ganze auf ein Ziel hin streben läßt. Das Gewicht tritt in den Dingen als „inclinatio", als „relatio" und als „finis" in Erscheinung[8].

Ihren philosophischen Ausdruck haben diese Elemente des Ordogedankens im Hinblick auf unseren Zusammenhang in den Lehren von der Stufung der Seienden und von der Influenz gefunden, in Verbindung mit denen dann auch die Emanationsspekulationen berücksichtigt werden müssen.

Hinter den Überlegungen über die Stufung der Seienden steht nicht zuletzt die Frage, wie das Verhältnis des Einen zu den Vielen zu denken sei, wobei es nicht nur darum geht, die Vielheit und Komplexität der Dinge auf eine einfache Ursache zurückzuführen, sondern auch darum, die verwirrende Mannigfaltigkeit der Seienden in eine einheitliche Ord-

---

[8] Dazu Krings, a. a. O., pp. 88–131.

nung zu bringen, in der Vielzahl und Vielfältigkeit der Vorgänge die
Ausrichtung auf ein gemeinsames letztes Ziel aufzuzeigen. Bonaventura
nun sucht alle diese Einzelfragen mit Hilfe einer Gedankengruppe zu
lösen, die er zwar in keiner seiner Schriften zusammenfassend erörtert, die
aber doch immer auftaucht, wo der Zusammenhang es fordert und
gestattet. Das geschieht v.a. in den dogmatisch-mystischen Opuscula,
insbesondere im 5. und 6. Kapitel des *Itinerarium mentis in Deum*, und es
handelt sich um die Ideen des „ens simplicissimum", der „plurificatio"
und der „gradatio entium" und ganz allgemein des „ordo".

Wie für die Erkenntnis der Seinsordnung das „ipsum esse", durch das
alles erkannt wird, Grundprinzip und Name für das höchste Seiende ist,
so stellt für die Schau der Wertordnung das „ipsum bonum" das „princi-
palissimum fundamentum" dar, besser als das, wie es in Anlehnung an
Anselm heißt, nichts gedacht werden kann[9]. Trotz seiner absoluten Transzendenz — es ist „extra omne genus", sagt Bonaventura[10] — vermag sich
das höchste Seiende als „summum bonum summe diffusivum sui" zu verströmen und zwar nicht nur in vollkommener Weise im innertrinitarischen
Leben, sondern auch in unvollkommener Weise durch Schöpfung und
Gnade[11]. Die absolute Aktualität als die unendliche Fülle alles Möglichen
und die unendliche Gutheit als der absolute Wille, sich zu verströmen,
setzen das höchste Seiende instand, sich auch den endlichen Seienden
mitzuteilen. Und hier liegt der Ansatzpunkt für die Lösung der Frage nach
dem Verhältnis des Einen zu den Vielen.

Dem höchsten Seienden als dem Ersten, dem absolut Einfachen, dem
schlechthin Wirklichen und höchsten Guten stehen die vielen Einzeldinge
in einem geordneten Verhältnis gegenüber. Ihre Vielheit geht aus der
Einheit, ihre Veränderlichkeit aus der Unveränderlichkeit, ihre Unvollkommenheit aus der Vollkommenheit und ihre Ordnung aus der Erstheit
des höchsten Seienden hervor[12]. Bonaventura läßt zwar keinen Zweifel
daran, daß er das „produci" der Einzeldinge aus dem höchsten Seienden
als eine „creatio ex nihilo" versteht; durch die Begriffe, die er dabei
verwendet, kommt jedoch zugleich der enge Zusammenhang zum Ausdruck, in dem die vielen Einzeldinge mit dem Ersten und Einen stehen.
Der Emanationsbegriff kehrt v.a. unter den Bildern von Quelle und
Fruchtbarkeit wieder. Die häufige und klare Betonung der „creatio ex
nihilo" schließt bei alledem ein pantheistisches Mißverständnis aus. Die
Vorstellung jedoch wird festgehalten, daß das Vielfache, Besondere aus
dem Einfachen, Allumfassenden, Ersten „fließt". „Das Endlich-Vielfache
verdankt sein Dasein der Tatsache, daß das Absolute bonum ist und damit

---

[9] Bonaventura, *Itinerarium mentis in Deum* VI, 1 (V, 310b).
[10] A.a.O. V, 4 (V, 309a).
[11] Vgl. den ganzen Text von *Itin.* VI, 2 (V, 310b–311a).
[12] Vgl. dazu die Einleitung zu II *Sent.* d. 1. p. 1 a. 1 q. 1 (II, 14a).

diffusivum sui."[13] Wie es näherhin zu denken ist, daß von dem im höchsten und vollkommensten Sinne einen Prinzip die quantitative und qualitative Vielheit der Einzeldinge kommen kann, vermag allerdings auch Bonaventura nicht zu sagen.

Die Selbstmitteilung Gottes an die Geschöpfe tritt in Erscheinung als Ähnlichkeit der Geschöpfe mit Gott, und die Vielheit der geschaffenen Seienden beruht auf deren verschiedenen Stufen und Annäherungen an das göttliche Wesen. Wenn man nicht vergißt, was Bonaventura von der Überartlichkeit Gottes gesagt hat, versteht es sich von selbst, daß die absolute Transzendenz Gottes gewahrt bleibt, auch wenn Gott für Bonaventura gleichsam die oberste Stufe einer Leiter darstellt, deren unterste das Nichts ist. Wie konsequent Bonaventura es ablehnt, Gott als gleichartige, wenn auch oberste Stufe jener Leiter der Seienden zu sehen, dürfte besonders deutlich aus seiner Auseinandersetzung mit den Neuplatonikern hervorgehen, nach deren Auffassung zwischen Gott und den Geschöpfen Mittelwesen, die Intelligenzen, stehen, durch deren Vermittlung Gott die einzelnen Geschöpfe ins Dasein setzt. Diese Ansicht betont zwar einerseits die Kluft zwischen Gott und den Geschöpfen, also seine Transzendenz, da Gott ja sonst nicht der Mittelwesen bedürfte, sie geht anderseits aber doch zugleich davon aus, daß eine reale Überbrückung des Unterschiedes zwischen Gott und den Geschöpfen – eben durch die Seinsvermittlung der Intelligenzen – möglich ist. Bonaventura verwirft diese These und vertritt ihr gegenüber: Deus „potest in omnia sine medio". Die Überbrückung der Kluft zwischen Gott und den Geschöpfen erfolgt einzig und allein durch die creatio ex nihilo. Die abgestufte Ähnlichkeit der Geschöpfe mit dem Schöpfer ist nur ein Bild, bei dem niemals vergessen werden darf, daß Gott durch keine noch so vielfache graduelle Steigerung erreicht werden kann.

Die Begriffe emanatio und descensio und die damit verbundenen reductio oder ascensio in dem Zusammenhang weisen darauf hin, daß der Stufungsgedanke nicht rein statisch verstanden werden darf. Die Ordnung des Seins und der Seienden beinhaltet zugleich eine vielfältige metaphysische Bewegung, die schließlich zu einer Bewegung des sittlich-religiösen Strebens wird. Besondere Bedeutung fällt hierbei den „media" zu, und damit kommen wir zum zweiten für unseren Zusammenhang wichtigen Ausdruckselement des Ordogedankens: zur Influenztheorie. Jede Stufe ist zugleich ein Vermittelndes, das den Strom von Kraft, Licht, Leben von der vorhergehenden empfängt und an die folgenden weitergibt.

Bei der Behandlung der Frage aus der Trinitätslehre, „utrum generatio filii terminata sit"[14], spricht Bonaventura von einer eigentümlichen Gattung des Seienden, in der Werden, Sein und Gewordensein dasselbe sind.

---

[13] Guardini, *Systembildende Elemente*, pp. 97 f.
[14] I *Sent.* d. 9 a. u. q. 4 (I, 186 b).

Diese Seienden besitzen ein fortwährendes Sein und hängen gänzlich von ihrem hervorbringenden Prinzip ab. Solcher Art sind die „influentiae sive corporales sive spirituales". Der Influenzbegriff spielt in der Lichtlehre eine wichtige Rolle, er bezeichnet oft den Seinsfluß von einem Ding auf das andere, er kann aber auch nur noch eine vorübergehende Wirkung im Sinne von „Einfluß ausüben" bezeichnen. Besondere Bedeutung gewinnt der Begriff innerhalb der Lehre vom Leben, das Bonaventura auch als ein Fließen definiert[15], dessen wichtigste Erscheinungsform die Mitteilung der sensus et motus, d. h. der Gesamtheit der Empfindungsvorgänge und der Gesamtheit der Bewegungsantriebe, ist. In der Lehre über das Verhältnis von Seele und Leib hat Bonaventura den Influenzgedanken besonders entfaltet.

Im Menschen geht das Leben von der Seele aus, die vollendendes, d. h. die Struktur aufbauendes, und bewegendes Prinzip des Körpers ist. Die Influenz der Seele auf den Körper setzt jedoch bei diesem eine ganz bestimmte Empfänglichkeit voraus. Diese ist gegeben durch die „organisatio" und die „complexio". Unter organisatio ist eine Anordnung der Körperteile zu verstehen, auf Grund deren diese Teile ein einheitliches System bilden. Hinzu kommt ferner, daß die Teile von einem Zentrum ihre Lebensimpulse empfangen und in ihrer Tätigkeit auf eine einheitliche Gesamtwirkung hingeordnet sind. Mit der complexio ist die ausgewogene Verbindung der Elemente gemeint, die den Körper konstituieren. Diese complexio ist sogar so wichtig, daß die Seele ohne sie nicht einmal im Körper existieren kann.

Gerade im Zusammenhang mit dem Gedanken der complexio wird die Ordoidee in vielfältiger Weise wirksam. Es gibt Zusammenfügungen verschiedener Art. Uns interessiert besonders die in den Lebewesen, die eine Zusammensetzung aus unähnlichen und einander widerstreitenden Teilen ist. Die einzelnen Elemente müssen ausgeglichen, bzw. gebunden werden, und die Kraft, die das bewirkt, ist das Licht. Der durch das Licht erreichte Ausgleich ist jedoch keine absolute Gleichheit, sondern ein Maßverhältnis, in dem alle einzelnen Elemente in eine harmonische Ordnung zueinander gefügt und auf ein bestimmtes Ziel hingeordnet sind[16]. Complexio und organisatio gehören zusammen, und sie sind zugleich für Bonaventura die physiologische Ausdrucksgestalt für das Organische im weiten Sinne, das ja nichts anderes ist als ein Ganzes, das nach Struktur und Wirksamkeit aus verschiedenen, sinnvoll ineinander gefügten und miteinander wirkenden Teilen besteht. Der Ordogedanke tritt hier ganz deutlich mit allen seinen Komponenten hervor. Er ist so stark, daß Bonaventura mit seiner Hilfe sogar das Böse im wahren und eigentlichen Sinne „einzuordnen" und dadurch aufzufangen vermag. Das Böse durch-

---

15 I *Sent.* d. 36 a. 2 q. 1 ad 4 (I, 624 b).
16 Vgl. dazu die ganze Quaestio 3 von II *Sent.* d. 17 a. 2.

bricht zwar die Ordnung der Natur, fällt aber dadurch unter die Ordnung der Gerechtigkeit, die es dazu zwingt, für das Unrecht Sühne zu leisten und dadurch sich selbst (das Böse) zu überwinden.

## II. Der Ordogedanke in der Hierarchienlehre

Das statische und das dynamische Element, die wir im Ordobegriff selbst kennengelernt und in den Lehren von der Stufung der Seienden und von der Influenz wiedergefunden haben, finden ihren besonderen Ausdruck in der Lehre von den Hierarchien. Von der Hierarchiedefinition des Pseudoareopagiten ausgehend, faßt Bonaventura als Grundgedanken der Hierarchievorstellung zusammen, daß die Hierarchie eine auf Gott, und zwar den dreifaltigen Gott, bezogene, näherhin auf den Graden der Gottähnlichkeit beruhende Ordnung übernatürlichen Lebens ist, innerhalb deren es dementsprechend Abstufungen, d. h. Unter- und Überordnung gibt und die zugleich Sinn und Zweck alles Geschaffenen deutlich werden läßt, nämlich durch Gnade, Erkennen und sittliches Tun dem Schöpfer immer ähnlicher, zum Schöpfer zurückgeführt zu werden[17]. Die Vorstellungen von der Stufung der Seienden, der Influenz, der Emanation und der Reduktion sind unverkennbar ins Theologische übertragen.

Bei der Hierarchie als umfassender Konzeption müssen verschiedene Stufen unterschieden werden. Die oberste Hierarchie ist der dreieinige Gott, die „hierarchia divina". Darunter steht die „hierarchia caelestis" auch „hierarchia angelica" genannt; sie umfaßt die Engel und die Seligen. Die dritte Stufe bildet die „hierarchia subcaelestis" oder auch die „hierarchia ecclesiastica"; sie umfaßt die Erlösten auf Erden. Die Ordnung selbst ist eine Rangordnung, die auf der Ähnlichkeit mit Gott beruht. Charakteristisch für sie ist das Zahlengesetz des Ternars. Dieses Zahlengesetz gilt sowohl für die eben skizzierte hierarchische Gesamtkonzeption als auch für die bzw. innerhalb der einzelnen hierarchischen Stufen. Die Durchführung der hierarchischen Gliederung, zumal innerhalb der einzelnen Stufen, ist bei Bonaventura nicht immer leicht zu verfolgen. Manchmal verlieren sich die Aufzählungen im Unentwirrbaren. Dabei ist allerdings zu berücksichtigen, daß die in Frage kommenden Texte in den *Collationes in Hexaemeron* stehen, die uns nur als Nachschriften von Hörern erhalten sind, die möglicherweise die Gedanken Bonaventuras nicht rasch genug festhalten konnten und vermutlich auch nicht in der Lage waren, sie später zu rekonstruieren.

Als einen locus classicus Bonaventuras über die kirchliche Hierarchie (in Verbindung mit der himmlischen) kann man die *coll. XXII (nn. 2—23) in Hexaemeron* bezeichnen. Unter dem Bilde des Mondes befaßt sich Bona-

---

[17] *Collationes in Hexaemeron* XXI, 17 (V, 434a).

ventura mit der streitenden Kirche. Wie der Mond als Sohn der Sonne sein Licht von dieser empfängt, so auch die streitende Kirche vom himmlischen Jerusalem. Das himmlische Jerusalem ist die Mutter der streitenden Kirche, weil es die Mutter der Einflüsse ist, durch die wir Kinder Gottes werden. „Caelestis hierarchia est illustrativa militantis ecclesiae." Licht- und Influenztheorie verbinden sich hier, um die Lebensvermittlung von der himmlischen zur kirchlichen Hierarchie zum Ausdruck zu bringen. Von da aus ist es auch verständlich, daß die streitende Kirche Ordnungen aufweisen muß, die den Ordnungen der himmlischen Hierarchie entsprechen, welche jenes Leben vermitteln. Die Ordnungen der kirchlichen Hierarchie werden nach drei Gesichtspunkten unterschieden: nach dem des Fortschreitens, dem des Aufstiegs und dem der Betätigungen.

Wie schon angedeutet, begnügt sich Bonaventura nicht mit einer so groben Differenzierung, sondern er treibt die Unterscheidungen und Zuordnungen vielfältig weiter, wobei diese nicht nur gleichsam auseinander streben, sondern auch immer wieder ineinander- und übereinandergreifen. Es würde sicher mehr Verwirrung als Übersicht schaffen, wenn ich nun in dem mir zur Verfügung stehenden Rahmen möglichst viele Einzelheiten aufführte. Ich muß dafür nochmals auf den genannten einschlägigen Bonaventura-Text (*Coll. XXII in Hex.*) und meine eingangs erwähnten Aufsätze verweisen und mich jetzt auf einige nur mehr orientierende Angaben beschränken.

Grundsätzlich wichtig für Bonaventuras Verständnis der hierarchischen Struktur ist, daß es sich bei dieser für ihn nicht um einen Bau von unten nach oben, sondern von oben nach unten handelt. Ja, Bonaventura scheut sich sogar nicht, das Bild von der Wurzel in der Weise anzuwenden, daß diese die Lebenssäfte von oben her in den Körper leitet; denn beim Menschen entspricht der Wurzel das Haupt, das zum Himmel gerichtet ist und von dem aus alles in den Menschen strömt, womit selbstverständlich die Bindung des Menschen nach oben, d. h. an Gott, zum Ausdruck gebracht ist.

Die erste Gruppe der Ordnungen innerhalb der kirchlichen Hierarchie wird, wie gesagt, unter dem Gesichtspunkt des Fortschreitens betrachtet, und zwar, weil die streitende Kirche eine zeithafte Größe ist. In der Zeit geboren, schreitet sie in der Zeit fort — im Gegensatz zu den Engeln, die in einem Augenblick erschaffen und zugleich gefestigt worden sind. Innerhalb dieser Gruppe unterscheidet Bonaventura grundlegende, weiterbewegende und vollendende Ordnungen, von denen die ordines fundamentales dem Vater, die ordines promoventes dem Sohne und die ordines consummantes dem Hl. Geiste zugeordnet werden. Die verschiedenen Ordnungen der kirchlichen Hierarchie werden jedoch nicht nur zur göttlichen, also zur Trinität, sondern auch zur himmlischen Hierarchie, nämlich den Engeln, d. h. den einzelnen Engelchören, in Beziehung gesetzt. Im einzelnen zählt Bonaventura zu den ordines fundamentales die

Patriarchen, die Propheten und die Apostel; zu den ordines promoventes die Martyrer, die Bekenner und die Jungfrauen; zu den ordines consummantes die Vorsteher, die Lehrer und die Ordensleute. Die Grundlegung der Kirche erfolgt also durch die Patriarchen, die Propheten und die Apostel; das Wachstum der Kirche erfolgt durch die Martyrer, die Bekenner und die Jungfrauen; und durch die Vorsteher, die Lehrer und die Ordensleute soll die Kirche in ihrer Gesamtheit geordnet und durch den Hl. Geist erfüllt werden.

Ein weiteres Ordnungsgefüge innerhalb der streitenden Kirche wird unter dem Gesichtspunkt des Aufstiegs entfaltet. Bonaventura knüpft an 1 Kg, 6,36, wo von den drei Quadersteinen die Rede ist, aus denen Salomon den inneren Vorhof des Tempels baute, und er sieht in diesen das Vorbild für einen dreistufigen Aufbau der Kirche hinsichtlich der Funktion ihrer Stände bzw. dreier Standesgruppen. Es handelt sich um die gradus purgativi, illuminativi und perfectivi. Die Ternare werden wiederum bis in die letzten Glieder durchgeführt. Der Stand der „purgativi" ist dreigeteilt, weil eine dreifache purgatio erforderlich ist: von der Gemeinschaft mit den Verworfenen (Aufgabe der Ostiarier), vom Dunkel der Unwissenheit (Aufgabe der Lektoren) und von der Anfeindung von seiten der Dämonen (Aufgabe der Exorzisten). „Gradus" und „ordines" werden in dem Zusammenhang synonym gebraucht, und es versteht sich von selbst, daß die einzelnen Stände bzw. Ordnungen zugleich Rangstufen darstellen. Das wird auch aus der jeweiligen Zuordnung zu einem bestimmten Engelchor deutlich, die wiederum erfolgt. Zu den ordines „illuminativi" gehören die Akolythen, die Subdiakone und die Diakone. Die Akolythen haben die Lichter zu tragen, die Subdiakone die Epistel und die Diakone das Evangelium zu lesen. Allen Funktionen liegt ein Lieblingsanliegen der kirchlichen Liturgie und insbesondere auch des hl. Franziskus zugrunde: der Gedanke vom „lumen veritatis in operatione", von der Bezeugung der verkündeten Wahrheit durch das Leben des Verkünders. An dritter Stelle bleiben in dem Zusammenhang nun noch die ordines „perfectivi" zu nennen, zu denen die Priester, die Bischöfe und die Patriarchen gehören. Die Vollendung, die durch die Priester zu geschehen hat, besteht in der allgemeinen Verwaltung der Sakramente der Taufe, der Buße, der Eucharistie und der letzten Ölung, ohne die es kein Heil gibt. Den Bischöfen obliegt die Verwaltung der vorbehaltenen Sakramente der Priesterweihe und der Firmung. Sie können in vollkommener Weise den Hl. Geist mitteilen, wie er nur durch die Apostel verliehen wurde. Darum nehmen sie auch die Stelle der Apostel ein. Über den Aposteln aber steht Christus und danach Petrus. Es muß also einen Vater der Väter geben, und diesen nennen wir den Papst, der um seiner Verdemütigung willen vier Patriarchen unter sich hat. Auf den Papst und die vier Patriarchen wendet Bonaventura Is 19,18 an: „Fünf Städte werden im Lande Ägypten sein, . . . aber nur eine wird Sonnenstadt

heißen." Diese Sonnenstadt ist das universale Rom, das wie die Sonne die Fülle der Macht über alle anderen hat. Die drei in dieser Gruppe genannten Ordnungen unterscheiden sich nicht auf Grund der Einprägung eines neuen Charakters, da ja keine Stufe über das Priestertum hinausgeht, sondern auf Grund höheren Ranges und höherer Macht. Auch diese kirchlichen Stände werden bestimmten Engelchören zugeordnet.

Die dritte Hauptunterscheidung der Ordnungen innerhalb der kirchlichen Hierarchie trifft Bonaventura unter dem Gesichtspunkt der Betätigungen, und er unterscheidet drei Tätigkeitsbereiche: die „vita activa", die „vita contemplativa" und eine Synthese von beiden. Die Vertreter jener Synthese sind die Prälaten, die Vorsteher, die unter dem Gesichtspunkt des Aufstiegs innerhalb der kirchlichen Stände den höchsten Rang einnehmen, denen jedoch im Hinblick auf die Betätigungen nur der mittlere Rang zukommt. Die unterste Stufe bilden hier die Vertreter des rein aktiven Lebens, die Kontemplativen nehmen den höchsten Rang ein. Und während Bonaventura bei der zweiten Hauptunterscheidung die kirchlichen Standesgruppen nicht jeweils einer der drei göttlichen Personen zuordnete, sondern sich mit der Zuweisung zu den Ordnungen der Engelhierarchie begnügte, wird nun der trinitarische Bezug wieder herausgestellt: Die Ordnung der Aktiven entspricht dem Vater, dem Zeugung und Hervorbringung zukommt; die Ordnung der Vorsteher entspricht dem Sohne und die der Kontemplativen dem Hl. Geist. Diese Zuordnung ruht, wie das folgende zeigt, auf dem Vergleich der Produktivität und der Produktibilität. Aktive, Vorsteher und Kontemplative werden dann näherhin als Laien, Kleriker und Mönche bezeichnet. Der Mönchsstand ist nur hervorgebracht, der Laienstand ist hervorbringend, und der Klerikerstand ist hervorgebracht und hervorbringend; denn aus dem Laien wird der Kleriker, und aus dem Kleriker wird der Ordensmann.

Jede der drei Ordnungen ist selbst wieder dreigeteilt und über den trinitarischen Bezug hinaus jeweils bestimmten Engelordnungen zugewiesen. Besondere Aufmerksamkeit verdient der Klerikerstand, der tätiges und beschauliches Leben zu verbinden hat, um Mittler zwischen Gott und dem Volke zu sein. Die klerikalen Stände, die unter dem Gesichtspunkt des Aufstiegs als reinigende, erleuchtende und vollendende Ordnungen dreigeteilt waren, erscheinen jetzt in einer neuen Dreiteilung, nämlich als dienende, priesterliche und bischöfliche Ordnungen. Auf diese Funktionen des Dienens, des Heiligens durch Worte und des Regierens lassen sich alle Aufgaben der Kleriker zurückführen.

Die Ordnung der Kontemplativen umfaßt drei Unter-Ordnungen, die der höchsten Hierarchie entsprechen. Ihre Aufgabe besteht darin, für die göttlichen Dinge frei zu sein. Sie sind auf dreifache Weise dem Göttlichen zugewandt: die einen durch das Fürbittgebet, andere durch das Schauen im Spiegel und wieder andere durch das Emporgehobenwerden. Zu denen, die durch das Fürbittgebet Gott zugewandt sind, gehören die Mönche wie

die Zisterzienser, Prämonstratenser, Kartäuser oder Regularkanoniker, denen Besitzungen gegeben sind, damit sie für jene beten, die sie ihnen gegeben haben. Durch die Schau im Spiegel sind die Gott zugewandt, die sich von allem Irdischen getrennt haben, und zu ihnen gehören die Prediger- und die Minderbrüder. In dem Zusammenhang klingen im übrigen Gedanken an, die bezeichnend für Bonaventura sind und in seinem Werk eine wichtige Rolle spielen: die Schau im Spiegel, die Bedeutung der Reinheit im umfassenden Sinne für die Erkenntnis, die Einheit von Erkennen und Tun und nicht zuletzt der Vorrang der Liebe und der fruitio vor der Erkenntnis. Das Letzte zeichnet sich auch darin ab, daß die eigentlichen Weihegrade der kirchlichen Hierarchie einschließlich der Priester und der Bischöfe niedriger im Rang stehen als die Mönche und die Mitglieder des Prediger- und des Minderbrüderordens. Die „speculatio", von der hier die Rede ist und die ich als „Schau im Spiegel" wiedergegeben habe, dürfte jedoch auch im weiteren Sinne als spekulative Wissenschaft bzw. spekulative Theologie zu verstehen sein, was v.a. die besondere Zuweisung dieser Tätigkeit an den Dominikanerorden nahelegt. Zur dritten Ordnung der Kontemplativen gehören diejenigen, die einzig und allein für Gott da sind, emporgehoben durch Ekstase und Entrückung. Das ist der Seraphische Orden, zu dem Franziskus gehört zu haben scheint. In dieser Ordnung wird die Kirche vollendet, es ist aber schwer zu sagen, welcher dieser zukünftige Orden sei. Es ist wichtig zu beachten, daß der Seraphische Orden, von dem hier gesprochen wird, nicht mit dem häufig auch so genannten Minderbrüderorden gleichzusetzen ist. Dieser gehört ja, wie eben dargelegt, in die zweite Gruppe der Kontemplativen. Lediglich Franziskus wird jenem ordo seraphicus, der ein ordo der Zukunft ist, zugeordnet.

Ich habe bereits erwähnt, daß die Unterscheidungen und Zuordnungen, die Bonaventura vornimmt, nicht nur gleichsam, sich vielfältig verzweigend, auseinanderstreben, sondern auch immer wieder ineinander- und übereinandergreifen. Das gilt in entsprechender Weise auch von der Zuweisung der einzelnen Stände und Stufen in der kirchlichen Hierarchie an bestimmte Engelchöre. Unter verschiedenen Gesichtspunkten werden diesen jeweils auch verschiedene Glieder der kirchlichen Hierarchie zugeordnet. Solche Abweichungen sollten aber wohl weniger als Inkonsequenz gesehen werden als vielmehr als Zeichen dafür, als welch ein lebendiges Gefüge von Ordnungen und ineinander greifenden Funktionen Bonaventura die gesamte Hierarchie des Himmels und der Kirche sieht. Das kommt auch im Schlußabschnitt über die hierarchische Ordnung der Kirche zum Ausdruck. Bonaventura sagt, daß die aufgezählten Ordnungen zwar nach dem Gesichtspunkt größerer und geringerer Vollendung voneinander unterschieden werden, daß diese Unterscheidung jedoch nach dem Stand und nicht nach den Personen erfolgt; denn es ist durchaus möglich, daß etwa ein Laie vollkommener ist als eine Ordensperson.

## III. Die besondere Funktion der Ämter in der Kirche

Indem Bonaventura den einzelnen Gliedern der kirchlichen Hierarchie ihren Ort innerhalb der umfassenden Ordnung zuweist, sagt er meist auch zugleich etwas über ihre Funktion im Rahmen des Ganzen aus. Auf die Funktion, d. h. die Bedeutung, welche die einzelnen Glieder füreinander haben, müssen wir noch kurz eingehen. In der Art, wie Bonaventura diese Dinge behandelt, kommt das zum Ausdruck, was wir als Gefälle neben dem Gefüge im Gesamt des Ordogedankens bezeichnet haben.

Bei der Darlegung der hierarchischen Ordnung als solcher in der Kirche ist schon deutlich geworden, daß es sich dabei keineswegs um ein starres, sondern durchaus lebendiges Gebilde handelt. Die Hierarchie der Kirche ist gleichsam ein Organismus, den die eine, allen Gliedern gemeinsame, aus Gott selbst stammende Lebenskraft durchströmt, die ihr, der Kirche, jedoch nicht unmittelbar, sondern durch Vermittlung der himmlischen Hierarchie zugeleitet wird. In der *Collatio XXI, 21 in Hexaemeron* ist dieser Gedanke klar ausgesprochen und kurz zusammengefaßt: Die erste himmlische Hierarchie wird allein von Gott hervorgebracht und erleuchtet, die zweite wird von Gott und von der höchsten erleuchtet, die niedrigste von Gott, von der höchsten und von der mittleren. Die kirchliche Hierarchie wird von allen erleuchtet[18].

In der Ordnung der Vermittlungen ist jede Stufe Vermittler zwischen den beiden anliegenden, d. h. der darüber und der darunter liegenden. Gleichsam als Grundgesetz hierarchischen Lebens läßt sich der Satz bezeichnen, den Bonaventura im Anschluß an Pseudodionysius formuliert: Die Ordnung, die das göttliche Gesetz in seinen Werken durchführt und bewahrt, ist die: daß das Letzte durch das Mittlere zum Höchsten geführt wird[19]. Hier ist auch der wichtige Gedanke ausgesprochen, daß alles hierarchisch geordnete und von Gott her durchströmte Leben seinen Sinn nicht in sich selbst trägt, sondern die Aufgabe hat, zum Höchsten zu gelangen, d. h. in zunehmenden Maße bis zur Vollendung Gott ähnlich zu werden, wobei alle Glieder einander behilflich zu sein haben.

Die Verwirklichung alles dessen wird auch „hierarchizare" genannt, und die Akte, welche diese hierarchizatio herbeiführen, sind die „actus hierarchici". Sie sind mannigfacher Art, lassen sich jedoch auf drei zurückführen: auf das purgare, das illuminare und das perficere bzw. unire. Mit dem Inhalt dieser Akte befaßt sich Bonaventura sehr oft, ausdrücklich in der Schrift *De triplici via*. Und die Akte selbst sind die wesentliche und zugleich vornehmste Aufgabe derjenigen, die ein Amt in der Kirche auszuüben haben.

---

[18] V, 435a.
[19] II *Sent.* d. 11 a. 1 q. 1 (II, 277b).

Die Schritte der drei Wege und die Wege selbst sind wiederum jeweils vielfältig, und so, wie Bonaventura sie beschreibt, stellen weder die einzelnen Übungen der Wege noch die Wege selbst etwa eine genau einzuhaltende Reihenfolge dar; sie greifen vielmehr ständig ineinander. Schon der Reinigungsweg führt aus den Niederungen der Sünde bis zur Höhe der Ruhe und des Friedens in Gott, und da dieses Ziel durch nichts mehr überboten werden kann, umgreift der Reinigungsweg den ganzen Heilsweg des Menschen von seinen Anfängen bis zur Vollendung. Die beiden anderen Wege, Erleuchtung und Vollendung, bauen nicht eigentlich auf dem ersten auf, um sozusagen dann über ihn hinauszugehen, sondern sie münden gleichsam in ihn, auf dem in irgendeiner Hinsicht immer verblieben werden muß. Erleuchtung und Vollendung bereichern jedoch den einen Weg. Sie setzen neue Akzente und machen weitere Zusammenhänge deutlich.

## IV. Christus als Hierarch schlechthin

Der hierarchischen Ordnung, die Bonaventura entwickelt, würde nun aber das Wesentliche fehlen, wenn er das Ganze nicht auch auf den zurückführte, der für ihn der Mittelpunkt, die Mitte schlechthin ist: Jesus Christus. Im Schlußabschnitt über die hierarchische Ordnung der Kirche, wie ihn die Redactio A der *Collationes in Hexaemeron* bietet, steht der Satz: Einer aber ist der Alleinherrscher (Monarcha), welcher der Ursprung aller Ordnungen und Stufen ist. Das Ganze der Kirche ist ein Leib, wird von einer Speise genährt, erwartet einen Lohn, und außerhalb dieser Einheit kann niemand Glied Christi sein[20].

Die Lehre vom „corpus mysticum" Christi steht also in einem engen Zusammenhang mit der Lehre von den Hierarchien. Während die Hierarchienlehre jedoch nicht zum eigentlichen Bestand der Schultheologie geworden ist, wurde die Lehre vom mystischen Leib sorgfältig ausgearbeitet. Sie diente gerade auch der Schultheologie vor allem dazu, die Stellung Christi zu Gott und den Menschen und die Erlösungs- und Gnadenlehre unter einem instruktiven Bilde darzustellen. Bonaventura steht mit seiner Lehre vom corpus mysticum in einer alten Tradition. Was er über das Ordnungs- und Funktionsgefüge der Kirche gelehrt hat, ist vor allem im Bilde vom mystischen Leibe als einem Bilde lebendiger Ordnung zusammengefaßt. Und wenn vorhin gesagt wurde, daß das officium praelationis, das Führungsamt in der Kirche, ein Dienst ist, eine missio ad ministeria, deren eigentlicher Inhalt die „actus hierarchici" sind, dann versteht es sich von selbst, daß die Prälaten in dem Dienst, den sie der Kirche leisten, auch eine besondere Christusförmigkeit erreichen, weil

---

[20] XXII, 22–23 (Ed. Delorme, Ad Claras Aquas 1934, p. 256f.).

eben Jesus Christus der höchste Hierarch, der hierarchizator schlechthin ist, der die Kirche und jedes ihrer Glieder reinigt, erleuchtet und vollendet[21].

## V. Ergebnisse

Das Ergebnis dessen, was hier gesagt oder zu einem Teil nur angedeutet werden konnte, will ich zum Schluß in einigen Thesen zusammenfassen.

Überblicken wir zunächst die Sachverhalte, welche Bonaventura in seiner Lehre von der kirchlichen Hierarchie mit Hilfe des Ordogedankens und seiner Strukturelemente dargelegt hat; dazu folgende Thesen:

1. Es versteht sich von selbst, daß die Kirche als Werk der göttlichen Weisheit ein geordnetes Ganzes ist. Die in diesem Ganzen in Erscheinung tretende Ordnung setzt dessen einzelne Glieder in eine Beziehung der Über- und Unterordnung zueinander. In ihr ist also nicht das Prinzip der Gleichheit, sondern eine Rang- und Stufenordnung verwirklicht.

2. Diese Rang- und Stufenordnung ist jedoch nicht starr, sondern sie fällt mitunter je nach dem Gesichtspunkt verschieden aus.

3. Die Ordnung innerhalb der Kirche ist auch insofern nicht starr, als ihre Glieder teils auf die gegenseitige Vermittlung des Lebens angewiesen, teils dazu verpflichtet sind.

4. Die hierarchische Ordnung umfaßt nicht nur die Kleriker, sondern alle Stände innerhalb der Kirche.

5. Als hierarchische Struktur ist die Kirche nicht von unten nach oben, sondern von oben nach unten gebaut. Sie ist Abbild des Urbildes, nämlich der göttlichen Trinität, und sie fließt − im richtig verstandenen, d. h. nicht emanatistisch-pantheistischen Sinne − und lebt auch − durch Vermittlung der himmlischen Hierarchie − aus der göttlichen Trinität. Es kann hier also niemals von einer demokratischen, sondern einzig und allein von einer theokratischen Ordnung die Rede sein.

6. In engem Zusammenhang mit der hierarchischen Ordnung der Kirche muß auch ihre Rechtsordnung gesehen werden. Gerade dann wird nämlich deutlich, daß letztere nicht Selbstzweck sein kann. Wie alle Ordnung in der göttlichen Weisheit ihren Grund hat, so werden auch die Rechtsordnung und die Rechtswahrung innerhalb der Kirche ihre Rechtmäßigkeit stets durch ihre Beziehung zur göttlichen Weisheit zu erweisen haben und eben dadurch auch die Aufgabe erfüllen können, zur Verwirklichung der Schönheit des Universums beizutragen.

Wenn wir weiter davon ausgehen, daß erstens die drei Wege der Reinigung, der Erleuchtung und der Vollendung nur ein anderer Name für die sogenannten hierarchischen Akte sind, daß zweitens diese hierar-

---

[21] Dazu die *Coll.* II und III *in Hexaemeron* (V, 336−348).

chischen Akte die bis zur Vollendung fortschreitende Verähnlichung alles hierarchisch geordneten und von Gott her durchströmten Lebens mit Gott bewirken und daß drittens diese Akte den wesentlichen Inhalt des Dienstes ausmachen, den die Prälaten, die Vorsteher, für die Grundlegung, Ausbreitung und Vollendung der Kirche zu leisten haben, dann können wir folgendes feststellen:

1. Jeder Christ ist, sofern er sein Ziel erreichen will, verpflichtet, gewissenhaft mit der Gnade Gottes mitzuwirken, um aus den Niederungen der Sünde durch Reinigung und Erleuchtung zur Vollendung der Gemeinschaft mit Gott zu gelangen.

2. Der praelatus ist als Christ naturgemäß auch zu alledem verpflichtet. Er ist es jedoch in gesteigertem Maße, weil er die missio hat, seine Brüder auf jenem dreifachen Wege zu führen, ihnen vorauszugehen und ihnen – und damit der ganzen Kirche – die ministeria des purgare, illuminare und perficere zu erweisen. Je treuer die praelati in der Kirche ihren Auftrag erfüllen, desto unangefochtener wird wohl auch jener Bau der Kirche von oben nach unten aus dem Glauben an die urbildhafte Kraft der göttlichen Trinität akzeptiert werden. Oder anders gesagt: Je treuer die praelati in der Kirche ihrer Sendung entsprechen, desto überflüssiger wird es erscheinen, gleichsam von unten nach oben – im Sinne einer Demokratisierung – korrigierend auf die Gestalt der Kirche einzuwirken.

3. Jedes Amt in der Kirche, dessen Grundfunktionen wir als Reinigen, Erleuchten und Vollenden kennen gelernt haben, ist Teilhabe am Erlöserwirken Christi, der als Hierarch schlechthin Ur- und Vorbild jedes menschlichen Hierarchen, welcher Ordnung auch immer, ist.

4. Mit alledem leistet Bonaventura auch einen Beitrag zum Thema „Amt und Amtsträger in der Kirche". Er geht dabei kaum von rechtlichen, sondern vielmehr theologischen – genau gesagt: christologischen – Erwägungen aus. Damit hat Bonaventura deutlich gemacht, daß in der Kirche Christi rechtliche Strukturen immer zugleich oder im Letzten sogar nur theologisch verstanden und daß die Ämter in der Kirche im Grunde nur funktional gesehen werden sollten – ein Gedanke, der gerade der heutigen Theologie nicht fremd ist.

# IERARCHIA:
## UN CONCEPT DANS LA POLÉMIQUE UNIVERSITAIRE PARISIENNE DU XIIIème SIÈCLE

par Michel-Marie Dufeil (Montpellier)

## I. Guillaume de Saint-Amour et la thèse «traditionnaliste»

### A. Champ sémique

### 1. Tradition?

Maître Guillaume. Il est, on le sait[1], un passéiste comme tout nanti et ceci constitue l'aspect fondamental de la lutte de classe[2] quand naissait la dernière des grandes civilisations, l'Europe[3]. Un passéiste organise évidemment son système à partir d'éléments venus de la tradition; mais il serait facile et faux de le considérer comme un dépositaire de cette tradition. Car une tradition − livraison de leurs acquis et acquêts à leurs descendants, par des générations antérieures − est ou au moins peut être dynamique, inclure «noua et uetera»[4]. Elle est ordinairement le résultat plus ou moins établi d'un ou plusieurs affrontements dialectiques. Le traditionaliste comme on dit n'est donc pas le représentant du système traditionnel puisqu'il n'en délivre que l'aspect clos, sans les palpitations vivantes qui construisirent ses «Aufhebungen» et demeurent aptes à les prolonger vers de nouveaux dépassements.

Guillaume expose simplement que la tradition pseudo-dionysienne procure aux théologiens de son temps un concept de «ierarchia». Il saute les trois définitions que véhicule ce courant mental et que ses adversaires se feront le malin plaisir de répéter intégralement[5]. Il préfère courir immédiatement à la conclusion qu'il en veut tirer: le caractère immuable puisque sacré du système ecclésiastique qu'il connaît, défend et illustre.

---

[1] *R*, surtout 241. S.

[2] *T*, à paraître.

[3] P. Chaunu, *L'Expansion, Européenne*, Paris 1968, pp. 5, 76.

[4] M. D. Chenu, La *Théologie au XIIe siècle*, Paris 1957, p. 395. Guillaume restreint la tradition: Peuchmaurd, 254 bas.

[5] *B*, II, 237 = *in ii Sent.* d. 9a un. prenotata. *Th.* la q 108 resp.

En effet ce système est « ad instar » de l'« exemplar » montré à Moïse sur le Sinaï comme l'expose le ch.2 du *de Periculis*[6].

## 2. *Le conflit étouffa la thèse*

Tout Guillaume est dans ce texte: argent, «uite necessaria», et identité continue apôtres-évêques, ciel et Eglise, à quoi le pape même ne saurait toucher. Ce tout qu'écrivit Guillaume, ce bloc bref et entier qu'il répète sans le raffiner[7] ni le détailler, représente une position globale et peut-être rudimentaire. Maître Guillaume était sans nul doute apte à distinguer divers linéaments doctrinaux dans ses propres dires. Mais le caractère oral, urgent, amer de la querelle l'emporta. Sa fougue l'y avait lancé contre les Mendiants sur le triple terrain de leur enseignement qui gêne les maîtres séculiers en menaçant de tarir les gras profits de leurs chaires; de leur ministère qui soutire les «procurationes» aux desservants, recteurs et chanoines décimateurs, qui éponge les «oblationes» et «elemosinas» des fidèles peu enclins ensuite à donner encore; de leur existence qui institue un droit nouveau autour de la pauvreté commune mendiante, face aux avoirs accumulés du clergé installé[8]. D'où les harassements même du conflit − les rebondissements des «lectiones», «questiones», «sermones»[9] des jours de la polémique − ne lui laissèrent jamais le temps, ne lui donnèrent jamais la liberté, de s'analyser plus finement. La vitupération monocorde qui nous reste de lui sur ce point, «ierarchia», comme sur d'autres aspects du sujet, apparaît simpliste, ce qui révèle un homme dépourvu de recul pour n'en avoir pas pris le loisir, tout occupé qu'il était de son coléreux combat. «Ira» . . .[10]. Mais il avait d'un seul regard parfaitement détecté le caractère axial de ce concept dirimant et par lequel tout fut dirimé: «de potestate domini pape aut episcoporum nolumus disputare»[11], mais par un terrible jeu de mots réels, la fin de la «disputatio» fut la bulle *Romanus Pontifex*[12]. La dernière œuvre qui nous soit parvenue du vieux lutteur, avant le codicille ultime à son testament «jadis fait», une lettre répondant à celle d'un disciple, est précisément moulée sur ce même thème[13].

---

[6] *DP*, 24−25. *Exod.* 25, 40 «fac secundum exemplar quod tibi in monte . . .» (s'agit de candélabre).

[7] CCS, 171−73. Trop longues pour être ici reproduites, ces pages sont exactement le délayage du DP ci-dessus cité. Cf infra, les renvois de la n. 21 sv. Congar, n. 34, pp. 54−55 = CCS 145.

[8] *P*, 39−45, 358−62. H. Lippens ofm, *Le droit nouveau des Mendiants*, «A.F.H.» 17 (1954) pp. 241−92.

[9] *P*, 174−96, 219 etc. P, 201, 228, 287.

[10] Ce mot apparaît souvent.

[11] DP, 25 lignes 10−11, éd. 1632 *Op. Om.* Congar, 36, 39, 41, 43, 53, 56−57, 68.

[12] CUP 288; *P*, 260 sv. Congar, 121.

[13] CUP 440. *P*, 330. Nicolas de Lisieux et Gérard d'Abbeville. Mgr Glorieux, «RTAM», 6 (1934) pp. 5−41; et 7 (1935) pp. 129−55; 140, 150.

## B. Teneur

### 1. La hiérarchie ecclésiastique est immuable

Si l'on veut systématiser la teneur de la position de Saint-Amour — et c'est aisé vu le peu de textes et peu complexes qu'il nous a laissé — il y a lieu de marquer deux aspects majeurs: «immutare»[14], «facultates».

Le décalque ecclésiastique de la hiérarchie céleste est immuable puisque sacré. Ici les «uetera» deviennent «eterna»[15] et ne laissent aucune faille possible pour une «nouitas»[16]. Guillaume n'a aucun doute sur ce Denys tel qu'il le lit; son Denys, disciple de Paul et martyre éponyme de notre célèbre abbaye royale est le brumeux mythe traditionnel même, différent de l'écrivain réel, ce pseudo-Denys qu'Abélard et Thomas avaient au moins soupçonné[17]. Dans ce Denys au dessus de tout soupçon, tout est mystiquement vrai et quasi inspiré, revêtu en tout cas d'une éclatante autorité patristique. Tout ce qu'écrit le disciple de l'Apôtre est vrai jusqu'au détail et le détail crucial est la distinction fondamentale entre ceux qui gouvernent et perfectionnent les autres: évêques, prêtres et diacres; et ceux qui sont gouvernés, agis, perfectionnés: moines, chrétiens et cathécumènes. Cette structure, schéma conceptuel d'époque patristique[18], est décalquée dit-il sur la hiérarchie céleste où l'on repère pourtant trois triades au lieu de deux. Guillaume se donne aussi un certain mal pour prouver qu'aucun inférieur n'exerce jamais l'office d'un supérieur et que selon sa lecture de Denys, l'ange qui purge les lèvres d'Isaïe était appelé «seraphim» i.e. brûlant par équivocité car en contact avec l'humanité, il n'est pas de la hiérarchie suprême des «seraphim» contemplatifs toujours en présence de Dieu[19] et qu'il n'exerce pas non plus une fonction suprême. Guillaume relève pourtant lui-même dans la tradition une seconde solution non d'équivocité mais de médiation. Plus scolastique,

---

[14] Cf Congar 59; *P*, 223. Mais la tradition était beaucoup plus ductile à la variation, presque variantiste si l'on veut un néologisme, Congar 117 (270, 271), sv.

[15] *Matth.* 13, 52.

[16] Thème essentiel aux xii-xiiie ss.: Chenu, cit. supra n. 4, 395 sv. Nicolas de Lisieux, disciple de GSA dans sa lettre (CUP 439, pp. 495—98) au maître déchu, exprime parfaitement le point de vue passéiste: «si instituta apostolica . . . a sanctis apostolis tradita . . . nulla inter catholicos dubietas, nulla uarietas, nulla prophana nouitas oriretur». La nouveauté se présente comme une bilharziose: «inimicus per suos testiculos in medio tritici non desinit zizania seminare».

[17] R. Roques, *L'univers dionysien, structure hiérarchique du monde selon le pseudo-Denys*, Aubier 1954 in-8° 383 p.

R. Roques, éd. Denys, *La Hiérarchie ecclésiastique*, Cerf 1958 (2e 1970) 200/130 xcvi + 229 p.

R. Roques, *La notion de hiérarchie selon le pseudo-Denys*, «AHDLMA» 17 (1949) pp. 183—222; *AHD*, 18 (1950) pp. 5—44.

[18] PG iii Celestis Hierarchia ΟΥΡΑΝΙΑΣ ΊΕΡΑΡΧΙΑΣ, 119—370; *Eccles. Hier.* 369—84. Cf GSA, *Op.*, 496. Peuchmaurd, 139 sv., Congar, 58—64.

[19] Tobie 12, 15.

plus dionysien et plus ample, Thomas d'Aquin envisage le deux et conclut en dix fois moins de mots à la participation analogique[20]. Par ailleurs, l'idée que les hiérarchies angéliques supérieures de séraphins et chérubins en perpétuelle contemplation de Dieu se compareraient aux religieux contemplatifs supérieurs dans l'Eglise, ne semble pas avoir effleuré Guillaume. Ou se fait-il plus bête qu'il n'est? Ainsi aucun moine – Guillaume englobe allégrement tout religieux sous ce vocable – ne saurait être chargé des «officia ecclesiastica»[21], prêcher ou confesser, qui relèvent des trois grades du premier ordre, celui des perficients.

Le grand écrit final de notre auteur, les *Collectiones* ont pour usage de décalquer et délayer le *de Periculis*. On y trouve cependant quelque réserve dans la position permanente de Guillaume: mais pas à l'endroit correspondant au décalque où s'étale la même doctrine; l'instillation se rencontre aléatoirement en un autre lieu du plan. Cela ne vient probablement pas de la polémique car on n'y a jamais vu Guillaume écouter ses adversaires ou infléchir sa position. Cela ne vient pas non plus d'un doute ou d'un repentir car il maintient que les («falsos») «fratres» sont «in infimo gradu»[22] et que leur superbe à usurper est outrecuidance. Mais désireux de se concilier les nouveaux papes français, Urbain et surtout Clément ancien confrère[23], Guillaume cherche à arrondir les angles de ses apparences. Coutumier n'est-il pas d'ailleurs de la formule de modestie[24]: «corrigendi . . . supponimus humiliter». «Stylus clericalis» a-t-on envie d'écrire en parodiant les «artes dictaminis» et leurs degrés d'écriture. Celle de Guillaume serait d'ailleurs le modèle de la modestie qui mord, litote de guet-apens.

Ainsi reconnaît-il qu'un moine devenu évêque, qu'un religieux chargé d'âmes, peuvent canoniquement exercer; mais il s'agit alors pour lui d'un biais: «si religio habet sibi curam animarum connexam[25] nisi sublimati exiterint ad regimen ecclesie plebem habentis»[26]. Mais il ne s'agit jamais de tolérer le ministère nouveau des Mendiants, ni leur enseignement, ni leur mendicité ni leur existence. Ces nouveaux prédicateurs sont des faux,

---

[20] GSA, *Op.*, 172–73 (CCS): 1ère solution, 108 mots; 2e, 80. Th Ia q 112 a 2 ad 2, 35 mots à la 1ère solution, 51 à la seconde. Au DP de 1256 GSA n'en soufflait mot et c'est Th, CI c. 4 qui en 198 mots lève ce séraphin d'Isaïe (67 mots ou signes, obj 9 p. 69–70) + (131 mots ad 9 p. 80). CCS riposte seulement.

[21] GSA, *Op.*, 24–27 (DP), 171–75, 191, 195, 403, 411, 436–37, 439 (CCS), 500 (sermo) etc. GSA, C n° 24, 341–44, 348–49 (éd. Faral).

[22] GSA, *Op.*, 27–28, 171–77, 181, 189, 195, 401, 436–39 etc. «supere ac temere usurpabat», 171. Mgr Glorieux, *Nic. Lisieux*, «Bull. Litt. ecclés.» 3 (1938) p. 124: 8°, 10°, 11°, 12°, 14°.

[23] *P.*, 326, 328–30.

[24] GSA, Op., 20, 123, 127, 491. C. 360–61.

[25] Ibid., 500 («sermo», 178, 180 (CCS).

[26] Ibid., 25 (DP), «sed licet quis»; 177 (CCS), «sed forte dicet aliquis». Gy (P. M. op), *Le statut ecclésiologique de l'apostolat des Prêcheurs et des Mineurs dans la querelle des Mendiants,* «RSPT» 59-1 (j 1975) pp. 79–88. *P., 37.*

des pseudo, des fourriers d'antéchrist puisqu'ils se mêlent quoique religieux d'enseigner, prêcher, confesser. Certes, c'est la pétition de principe toute nue, toute crue; Guillaume ne démontre jamais, il affirme et répète sa position de base. Certainement dans son camp même des voix plus nuancées avaient proposé un doute méthodique, lié à l'écrasante série d'actes pontificaux qui légitimaient les Mendiants et leurs activités[27]. Guillaume balaie tout[28] au nom de sa conception:

> «non est uerisimile quod per predictam generalem licentiam datam personis predictis intendat dominus papa quod ille persone tanquam generales opitulationes habeant liberam facultatem exercendi regimen animarum in omni ecclesia christianorum irrequisitis prelatis ecclesiasticis uel inuitis».

Tout ce qu'on lui oppose démontrant d'aveuglante manière et sans appel la volonté papale de changer le droit, la nature et les procédés de l'évangélisation de façon solennelle, répétée, expliquée depuis quarante (en 1256) et cinquante ans (en 1265), il le refuse. Il veut même certainement réfuter le nouveau droit et éviter la prescription: «diuturnitas temporis non minuit peccatum sed auget»[29], mais l'affliction le rendit plus prudent d'expression. Guillaume donne ici envie de le pasticher; il abuse parfois du coup de pouce dans l'explication de texte et remplace l'expression du texte par une autre qu'il choisit et introduit d'un «quasi diceret»[30]. De même son «non uerisimile» appelle un «quasi diceret»: ce n'est pas possible que le pape dise ainsi, contre l'apôtre et le canon[31], le contraire entier et obvie de ce que je pose en base; ce n'est pas possible que le pape lise apôtre et canon en sens inverse de moi-même. De là à l'insinuer hérétique . . . Il serait erroné de tout expliquer par une mauvaise foi de Guillaume. En fait il n'a pas multiplié les astuces et roueries au delà du niveau procédurier d'un juriste en colère et d'un polémiste au combat. Il biaise à Rome en 1257 mais est alors en position d'accusé[32]. De temps à autre, il ment effrontément, «plane mentiuntur»[33]; cela ne lui a d'ailleurs guère réussi: tombé dans la fosse qu'il avait creusée[34], il a été puni comme il l'avait souhaité à ses adversaires «gradus sui periculo»[35]. Même quand il soutient l'inverse du canon qu'il frôle et évite ordinairement de citer, affirmant

---

[27] GSA, *Op.*, 27, 158, 170.
[28] GSA, *Op.*, 155.
[29] GSA, *Op.* 53 c. 12 = X 5 iii c 3, F ii, 750. Vilain (Noël), *Prescription et bonne foi du Décret de Gratien à Jean d'André* (+1348), «Traditio» 14 (1958) pp. 121–89.
[30] P, 156–57, 202 n. 20; C, 344 haut, 347, 16; 356.
[31] GSA, *Op.* 174.
[32] P, 290.
[33] P, 255, 260. CI, 161, ligne 176; 162, ligne 238.
[34] CI, 162, ligne 292; 166 lignes 18–19.
[35] P, 305. GSA, *Etsi animarum* CUP 231, fin; *Op.*, 43–44 = DP c. 12 et Concl. p. 72.

malgré »Sunt Nonnulli»[36] que les moines prêtres n'ont pas le pouvoir de lier ni de délier, il veut seulement dire qu'ils n'ont pas ce pouvoir dans les églises des autres. En bon juriste il eut dû distinguer validité et licéité. Mais bast, la querelle était dure, l'attention tiraillée de tous côtés et donc tous les coups permis. Non, Guillaume ne se résume pas à ses attitudes les plus discutables dont l'explication est aisée et que l'historien aurait mauvaise grâce à juger du haut de son calme. Il faut alors puisqu'on renonce à prendre l'homme à son pire, trouver l'explication de son attitude de base, de sa pétition de principe: pour se défendre si drastiquement, que défendait-il?

## 2. Et doit être riche

Si on examine la forteresse de Guillaume, il y a donc cette invraisemblable herse de pont-levis: il n'est pas vraisemblable que le pape ne soit pas d'accord avec moi, Guillaume. En faisant le tour de sa grosse muraille mal munie, on ne voit guère en effet d'arguments et la plupart mal élaborés sont même assez mous. Or sa position est forte; car il est perché sur un rocher réel: les intérêts du clergé, ses intérêts matériels de classe. Guillaume défend les curés, les chanoines, les professeurs contre la ponction opérée sur leurs rentrées de numéraire et de prestations par l'activité des Mendiants[37]:

> «consuetis oblationibus defraudatur . . . sepulturam . . . testamenta . . . defraudantur ecclesie . . . uestris ecclesiis recipere uos contingat . . . non deducenda canonica portione (Etsi animarum)».

Il n'y a aucune peine à multiplier les textes où Guillaume parle ainsi d'argent[38]; ce qui importe est de découvrir leur logique[39]. Guillaume affirme d'abord la simplicité hiérarchique de l'Eglise: seuls sont chargés de la régir les évêques, successeurs des apôtres et sous eux les successeurs des 72 disciples soit prêtres et desservants paroissiaux ou leurs mandataires, «opitulationes»:

> «Nec plures in ecclesia gradus ad regendum . . . in una ecclesia non sit esse rector nisi unus alioquin ecclesia non esset sponsa sed scortum q 2 c *sicut in unaquaque* . . . non est uerisimile quod dominus papa contra doctrinam apostoli pauli infinitis uel pluribus licentiam predicandi plebibus alienis nisi a plebanis fuerint inuitati cum dicat c *sunt quidam* 25 q l»[40].

---

[36] 16 q 1 c 25 = F, I, 767; cite 2 Tim. 2, 4, CCS, 179, CI, 4. Leclercq (J.), *On monastic priesthood*, «Studia monastica» 3, i (1961) pp. 137–55. Glorieux, *Offensive Nic. Lis.*, «Bull. Litt. ecclés.» 3 (jt-sept. 1938) pp. 121–29; p. 129 9°, 10°.

[37] P, 45; Etsi = P 127 sv, CUP 235.

[38] GSA, *Op.*, 72, 78, 152–59, 359–78. C, 340. *Debetis subuenire, Op.*, 504.

[39] P, 99; R. 241–42. 12 q 1 c 13 = F, I, 681. «Uel presidenti uel pascendi», 7 q 1 c Precepit = *Op.*, 174.

[40] GSA, *Op.*, 24–25; C, 355.

Naturellement Guillaume cite le pseudo-Damase pour affirmer qu'il n'y a pas d'autres membres de la hiérarchie que les évêques successeurs des 12 et les recteurs paroissiaux issus des 72[41]. Il prétend ignorer toute l'histoire du monachisme, du sacerdoce, de l'exemption et en sus toute l'histoire de la réforme grégorienne, du souverain pontificat et de ses légats, comme des ordres pastoraux du 12e siècle: chanoines divers et Prémontrés ou activité prédicante de saint Bernard. Pour pouvoir réfuter les Mendiants, il faut vraiment remonter bien haut dans l'histoire de l'Eglise et pour l'essentiel refuser beaucoup du souffle de l'Esprit dans son histoire. Guillaume le juriste ne pouvait ignorer «Due sunt leges» qui ruine «a priori» et totalement son ancrage forcené dans l'inévoluable juridisme littéral[42].

> Item si una persona uel infinite persone habeant potestatem predicandi ubique non inuitati . . . erunt infinite episcopi uniuersales quod est contra iura[43],

car si l'on multiplie les prédicateurs universels, on multiplie leur droit de vivre de l'autel c.a.d. de pomper l'argent des fidèles et il ne restera rien aux curés moins aimés[44]:

> «item constat quod omnibus illis qui predicant ex potestate debetur procuratio siue sumptus 1 Cor. 9 (14). Ordinauit deus eis qui euangelium annunciant de euangelio uiuere. Ergo si infinite persone habeant potestatem predicandi in qualibet ecclesia, quelibet ecclesia debebit infinitas procurationes quod est absurdum dictu . . . presbiteri enim parochiales . . . quibus uisitantibus eis debent impendere procurationes . . . et fideles laici . . . quibus habent stipendia debita . . . ulterius grauari non debent 10 q 3 c *cauendum*».

La suite du texte est précisément l'appel susdit à la hiérarchie sacrée selon le pseudo-Denys[45]. On affirme donc la hiérarchie ecclésiale pour y installer l'aspect financier et enfin on justifie le tout par le sacré. Cet ordre du texte n'a rien d'aléatoire ni de contingent; il est probatoire et structurel, il profile la thèse même de Guillaume. On le retrouve exactement aux *Collectiones*[46]: l'unité de direction ecclésiale, épiscopale, précède «uiuere de euangelio», financement du corps ecclésiastique, le «sumptus» se mêlant intimement aux «officia»; puis on assène le caractère sacré, céleste, dionysien, de cette hiérarchie. Cette logique interne, cohérente et qui se veut inexorable, est exposée d'ailleurs «ex professo» au chapitre 10 du *de Periculis*[47]:

---

[41] Pseudo-Damase: P, 191 (43), 272 (99). Congar. 60−63 (n. 64). Peuchmaurd, 251 sv, 252 (111).

[42] P, 259. H, 472−74, Cf Gérard d'Abbeville = Ph. Grand, «AHDLMA» 31 (1964) pp. 207−69; 226−35 (232). Cela dure 1 P, 323 (236); 358 (86). Congar. 64, 65, 93.

[43] GSA, *Op.*, 25. C, 355. Cf supra n. 40.

[44] GSA, *Op.*, 26.

[45] GSA, *op.*, 26−28 (DP).

[46] Ibid, 144−52, 152−55, 159−69, 171−80.

[47] Ibid, 43 c 10. Car «sumptus» et «potestas» sont liés à la «missio»: Peuchmaurd, 261.

«quam penam incurrunt prelati ecclesie si circa predicta extiterint negligentes . . . et preter hanc penam que erit in futuro punientur et in presenti».

Surtout la conclusion du *de Periculis* la répète solennellement, sur la même base[48], c'est la punition financière qui pend au nez des prélats:

«que ipsis prelatis lucrosa existit necnon et possessio bonorum ecclesie temporalium apud ipsos prelatos non diutius remanebunt».

Cette conclusion est immédiatement expliquée:

«cur enim habebunt carnalia bona ecclesie qui spiritualia non ministrant? cur presertim dicatur 1 Cor. 9. Nescitis quoniam qui in sacrario operantur que de sacrario sunt edunt? et qui altari deseruiat cum altari participant? igitur sicut corpus sine anima non uiuit ita nec bona ecclesie corporalia sine spiritualibus non stabunt 1 q 1 si quis obiecerit[49].

Ces derniers mots du *de Periculis*, incarnation selon Guillaume lisant le canon, affirment sa doctrine: les ecclésiastiques doivent posséder, cela fait partie de leur perfection et disparaît avec elle. Le pape a coutume de se richement habiller[50] et l'Eglise d'aujourd'hui est heureusement en bon état grâce à sa richesse:

«Expedit facultates ecclesie possideri . . . sine impedimento perfectionis posse ecclesie facultate possideri»[51].

«Dieu soit béni, l'Eglise contemporaine n'est pas dans un tel état que'elle exige subside et pitié»[52], car richesse est perfection.

### 3. Passéisme

Porche roman, cathédrale gothique écrivit en allusion à Chartres, de Lubac à propos de Bonaventure[53]; toute cette tradition victorine et augustinienne du siècle 12, garde en effet jusque chez les adversaires de Guillaume, la sève d'un long passé pour faire verdir les rameaux de neuves solutions aux problèmes récents de l'histoire de l'Eglise, de l'évolution du sens de «ierarchia». Mais face aux Mineurs, Guillaume incarne lui le roman le plus retardataire au sens de Hatzfeld[54]. Vitupérant comme un poème héroïque, il porte d'énormes coups d'épée dans l'eau

---

[48] Ibid, 72. *Ezech* 3, 18−20 et 33, 6−8; 13 q l c unic. *Ecclesia* § 1 = F, I, 718−20. Ce très long canon cite Ps. 103, 14; *Deut.* 25, 4; 1 *Cor.* 9, 7 et 13−14; 2 *Tim.* 2, 6; *Gal.* 6, 6; Lc 9, 4 *proche de Mc* 6, 10 et *Matth.* 10, 11. Il est fort célèbre et contient le passage allusif à la fable: «frustratim enim lupus comedit agnum».

[49] GSA, *Op.* 72: derniers mots du DP; cf CCS, concl. 482. 1 q 3 c 7 = F, I, 413.

[50] C, 343−44, 347−48 (n° 17, 19, 20, 21, 22). Sermo Pentecostes, KGS, 90. Cf P, 229.

[51] GSA, *Op.*, 53 (DP c 12 fin) et 377 (CCS). Cf CI c 5, p. 93 n° 17 lignes 142 sv.

[52] Ibid., 504 in sermone apostolorum Iacobi et Philippi, 1er mai 1256.

[53] *Exégèse médiévale*, 301.

[54] On souligne en ce paragraphe les termes caractéristiques d'un style roman en littérature selon H. Hatzfeld, *Style «roman» en littératures*, Studi I. Siciliano, I, pp. 526−40.

pure de la théologie, subalternée au vin de la science céleste[55]. Il incarne le hiératique car il fige le décalque de toute «ierarchia». Les pauvres arguments simplets qu'il manoeuvre sont parfaitement le condensé antithétique d'un naïf manichéisme. Leur répétition sur de longues distances de texte, identique des premières œuvres de 1252 aux *Collectiones* de 1264 est volontairement corrigée par une dissymétrie systématique: aux truands, trublions, «trutannos»[56], pseudo-prédicateurs Mendiants fourriers d'Antéchrist, ne répond aucun portrait positif. Au fond Guillaume se campe seul en face, et vers la fin en martyre[57], revêtu de quelques canons vieillis. Cette asymétrie rudimentaire accorde à son œuvre fixiste et figée son seul mouvement, celui d'un assènement monocorde et amer. La métonymie apocalyptique que seule l'incompréhension[58] a pu faire prendre pour une métaphore, est ressort essentiel de son action et de son style; à quoi ne manque même pas tout à fait la symbolique animale[59]. Les mouvements de style couvrent ainsi une immutabilité des structures -plus traditionnalistes que traditionnelles-euphoriquement conçues comme seules pensables, à l'exclusion du vrai mouvement de l'histoire vers des structures nouvelles[60]. Une certaine alternance du structurel et de l'épisodique fait succéder des scènes individuelles et des scènes de masse avec le même relief: «Nos» . . .[61] «mihi»[62] etc. Enfin l'hyperbole de l'éloge[63], du nombre[64], du verbe[65] à quoi il faut ajouter l'hyperbole de l'humilité stéréotypée[66], caractérise le style rugueux, épique, de notre auteur qui reproche bien sûr à ses adversaires de baigner dans l'humanisme du précédent siècle avec leurs phrases

---

[55] Doctrine commune, Th la q 1 a 2.

[56] C, 342. Cf Du Cange. *Glossarium*, vi, 689, GSA, *Op.*, 57, 72, 273, etc. cf P, index.

[57] C, 353; cf P, index, et p. 290.

[58] P, 336 (n. 50), et 119—27. Cf infra n. 146.

[59] exemple: *Apoc* 4, 6 in CCS, 472 sv, 49e signe. DP, 31 oues, uipere, uulpes; scorpiones et c 11, p. 44—45, perdrix.

[60] P. Zumthor, *Roman et gothique deux aspects de la poésie médiévale, Studi in onore Ital Siciliano*, Firenze 1966, II, pp. 1223—34, p. 1232; corrigé en poésie fermée et poésie ouverte in *Mélanges Frappier*, II, pp. 1155—71 (Entre deux esthétiques: Adam de la Halle), p. 1170.

[61] DP, 18: «Nos igitur». P, 213; toute l'atmosphère du «consortium»: P, 97, 107, 164, 170.

[62] C, 346, 354.

[63] DP, 18. C, 359—60. Hyperbole de l'insulte aussi: P, 296. Cf CUP 295.

[64] Guillaume prétend souvent avoir l'université avec lui; or il s'agit d'un groupuscule P, 249. En face, il trouve une «multitudo infinita», C, 342.

[65] Toute l'œuvre de Guillaume est emphatique, plate et boursouflée. Voir DP c 2, pp. 22; et p. 23, la répétition du terme «seducere».

[66] Ce rebelle impénitent, cet orgueilleux qui juge le pape, proteste souvent de sa modestie et de sa soumission: «nos igitur christiane fidei professores, licet indigni, parisius studentes, qui ex assumpto gignasio scripturas sacras quamuis exiliter secundum tenuitatem ingenii», prol. DP, 18 donne le ton.

fluides et «ornata uerborum»[67]. Le 13e siècle en son temps vit reculer le conformisme et le juridisme que défendait et illustrait Guillaume, tout ce registre de motifs figés[68]. Quant au fond, l'immutabilité des paroisses, des diocèses et de leurs droits . . . des «églises de papa» avec leurs richesses à quoi tient le parti de Guillaume; il est pour le moins bizarre et dépassé. Bizarre car allant droit contre le sermon sur la montagne, désuet car les autonomies des vieilles cités mortes sont, dans la naissance des communications modernes, devenues de simples diocèses de l'Eglise intégrée par la monarchie papale. La vitalité débutante reclasse et regroupe ce stock d'isolats dépassés; et la richesse n'est pas perfection.

Pour Guillaume, les Cordeliers, systématiquement amalgamés aux Jacobins, sont des mendigots et des traînards de douteuse espèce et quand ils s'enflent jusqu'à pousser quelqu'un des leurs en une chaire universitaire, c'est pour répandre le détestable «euangelium eternum», renverser l'Eglise et prêcher l'Antéchrist. Leurs habits de pauvreté ne sont, comme leurs hauts docteurs, que la peau de l'agneau sur leur appétit de loups ravageurs. L'Eglise grâce à Dieu est installée, et il croit -sa bonne foi fondamentale est évidente et continue à travers ses mensonges de polémiste- que la dés-installer c'est la détruire. Son église est en somme l'institution charnelle et il n'a rien compris aux Béatitudes. Qui lui jettera la première pierre?

## II. Bonaventure: l'antithèse, le renouvellement

Il est hors de cause de procéder pour Bonaventure comme pour Guillaume, en survolant tout pour décrire la thèse. De nombreux textes et un riche système mental nous haussent en effet à une autre ampleur et à une toute autre complexité. Le regard doit devenir panoramique; heureusement, ce panorama a déjà été dessiné[69].

### A. Thése

Chez Guillaume, la tradition est une immuable carrière à matériau, un arsenal d'où l'on tire des boulets; chez saint Bonaventure, elle se présente comme un courant mental riche et varié. L'augustinisme qui en est le sol multiforme comme pour toute la théologie latine y a rencontré en Saint-Victor, la mystique dionysienne[70]. C'est par Thomas Gallus que les universitaires parisiens, Guillaume d'Auxerre, Alexander of Hales et par

---

[67] DP c. 14, signe 13, p. 61; CCS, signe 14, 392.

[68] Zumthor, *Roman*, cit. n. 60, p.1232. Eglise et églises: P, 38 n. 33. CI, c 4, 82 l. 1235.

[69] Bougerol. Tavard, en particulier, p. 444: la querelle des Mendiants met en cause la hiérarchie. P, 194 et 196 (n. 140).

[70] Cf supra n. 4, Chenu. Bougerol, p. 157 n. 88, 134.

lui tout l'Ordre franciscain, en ont été puissamment imprégnés[71]. Ce
mouvement d'idées est ainsi dès son origine la confluence du système
juridique concret de l'«ordo» augustinien, dans toute la platitude rustique
dont est capable la mentalité dans le vieil Occident, avec l'esthétique
inspirée, la poésie mystique gréco-orientale que charrie le pseudo-Denys.
Une tension permanente entre ces deux pôles est parfaitement sensible
dans l'oeuvre de saint Bonaventure[72]. Mais reste sa connivence profonde
avec Denys, liée au mouvement mystique qui passe les deux pôles. Proche
d'un système «exidus-reditus», Bonaventure envisage la hiérarchie dans
une atmosphère ontologisante et exemplariste, comme une participation
venue de Dieu («actio deiforme, similans») et comme un «itinerarium»
vers lui («illuminationes», «ascendens»):

> «scientia et actio deiforme quantum possibile similans et ad inditas
> diuinitus illuminationes proportionnaliter similitudinem ascendens»[73].

C'est dire combien pour le saint docteur parisien des Mineurs, la hiérarchie est d'abord un concept tourné vers Dieu. Parfois seulement Bonaventure focalise certains concepts sur notre querelle mais cela demeure un
simple «flash» occasionnel et bref, vers 1255—57; ordinairement, tout ce
qu'il écrit et prononce couvre tout un champ théologique et est supérieur à
tout évènement:

> «definitio magistralis que competit omni hierarchie licet non univoce[74].
> Generaliter definitur rerum sacrarum et rationabilium ordinata potestas
> in subditis retinens principatum»[75].

Aussi son intelligence de la «ierarchia» est-elle d'abord contemplation de
l'«increata» en elle-même; et la «sublimitas» de cette «puchritudo» précède
l'analyse et la doctrine pseudo-dionysienne même[76]. La ténèbre irradiée
d'une docte ignorance préside évidemment à l'influx septiforme,
sacramentel, d'où s'ensuit l'ordre de l'Eglise, visible dans les «sensibilia
symbola»[77]. Un tel intérêt pour la contemplation détourne pratiquement
de l'histoire. On peut noter l'absence du concept de «ierarchia» dans les

---

[71] P, 4—5, n. 30 et 40. hors-texte 2: succession des chaires, Gallus-Hales. Tavard, 72.
Bougerol, 167. Grover Zinn, *The Victorine Background of Bonaventura's Use of Symbols in
St. B.*, Grottaferrata, II, pp. 143—69.

[72] Tavard oppose le type histoire-institution et le type beauté-ordre, cf supra n. 69,
comme jamais fondus dans l'œuvre de notre docteur, 424—26.

[73] B, *Op.*, II, 237 = *ad ii Sent.* d 9, prenotata sur Denys, *Ang. Hierar.* c 3 § 1. On
trouve «egrediens-regrediens», II, 238. Congar. 109—12, 125.

[74] Issu de Prévostin selon n. 4 des «Quarracchisti», t. II, *ad ii Sent.* d 19 a 3 q 1.

[75] B, *Op.*, II, 283 b = ibid. *ad ii Sent* d 9 prenotata. Cf IX, 622 b.

[76] V, 205 a = *Breuiloquium*, prologus n° 3 ; 342 a et 434 (*In Hexa.* c 11.21, n° 17—18).
L'analyse suit: «ad eius integritatem requiritur sacra potestas, scientia, operatio», V, 435.
Puis vient «doctrina Dionysii circa eam», 436 b (N° 29—31). «Pulcritudo» encore *ad ii Sent.*
d 9 prenotata, II, 238 a; 254 a; IV, 481 a. Bougerol. 137.

[77] «Tenebrarum radium», *In Hexa.* ii, 32 = V, 342 a. Docta ignorancia, *ii Sent.* d 23 q 3
ad 6 = II, 546 a. Sensibilia symbola, *Expos.*, c 3 = VIII, 408 n° 5. Supériorité de l'occulte sur

Commentaires scripturaires selon l'index des «Quaracchisti» au t. vii.
Aucun développement n'est là esquissé d'un vaste comparatisme avec le
sacerdoce de l'Ancien Testament: Bonaventure n'a pas une démarche
structuraliste. Il voit par ailleurs à la suite d'Augustin, l'histoire loin de la
raison:

> «quedam sunt que creduntur et nunquam intelliguntur quia non possunt
> ratione probari sicut in historia humana gesta percurrens. Nemo enim
> probare potest per rationem quod Abraham genuit Isaac sed solum per
> auctoritatem».[78]

En ses expressions de contemplatif anhistorique se découvre cependant
rhétoriquement l'amour: «in eloquiis ierarchicis optime sonat nomen
dilectionis»[79]. C'est la grande différence entre séculiers et Mendiants: la
«ierarchia» pour les uns n'est que «status» donc immuable, et pour les
autres «actiones» donc vivante et les «officia» alors ne dépendent pas des
«status»[80].

Car ce «sacrorum ordinatus» n'est pas seulement «ordo» et «scientia», il
est aussi «operatio»[81]: «potestas ordinata ad disponendum sacri potestati
subiecta»[82] et consiste par exemple dans la mise en ordre des à parfaire par
les perficients. La triple «ierarchia» part donc de la supra-céleste ou divine
dans laquelle ne se trouve ni séparation ni subordination ni «subauctoritas»
comme dans les missions des ordres inférieurs[83]. Les deux hiérarchies
participées, céleste angélique et ecclésiale humaine, ont pour courant vital
premier de louer Dieu «intellectualiter» c.a.d. dans leur structure
conceptuelle même qui est participation à l'incréé[84]. Naturellement, par sa
nature même d'influx, cette «sacra potestas» peut être commise à un
inférieur ce qui contredit directement Guillaume[85]. De toutes façons
Bonaventure ne voit rien d'immuable et ne constitue pas les hiérarchies
inférieures comme un décalque mais comme une participation vivante dans
le lien intime d'un flux permanent. Guillaume, comme Thomas, ne connaît

---

le patent: W. H. Principe, St B, Grottaferrata, I, pp. 243–69. «Septiformis»: Apologia, c 12
= VIII, 317, 3 sv.

[78] Ad iii Sent. d 25 = III, 530 b dubium 3. Cf Augustin 83 q., q 48. Bougerol: Eglise
militante, 155.

[79] Expos. c 1 = VIII, 392 a, 2.

[80] Congar, 86; «officia» dépendent donc des «status», 101 n. 196 (pour les séculiers).

[81] Apol. 3 = VIII, 251, 23: « sacrorum ordinatus ». Operatio: In Hexa. coll. 21, V, 435b. Et
à propos du sacrement de l'Ordre IV, 481a, 61è, 5 haut = 4 Sent. d 24 p 1 a 2 q 2. Cf II,
237b–238a, 240a.

[82] Apol. c 9 = VIII, 428, 4. Mise en Ordre: Apol., prol. et c 1 = VIII, 391, I.

[83] i Sent. d 15 part. 1 q 1 = I, 259. Cf II, «prenotata», 240a–241b, 254; q 8 = 257a. Cf
IX, 689b.

[84] De triplici, Apol., prol. c 1, 2 = VIII, 319a. Expos. 3 = VIII, 408, 5.

[85] Expos. c 9 = VIII, 428, 4. Gradation entre anges: ii Sent. d 9 = II, 235, 57. Gradation
fine entre anges d'un même ordre, d 9 q 8 = II, 255. Entre ange et homme: ii Sent. d 1 p 2 a
3 q 1 et 2 = II, 47–49. Mission: d 10 a 1 = II, 251. Imperfection et instabilité des gradations
humaines, d 9 = II, 257.

que deux hiérarchies, l'angélique et l'ecclésiale, et surtout pour lui cette
dernière est seulement projection de l'autre. Ces structures fondamentales
immobiles rattachent euphoriquement l'éphémère à l'éternel et interdisent
tout mouvement de l'histoire. Saint Bonaventure quant à lui centre tout
sur la hiérarchie incréée, sur l'Un. «Uite beatificanti et monarchie
hierarchizanti»[86], le rôle de Dieu est alors analogiquement tenu dans
l'Eglise par un «hierarcha», un «monarcha» qui en son ordre, lumière
reçue et donnée, est source de toute lumière terrestre. Non détaillé ce rôle
est fortement défini; ce n'est pas une fonction mais un barreau de
l'échelle[87]. Comme aucun historien n'en a jamais douté, la querelle des
Mendiants a servi à développer le papalisme, précisément celui des
Mineurs qui n'était pas donné en 1215[88]. Ainsi le choc de décembre 1255
place «de facto» les dominicains en position d'arbitre intellectuel[89].

Quelque peu remué et gêné par la violence de cette «disputatio» en face
à face, Bonaventure a laissé la plume à un confrère. Le de Periculis à peine
sorti des mains de Guillaume, ce même printemps 1256, l'Ordre lança ainsi
ce «Manus que contra omnipotentem tenditur»[90]. Homogène à toute
l'oeuvre de Bonaventure, le Manus est par lui offert au pape et caché aux
adversaires[91]. Le successeur de Guillaume à la tête du dernier carré
anti-Mendiants, Gérard d'Abbeville, ne s'y est pas trompé: il a tout de
suite écrit des Exceptiones contre le Manus[92]. Plus tard encore, au sermon
chez les franciscains même de décembre 1268 qui inaugure la dernière
grande polémique, Gérard d'ordinaire plus réservé fait porter ouvertement
son effort sur le droit des prélats supérieur à celui des religieux; fidèle à
Guillaume il insiste aussi sur le canon «Expedit facultates». Car les maîtres
séculiers s'intéressent essentiellement à la richesse, en parfaite cohérence
avec leur concept social de hiérarchie. Au fond pour eux, l'Eglise terrestre
est déjà triomphante et l'honneur des prélats supérieurs doit en briller
matériellement. Reste alors en cette position un seul problème, celui du
prélat suprême, le pontife romain. Ce n'est pas un hasard ou une fantaisie
d'insister sur la monarchie pontificale comme le fait l'Ordre, et pertinem-

---

[86] B, Op., VIII, 618.

[87] B, In Hexa. coll. 21 et 22 = V, 438. Tavard, 425. Bougerol, 135, 158 n. 81. Congar,
39, 41, 43.

[88] P, 61 n. 5; puis 2, 3. J. Ratzinger, Der Einfluß des Bettelordensstreites auf die
Entwicklung der Lehre vom päpstlichen Universalprimat unter besonderer Berücksichtigung
des heiligen Bonaventura, pp. 697–724, «Theologie in Geschichte und Gegenwart, Festgabe
M. Schmaus», München 1957. P, 3 n. 20 = B, V, 118, 194b.

[89] R, 248. P, 180–85, 208. Thomas d'York et son Manus, P, 239–46. Peuchmaurd, 266.
Manus, 152.

[90] Ed. Bierbaum cf ici abréviations.

[91] nous apprend CUP 368, lettre adverse; cf P, 277 (167).

[92] Ed. Bierbaum, après le Manus, 169–207, 177 n. 20. Glorieux, Contra Geraldinos,
«RTAM» 6 (j 1934) pp. 5–41 + 7 (av 1935) pp. 129–155. Sermo de Gérard, Postquam
consummati sunt, éd. Bierbaum, 208–19.

ment comme l'écrit le *Manus*. Bonaventure et Thomas d'York aboutissent donc logiquement en 1256 à la proclamation passionnée du primat pontifical dont Guillaume, prudent en son genre, eut voulu éviter la formulation: «de potestate domini pape et episcoporum nolumus disputare»[93].

## B. Thèmes

Pour les Mineurs, la «plenitudo potestatis» donne au pape le droit d'accorder un office général de prédication[94] à qui bon lui semble, à des non-prélats et même à des religieux, réponse globale mais radicale[95]. Tous les ordres confluent au pontife: «summus pontifex potest committere predicationem cui uoluerit»; le «ierarcha» résume la «ierarchia» et peut changer les anciens décrets en nouveaux; en 1256 aucun Ordre Mendiant n'est encore traditionnaliste[96]. Derrière cette stratégie devint insistant le goût de la monarchie, non originel pourtant chez les franciscains, et place fut même faite au roi[97]. Seule la fréquence de la commission papale peut être à discuter[98]. L'«auctoritas plena» du pontife «a nemine iudicandus»[99] est ainsi le refuge et la force de l'Ordre. Le pseudo-Denys cette fois sert contre les canonistes[100] conservateurs comme d'usage des particularismes traditionnels des églises locales, pour remodeler la hiérarchie sur l'«ordinatio diuina» au travers des anges. Contre Guillaume et son entourage, Bonaventure a de surcroît toujours étudié et surtout après la querelle -car lui continue de travailler, gouverner, étudier- ces hiérarchies angéliques qui sont alors par tout le monde admises comme source et modèle du plan de l'Eglise[101]. La «ierarchia ecclesie maxime consistit penes sacramentum ordinis»[102]. Cependant se développe la diversité des pouvoirs spirituels[103], en offices d'autorité[104], en statuts ramifiés et transformables. Les trois actes majeurs de l'autorité sacerdotale tiennent dans le même pouvoir la «scientia» et la confession par exemple[105]. Ainsi les sept ordres mineurs et majeurs ne sont pas un décalque des neuf

---

[93] DP, 27. CCS, 151, 159, 170, 193.

[94] *Manus* c 17, 151–52; c 16 aussi et c 13 et 14 (commission générale). Peuchmaurd, 266.

[95] Congar, 126. *Manus* c 15.

[96] P, 264.

[97] Congar, 74–75, 135, 138–39 (Gilles de Rome). Cf supra n. 86. Voir aussi L et P, index.

[98] P, 223 et n. 100 (272).

[99] *Manus* 139. *Matth.* 16, 11–20. *Manus* c 16, 148. D 21 c Querit; 19 c Ita dominus; Causa 17 q 4 c Nemo.

[100] Decima Douïe, *The Conflict Mendicants-Seculars*, «Aquinas Papers» 23, 15.

[101] *Manus* c 14, 138. Congar, 73, 87, 107–08.

[102] B, *Op.* IV, 482 a, 617 = iv Sent. d 24 p 1 a 2 q 2.

[103] B, *Op.*, II, 240 ab, 241 b = ii Sent. prenotata ad d 9.

[104] B, *Op.*, II, 256 et IV, 635.

[105] B, *Op.*, IV, 481 a = iv Sent. d 18 p 1 a 3 q 2. Cf IV, 568.

choeurs des anges, inexistant et insane[106], ni des 12 pierreries. La découpe
se fait «quantum possibile»[107], «iuxta exemplar»[108]. Tout est centré sur le
Christ mais la grâce pénitentielle du sacrement de la confession, essentielle
à la «ierarchia» ecclésiale et sans correspondant angélique, est aussi liée à la
purification de la Vierge Marie[109]. Dans la «ierarchia» angélique, l'influx
sacramentel a pour homologue inégal, la «sanctitas per comprehensionem
gloriosam»[110]. Plus loin encore de Guillaume et de son décalque naïf, et à
un moment où il n'est nullement en cause, notre maître précise que le ciel
ignore l'équivalent des pertes de la hiérarchie humaine de l'Eglise:
«quandoque hostis plures rapit et interfecit sed non sic celesti»[111].

Bonaventure en fait développa, surtout en ses sermons, une écriture et
une rhétorique poïétique de la «ierarchia». Un carrefour de mythes et
comparaisons utilise un complexe mental dont l'orient méditerranéen fut
porteur par une certaine lecture emphatique de la Bible. Symbolisés par les
quatre propriétés du ciel visible, les neuf choeurs aboutissent dans leur
action aux sept sacrements, correspondance plus complexe que celle soi-
disant déchiffrée par Guillaume chez Denys[112]. Les propriétés de la terre
par ailleurs symbolisent l'Eglise à qui l'ange donne des charismes pour
assurer la fertilité de l'herbe des vertus[113], malgré la négligence humaine à
contempler. Mais la stabilité est assurée par les patriarches dans la loi de la
nature, par les prophètes dans celle de l'Ecriture et par les apôtres sous la
loi de la grâce, ce qui caractérise les trois temps de l'Eglise[114]:
primitive, progressante et «dilatatam». Peu ou pas de structures peuvent
ainsi échapper au mystère des figures testamentaires: Bonaventure évacue
l'histoire dans un ternarisme sacré proche d'un relan joachimite[115].


## III.  Thomas d'Aquin et le dépassement

La thèse de la fixité de la «ierarchia» et l'antithèse de sa rénovation
s'étaient trouvées face à face, séculiers et Mineurs, à l'école de Bonaventure
en décembre 1255; l'entrée à Paris des reliques du martyre dominicain
Pierre servit d'arbitrage puisque le conflit se trouva désormais dirimé par
l'opinion[116]. L'aspect juridique efficace de ce dépassement fut cueilli à

---

106 B, *Op.*, II, 240 a et b.
107 *Eccl. Hier.* 1; *Exod.* 25, 4 = PG 3, 369.
108 *Celestis Hierarchia*, c 4 = PG 3, 177.
109 B, *Op.*, IX, 614 b, 635 a, 612 b, 634 a.
110 B, *Op.*, IX, 598 a.
111 B, *Op.*, IX, 624 a.
112 B, *Op.*, IX, 354 b, 599 a, 610−19, 622−26.
113 B, *Op.*, IX, 613 a, 614 a, 623 a (négligence à contempler).
114 B, *Op.* IX, 610 a, 615 a.
115 R, 271 (surtout n. 21). P, 183, 144 (205) et 272 (102) cf supra n. 58.
116 P, 234 sv, L 287.

l'automne avec *Romanus Pontifex*, mais l'été 1256 avait déjà vu mûrir la «Aufhebung» d'une doctrine équilibrée, universitaire: le *Contra Impugnantes* de Thomas d'Aquin.

### A. *Réplique de 1256*

A la réplique de 1256 au chapitre 4 du *Contra Impugnantes*, Thomas traite à première vue de la capacité des religieux, pertinemment des nouveaux Ordres Mendiants, à exercer le ministère, la «cura animarum» et surtout dans les églises des autres, dans les églises paroissiales. Mais en réalité, en réponse à Guillaume qui voulut interdire ce ministère de prêcher et confesser, au nom de la «ierarchia», c'est bien une étude de cette notion, avec les mêmes textes du pseudo-Denys; c'est la riposte au c. 2 du *de Periculis* où Guillaume avançait ses idées en cette matière. Avec son regard large et structuré, Thomas couvre un champ plus vaste que celui de l'attaque et c'est peut-être une des raisons qui le fait apparaître trop sévère. L'offensive adverse, plus hargneuse n'avait ni l'ampleur ni la pertinence écrasante de la réaction. Après avoir envisagé le sujet général de l'existence des Ordres, de leur définition, de leur droit de pratiquer la théologie et de l'enseigner, on parvient en ce chapitre à leur droit pastoral: prêcher et confesser. Aucun Ordre auparavant n'avait ainsi tenu du pape le pouvoir général de prêcher et confesser dans les églises des autres, «super alienum fundamentum» aboie Guillaume. Cette centralisation extraordinaire parut exorbitante et beaucoup trouvèrent cela contraire à l'ordre de la hiérarchie[117]. «Ierarchia» faite de prêtres et d'évêques était en place et ces nouveaux prédicateurs-quêteurs-confesseurs en la doublant semblaient condamner son inefficacité voire ses vices, en tous cas son installation. Et lui prendre des biens.

Thomas est en ce chapitre aux prises avec tous les aspects concrets de la «ierarchia» et aborde là le concept par les faits. C'est d'ailleurs exactement sa manière et il est surprenant qu'on écrive encore parfois le contraire. Beaucoup de commentateurs, d'historiens, de théologiens, de chercheurs et d'écrivains ecclésiastiques enseignent pour l'en blâmer ou pour l'en louer que Thomas est un théoricien ce qui est exact, mais ils impliquent naïvement que ses vérités sont des vérités théoriques. Thomas est à l'évidence pour qui connaît les conditions historiques de ses oeuvres, ici la dure polémique, un théoricien de vérités pratiques rencontrées dans l'histoire réelle. Chaque article de la Somme manifeste un souci pédagogique immédiat et une connaissance active de la double finalité indéchirable de notre métier: l'idée, l'étudiant. Adapter clairement aux étudiants une science aussi complète que le jour le permet est proprement

---

[117] H. Lippens, *Le droit nouveau des Mendiants*, «AFH» 47 (1954) pp. 241—92. CI p. 70 1. 122 1110 avec notes renvoyant aux parallèles in GSA. Peuchmaud, 274—75.

professer. Combien davantage la clarification cohérente d'un chapitre soigné de polémique exige-t-elle de science, d'intelligence et de souci des destinataires. La récolte des arguments jetés par l'adversaire, la connaissance de leur portée est ici étrangement plus complète que chez tous les autres auteurs du siècle, que chez les autres participants de la polémique et même que chez les meneurs génétiques de l'attaque. Davantage de textes, mieux rangés et étudiés à fond, systématiquement, selon une démarche structurée. Thomas qui se promenait avec ses étudiants[118] était un vrai professeur, réaliste, au double contact de l'homme et de l'idée. Professeur modèle, «sapientissime sanctorum et sanctissime sapientorum».

Un premier paragraphe résume 12 objections de Guillaume et des siens: moines et religieux ne sont pas du clergé chargé de fidèles et ne peuvent prêcher ni confesser, n'en ont pas mission canonique; les Ordres autres que les évêques, successeurs des 12, et les prêtres successeurs des 72, sont contraires au pseudo-Denys, à la tradition de Grégoire et Bernard, au *Decretum* qui a supprimé les chorévêques. Les évêques eux-mêmes n'ont pas à prêcher, réglementer ou intervenir hors de leurs diocèses, encore moins ceux qui ne le sont pas. Lisant le résumé de leurs positions dans le texte net et honnête de saint Thomas, les maîtres séculiers ont pu faire une jaunisse car jamais ils n'avaient réussi à aussi bien cristalliser leurs textes. Le paragraphe 12 reprend une à une ces objections, les discute et les résoud en à peine plus de mots 215 1. contre 135, 50% de plus. Les religieux pourvus d'une mission pontificale peuvent évidemment prêcher et vivre de l'autel. L'Eglise a le droit de créer ainsi un nouveau corps de prédicateurs, extérieur à la «ierarchia» traditionnelle du clergé paroissial et diocésain. Aucun décalque mécanique et immuable de la «ierarchia» angélique ne saurait être tenu. Il y a entre ces deux «ierarchie» des différences[119]. Ces nouveaux prédicateurs ne sont pas une création, un renversement de la «ierarchia»; ils ne sont pas supérieurs aux évêques mais simples dépositaires d'une commission nouvelle. Ils ne travaillent pas aux dépens des autres mais en soutien de l'effort pastoral toujours insuffisant; et Thomas d'en donner divers exemples empruntés à saint Paul qu'on prétendait lui opposer[120].

Au deuxième paragraphe de 75 lignes, balancé par les 82 1. du § 13, on répond encore plus sobrement en 8 numéros sur le droit d'entendre les confessions des fidèles contre la lettre du Droit qui l'interdit aux moines et l'exige des curés; et sur le scandale de ces nouveaux prédicateurs universels déroutants. Il ne s'agissait alors que de moines d'autrefois, de moines de papa et non des nouveaux religieux duement mandatés sans être pour

---

118 D. Prümmer, op, *Fontes Uite sancti Th*, II Guil. de Tocco, 115.

119 «ecclesiastica ierarchia imitater celestem quantum potest sed non in omnibus » CI 80, 1062.

120 CI, 81, 1. 1120 sv.

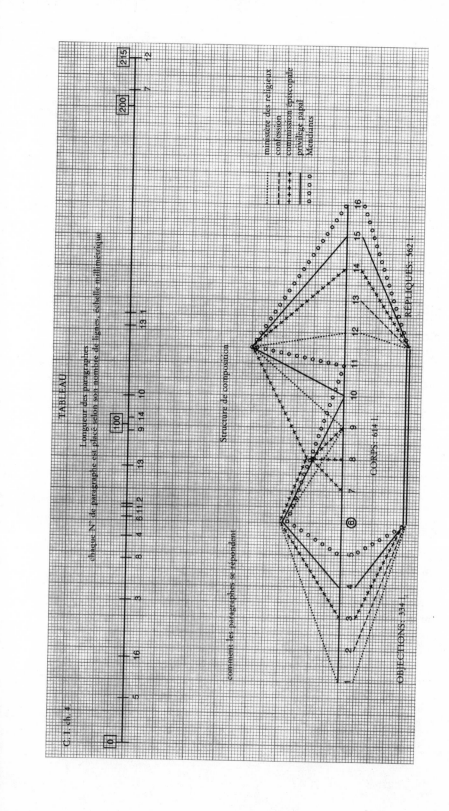

TABLEAU

Longueur des paragraphes

chaque N° de paragraphe est placé selon son nombre de lignes, échelle millimétrique

Structure de composition

comment les paragraphes se répondent

C. I. ch. 4.

ministère des religieux
confession
commission épiscopale
privilège-papal
Mendiants

OBJECTIONS: 334 l.

CORPS: 614 l.

RÉPLIQUES: 562 l.

autant évêques universels, déploie la riposte[121]. Au n° 6, éviter les apparences du mal est un thème dont on peut noter dans la querelle 8 occurences avant 1256 et 3 après. Thomas puise dans l'histoire réelle de ces années de dispute.

Le § 3 expose en 4 numéros et 45 l. comment la commission épiscopale invoquée est irrégulière car elle viole les droits des recteurs paroissiaux. En 102 l. le § 14 contre sans peine mais non sans vigueur: «patet esse falsum»! Là Thomas exprime le plus nettement comment le pouvoir épiscopal n'est pas un objet juridique perdu par le donateur du fait de la donation, mais un phénomène de communication[122]. Ceci constitue pour le mot «ierarchia» un sens non pas diamétralement opposé à celui prêté par Guillaume mais une signification sans rapport, assise sur un autre plan. Thomas s'était déjà moqué des simplifications naïves et univoques que son adversaire mettait sous le vocable de «societas» lui délivrant sans ménagement ni pitié un cours magistral de logique lexicologique et de dialectique de l'analogie; jeune collègue sans déférence pour le vieux maître[123]. La même attitude, mystique au sens exact, permet à Thomas de renverser l'idée[124] que le curé soit époux de sa paroisse, car l'époux de l'Eglise c'est le Christ. «Ierarchia» n'est pas une pyramide à degrés fixes mais un courant, un flux vital dont la logique profonde est l'analogie et non l'univocité.

Le quatrième paragraphe en 6 numéros et 65 lignes attaque les privilèges venus du pape, sujet de fond. Le § 15 emploie 131 l. à démolir le refus de Guillaume, démontrant que le pape a le droit et le devoir de faire face à des situations nouvelles par des décisions neuves[125] et que cela ne lèse personne hormis dans des structures périmées; que cela ne détruit nullement la tradition apostolique mais la reproduit; que cela ne sort pas du Droit car c'est le pouvoir pontifical même. Au sujet de la monarchie romaine, par opposition aux Mineurs, Thomas introduit l'histoire, le sens du passé vivant dans le présent pour construire l'avenir face à toute sorte de fixisme; Thomas d'Aquin proclame le droit d'évoluer. Le paragraphe 5 où l'on reproche de demander la permission de prêcher comme acte d'ambition n'a qu'un seul numéro et ses 14 lignes sont renversées d'une seule réflexion en 27 l.: il est bon d'avoir le goût de l'action surtout quand on a la charge sans les dignités et facilités. Ailleurs notre auteur montre la contradiction à reprocher des lettres de recommandation tout en prétendant non commis ces recommandés.

Nous voilà au coeur du chapitre, organisé en 6 paragraphes de 614 l., véritable traité de la question entre les 334 l. d'objections des 5 premiers

---

121 CI c 4 § 13 ad 8, 82, 1235 sv.
122 Ibid. 82–83, non translation mais dérivation, «qui dat potestatem non amittit eam».
123 CI c 3, 217 sv, pp. 65–66.
124 Ibid. c 4; p. 83, l. 1327–28. Congar, 72.
125 76, 663–68; Congar, 88, 97–98, 108. Peuchmaurd 263, 266.

paragraphes et les 562 1. de répliques délivrées aux § 12–16. Ce corps de l'essai est centré sur l'idée de juste vérité entre deux erreurs (§ 6). La sainteté du religieux n'implique pas sa mission de «cura animarum», mais ne l'interdit pas non plus; c'est le mandat de la «ierarchia» qui est le critère. Les dires de Guillaume appuyé sur le canon «Mandant martyres[126] et la tradition postérieure fixée autour du refus de l'«ex opere operantis» sont la même doctrine, celle de l'Eglise. Le § 7 ensuite démontre en 16 item et 205 1. la plénitude du pouvoir de l'évêque dans la paroisse et le § 8 (58 1., 6 item), qu'il peut déléguer à la «cura animarum». Le § 9 montre l'idonéité des religieux à recevoir cette délégation (97 1., 11 item). Ces trois paragraphes centraux répondent, avant les solutions du § 14 aux objections et surtout aux doctrines fondamentales des § 1 et 3. Sans suivre péricope à péricope comme dans la règle scolastique de la «disputatio», il déploie une doctrine, originalité typique de saint Thomas à l'encontre de la réputation scolaire controuvée, à lui faite. Le § 9 qui est au centre matériel du chapitre porte ainsi sur deux thèmes (§ 1 et 3) et à la ligne médiane on évoque par un heureux aléa le pneumatisme de l'Eglise grecque[127]. Les procédés structuralistes de l'analyse distributionnelle permettent donc de lire correctement Thomas. Pour lui «ierarchia» est souffle de l'Esprit.

Certains religieux, expose le § 10 (8 item, 109 1.), sont plus aptes que les recteures paroissiaux. Ceux-ci en effet étaient parfois ignorants, absents, voire pécheurs publics[128]. Le § 11 désigne la «religion» convenable pour cette mission (7 item, 74 1.)[129]. Si bien que la composition du chapitre prend une forme complexe et structurée où objections, doctrine et solution dessinent un jeu logique équilibré[130]. Si rudimentaire que soit cette analyse, elle souligne l'importance de la structure de composition. Guillaume se contente, lui, d'aligner les péricopes dont les solutions décalquent la hiérarchie désordonnée qui suit seulement l'ordre des florilèges du Décret. L'essai philosophique que saint Thomas met au centre de sa composition est évidemment plein d'avenir. Il dépasse les exercices scolastiques du «sic» et «non» vers l'exposé doctrinal moderne et présage le développement futur de la pensée et des systèmes d'exposition. Ensuite on constate que le tiers du chapitre[131] est concacré à prouver l'idonéité des religieux au ministère et la plénitude du pouvoir épiscopal sur les paroisses. C'est à dire à renverser le dessin de la «ierarchia» selon

---

[126] D 50 c 27 = F, 188; issu de saint Cyprien, *Sermo de lapsis*, PL 4, 481. R, 258; DP c 2, 24. CUP 279, p. 319: Humbert général o.p. sur l'accueil enthousiaste de Paris aux reliques de Pierre martyr, cf supra n. 116. Th, Quodlibet 9q 16. CCS, 265. La glose du canon si importante à l'université de Paris au milieu du 13e s.: BN nv Acq. lat. 2508, f° 42 rb.

[127] «ex communi consuetudine orientalis ecclesia, CI, 77, 753–55.

[128] P, xxix, 99.

[129] CI c 4 § 11, p. 78–79. In § 9, p. 77 1. 722: «maxime competit perfectis».

[130] Tableau.

[131] c 4 § 7 + 12, 410 1. 1510; § 1 = 135; § 3 = 45 1.; en tout du tiers au deux tiers.

Guillaume et sa lecture mot à mot du pseudo-Denys où les «monachi» laïcs sont bloqués dans un passé périmé et ne couvrent nullement les religieux du xiii e s., surtout pas les nouveaux Ordres. Plus près du texte du pseudo-Denys et de Maxime le scoliaste, Thomas en fait les homologues des évêques, conformément aux parallélismes des textes grecs. Le pape, si important chez les Mineurs et que fuit Guillaume tout en le contrant, n'est pas présent au texte pseudo-dionysien d'où sa place apparemment plus faible ici, quoique radicale[132].

## B. Thèmes

### 1. Histoire

L'attitude de saint Thomas d'Aquin apparaît à l'évidence comme historique. Sens critique, sens du passé, sens du présent, sens de l'avenir proche, lointain, éternel, sens général du mouvement temporel et de son explication structurelle globale, tous les aspects de l'histoire sont ici éclatants. Leur niveau techniquement inférieur à celui atteint par notre siècle est largement en avance sur le 13e et les âges suivants. Leur niveau philosophique de réflexion sur le temps est d'ailleurs largement supérieur à nos habitudes actuelles et peut encore nous éclairer.

La connaissance du passé et le souci critique devant les textes que livre la tradition sont chez Thomas supérieurs à tout ce que montrait le progrès aux 12e et 13e ss. depuis la critique abélardienne. Ils écrasent l'adversaire, fixiste par choix et qui refusait exprès toute évolution. Guillaume semble bien par ailleurs avoir été dépourvu du souci de l'exactitude ou de la critique textuelle; son sacralisme naïf voulait obliger devant eux à un agenouillement révérentiel pour couvrir les conséquences concrètes qu'il en voulait tirer[133]. Thomas explique le pseudo-Denys par l'époque et l'environnement de cette production: «loquitur de monachis qui clerici non erant tempore ecclesie primitive»[134] et montre, arrachant le Décret de la plume de Guillaume le juriste, ce que signifie le canon «Sunt Nonnulli»[135]. Il démonte l'anachronisme qui consiste à employer le mot frère, tiré du contexte paulinien où il signifie chrétien, pour l'utiliser en calembour contre les «frères», religieux Mendiants du 13e siècle: «subtrahate uos ab omni fratre ambulante inordinate»[136].

Quand il s'agit du présent de la polémique, on rencontre la fréquentation des cours royales de cette époque courtoise, que réprouve

---

[132] § 4 + § 15 = 196 1.; § 10 sur les prédicateurs généraux = 305 1.

[133] P, 258; R, 244 (Bl). Cf supra I.

[134] CI, 85, 1472. 61, 561.

[135] 16 q 1 c 25 cf supra n. 36; CI c 4 lignes, 369, 685, 708, 1173. CCS 179. Congar, 123. Peuchmaurd, 122—23.

[136] 2a 2e 187 a 3 ad 2. CI c 3, 53 405; c 5, 1. 245 à 450 où autres renvois; DP, 47. 2 *Thess.* 3, 6.

Guillaume et que Thomas soutient et conforte par les exemples de Joseph, Daniel, Mardochée, Sébastien etc.[137]. Plus au fond, la dialectique des deux vies, contemplative et active fournit une attitude proprement historique. Reprenant une expression gréco-patristique classique au point d'être éculée, la combinaison spirale des mouvements circulaire et rectiligne, Thomas lui fait signifier le passage dialectique à des dépassements sériels dans le temps[138]. Il convient d'équilibrer les deux vies, sauf à extirper d'abord les vices de la vie active[139]. Toutefois c'est dès le premier précepte qu'il y a à aimer Dieu de toutes ses forces. Dans la seconde querelle parisienne de la vie de Thomas d'Aquin, la troisième du siècle, en effet Nicolas de Lisieux et Gérard d'Abbeville, disciples de GSA, avaient prétendu qu'il y avait un ordre temporel entre les préceptes dont il fallait d'abord assurer la parfaite observance et les conseils vers la perfection contemplative à n'aborder qu'ensuite, le premier programme rempli. Pour les Mendiants, il convient au contraire de concilier les deux vies[140] -«contemplata aliis tradere»- mais on peut entrer en religion dès son adolescence[141]. On invoque à cette fin la «sapientiam antiquorum» qui est l'exergue même de la dernière oeuvre de Guillaume[142]. Cela écarte toute idée d'une «ierarchia» néolithique suivant les classes d'âge et fait circuler dans notre concept une autre liberté, celle de l'amour. Guillaume et les siens étaient cohérents en proposant à la fois la défense des avoirs de leurs rentes et redevances, dîmes et droits de type seigneurial rural contre la mendicité urbaine des piécettes «bourgeoises», commerçantes et une «ierarchia» fixiste reposant sur un mode de production lignager.

Saint Thomas d'Aquin affirme par ailleurs son sens de l'histoire quand il expose que «non est» ne signifie pas «non possit»[143]. Surtout il assène avec une tranquille densité le pouvoir ecclésial, papal, d'innovation avec par exemple les canons «In nouo» et «Quamuis»[144]; la glose classique au 13e siècle y impliquait bel et bien ce pouvoir[145]. Enfin vers l'avenir, Guillaume en impasse n'attend, ne peut plus attendre selon sa théorie, que la lutte finale contre l'Antéchrist, la fin du monde[146]. Pour Thomas, l'histoire de l'Eglise se poursuit[147]. Il convient aussi de lire dans l'ensemble comment la querelle s'inscrit dans une longue tradition où les faux prédicateurs étaient

[137] CI c 19, p. 152 1. 50—75.
[138] H, 466—67. S, 102 bas.
[139] 2a 2e q 181 a 1 sed contra cf. Isidore.
[140] Ibid. q 184 a 3.
[141] Ibid. q 189 où réapparaît le canon Due sunt = 19 q 2 c 2, in a 7 contra.
[142] CCS; ici 2a 2a q 188 a 5 resp. dic.; Eccles. 39, 1.
[143] CI, 80, 1061 = c 4 § 12 ad 8.
[144] D 21 c 2 et 3 = F, I, 69. DP c 2, 24. CI c 4 = 83, 1324. CCS 145, 148, 163 (Lc 10, 1 etc.).
[145] BN nv. acq. lat. 2508 f° 18 «romane ecclesie a Christo primatum accepit».
[146] P, 119—127, 144 (n. 205), 336 (n. 50), cf supra n. 58.
[147] CI c 24. P, 123, 260.

pourchassés à coups de péricopes, celles-là justement de notre polémique. Manquait un certain ton, une certaine hargne, apportée par Guillaume et qui constitue sa nouveauté. Ensuite on peut voir avec quelle sobre perfection Thomas résume honnêtement la position adverse et, sur plusieurs passages des discussions, précédentes ou en cours, rend limpide la logique adverse. De l'autre versant du temps, on retiendra que la discussion continue et qu'elle est désormais infléchie par la réponse de Thomas. Enfin, revenant au texte de cette riposte, on y aperçoit une plus riche attention au texte, tout en donnant à l'«auctoritas» une dimension moins contraignante et plus réfléchie[148]; l'attention se déplace maintenant vers les intentions et non vers un mot-à-mot annôné. Les significations en sont senties dans un mouvement historique concret:

> « missi possunt alios mittere, intelliguntur, per modum exempli, . . . unde non sequitur aliquis ex commissione episcopi . . . episcopus hoc facere, ut patet ex auctoritate . . .»

Enfin l'histoire est expressement évoquée comme productrice opérationnelle de nouveau: «posset ecclesia statuere . . . postea ecclesia . . . sibi constituit». En un sens tout est là.

En fait nous sommes en présence d'un mouvement temporel du sens; c'est peut-être le métier même d'historien des «idées» que de le détecter. Avant le 12e siècle, ces péricopes étaient employées, par saint Grégoire entre autres, contre de rustiques gyrovagues, contre les mouvements de pauvreté plus ou moins hérétiques, contre tous ceux qui sans la commission épiscopale de prédication agitaient néanmoins les foules. Depuis le phénomène urbain, on peut voir les foules nouvelles secréter de nouveaux entraineurs comme Foulques de Neuilly, curé en bonne et due forme, et de nouveaux mouvements[149]. C'est en définitive l'apostolat même des Mendiants, aboutissement topique de cet âge, de cette structure de civilisation. Il dure jusqu'à la révolution industrielle où vont surgir de nouveaux apôtres. Avant le 12e s., du 13e au 18e, depuis; ce sont les trois temps majeurs de l'histoire de l'Europe.

## 2. Mystique

Les textes de Thomas exigent ainsi constamment d'élargir le regard jusqu'aux plus vastes ampleurs de la philosophie de l'histoire et de la théologie vécue. C'est bien la même attitude, mystique au sens exact, qui permet à notre saint de définir «ierarchia» comme un flux vital dont la logique profonde n'est pas l'univocité mais l'analogie; tout est dans la connexion et non dans le décalque. Une exemplarité non mécanique laisse «mutatis mutandis» à chaque type, à chaque «ordo», ou «status» sa consis-

---

[148] P, 231—33, 258 (n. 255). Isidore de Varenne, *Convenationes*, «Archivum lat. Medii Aeui», 34 (1964) pp. 99—124 + 117—22.
[149] Jacques de Vitry, *Historie occidentalis*, Foulques de Neuilly.

tance propre en multiple proportionnalité. Le coeur du sujet est là, fort loin des perspectives sur les degrés ecclésiaux recopiés du ciel avec dosage en échelle des avoirs statutaires à gogo, que soutenait Guillaume de Saint-Amour. En cohérence avec cette vision d'une communion dans la «ierarchia», Thomas déclare que les hommes ne forment pas un dixième ordre au paradis mais s'insèrent dans les neuf hiérarchies angéliques en remplacement des anges déchus: «iste tertia solutio plus mihi placet . . . solus scit cui cognitus est numerus electorum»[150]. Tout à fait dans le même sens, il rencontre la dialectique de Pierre et Jean c.a.d. dans le jargon d'époque, de la charge pastorale face à la vocation contemplative[151]. Guillaume prétendait exclure les «moines» confondus naïvement exprès avec tous religieux, de toute charge pastorale au nom de leur fonction laïque pénitentielle[152]. Thomas préfère utiliser ce thème pour marquer la précellence de l'amour sur le pouvoir[153]. Ailleurs il glisse la même attitude sous des dires proches ou semblables à propos d'équilibres différents entre Lia et Rachel, Marthe et Marie qui a la meilleure part car contempler passe le faire et l'agir. Bien que n'atteignant pas en cette vie l'essence divine de façon actuelle[154] et sans être pour le moment un décalque du monde céleste, la contemplation est joie durable et sera notre future vie; cette vision du principe en connaissance matutinale constitue en amoureux de la Beauté[155]. On saisit à la fois combien chez notre saint l'aspect mystique l'emporte sur le juridique et comment ce souffle mystique s'ordonne dans le temps de l'histoire.

Toujours en cohérence avec cette explicitation de «ierarchia» comme communion, Thomas précise que l'on peut conclure des trois ordres de l'Eglise à trois ordres angéliques[156]; cette hardiesse inductive passant de l'«exemplatus» à l'«exemplar» n'avait pas été osée ni imaginée par ses adversaires qui se contentent d'affirmer farouchement la dépendance inverse déductive et mécanique au lieu d'une communication vitale des deux mondes. La «missio» elle-même est au coeur de la polémique sur la «ierarchia» affaire de communion et tout acte attribué au supérieur se déroule en influx à travers son exécutant. «Cesar pontem . . . fecit» . . . :

---

[150] «. . . in suprema felicitate locandus»; *in ii Sent.* d 9 q i a 2 ad 6, a 3 ad 5, obj. 2 ad 3 et ad 7, a 6 contra, a 8 ad corp. la q 108 a 1 obj. 3, contra; a 2 obj. 3, contra; a 8 obj. 1. Congar, 129. Multiple Proportionnalité; P, 160.

[151] P, 69, 193 (n. 88–89). La q 20 a 3 = iii Sent. d 3 i q 2 a 3 qua 3 et d 32 a 5. 2 a 2 e q 45 a 3 ad 4; q 185 a 3 ad 1 et 184 a 7 ad 2.

[152] CI, 55 et 60 = c 2 obj. 2 et ad 2. 16 q 1 c 4 = PL 23, 351, Jérôme, aduersus Uigilan-tium cf *Rom* 10, 15 (Alexander of Hales, *quest, disput, antequam esset frater*).

[153] Cf n. 218. 2 a 2 e q 182 a 1 ad 12, 188 a 6.

[154] Ibid. 180 a 5.

[155] Ibid. 179 a 2 contra, 180 a 1 obj. 2, a 2 ad 3 = *Sap.* 8, 2; a 3 obj. 4. Rachel, vision du principe.

[156] *In ii Sent.* d 91 3 obj. 5 = ps.-Denys, *Cel. Hier.* c 1 § 3 col. 123; ad 3 = *Eccle. Hier. c* 5 § 3, col. 1503.

«seraphim purgans incendio labia prophete non qui hoc ipse immediate
fecerit sed quia inferior angelus uirtutem eius hoc fecit sicut papa dicitur
absoluere aliquem etiam si per alium officium absolutionis impendat»[157].

Afin de montrer comment un ange en illumine un autre, Thomas
d'Aquin cite d'ailleurs le pseudo-Denys qui déclare les évêques ordonnés à
l'amour du prochain et les religieux à l'amour de Dieu d'où il tire une
certaine inversion de supériorité provenant de la «superabundans amor
dei»[158]. Certes la supériorité formelle est inverse et l'on passe normalement de l'état religieux à l'épiscopat qu'on ne saurait absolument
refuser[159]. Mais cela n'inclut pas les archidiacres, simples adjoints de
l'évêque, ni les curés[160]; et il demeure toujours possible de passer de
l'épiscopat à la vie religieuse et non d'en régresser aux grades inférieurs
d'archidiacre ou de curé. Les 72 disciples ne figurent pas les curés mais en
général les aides de l'évêque-apôtre[161]. Pour ce passage de l'épiscopat à la
vie religieuse, saint Thomas d'Aquin cite encore ce fameux canon où le
droit de la mystique est proclamé légalement supérieur au Droit:

«Due sunt leges . . . afflatu spiritu sancto . . . lege priuata ducitur nulla
ratio exigit ut publica constrigatur»

Et ce courant mystique porte le pouvoir sous une véritable analogie avec
l'illumination; ceci règle on s'en rend compte, le problème même de la
querelle parisienne, à savoir la délégation papale aux Mendiants. Un
arbitrage de Dieu en cas de conflit de fonction entre anges ressemble même
à s'y méprendre à la dirimation pontificale du conflit séculiers-Mendiants
en 1256[162]. Pour Thomas le droit est en dépendance de l'Eucharistie et
c'est bien par   l'Esprit-Saint qu'il règle les problèmes de la polémique,
ecclésiaux, historiques et mystiques.

## Conclusion

Guillaume en somme garde les yeux fixés sur un décalque «paradisia-
que» pour défendre des intérêts au nom d'un traditionalisme médio-
crement baigné de Tradition et tend sans le vouloir à se découvrir comme
un «colaphizator» mal «transfiguratus»[163]. Antithétique, le «seraficus»
Bonaventure résume et magnifie l'élan «céleste» nouveau, l'«euangelion»
en son temps. «Diuus Thomas» enfin englobe puissamment dans une prise
de sens de toute l'histoire, tradition, action et avenir vers la «parousie
éternelle».

---

[157] 1a q 112 a 2 ad 2.
[158] 1a q 106 a 1; de Creatione d 9 q unic a 1-2-3-4, de Ueritate q 9 a 1 et 2: un ange en
illumine un autre. Superabundans: 1a q 106 a 1 obj. 2 ad 2. *Eccles. Hier.* c 6 § 3.
[159] 2a 2e q 184 a 5, a 7 ad 8; 185 a 2. *Eccles. Hier.* c 6. Congar, 84—86.
[160] 2a 2e q 184 a 6 ad 1 (Denys), ad 2 = 1 Cor. 12, 28 = 16 q 1 c 1 Omnibus = F I, 761.
[161] 2a 2e q 185 a 4; 188 a 4 ad 5; Quodlibet 3 a 17 sed contra. Due = 19 q 2 c 2 = F 839.
[162] 1a q 113 a 8 contra = *Dan* 10, 13. Corps mystique: Lécuyer, 29—32.
[163] *Matth.* 26, 27; *Mc* 14, 65; 1 *Cor* 4, 11; 2 *Cor* 12, 17; 1 *Petr* 2, 20; 2 *Cor* 11, 13—15.

Faut-il après ce résumé, tenter d'exprimer pourquoi Thomas, cependant polémiste à dire le vrai excessivement sévère, tout en démolissant radicalement Guillaume, représente ainsi au plus haut degré d'intelligence la «Aufhebung» de toutes les tensions du siècle? «Rapiens fulgor», cet éclair jaillit de la tension même et en est l'actualisation de tous les potentiels: «doctor communis». Deux concepts s'opposaient depuis que l'homme occidental avait pris la mesure de ses nouvelles possibilités[164]. Thomas d'Aquin les dépasse en inaugurant le parcours de ces nouveaux possibles en son domaine: la théologie conceptuelle et appliquée. «Ierarchia» cesse alors d'être un décalque à étages rappelant la pyramide féodale -homologie naïve tout juste bonne pour Guillaume- et devient l'ordonnancement des «status» du corps mystique. Ce que, préparé par Bonaventure, Thomas saisit n'est plus l'étagement des degrés mais les courants qui les parcourent, leur communion vivante.

Un usage invétéré chez les historiens de ces idées, et qui date de la décadence baroque de la scolastique du 16e au 18e siècle, leur fait écrire que Thomas n'a pas le sens de l'histoire: il est selon eux un philosophe de l'Etre fixe; ni le sens mystique: il serait écrivent-ils un scolastique scolaire. Nul doute que Thomas ait eprimé en manuels structurés une docrine limpide, cohérente et ferme; l'inverse serait une infériorité et penser vague n'a jamais classé son auteur. Nul doute que Thomas ne soit un théologien de l'Etre, de Dieu immuable et n'avoir aucun point fixe ne faciliterait aucun voyage. Mais son génie n'écarte pas ainsi la vue dialectique des avers et des retours et implique dans Dieu immuable, le mouvement temporel des puissances dont tout le procès actualisant mène à l'Acte pur.

Il va falloir désormais admettre, écrire, proclamer, enseigner que Thomas est aussi un maître du sens de l'histoire[165] et de la mystique. Sur ce concept de «ierarchia» ici pris en exemple, sa solution personnelle n'est pas seulement originale et dirimante, elle est histoire et poésie méditée. Doctrine totale, elle inclut et la scolastique et le temps et la contemplation, et la rigueur scolastique et le flux du temps et le mystère de la contemplation. L'ordre n'est pas un rangement pyramidal mais une participation vitale, «ierarchia» est affaire de communion. Cette connaissance matutinale se vit dans le concret du soir parfois troublé. Scolastique parce que mystique, limpide parce que lumineux, Thomas fait procéder dans une sorte de spiration, sa théologie de sa méditation eucharistique: «construere corpus mysticum» vient de «conficere Christum»; l'acte premier de la «ierarchia ecclesie» n'est-il pas chaque matin à la messe de consacrer et de consommer Dieu? Ainsi nourrie, la longe marche du cosmos et de l'homme constitue l'Eglise, et cette construction temporelle est l'histoire même.

---

[164] Zumthor, *entre deux esthétiques*, p. 1170; cf supra n. 60.
[165] P, cf Histoire à l'index et pp. 263−64. H, 472, L, 283. R, 247. G. 217. S. 102. D, 704. A paraître: T et A.

Ainsi saint Thomas d'Aquin accomplit sa lecture du devenir dans la contemplation de l'être, déchiffre le «fieri» de l'histoire dans la lumière éternelle de l'Exister.

## Abreviations

| | |
|---|---|
| A | M. M. Dufeil, *Afrique, Taxinomie, Histoire,* à paraître (Présence Africaine) |
| AHD | Archives d'Histoire doctrinale et littéraire du Moyen-Age |
| AFH | Archivum franciscanum historicum |
| AFP | Archivum fratrum predicatorum |
| B | saint Bonaventure |
| BN | Bibliothèque Nationale, Paris |
| Bougerol | (Guy ofm), *B et la hiérarchie dionysienne,* «AHD» 44 (1969) pp. 131–67 *Casus et Articuli, défense de GSA, Rome 1257,* éd. Faral, «AHD» 18 (1951) pp. 340–61 |
| c | canon ou chapitre |
| CCS | *Collectiones Canonice et Catholice Scripture,* dernière oeuvre GSA, Op., 111–490 |
| CG | *Contra Gentiles (Summa),* preuve de saint Thomas d'Aquin |
| Ch | M. D. Chenu op, *La Théologie au xiie s.,* Vrin 1957 250/150 414 p. |
| CI | *Contra Impugnantes,* de Th, éd. H. Fr. Dondaine, nv léonine, 1971 |
| Congar | (Y. op), *Aspects ecclésiologiques querelle Mendiants-séculiers* «AHD» 28 (1961) pp. 35–151 |
| D | M. M. Dufeil, *Regards d'historien sur la métaphysique du devenir d'un théologien,* «Atti del Congreso internazionale Tommaso d'Aquino», Roma–Napoli 1974, VI pp. 699–705 |
| DP | *de Periculis,* oeuvre axiale de GSA, citée selon Op. |
| ed | édition, éditeur, editor, etc. |
| F | Friedberg, éd. Gratianus, *Corpus iuris canonici* I et II |
| fr | français |
| G | M. M. Dufeil, *GSA Opera omnia,* «Miscellanea mediaevalia» 10 (1976) pp. 213–19 |
| GSA | Guillaume de Saint-Amour |
| H | M. M. Dufeil, *Evolution ou fixité des structures ecclésiales,* «RSPT» 55 (1971) pp. 465=79 |
| KGS | *Kirchengeschichtliche Studien, Colmar 1941* = ed GSA *Sermo pentecostes* |
| L | M. M. Dufeil, *Le roi Louis dans la querelle,* «7e centenaire st Louis 1970», 1281–89 |
| l. | ligne (dans les citations) |
| lat | latin |
| Lécuyer | (J.), *Les étapes de l'enseignement thomiste sur l'épiscopat,* «Revue Thomiste» 57 (1957) pp. 29–52 |

| | |
|---|---|
| Manus | *Manus que contra omnipotentem tenditur*, de Th. d'York, ed. Bierbaum, *Bettelorden und Weltgeistlichkeit*, Münster in Westfalen 1920 |
| M | éd. Dufeil du *de Mendicitate* in R, 248—74 |
| Mgr | Monseigneur |
| Ms mss | manuscrit, manuscrits |
| nv | neuf, nouveau, nouvelle, new etc. |
| ofm | ex ordine fratrum minorum, franciscain, cordelier |
| op | ex ordine fratrum predicatorum, dominicain, jacobin |
| Op. | Opera omnia. |
| P | M. M. Dufeil, *GSA et la polémique universitaire parisienne 1250—59*, Paris 1972 |
| p. pp. | page, pages |
| ps | pseudo |
| Peuchmaurd | *Mission canonique et prédication*, «RTAM» 19 (1962) pp. 52—76+20 (1963) pp. 122—44, 251—76 |
| PG, PL | Migne, *Patrologie grecque, Patrologie latine* |
| R | M. M. Dufeil, *Un universitaire réactionnaire GSA*, «Congrès Sociétés Savantes», Reims 1970, Actes, pp. 239—45 |
| RTAM | Revue de Théologie ancienne et médiévale |
| RSPT · | Revue des Sciences philosophiques et théologiques |
| S | M. M. Dufeil, *Signification historique de la querelle des Mendiants*, «Miscellanea mediaevalia», Thomas Institut Köln, 10 (1976) pp. 95—105 |
| s ss | siècle, siècles |
| sv | suivant, suivante etc |
| T | M. M. Dufeil, *Trois sens de l'histoire affrontés*, Congrès 1274, Lyon 1974, à paraître |
| Tavard | (G.), *Succession et ordre dans la structure de l'Eglise*, st B, Grottaferrata 1274—1974 vi, pp. 421—26 |
| Th | Thomas; ordinairement saint Thomas d'Aquin; parfois Thomas d'York |

Plus diverses autres abréviations évidentes, courantes ou classiques par exemple les références: Bible, Droit, Scolastique

# UTOPISCHE GESELLSCHAFTSKRITIK
## ODER SATIRISCHE IRONIE?
## JEAN DE MEUN UND DIE LEHRE DES AQUINATEN
## ÜBER DIE ENTSTEHUNG MENSCHLICHER HERRSCHAFT

von Helmut G. Walther (Konstanz)

Den Mendikantenstreit der 50er Jahre des 13. Jahrhunderts an der Pariser Universität erschütterte die in diesem Jahrhundert an Konflikten gewiß nicht arme Hochschule am nachhaltigsten. Die Forschung der letzten Jahre hat herausgearbeitet, wie sehr seit den 20er Jahren das Konfliktpotential an der Pariser Hochschule angewachsen war, das sich im Mendikantenstreit beinahe eruptiv entlud, aber bei jeweils unterschiedlicher Akzentuierung auch die Auseinandersetzungen bis zum Anfang des 14. Jahrhunderts prägte.

Der Streit um die Stellung und Aufgaben der Angehörigen der Mendikantenorden in der kirchlichen Hierarchie verhüllt etwas die inneren Probleme der Universität, deren Stellung als Korporation gegenüber den lokalen, regionalen und universalen weltlichen und kirchlichen Gewalten noch immer ungeklärt geblieben war. In den späteren Auseinandersetzungen verschoben sich die Akzente immer mehr ins Grundsätzliche. Aber es ist einer eindrucksvollen Studie Y. M.-J. Congars die Einsicht zu verdanken, wie sehr doch auch von Anfang an im Mendikantenstreit ekklesiologische Aspekte angesprochen wurden, indem ältere Traditionen in den Polemiken herangezogen und aktualisiert wurden[1].

---

[1] Aus der beinahe unübersehbaren Literatur zum Pariser Mendikantenstreit und seiner Vorgeschichte seien genannt: Christine Thouzellier, *La place du ‚De periculis de Guillaume de Saint-Amour dans les polémiques universitaires du XIIIe siècle*, „Revue Historique" 156 (1927), pp. 69–83; A. van den Wyngaert, *Querelles du clergé séculier et des ordres mendiants à l'université de Paris au XIIIe siècle*, „France Franciscaine" 5 (1922), pp. 257–281, 369–397 u. 6 (1923), pp. 47–70; Max Bierbaum, *Bettelorden und Weltgeistlichkeit an der Universität Paris. Texte und Untersuchungen zum literarischen Armuts- und Exemtionsstreit des 13. Jahrhunderts* (1255–1272), „Franziskanische Studien, Beiheft 2", Münster 1920; Palémon Glorieux, *Prélats français contre religieux mendiants. Autour de la bulle ‚Ad fructos uberes' (1281–1290)*, „Revue d'Histoire de l'Eglise de France" 11 (1925), pp. 309–331, 471–495. – Zum sozialgeschichtlichen Aspekt der Entwicklung am aufschlußreichsten Jacques Le Goff, *Les intellectuels au Moyen Âge*, „Le temps qui court 3", Paris 1957, bes. pp. 73–132. – Zur Ekklesiologie in den Auseinandersetzungen Yves M.-J. Congar, *Aspects ecclésiologiques de la querelle entre mendiants et séculiers dans la seconde moitié du XIIIe siècle et le début du XIVe*, „Archives d'Histoire Doctrinale et Littéraire du Moyen Âge" 28 (1961), pp. 35–155.

Die Positionen der Kontrahenten in diesem Streit sind seit den 30er Jahren dieses Jahrhunderts von der Forschung detailliert untersucht worden. Zuletzt widmete M.-M. Dufeil dem Wortführer der weltgeistlichen magistri in der ersten Phase des Mendikantenstreites, Wilhelm von St.-Amour, eine umfängliche Monographie, in der die Entwicklung des Konfliktes nicht nur in seinen einzelnen Stationen minutiös nachgezeichnet, sondern besonders ihren strukturellen Vorbedingungen Aufmerksamkeit gewidmet wurde[2].

Denn es besteht ohne Zweifel angesichts der illustren Namen unter den Kontrahenten − wie Thomas von Aquin und Bonaventura − zu leicht die Gefahr, sich mit einer geistesgeschichtlichen Analyse der vorgetragenen Doktrinen zu begnügen, und dabei etwas den „Sitz im Leben" des Konfliktes aus den Augen zu verlieren. Jene sozialen und materiellen Voraussetzungen sind deutlicher als an den gelehrten Polemiken an den *dits* Rutebeufs abzulesen, mit denen dieser die Auseinandersetzungen über Jahre hinweg begleitete und ins Populäre, weil Volkssprachliche umsetzte[3].

Die satirische „Transformation" der Polemiken Wilhelms von St.-Amour durch Rutebeuf vergegenwärtigt zugleich, daß jenseits der kleinen Gruppe von Magistern aus der theologischen Fakultät, die Wilhelm bis zu seinem Ende unterstützte, eine breitere Schicht von Studenten und Magistern der Artistenfakultät zum Publikum gehörte, das mit Genugtuung die Vorwürfe Rutebeufs gegenüber den Mendikanten aufnahm. Zentrum der Kritik in den *dits* ist der Vorwurf des heuchlerischen Umgangs mit dem Armutsideal. In Wirklichkeit erweise sich die privilegierte Bettelei als subversives Bündnis von reichen Bürgern und den neuartigen Mönchen, das auf die Zerstörung der geordneten Amtsorganisation der Kirche hinauslaufe[4].

---

[2] P. Pelster, *Thomas von York O.F.M. als Verfasser des Traktates ‚Manus quae contra Omnipotentem tenditur'* „Archivum Franciscanum Historicum" 15 (1922), pp. 3−22; Rupert (Fulgentius) Hirschenauer, *Die Stellung des heiligen Thomas von Aquin im Mendikantenstreit an der Universität Paris*, St. Ottilien 1934; Sophronius Clasen, *Der hl. Bonaventura und das Mendikantentum. Ein Beitrag zur Ideengeschichte des Pariser Mendikantenstreites (1252−1272)*, „Franziskanische Forschungen 7", Werl i. W. 1940; John V. Fleming, *The ‚Collations' of William of Saint-Amour against S. Thomas*, „Recherches de Théologie Ancienne et Médiévale" 32 (1965), pp. 132−138; Michel-Marie Dufeil, *Guillaume de Saint-Amour et la polémique universitaire Parisienne 1250−1259*, Paris 1972. Außerdem der überwiegende Teil der Beiträge im Kongreßband *Die Auseinandersetzungen an der Pariser Universität im XIII. Jahrhundert*, „Miscellanea Mediaevalia 10", Berlin-New York 1976.

[3] N. F. Regalado, *Poëtic Patterns in Rutebeuf*, New Haven & London 1970, bes. pp. 105 ff.; Dufeil (wie Anm. 2), pp. 296 f., 307 f.; N. H. J. van den Boogard, *La forme des polémiques et les formes poétiques: Dits et motets du XIIIe siècle*, „Miscellanea Medievalia 10" (wie Anm. 2), pp. 220−239.

[4] Dufeil (wie Anm. 2), pp. 308, 317 ff.; Le Goff (wie Anm. 1), pp. 111 ff.

I.

Seit langem gilt es der Forschung als gesichert, daß auch die Fortsetzung des Rosenromans durch Jean de Meun zu diesen volkssprachlichen Transformationen zu rechnen ist. Bereits 1890 hatte E. Langlois in seiner Thèse die ausgiebige Benutzung und teilweise wörtliche Umsetzung des Traktates *De periculis novissimorum temporum* Wilhelms von St.-Amour (1255/56) nachgewiesen[5]. Die Figur des Faux Semblant trägt eine mehr als 1000 Verse umfassende Invektive gegen das falsche Mönchtum der Mendikanten vor, wobei sie mehrmals direkt den Namen Wilhelms von St.-Amour nennt. Gerade diese überlange Digression, die nichts zum eigentlichen Handlungsfortgang beiträgt und nur ganz locker mit dem Gesamtthema des Rosenromans verknüpft ist, gab der literaturwissenschaftlichen Forschung die härtesten Probleme auf. War man doch stets bemüht, ein Strukturprinzip in der anscheinend so formlosen Anhäufung von Wissensstoff durch Jean de Meun zu entdecken. A. F. M. Gunn schlug schließlich vor, dieses Prinzip in der rhetorischen „amplificatio" zu sehen, die eine kommentierende Behandlung eines Themas in seiner Komplexität erlaube. Freilich gelang es gerade nicht, die polemische Rede Faux Semblants in jenes Schema einzuordnen. Kritiker Gunns haben deshalb darauf hingewiesen, daß hier keine bloße „amplificatio" des Themas vorliegen kann, sondern hinter der Polemik die eigene Meinung Jeans de Meun stehen muß[6].

Schon aus diesen Gründen ist man versucht, den Hintergrund Jeans de Meun im Universitätsmilieu zu suchen. Jüngst hat dieser Schluß D. Poirion dazu geführt, in der Fortsetzung des Rosenromans, die Jean selbst als eine Veränderung zu einem „Spiegel der Liebenden" bezeichnet, eine Erziehungslehre für Liebende in den an der Pariser Artistenfakultät gebräuchlichen Formen zu sehen. Die auf einzelne allegorische Personen verteilten Lehren entsprächen den Fächern des Triviums und des Quadri-

---

[5] *Le Roman de la Rose par Guillaume de Lorris et Jean de Meun*, publié d'après les manuscrits par Ernest Langlois, 5 Bde., „Société des Anciens Textes Français", Paris 1914–1924, Reprint: New York 1965; Guillaume de Lorris et Jean de Meun, *Le Roman de la Rose*, publié par Félix Lecoy, 3 Bde., „Les classiques français du moyen âge 92, 95, 98", Paris 1965–1970; Guillaume de Lorris und Jean de Meun, *Der Rosenroman*, übersetzt und eingeleitet von Karl August Ott, „Klassische Texte des Romanischen Mittelalters in zweisprachigen Ausgaben Bd. 15", bislang 2 (von drei) Bänden, München 1976 u. 1978; – Ernest Langlois, *Origines et sources du Roman de la Rose*, Thèse pour le doctorat, Paris 1890 (pp. 153–160 die Nachweise der Zitate Jeans de Meun aus Wilhelms von St. Amour *De periculis*). – Im Folgenden wird der Rosenroman stets einfach unter Angabe der Verszahl nach der Ausgabe Langlois' zitiert. Dessen französischen Text bietet auch die synoptische Ausgabe K. A. Otts.

[6] Alan M. F. Gunn, *The Mirror of Love. A Reinterpretation of the „Romance of the Rose"*, Lubbock, Texas ²1952; W. W. Ryding, *Faus Semblant, Hero or Hypocrite*, „Romanic Review" 60 (1969) pp. 163–167; K. A. Ott, *Einleitung* zu seiner Ausgabe (wie Anm. 5), p. 43.

viums, bis sich abschließend in der Gestalt des Genius die theologische Lehre nach Abschluß der artistischen Unterweisung präsentiere[7].

Auch ohne diesem Vorschlag zu folgen, bleibt die offensichtliche Parteinahme für Wilhelm von St.-Amour und die starke, auch im Wortschatz jetzt nachgewiesene Abhängigkeit der Verse Jeans de Meun von scholastischen Schulautoren für eine Gesamtbeurteilung der Fortsetzung des Rosenromans von herausragender Bedeutung. An einer Zuordnung Jeans de Meun zum Universitätsmilieu kann bereits nach der Analyse des Romans nicht gezweifelt werden. Die jahrzehntelange literaturwissenschaftliche Diskussion um die „Bürgerlichkeit" Jeans de Meun negierte einfach die schon lange vorliegenden Ergebnisse historischer Forschung über die Sozialgeschichte der Pariser Universität[8].

Auch der Werkkatalog, den Jean de Meun im Widmungsbrief seiner Übersetzung der *Consolatio philosophiae* des Boethius ins Französische gibt, verweist auf einen in der Artistenfakultät geschulten Autor[9]. Jean, mit dem väterlichen Beinamen Chopinel, war höchstwahrscheinlich der drittälteste Sohn des kleinen Adeligen Johannes de Magduno (Jean de Meun) aus dem Loiretal. Während seine beiden älteren Brüder im traditionellen Waffenhandwerk ausgebildet wurden und später als kleine ländliche Grundherren auf dem väterlichen Erbe lebten, strebten die beiden jüngeren Brüder Jean und Guillaume eine geistliche Karriere an. In einer Urkunde von 1259 erscheint der ältere Jean de Meun zusammen mit seinen Kindern. Die jüngeren beiden Söhne Jean und Guillaume werden dabei als clerici und magistri bezeichnet. Von 1270 bis 1303 ist Jean de Meun dann als Archidiakon für Beauce des Domkapitels von Orléans bezeugt. Sein Bruder Guillaume brachte es bis zum Kanoniker des gleichen Domkapitels. Über die erste Schulbildungszeit Jeans bis 1259 ist nichts in Erfahrung zu bringen. Doch dürfen wir vermuten, daß die 1259 indirekt zu erschließende kirchliche Pfründe die materielle Voraussetzung für das Universi-

---

[7] „Spiegel der Liebenden": V. 10651; Universitätsstil der Artistenfakultät: Daniel Poirion, *Le Roman de la Rose*, „Connaissance des Lettres 64", Paris 1973, pp. 127ff. Dazu jetzt Einzelbelege zur Verwendung universitärer Disputationsformen im Rosenroman Jeans de Meun in der ausgezeichneten wortgeschichtlichen Untersuchung von Gisela Hilder, *Der scholastische Wortschatz bei Jean de Meun. Die artes liberales*, „Beih. z. Zeitschr. f. Roman. Philologie 129", Tübingen 1972.

[8] K. A. Ott, *Einleitung* (wie Anm. 6), pp. 18ff. („Bürgerlichkeit" Jeans de Meun in der Forschung).

[9] Zuletzt zitiert von Réne Louis, *Esquisse d'une biografie de Jean de Meun, continuateur du „Roman de la Rose" de Guillaume de Lorris*, „Études Ligériennes d'histoire et d'archéologie médiévales — Publications de la Société de fouilles archéologiques et des monuments historiques de l'Yonne, cahiers 4", Auxerre 1975, pp. 257—265, hier p. 260. So auch schon E. Langlois, *Préface* zu seiner Ausgabe (wie Anm. 5), Bd. I, p. 18. — Alle biografischen Angaben wurden zuletzt von R. Louis in soeben genannten Artikel noch einmal zusammengestellt und kritisch gemustert. Ich folge hier und im weiteren den Daten, wie sie Louis gibt, ergänze sie aber durch die urkundlichen Belege des *Chartularium studii Bononiensis*, vol. V, VII, X, XI, Bologna 1921—1937, die Louis versäumte heranzuziehen.

tätsstudium des damals bereits magister genannten Jean bildete. P. Durrieu und A. Thomas gelang es, aus Bologneser Akten ein zusätzliches Studium des römischen Rechtes durch Jean in den Jahren 1265 bis 1269 nachzuweisen.

Aus dem Jahre 1298 ist ein Testament des Archidiakons erhalten, in dem er u. a. als Begräbnisort die Kirche von Meun oder die Kathedrale von Orléans bestimmt. In letzterem Fall sollen die dortigen Franziskaner, Dominikaner und Augustinereremiten (frühere Sackbrüder) für ihre Mitwirkung beim Begräbnis ein ansehnliches Legat erhalten. Fällt schon diese Bestimmung zugunsten der Mendikanten bei einem Mann auf, der rund 30 Jahre vorher diese Orden literarisch so heftig attackierte, so vervollkommnet eine weitere Nachricht die Verwirrung: Im November 1305 hinterließ nämlich ein Magister Adam d'Andeli den Dominikanern von St. Jakob in Paris ein Haus in der Rue St.-Jacques, „ou feu maistre Jehan de Mehun souloit demourer". Mit größter Wahrscheinlichkeit handelte Magister Adam dabei als Testamentsvollstrecker Magister Jeans, wie René Louis jüngst unter Verweis auf eine entsprechende Notiz von 1499 über das entsprechende Haus zeigen konnte. Hinzuzuziehen wäre eine Überlieferung aus dem 16. Jh., daß Jean de Meun in der Pariser Dominikanerkirche St. Jakob beigesetzt worden sei[10].

Mag Jean dieses Recht durch das Legat des Hauses erworben haben, jedenfalls scheint er kurz vor der Jahrhundertwende im Alter Frieden mit den Mendikanten geschlossen zu haben − so wie die Universität schon 1274 eine Überführung der Gebeine des Aquinaten nach Paris anstrebte. Weshalb der Magister und Archidiakon von Orléans seine erste Absicht änderte, in Meun oder Orléans bestattet zu werden, muß ungeklärt bleiben.

## II.

Die Mendikanteninvektive Faux Semblants wirft andererseits die Frage auf, ob die Auseinandersetzungen des Bettelordenstreites nicht noch andere Spuren in der Fortsetzung des Rosenromans hinterlassen haben, die nicht so leicht und direkt zu fassen sind wie die nahezu wörtlichen Übernahmen aus *De periculis* Wilhelms von St.-Amour. Die hier vorgelegte Untersuchung versucht eine Deutung einer 272 Verse langen Passage aus der Ansprache des Ami in dieser Richtung (V. 8355−8454; 9493−9664). Für diese Verse zeigte die Forschung im Unterschied zu den über 1000

---

[10] Zur Identität des Dichters Jean de Meun mit dem gleichnamigen Archidiakon für Beauce und Bologneser Rechtsstudenten E. Langlois, *Préface* (wie Anm. 5), Bd. I, pp. 12 ff.; Paul Durrieu, *Jean de Meun et l'Italie*, „Academie des Inscriptions et Belles Lettres. Comptes rendus des séances pour l'année 1916", pp. 436−444; Antoine Thomas, *L'identité de maître Jean de Meun, étudiant à l'université de Bologne en 1265−1269*, „Comptes rendus" (wie eben) année 1918, pp. 99−101; R. Louis (wie Anm. 9), pp. 262 f. Ders. auch zum Testament von 1298 p. 263, zum Pariser Haus pp. 261 f.

Versen der Diatribe des eifersüchtigen Ehemanns aus derselben Ansprache des Ami bis vor kurzem wenig Interesse. Während die Invektiven des Mari jaloux gegen die Frauen und den Ehestand breite Aufmerksamkeit genossen und als Beweis für einen „zynischen Antifeminismus" Jeans de Meun dienen mußten, sah man in den Ausführungen Amis über das Goldene Zeitalter, in die die Verse des Mari eingeschoben sind, zumeist nur einen Rückgriff auf ein gelehrtes Arsenal von Schulwissen antiker Autoren. Freilich gilt dies dann nicht weniger für die 1000 Verse des Mari jaloux, wie die Forschung mittlerweile erkannte[11].

Stellt also nun die Literaturwissenschaft den früher stets behaupteten Realismus des Autors, der aus einer unmittelbaren Erfahrung resultiere, in Frage, so bot für den Historiker Jacques Le Goff dieser Abschnitt über das Goldene Zeitalter den literarischen Beweis für ein Wiederaufleben einer alten Strömung im 13. Jh. „an den Glauben an ein egalitäres Goldenes Zeitalter, das weder eine Regierung noch eine Aufteilung in Gesellschaftsklassen kennt". Die Verse Jeans de Meun wurden Le Goff zum charakteristischen Ausdruck mittelalterlichen utopischen Denkens, zur „mittelalterlichen Ausformung des Glaubens an eine zukünftige klassenlose Gesellschaft", die aber „nicht zur Vorstellung von einer wirklich neuen Welt (führt)". Die Rückkehr zu den Anfängen, wie ihn der Mythos des Goldenen Zeitalters schildere, sei für das Mittelalter typisch. Die mittelalterlichen Menschen hätten ihre Zukunft hinter sich liegen, sie hätten beim Vorwärtsschreiten das Gesicht nach rückwärts gewandt[12].

Einwände gegen die Deutung Le Goffs liegen sofort auf der Hand. Mit welchem Recht darf von dem von einer Figur des Rosenromans Vorgebrachten einfach auf die Überzeugung Jeans de Meun zurückgeschlossen,

---

[11] Zur älteren Forschung Ott (wie Anm. 6), pp. 22 f.; dagegen zur Figur von Mari jaloux als Typ L. J. Friedman, *Jean de Meung, Antifeminism, and Bourgeois Realism*, „Modern Philology" 57 (1959) pp. 13−23, hier p. 23. − Zum Goldenen Zeitalter zuletzt: Paul B. Milan, *The Golden Age and the Political Theory of Jean de Meung*, „Symposium" 23 (1969), pp. 137−149, u. Jean-Charles Payen, *La rose et l'utopie. Révolution sexuelle et communisme nostalgique chez Jean de Meung*, „Classiques du peuple. Critique 2", Paris 1976, bes. pp. 29 f., 39 ff. u. 201 ff.

[12] Jacques Le Goff, *La Civilisation de l'Occident médiévale*, Paris 1964. Deutsch: *Kultur des europäischen Mittelalters*, München-Zürich 1970, pp. 332−334. Dagegen wären die differenzierten Bemerkungen von František Graus über das Verhältnis zum Topos vom „Goldenen Zeitalter" in den Werken mittelalterlicher Autoren zu halten (*Social Utopies in the Middle Ages*, „Past and Present" 38, 1967, pp. 1−19, hier 11 f.), besonders sein Verweis auf die Verwendung in der Erzählung über die Urzeit Böhmens in der Chronik Cosmas' von Prag († 1125), p. 12. Ausführlicher noch bei dems., *Lebendige Vergangenheit. Überlieferung im Mittelalter und in den Vorstellungen vom Mittelalter*, Köln-Wien 1975, pp. 89 ff. − *Cosmae Pragensis Chronicon Boemorum*, ed. B. Bretholz u. W. Weinberger, „MGH SS rer. Germ., n. s. 2", Berlin ²1955, I, cc. 2−3 (pp. 5−9). − Im übrigen verweist Graus gerade auf den Umstand, daß es eine Ausnahme der gelehrten Autoren des Mittelalters sei, die historische Idealzeit an den Beginn der Geschichte überhaupt zu stellen (*Social Utopies*, p. 14).

dann aber eine solche Äußerung sogar als typisch mittelalterlich vorgestellt werden? Muß nicht zuerst das Verhältnis von Bildungsgut und
Meinung der Romanfigur, dann das von Meinung der Figur und Meinung
des Autors abgeklärt werden?

Zum anderen differenziert Le Goff an dieser Stelle nicht zwischen dem
joachitischen Millenarismus und den Vorstellungen von einem Goldenen
Zeitalter. Nun ist ja zur Genüge bekannt, daß die literarische Kontroverse des Pariser Mendikantenstreites gerade mit einer Attacke Wilhelms
von St.-Amour auf den joachitischen *Liber introductorius* des Gherardo de
Borgo San Donnino begann. Diese gegen die Joachiten gerichteten 32
*Excerpta* übernahm Wilhelm auch in das achte Kapitel seines Traktates *De
periculis*[13].

Auch Jeans de Meun Figur Faux Semblant kommt unter Benützung
von *De periculis* des längeren auf das „ewige Evangelium" der Joachiten
zu sprechen und lobt „la bone garde de l'université", die die Christenheit
vor dem Umsturz bewahrt und erreicht habe, daß dieses vom Teufel
herausgegebene Buch auf dem Platz vor Nortre Dame verbrannt wurde[14].

Le Goffs Ausgangsthese erweist sich deshalb auch für den Spezialfall
Jeans de Meun als unhaltbar. Vielmehr bedarf es einer genauen Text-
analyse, um den Stellenwert jener von Ami vorgetragenen Erzählung über
das Goldene Zeitalter zu bestimmen.

III.

Als Raison dem im ersten Versuch gescheiterten Amant Ratschläge für
sein künftiges Verhalten geben will, wird zum ersten Mal im Rosenroman
auf die – aus der antiken Literatur überkommene – Vorstellung von
einem Goldenen Zeitalter Bezug genommen. Die Dame Vernunft versucht,
den Liebenden über das Verhältnis von Liebe und Gerechtigkeit zu unterrichten. Die wahre Liebe sei als Nächstenliebe der Gerechtigkeit überlegen, da sie sich als für die Menschen nötiger erweise. Seit der Beendi-
gung der Herrschaft Saturns sei die Gerechtigkeit von der Erde verschwunden. Wenn sie aber zurückkäme, dann müßte doch zugleich auch
Liebe unter den Menschen sein, weil Gerechtigkeit allein zu viele Menschen vernichten würde. Gäbe es aber eine echte Herrschaft der Liebe, sei
jede Übeltat verschwunden. Dann wären auch alle Herrscher in der Welt
überflüssig und die Richter arbeitslos. Allein Malice erweise sich somit als
Mutter jeder Herrschaft. Durch diese seien aber die Freiheiten der
Menschen zugrunde gegangen; Könige und Richter gebe es nur auf Erden,
weil es Übel und Sünden gibt[15].

---

[13] Dufeil (wie Anm. 2), pp. 125f.
[14] Rosenroman, V. 11791ff.
[15] Rosenroman, V. 5439ff.

Die Augustinische Rechtfertigung weltlicher Herrschaft als Zuchtmittel Gottes, die Bindung der Herrschaft an Gerechtigkeit und damit zugleich an die Sündhaftigkeit der Menschen[16] wird hier in eine aus antiken Quellen gezogene Erzählung vom Ende des menschlichen Urzeitalters umgegossen. Raison verdeutlicht damit dem Liebenden, der vorher über die Flucht von Recht, Keuschheit und Vertrauen, Liebe und Gerechtigkeit von der Erde klagte (V. 5388 ff.), daß nicht die Gerechtigkeit unter Saturn, sondern die Liebe der Menschen untereinander den höchsten Wert darstelle.

Amant folgt bekanntlich den Ratschlägen der Vernunft nicht und wendet sich stattdessen um Hilfe an Ami. Auch dieser kommt auf das Goldene Zeitalter zu sprechen. D. Poirion stützte auf solche thematischen Wiederaufnahmen seine These, daß Jean de Meun damit bewußt das scholastische Lehrprinzip der Artistenfakultät, die dialektische Gegenüberstellung unterschiedlicher Positionen, nachgeahmt und für den Rosenroman nutzbar gemacht habe[17].

Ami rät vom Weg der törichten Freigebigkeit ab. Was mit Reichtum beginne, ende doch stets in Armut. Dieser Weg sei von Fortuna beherrscht. Er schlage vielmehr List, Täuschung und Verrat als angemessene Mittel vor. Zudem komme es darauf an, das einmal Errungene auch festzuhalten (V. 8257 ff.). Die von ihm vorgeschlagenen Mittel seien dem jetzigen Zustand der Welt angemessen. Damit ist das Stichwort gegeben, um auf die Verhältnisse in früheren Zeiten zu sprechen zu kommen[18].

Unter ausführlicher Verwendung der Beschreibungen des Goldenen Zeitalters bei Vergil, Boethius, Juvenal und vor allem in Ovids *Metamorphosen* läßt Jean de Meun Ami das Leben zur Zeit der Urväter schildern. Raub und Habgier fehlten, Übeltat hatte Könige und Fürsten noch nicht geschaffen, da das Eigentum unter den völlig gleichen Menschen noch unbekannt war. Anders als Raison leitet Ami Herrschaft nicht allein vom Laster der Übeltat ab, sondern gibt – wie es ihm als Praktiker zusteht – einen praktischen Grund für die Notwendigkeit an, Herrschaft und Gerechtigkeit zu etablieren: die Einführung des Eigentums. Ami zitiert schließlich den aus Ovids *Metamorphosen* übernommenen Satz, daß Liebe und Herrschaft niemals zusammen existieren könnten, womit Raisons Vorschlag, Gerechtigkeit zumindest durch Liebe zu unterstützen, widersprochen wird[19].

Mit der Ovid-Sentenz ist zugleich die Basis für eine Überleitung zu den Zuständen der zeitgenössischen Ehe gegeben, die auf der Herrschaft des Mannes über die Frau und deren Eigentum beruhe. Die Ausführungen des

---

[16] Vgl. Augustin, *De civitate Dei* IV, 3, XIX, 15.

[17] Poirion (wie Anm. 7), pp. 127 f.

[18] Vgl. Poirion (wie Anm. 7), p. 125, zum kunstvollen symmetrischen Aufbau dieser Szene.

[19] Rosenroman, V. 8451 f. nach Ovid, *Metamorphosen* II, 846 f.

Mari jaloux und die anschließend zitierten Beispiele aus der Literatur bis
hin zu Abälard und Heloise münden schließlich in eine Absage an die Ehe
überhaupt. Nach dieser 1000 Verse langen Abschweifung lenkt Ami seine
Ausführungen auf das Goldene Zeitalter zurück, indem er darauf verweist,
daß die Alten überhaupt keine festen Bindungen eingegangen seien und
ihre Freiheit bewahrt hätten. Breiter Raum wird der Darstellung der
Veränderungen des Urzustandes zum Schlechteren gegönnt, die doch
zugleich die Entstehung der menschlichen Kultur bedeuten. Auch bei diesen
Ausführungen sind Ovids *Metamorphosen* wieder die wichtigste Vorlage.

Dem Wirken der Laster sei es zuzuschreiben, daß die Menschen
entarteten, sich bis zu Streit und Krieg gegeneinander kehrten. Geiz und
Habsucht erreichten dies, indem sie die Menschen Besitz und Eigentum
anstreben, die Erde aufreißen und nach Schätzen graben ließen. Nun
würden aber auch Gesetze zur Regelung des Gemeinschaftslebens und die
monarchische Herrschaft zur Durchsetzung des Rechts nötig: Der Herrscher wird durch Abgaben aller erhalten, eine Leibwache des Herrschers
erweist sich als erforderlich. Zur Sicherheitsgewährung sind nicht nur
Waffen, sondern auch befestigte Burgen und Städte unabdingbar. Die
Angst vor Überfall und Diebstahl der aufgehäuften Schätze legte sich nie
mehr (V. 9493–9664).

Besonders interessant erscheint in dieser Erzählung der Abschnitt über
die Entstehung monarchischer Herrschaft (V. 9609–9631). Jean de Meun
läßt Ami von „l'ecrit des anciens" sprechen, denen diese Kenntnisse über
„les faiz des anciens" zu verdanken seien (V. 9632 ff.). Ob Jean de Meun
damit eine einzige Vorlage meinte und um welche es sich dabei handeln
könnte, ist der Forschung bis heute unklar geblieben[20]. Einige Verse gehen
jedenfalls auf eine Horaz-Satire zurück. Dabei ist beachtenswert, daß Jean
de Meun die Intentionen des antiken Autors ins Gegenteil verkehrt: Horaz
bewertete ja die Entwicklung, die vom primitiven Urzustand wegführte,
als positiv. Die negative Beurteilung der Entwicklung ist dagegen bei
Boethius in der *Consolatio philosophiae* zu finden. Hieraus übernimmt
Jean de Meun unbedingt die wichtigsten Teile der Darlegung. Auf die

---

[20] Einzelnachweise der Vorlagen bieten zu den entsprechenden Versen die Ausgaben von
Langlois (wie Anm. 5), IV, pp. 297 ff., und Lecoy (wie Anm. 5), II, p. 277, wobei aber beide
Herausgeber für die Erzählung von der Herrschaftsentstehung keine Quelle anzugeben
wissen. Langlois übergeht die entsprechenden Verse mit Stillschweigen, Lecoy gibt offen
seine Unkenntnis zu. – Von meinem althistorischen Kollegen Dr. Michael Koch wurde ich
auf eine gewisse Parallele in Herodots Historien I, 96–100, aufmerksam gemacht, die vom
erfolgreichen Streben des Deiokes nach der Alleinherrschaft über die Meder berichtet.
Allerdings wäre direkte Herodotkenntnis im mittelalterlichen Abendland sehr verwunderlich
und ist von der handschriftlichen Überlieferung her auch nahezu völlig auszuschließen. Vgl.
dazu Hartmut Erbse in *Geschichte der Textüberlieferung der antiken und mittelalterlichen
Literatur*, Bd. I, Zürich 1961, pp. 255 ff. Für zusätzliche Informationen über Herodotüber-
lieferungsprobleme und die Frage lateinischer Übersetzungen vor 1427 danke ich Doz.
Dr. Wolfgang Rösler (Konstanz) recht herzlich.

innige Vertrautheit mit dem spätantiken Autor verweist ja die Tatsache, daß Jean später das genannte Werk ins Französische übertrug[21].

Jean de Meun hält sich an das moralphilosophische Schema vom Verfall seit dem Goldenen Zeitalter, wie es Ovid und Boethius literarisch überlieferten. Augenmerk verdient die Tatsache, daß in den Belehrungen durch Raison und durch Ami niemals eine volle Vier-Weltalter-Lehre entfaltet wird. Es geht immer nur um die Demonstration des Verfalls einer ursprünglich idealen Situation im menschlichen Zusammenleben, nicht um einen stufenweisen weiteren Niedergang im Verlauf noch anschließender Weltalter. Dieses mehrgliedrige Deszendenzschema führt erst Genius am Ende des Rosenromans ein. Er spricht dann auch explizit vom goldenen, silbernen und eisernen Zeitalter, wobei er auch auf das bereits von Raison benutzte Bild von der Entmannung Saturns durch Jupiter zurückgreift. Diese Verstümmelung der Natur durch eine ganz konkret geschilderte Untat ist die Voraussetzung für Jupiters Herrschaft und zugleich des Verfalls des menschlichen Urzustandes und der jetzigen Mühen und Plagen[22].

Im Insistieren Jeans de Meun auf dem Bild des Verfalls eines anfänglichen Idealzustandes im menschlichen Zusammenleben wird die bewußte Analogsetzung zur christlichen Lehre vom Verlust des Paradieses überdeutlich. Nimmt man hinzu, daß Jean de Meun seine Figuren dabei stets wiederholen läßt, daß menschliche Herrschaft ein Produkt des Verfallsstadiums ist, so ist die Vermutung naheliegend, daß sich hinter dem wiederholten Griff zum Verlaufsmodell vom Goldenen Zeitalter nicht nur eine bestimmte Anthropologie verbirgt. Da zudem in den Belehrungen durch Ami Ausfälle gegen die Armut als Geschöpf der Hölle vorgetragen werden, ist es sehr naheliegend, die Rede Amis auf Polemik gegen Theorien der mendikantischen Gegner Wilhelms von St.-Amour zu untersuchen. Vom Thema her gesehen kann es sich dabei nur um sozialphilosophische Theorien handeln.

IV.

Thomas von Aquin begann seine theologische Lehrtätigkeit an der Pariser Universität 1252 als baccalaureus biblicus. „Secundum modum parisiensem" schloß sich an diese zweijährigen kursorischen Bibelvorlesungen die Tätigkeit als baccalaureus sententiarius an, die sich im Falle des Aqui-

---

[21] Horaz, *Satiren* I, 3, 91−111; Boethius, *De consolatione philosophiae* II, 5 (p + m); III, 3 p.

[22] Rosenroman, V. 20032−20266. Zum Ursprung und der literarischen Tradition des Motivs des Goldenen Zeitalters die grundlegende Arbeit von Bodo Gatz, *Weltalter, goldene Zeit und sinnverwandte Vorstellungen*, „Spudasmata. Studien zur Klassischen Philologie und ihren Grenzgebieten XVI", Hildesheim 1967.

naten also auf die Zeit von 1254–1256 erstreckt. Die erste Phase seiner akademischen Lehrtätigkeit in Paris fiel damit für Thomas völlig mit der ersten Phase des Mendikantenstreites zusammen[23].

Ein Genesiskommentar des Aquinaten aus seiner Zeit als baccalaureus biblicus ist nicht erhalten. In seinem Sentenzenkommentar, der wohl schon kurz nach 1256 auch schriftlich vorlag, stellt Thomas anläßlich von Sent. II, dist. 44 im Zusammenhang mit der Diskussion des Sündenfalls die Fragen, ob alle „praelatio" von Gott stamme und ob es schon im Paradies Herrschaft („dominium") gegeben habe[24].

Im zweiten Artikel der zweiten Quaestio diskutiert Thomas die Probleme der Tyrannis. Dabei differenziert er bei ihr wie auch bei der gerechten Herrschaft nach Ursprung, Form und Gebrauch, woraus er auch ein differenziertes Verhalten gegenüber den verschiedenen Typen der Tyrannis ableitet. Im anschließenden Artikel wendet Thomas diese Unterscheidung von gerechter (Königs-)Herrschaft und ungerechter Tyrannis an. Gerechte Herrschaft habe es schon vor dem Sündenfall gegeben, da gerechte Herrschaft auf das Wohl der Regierten ausgerichtet sei. Im ersten Teil seiner *Summa theologiae*, der zwischen 1267 und 1268 in Rom und Viterbo entstand, wird Thomas diese Meinung – noch umfänglicher differenziert – im Tenor unverändert wiederholen[25].

Thomas beantwortete das Problem vielleicht etwas zugespitzt, nicht jedoch prinzipiell neuartig. Schon in den *Sentenzen* des Lombarden wird an der von Thomas dann kommentierten Stelle das Problem weltlicher Herrschaft im Zusammenhang mit dem Paradieseszustand und dem Sündenfall gesehen. Die mittelalterliche Paradiesesexegese seit der Patristik war seit jeher mit der Textaussage konfrontiert worden, daß Gott in Gen. I, 27f. die Menschen als nach seinem Bild geschaffen ansprach, ihnen die Erde als Objekt der „subiectio" zur Verfügung stellte und ihnen das „dominium" über alle irdischen Lebewesen gab. In der patristischen wie der mittelalterlichen Exegese wird die Berechtigung des Menschen zur Herrschaft zumeist mit der Gottesebenbildlichkeit in Zusammenhang gebracht.

---

[23] Vgl. Dufeil (wie Anm. 2), pp. 88ff.

[24] Thomas von Aquin, *Commentum in quatuor libros sententiarum Magisti Petri Lombardi*, vol. I, „Opera omnia, ed. Parmensis VI", Parma 1856, II, dist. 44, qu. 1, a. 2 u. 3, pp. 784ff. – Zur Frage der Datierung der Werke aus der ersten Pariser Zeit Marie-Dominique Chenu, *Introduçtion à l'étude de Saint Thomas d'Aquin*, Montréal-Paris ³1974.

[25] „*Sed quia ante peccatum nil fuisset quod homini nocere posset, nec etiam voluntas alicuius bono contradiceret . . . quantum ad primum usum solum, qui scilicet est dirigere in agendis vel in sciendis, secundum quod unus alio majori munere sapientiae et majori lumine intellectus praeditus fuisset.*" (Sent. II, dist. 44, q. 1 a. 3, p. 785). – Dazu zu vgl. *Summa theologiae* I, q. 96 (*De dominio quod homini in statu innocentiae competebat*), „Opera omnia, ed. Parmensis I", Parma 1852, pp. 381–386. – Zur Datierung der einzelnen Teile der *Summa theologiae* Palémon Glorieux, *Pour la chronologie de la Somme*, „Mélanges de Science Religieuse" 2 (1945), pp. 59–98.

Die *Glossa ordinaria* der Exegetenschule Anselms von Laon versammelte
dann auch die entsprechenden Glossen von Augustin und Beda[26].

Im Sentenzenkommentar – deutlicher dann noch im späteren ersten
Teil der *Summa theologiae* – wird die anthropologische Fundierung der
Aussage des Aquinaten über menschliche Herrschaft greifbar: Nicht nur
die Herrschaft über die unbelebte und belebte Natur hält Thomas für
gottgegeben; diese göttliche Legitimation gilt auch für die Herrschaft des
Menschen über andere Menschen. In beiden Werken beruft sich Thomas
in seiner Beweisführung ausdrücklich auf Aristoteles und distanziert sich damit ausdrücklich von Augustin: Herrschaft entsteht nach Thomas nicht
erst als Folge des Sündenfalls, sie ist Teil der menschlichen Natur; sie ist Teil
des göttlichen Schöpfungswerkes, das den Menschen vom ersten Anbeginn
seiner Existenz an als „animal sociale und politicum" ausstattete[27].


V.


Die Universitätskarriere des Aquinaten wurde durch die offenen Auseinandersetzungen im Gefolge der Umtriebe der weltgeistlichen Magister
gegen die mendikantenfreundliche Papstbulle „Quasi lignum" Alexanders
IV. vom 14. April 1255 zunächst nicht besonders beeinträchtigt. Im
Februar 1256 erteilte der Kanzler von Notre Dame Haimerich Thomas die
„licentia docendi" als Magister der Theologie[28]. Aber erst im Oktober
1257 wird Thomas offiziell in die „universitas magistrorum et scholarium"
inkorporiert.

Seit August 1255 waren in Universitätskreisen Gerüchte im Umlauf, daß
Magister Wilhelm von St.-Amour einen Traktat gegen die päpstlichen
Maßnahmen vorbereite. Im Frühjahr 1256 trat Wilhelm mit dieser *De
periculis novissimorum temporum* betitelten Streitschrift an die Öffentlich-

---

[26] Petrus Lombardus, *Libri Sententiarum* II, dist. 44, c. 2 (= c. 269), ed. Quaracchi 1971,
p. 579. *Glossa ordinaria* ad Gen. I, 27ff., „Migne PL 113", col. 80ff. – Zur mittelalterlichen Paradiesesexegese Reinhold Grimm, *Paradisus coelestis – Paradisus terrestris. Zur
Auslegungsgeschichte des Paradieses im Abendland bis um 1200*, „Medium Aevum 33",
München 1977, der unsere Problemstellung jedoch nur am Rande berührt.

[27] Zum anthropologischen Ansatz der Sozialphilosophie des Aquinaten Helmut G.
Walther, *Imperiales Königtum, Konziliarismus und Volkssouveränität. Studien zu den Grenzen
des mittelalterlichen Souveränitätsgedankens*, München 1976, pp. 125ff., bes. p. 130. Die optimistische Grundstruktur des Menschenbildes des Aquinaten nun auch betont bei Ferdinand
Seibt, *Thomas und die Utopisten. Planungsoptimismus und universale Harmonie*, „Die
Mächte des Guten und Bösen (Miscellanea Mediaevalia 11)", Berlin-New York 1977, 253–
270.

[28] „Quasi lignum", „Chartularium Universitatis Parisiensis", edd. Heinrich Denifle u.
Émile Châtelain (künftig zitiert als „C.U.P."), Bd. I (1200–1286), Paris 1889. Reprint
Brüssel 1964, no. 247; dazu Dufeil (wie Anm. 2), pp. 152ff. – Lob des Papstes für Kanzler
Haimerich für die Lizensierung des Aquinaten C.U.P. 270; dazu Dufeil, pp. 210f. – Zur
offiziellen Inkorporierung in die Universität 1257 Dufeil, p. 307.

keit, nachdem die Pariser Februarsynode keinen Entscheid im Sinne der weltgeistlichen Magister getroffen hatte. Der stattdessen vorgeschlagene Kompromiß wurde freilich von Alexander IV. nicht gebilligt.

Der junge Theologiemagister Thomas von Aquin antwortete Wilhelm zunächst im Rahmen anstehender Quodlibets[29]. Bemerkenswert, daß Thomas in der Quaestio über die verschiedenen Schriftsinne den Literalsinn der Bibel als den allein für die Theologie als Wissenschaft verwendbaren hervorhebt[30]. Aus der Argumentationsrichtung des Aquinaten darf geschlossen werden, daß die Gruppe der weltgeistlichen Theologen um Wilhelm von St.-Amour der spirituellen Bibelexegese wohlwollender gegenüberstand, auch wenn sie gerade die joachitische Exegese scharf angegriffen hatte[31].

Noch bevor die endgültige päpstliche Verurteilung von De periculis am 5. Oktober 1256 erfolgte, verfaßte Thomas in den Sommerferien 1256 im Auftrag seines Ordens eine damit offizielle Gegenschrift zum Traktat Wilhelms von St.-Amour, Contra impugnantes Dei cultum et religionem, und veröffentlichte sie im Herbst[32]. Die anschließenden Wintermonate sind erfüllt von Protesten und Erklärungen Wilhelms, der mittlerweile – von Paris zurückgezogen – in St.-Amour lebt. Schließlich wird er an die Kurie zitiert und mit einem Aufenthaltsverbot in Frankreich belegt[33].

Dies trägt dazu bei, daß seit Frühjahr 1257 die Kontroverse eine Ebene erreicht, auf der bislang die Auseinandersetzung nicht ausgetragen wurde: Die polemischen und satirischen Gedichte Rutebeufs verweisen auf ein mendikantenfeindliches Publikum, das weniger am theologischen Inhalt der Kontroverse als an ihren sozialen Implikationen interessiert war. Die Mendikanten werden zu Angriffsobjekten, weil sie als störende Elemente der herkömmlichen Kirchenstruktur empfunden werden. Das deutet auf

---

[29] Dufeil (wie Anm. 2), pp. 212 ff. (zum ganzen Vorgang). Quodlibet „De sensibus sacrae scripturae", Quodlibet VII, q. 6, „Quaestiones disputatae cum Quodlibetis", vol. II, „Opera omnia, ed. Parmensis IX", Parma 1859, pp. 562–565.

[30] Quodl. VII, q. 6: „sensus spiritualis semper fundatur super litteralem, et procedit ex eo; unde ex hoc quod sacra scriptura exponitur litteraliter et spiritualiter, non est in ipsa aliqua multiplicitas. . . . Ad quartum dicendum, quod non est propter defectum auctoritatis quod ex sensu spirituali non potest trahi efficax argumentum." (ed. cit., p. 563). – vgl. auch Summa theologiae I q. 1 a. 10 (ed. cit., p. 6 f.).

[31] Den Gegensatz zwischen traditionaler scholastischer Bibelexegese seit dem 12. Jh. und den neuen, von der Aristotelesrezeption geprägten Formen der Exegese der Bettelordenstheologen arbeitete heraus Beryl Smalley, The Study of the Bible in the Middle Ages, Oxford 1952, Reprint ²1970, pp. 281 ff.

[32] Päpstliche Verurteilungsbulle „Romanus Pontifex" C.U.P. 288. – Contra impugnantes, ed. R. M. Spiazzi O.P., „S. Thomae Aquinatis opuscula theologica II", Turin u. Rom ²1972, pp. 5–110. Dazu Palémon Glorieux, Le „Contra impugnantes" de St. Thomas. Ses sources, son plan, „Mélanges Mandonnet. Études d'histoire littéraire et doctrinale du moyen âge, tôme I, (Bibliothèque Thomiste 13)" Paris 1930, pp. 51–81; Dufeil (wie Anm. 2), pp. 253 ff.

[33] C.U.P. 314–316.

die Interessenlage von Angehörigen der Pariser Artistenfakultät, für die ein Studium den Weg zum sozialen Aufstieg in die Ämter der kirchlichen Hierarchie bedeutete[34].

Höchstwahrscheinlich ist der junge Kleriker aus dem Orléanais, Jean de Meun, ebenfalls dieser Gruppe zuzurechnen. Im Rosenroman läßt er Faux Semblant erklären, daß Wilhelm von St.-Amour für seine Lehren nicht nur die Zustimmung der Universität, sondern auch des Volkes fand (V. 11493 ff.). Er könne ohne Zögern beschwören, es stehe in keinem Gesetz und man habe niemals gesehen, daß Christus und seine Apostel während ihres Erdenlebens um Brot gebettelt hätten (V. 11293 ff.).

Wie der schriftliche Niederschlag in Pariser Urkunden und brieflichen Reaktionen des Papstes aus der ersten Hälfte des Jahres 1259 zeigt, scheint die Artistenfakultät das Zentrum des mehr passiven Widerstandes gegen die Eingliederung der Mendikanten in die „universitas magistrorum et scholarium" gewesen zu sein[35]. Am Palmsonntag veröffentlichte sogar der Pedell der Picardischen Nation der Artistenfakultät während der Predigt des Aquinaten „quendam libellum famosum . . . contra eosdem fratres". Alexander IV. sah sich erneut zum Eingreifen veranlaßt, tadelte die umlaufenden Gedichte gegen die Bettelorden (d. h. Rutebeufs *dits* seit 1257) und forderte deshalb Bischof Rainald von Paris zum Handeln auf, ermahnte andererseits in einem langen Brief eigens die Magister und Studenten zur Zusammenarbeit mit den Mendikanten[36]. Außerdem sollte die Behandlung des Wortführers Wilhelm von St.-Amour auf seine Parteigänger abschreckend wirken. Alexander IV. achtete deshalb darauf, daß die im Urteil vom 9. August 1257 verhängte Aberkennung der kirchlichen Pfründen Wilhelms auch im Falle von Beauvais eingehalten wurde[37].

Zum Ende des Sommertrimesters entschloß sich der Dominikanerorden, seinen Protagonisten in Paris, Thomas von Aquin, von der Unversität abzuziehen und besetzte den Lehrstuhl mit dem an den Auseinandersetzungen unbeteiligten Engländer Wilhelm von Antona.

Der Sieg der Mendikanten, die sich nach wie vor der nachdrücklichen Unterstützung des Papstes erfreuten, war dennoch nicht zu übersehen. Das harte Durchgreifen gegen Wilhelm von St.-Amour und die Bestimmung, alle neuen Lizentiaten auf die päpstliche Anordnung zu vereiden, mochte es jüngeren Parteigängern Wilhelms von St.-Amour, die zugleich Träger kirchlicher Pfründen waren, geraten erscheinen lassen, sich von der Pariser Universität zurückzuziehen.

Die beiden dem Klerikerstand angehörigen Brüder Jean und Guillaume de Meun sind seit 1265 als Studenten der Universität Bologna nachzuweisen.

---

[34] Le Goff (wie Anm. 1), p. 111; Regalado (wie Anm. 3), pp. 108 ff.
[35] C.U.P. 328; 331—333; 336—346; Dufeil (wie Anm. 2), p. 316 f.
[36] C.U.P. 342/343.
[37] C.U.P. 344.

Da der Kaufvertrag einer glossierten Ausgabe des *Digestum vetus* bereits von
Anfang Juli 1265 datiert, könnte Jean sein Studium des römischen Rechtes
bereits zum Studienjahr 1264/65 aufgenommen haben. Durch insgesamt 16
Notariatsurkunden ist der Aufenthalt Jeans de Meun in Bologna bis Ende
November 1269 gesichert. Sein Bruder Guillaume befindet sich nach Aus-
kunft einer Urkunde vom 2. Juli 1269 bereits wieder in Paris, während er im
Februar noch in Bologna bezeugt ist. Der Entschluß Jeans de Meun, Bologna
zu verlassen, muß recht plötzlich gefaßt worden sein. März 1269 bestellt er
noch eine Ausgabe des *Digestum novum* mit einer Lieferzeit von 10
Monaten. Am 19. Juli verpfändet er zusammen mit einem Studienkollegen
aus der Nachbardiözese Sens eine fast vollständige Ausgabe des *Corpus Iuris
Civilis* und eine *Lectura* des *Odofredus* gegen Bargeld, das am 20. November
in Paris nebst der Transportgebühr für die Bücher zurückerstattet werden
soll. Im September 1269 ist aber dann ein Aufenthalt des Bischofs von
Orléans, Robert von Courtenay (1258–1279), nachzuweisen. Aus zwei
Notariatsurkunden vom 30. September und vom 18. Oktober, in denen
Bischof Robert und Jean de Meun gemeinsam als Schuldner figurieren, kann
geschlossen werden, daß hier Kapital für die Kosten der Rückreise nach
Frankreich aufgenommen wurde. Da Jean de Meun dann tatsächlich seit 1270
als Archidiakon für Beauce urkundlich bezeugt ist, könnte der Besuch
Bischof Roberts mit der Übertragung des Archidiakonats an Jean in
Beziehung stehen. Jean de Meun hätte damit sein legistisches Studium nie
abgeschlossen. Besondere Kenntnisse im römischen Recht hatte Langlois
aufgrund von Zitaten aus *Digesten, Institutionen* und *Codex Justinianus*
bereits 1890 für möglich gehalten[37a].

Dufeil tritt dafür ein, daß Jean de Meun die Fortsetzung des Rosenromans kaum nach 1269 geschrieben haben kann. Einerseits beziehe er
sich noch ganz stark auf die bereits in Rutebeufs Gedichten angesprochenen Themen und Motive aus Wilhelms *De periculis*, kenne andererseits dessen *Collectiones* von 1266 aber nicht genau. Als terminus post
quem für eine publikationsreife Überarbeitung des zweiten Teils des
Rosenromans steht aber in der Forschung schon seit langem das Jahres-
ende von 1268 aufgrund der von Jean de Meun genannten Ereignisse dieses
Jahres fest: der Ernennung Karls von Anjou zum Reichsvikar in der
Toskana (V. 6737) und der Hinrichtung Konradins (V. 6658)[38].

---

[37a] Die von der Forschung bislang (bis auf eine schon früher publizierte) unbeachtet
gebliebenen 16 urkundlichen Quellen eines Studienaufenthaltes des „*scolaris Bononie
magister Iohannes de Mauduno aurelianensis diocesis*" im *Chartularium studii Bononiensis* V
(n. 47, 208, 326, 458), VII (n. 6, 11, 41, 488), X (n. 124, 508), XI (n. 236, 259, 287, 338, 341,
369), Bologna 1921–1937. Zur Urkunde X, 124 schon Durrieu, zum Studienaufenthalt seit
1265 Thomas (beide wie Anm. 10). Zu Bf. Robert von Orléans C. Eubel, *Hierarchia
catholica medii aevi* I, Münster 1913, Repr. 1960, p. 118.

[38] Dufeil (wie Anm. 2), pp. 324, 352. – Die von F. Lecoy versuchte Beweisführung für
einen terminus ante quem von 1274 (*Sur la date du „Roman de la Rose"*, „*Romania*", 89,
1968, pp. 554 f.) ist nicht schlüssig, da nicht nur der Rosenroman den Mendikantenorden der

Andererseits bleiben die Pariser Auseinandersetzungen um Siger von Brabant (ab 1269) im Rosenroman Jeans völlig unerwähnt. Seit 1270 ist aber Jean de Meun als Archidiakon für Beauce wieder in Frankreich. Ein wesentlicher Teil der Arbeit an der Fortsetzung des Rosenromans würde also in die italienische Studienzeit Jeans de Meun ab 1265 fallen. Der Arbeitsbeginn kann natürlich noch weiter zurückliegen, da wir außer der Bezeugung als „magister" und „clericus" in Orléans von 1259 für diese Zeitspanne keine genauen Angaben haben. Wie bereits gesagt, könnte Jean de Meun die erste Phase des Mendikantenstreites als junger Artist in Paris selbst miterlebt haben. Die Studienzeit in Bologna ab 1265 erklärt auch die fehlende Bezugnahme auf die Ereignisse des damals von Gérard d'Abbeville wieder eröffneten Pariser Mendikantenstreites im Rosenroman, weil der fern von Paris weilende Jean de Meun über keine näheren Informationen verfügte.

Die Person des Aquinaten wird aber im Unterschied zu derjenigen Wilhelms von St.-Amour im Rosenroman nicht namentlich genannt. Ein persönlicher Angriff auf Thomas zu dieser Zeit hätte freilich auch der Karriere Jeans de Meun schaden können; wirkte doch Thomas von 1261 bis 1269 als Theologe an der päpstlichen Kurie in Orvieto und Viterbo, dazwischen von 1265 bis 1269 als Lehrer am Ordensstudium der Dominikaner in Rom. Im Jahre 1269 begann dann Thomas seine zweite Zeit als „magister regens" in Paris.

Erschien es also nicht gerade opportun, Thomas als Person zu kritisieren, so konnte er doch durch Ironie indirekt getroffen werden, indem man literarisch gegen seine Lehren polemisierte. Kurzum, die Version, die Ami im Rosenroman vom Beginn der menschlichen Geschichte und von der Entstehung von Herrschaft gibt, kann durchaus als satirische Kontrafaktur zu den Lehren über das Leben der ersten Menschen im Paradies und die Bedeutung des Sündenfalls verstanden werden, die Thomas in seinem Sentenzenkommentar vorgetragen hatte und soeben (1267/68) im ersten Teil seiner *Summa theologiae* sogar noch ausführlicher wiederholte.

## VI.

Von literaturwissenschaftlicher Seite stellte Daniel Poirion die Ironie als tragendes Element des dichterisch-didaktischen Verfahrens Jeans de Meun heraus. Mit ihr denaturiere er die von Guillaume de Lorris äußerlich

---

Sackbrüder (in V. 12107) nennt, sondern auch der Archidiakon Jean de Meun noch 1298 diesen Orden eigens in seinem Testament mit einem Legat bedenkt, obwohl die Niederlassung in Orléans nach den Beschlüssen des Lyoner Konzils von 1274 den Augustinereremiten inkorporiert wurde. Die doppelte Nennung der Sackbrüder sowohl im Roman wie im Testament könnte vielmehr als zusätzlicher Anhaltspunkt für die Identität von Dichter und Archidiakon gewertet werden.

übernommene Allegorisation. Gerade bei den Figuren Ami, Faux
Semblant und Vieille dominiere die Unterrichtung des Lesers durch
Ironie[39]. Hans Robert Jauß hatte dagegen 1968 auch die Fortsetzung des
Rosenromans noch der Gattung der allegorischen Dichtung im Gefolge
der spätantiken *Psychomachia* zugeordnet, wenn er auch deren „Zwitter-
gestalt als doppelter Gipfel der Minnedichtung und ‚scolastique courtoise'" betonte[40]. Ohne hier zu dieser literaturwissenschaftlichen Kontroverse Stellung beziehen zu wollen, sei doch auf die Möglichkeit hingewiesen, daß die Beibehaltung der allegorischen Dichtungsform trotz der
impliziten Kritik am Verfahren des Vorgängers Guillaume de Lorris[41]
durchaus ebenfalls aus dem Gesamtkonzept der Ironie resultieren könnte
und in den Konstellationen und Argumentationen des Mendikantenstreites
sogar einen realen Ausgangspunkt hätte.

So wie Jean de Meun Partei für die mendikantenfeindliche Gruppe der
traditionalistisch eingestellten weltgeistlichen Magister um Wilhelm von
St.-Amour ergriff, könnte es sich beim Rückgriff auf die allegorische Dichtungsform ebenfalls um ein bewußtes Votieren für ein traditionelles
poetisches Verfahren der didaktischen Literatur handeln, das zudem mit
der traditionellen allegorisch-spirituellen Bibelexegese zusammenhängt[42],
die die Gruppe um Wilhelm von St.-Amour anscheinend favorisierte.
Thomas von Aquin hatte dagegen eindeutig für den Literalsinn als den
allein argumentativen votiert, schon um den Identifikationsversuchen mit
den von Wilhelm angegriffenen Joachiten entgegenzutreten.

Für die Frage nach der Bedeutung des Mendikantenstreits für Jean de
Meun scheint mir die virtuos gehandhabte mehrfache ironische Brechung
der Allegorisation in der Figur des Faux Semblant besonders wichtig zu
sein. Durch seine äußere Erscheinung erweist sich Faux Semblant als ein
Angehöriger der Bettelorden. Er erklärt aber sofort, daß seine Erscheinung über sein Wesen täusche. Diese Figur des Faux Semblant soll
aber nicht nur satirisch die Heuchelei der Bettelorden enthüllen, die sich
als Mönche verkleiden, ohne wirkliche, d. h. Mönche alten Typs zu sein.
Sie erweist sich auch im übertragenen Sinne als eine falsche Erscheinung:
Sie vertritt nämlich die Positionen des Mendikantengegners Wilhelm von
St.-Amour, indem sie dessen aus dem 1. Thessalonicher-Brief (IV, 11 f.) gezogene Argumente übernimmt, ein jeder sei verpflichtet, für seinen Lebens-
unterhalt zu arbeiten. Den Beweis für diese Behauptung führt nun Faux
Semblant wieder als typischer mendikantischer Gegner Wilhelms. Thomas

---

[39] Poirion (wie Anm. 7), pp. 145 ff., bes. pp. 149 u. 152 f.; mit anderer Akzentuierung
Ott, *Einleitung* (wie Anm. 6), pp. 58 f.

[40] Hans Robert Jauß, *Die Minneallegorie als esoterische Form einer neuen ‚ars amandi'*,
„Grundriß der romanischen Literaturen des Mittelalters" (künftig zitiert als „GRLMA"),
Bd. VI/1, Heidelberg 1968, hier p. 238.

[41] Jauß, ibid., p. 237; Poirion (wie Anm. 7), pp. 148 f.

[42] Dazu H. R. Jauß zusammenfassend in GRLMA I, Heidelberg 1972, pp. 131 ff.

hatte bekanntlich in seinem Quodlibet gegen Wilhelm von Frühjahr 1256 *De sensibus sacrae scripturae* allein den literalen Schriftsinn als argumentativ verwertbar bezeichnet. Faux Semblant wendet diese exegetische Methode jetzt konsequent an und kommt zum Ergebnis, daß mit dem Paulus-Wort also nur die wirklichen, die körperlichen Hände gemeint sein können, nicht aber eine übertragene Sinndeutung als Arbeit geistiger Hände (V. 11479–11482).

Eine solche Ausdeutung hatte aber Thomas 1256 in seinem Quodlibet *De opere manuali* gegen Wilhelm vertreten[43]. Faux Semblant erweist sich somit auch dadurch als falscher Bettelmönch, daß er die theologischen Positionen der Dominikaner im Mendikantenstreit durch die strikte Anwendung ihrer im Streit gegen die weltgeistlichen Magister benutzten Methoden desavouiert.

## VII.

Wenden wir die erzielten Ergebnisse auf die Erzählung Amis vom Goldenen Zeitalter und der Entstehung der Herrschaft an! Amis Belehrungen für Amant teilen sich in ein „Handbuch des vollkommenen Verführers" und in eine Lektion, die einmal errungene Geliebte nicht wieder zu verlieren[44]. Die in den zweiten Teil eingeschobene Rede des Mari jaloux ist trotz ihrer Länge eigentlich nichts weiter als die exemplarische Demonstration eines Fehlverhaltens. Hatte Ami zuvor mit Ovids Satz geschlossen, daß sich Liebe und Herrschaft ausschlössen, so erläutert er nach der Rede des Mari die Gründe, weshalb das Verhalten des Ehemannes falsch sei. Dieser habe sich als „seigneur" und „maistre" aufgeführt, und damit das richtige Verhalten verfehlt, seine Frau als gleichwertige Gefährtin („compaigne") zu behandeln (V. 8451 ff. u. 9421 ff.).

Die Ablehnung der Ehe durch Mari jaloux erweist sich somit nur als Konsequenz einer auf der falschen Basis von Herrschaft begründeten Ehe. Der herrschaftsgläubige Mari erweist sich als ungeeignet für soziale Bindungen, er kennt nur Mißtrauen und Verdacht. Amis Erzählung vom Niedergang des Goldenen Zeitalters nennt zugleich die Gründe für Maris Verhalten. Es ist die Geschichte der vergewaltigten Natur und der Ersetzung natürlicher menschlicher Beziehungen durch Herrschaft.

Der Gegensatz zu den Lehren des Aquinaten, die erstmals in den Jahren des Mendikantenstreites in seinen Sentenzenvorlesungen in Paris vorgetragen wurden, ist offenkundig. Thomas lehrte, daß Herrschaft seit Anbeginn ein Teil menschlichen Sozialverhaltens sei. Nicht nur herrschte Adam auf Geheiß Gottes über die unbelebte und belebte Natur, auch das

---

[43] Quodlibet VII, art. 17 u. 18 (ed. cit., pp. 565–571).
[44] Poirion (wie Anm. 7), p. 159.

„dominium" des Menschen über den Menschen gab es damals bereits. Das bedeutet für den Paradieseszustand nichts anderes, als daß Adam über Eva herrschte. Jean de Meun bietet mit der Schilderung des Goldenen Zeitalters eine Kontrafaktur, mit der Darstellung des Mari jaloux eine Parodie der sozialphilosophischen Lehren des Aquinaten.

An die Stelle des biblischen Paradieses ist die antike Erzählung vom menschlichen Urzustand getreten. Thomas geht von der Ehe Adams und Evas aus und leitet von ihr zur Königsherrschaft über. Auch die Erzählung des Ami beschreitet den gleichen Weg, nur kommt sie zum gegenteiligen Ergebnis. Der Urzustand ist das Reich der Liebe, Herrschaft ein Ergebnis der Denaturierung des Menschen, kein Teil der „natura integra".

Man kann sogar den Versuch wagen, nachzuzeichnen, wie Jean de Meun zu seinem Gegenbild gelangte. Thomas setzte sich nämlich in seinem Sentenzenkommentar mit der Frage auseinander „Utrum omnis praelatio sit a Deo?" Als drittes der zu widerlegenden Argumente führte er die Meinung des Boethius an: „Sed Boetius dicit in 3 de consolatione Philosophiae, quod mali habent potestatem usurpatam. Ergo eorum praelatio non est a Deo."[45] Genau die von Thomas zitierte Boethiusstelle benutzte Jean de Meun in aller Breite als Vorlage für seine Gegenargumentation: Den Traum der Menschen von ihrem Ursprung, den falschen Weg zur Glückseligkeit über Reichtum, die Gefährdung der Eigentümer durch Gewalt und Diebstahl, die Schutzbedürftigkeit der Menschen, aber auch die Nichtswürdigkeit der eingesetzten Amtsträger. Auch das Goldene Zeitalter hatte Boethius in seinem Werk schon vorher geschildert (II, Metrum 5).

In einzelnen Formulierungen verrät Jean de Meun zudem, wer mit der Erzählung getroffen werden soll. In Ovids wie in Boethius' Schilderung der Zustände während des Goldenen Zeitalters wird einheitlich die Seßhaftigkeit der Menschen betont, die noch keine Schiffahrt zu fremden Küsten kannten[46]. Jean de Meun erweitert diesen Gedanken nicht nur um den Hinweis auf die Argonautenfahrt (V. 9504 ff.), sondern hält es auch für berichtenswert, daß damals noch keine „pelerinage" existierte (V. 9501). Das mag man nicht nur als einen Hieb gegen das Umherziehen der Mendikanten im Vergleich zur „stabilitas loci" der alten Mönche verstehen können, sondern genausogut als Kritik an Pilgerfahrten, profitsüchtigen Fernhändlern und Kreuzzügen. Jean hält aber nicht hinter dem Berg, wo er den Gegner menschlicher Genügsamkeit lokalisiert, wenn er schildert, daß der Betrug und die anderen Laster die Armut aus der Hölle kommen lassen (V. 9535 ff.).

---

[45] *Commentum in libros Sententiarum*, II, dist. 44, q. 1 a. 2 (ed. cit., p. 784).
[46] Ovid, *Metamorphosen* I, 96; *Boethius, De consolatione* II m. 5, 13 ff. — Genau diese Boethius-Vorlage verwendete auch schon Cosmas von Prag für seine Schilderung der Urzeit Böhmens, *Chronicon* I, 3 (wie Anm. 12), pp. 8 f.

Faux Semblant, der sich als falscher, weil Armut predigender Mönch vorstellt (V. 11037 ff.), bekennt, daß Betrug und Heuchelei seine Eltern seien (V. 10467).

Die Feindseligkeit gegenüber der Armut besaß damals bereits eine längere Tradition in der allegorischen Literatur. Alain de Lille ließ die Armut auf der Seite der Laster in seinem *Anticlaudianus* kämpfen[47]. Auch Innocenz III. beklagte in seiner noch in der Kardinalszeit entstandenen Schrift *De miseria humanae conditionis* die „miseria pauperis" und die „miserabilis conditio mendicantis" und sieht ein Zeichen der durch die Sünde gestörten irdischen Ordnung darin, daß der Reiche als gut, der Arme als böse angesehen werde[48]. Im Rosenroman Guillaumes de Lorris sieht Amant zehn allegorische Figuren vom Lustgarten ausgeschlossen, darunter die Gestalt der Armut (V. 441 ff.) Sie gehört nach seiner Auffassung nicht in das irdische Paradies, wo nur Reichtum Platz hat und in das Amant durch die Dame Müßiggang eingelassen wird (V. 636).

## VIII.

Also auch bei Jean de Meun eine an antiken Vorbildern angelehnte Vorstellung vom irdischen Paradies, das einst durch die Laster (darunter Armut) verlorenging? In gewisser Weise sicherlich. Aber sie wird doch stets nur in der Weise eingesetzt, in der sie durch antike Schriftsteller überliefert wurde: als Zeitkritik. Jean de Meun entwickelt sie nicht weiter, als Merkmal eigener Wunschvorstellungen des Autors fehlt dem Bild die Unmittelbarkeit mittelalterlicher Schlaraffenlandvorstellungen[49]. Es bleibt stets ein bewußt eingesetztes Bild eines gelehrten Autors. Dem Charakter einer utopischen Wunschvorstellung entspricht am ehesten noch das von Genius gemalte Bild des zu erringenden Paradieses, das aber gerade von den Schilderungen des Goldenen Zeitalters bei Vergil und Ovid auf der einen Seite, vom allegorischen Lustgarten des Guillaume de Lorris auf der

---

[47] Alain de Lille, *Anticlaudianus*. Texte critique avec une Introduction et des tables, publ. par R. Bossuat, „Textes philosophiques du Moyen Âge 1", Paris 1955, IX, vv. 53−107, pp. 186−188; deutsche Übersetzung von W. Rath, *Der Anticlaudian oder Die Bücher von der himmlischen Erschaffung des neuen Menschen*, Stuttgart 1966, hier pp. 237 f. − Zur Tradition der didaktisch-allegorischen Dichtung Jauß (wie Anm. 40) und Ders., *Form und Auffassung der Allegorie in der Tradition der Psychomachie*, „Medium Aevum Vivum. Festschrift für Walther Bulst", Heidelberg 1960, pp. 179−206.

[48] Lotharii cardinalis (Innocentii III) *De miseria humane conditionis*, ed. M. Maccarone, Lugano 1955, I, 15. Dazu H. G. Walther, *Haeretica pravitas und Ecclesiologie. Zum Verhältnis von kirchlichem Ketzerbegriff und päpstlicher Ketzerpolitik von der zweiten Hälfte des XII. bis ins erste Drittel des XIII. Jahrhunderts*, „Die Mächte des Guten und Bösen" (wie Anm. 27), pp. 286−314, hier p. 309 ff. für den sozialen und religiösen Kontext der Armutsbewertung.

[49] Dazu Graus (wie Anm. 12), p. 10.

anderen Seite abgehoben wird (V. 19931–20667). Aber es ist ja nicht einmal unbestritten, ob nun Nature nicht nur für den Amant das letzte Wort behält[50]. Das ironische Verfahren macht es auch in diesem Fall nicht leicht, die Ansichten des Autors aus den Reden und Meinungen seiner Figuren eindeutig herauszuschälen.

Der gewaltige Wissensschatz des Klerikers und Magisters Jean de Meun erlaubte ihm ein perfektes Jonglieren mit Zitaten und literarischen Traditionen. Er setzte die virtuos beherrschten Stilmittel der Ironie und der Satire nicht nur zur Formgestaltung seines „Spiegels der Liebenden" ein, sondern auch in gleicher Stärke, um seine Gegner empfindlich zu treffen.

Vom ersten Pariser Mendikantenstreit scheint Jean de Meun nicht nur Anregungen zur Gestaltung satirischer Szenen empfangen zu haben; von dieser Auseinandersetzung war er auch persönlich getroffen. Bettelmönche waren deshalb für ihn nicht nur ein durch Rutebeufs Gedichte bereits bewährtes und vorgeformtes dankbares Objekt literarischer Satire. An der Gestalt des Faux Semblant bewies sich das innere Engagement Jeans de Meun in diesen Auseinandersetzungen.

Durch die ironische Funktion und die satirische Intention der Erzählung des Ami vom Verfall menschlichen Zusammenlebens war Jean de Meun wohl der erste Literat, der kritisch zur Sozialphilosophie des Aquinaten Stellung bezog. Thomas' anthropologischer Optimismus, der ihn zu seiner Überzeugung von der „inclinatio naturalis" des Menschen zum Guten führte, wurde von Jean de Meun offensichtlich nicht geteilt. Er erweist sich auch dadurch als Vertreter eines mehr traditionellen Menschenbildes des Mittelalters, wie es für den Kreis um Wilhelm von St.-Amour wohl typisch war.

Herrschaft als Regelungsmechanismus menschlichen Soziallebens wollte Jean de Meun nicht als etwas gottgewolltes Natürliches erscheinen. Er hielt sich hier lieber an die alte augustinische Naturrechtslehre und an das

---

[50] K. A. Ott, *Einleitung* (wie Anm. 6), pp. 57f. (Resümee der gegenwärtigen literaturwissenschaftlichen Forschungslage). Erst nach Druckbeginn wurden mir folgende beiden Arbeiten zugänglich: Éric Carl Hicks (*Le visage de l'antiquité dans le Roman de la Rose. Jean de Meung: Savant et pédagogue*, phil. Diss. Yale Univ. 1965 = Univ. Microfilms Ann Arbor, Mich. 65–9683) untersucht detailliert die argumentative Bedeutung der Verwendung von Elementen aus Werken antiker Autoren in Hinblick auf die didaktische Grundstruktur des Rosenromans Jeans de Meun. Über den Wahrheitswert des Mythos für Jean und die Verwendung desjenigen des Goldenen Zeitalters pp. 269ff. Einseitig thesenhaft zugespitzt die Untersuchung J.-C. Payens (wie Anm. 11). Zwar sieht auch er die Bedeutung des Mythos vom Goldenen Zeitalter für die politische Theorie Jeans de Meun (so auch schon P. B. Milan, wie Anm. 11), sieht aber – wie bereits der Untertitel von Payens Werk verrät – den eigentlichen Sinn seiner Verwendung in einer nicht-sozialen Utopie liegen, die durch die Verkleidung des Mythos hindurch eine „Befreiung von Tabus", „eine neue Sexualität und zugleich eine Art utopischen Anarchismus'" anstrebe (pp. 39f.). Payen berücksichtigt bei seiner Deutung leider kaum die reale soziale Umwelt des Autors Jean de Meun, wie seine Analyse der Ansprache Faux Semblants deutlich zeigt (pp. 81ff.).

Mißtrauen des afrikanischen Kirchenvaters, der in weltlicher Herrschaft in erster Linie die Zuchtrute Gottes für die gefallene Menschheit sah.[51]

So ist es nicht zufällig, daß Jean de Meun Thomas das Bild des Goldenen Zeitalters entgegenhält, das dem Mittelalter aus der antiken Literatur als eine, das Element des Verfalls betonende gegenwartskritische Kulturentstehungslehre überkommen war. Ebenso bezeichnend ist es aber auch, daß sich die optimistische Sozialphilosophie des Aquinaten bewußt auf eine andere antike Tradition stützte: auf die Philosophie des Aristoteles.

---

[51] Vgl. Augustin, *De civitate Dei* XIX, 15: „*Hoc naturalis ordo praescribit, ita Deus hominen condidit. . . . Rationalem factum ad imaginem suam noluit nisi inrationabilibus dominari; non hominem homini, sed hominem pecori. Inde primi iusti pastores pecorum magis quam reges hominum constituti sunt, ut etiam sic insinuaret Deus, quid postulet ordo creaturarum, quid exigat meritum peccatorum. Condicio quippe servitutis iure intelligitur inposita peccatori.*" – Thomas distanziert sich in seinem Sentenzenkommentar (II, dist. 44, q. 1 a. 3, ed. cit., p. 785) ausdrücklich von dieser Lehre Augustins, indem er sich auf die Nikomachische Ethik des Stagiriten beruft.

# LA CRISIS DE LA "EDAD DEL ESPIRITU SANTO" (SANTO TOMAS VERSUS JOAQUIN DE FIORE)

por José Ignacio Saranyana (Universidad de Navarra)

Si esperar una época de la Historia más favorable, en la cual queden solucionadas todas las necesidades fundamentales del hombre y se alcancen las metas más ansiosamente perseguidas, ha sido una constante del pensamiento humano, una especie de invariante de todas las culturas; pueden señalarse, sin embargo, algunos momentos en los cuales tal expectativa de futuro ha sido más vivamente deseada e incluso presentida. Cuando esa mirada hacia el futuro ha crecido y se ha alimentado en un ambiente de inspiración cristiana, ha echado mano a veces, a la hora de formular sus presupuestos teóricos, de las expresiones fundamentales reveladas en la Sagrada Escritura, con el riesgo de desvirtuar más o menos la Palabra de Dios, en la misma medida en que se haya apartado más o menos de la recta ortodoxia.

Pues bien; una de esas cotas históricas en las que bulló con mayor intensidad el espíritu escrutador del futuro, que oteaba el horizonte temporal en busca de estadios intrahistóricos de felicidad definitiva y de plenitud, se alcanzó durante el siglo XIII de nuestra Era, especialmente en las proximidades de 1260. En la aparición de tal corriente escatológica jugaron un papel preponderante los escritos del Abad Joaquín[1], la

---

[1] Nació en Célico (Italia) entre 1130 y 1135. Participó en la II Cruzada (1147−1149) y emprendió un viaje a Tierra Santa, durante el cual decidió entregarse a Dios. Comenzó así una vida de estricta penitencia y su actividad exegética. En 1160 profesó como monje cisterciense en Santa María de Corazzo. En 1177 fue elegido Abad de ese mismo Monasterio, pero, asustado por la responsabilidad, se dio a la fuga. Hacia 1182−1183, mientras esperaba la dispensa papal del cargo abacial, comenzó a redactar sus dos obras principales (*Concordia Novi ac Veteris Testamenti* y *Expositio in Apocalypsim*). Otro libro suyo importante es: *Psalterium decem Chordarum*. Estudiando en estricto paralelismo el VT y el NT, divididos ambos en siete períodos correspondientes, llega a la conclusión que era inminente la llegada del último período de la historia de la Humanidad, simbolizado por el séptimo sello del Apocalipsis, período que se caracterizaría por una extraordinaria renovación espiritual y que habría de iniciarse en 1260. Hacia 1189 fundó la Orden Florense aprobada por el Papa Celestino III. Falleció el 30 de marzo de 1202. − Cfr., para su biografía, el excelente trabajo de F. Calogero, *Saggio di biografia gioachimita* Tesis de Licenciatura, Facultad de Teología, Universidad de Navarra, Pamplona 1973, 144 pp. − Para un estudio de las corrientes doctrinales que más influyeron en la síntesis joaquinita, cfr. P. Fournier, *Etudes sur Joachim de Flore et ses doctrines* (1909), Frankfurt a. M. 1963.

actividad literaria de Gerardo de Borgo San Donnino[2], los ataques de Guillermo del Santo Amor[3] contra los Mendicantes y las intervenciones de cierto sector de la Orden franciscana, ingenuamente adicto a las esperanzas joaquinistas, el cual daría lugar, seis lustros más tarde, a la corriente de los "franciscanos espirituales".

Por distintas razones, tanto Santo Tomás como San Buenaventura se vieron comprometidos en la polémica. El primero de ellos porque desde la cátedra, durante su segunda estancia parisina (1252—1259), tuvo que hacer frente a las acusaciones de Guillermo del Santo Amor contra la razón de ser de las Ordenes mendicantes, al mismo tiempo que tenía que salir al paso de los errores que se difundían al socaire del joaquinismo. San Buenaventura, nombrado el 1258 General de la Orden franciscana en sustitución de Juan de Parma[4] -supuestamente simpatizante de las doctrinas del Abad calabrés-, tuvo que enfrentarse con la ardua e ingrata tarea de procesar tanto a Juan de Parma como a Gerardo de Borgo San

---

[2] Natural de Borgo San Donino (hoy Fidenza, en la provincia italiana de Parma), su fisonomía histórica no es del todo precisa. Parece que se hizo franciscano cuando enseñaba Gramática y que recibió su formación religiosa en Sicilia. A mediados de diciembre de 1247 era ya joaquinista. En 1248 se trasladó a París, para estudiar Teología, hasta 1254. En esta última fecha Gerardo salió del anonimato publicando a espaldas de sus superiores el famoso *Liber introductorius in Evangelium aeternum.* Con él pretendía, no sólo divulgar el pensamiento de Joaquín de Fiore, sino también pronunciar una palabra definitiva en defensa de las Ordenes mendicantes, durante la controversia de París. Alejandro IV proscribió el *Introductorium* en 1255. Gerardo fue expulsado de París y debió reintegrase a Sicilia. En 1258 volvió otra vez a París para ser procesado por su hostil resistencia a las decisiones papales. Al no querer retractarse fue condenado a cadena perpetua en el mismo año de 1258, y murió sin cambiar de actitud dieciocho años después. – Cfr. Gratien de París, *Historia de la fundación y de la evolución de la Orden de Frailes Menores en el siglo XIII* (1933), Buenos Aires 1947.

[3] Natural de Saint-Amour, a pocos kilómetros de Lons-le-Saulnier, maestro en 1228, rector de la iglesia de Guerville y canónigo de Beauvais. Hacia 1250 llegó a ser maestro de Teología y capellán de la Universidad de París. Enseguida tomó postura ante la entrada de los mendicantes en la Universidad, constituyéndose en uno de los principales promotores de la resistencia a las decisiones papales y de los más destacados actores contra la existencia de las Ordenes mendicantes. En los primeros meses de 1254 redactó su *Liber de Antichristo et eius ministris*, en el que identificaba a dominicos y franciscanos con los ministros del Anticristo. En 1525 publicó su *Tractatus brevis de periculis novissimorum temporum ex scripturis sumptus* (que alcanzó cinco ediciones), condenado por Alejandro IV en 1256. – Cfr., M. M. Dufeil, *Gulielmus de Sancto Amore, Opera omnia (1252–70),* en A. Zimmermann (dir.), *Die Auseinandersetzungen an der Pariser Universität im XIII. Jahrhundert,* "Miscellanea Mediaevalia", Band 10, Berlín 1976, pp. 213–219, (con selecta bibliografía). Del mismo Autor recomendamos: *La polémique universitaire parisienne (1250–1259),* París 1972.

[4] Juan de Parma, "maximus ioachimita" según Salimbene de Adam, debió de conocer las doctrinas joaquinistas en Nápoles, donde enseñó antes de ser llamado a París en 1245. Fué elegido General de la Orden franciscana en 1247. Alejandro IV le persuadió para que presentase la dimisión. Fue sustituido por San Buenaventura, en el Capítulo General de Aracoeli (2. II. 1257). El Doctor Seráfico tuvo que juzgarlo en un proceso que tuvo lugar en Città della Pieve, en el que finalmente fue absuelto por intercesión del Cardenal Ottoboni, futuro Adriano V, y se retiró a un eremitorio, donde murió con fama de santidad.

Donnino, lo que le acarreó la antipatía del sector espiritualista de su propia Orden[5].

En el trabajo que ahora presentamos pretendemos estudiar la actitud doctrinal del Doctor Angélico ante el tema de la "edad del Espíritu Santo".

---

[5] A propósito de la hermenéutica histórica bonaventuriana, de la que ya no volveremos a tratar en adelante, ha habido una curiosa polémica. El Doctor Seráfico conoce el método de interpretación histórica que se basa en el esquema comparativo entre el VT y el NT. Una de las variantes de tal método consiste en describir siete tiempos "figurales" en cada uno de los Testamentos, que se corresponden perfectamente (cfr. *In Hexaëm*. XVI, 7ss). Los interrogantes que aparecen en la presentación bonaventuriana del sexto tiempo han dado mucho que hablar sobre una supuesta influencia de la hermenéutica joaquinista en San Buenaventura. Sin embargo, el texto bonaventuriano más controvertido es *In Hexaëm*. XII, 22—23 en Q.V, 440—441, cuyo paralelo en la edición Delorme es *Visio IV*, coll. III, 3 (20—23). La diferencia entre Delorme (D) y Quaracchi (Q) es notable. D es más breve y, además, hay en Q añadidos que se introducen con las expresiones "et addebat" y "et dicebat", que tienen todos ellas sabor apocalíptico-escatológico, con expresa referencia a la Orden franciscana. Ratzinger (*Die Geschichtstheologie des heiligen Bonaventura*, München und Zürich 1959, pp. 8—9) prefiere Q como "lectio difficilior". González (*Misterio trinitario y existencia humana. Estudio teológico en torno a San Buenaventura*, Madrid 1966, pp. 612—615) se inclina por D como versión más genuina, que habría sufrido posteriores adiciones por parte del partido espiritual, con objeto de apoyar su programa en base a la autoridad de San Buenaventura. Algo parecido podría constatarse al comparar *Visio IV*, coll. I, 4 (29—30) de Delorme, con Coll. XX, 29—30 de Quaracchi. Gilson comenta, divertido (cfr. *La filosofía de San Buenaventura*, Buenos Aires 1948, pp. 91—92, nota 166), que también los escoliastas de Quaracchi parecen haberse inquietado al comprobar el tenor de los pasajes aludidos.— De todas formas, y a pesar de la debilidad de los argumentos de crítica interna ofrecidos por Ratzinger, hemos de concluir con él que San Buenaventura abandona definitivamente —en sus *Comentarios al Hexamerón*— la septenaria división agustiniana, por la doblemente septenaria (2x7) propia del Abad Joaquín (cfr. *Die Geschichtstheologie*, op. cit., p. 19). Pero se trata sólo de una influencia formal, no doctrinal, del Abad Joaquín: "Post novum testamentum non erit aliud, nec aliquod sacramentum novae legis substrahi potest, quia illud testamentum aeternum est" (*In Hexaëm*. XVI, 2: Q.V, 403b). González (cfr. *Misterio Trinitario*, op. cit., p. 609) sostiene "que el esquema fundamental bonaventuriano de la historia no es, como cree Ratzinger, el *Doppelsiebenschema*, sino que es la división ternaria dentro de la cual hay otra septenaria".— El olvido de las anteriores consideraciones ha conducido a los investigadores a la contraposición entre dos doctrinas en la obra del Seráfico: el joven Buenaventura frente al Buenaventura maduro, lo que sería correcto si se prefiriese Q a D como texto más genuinamente buenaventuriano (tal es el caso, por ejemplo, de T. Gregory en *Sull 'escatologia di Bonaventura e Tommaso d'Aquino*, "Studi Medievali", 3 ser, VI, Spoleto 1965, pp. 79—94); pero ello nos llevaría a conclusiones absurdas sobre el comportamiento de San Buenaventura y, sobre todo, de los propios "espirituales", que tan duramente atacaron la memoria del Santo General franciscano. — Cfr. E. Rivera de Ventosa, *Tres visiones de la historia: Joaquín de Fiore, San Buenaventura y Hegel. Estudio comparativo*, "Atti del Congresso — Internazionale per il VII Centenario di San Bonaventura", Roma 1976, vol. pp. 779—808; H. de Lubac, *Joachim de Flore jugé par Saint Bonaventure et Saint Thomas*, "Pluralisme et Oecuménisme en Recherches Théologiques", París-Gembloux 1976, pp. 37—49; J.I. Saranyana, *Presupuestos de la Teología de la Historia bonaventuriana*, "Scripta Theologica", 8 (1976) 307—340.

## I. La doctrina joaquinista sobre la "tercera edad" y su posterior evolución

Durante su estancia en Casamari (1182−1183) conoció Joaquín de Fiore al que sería su fiel discípulo y amigo, Luca Campano, su secretario durante el año y medio en que permaneció en esa Abadía. En tal período parece que inició la redacción de sus dos obras principales, la *Concordia Novi et Veteris Testamenti* y la *Expositio in Apocalypsim*, en las que muestra claramente la "novitas ioachimita", basada esencialmente en un método exegético que consta de dos elementos fundamentales: la "inteligencia espiritual" y la "inteligencia típica", cada una de las cuales se divide en varios grados.

Aunque no entremos a fondo en el complejo entramado intelectual del monje calabrés, podemos decir que la inteligencia espiritual nace -según la opinión de Joaquín- de la confluencia de cinco tipos menores de inteligencia, que surgen como arroyos del significado literal, en un flujo progresivo de lo visible a lo invisible. La inteligencia típica constituye también un ciclo que se articula en siete especies, que tienen la misión de mostrar la coincidencia ("concordia") de los dos Testamentos o, mejor dicho, de las historias sagradas: la anterior a Cristo y la posterior a Cristo. La aportación más genuina del calabrés consiste en haber propuesto una concordia entre las dos "letras" o historias y en acoplar, sobre este método, su concepción de las tres edades o estados del mundo[6].

La clave para comprender la correspondencia entre la historia de Israel y la historia de la Iglesia sería el Apocalipsis. La apertura de los siete sellos representaría los siete períodos que componen cada una de esas dos historias. Analizando la historia de la Iglesia, desde la Encarnación de Cristo hasta el tiempo en que vivía Joaquín de Fiore, el Abad llegó a la conclusión de que era inminente el advenimiento del último período, simbolizado en el séptimo sello, el cual daría término a la historia de la humanidad. Intentó, por consiguiente, esbozar las características de tal tercera etapa de la Historia —la correspondiente con el último período—, extrayendo de las "verba historica" de la Sagrada Escritura los "spirituales intellectus", la comprensión de los signos de los tiempos.

Entre tales signos destaca los que, a su juicio, le parecieron más significativos, a saber: el solemne retorno de los griegos separados a la unidad de la Iglesia; la conversión del pueblo hebreo; y una extraordinaria y feroz persecución contra la Iglesia, que habría de recordar el drama ya remoto de la Cuidad Santa de Jerusalén. Pero con todo, no habría llegado

---

[6] Cfr. A. Crocco, *Gioacchino da Fiore. La più singolare ed affascinante figura del Medioevo cristiano*, Nápoles 1960, pp. 81−93. − H. de Lubac, *Exégèse Médiévale. Les quatre sens de l'Ecriture*, Seconde Partie I, París 1961, pp. 437 ss.

todavía al fin de la Historia. En ésta —afirmaba el Abad— se habría de manifestar la Trinidad con su actividad "ad extra", de tal forma que cada período histórico podría considerarse como una particular expresión de una de las Personas divinas, entendidas tales ostensiones en un sentido intermedio entre el de la "apropiación" y el de lo "propio", que él denominó "asignación". La última Persona que habría de manifestarse —siempre según el sentir del calabrés— sería el Espíritu Santo.

Después de la muerte del fundador florense comenzaron a difundirse sus ideas por toda Europa en dos versiones distintas y a veces algo confusas: una de escritos auténticos y otra de escritos apócrifos, especialmente los apócrifos surgidos en ambientes franciscanos. La difusión llegó, en un primer momento, a círculos de pensadores y teólogos, alimentando la compleja temática de la "renovatio Ecclesiae", sin saltar abiertamente al escenario de la opinión pública. Más adelante, gracias a la expansión de la Orden Florense y a los elogios de la Santa Sede a su fundador, comenzó a calar en el gran público la literatura escatológica-profética de este cariz[7].

Con el *Liber Intruductorius* de Gerardo de Borgo San Donnino, publicado en 1524 en París, las esperanzas de renovación de la Iglesia se centraron en el advenimiento inmediato de la tercera edad y en el cumplimiento de las profecías de Joaquín, pero en un sentido que el calabrés habría desechado sin dudar[8]. El contenido escatológico de tales expectativas se explicitaban en algunas afirmaciones inevitablemente alarmantes: el inminente inicio de la tercera edad de la Historia, la época del Espíritu Santo (hacia 1260); concreción de ese último estadio de la revelación trinitaria en una nueva escritura, el *Evangelio Eterno* (cfr. Apoc 14, 6), supuesta culminación y plenitud tanto del Viejo como del Nuevo Testamento; identificación entre ese Evangelio eterno y las tres obras fundamentales de Joaquín de Fiore; e inauguración de una nueva economía de la salvación adaptada a la Iglesia renovada, contemplativa y carismática, constituida por "vires spirituales", economía "sine aenigmate et sine figuris". Tales afirmaciones no pudieron menos que desencadenar una violenta tormenta que puso en peligro la existencia misma de las nuevas Ordenes Mendicantes, que corrieron el riesgo de ser consideradas responsables, en bloque, de tal maniobra "revolucionaria" iniciada por Gerardo, quien confundió, además, a San Francisco con el "ángel que porta el signo de Dios vivo" (Apoc 7, 2).

Una de las exposiciones sistemáticas de la doctrina joaquinista que mayor interés ofrecen para el historiador, porque presenta los escritos del Abad en el mismo contexto en que se estaban utilizando a mediados del

---

[7] E. de Campagnola, *L'Angelo del Sesto Sigillo e l'"Alter Christus". Genesi e sviluppo di due termi francescani nei secoli XIII—XIV*, Roma 1971, pp. 133—139.

[8] Cfr. I. da Milano, *L'incentivo escatologico nel riformismo dell'Ordine francescano*, "Atti del III Convegno Storico Internazionale" (Academia Tudertina), Todi 1960, pp. 297 ss.

siglo XIII, es la de las actas de la Comisión de Cardenales de Agnani[9]. Tal Comisión resume en primer lugar la división tripartita de la Historia, tal como puede leerse en las obras del calabrés, según la cual cada período, que se apropiaría a una de las Personas divinas, se caracterizaría también por un "ordo" eclesiástico predominante: "En el primer estadio el orden de los cónyuges fue autorizado por Dios Padre; en el segundo fué glorificado por el Hijo el orden de los clérigos, y en el tercero resplandecerá, por obra del Espíritu Santo, el "ordo monachorum". Por tanto, en el primer orden hay que venerar la imagen del Padre, en el segundo la del Hijo, y en el tercero la del Espíritu Santo"[10]. A tal triparticipación pertenecerían las tres épocas de la historia humana, condensadas y como recopiladas en la historia sagrada que narra la Biblia[11]. Tal concepción de la "Historia salutis" como clave de la historia profana particular estaba muy difundida en la Edad Media, probablemente por la influencia de los Padres[12].

El Protocolo de Agnani ofrece, además, varios ejemplos prácticos tomados directamente de las obras del Abad Joaquín, en los que su puede constatar claramente el proceder hermenéutico del calabrés. He aquí uno de ellos: El pasaje de San Juan (Io 5, 17), en el que se lee "Pater meus usque modo operatur, et ego operor", exigiría algún lugar en la Sagrada Escritura en el que se profetice una idea similar predicada del Espíritu Santo, algo así como: "Filius cum Patre usque modo operatur, et ego operor (Spiritus Sanctus)", pasaje que, según el Abad, estaría prefigurado en Joel 2, 28 y en Act 1, 5. Con tal interpretación, Joaquín trasladaba el anuncio de la Pentecostés a la tercera época[13].

---

[9] El Protocolo ha sido publicado por H. Denifle, *Das Evangelium aeternum und die Commission zu Anagni*, "Archiv für Litteratur- und Kirchengeschichte des Mittelalters", 1 (1885) 99–164. En adelante citado: *Protocolo*, ALKG, seguido de volumen y página.

[10] "In primo statu auctorizatus est a deo patre ordo coniugatorum, in secundo glorificatus est a filio ordo clericorum, in tertio clarificabitur a spiritu sancto ordo monachorum. In primo sane ordine veneranda est ymago patris, in secundo filii, in tertio spiritus sancti" (*Protocolo*, ALKG I, 104). En el texto se lee: "in secunda filii", que nosotros hemos corregido gramaticalmente.

[11] "Ut autem pretermittamus tempora inicialia et teneamus id quod singuli statui proprium est, primus ab Abraham Ysaac et Jacob usque ad Zachariam patrem Johannis baptiste sive usque ipsum Johannem et ad Christum Jesum. Secundus ex eodem tempore usque ad presens. Tercius a presenti tempore usque in finem" (*Protocolo*, ALKG I, 103).

[12] Cfr. A. Luneau, *L'Histoire du Salut chez les Pères de l'Eglise. La doctrine des Ages du Monde*, Paris 1964, passim.

[13] Cfr. *Protocolo*, ALKG I, 104–105. — Otro ejemplo, aunque mucho más forzado —a nuestro entender— es el que se recogen en ALKG I, 110ss, en el cual al comentar el texto del anciano Simeón en el Templo —que sería la prefiguración de todos los Romanos Pontífices, en los que se cumplirán siempre las promesas de Lc 22, 32 — traslada la promesa del Primado de Pedro a la tercera edad: del mismo modo que Simeón tomó en sus brazos a Jesús, los futuros Romanos Pontífices tomarán en los suyos al que traiga al mundo el evangelio, según aquello que se lee en Apoc 13.

De su método concordístico deducía Joaquín una transformación de la Iglesia. No sostenía que el Pontificado fuera a desaparecer —y con él la Jerarquía de la Iglesia—; pero sí que la Iglesia tendría otra estructura, la monacal, que habría de llevar a su cumplimiento las promesas del Señor, coronadas por la conversión del pueblo hebreo[14]. Y del mismo modo, también en los textos que se refieren a los Apóstoles Pedro y Juan, el Abad Joaquín veía en Pedro el símbolo del segundo estadio, y en Juan el símbolo del tercer estadio, preanunciado en la segunda época, pero realizado plenamente sólo en la tercera, como expresión de la vida contemplativa[15].

## II. La actitud de Santo Tomás

Ante todo será preciso conocer la actitud de Santo Tomás de Aquino ante la polémica sobre la "tercera Edad" o "Edad del Espíritu Santo".

El Doctor Angélico debió de llegar a París, para iniciar su segunda estancia parisina, hacia 1251 o 1252. Procedía de Colonia, donde se había formado durante unos tres o cuatro años a la vera de San Alberto Magno. Pasado el período de su bachillerato bíblico (uno o dos años) y sentenciario (dos años), Santo Tomás estaba preparado para obtener la "licentia docendi". Esto ocurría al final del año académico 1254—55. Pero la polémica del clero secular contra las Ordenes mendicantes, poco antes desatada, y la publicación de la Bula *Etsi animarum* (21. XI. 1254) de Inocencio IV retrasaron su promoción académica. Recibió la licencia a comienzos de 1256, y comenzó a explicar en septiembre de ese mismo año. Su enseñanza oficial en París, aunque no fue plenamente reconocida hasta finales de verano de 1277, se prolongó durante un trienio, es decir, hasta terminar el curso 1258—59.

Santo Tomás fue, por ello, un testigo excepcional de la formidable polémica eclesiológica que sacudió a la Universidad de París desde 1254 a 1256, la cual, como se sabe, estalló con ocasión de la publicación del *Liber introductorius* de Gerardo de Borgo San Donnino[16]. En verano de 1256

---

[14] Cfr. *Protocolo*, ALKG I, 112.

[15] Cfr. *Protocolo*, ALKG I, 117.

[16] Cfr. sobre este aspecto de la polémica: A. Van Den Wyngert, *Querelles du clergé séculier et des ordres mendiants à l'Université de Paris au XIIIe siècle*, "France Franciscaine" 5 (1922) 257—281; 6 (1923) 369—397. — D. L. Douie, *The conflit between the Seculars and the Mendicants at the University of Paris in the 13th Century*, Londres 1954. — P. Michaud-Quantin, *Le droit universitaire dans le conflit parisien 1252—1257*, "Studia Gratiana", VIII, Bolonia 1962, pp. 577—599. — Y. M. J. Congar, *Aspects ecclésiologiques de la querelle entre mendiants et séculiers dans la seconde moitié du XIIIe siècle et le début du XIVe*, "Archive d'Histoire Doctrinale et Littéraire du Moyen Age", 36 (1961/debe decir 1962) 35—162. — F. Calogero, *L'epoca dello Spiritu Santo. L'intervento di San Tommasso d'Aquino nella polemica sulla "Terza Età"*, Tesis Doctoral, Facultad de Teología, Universidad de Navarra, Pamplona 1973, con abundante bibliografía. — I. Brosa, *El joaquinismo en el siglo XIII*, Tesis Doctoral, Facultad de Teología, Universidad de Navarra, Pamplona 1978.

redactó el Aquinatense su largo opúsculo *Contra impugnantes Dei cultum et religionem*, en el cual tiene presentes las acusaciones de Guillermo del Santo Amor contra las Ordenes mendicantes, formuladas en su tratado titulado *De periculis*, que rebate una a una. Y aunque el pretexto del *De periculis* había sido la obra editada por Gerardo, que divulgaba los escritos del Abad Joaquín, Santo Tomás apenas si prestó atención a las teorías joaquinistas. De hecho sólo se fijó en ellas en la medida en que habían servido de pretexto a Guillermo para calumniar a los Mendicantes, llamándoles agentes del Anticristo.

Sólo más tarde, probablemente al terminar su estancia parisina e incorporarse a la Corte Pontificia de Agnani (hacia 1259–1260), debió de tomar contacto directo con las obras del Abad Joaquín, que conocería en Agnani, ciudad en la que se había reunido pocos años antes la Comisión de Cardenales que juzgó el *Introductorium* de Gerardo[17]. A partir de ese encuentro con el legado doctrinal del Abad calabrés, las citaciones serán más frecuentes y amplias, como es el caso del comentario que le dedica en su *Expositio super secundam Decretalem ad archidiaconum Tudertinum*. No obstante, y esto conviene tenerlo en cuenta, las referencias a Joaquín —no habla nunca de Gerardo, aunque en dos momentos alude genericamente a su libro— son pocas[18]: le cita nominatim en la *Expositio super secundam Decretalem*, en la *Summa Theologiae* (I, q. 39 y I–II, q. 106) y en su *Contra impugnantes*; y recoge y critica la doctrina joaquinista, aunque sin nombrar expresamente a su autor, en *In IV Sent*[19] y en la *Quodlibetal VII*[20].

El Angélico se centró principalmente en los temas trinitarios y eclesiológicos. En los trinitarios, porque el Concilio Lateranense IV censuró directamente los errores del Abad Joaquín, que había acusado de herejía a Pedro Lombardo. En los eclesiológicos, porque eran los que más directamente afectaban a la supervivencia de las Ordenes mendicantes. En

---

[17] En todo caso está claro, según testifica su biógrafo Guillermo Tocco, que leyó directamente las obras de Joaquín de Fiore: "Et quia ex dictis Abbatis Joachin praedicti Haeretici fomentum summunt praefati erroris pestiferi, praedictus Doctor (Thomas) in quodam monasterio petivit librum praefati abbatis et oblatum totum perligit, et ubi aliquid erroneum reperit vel suspectum, cum linea subducta, damnavit, quod totum legi et credi prohibuit, quod ipse sua manu docta cassavit" (*Acta Sanctorum*, Martii, I, 667 F).

[18] Herbert Grundmann ha sistematizado las principales referencias de Santo Tomás al Abad Joaquín. Cfr. *Studien über Joachim von Fiore, mit einem Vorwort zum Neudruck* (1927), Stuttgart 1966, 212 pp.; y *Lex und Sacramentum bei Joachim von Fiore*, en P. Wilpert-R. Hoffmann (dirs.), *Lex et Sacramentum im Mittelalter*, "Miscellanea Mediaevalia", Band 6, Berlín 1969, pp. 31–48.

[19] Los textos antijoaquinistas del *Comentario a las Sentencias* pueden ser añadidos de 1259 o 1260.

[20] Este Quodlibeto ha sido datado por Mandonnet en la Navidad de 1256. Es anterior, por tanto, a la primera lectura pausada de las obras de Joaquín de Fiore. Trata fundamentalmente de los sentidos de la Sagrada Escritura.

cambio, y esto es lo que más sorprende al estudioso, se mostró comprensivo y hasta indulgente con los errores de hermenéutica histórica del Abad florense y de sus exégetas posteriores.

Basta, en efecto, una rápida ojeada al "corpus" tomista para caer en la cuenta de que el Aquinatense no consumió demasiadas energías en la refutación de la tesis de la tercera época del Espíritu Santo, mientras que —como ya lo hemos señalado— dedicó un opúsculo entero, el *Contra impugnantes*, a rebatir el *De periculis* y lo que esa obra representaba. Se podría intentar una explicación de tal diversidad de comportamiento en base a las siguientes razones:

En primer lugar, porque las motivaciones polémicas tuvieron más bien una escasa resonancia en el cuadro de la producción científica del Aquinatense, que parecía más dispuesto a construir positivamente una sólida doctrina que a fomentar las discusiones de las que podría haber salido brillantemente victorioso. Tal actitud no fue óbice para que Santo Tomás tuviera muy en cuenta los temas que eran el objeto de las controversias diarias en la Universidad de París, lo que ahora denominaríamos los "temas de pasillo", pues hay muestras claras de que estaba muy atento a las modas intelectuales: bastaría repasar el índice de las *Quaestiones Quodlibetales* para probar nuestro aserto. Lo que queremos señalar aquí es otra cosa: que el Angélico no concedía a las cuestiones más atención de la que realmente merecían por sí mismas, por mucho que estuvieran en el ambiente. Si un tema era capital —como lo son, por ejemplo, algunos de los puntos de las doctrinas de los averroistas latinos— Santo Tomás lo trataba una y mil veces; si no lo era, lo pasaba casi por alto, aunque fuera la cuestión más discutida de París. Si nuestra opinión está en lo cierto, San Tomás habría concedido mucha importancia al *De periculis* por razón de su vertiente eclesiológica, puesto que ponía en duda y comprometía el futuro de su propia vocación religiosa; en cambio, las cuestiones escatológicas que había formulado Gerardo en base al Abad Joaquín, tan duramente criticadas por Guillermo, le debieron de parecer, seguramente, el producto de unas cuantas mentes ignorantes o calenturientas.

En segundo lugar, porque el joaquinismo de Gerardo de Borgo San Donnino había sido ya derrotado por los ataques de los maestros seculares y retirado como tema de discusión por la censura papal, que lo había sentenciado con suma severidad. En consecuencia, Tomás se encontraba en un verdadero dilema: para desmantelar las calumnias que los seculares habían propagado contra las Ordenes mendicantes no podía concebir una apología del joaquinismo, puesto que había sido condenado por la Jerarquía y repugnaba abiertamente a la ortodoxia en una serie de puntos fundamentales; pero al mismo tiempo no podía asociarse a las críticas de los seculares contra la doctrina joaquinista-gerardina, pues corría el riesgo de que su actitud fuese interpretada por éstos como una precipitada marcha atrás, como un reconocimiento implícito de que las sospechas que

habían cundido contra los Mendicantes no habrían estado, en algún sentido, faltas de verdad. Urgía, por tanto, una defensa de las nuevas Ordenes en términos eclesiológicos, arrinconando el problema escatológico, muy particularmente el de la interpretación de la historia contemporánea o próxima futura.

Santo Tomás compuso, como ya hemos señalado, el *Contra impugnantes* en 1256, antes de hacerse cargo de su curso académico como maestro. Y logró situarse, desde el primer momento, por encima de la misma polémica eclesiológica, al mismo tiempo que contribuía con una aportación muy valiosa a la teología de la vida religiosa. En cambio, desde el punto de vista de la polémica sobre la tercera época, se limitó a refutar sistemáticamente la pretensión de los que intentaban establecer con absoluta exactitud el momento de la consumación definitiva de la Historia y los signos que habrían de anunciarla. Su posición, por tanto, se articuló según dos ideas fundamentales: refutación de cualquier interpretación de la historia contemporánea en clave escatológica, y el rechazo de cualquier cómputo cronológico que pudiera apoyar una escatología concreta.

Informado de que Guillermo de Saint-Amour instrumentalizaba el tema del Evangelio eterno con la única finalidad de poder atacar más facilmente a los Mendicantes, Santo Tomás afrontó aquel asunto de forma harto expeditiva: se limitó a repetir que los Mendicantes rechazaban cualquier evangelio distinto del de Cristo, evitando el diálogo sobre tal cuestión en todo momento[21]. Si la polémica se desplazaba hacia el tema de la "lectio historica", el Angélico argumentaba que no podía existir una clave de interpretación de los hechos históricos, ni a nivel filosófico ni a nivel teológico, pues falta la relación necesaria, de dependencia causal, entre los sucesos singulares y el término o fin de la Historia[22].

De todo lo cual podríamos concluir que no se encuentra, en todo el "corpus" tomista, ninguna confutación orgánica y amplia del joaquinismo; y que la mente del Angélico sobre este asunto debe reconstruirse, punto por punto, partiendo de las alusiones esporádicas distribuidas a lo largo de toda su obra, y particularmente de los pasajes en que Santo Tomás expone ampliamente su propia doctrina escatológica y hermenéutica[23].

## III. Santo Tomás "versus" Joaquín de Fiore

El Angélico supo siempre distinguir entre la persona y sus escritos, de modo que, salvando la intención del autor, podía condenar con toda firmeza sus obras si en ellas había errores contra la Fe. De esta forma, aun

---

[21] Cfr. Santo Tomás, *Contra impugnantes Dei cultum et religionem* (ed. Spiazzi, n. 540).
[22] *Ibidem* (n. 532).
[23] A esta opinión se adhiere también M. Seckler, *Le salut et l'histoire. La pensée de saint Thomas d'Aquin sur la théologie de l'histoire*, Paris 1967, pp. 182–185.

acusando a Joaquín de Fiore de arrianismo, no lo consideraba un hereje formal: "Es evidente que Joaquín cayó en el error de los arrianos, aunque sin obstinación —añadía disculpándolo—, ya que sometió sus escritos al juicio de la Santa Sede".[24] Y, asímismo, sus desviaciones doctrinales las atribuía a una insuficiente preparación teológica: "El Abad del Monasterio de Fiore, Joaquín, consideró herética la doctrina del Maestro Pedro (Lombardo), al no entender bien sus palabras, ya que no estaba preparado para tratar con rigor los aspectos más sutiles de las verdades de la Fe"[25].

Tampoco se puede decir que el Aquinatense lo considerase un profeta, como pretendían muchos contemporáneos suyos. Y, sin detenerse demasiado en cada una de las previsiones formuladas por Joaquín o atribuidas a él, se limitó a decir que fueron fruto de conjeturas puramente naturales y, como tales, susceptibles de verificarse o no: "Lo mismo sucede con las previsiones del Abad Joaquín; conjeturas sobre el futuro que alguna vez se verificaron y que otras veces fueron desmentidas".[26] En cambio, prestó mayor atención a la doctrina trinitaria del Abad calabrés, en cuanto que de ella surgía la periodización de la Historia en tres edades.

## IV. Aspecto dogmático de la polémica sobre la "edad del Espiritu Santo"

La tesis según la cual habrá que esperar el advenimiento de una nueva época de la historia de la humanidad, en la que alcanzará su plenitud el mensaje revelado, tal como fue formulada por Joaquín, está tratada ordenadamente en la Prima-secundae de la *Suma Teológica*. Santo Tomás le dedica un artículo completo, el cuarto de la cuestión 106, en el cual discute cuatro de los argumentos fundamentales expuestos por el Abad florense. En otras obras expone tres argumentos más que también transcribimos.

4.1. *El primer argumento.* — Se apoyaba el De Fiore[27] en el conocido pasaje de San Pablo: "Ex parte enim cognoscimus et ex parte prophetamus; cum autem venerit quod perfectum est, evacuabitur quod ex parte est" (I Cor 13, 9—10). Basándose en el tiempo presente de los verbos ("cognoscimus et prophetamus") y en el futuro de los verbos "venio" y "evacuo", Joaquín dedujo la caducidad del actual status histórico y anunció otro tiempo más perfecto. — Santo Tomás rechazó la consideración de la Nueva Ley como algo transitorio, aunque —siguiendo al

---

[24] Santo Tomás. *Expositio super Secundam Decretalem*, (ed. Verardo, n. 1191).

[25] Ibidem (n. 1189).

[26] "Et similiter videtur esse de dictis Abbatis Joachim, qui per tales conjeturas de futuris aliqua vera praedixit, et in aliquibus deceptus fuit" (*In IV Sent*, dist. 43, q. 1, a. 3, q⁴ 4, sol. 2, ad 3; Vivès XI, p. 284).

[27] Cfr. *Protocolo*, ALKG I, 100 y 108.

Pseudo-Dionisio— concedió que habría una superación de la Nueva Ley, no en una determinada época histórica, como pretendía Joaquín, sino en el más allá, en la Gloria, en la que se alcanzará la edad perfecta[28].

4.2. *El segundo argumento.* – Se podría exponer brevemente este segundo argumento del Abad[29] en los siguientes términos: El Señor prometió a los Discípulos, con la venida del Espíritu Santo (cfr. Io 16, 13), el conocimiento perfecto de la verdad. Sin embargo, en la presente economía neotestamentaria, la Iglesia no ha alcanzado todavía la posesión plena de la verdad. Luego será preciso esperar a otro estado, a una nueva venida del Espíritu Santo que dará lugar a una época de pleno conocimiento de la verdad. – Es cierto, comentó a propósito del argumento joaquinista el Doctor Angélico, que: "cum autem venerit ille spiritus veritatis, docebit vos omnem veritatem" (Io 16, 13); pero también se dice en el Evangelio, precisó, que: "nondum erat Spiritus datus, quia Iesus nondum erat glorificatus" (Io 7, 39). La Pentecostés debía de producirse después de la Ascensión. Por todo ello, quienes a lo largo de los siglos han sostenido las peregrinas ideas de que todavía no ha sido dado el Espíritu Santo a la Iglesia, han debido negar la inspiración de los *Hechos de los Apóstoles* o bien someterlos a una exégesis distorsionadora. Y, cuando el lector que estaba siguiendo paso a paso los razonamientos del Aquinatense esperaba una referencia al Abad florense, se sorprende con una alusión a Montano y a Priscila, y a los maniqueos. A todo ello el Santo Doctor concluía: "Con este texto (Io 7, 39) se desenmascara la vanidad de todos los que osan afirmar que hay que esperar otra época del Espíritu Santo"[30]; metodología muy del agrado de Santo Tomás, que construía —siempre que era posible— su exégesis de los textos sagrados basándos en en primer lugar y fundamentalmente sobre su sentido literal[31]. En una advertencia, esta vez sí polemizando directamente con el Calabrés, recuerda que esa enseñanza de toda verdad, prometida por Cristo, no debe extrapolarse, como si debiera el Espíritu Santo ilustrarnos sobre los acontecimientos futuros, sino que debe entenderse primordialmente de las cosas que hay que creer y de las cosas que debemos practicar.

4.3. *El tercer argumento.* – Tal como lo resumió Santo Tomás, constituiría el núcleo fundamental de la doctrina joaquinista, la expresión y prueba de la división tripartita de la Historia de la humanidad, según tres momentos o épocas que deberían atribuirse a cada una de las Personas de la

---

[28] Cfr. Santo Tomás, *Summa Theologiae (S. Th.)*, I–II, q. 106, a. 4 ad 1.

[29] Cfr. *Protocolo*, ALKG I, 127.

[30] Cfr. Santo Tomás, *STh*, I–II, q. 106, a. 4 ad 2; e *In Ioan 7, 39*, lect. V (ed. Cai, nn. 1091–1096).

[31] Santo Tomás trató a fondo el tema de los sentidos de la Sagrada Escritura en la *Quodl. VII*, q. 6, a. 2 c, texto que debe leerse a la luz de *STh*, I, q. 1, a. 10 c. – El *sentido literal* se caracteriza por la adecuación de la palabra a la cosa significada; el *sentido espiritual* por la adecuación de la cosa significada a otras cosas que están más allá de lo directamente significado. El sentido espiritual se subdivide, a su vez, en alegórico, moral y anagógico.

Santísima Trinidad: al Padre la etapa de los hombres que tenían como misión el engendrar; al Hijo la etapa de la Nueva Ley, propia de los clérigos destinados a cultivar la sabiduría; la del Espíritu Santo en la que predominarán los hombres espirituales[32]. — La respuesta del Aquinatense no podía ser menos firme: la Antigua Ley no se refirió sólo al Padre, sino también al Hijo (Io 5, 46); y del mismo modo, tampoco la Nueva Ley pertenece sólo a Cristo, sino también al Espíritu Santo (Rom 8, 2). — De todas formas, y salvando la validez de la argumentación tomista, no está del todo claro Joaquín de Fiore apropiase —"asignase", dice él— cada una de las etapas históricas a cada una de las Personas divinas; por lo menos no se ponen de acuerdo los críticos en la interpretación de lo que sería el genuino pensamiento joaquinista. Marjorie Reeves, por ejemplo, ha publicado un largo texto tomado del libro de la *Concordia* (fol. 9v), que termina así: ". . . recte primus status ascribitur Patri: secundus soli Filio: tertius communis Filio et Spiritui Sancto"[33].

4.4. *El cuarto argumento.* — Tal como la Comisión de Agnani lo resumió[34], este cuarto argumento podría formularse así: Si la consumación del mundo vendrá cuando el Evangelio haya sido predicado a todas las gentes (Mt 24, 14), y ya se ha dado a conocer a todos los hombres, es inminentemente próxima esa consumación, que será precedida por la aparición de Elías, que anunciará el "Evangelio del Reino" (cfr. Mt 4, 17). — Santo Tomás lo resume en términos parecidos y lo critica con gran energía: Si por predicación del Evangelio a todo el mundo se entiende que haya llegado materialmente a todas partes, tal hecho ya tuvo lugar en el tiempo de los Apóstoles y, en consecuencia, debería haberse producido ya la consumación final . . .; si por predicación a todo el Orbe se entiende que tal evangelización haya producido perfectamente todos los frutos de santidad posibles y esperados, entonces habrá que aguardar al fin de los tiempos[35]. Por otra parte, termina, no tiene sentido contraponer el Evangelio de Cristo al "Evangelio del Reino", tal como pretendía Gerardo de Borgo leyendo al Abad Joaquín, como si se tratase de dos realidades distintas, porque fue el mismo Cristo quien anunció la proximidad del Reino de Dios[36]. En consecuencia "huic statui novae legis nullus alius status succedet", el cual nos introducirá inmediatamente en el último fin (Hebr 10, 19ss)[37].

---

[32] Cfr. Santo Tomás, *STh*, I—II, q. 106, a. 4, obj 3 y ad 3.

[33] Cfr. M. Reeves, *The influence of prophecy in the later Middle Ages. A Study in Joachimism*, Oxford 1969, pp. 19 y 129. — También H. Grundmann, *Lex und Sacramentum bei Joachim von Fiore*, op. cit., pp. 37—39, duda sobre la correcta interpretación de la doctrina joaquinista por parte de Santo Tomás. — En cambio, la Comisión de Agnani no tuvo ninguna duda y atribuyó al Abad la misma doctrina que posteriormente le imputó Santo Tomás: *Protocolo*, en ALKG I, 102—104 y 131—133.

[34] Cfr. *Protocolo*, ALKG I, 131.    [35] Cfr. Santo Tomás, *STh*, I—II, q. 106, a. 4, ad 4.

[36] Cfr. Santo Tomás, *In Matth. 4, 17* (ed. Cai, n. 362).

[37] Cfr. Santo Tomás, *STh*, I—II, q. 106, a. 4 c.

**4.5. El quinto argumento.** – Según se lee en la Sagrada Escritura (Apoc 12, 6), la Iglesia tiene un lugar preparado, en el que habitará 1260 días. Por otra parte, el Profeta Daniel (Dan 12, 11–12) comenta que los días son años. Luego en el año 1260 debería producirse ese cambio anunciado para la Iglesia. – Santo Tomás respondió a esa argumentación cuatro años antes del cumplimiento del supuesto vaticinio, es decir, en 1256, y lo hizo señalando que esos 1260 días deben referirse a todo el tiempo concedido por Cristo a su Iglesia, cuya duración exacta desconocemos y que se corresponden, aproximadamente, al tiempo, en días, de la predicación de Cristo[38].

**4.6. El sexto argumento.** – Si sabemos la duración del Antiguo Testamento –comentó Joaquín de Fiore–, podremos conocer la del Nuevo Testamento y el tiempo del fin del mundo. – No conviene –contestó Santo Tomás– que todo y cada una de los sucesos del Antiguo se correspondan con algún acontecimiento del Nuevo Testamento, aunque el Nuevo esté prefigurado en el Viejo. Por ejemplo, las diez plagas de Egipto no se corresponden con las diez persecuciones de la Iglesia primitiva. "Et similiter videtur esse de dictis Abbatis Ioachim, qui per tales conieturas de futuris aliqua vera praedixit, et in aliquibus deceptus fuit".[39]

**4.7. El séptimo argumento.** Se trata de un argumento contra Guillermo del Santo Amor, que supone, en cierto sentido, un hacer justicia al Abad calabrés. Es falso, escribió el Angélico, que la doctrina de Joaquín sea la doctrina del Anticristo, que se presentará intentanto suplantar al mismo Dios. En las teorías del Abad hay efectivamente bastantes cosas reprobables; pero conviene tener presente que los herejes no son necesariamente los ministros del Anticristo[40].

## V. Conclusiones

La doctrina de la nueva edad del Espíritu Santo, entendida como la instauración de una nueva economía sobrenatural posterior y sustitutiva del Nuevo Testamento, encuentra la más categórica refutación en el pensamiento de Santo Tomás. Todo aquello que debía ser fruto, en la mente de Joaquín de Fiore o, por lo menos, de sus discípulos franciscanos, de una mayor comprensión de la Sagrada Escritura –la Tercera Epoca, a la que llegaban por una supuesta "intelligentia spiritualis"–, para el Doctor Angélico no sólo no resolvía ninguna de las dificultades dogmáticas o exegéticas planteadas a lo largo de los siglos, sino que además introducía

---

[38] Cfr. Santo Tomás, *Contra impugnantes Dei cultum et Religionem*, cap. 5 (Ed. Spiazzi, n. 536); también en *In IV Sent.*, disp. 43, q. 1, a. 3, qᵃ 4, sol. 2 ad 2 (Vivès XI, p. 283) y *STh, Suppl.* q. 77, a. 2, obj. 2 y ad 2.

[39] Cfr. Santo Tomás, *STh, Suppl.* q. 77, a. 2, obj. 3 y ad 3.

[40] Cfr. Santo Tomás, *Contra impugnantes Dei cultum*, cap. 5 (ed. Spiazzi, n. 534).

un problema insoluble, comprometiendo seriamente la unidad y la coherencia de la Revelación: oscurecía la acción del Espíritu Santo en el Nuevo y en el Antiguo Testamento, y desdibujaba el carácter escatológico del Reino de Dios sobre la Tierra, en el que están misteriosa pero indisolublemente unidos y entrelazados el aquí y el más allá.

La doctrina católica al respecto, que tan bien ha sabido exponer Santo Tomás, podría sintetizarse en pocas palabras: Después de la glorificación de Jesús se dió a los cristianos el Espíritu Santo; y ese Don de Pentecostés ha ultimado la constitución de la Iglesia. Por ello no debemos esperar una nueva época del Paráclito, porque la verdadera época del Espíritu coincide exactamente con la Era de Cristo.

\* \* \*

Al terminar este rápido repaso de la polémica joaquinista, que cubrió los mejores años del siglo XIII e interesó a los teólogos mendicantes más preclaros, nos asalta de inmediato un interrogante: ¿Por qué tanto interés, entonces como ahora, por Joaquín de Fiore?[41]. ¿De dónde le viene su relieve histórico? ¿Es sólo por haber servido de catalizador de una serie de polémicas eclesiológicas? ¿Qué representa el Abad florense en la historia del pensamiento y por qué se ha convertido para unos en mito y para otros en tópico histórico?

Alois Dempf se planteó abiertamente, en el período de entreguerras, las mismas cuestiones, a las que contestaba con cautela pero con claridad[42]. Después de historiar brevemente la distinta fortuna que ha tenido el joaquinismo en la Edad Media y en la Moderna, y tras admirarse de la tenacidad con que se adhirieron a tal movimiento algunas de las más notables cabezas del Bajo Medievo, concluía en un doble sentido. Primero, y desde el punto de vista de los hechos concretos, que la expansión del joaquinismo no hubiera sido posible sin un San Francisco (sic) y sin su Fundación. (Como se puede ver, se trata de un juicio sobre acontecimientos históricos contingentes, que fueron de un modo determinado y sobre los cuales nos toca juzgar tal como fueron y no sobre lo que podrían haber sido . . .). Segundo, y contemplando el joaquinismo desde la Filosofía y Teología de la Historia, Dempf presentó a Joaquín como el prototipo de esa nueva edad que todos los medievales esperaban, la época en la que —según sus aspiraciones— habrían de desaparecer las injusticias, la pobreza, la ignorancia y las esclavizaciones, y en la cual la Iglesia

---

[41] H. de Lubac, *Joachim de Flore jugé par saint Bonaventure et saint Thomas*, op. cit., p. 49. – Auguste Jundt llegó a escribir, hace ya un siglo, que el joaquinismo es una constante en las tradiciones panteístas de las sectas populares de la Baja Edad Media (Cfr. *Histoire du panthéisme populaire au Moyen Age et au seizième siècle*, Paris 1875, p. 13).

[42] Cfr. A. Dempf, *Sacrum Imperium, Geschichts- und Staatsphilosophie des Mittelalters und der politischen Renaissance*, München³ 1962, p. 28, 30.

Jerárquica y visible sería definitivamente purificada de sus errores temporales.

Caben, en efecto, como muy bien ha resumido Peter Beglar, tres posibilidades de explicar el sentido de la Historia[43]: pensar que todo ocurre por sí mismo y que no hay fines definitivos, sino sólo grandes movimientos cíclicos; entender que la Historia tiene un término, fuera del cual no existe otro, que consistirá en la perfección de "este" mundo; o sostener que la Historia alcanza un fin que está "fuera" de ella misma.

Joaquín no se dio cuenta de que la época que el pretendía anunciar ya se había iniciado; que se desarrollaba en el interior de la Iglesia y que crecía lentamente en el alma de cada fiel desde Pentecostés. Pero cometió el error de confundir en una sola las dos "ciudades" agustinianas, aunque no fue el primero en incurrir en tal equivocación, porque le había precedido Otto de Freising unos años antes. Y tampoco ha sido el último, pues en tiempos relativamente próximos a nosotros Bossuet y Pascal pretendían también extraer de las Sagradas Escrituras y de una errónea lectura de *La Ciudad de Dios* un saber sobre el sentido de la sucesión de los imperios, es decir, sobre el significado de la historia visible, perceptible por el historiador[44]. Y de esta forma, y por la confusión a la que hemos aludido, el Florense cayó en la ilusión milenarista, en el sueño de un eventual "paraíso en la tierra", en el espejismo de creer en una culminación intramundana de la Historia.

Tampoco los seguidores del Abad Joaquín pudieron hacerse cargo de ese error de partida, de que la materialización de los ideales propuestos por el Calabrés no habría de lograrse por una especie de simbiosis o curiosa mezcla entre lo divino y lo humano, entre lo inmanente y lo trascendente a la Historia; sino que ese progreso no lineal, humano y social, estaba ya en marcha, espoleado y fomentado precisamente por el ideal de salvación que el gran acontecimiento de Pentecostés había desencadenado. Por eso mismo, algunos franciscanos fueron, candidamente, los más fervientes divulgadores de las doctrinas joaquinistas, por ser, por aquellos entonces, los más convencidos y acérrimos defensores de la renovación de la Iglesia y del Imperio. Y contra ellos, con todo el dolor de su corazón, tuvo que pelear San Buenaventura, su Maestro General, porque habían olvidado el dicho del Señor, de que "mi Reino no es de este mundo . . ." (Io 18, 36).

---

[43] Cfr. P. Beglar, *Historia del mundo y Reino de Dios*, "Scripta Theologica", 7 (1975) 285–307.

[44] Cfr. H. I. Marrou, *Teología de la Historia* (1968), presentación de J. L. Illanes, Madrid 1978, p. 50.

# WISSENSCHAFTS- UND HANDLUNGSTHEORETISCHE ÜBERLEGUNGEN ZUR FUNKTION VON FAMILIEN- UND ORGANISMUSMODELL IN DER STAATSPHILOSOPHIE

von Jann Holl (Freiburg)

## I.

Als Aufgabe ist die Analyse von „Kategorien zur Erfassung sozialer Strukturen" für eine bestimmte historische Epoche gestellt. Ein philosophischer Beitrag scheint auf den ersten Blick nur darin bestehen zu können, philosophische Texte der betreffenden Zeit auf die Verwendung solcher Kategorien hin zu befragen[1]. Das ist jedoch nicht im eminenten Sinne eine philosophische Tätigkeit, sondern gehört zum Arbeitsbereich des Philosophiehistorikers, der nicht zwingend Philosoph sein muß. Die philosophische Dimension der Aufgabe besteht nach meiner Auffassung in der Bestimmung der Kategorialität sozialer Kategorien. Aber damit ist eine rein systematische Ebene erreicht und der historische Aspekt eliminiert. Kann der Philosoph nicht – ohne Rückgriff auf historische Vorlagen – allein aufgrund systematischer Überlegungen an die Lösung der Aufgabe herangehen? Will man vermeiden, historische Kategorien (sofern man eine solche Kennzeichnung überhaupt für vertretbar hält) als bloße Exempel für soziale Kategorien (deren Auswahl willkürlich wäre) zu benutzen und damit der gestellten Aufgabe nicht gerecht zu werden, dann ist eine notwendige Beziehung zwischen der Historizität solcher Kategorien und ihrer Kategorialität herzustellen. Die philosophische Aufgabe besteht demzufolge des näheren in dem wissenschaftstheoretisch abzusichernden Nachweis, daß die Historizität sozialer Kategorien nicht nur ihrer Allgemeinheit und Notwendigkeit (soweit menschliche Handlungen allgemein und notwendig sein können) nicht widerspricht, sondern die einzig mögliche Begründungsbasis darstellt. Die Verknüpfung von systematischer mit historischer Fragestellung würde sich erübrigen, wenn soziale Kategorien den gleichen Status wie naturwissenschaftliche Gesetze hätten; denn dann bliebe für den Philosophen bestensfalls ein wissenschaftstheoretischer Aspekt interessant. Dadurch jedoch, daß menschliches Handeln in sozialer Hinsicht nicht eindeutig determiniert ist, verweist die wissenschaftstheoretische Fragestellung auf die handlungstheoretische. Es ist zu beweisen,

---

[1] So neuerdings T. Struve, *Die Entwicklung der organologischen Staatsauffassung im Mittelalter*, Stuttgart 1978 (Mongr. z. Gesch. d. Mas. 16); dazu Anm. 35.

daß mit Hilfe des Familien- und Organismusmodells (auf den Terminus „Modell" wird noch eingegangen) seit Beginn der abendländischen Staatsphilosophie der Versuch unternommen worden ist, das Verhältnis von Individuum und Gemeinschaft kategorial zu bestimmen, und zwar nicht in seinem Daß- (dies ist kein Problem der Philosophie), sondern in seinem Wie-sein. Eine Analyse der beiden im Titel genannten Modelle, die nach der zu belegenden Hypothese als solche grundsätzliche soziale Verhaltensmuster systematisch theoretisieren, bietet somit eine Chance zur Lösung der gestellten philosophischen Aufgabe.

## II.

Der wissenschaftstheoretische Beweis dafür, daß systematische Sätze der praktischen Philosophie notwendigerweise historische Sätze sind und eben in der Historizität ihre Begründung haben, kann nicht im einzelnen geführt werden. Es wird auf Resultate der Wissenschaftstheorie und Analytischen Philosophie zurückgegriffen[2], und zwar unter folgenden Gesichtspunkten: 1. Selbst formalste Systeme lassen sich nicht immanent begründen[3]; alle Begründungsversuche führen ins „Münchhausen-Trilemma"[4]. Dem Dilemma ist nur zu begegnen mit Hilfe der konstruktiven Wissenschaftstheorie, nach der Wissenschaft an konkrete Bedingungen als Ausgangsbasis für ihre Begründung verwiesen wird. „Reine", axiomatische Wissenschaft ist demnach nur noch als „Normalwissenschaft"[5] vertretbar. Das bedeutet allein schon, daß die historische Dimension der Wissenschaft eine systematische Relevanz erhält und historische Philosophie als Metatheorie jeder Wissenschaft ihren Status als „Grundlagenwissenschaft" festigen kann. 2. Sollenssätze der praktischen Philosophie haben mit Gesetzeshypothesen der Naturwissenschaften den Charakter prinzipieller Überholbarkeit gemeinsam; doch besteht ein wesentlicher Unterschied im Hinblick auf ihre Geltung. Die Verbindlichkeit wissenschaftlicher Sätze resultiert sowohl aus ihrer begründeten Einführung, die jedoch nicht letztbegründet ist, als auch aus der Bewährbarkeit bzw. daraus, daß sie nicht falsifiziert sind. Begründung und Geltung sind zu unterscheiden. Praktische Sätze sind nur unter der Bedingung von Konsens und Identifikation verbindlich; wären sie – wie Naturgesetze – grundsätzlich zwingend und beanspruchten auf diese Weise Geltung, so hätten sie ihren

---

[2] P. Lorenzen/O. Schwemmer, *Konstruktive Logik, Ethik und Wissenschaftstheorie*, Mannheim/Wien/Zürich 1973, insbes. pp. 21 ff. (BIHschTb 700).

[3] C. Thiel, *Grundlagenkrise und Grundlagenstreit. Studien über das normative Fundament der Wissenschaften am Beispiel von Mathematik und Sozialwissenschaft*, Meisenheim 1972, p. 123.

[4] H. Albert, *Traktat über kritische Vernunft*, Tübingen ²1969, pp. 11 ff.

[5] T.S. Kuhn, *Die Struktur wissenschaftlicher Revolutionen*, Frankfurt ²1976, pp. 25 ff. (stw 25). Das Merkmal der „Normalität" besteht darin, daß die historische Dimension als solche nicht für die Begründung relevant wird.

eigentlichen Charakter eingebüßt. Eine Falsifizierung ist nicht möglich, wohl aber eine Außerkraftsetzung durch andere Konsensbildung. Konsens entsteht jedoch niemals spontan, sondern hat seinen Grund im Schon-Verbindlichsein von Sätzen, über deren Geltung zu diskutieren ist und die in Frage gestellt sind, wenn kein Konsens mehr zustande kommt. Die Verbindlichkeit praktischer Sätze läßt sich ebensowenig wie die „Gültigkeit" wissenschaftlicher Sätze über eine Induktion aus dem „Sein" ableiten; dennoch ist sie genau wie diese nicht a priori oder willkürliche Setzung. Sie ist vielmehr begründet in immer schon geschehener Zustimmung, also in historischer Praxis, und aus ihr erklärbar. Eine Erklärung kann dann als befriedigend gelten, wenn das praktische Interesse (gewollte Aneignung von bestimmter Praxis und deren Rechtfertigung), das in einem praktischen Satz als sprachliche Form des Konsenses zum Ausdruck kommt, erklärt ist. Damit ist jedoch nur bestimmte Verbindlichkeit erklärt. Eine über die Erklärungssituation hinausliegende Verbindlichkeit, die historische Sätze als kategoriale ausweise, ist nicht erreicht. Ein Satz, dessen Verbindlich-Gewesensein erklärt ist, wäre nur allgemein, wenn er sich unter anderen Bedingungen in einem rationalen Diskurs[6] verteidigen ließe und folglich neue Konsensbildung ermöglichte. 3. Die Frage nach Kategorien sozialer Strukturen hat also den doppelten Aspekt: a) sie müssen als historische aus den Bedingungen ihrer Entstehung bzw. des bestehenden Konsenses erklärt werden (Nachweis des Interesses); b) sie sind auf ihren Allgemeinheitsaspekt (Kategorialität) hin zu befragen und als in einen rationalen Diskurs über das Verhältnis von Individuum und Gemeinschaft einzubringende systematisch relevant zu machen. Der erste Aspekt verbindet die Philosophie mit der Geschichtswissenschaft sowie mit historischer Soziologie und Psychologie. Als wichtiger, grundsätzlicher Unterschied ist jedoch festzuhalten, daß für den Philosophen die Geschichte keinen Selbstwert hat, sondern die Rekonstruktion historischer Sätze der systematischen Grundlegung dient. Würde der Philosoph sich andererseits nur auf den zweiten Aspekt festlegen, dann gäbe er die Möglichkeit von Begründung aus der Hand. Der Philosoph kann zwar von einem der beiden Aspekte abstrahieren, verliert damit aber den ihm allein eigentümlichen Gegenstandsbereich aus dem Auge.

## III.

Die erörterten wissenschaftstheoretischen Ansätze sollen fruchtbar gemacht werden für die Staatsphilosophie, zu deren Aufgabenbereich die

---

6 P. Janich/F. Kambartel/J. Mittelstraß, *Wissenschaftstheorie als Wissenschaftskritik*, Frankfurt 1974, pp. 35 ff.; vergl. J. Habermas, *Vorbereitende Bemerkungen zu einer Theorie der kommunikativen Kompetenz*, „J. Habermas/N. Luhmann, Theorie der Gesellschaft oder Sozialtechnologie – Was leistet die Systemforschung?", Frankfurt ²1971, pp. 101 ff. (Theorie Diskussion).

sozialen Kategorien im besonderen gehören. Der Staat ist zunächst ein empirischer „Gegenstand" mit allerdings anderen empirischen „Gegenständen" gegenüber charakteristischen Merkmalen. Als solcher ist er mit den Methoden der zuständigen Wissenschaften vom Staat zu erforschen und in einer Objektsprache zu beschreiben. Gegenstandsbeschreibung und Methodenlehre dieser Wissenschaften ist Sache einer Wissenschaftstheorie der Sozialwissenschaften. Sofern diese Wissenschaften sich als begründete verstehen, haben sie den Status von Normalwissenschaften. Das philosophische Interesse richtet sich nicht auf das empirische Gebilde Staat und auch nicht auf die Grundlegung einer Wissenschaft vom Staat, sondern auf ihn als System von Handlungen, die in bestimmter Weise geregelt und legitimiert sind. Sofern Philosophie als praktische Wissenschaft von Sollenssätzen (Normen) und eines Systems solcher Sätze ist (ganz im Sinne der Ausführungen über die Geltung praktischer Sätze), ist ihr „Gegenstand" der Staat als bestimmte Form begründeter menschlicher Praxis; einer Praxis, in der einzelne Menschen als Individuen unter empirischen (auch historisch bedingten) Voraussetzungen auf Ziele hin handeln (deren Verbindlichkeit ebenfalls historisch begründet ist), die mit den empirischen Bedingungen und Zielen aller vom Gesamtsystem integrierter Individuen in optimaler Form zu vermitteln sind. Gegenstand der Staatsphilosophie ist also die Vermittlung von Individuum und Gemeinschaft nach rekonstruierbaren (weil immer irgendwie rationalen) normativen (oder aus Normen begründeten) Regeln. Die Gesamtheit der Individuen ist dabei ausdrücklich nicht identisch mit der Summe, weil auch das nicht mit dem Gesamtziel vermittelte Ziel des Individuums durch das Gesamtziel in irgendeiner Weise integriert wird. Verkürzt: Der Staat als Gegenstand der praktischen Philosophie ist die allgemeinste Form begründeter und legitimierter Vermittlung von Individuum und Gemeinschaft. Sofern wiederum nicht die jeweils schon geschehene Vermittlung (der Staat als empirisches und insofern auch historisches Faktum, der Gegenstand der empirischen Wissenschaften vom Staat oder der politischen Geschichtsschreibung ist), sondern das Vermitteln selber unter historischen Bedingungen und somit das Handeln auf Ziele, die verbindlich sein sollen und deswegen zu legitimieren sind, das Thema ist, gehört es zur genuinen Aufgabe der Staatsphilosophie, Sollenssätze zu begründen, welche die Vermittlung optimal garantieren, und diese in der rationalen Diskussion zu bewähren. Das bedeutet nichts anderes, als daß der Gegenstand der Staatsphilosophie die Idee des bestmöglichen Staates ist. Auch die in historischen Texten vorliegenden Systeme der Staatsphilosophie sind deswegen nicht nur in ihrer historischen Bedingtheit, sondern von ihrer idealen Zweckgerichtetheit her zu interpretieren, die wiederum auf den Aspekt der Kategorialität verweist. Es ist jeweils zu zeigen, wie aus bestimmter Situation heraus sie Praxis als schlechthin begründete initiieren und theoretisch legitimieren wollen; denn der Entwurf des bestmöglichen

Staates bezieht sich ja immer auf den Staat überhaupt, nicht auf einen für hier und heute.

Gemäß den Ausführungen über die wissenschaftstheoretische Grundlegung sind Sätze einer systematischen Staatsphilosophie *wesentlich* historische Sätze, was nun bedeutet, daß sie aus der historischen Diskussion (etwa des Mittelalters) um den bestmöglichen Staat zu erklären und dadurch als begründete darzutun sind. Die Erklärung hat zwei Ausrichtungen: a) eine immanente, insofern das jeweilige historische System von Prämissen ausgeht, die auch als bewußt unhistorische, „ewige" (also als nicht begründbare oder bewußt der Begründung entzogene) eingeführt sein können (etwa religiöse), und daraus Folgerungen zieht. Diese Art der Erklärung richtet sich auf die Konsequenz und damit die „Wahrheit" der Ableitung, muß die Prämissen jedoch hinnehmen oder verwerfen; sie kann aus philologischem Interesse resultieren oder die Diskussion der Prämissen in Gang zu setzen suchen; b) eine im engeren Sinne historische, bei der die Prämissen als historisch bedingte (und begründete) erklärt (etwa indem das Interesse an bestimmten Voraussetzungen herausgearbeitet wird) oder Schlußfolgerungen, deren „Logik" immanent nicht einsehbar ist, von diesen Bedingungen her plausibel gemacht werden. Auch der Philosoph wird naturgemäß zur ersten Art der Erklärung tendieren (sie ist schließlich die leichteste); die im obigen Sinne eigentlich philosophische, weil eben Begründung ermöglichende, ist die zweite. Für sie bedarf er der Hilfe des für die jeweilige Zeit spezialisierten Historikers. Da aber impliziert ist, daß staatsphilosophische Systeme interessierte Vermittlung beinhalten und das Interesse zumeist nicht verborgen wird (oft unfreiwillig manifestiert es sich im Argumentationsstil), gibt es auch eine unmittelbare Möglichkeit des Zugangs im zweiten Sinne für den Philosophen. Erst aus der zweifachen Erklärung lassen sich Legitimationskriterien für den systematischen Diskurs über historische Begründungen entwickeln, der sich von einer bloßen Rezeption grundlegend unterscheidet (bei der die Begründung für die Adaption zumeist nicht geliefert wird), d. h. es läßt sich etwas darüber ausmachen, ob ein Satz oder ein System als nur noch historisch zu gelten habe oder sich als historisch begründet in den Diskurs über systematisch abgesicherte Verbindlichkeit von Sollenssätzen einbringen und verteidigen lasse. Für die Erklärung selber läßt sich die Trennung von Satz und System allerdings nicht aufrecht erhalten; denn erklärt werden kann der Satz nur aus dem System, allgemeinverbindlich kann er auch unabhängig vom System sein. Konkret bedeutet das für die Staatsphilosophie, daß historische Entwürfe für die ideale Vermittlung von Individuum und Gemeinschaft zunächst als Systeme zu erklären sind, in denen Sätze logische Kohärenz besitzen — allerdings historisch bedingte (Aristoteles' Aussagen über die Sklaven sind nicht schlechthin stringent, sondern nur von seiner Logik her; dies wird deutlich bei der Rezeption durch Thomas). Das über die historische Bedingtheit hinausweisende

Kategoriale kann nicht in der Kohärenz des Systems, auch nicht in der Idealität als solcher, sondern muß in der formalen Struktur der Vermittlung liegen, die im Begriff des Modells angesprochen werden soll.


IV.


Ein System staatsphilosophischer Art im Sinne von III ist nicht wesentlich ein System von Sätzen über Sachverhalte, die als historische vermutlich leicht zu rekonstruieren wären, sondern hat den doppelten Charakter, bis in seine „Logik" hinein aus historischer Praxis zu resultieren (jedoch nicht aufgrund des Ursache-Wirkungsschemas, sondern von interessierter Aneignung) und gleichzeitig ideale Praxis (die auch diese bestimmte historische sein kann – etwa in konservativen Systemen) zu fordern und zu legitimieren. Es ist demgemäß weder ein deskriptives noch ein nomothetisches, sondern ein normatives System. Ein naturwissenschaftliches System als Theoriesystem subsumiert Sachverhalte unter Gesetzen (und erklärt sie damit), die wiederum höheren Gesetzen unterstehen, von denen weitere Sachverhalte zu erklären sind usw. Idealiter kommen in einem solchen System keine Sätze mit Indikatoren vor; denn die formulierten Gesetze oder Gesetzeshypothesen sollen nicht unter bestimmten zeitlichen und räumlichen Bedingungen, sondern bis zur Falsifikation gelten. Der adäquate Ausdruck solcher Gesetze ist die mathematische Formel, die in einem durchformulierten System logische Konsistenz hat. Nun läßt sich auch in den Naturwissenschaften nicht alles in dieser idealen Weise „formulieren". Sachverhalte können so komplex sein, daß ihre Einordnung in ein System über Hilfskonstruktionen bewerkstelligt werden muß. Diese werden als Modelle eingeführt und wissenschaftstheoretisch abzusichern versucht. Für die Biologie ist die Kybernetik in dieser Weise zum Modell geworden. Mit von Cube kann man es definieren „als Realisation einer Struktur"[7]. Damit ist ausgedrückt, daß das Modell nicht die Wirklichkeit selber darstellt, wohl aber Strukturgleichheiten benutzt, die zwischen Wirklichkeit und Modell bestehen.

Auch in der Philosophie gibt es – aus vermutlich ähnlichen Gründen – Modelle. Am bekanntesten ist wohl das der Menschmaschine[8]. Die Wissenschaftstheorie der Modelle ist allerdings mit vielen Schwierigkeiten belastet (die sich etwa dann in ihrer – auch gefährlichen – Problematik zeigen, wenn menschliches Verhalten durch mechanische Abläufe oder

---

[7] F. von Cube, *Was ist Kybernetik? Grundbegriffe, Methoden, Anwendungen*, München ³1970, p. 164 (dtvWR 4079).

[8] z.B. T. Hobbes, *Leviathan*, The introduction (Ausg. Minogue, London/New York ND 1973, pp. 1f.); R. Descartes, *L'homme* (Ausg. Alquié, Paris 1963, I, pp. 379ff.); J. O. de Lamettrie, *L'homme machine*, Princeton 1960; dazu: A. Baruzzi, *Mensch und Maschine. Das Denken sub specie machinae*, München 1973.

tierische Verhaltensmuster erklärt wird). Zu vermuten ist, daß sie letztlich
nur pragmatisch oder ideologisch zu begründen sind. In der Staatsphilosophie sind ebenfalls von Anfang an Modelle verwendet worden. Auch in
ihrem Fall ist die Berechtigung für ihre Verwendung zunächst nur schwer
einsehbar. Sicher können sie auch als Beschreibungshilfen des vorhandenen Staates dienen. Sofern die Staatsphilosophie jedoch den Staat in
einer anderen Weise zum Gegenstand hat, hat die Verwendung von
Modellen von vornherein einen anderen Sinn. Sie sind nicht Hilfskonstruktionen und stehen für etwas, sondern gehören wesentlich zur sprach-
lichen Form der Staatsphilosophie. Dadurch, daß es um Sollenssätze geht,
ist der ideologische Aspekt genuin vorhanden. Auf die argumentative
Verwendung gehe ich noch ein. Soll die These, daß Modelle wesentlich
zur Staatsphilosophie gehören, theoretisch abgesichert werden, dann ist zu
beweisen, daß die Staatsphilosophie zumindest seit Platon nicht nur
Modelle verwendet und es zwei Grundmodelle gibt, sondern allein mit
ihrer Hilfe ein System etabliert werden kann, das gleichsam zwischen Sein
und Sollen in der Mitte steht. Die Aufgabe staatsphilosophischer Systeme,
über begründete Sollenssätze Praxis zu initiieren und diese von der Idee
des Staates her zu legitimieren, also die komplizierte Vermittlung von
Individuum und Gemeinschaft philosophisch in den Griff zu bekommen,
muß sich nur durch Inanspruchnahme von Modellen adäquat lösen lassen.
Staatsphilosophie wäre somit ihrer „Natur" nach modellhaft, weil in ihr
bestimmtes menschliches Handeln, das zwischen den Polen Sein und
Sollen verläuft, systematisiert wird, und Geschichte der Staatsphilosophie
als Begründungsgeschichte wäre Rekonstruktion von Modellen für das
Verhältnis von Individuum und Gemeinschaft.

   In vereinfachter Form läßt sich das Gesagte anhand von Gedankengängen in der *Nikomachischen Ethik* von Aristoteles demonstrieren[9].
Dabei wird schon deutlich, daß die Vermittlung von Individuum und
Gemeinschaft eine Vermittlung von Handlungen gemäß Zielvorstellungen
darstellt, Staatsphilosophie also wesentlich synthetischen Charakter hat.
Die Synthese ist nicht empirisch (oder dann ist sie nur noch Sache der
Verfassungsgeschichte) und kann deshalb auch nicht in Protokollsätzen
beschrieben werden, sondern sie soll sein und ist deswegen allein in antizi-
pierenden Modellen theoretisch zu erfassen. Da es sich um Vermittlung
von menschlichen Zielvorstellungen handelt (die nicht durch Gesetzeshypothesen prognostizierbar sind), wird auch verständlich, warum gerade
anthropologische Modelle für die Staatsphilosophie bedeutsam werden.
Schon Platon führt die Konstruktion: gerechte Einzelseele – gerechter
Staat konsequent durch, ohne daß ihm dies problematisch zu sein
scheint[10]. Die anstehenden Fragen werden deswegen an einem Text von

---

[9] VI, 3 ff.
[10] *Politeia* IV, 11 ff.; VIII, 1 ff.

Aristoteles dargestellt, weil dieser sich der handlungstheoretischen Voraussetzungen dafür klarzuwerden versucht. Daß in dieser Hinsicht überhaupt auf die griechischen Staatsphilosophen zurückgegangen wird, erklärt sich aus der Tatsache, daß diese sich erstmals der angesprochenen Probleme bewußt geworden sind und damit Staatsphilosophie als solche begründet haben. Insofern verbindet sich die Frage nach der Begründung von Modellen für die Staatsphilosophie unmittelbar mit der nach der Begründung der Staatsphilosophie selber.

Aristoteles geht an der bezeichneten Stelle davon aus, daß der Mensch nicht wie jedes andere Naturwesen nur ewigen (natürlichen) Gesetzen unterliege – dies vermutlich mit polemischem Rückblick auf die sophistische Naturrechtslehre, in der aus „ewigen" Seinsgesetzen unvermittelt auf Sollenssätze geschlossen worden war (Recht des Stärkeren), wodurch die Befreiung aus traditioneller Herrschaft sofort zugunsten einer Regression in die Herde rückgängig gemacht und Staatsphilosophie aufgehoben wurde –, damit aber auch nicht in einem System von Sätzen mit allgemeinverbindlicher Geltung bis zur Falsifikation adäquat erfaßt werden könne. Der Mensch ist zwar auch ein nach Naturgesetzen bestimmtes Lebewesen[11], aber er hat zudem ein „hekon", d. h. er kann seine Ziele über das natürliche „telos" hinaus selber festsetzen und sich von ihnen leiten lassen[12]. Selbst wenn man davon ausgeht, daß alle Menschen nach der „eudaimonia" streben, es damit formal gesehen eine einheitliche menschliche Finaldetermination gibt, so bleibt doch die inhaltliche Interpretation der Zielvorstellung offen, was nach Aristoteles nichts anderes bedeutet, als daß sie von historischen Bedingungen abhängig ist[13]. Die doppelte Begründetheit menschlicher Handlungen aus Natur sowie historisch begründeter Praxis *und* aus der aus der historischen Praxis begründeten Zielvorstellung ist Problem der Staatsphilosophie. Der Mensch muß aber nicht nur seine Verfassung (sowohl in persönlicher als auch in sozialer Hinsicht) entwerfen (und dafür gibt es keine unmittelbaren natürlichen Determinanten, wie die Kontrastierung des menschlichen Staates mit dem Bienenstaat zeigt[14]), sondern auch sein Verhalten gemäß dem Entwurf selber regeln. Er allein vermag über Gerechtigkeit und Ungerechtigkeit in eigener Sache zu diskutieren und gerecht oder ungerecht zu handeln[15]. Genau dieser Doppelaspekt, der letztlich identisch ist mit dem von Legitimation und Handlungsintention in der Staatsphilosophie, muß in einem Modell, das auf Gegebenheiten basiert und gleichzeitig das immer wieder Ausstehende auszudrücken vermag, theoretisiert werden. Daß sich dabei der

---

[11] vergl. *Über die Seele* II, 2ff. (413 a 11ff.).
[12] *Nik. Eth.* VI, 8; *Politik*, I, 2, 5.
[13] *Nik. Eth.* I, 4ff.; *Pol.* I, 2, 3f. und III, 4, 1 (1276b30); vergl. *Der Staat der Athener* und die Verfassungsdiskussion in der *Politik* (IVff.).
[14] *Pol.* I, 2, 5; IV, 1, 3; III, 9, 2.
[15] *Pol.* I, 2, 5 u. 7.

einzelne Mensch (als Verhältnis von Leib und Seele bei Platon oder als Organismus[16] bei Aristoteles) als Vorbild anbietet, läßt sich nach Aristoteles daraus erklären, daß sich in jedem einzelnen Handlungsakt des Menschen bereits die Vermittlung von Individuellem (Streben) und Allgemeinem (Zielvorstellung) vollzieht. Bei der Übertragung des Modells wird aus der subjektiv-allgemeinen eine objektiv-allgemeine Zielkonstitution[17]. Das Gesamtziel aller ist notwendigerweise vollkommener als das die egoistischen Bedürfnisse überwindende Tugendziel (das „eudaimonia" garantiert) des einzelnen. Der Übergang ist schon „von Natur" gegeben, weil sich bereits im menschlichen Organismus eine Vermittlung vollzieht, die den Menschen zum „zoon politikon" macht. Der einzelne Organismus kann für sich gar nicht existieren. Aber als menschlicher ist sein „telos" nicht nur das Überleben, sondern das Gutleben, und dies ist allein in menschlicher Gemeinschaft möglich. Der Mensch kann also einsehen, daß das allgemeine Ziel auch das individuell beste ist. Beide Ziele unterscheiden sich ausschließlich dem Grad der Vollkommenheit nach[18]. Das allgemeinste Ziel ist deswegen die Bürger-Tugend, weil mit ihrer Hilfe bloß individuelles Streben überwunden wird[19]. Der Mensch wird desto gemeinschaftsfähiger, je besser es ihm gelingt, das vollkommenere Ziel zu seinem persönlichen Ideal zu machen und demgemäß zu handeln.

Für Platon dagegen scheint die „Natur" (auch bei ihm steht die Sophistik im Hintergrund) grundsätzlich zum Gemeinschaftsfeindlichen zu tendieren. Sie ist gemeinschaftsfähig zu machen nur, wenn sie der Vernunft untergeordnet wird. Im Seelenmodell wird die Herrschaft der Seele über den Leib und die niedrigen Seelenteile legitimiert. Das Organismusmodell impliziert Selbstbeherrschung und Selbstdetermination, das Seelenmodell Herrschaft und Gehorsam. Wohl deswegen läßt Aristoteles das Seelenmodell mit seiner Identifikation von „logistikon", König und Vater nur für den „oikos" gelten[20]. Ich nenne das Modell Platons aus diesem Grunde auch das Familienmodell. Im Organismus sind alle Organe und Glieder als solche notwendig, aber ihr eigenes „telos" ist dennoch

---

[16] *Pol.* I, 2, 5; IV, 4, 2; V, 3, 5; VIII, 1 (1337 a 30).

[17] *Nik. Eth.* I, 1.

[18] *Pol.* I, 2, 4, VII, 8, 1. Voraussetzung ist, daß kein Bürger „sich selbst gehört" (VIII, 1; 1337 a 28). Für die Übernahme der antiken Modelle durch christliche Denker ergeben sich daraus Schwierigkeiten, sofern der Christ ja Gott gehört. Dies wirft ein Licht auf den Gedanken des corpus mysticum, macht jedoch auch verständlich, warum die nicht mehr christlich argumentierenden bürgerlichen Staatsphilosophen auf den naturrechtlichen Aspekt zurückgreifen mußten.

[19] *Pol.* III, 4 u. 18; VII, 1—3; vergl. *Nik. Eth.* VII pass. u. die auch schon bei Platon vorherrschende Ansicht, daß sich das Prinzip der Lust nicht verallgemeinern, sozialisieren lasse.

[20] vergl. *Pol.* I, 5, 3 u. 13, 2. Das könnte damit zusammenhängen, daß bei Aristoteles die Seele als „dynamis" bestimmt, die Vernunft also nicht Seelenteil ist (*Über die Seele* II, 2; III, 4—8).

dem Gesamttelos, in dem auch sie sich voll verwirklichen, untergeordnet[21]. Das Gesamttelos ist jedoch nicht die Summe der einzelnen
„teloi", sondern mehr; das zeigt sich daran, daß der Organismus zwar nur
mit allen Teilen vollkommen sein kann, aber nicht zugrunde gehen
muß, wenn einzelne Glieder oder Organe nicht im Sinne des Gesamttelos
wirken oder hypertrophieren, während jeder einzelne Teil außer ihm ab-
stirbt[22]. Da Modell und das durch das Modell Dargestellte eine Struktur
gemeinsam haben sollen, wird die Verwendung des Organismus als Modell
für den Staat jetzt sinnfällig. Die Struktur ist die Vermittlung von
Einzeltelos und Gesamttelos. Der Staat *ist* nicht etwa ein natürlicher Organismus, obwohl er „von Natur" (dem Wesen nach) früher existiert „als
das Haus und jeder einzelne von uns", weil er *als* Organismus erst nach
Überwindung der natürlichen Herrschaften entsteht; er ist auch nicht nur
*gleich* einem Organismus (Metapher), sondern der Organismus ist aufgrund von Strukturgleichheit ein *Modell*.

## V.

Im Modell wird das Interesse an bestimmter Vermittlung von Ansprüchen des Individuums mit Belangen der Gemeinschaft dokumentiert.
Dies ist der Standpunkt der wissenschafts- und handlungstheoretischen
Analyse. Das Interesse kommt aber in der Modellkonstruktion nur
indirekt zum Ausdruck. Die Verwendung dagegen dokumentiert es direkt.
Bereits bei Platon und Aristoteles wird deutlich, daß unter ähnlichen
Bedingungen verschiedene ideale Vermittlungen denkbar sind. Die Benutzung eines bestimmten Modells läßt sich erklären aus der Argumentation für es (als aus dem rationalen Diskurs des Philosophen mit sich
selber über seine Vorstellung von idealer Vermittlung). Die getroffene
Unterscheidung von Begründung und Legitimation ergibt sich also nicht
nur für den über historische Begründung reflektierenden Philosophen,
sondern immer auch aus dem historischen Text selber und verweist erneut
auf die Bedeutung der Erklärung im Sinne von III b. Es ist nicht uninteres-
sant, daß sich bestimmte Argumente vorwiegend mit dem Familien-,
andere mit dem Organismusmodell verbinden. Die vier möglichen Argumentationen lassen sich wie folgt charakterisieren: 1. Es wird primär
rational argumentiert. Dies geschieht natürlich in allen philosophischen
Texten. Wichtig ist jedoch, welchen Stellenwert die Rationalität als solche
erhält. Ein bestimmtes Interesse wird nur sichtbar, wenn die Entschei-
dung, daß das, was logisch richtig ist, auch absolut wahr zu sein hat, nicht
mehr diskutabel ist. Dann läßt sich von einer *rationalistischen* oder *posi-*

---

[21] *Pol.* III, 6, 1 (1278b20ff.); IV, 4, 2; VII, 8.
[22] *Pol.* I, 2, 6; V, 3, 5.

*tivistischen* Argumentation sprechen. 2. Die Bezugnahme auf die Empirie wird als Argument angesehen. Es wird auf sogenannte Fakten der „Natur" zurückgegriffen, die maßstäblichen Rang zuerteilt bekommen. „Natürliches" gilt als besser und das von Natur Frühere als wertvoller (Gegenbegriffe zumeist „Kultur" oder „Zivilisation"). Diese Argumentation ist vor allem für die bürgerliche Staatsphilosophie der frühen Neuzeit von enormer Bedeutung. Man kann sie die *biologistische* oder *naturalistische* nennen. 3. Auch die Tradition wird in der Argumentation angeführt. Was in der Zeit früher ist, soll entweder wertvoller (weil eben ursprünglicher, der Natur oder Schöpfung näher) oder primitiver (weil noch weniger Kultur) sein. Ich nenne sie die *historische*. 4. Nur in Verbindung mit dem Familienmodell und folglich mit einer konservativen Staatsphilosophie wird der *absolute* Beweis ins Feld geführt. Zumeist weicht die Argumentation damit ins Religiöse oder anderweitig Unbeliebige aus und entzieht sich der rationalen Kontrolle.

VI.

Topitsch hat in seinen Untersuchungen zur Genese der Metaphysik und ihrer „Denkformen" (Leisegang) auf die Bedeutung von Modellen für das menschliche Denken hingewiesen[23]. Er interpretiert das Gesamtgeschehen eines Hervorgehens von Modellen aus den historischen Bedingungen zur Legitimation von Praxis, die dann erneut Praxis initiiert, als Rückkopplungseffekt im Sinne der Kybernetik. Bei ihm wird jedoch die historische Bedingtheit letztlich nur abstrakt benannt, so daß nicht einsichtig wird, warum Modelle über die Entstehungssituation hinaus von Bedeutung sein können. Staatsphilosophie als Begründungsgeschichte hat aber nicht nur die historische Bedingtheit von Modellen zu erklären, sondern ihre Kategorialität, die die Übertragung verständlich macht. Vorausgesetzt werden muß dabei die qualitative historische Differenz, die auch bei kontinuierlicher Tradition wirksam ist. Die Zeit stellt in der Geschichte des Menschen einen qualifizierenden Faktor dar, so daß diese nicht nur ein quantitatives Nacheinander oder ein einfacher Wechsel von Zuständen unter anderen Bedingungen (wie in der „Naturgeschichte") ist, sondern nicht konvertierbare Situationen schafft, die immer einmalig sind. Ein Modell läßt sich unter dieser Voraussetzung nur einmal erklären, nämlich aus der Situation, aus der es entsteht. Wird es in einer anderen historischen Situation unter qualitativ anderen Bedingungen zur Legitimation staatlicher Praxis aufgenommen, dann ist die Transposition zu erklären. Damit

---

[23] E. Topitsch, *Vom Mythos zur Philosophie. Vorphilosophische Grundlagen philosophischer Probleme*, „Mythos, Philosophie, Politik. Zur Naturgeschichte der Illusion", Freiburg 1969, pp. 24 ff. (Rombach Hochsch. Paperb.).

treten große Schwierigkeiten auf. Denn wenn das Modell nur einmal
erklärbar ist, weil es die begründete und legitimierte Antwort eines Philosophen auf die bedingende Situation darstellt, dann bedeutet das nichts
anderes, als daß zwischen Situation und Stringenz des Systems (Modells)
ein Zusammenhang besteht, der von der historischen Differenz durchbrochen wird. Bei einer Wiederaufnahme unter anderen Bedingungen
müßte das Modell demnach notwendigerweise konservierend bzw. reak-
tionär wirken und seine Stringenz allein eine ideologische sein. Diese Vermutung ist in der Tat durch eine historische Untersuchung zu erhärten.
Wenn Luther das Familienmodell für die Legitimation des Obrigkeits-
staates verwendet, dann reagiert er auf bereits vorhandene, „fortschritt-
liche", weil der Situation des frühen Bürgertums besser entsprechende
Vorstellungen vom Staat, wendet sich also weg von Aristoteles zu
Augustinus und Platon zurück. Wie ist die Adaption des Familienmodells unter bürgerlichen Bedingungen zu erklären und warum wirkt vor
allem es konservierend? Die Antwort ist in verschiedenen Schritten zu
erarbeiten, die im folgenden nur angedeutet werden können.

## VII.

Zunächst ist zu erklären, unter welchen Bedingungen es überhaupt zu
staatsphilosophischen Modellen gekommen ist und inwiefern sich bereits
in ihrer Verwendung ein allgemeiner Aspekt andeutet (solange die Vermittlung von Individuum und Gemeinschaft „wie in einer Familie" vor
sich geht, kann es kein Familienmodell für den Staat geben); dann, ob es
beliebig viele Modelle geben kann oder die durch die Geschichte getroffene Auswahl mehr ist als eine zufällige Selektion (dann würde schon diese
wieder auf Kategorialität verweisen). Von diesen Vorarbeiten her erschiene
das Problem der Übertragbarkeit in einem neuen Licht. Stellen die beiden
im Titel genannten Modelle, die immer wieder Verwendung finden,
formale Determinanten dar (ganz im Sinne der Kategorien Kants oder
seiner Freiheitsphilosophie mit der Alternative: Heteronomie — Autonomie), deren Inhalt variabel ist? Man könnte in diesem Zusammenhang
an Kants Unterscheidung von „formal" und „material" denken oder an
das, was Hegel „abstrakt" und „konkret" nennt. Ist die scheinbare
Alternative nur eine historische, so daß die Bedingungen, unter denen
Herrschaft nach dem Familienmodell legitimiert wurde, irgendwann nicht
wieder auftreten können? Kant war von der endlichen Verwirklichung der
„vollkommenen bürgerlichen Verfassung" überzeugt[24]. Er reflektiert nicht
mehr, daß er in Modellvorstellungen denkt, die in der Antike grundgelegt
wurden. Für ihn gibt es nur zwei Modelle („imperium paternale und im-

---

[24] I. Kant, *Idee zu einer allgemeinen Geschichte in weltbürgerlicher Absicht*, 7. Satz
(WW-Weisch. VI, pp. 41 ff.); vergl. *Über den Gemeinspruch* . . . (WW VI, pp. 142).

perium, non paternale, sed patrioticum")[25]. Aber ist die Alternative nicht
nur historisch bedingt? Sofern man die Geschichte des „objektiven
Geistes" nicht von vornherein unter die Lehre von der Freiheit im Sinne
Kants und des Deutschen Idealismus stellen und damit mögliche andere
Modelle als historisch bereits erledigte der Diskussion entziehen, dann
aber autoritär und entgegen dem rationalen Diskurs als Instanz für die
Legitimation von Sollenssätzen und deren Systeme entscheiden will, muß
die Entwicklung der Modelle bis zu Kant und Hegel rekonstruiert und der
Prozeß der Selektion aus ihrer Kategorialität erklärt werden. Das bedeutet,
daß die formalen Determinanten zunächst wieder radikaler zu nehmen
sind als bei Kant, der in letzter Instanz inhaltliche Kriterien einführt und
damit festlegt nicht nur, was formal, sondern was inhaltlich notwendig
sein soll. Können aber die Modelle als formale Determinanten ausgewiesen
werden, was sich dadurch erreichen lassen muß, daß die Möglichkeit
anderer Synthesen von Individuum und Gemeinschaft als nicht stringent
oder als bloße Modifikationen eines schon bekannten Modells dargetan
wird, dann wäre damit gleichzeitig bewiesen, daß immer nur der „Inhalt"
(bestimmte Ausprägung, die sich scheinbar mit logischer Notwendigkeit
ergibt, und die Argumente für sie) unter anderen historischen Bedingungen ausgewechselt wird — oder: die Wiederverwendung des Modells
ließe sich damit erklären, daß es genuin die Möglichkeit bietet, auch
anderen als den ursprünglichen Inhalt in einer das nach Gründen fragende
Denken über den Staat befriedigenden Weise aufzunehmen. Dies würde
einer Erklärung im Sinne von IIIb entsprechen, aber auch für eine im
Sinne von IIIa fruchtbar zu machen sein. Wäre zudem noch nachzuweisen, daß das eine Modell den Inhalt in der Weise festlegt, daß es in
jedem Fall konservierend wirkt (wissenschaftstheoretisch gesehen, wie
etwa der Regelkreis ohne Lernmöglichkeit), während das andere gerade
durch seine formale Struktur über sich selber hinausweist (Regelkreis als
Lernkreis), dann ließe sich über die Modelle die Geschichte der Staatsphilosophie als Geschichte des immer wieder (unter den verschiedenen
historischen Bedingungen, in denen das Verhältnis von Individuum und
Gemeinschaft ideal zu legitimieren war) aufgenommenen rationalen Dis-
kurses über alternative Möglichkeiten der Vermittlung verstehen. Dies
wäre dann nur eine andere Perspektive der Begründungsgeschichte.


## VIII.

Zum ersten Schritt: In frühen Kulturen tritt das Legitimationsproblem
schon deswegen nicht auf, weil alle Verhältnisse der Menschen untereinander durch ein „göttliches" Rechtsprinzip legitimiert sind[25a]. Der

---

25 *Über den Gemeinspruch . . .*, WW VI, p. 145 f.
25a W. Schilling, *Religion und Recht*, Stuttgart 1957, pp. 38 ff. (Urban-Tb 26).

jüdische Bund ist nur eine Sonderform. Zumeist vertritt der oberste oder ein eigens dafür zuständiger Gott das Recht; er hat den Status eines Supervaters, der nach Topitsch von den Menschen analog zu den agrarisch-patriarchalischen Gesellschaftsverhältnissen gedacht wird und diese gleichzeitig als „göttlich" bestätigt (Rückkopplungseffekt). Da die Religion mit zum staatlichen Leben gehört, sind alle staatlichen und damit auch gesellschaftlichen Verhaltensmuster religiöse Vorschriften. Weil die Griechen erstmals das Legitimationsproblem als solches erkannt haben, während die alten Herrschaftsformen durch die Polis fraglich wurden, sind sie Begründer der Staatsphilosophie im dezidierten Sinne; denn sie haben den quasi-natürlichen Vermittlungsvorgang zwischen Einzelmensch und Gemeinschaft (der sich in seinen Mechanismen nur indirekt von denen des Bienenstaates unterscheidet) durchbrochen und menschliches Handeln im Hinblick auf sich selbst und auf die anderen als rational begründungsfähiges und deswegen begründungsbedürftiges zum Gegenstand gemacht. Daß die menschliche Gemeinschaft in ihrem Wie ein Werk des Menschen sei, ist ihnen durchaus bewußt; denn sonst könnten sie nicht über die bestmögliche Verfassung diskutieren. Wenn dies richtig ist, muß die Konstruktion von Modellen für die Staatsphilosophie – die gemäß den obigen Ausführungen nichts anderes bedeutet als die rationale Begründung der Staatsphilosophie selber – bei den Griechen in erschöpfender Weise analysierbar sein. Auch die in ihnen angelegten Konsequenzen müssen sich bei der Rekonstruktion ergeben. Die Staaten vorher wären zwar nach dem Familienmodell konzipiert, aber nicht durch es legitimiert gewesen; der Staat „ist" eine Familie im großen, während er durch den Legitimationsgang wie eine Familie sein soll. Da die Griechen die Modelle bereitgestellt haben, sind sie in einem noch tieferen Sinne Begründer der abendländischen Staatsphilosophie als bisher angenommen; denn sie entwickeln alle Möglichkeiten (Formen) der Vermittlung in rational überprüfbarer Weise und benutzen sie für die Legitimation des Staates so, daß dies für die Staatsphilosophie schlechthin verbindlich wird. Die formale Allgemeinheit ihrer Modelle macht es auch verständlich, warum diese immer wieder aufgegriffen werden mußten, aber mit jeweils neuem Inhalt gefüllt werden *konnten*. Was uns bei den Griechen interessiert, ist somit nicht in erster Linie der durch die historische Situation bedingte Inhalt (er interessiert vor allem den Historiker), sondern das Modellhafte der Modelle und damit die Kategorialität im Hinblick auf das Verhältnis von Individuum und Gemeinschaft als menschliches Problem überhaupt. Die Tendenz rationaler Vermittlung wäre aus einer bestimmten historischen Situation erwachsen und aus ihr zu erklären, würde sich aber über die formale Allgemeinheit als spezifisches Humanum von dieser ablösen. Bei der Wiederaufnahme des Modells in einer anderen historischen Situation ginge es also darum, etwas über das motivierende Interesse auszumachen. Will man die Modelle nicht nur als Exempel auffassen, die sich beliebig verwenden lassen, muß

eben dieses Interesse aus den historischen Bedingungen der Wiederauf-
nahmesituation erklärt werden. Die Erklärung der Übernahme des einen
Modells erklärt gleichzeitig die Ablehnung des anderen. Es wäre nach
meiner Ansicht falsch, die Motivation allein im subjektiven Bereich zu
suchen. Ebensowenig wie Modelle abstrakt konstruiert werden (aufgrund
willkürlicher subjektiver Entscheidungen und durch Setzung beliebiger
Axiome), sondern Antwort geben, geschieht auch die Übernahme in
abstrakter Weise. Die Antwort bezieht sich nicht nur auf die Situation als
solche, weil historische Situationen immer schon vermittelte, d. h. von
Idealen her gedeutete menschliche sind. Insofern kann ein philosophisches
System mit seinem Modell für ein anderes bei der Formulierung der
Antwort zum Anlaß werden, u. a. über die kritische Auseinandersetzung
(vgl. die Platon-Kritik von Aristoteles)[26].

Es läßt sich nun zeigen, daß nach den gescheiterten Versuchen der So-
phisten, an die Stelle der göttlichen Ordnung eine natürliche im Sinne des
aristotelischen Bienenstaates zu setzen, dabei aber in ein unauflösbares
Spannungsverhältnis zum menschlichen „nomos" geraten, der gemäß den
eigenen Bedingungen ebenfalls ein rationaler sein sollte, erstmals Platon in
der Auseinandersetzung mit diesem Ansatz (*Politeia* I u. II) den Staat
konsequent nach einem Modell konstruiert hat, das zum effektivsten der
ganzen abendländischen Staatsphilosophie geworden ist: das Seelenmodell.
Da es impliziert, daß Gerechtigkeit (also optimale Vermittlung von
Individuum und Gemeinschaft) nur dann existiert, wenn der Staat von
einem regiert wird, der – wie der oberste Seelenteil – alle Bestrebungen
der Seele so leitet, daß jeder Teil das ihm gemäße tut und bekommt, wird
es – mit Hilfe der Gleichsetzung von „logistikon", Staatsmann, König
und Vater im Sinne der Strukturgleichheit des Modells[27] – zu einem sehr
subtilen Legitimationsinstrument für die patriarchalische Herrschaft[28],
deren Karikatur die tyrannische darstellt. Die ausschließliche Ausrichtung
auf das Eine hin, das alles beherrschen soll, kritisiert Aristoteles. Wenn
das „logistikon" das Eine, die Idee der Gerechtigkeit, repräsentiert, dann
muß alles von ihm vermittelt werden – oder die Dreiheit (der Seelenteile
und – in Anwendung des Modells – der Stände) läßt sich nicht mehr aus
dem Prinzip dieser Philosophie erklären. Der Mythos von den goldenen,
silbernen und erzenen Seelen tendiert demgemäß fatal zu einer sophi-
stischen Legitimationstheorie zurück[29]. Sie bekommt in der christlichen
Prädestinationslehre neue Bedeutung (Paulus und seine Lehre von den
Charismen, Calvin). Die Vermittlung wird bei Platon so begründet, daß

---

[26] *Pol.* II, 2, 2, wo Aristoteles davon spricht, daß das Streben, den Staat auf eine Einheit
auszurichten, diesen zuletzt aufheben müsse.
[27] *Pol.* IV, 16 (insbes. 441 e ff.); V, 8 (473 b ff.); VIII, 14 (562 e; an dieser Stelle als Mittel
zur Kritik der Demokratie; vergl. *Politikos* 258 e).
[28] vergl. E. K. Winter, *Der paternale Staat*, „Z.f.Ö.R." 10 (1931), pp. 213 ff.
[29] III, 21 (insbes. 415 a ff.).

das Eine als das Allgemeinste das „telos" aller verkörpert, an dem alle anderen nur durch Unterordnung teilhaben können. Die übrigen Seelenteile müssen also sein und auch so sein wie sie sind, ebenso wie der Staat nicht ohne die beiden anderen Stände existieren kann[30]. Das Gehorchen gehört für die niedrigen Seelenteile zu dem „ihrigen". Die Tendenz bei der Übertragung des Seelenmodells auf den Staat zielt auf Unterordnung und Unselbständigkeit vieler zugunsten der Herrschaft des einen (oder einiger), die durch Teilhabe an der Idee (oder der göttlichen Wahrheit) legitimiert ist. Die Demokratie, in der sogar die Hunde gleich sein und die Esel geradeaus laufen wollen, hebt diese Modellvorstellung auf. Gerade in der Perversion wird die Ausrichtung des Modells und das Interesse seines Schöpfers besonders deutlich.

Bei Aristoteles dagegen geht die Tendenz auf die Vermittlung vieler Selbständiger als solcher auf ein gemeinsames Gesamtziel hin, wobei jeder einzelne eine bestimmte Funktion zuerteilt bekommt, die ihn unentbehrlich macht und ihn in seiner Bedeutung prinzipiell allen anderen gleichstellt. Livius hat das Modell in der Magenfabel „ideologisch" eingesetzt[31]. Das Organismusmodell ist somit von seiner Tendenz, damit von der Form und zunächst nicht vom Inhalt her ein demokratisches Modell — und als solches in der Geschichte wirksam geworden. Das Kategoriale der Modelle läßt sich jetzt dahingehend bestimmen, daß sie zwei Grundmöglichkeiten der Synthese von Individuum und Gemeinschaft mit allen Konsequenzen formal festlegen und insofern ihre Begründungssituation transzendieren.

## IX.

In einem zweiten Schritt ist zu beweisen, daß die von den Griechen konstruierten Modelle nicht beliebig vermehrbar sind, es also nur zwei Kategorien der Vermittlung gibt. Die beiden genannten Modelle wären dann „alle" Modelle; oder anders: alle Modelle, die sich nicht diesen beiden subsumieren lassen, wären unbegründet, weil nicht historisch. Es kann gezeigt werden, daß Staatsphilosophen immer wieder auf sie rekurrieren — und zwar entweder auf das eine oder auf das andere. Auch Hegel tut dies noch, wenn er auf einer sehr hohen Vermittlungsebene die Einseitigkeiten beider Modelle durch ihre Kombination „aufhebt". Das historische Material läßt den Schluß zu, daß die beiden Modelle von Anfang an als antagonistisch verstanden sind. Daraus ist zwar kein Beweis für die Kategorialität selber abzuleiten, weil dieser nicht induktiv geführt werden kann, wohl aber eine Bestätigung der Überlegungen zur Kate-

---

[30] *Pol.* IV, 16 (441 c ff.).

[31] *Ab urbe cond.* II, 32; W. Nestle, *Die Fabel des Menenius Agrippa*, „Klio" 21 (1927), pp. 350 ff.

gorialität. Ohne Zweifel gibt es andere „Bilder" für die Vermittlung. Am bekanntesten ist die Methapher vom Staatsschiff. Es läßt sich demonstrieren, daß das „Staatsschiff" nur ein Bild ist (das zumeist appellative Funktion hat) oder die eine oder andere Form des Modells vertritt[32]: liegt die Betonung auf dem Steuermann, dann das Familien- (Bodin), auf dem gemeinsamen Aufeinanderangewiesensein der Schiffsmannschaft, dann das Organismusmodell. Am Material ist die Struktur der Modelle, die auf ihre Kategorialität verweist und in der griechischen Philosophie grundsätzlich zu analysieren ist, exakter zu bestimmen. Die Grundzüge sind schon aufgewiesen worden: in dem einen Modell wird die Über- und Unterordnung als einzig „logische", weil dem „logos" gemäße Form des Zusammenlebens der Menschen untereinander postuliert. Platon legitimiert sozusagen nachträglich die patriarchalische Struktur der Gesellschaft, macht sie nun aber durch die Inanspruchnahme der Logosgemäßheit und dadurch, daß er das Verhältnis gleichzeitig internalisiert, in einer Weise allgemein und verbindlich, daß die Form dieser Vermittlung für auf Herrschaft abzielende Staatsphilosophien zum Ideal schlechthin werden konnte. Es handelt sich um ein idealistisch und theologisch fundiertes Modell. In dem zweiten Modell wird nicht die Nebenordnung, sondern das notwendige Aufeinanderbezogensein aller zur Gemeinschaft gehörigen Menschen zum Ideal erhoben. Nicht das Herrschaftsverhältnis steht im Vordergrund. Schichtungen ergeben sich nicht aus der Logosgemäßheit (bzw. -nichtgemäßheit) der einzelnen Teile (Organe, Glieder), weil ja alle als solche logosgemäß sind, sondern aus der Funktion im Gesamtorganismus. Aristoteles legt damit ein Modell vor, das immer dann aktiviert zu werden vermag, wenn diejenigen, die in dem nach dem anderen Modell legitimierten Staat nur gehorchen durften, ein Bewußtsein für ihre Bedeutung in bezug auf das Gesamtsystem entwickeln und es politisch ausgedrückt sehen wollen. Die kategoriale Struktur muß sich aus pragmatischen oder sogar utilitaristischen Verhaltensweisen deduzieren lassen. Wir hätten in den Modellen also das Spannungsverhältnis von Idealismus und Realismus vorliegen. Auf die unterschiedliche „utopische" Tendenz beider Modelle verweist eine Reihe von Merkmalen. Das Familienmodell ist von seiner Struktur her auf Beharren angelegt und kann deswegen statische Gesellschaftsverhältnisse am besten legitimieren. Da die Idee immer „vor" der Wirklichkeit liegt, hat es rückwärtsgewandte Tendenz und verbindet sich mit aus „ewiger Wahrheit" abgeleiteten Ansprüchen. Das aristotelische Modell ist auf Anpassung an die Wirklichkeit ausgerichtet und enthält dynamische Aspekte, die es für die Bürger der frühen Neuzeit attraktiv machten.

---

[32] E. Schäfer, *Das Staatsschiff. Zur Präzision eines Topos*, „Toposforschung. Eine Dokumentation", ed. P. Jehn, Frankfurt 1972, pp. 259ff. (Republica literaria 10). Als Beispiele für die Gleichsetzung im ersten Sinne: Aristoteles, *Pol.* III, 4, 1 (1276b20), im zweiten: Thomas von Aquin, *De reg. princ.* I, 1; 14; J. Bodin, *Six livres de la rep.*, Vorwort; I, 8 (franz. Ausg. v. 1583, p. 142).

## X.

Der dritte Schritt, mit dem nach der Begründung der Übertragung von Modellen gefragt wird, führt direkt in die neuzeitliche Philosophie hinein. Es wird die These vertreten, daß die frühneuzeitliche Philosophie im Hinblick auf einen zu schaffenden bürgerlichen Staat mit der Übernahme des Organismusmodells in der originalen antiken Form beginne; ferner, daß Marsilius von Padua[33] erstmals einen dem bürgerlichen Bewußtsein entsprechenden Staatsentwurf vorgelegt habe, so daß er der erste neuzeitliche Staatsphilosoph im expliziten Sinne genannt werden könne. Sicher lassen sich bei ihm noch mittelalterliche Züge nachweisen. Entscheidend scheint mir aber die Tendenz zu sein. Sie wird durch die Adaption des Organismusmodells und dadurch demonstriert, daß er es systematisch mit einem neuen Inhalt füllt. Über die Verwendung des Modells wird es möglich, von „mittelalterlichen" und „neuzeitlichen" (bürgerlichen) Tendenzen zu sprechen. Vom Modell, also von der Vorstellung der Vermittlung her gedacht, kann die Behauptung gewagt werden, es habe bis in die Gegenwart hinein mittelalterliche Staatsphilosophie gegeben. Die Absicherung dieser Behauptung läßt sich dadurch bewerkstelligen, daß das Interesse für die Übernahme des einen oder anderen Modells herausgearbeitet wird. Dafür scheint der Nachweis nötig, daß einerseits die Übernahme des Organismusmodells für sich nicht für die Begründung der neuzeitlichen Staatsphilosophie ausreicht, andererseits der Bezug auf Aristoteles allein nicht das Neuzeitliche ausmacht. Auch im Mittelalter wird der Staat (sofern man überhaupt von einem Staat reden darf) bzw. die „Ordnung" mit Hilfe des Organismusmodells erfaßt. Es handelt sich um das über Paulus aus nicht mehr ganz rekonstruierbarer antiker Tradition vermittelte Modell des corpus mysticum Christi, das in zweifacher Gestalt vorliegt: einmal als platonisches (Verhältnis Haupt − Glieder), zum anderen als aristotelisches (Verhältnis der Glieder untereinander)[34]. Zu zeigen ist, daß das Organismusmodell für die mittelalterliche Staatsphilosophie eine grundsätzliche Bedeutung nur hat als Modifikation des platonischen Seelenmodells[35]. Das von Marsilius adaptierte aristotelische Mo-

---

[33] *Defensor pacis*, ed. H. Kusch, Berlin 1958.

[34] E. Käsemann, *An die Römer*, Tübingen 1973, pp. 316ff. (Hdb. z. NT 8a); H. Conzelmann, *Der erste Brief an die Corinther*, Göttingen 1969, pp. 244ff. (Krit.-ex. Komm. ü. d. NT 5); A. Wikenhauser, *Die Kirche als der mystische Leib Christi nach dem Apostel Paulus*, Münster ²1940.

[35] P. Archambault, *The analogy of the „body" in Renaissance political literature*, „Bibl. d'Hum. et Ren." 29 (1967), pp. 20ff.; A. Ehrhardt, *Das corpus Christi und die Korporationen im spät-römischen Recht*, „ZfRG, Rom. Abt." 70 (1953), pp. 299ff.; A.-H. Chroust, *The corporate idea and the body politic in the middle ages*, „Rev. of Pol." 9 (1947), pp. 423ff.; F. Holböck, *Der eucharistische und der mystische Leib Christi in ihren Beziehungen zueinander nach der Lehre der Frühscholastik*, Rom 1941, pp. 206ff.; 213ff.; T. Soiron, *Die Kirche als Leib Christi nach der Lehre des hg. Paulus exegetisch, systematisch und in der theologischen*

dell muß sich also wie das antike von dem original-platonischen unterscheiden. Die zweite Abgrenzung muß deutlich werden lassen, daß es vor, neben und nach Marsilius Aristoteliker gibt, die das Organismusmodell nicht in der originalen Form und mit der originalen Intention verwenden; sie übernehmen es nur, um alte Strukturen mit seiner Hilfe neu zu legitimieren oder vorsichtige Änderungsvorschläge zu machen[36]. Thomas adaptiert den teleologischen Aspekt, um das Organismusmodell für die Ausrichtung des platonisch legitimierten Staates (Herrschaftsform) auf ein höheres Ziel hin einsetzen zu können[37]; Dante benutzt das Organismusmodell als Modell überhaupt nicht, sondern begründet seine Universalmonarchie durch Übernahme des Satzes über das Eine aus der *Metaphysik*[38]; Quidort argumentiert wieder anders[39]. Das spezifisch Neuzeitliche bei Marsilius muß folglich in der Auseinandersetzung mit diesen beiden Tendenzen gesucht werden. Sein Text bietet wesentliche Hilfe für die Bestimmung des Interesses. Bei ihm ist nicht mehr der Herrscher die Seele (gemäß dem platonischen Modell, das durch die mittelalterliche Unsterblichkeitslehre noch eine Vertiefung erfuhr; man sollte den appellativen Charakter nicht übersehen, der insbesondere im Streit um die

---

*wie praktischen Bedeutung dargestellt*, Düsseldorf 1951, pp. 173ff.; E. Peterson, *Der Monotheismus als politisches Problem*, „Theol. Trakt.", München 1951, pp. 45ff.; A. von Harnack, *Christus praesens – Vicarius Christi. Eine kirchengeschichtliche Skizze*, „Sitzb. Preuß. Akad., Phil.-hist. Kl." 1927, pp. 415ff.; *Das Königtum. Seine geistigen und rechtlichen Grundlagen*. Mainauvorträge 1954, Lindau/Konstanz 1956, pp. 143ff.; 155ff.; 215ff. (Vortr. u. Forsch. III). Eine kritische Würdigung der materialreichen Arbeit von Struve (Anm. 1), die mir erst nach Abschluß des Manuskripts zugänglich wurde, ist hier nicht möglich. Nach meiner Ansicht stellt Marsilius nicht den „Höhepunkt" der organologischen Staatsauffassung des Mittelalters (p. 257) dar. Das bestätigt Struve indirekt, wenn er ihm die „Grundlegung des autonomen säkularen Staates" (sic!) zuspricht. Das mittelalterliche Modell geht doch primär auf das corpus mysticum und die Frage, wer in ihm das Haupt sei (Papst oder Kaiser). In Marsilius' Abwendung von diesem Modell wiederholt sich auf anderer historischer Ebene die Auseinandersetzung von Aristoteles mit Platon. Wie stark bürgerlich Marsilius orientiert ist, zeigt ein Vergleich mit Al-Fārābi (pp. 71ff.). Es geht eben nicht mehr um eine hierarchische Ordnung; deswegen ist die Seele auch nicht – wie im Platonismus – gleichgesetzt mit dem Regierenden, sondern mit dem Staat selber (p. 266); die Geistlichkeit ist „nur" noch Organ des Staates usw. Wichtig wäre auch die Beachtung der doppelten Ausprägung des mittelalterlichen Organismusmodells nach den beiden Formen bei Paulus (vergl. Käsemann und Conzelmann, Anm. 34), die verschiedene Relevanz hat (Stände- und Regierungslehre). Es könnte erwogen werden, inwiefern John of Salisbury als Vorläufer von Marsilius anzunehmen ist, obwohl es auch bei ihm nicht um den Staat als autonome Ordnung geht (p. 139).

[36] M. Grabmann, *Studien über den Einfluß der aristotelischen Philosophie auf die mittelalterlichen Theorien über das Verhältnis von Kirche und Staat*, „Sitzb. Bayr. Akad., Phil.hist. Abt." 2 (1934).

[37] *De reg. princ.* I, 12ff.; S. th. II, 1 q 90ff.; II, 2 q 104 a 6.

[38] *Monarchia* I, 10.

[39] Joh. Quidort von Paris, *Über königliche und päpstliche Gewalt (De regia potestate et papali)*, ed. F. Bleienstein, Stuttgart 1968, insbes. cap. I u. III (pp. 75ff.; 80ff.) (Frankf. Stud. z. Wiss. v. d. Pol. 4).

potestas in temporalibus eine so große Bedeutung erhält) oder das Haupt (gemäß der dem platonischen Modell geläufigen Gleichsetzung von Seele, Haupt, Vater, König, Kaiser bzw. Papst), sondern das Gesetz oder der Gesamtorganismus; der Regierende wird durch das vom Organismus selbst geschaffene Herz repräsentiert[40]. Nicht ein den Staat transzendierendes ewiges Heil ist das „telos", sondern das Gemeinwohl als immanentes[41]. Die Tendenz geht darauf, fixierte Strukturen dynamisch zu machen; nicht die Geburt ist für den Stand ausschlaggebend, sondern das Bedürfnis des Staates.

Es kann behauptet werden, die Marsilius folgende Staatsphilosophie (ob mit direkter Bezugnahme oder nicht) greife entweder die von ihm vertretene Tendenz auf und erweise sich damit als ebenfalls genuin bürgerliche (nicht-mittelalterliche) oder stelle sich gegen diese und knüpfe dann notwendigerweise an das platonische Modell an — bis zu Kant und Hegel[42]. Da Hegels Versöhnungsversuch mißlinge, bleibe der Antagonismus bis in die Gegenwart hinein erhalten, obwohl die Legitimation mit Hilfe des platonischen Modells immer weniger gelinge. Die Reaktion auf das bürgerliche Organismusmodell läßt sich am leichtesten an der Staatsphilosophie Luthers demonstrieren. Nach Luther gelingt die Vermittlung von selbständigen Individuen, deren Selbstverständnis bei G. Pico della Mirandola formuliert ist[43], und Gemeinschaft nicht, weil die Menschen „von Natur" böse und gemeinschaftsfeindlich eingestellt sind. Die Christen als freie Individuen würden sich vollständig gemeinschaftskonform verhalten[44]; da sie aber in der Welt „seltene Vögel" sind, muß die Vermittlung über Befehlen und Gehorchen zustandekommen. Dafür hat Gott gesorgt. Am lapidarsten macht Luther seinen Standpunkt wohl in der Auslegung des vierten Gebotes im *Großen Katechismus* deutlich[45]. Der weltliche Herrscher ist Vater (pater familias und pater patriae) und auch dann, wenn er nicht Kaiser ist, Stellvertreter Gottes; die Untertanen dagegen sind Kinder. Der vicarius-Dei-Gedanke ist ins Bürgerliche transponiert. Andererseits wird jedoch bürgerliches Selbständigkeitsstreben als Ungehorsam deklariert. Die bedingungslose Unterordnung wird dadurch begründet, daß Gott als der oberste Vater „absolut" regiere (er ist gleichsam legibus solutus)[46]; und da die Menschen als seine Kinder

---

[40] I, 11, 1; 3f.; 12, 2f.; 13, 8; 15, 3; 5ff.

[41] insbes. I, 4, 1ff.

[42] *Rechtsphilosophie* §§ 260ff.; 275ff.

[43] *De dignitate hominis*, ed. E. Garin, Bad Homburg/Berlin/Zürich 1968, pp. 28f. (Respublica literaria 1).

[44] *Von weltlicher Obrigkeit* I (Calwer Ausg. 4, pp. 18ff.). Zur platonischen Tradition: U. Duchrow, *Christenheit und Weltverantwortung. Traditionsgeschichte und systematische Struktur der Zweireichelehre*, Stuttgart 1970 (Forsch. u. Ber. d. Ev. Studiengem. 25).

[45] ed. J. Meyer, Darmstadt 1968, p. 64.

[46] *De serv. arb.* XII (WA 18, pp. 729ff.); vergl. Münchener Ausg., Erg.-Bd. I, ³1962, pp. 297ff.

gegen ihn kein Recht haben, haben sie auch der von ihm eingesetzten und gewollten Obrigkeit bedingungslos zu gehorchen. Dennoch hat das Familienmodell jetzt einen bürgerlichen „Inhalt"; denn der Vater ist kein Patriarch mehr, sondern Patrizier. Er braucht nicht einmal mehr einzelne Person zu sein, sondern fungiert als Obrigkeit (Amt, Stand), die Luther mit „Fürsten, Königen und Herren" definiert. Auch von dieser Seite bestätigt sich die Überwindung des mittelalterlichen Familienmodells; die Obrigkeit entspricht der legistischen Forderung: imperator in suo regno[47]. Von dieser durch die bestimmte Situation bedingten Umdeutung wird jedoch das Modell in seiner formalen Struktur nicht berührt. Man kann sogar die These vertreten, Luther habe die formalen Möglichkeiten erst voll ausgeschöpft, weil er es unabhängig von familiären Restbeständen, die etwa noch im Feudalsystem die Verwendung des Modells „sinnfällig" machen, benutze. Die „Technifizierung" der Modelle ist ein Charakteristikum der neuzeitlichen Staatsphilosophie. Auch das Organismusmodell wird davon betroffen, wenn etwa bei Hobbes der Organismus als Maschine erscheint und der Staat dementsprechend als artificial man.

Daß sich die beiden Modelle auch in der weiteren neuzeitlichen Staatsphilosophie vorfinden und stets dialektisch auf das Gegenmodell bezogen bleiben, muß durch Interpretation der entsprechenden Texte belegt werden. Hier nur noch ein kurzer Überbick. Hobbes bezieht sich auf Luther und Bodin, der seinerseits das Familienmodell für die Begründung des Absolutismus einsetzt[48]. Aber die Totalität des Leviathan ist eine andere als die Macht legibus solutus bei Luther und Bodin, weil Hobbes das Organismusmodell benutzt, wonach der Herrscher den Gesamtorganismus repräsentiert, weil er durch Vertrag eingesetzt wurde. Die Binnenstruktur ist bei Hobbes nach dem Modell der Gliedfunktionen gedacht, während die ständische Gliederung bei Luther und Bodin nach dem Schema der Familie bzw. des Haushaltes konzipiert ist[49]. Auf Bodin reagiert Althusius mit seinem nach dem Organismusmodell entworfenen Ständestaat. Die Spannung zwischen beiden Modellen kehrt direkt wieder in der Filmer-Kritik von Locke. Filmer beruft sich in seiner *Patriarcha* auf den „göttlichen Platon" und deutet Aristoteles im Sinne des Platonismus um (schon der Name ist sprechend), Locke dagegen kritisiert vom Organismusmodell her[50]. Mit seiner Kritik werden indirekt auch die Ansprüche von Jakob I. abgelehnt, der den Standpunkt der von Gott

---

[47] F. A. Freih. von der Heydte, *Die Geburtsstunde des souveränen Staates. Ein Beitrag zur Geschichte des Völkerrechts, der allgemeinen Staatslehre und des politischen Denkens*, Regensburg 1952, pp. 82ff.; J. Dennert, *Ursprung und Begriff der Souveränität*, Stuttgart 1964, pp. 12ff. (Sozialw. Stud. 7).

[48] Bodin, *Six livr.* I, 2 (pp. 10ff.); 8 (122ff.); VI, 4 (968ff.); 6 (1051 u. 1056f., wo die moderne Version der platonischen Seelenlehre für den Aufbau des Staates erscheint).

[49] *Lev.* I, 16; II, 17; 20; *De civ.* V, 6ff.; VI, 19.

[50] *Patriarcha* I, 10; II, 1; Locke, *First treat. on Governm.*; Gegenkonzeption: *Sec. Treat.* VI, 72ff.; VIII, 95ff.

gewollten väterlichen Herrschaft uneingeschränkt vertreten und damit den Absolutismus in England einzuführen versucht hatte[51]. Rousseau und Kant berufen sich auf das Organismusmodell; der nach dem Familienmodell konstruierte Staat ist für Kant ein despotischer[52]. Aufklärer, die einem gemäßigten Absolutismus huldigen, tendieren zum Familienmodell (Auseinandersetzung Friedrichs II. mit Machiavelli)[53].

Für die unmittelbare Neuzeit ist zu erinnern an Max Webers Legitimation der Herrschaft „kraft Glaubens an die Heiligkeit der von jeher vorhandenen Ordnungen und Herrengewalten" (traditionelle Herrschaft) bzw. „kraft affektueller Hingabe an die Person des Herrn und ihre Gnadengaben (Charisma)" (charismatische Herrschaft)[54]; an die zur Perversion des „Volkskörpers" tendierende Organismustheorie O. Spanns[55]; an die totalitäre Herrschaften schildernden Staatsromane von Orwell (der Vater als der allgegenwärtige Große Bruder) und Huxley[56]; an die nach dem biologischen Regelkreismodell konzipierten kybernetischen Staatstheorien (Deutsch, Lang)[57] und an die Systemtheorie der Gesellschaft, die ebenfalls den biologischen Regelkreis zum Vorbild nimmt und es durch die Sinnkomponente erweitert (Parsons, Luhmann)[58]. Interessant wäre zu untersuchen, inwieweit durch Marx Hegels Organismusmodell die sozialistische Staatsphilosophie beeinflußt.

---

[51] G. Möbus, *Die politischen Theorien im Zeitalter der absoluten Monarchie bis zur französischen Revolution (Politische Theorien II)*, Köln/Opladen ²1966, p. 224 (Die Wiss. v. d. Pol. 8).

[52] *Über Gemeinspr. . . .*, WW VI, pp. 145f.

[53] *Antimachiavell*, cap. XVII; XXII.

[54] *Die drei reinen Typen der legitimen Herrschaft*, „Soziologie, Universalgeschichtliche Analysen, Politik", ed. J. Winckelmann, Stuttgart ⁵1973, pp. 151ff. (Zit. pp. 154 u. 159) KTA 229).

[55] *Gesellschaftslehre*, Graz ⁴1969, pp. 282ff. (WW 4); *Der wahre Staat. Vorlesungen über Abbruch und Neubau der Gesellschaft*, Graz ⁵1972, pp. 78ff. (WW 5).

[56] G. Orwell, 1984 (versch. Ausg.); A. Huxley, Brave new world (versch. Ausg.).

[57] K. W. Deutsch, *Politische Kybernetik*, Freiburg 1969, pp. 61ff.; E. Lang, *Zu einer kybernetischen Staatslehre*, Salzburg/München 1970 (Dike 8); K. H. Tjaden (ed.), *Soziale Systeme. Materialien zur Dokumentation und Kritik soziologischer Ideologie*, Neuwied/Berlin 1971 (Soz. Texte 68).

[58] T. Parsons, *Das System moderner Gesellschaften*, München 1972 (Grundfr. d. Soz. 15); N. Luhmann, *Zweckbegriff und Systemrationalität. Über die Funktion von Zwecken in sozialen Systemen*, Frankfurt 1973 (stw 12).

# BEDEUTUNG UND FUNKTION
## DES ORGANISMUSVERGLEICHS
## IN DEN MITTELALTERLICHEN THEORIEN VON STAAT
## UND GESELLSCHAFT

von Tilman Struve (Stuttgart)

Im Organismusvergleich begegnet uns eines jener Modelle, mit dessen Hilfe die vielgestaltigen Phänomene des staatlich-gesellschaftlichen Bereichs zur Anschauung gebracht werden konnten. Angesichts des offenkundigen Mangels einer eigenständigen Terminologie[1] wurden schon frühzeitig Analogien und Beispiele betont lehrhaften Charakters aus dem Bereich des Organischen herangezogen, wenn es galt, die Stellung des einzelnen innerhalb einer Gemeinschaft, insbesondere das Verhältnis von Regierung und Untertanen, zu bestimmen. In der auf volkstümliche Wirkung angelegten Fabel des Menenius Agrippa vom Magen und den Gliedern[2] erhielt der Organismusvergleich eine unübertroffene Gestaltung, welche, über den aktuellen Anlaß hinausweisend, beinahe zeitlose Gültigkeit beanspruchen darf. Die Bedeutung des Organismusvergleichs für die mittelalterlichen Theorien von Staat und Gesellschaft beschränkt sich jedoch keineswegs allein auf diese im Interesse einer vordergründigen politischen Wirkung hergestellten Entsprechung zwischen dem menschlichen Gemeinwesen und dem natürlichen Organismus. Vielmehr verdankte die mittelalterliche Theorie gerade ihm wesentliche Anstöße für die Ausgestaltung einer transpersonalen Staatskonzeption[3].

Damit ist die Wahl des tierischen oder menschlichen Organismus als Vergleichsobjekt freilich noch nicht hinreichend erklärt. Gab es doch neben dem Organismus noch eine Reihe anderer Beziehungsebenen wie beispielsweise das Schiff, das Gefährt, das Gebäude oder — aus der

---

[1] Vgl. hierzu jetzt Theodor Schieder (Hg.), *Theorieprobleme der Geschichtswissenschaft* (Wege der Forschung 378, Darmstadt 1977) Einl. pp. XXXI f.; sowie Reinhart Koselleck, *Über die Theoriebedürftigkeit der Geschichtswissenschaft*, ebd. p. 44.

[2] Liv. 2, 32, 8—12. Zur Tradition vgl. Wilhelm Nestle, *Die Fabel des Menenius Agrippa*, „Klio" 21 (1927) pp. 350—360; Heinrich Gombel, *Die Fabel „Vom Magen und den Gliedern" in der Weltliteratur*, „Zeitschr. f. roman. Philologie", Beiheft 80 (1934).

[3] Vgl. Helmut Beumann, *Zur Entwicklung transpersonaler Staatsvorstellungen*, „Das Königtum. Seine geistigen und rechtlichen Grundlagen" (Vorträge u. Forschg. 3, Lindau-Konstanz 1956) pp. 185—224.

engeren politischen Sphäre – den Thron und die Krone[4], auf welche von der Staatsmetaphorik bevorzugt zurückgegriffen wurde. Von derartigen Vergleichen unterscheidet sich der Organismusvergleich jedoch dadurch, daß hier für die mittelalterliche Anschauung ein über die Ebene bildhafter Anschaulichkeit hinausweisender enger struktureller Zusammenhang zwischen dem menschlichen Körper und dem Staat bestand.

Diese Sicht, welche in der Vorstellung vom Kosmos-Menschen[5] sinnfällig Ausdruck fand, stand in der Tradition anthropomorpher Denkmuster, die sich bereits bei den ionischen Griechen des 6. vorchristlichen Jahrhunderts größter Beliebtheit erfreuten. Ihre Wurzeln dürften jedoch, trotz gewisser Parallelen im indischen und iranischen Bereich, bis in indogermanische Zeit zurückreichen. Hiernach konnte der Kosmos als ein ins Riesenhafte gesteigerter Mensch, als Makroanthropos, wie umgekehrt der Mensch als verkleinertes Abbild des Weltalls, als Mikrokosmos, verstanden werden. In das System wechselseitiger Beziehungen, das zwischen dem Menschen als Mikrokosmos und dem Weltall als Makrokosmos hergestellt wurde, wurde schon früh das menschliche Gemeinwesen mit einbezogen. Mensch, Kosmos und Staat waren hierbei so innig miteinander verknüpft, daß jeder der drei Bereiche jeweils in den beiden anderen eine Entsprechung fand: So wurden nicht nur der menschliche Körper und der Staat als Mikrokosmos wie andererseits Weltall und Staat als lebendige Körper vorgestellt; der Kosmos selbst erschien als eine einzige große Stadt, als „civitas" oder „res publica". Vorbild und Maßstab für die Gestaltung der politisch-sozialen Ordnung war somit der Mensch selbst, d. h. die sich im Aufbau seines Körpers spiegelnde makrokosmische Struktur.

Wie weit der Prozeß wechselseitiger Durchdringung bereits fortgeschritten war, wird eindrucksvoll durch die Tatsache belegt, daß schon in griechischer Zeit nicht nur der menschliche Körper als Modell für den Staat, sondern umgekehrt auch die Sphäre des Politisch-Herrschaftlichen zur Veranschaulichung organischer Strukturen herangezogen wurde. So ging die von Platon vorgenommene Unterscheidung von drei Seelenteilen oder -vermögen von der Gliederung des sozialen Bereichs in die drei

---

[4] Vgl. hierzu die Belege bei Beumann (wie Anm. 3) pp. 189 ff.

[5] Vgl. Walther Kranz, *Kosmos*, „Archiv f. Begriffsgeschichte" 2 (1955–57) bes. pp. 172 ff.; sowie Marie-Thérèse d'Alverny, *Le cosmos symbolique du XIIe siècle*, „Archives d'histoire doctrinale et littéraire du moyen-âge" 28 (1953) pp. 31–81; Dies., *L'homme comme symbole. Le microcosme*, „Simboli e simbologia nell'alto medioevo" (Settimane di studio del centro italiano di studi sull'alto medioevo 23, Spoleto 1976) pp. 123–183; Marian Kurdzialek, *Der Mensch als Abbild des Kosmos*, „Der Begriff der Repräsentatio im Mittelalter" (Miscellanea Mediaevalia 8, Berlin 1971) pp. 35–75. Bildliche Darstellungen bei Herbert von Einem, *Der Mainzer Kopf mit der Binde* (Arbeitsgemeinsch. f. Forschg. d. Landes Nordrhein-Westfalen, Geisteswiss. 37, 1955) pp. 21 ff.; F. Saxl, *Macrocosm and Microcosm in Mediaeval Pictures*, in: Ders., *Lectures* 1–2 (London 1957) pp. 58–72 mit Tafeln 34–42; sowie d'Alverny, *L'homme comme symbol*, Tafel I–VII.

Stände der Regierenden, der Krieger sowie der Bauern und Handwerker[6] aus. Aristoteles hingegen, der das Herz als Sitz der Seele betrachtete, von welchem alle körperliche Bewegung ihren Ausgang nahm, versuchte den Zusammenhang in einem Lebewesen durch den Hinweis auf eine wohl eingerichtete Stadt[7] zu erklären. Besonders innerhalb der von Chartres ausgehenden sozial-politischen Ausprägung der platonischen Mikrokosmos-Lehren[8] war die Vorstellung vom menschlichen Körper als einer Stadt geläufig, in welcher dem Haupt, das hier als Sitz der vornehmsten Seelenvermögen angesehen wurde, die Stellung einer „arx corporis"[9] oder eines „Kapitols"[10] zukam. In poetischer Ausschmückung sprach Bernardus Silvestris vom Herzen als „rex" und „dictator", ja als „Patricius", das von der Brust wie von einer Residenz oder von einem Thron aus die „Stadt" des Körpers regiere und die Tätigkeit der ihm untergeordneten Glieder beaufsichtige[11]. Obgleich Albertus Magnus — wie andere christliche Aristoteliker — Platons mikrokosmische Spekulationen ablehnte[12], war für ihn der zwischen dem menschlichen Organismus und dem Staat bestehende Zusammenhang unbestritten. Erschien ihm doch das von der Mitte des Organismus aus wirkende, alle Körperfunktionen und physiologischen Prozesse steuernde Herz wie ein König[13], der seinen Befehlen

---

[6] Plat., rep. 4, 440 e 10 ff. und 441 c 4 ff.; vgl. Max Pohlenz, *Staatsgedanke und Staatslehre der Griechen* (Leipzig 1923) p. 83 Anm. 20; sowie neuerdings Oswald Utermöhlen, *Die Bedeutung der Ideenlehre für die platonische Politeia* (Heidelberg 1967) pp. 15 ff., 20 f.

[7] Aristot., mot an. c. 10 (703 a 29 ff.).

[8] Zur Unterscheidung vgl. Kurdziałek (wie Anm. 5) pp. 39 f.

[9] Wilhelm von Conches, *Glosae super Platonem* c. 134 (ed. Édouard Jeauneau, Textes philosophiques du moyen age 13, Paris 1965) p. 235; ebenso c. 15, p. 75; Ders., *Glosae super Macrobium*, Cod. Bernensis 266, fol. 1ʳ–14ᵛ; Bernardus Silvestris, *De mundi universitate* II, 13 (edd. Carl Sigmund Barach u. Johann Wrobel, Innsbruck 1876) p. 64 V. 111; Ders., *Commentum super sex libros Eneidos Virgilii* III (ed. G. Riedel, Greifswald 1924) S. 15, 30; Alanus ab Insulis, *Liber de planctu naturae* (Migne PL 210) 444 C; — dem Mittelalter überliefert durch die Kommentare des Macrobius, somn. 1, 6, 81 und Calcidius c. 213 (ed. J. H. Waszink, Plato Latinus 4, London-Leiden 1962) p. 228, 16; ebd. c. 231 S. 245, 3.

[10] Bernardus Silvestris, *De mundi universitate* II, 13 p. 64, 111; vgl. Calcidius, *comm.* c. 233 p. 247, 9; „regia": Bernardus Silvestris, *De mundi universitate* II, 13 p. 65, 130; vgl. Calcidius, *comm.* c. 231 p. 245, 3.

[11] Bernardus Silvestris, *De mundi universitate* II, 14 p. 69, 115–120.

[12] Die Bezeichnung des Menschen als „minor mundus" erfolge nur „rhetorice et per similitudinem loquendo" (*Comm. in Physicam Aristotelis* VIII tr. 1, c. 9, text. 17 [ed. A. Borgnet, Opera 3, Paris 1890] p. 540); zur Platon-Kritik vgl. Kurdzialek (wie Anm. 5) pp. 45 f.

[13] Albertus Magnus, *Quaestiones super De animalibus* I, 55 (ed. Ephrem Filthaut, Opera omnia 12, Münster 1955) p. 108, 24–28: „Cor enim situatur in medio animalis sicut princeps in regno, et sicut princeps sua imperia mittit et mandat ad singulas partes regni per suos ministros, sic cor vitam et virtutem ad singula membra per sua organa mittit"; vgl. ebd. I, 22 p. 96, 13; XII, 18 p. 236, 17; *De animalibus* III, 1, 5 (ed. Hermann Stadler, Beitrr. GPhilosMa 15–16, 1916–21) p. 298. So empfangen die einzelnen Glieder Bewegungsimpulse und Sinneswahrnehmungen durch das Gehirn „tamquam per ministrum"; so wird der Stoffwechsel von der Leber „tamquam per ballivium" geregelt (*Quaest.* I, 55 p. 108, 28–33).

und Anordnungen mittels besonderer Amtsträger in allen Regionen seines Reiches Geltung zu verschaffen wußte. Gleich Aristoteles bediente sich auch Albertus Magnus zum Nachweis, daß die Bewegung der Glieder und Organe des belebten Körpers vom Herzen als dem Bewegungsursprung bewirkt werde, des Vergleichs mit einer „civitas" oder einem „regnum sub monarcha"[14]. Hiernach beruhte das Wohl des gesamten Körpers auf dem Herzen, ebenso wie das Wohl des Staates im Herrscher begründet sei. Gleich dem Staatsmann komme dem Herzen als „pars publica" deshalb eine über seine begrenzte Stellung hinausweisende „öffentliche" Funktion[15] zu. Noch William Harvey (1578–1657), der Entdecker des Blutkreislaufs, griff auf das Vorbild der Monarchie zurück, um die absolute Vorherrschaft des Herzens innerhalb des Organismus zu veranschaulichen. Wurde das Herz hier als „princeps omnium" dargestellt, so erhielt umgekehrt der König die Funktion eines „cor reipublicae"[16] zugeschrieben. Der wechselseitige Austausch zwischen den Vergleichsebenen von Organismus und Staat war damit vollständig.

Das Eigentümliche des Organismusvergleichs bestand somit darin, daß dieser nicht von beliebig austauschbaren Bildern ausging. Die Verbindlichkeit seiner Aussagen für die jeweiligen Ordnungen von Staat und Gesellschaft beruhte vielmehr gerade auf der Gleichartigkeit der ihm zugrundeliegenden metaphysischen Gliederungsprinzipien, – auf ihrer „similitudo"[17]. Solange dieser strukturelle Zusammenhang zwischen dem belebten Körper und den verschiedenen Formen menschlicher Gemeinschaften grundsätzlich anerkannt wurde, kam dem Organismusvergleich eine über die Ebene bildhafter Anschauung hinausweisende Evidenz zu. Gerade dieser Tatbestand droht jedoch außer acht zu geraten, wenn im

---

[14] Albertus Magnus, *De principiis motus processivi* II, 8 (ed. Bernhard Geyer, Opera omnia 12, Münster 1955) p. 67f.

[15] Ebd. p. 68.

[16] William Harvey, *Exercitatio anatomica de motu cordis et sanguinis in animalibus*, Widmung an Karl I. von England (Ed. princ. Frankfurt: Wilhelm Fitzer 1628) p. 3; vgl. auch c. 17, p. 70. – Wenn Harvey in seinen späteren Schriften – offensichtlich unter dem Eindruck des republikanischen Regimes in England – diese Theorie zugunsten einer Vorherrschaft des Blutes als dem eigentlichen Lebensquell modifizierte, was faktisch einer „Entthronung" des Herzens gleichkam, dann läßt sich hieran der Einfluß der politisch-gesellschaftlichen Realität auch auf die wissenschaftliche Theorie ablesen. Vgl. hierzu die anregende Studie von Christopher Hill, *William Harvey and the Idea of Monarchy*, „Past and Present" 27 (1964) pp. 54–72, bes. 66f.

[17] Sehr anschaulich geht dies aus den Worten hervor, die Alanus ab Insulis der mit göttlicher Schöpferkraft begabten Natura in den Mund legte: „Ego sum illa, quae ad exemplarem mundanae machinae similitudinem hominis exemplavi naturam, ut in eo velut in speculo ipsius mundi scripta natura appareat" (*planct.*, PL 210, 443 B); vgl. Kurdziałek, *Der Mensch als Abbild des Kosmos* (wie Anm. 5) p. 47 mit weiteren Belegen. – Auf die Bedeutung des der organologischen Betrachtungsweise zugrundeliegenden Gedankens der „similitudo" verwies auch Otto Brunner, *Abendländisches Geschichtsdenken*, in: Ders., *Neue Wege der Sozialgeschichte* (Göttingen 1956) pp. 185f.

Hinblick auf den Organismusvergleich von „naturaler" Metaphorik[18] gesprochen wird. In einer noch weitgehend von archaischen Denkmustern geprägten Umwelt fiel dem Organismusvergleich die Aufgabe zu, Stellung und Funktion des einzelnen für sich wie im Verhältnis zu einem — wie auch immer beschaffenen — übergeordneten Ganzen zu bestimmen[19]. Nicht zu Unrecht ist deshalb die Analogie als ein „Grundtrieb"[20] mittelalterlichen Denkens gekennzeichnet worden.

Die tatsächliche Bedeutung des Organismusvergleichs für die mittelalterlichen Theorien von Staat und Gesellschaft wird ersichtlich, wenn man ihn von anders gearteten Erklärungsweisen wie etwa dem Bild vom Staatsschiff abhebt. In der bekannten, von Wipo überlieferten Auseinandersetzung Konrads II. mit den unbotmäßigen Pavesen, die nach dem Tode seines Vorgängers, Heinrichs II., die königliche Pfalz bis auf die Grundmauern zerstört hatten, fiel dem hier eingeführten Schiffsvergleich[21] die Aufgabe zu, den Fortbestand des Staatswesens bei einem Herrscherwechsel zu veranschaulichen. Der Vergleich berührte hierbei lediglich einen Teilaspekt staatlicher Existenz: die Funktion des Königs als Lenker des „Staatsschiffes", die zu derjenigen des Steuermannes in Beziehung gesetzt wurde. Die Vergleichsebenen waren hierbei für den Betrachter deutlich voneinander geschieden. Anders verhielt es sich hingegen beim Organismusvergleich. Wenn Wipo die Fürsten als „vires et viscera regni"[22] bezeichnete und davon sprach, der Herrscher habe — gleich einem Arzt — heilend in das Staatswesen einzugreifen[23], dann ging er offensichtlich von der Vorstellung aus, daß das Reich ein „corpus"[24] darstelle, das von den Fürsten gleichsam am Leben erhalten werde. Deutlicher noch trat dieser Unterschied in jener geistvollen Definition Johanns von Salisbury zutage: „Est autem res publica . . . corpus quoddam quod diuini muneris beneficio animatur et summae aequitatis

---

[18] So in der jüngst erschienenen Bielefelder Diss. von Gerhard Dohrn-van Rossum, *Politischer Körper, Organismus, Organisation. Zur Geschichte naturaler Metaphorik und Begrifflichkeit in der politischen Sprache* (masch. 1977).

[19] Vgl. Rudolf Allers, *Microcosmus. From Anaximandros to Paracelsus*, „Traditio" 2 (1944) pp. 319—407, bes. p. 406; Saxl, *Macrocosm and Microcosm* (wie Anm. 5) p. 58. Kennzeichnung des „Microcosmism" als „one of the primary — or, perhaps, even primitive — forms in which the human mind conceived of man's nature and his position in reality" (Allers, p. 332).

[20] Ernst Cassirer, *Individuum und Kosmos in der Philosophie der Renaissance*, „Stud. Bibl. Warburg" 10 (1927) p. 93. Zur Bedeutung der Analogie für das mittelalterliche Denken vgl. ferner Étienne Gilson, *L'esprit de la philosophie médiévale* (Paris ²1944) pp. 85ff.

[21] Wipo, *Gesta Chuonradi II. imperatoris* c. 7 (ed. Harry Bresslau, MGH Script. rer. Germ., Hannover ³1915) p. 30; zur Bedeutung vgl. Beumann, *Entwicklung* (wie Anm. 3) pp. 188ff.

[22] Wipo, *Gesta* c. 2 p. 14, 4.

[23] Wipo, *Gesta, Epist. ad regem Heinricum* p. 3, 16—18.

[24] Wipo, *Gesta* c. 2 p. 15, 4.

agitur nutu et regitur quodam moderamine rationis"[25]. Das menschliche Gemeinwesen wurde hier gleichsam als beseelter Körper vorgestellt, der von Gott sein Leben empfangen hat und – wie alles Sein auf dieser Welt – dem Gesetz der höchsten „aequitas" unterworfen ist[26]. Das Verbindende zwischen Organismus und Staat bestand hiernach darin, daß so, wie jener durch die Seele[27] bewegt wurde, dieser durch die göttliche Gerechtigkeit[28] seinen Antrieb erhielt. Der menschlichen Vernunft fiel hierbei die Aufgabe zu, das Staatswesen unter Berücksichtigung der sich aus dieser Entsprechung ergebenden Gesetzmäßigkeiten zu lenken[29]. Hier wurde das politisch-gesellschaftliche Leben tatsächlich in seiner Totalität erfaßt, wurde das Gemeinwesen als „Lebensform" (Berges) schlechthin begriffen. Der Organismusvergleich ist somit umfassender als alle anderen vergleichbaren Erklärungsmodelle. Es ist deshalb nicht verwunderlich, wenn gerade er sich durchgängig in den mittelalterlichen Theorien von Staat und Gesellschaft nachweisen läßt[30].

Es dürfte bereits deutlich geworden sein, daß der mittelalterliche Organismusvergleich nichts mit den Bestrebungen jener von Vico und Herder begründeten und in unserem Jahrhundert von Spengler weitergeführten organischen Kulturlehre[31] gemeinsam hat, der zufolge Völker und Kulturen als Lebewesen zu betrachten seien, deren von Wachstum, Blüte und Verfall begleitete Lebensprozesse die Geschichte strukturieren. Einer derartigen Sicht lag der vornehmlich vom Gedanken der Entwicklung und einer allem Leben innewohnenden Kraft geprägte Organismusbegriff des 18. Jahrhunderts zugrunde, der sich von demjenigen des Mittelalters grundlegend unterschied. Im Gegensatz dazu kam dem Begriff des Organismus im Mittelalter in erster Linie eine Ordnungsfunktion[32] zu. Der

---

[25] Johannes von Salisbury, *Policraticus* V, 2 (ed. Clement C. J. Webb, London 1909) p. 282, 11–14.

[26] Zur Interpretation vgl. Wilhelm Berges, *Die Fürstenspiegel des hohen und späten Mittelalters* (Schriften d. Reichsinst. f. ältere deutsche Gesch.kde[MGh] 2, Leipzig 1938) pp. 138f.

[27] Die Seele ist für Johannes von Salisbury das Lebensprinzip des Organismus schlechthin: „corpori uiuere est uegetari, moueri ab anima" (*Policr.* III, 1 p. 171, 19); doch wird diese selbst wiederum von Gott bewegt (ebd. p. 171, 21–22).

[28] Johannes von Salisbury, *Policr.* IV, 2 p. 237, 13–16: „aequitas . . . rerum conuenientia est, quae cuncta coaequiparat ratione et imparibus rebus paria iura desiderat, in omnes aequabilis, tribuens unicuique quod suum est." Zur Charakterisierung als Gesetz der göttlichen Seinsordnung Berges, *Fürstenspiegel* (wie Anm. 26) pp. 134f.

[29] Von Berges, *Fürstenspiegel*, p. 139 als „Entdeckerin des Adäquaten" gekennzeichnet.

[30] Vgl. Tilman Struve, *Die Entwicklung der organologischen Staatsauffassung im Mittelalter* (Monographien zur Gesch. d. Mittelalters 16, Stuttgart 1978); auf die hier zusammengestellte Literatur zu den einschlägigen Autoren sei aus Raumgründen ein für allemal verwiesen.

[31] Vgl. Joseph Vogt, *Wege zum historischen Universum* (Stuttgart 1961) pp. 36ff., 51ff.

[32] Vgl. Wilhelm Dyckmanns, *Das mittelalterliche Gemeinschaftsdenken unter dem Gesichtspunkt der Totalität* (Görres-Gesellschaft. Veröffentl. d. Sekt. f. Rechts- u. Staatswiss. 73, Paderborn 1937) pp. 45ff.

Organismus wurde hierbei als Verbindung einzelner Glieder oder Teile zu einer funktionsfähigen Einheit verstanden, wobei jedes an seinem Ort die ihm eigentümliche Tätigkeit verrichtete, dabei aber stets auf das gegenüber den Teilen höherwertige Ganze bezogen blieb. Augustin hat diesen Sachverhalt auf die für das Mittelalter verbindlich gewordene Formel gebracht: „Ordo est parium dispariumque rerum sua cuique loca tribuens dispositio".[33] Freilich gelangte dieser im Prinzip lebensfähige Organismus faktisch erst dadurch zum Leben, daß er durch die in einem leitenden Organ lokalisierte Seele bewegt wurde. Für die mittelalterliche Anschauung vom Organismus[34] ist deshalb die Unterordnung der Glieder unter ein Zentralorgan charakteristisch, das — je nach der zugrundeliegenden Tradition — in Haupt/Gehirn bzw. im Herzen angenommen werden konnte. Der Rang des einzelnen Gliedes richtete sich hierbei nach dessen Nähe zu diesem leitenden Organ. Die vollkommene organische Ordnung, die Gesundheit, die sich für die an der galenischen Physiologie orientierte Anschauung des Mittelalters als ein Gleichgewicht der Säfte darstellte, wurde als Zustand allseitiger Harmonie begriffen, die für Augustin gleichbedeutend mit Frieden[35] war. Ursache und Maß dieser Ordnung war jedoch Gott, der allen Stufen der Schöpfung, allen Erscheinungsformen organischen Lebens den Frieden verlieh, der in der Harmonie der Teile — in der „convenientia partium"[36] — bestand. Die Verbindlichkeit dieser Ordnungsvorstellung für alle irdischen Ordnungen resultierte gerade aus deren metaphysischer Überhöhung. Aus der Erkenntnis, daß sich die göttliche Ordnung in der Natur auf vollkommene Weise spiegelte, bezog der Gedanke einer Nachahmung der Natur somit Sinn und Berechtigung. Dem Herrscher fiel hierbei die Aufgabe der Herstellung und Bewahrung dieser Ordnung zu. Herrschaft erwies sich somit als „Ordnung in der Zeit"[37].

Eine lediglich äußere Kriterien berücksichtigende Bewertung des Organismusvergleichs als „naturale" Metaphorik übersieht, daß die ihm zugrundeliegende Sicht vom menschlichen Körper keineswegs immer dieselbe geblieben ist. Diese erfuhr vielmehr im Verlauf des Mittelalters charakteristische Wandlungen, für welche jeweils Entsprechungen in den gleichzeitigen medizinisch-naturphilosophischen Theorien[38] nachgewiesen

---

[33] Aurelius Augustinus, *De civitate dei* 19, 13 (CC 47/48, Turnhout 1955) p. 679, 11—12; vgl. Luise Manz, *Der Ordo-Gedanke*, „Vierteljahrsschrift f. Sozial- u. Wirtschaftsgesch." Beiheft 33 (1937) pp. 21f.; Hermann Krings, *Ordo. Philosophisch-historische Grundlegung einer abendländischen Idee* (Philosophie u. Geisteswiss., Buchreihe 9, Halle 1941).

[34] Vgl. hierzu künftig Tilman Struve, *Der Mensch und seine Organe in der Sicht der mittelalterlichen Naturphilosophie und Medizin. Ein Beitrag zu einer Anthropologie des Mittelalters* (in Vorb.).

[35] Aug., *civ.* 19, 13 pp. 678f.          [36] Aug., *civ.* 5, 11 p. 142.

[37] Thomas von Aquin, *Summa theologiae* I q. 22, art. 1 ad 2; vgl. Krings, *Ordo* (wie Anm. 33) pp. 124ff.

[38] Struve, *Organologische Staatsauffassung* (wie Anm. 30) pp. 292ff.

werden konnten. So ist es auch bezeichnend, daß der Organismusvergleich gerade im 12. Jahrhundert im *Policraticus* Johanns von Salisbury einen beachtlichen Aufschwung erlebte, – zu einer Zeit, in welcher das Interesse an den Erscheinungen der körperlichen Welt ständig im Wachsen begriffen war, nicht zuletzt gefördert durch die bereits die Erkenntnisse der eben wieder zugänglich gewordenen griechisch-arabischen Wissenschaft[39] berücksichtigenden Naturphilosophie der Schule von Chartres.

Als folgenreich für die mittelalterliche Sicht des Organismus erwies sich der aus der augustinischen Anthropologie resultierende Dualismus von Seele und Körper. Waren es in der Antike vor allem der Gedanke des einheitlichen Zusammenhangs der Glieder, der Eintracht (ὁμόνοια – concordia), sowie die Unterscheidung von herrschenden und dienenden Teilen, welche die dem Organismusvergleich zugrundeliegende Organismusvorstellung bestimmten, so rückte im Mittelalter die Gegenüberstellung von „anima – corpus" bzw. „caput – corpus" in den Vordergrund. Hiernach kam der Seele, die grundsätzlich als höherwertig[40] angesehen wurde, eine Leitungsfunktion innerhalb des Körpers zu. Da jedoch die vornehmsten Seelenvermögen, einer der platonischen Tradition verpflichteten Sicht zufolge, im Haupt bzw. im Gehirn lokalisiert wurden, erschien dieses in der Stellung eines Zentralorgans. Die Glieder waren diesem leitenden Organ, von dem sie in ihrer Funktionstüchtigkeit erhalten wurden, zu Dienst verpflichtet. Auf diese Weise ergab sich der Eindruck einer vertikalen Gliederung, deren statischer, an die Strukturen des Makrokosmos gemahnender Charakter unverkennbar ist. Im Zuge der mit Beginn des 13. Jahrhunderts einsetzenden Aristotelesrezeption, insbesondere unter dem Eindruck der Antithetik von Form (εἶδος) und Stoff (ὕλη), erfuhr die mittelalterliche Organismusvorstellung eine charakteristische Umgestaltung. Hiernach wurden alle Lebensprozesse auf den von einem Bewegungsursprung ausgehenden Impuls zurückgeführt. In der Tradition der aristotelischen „Tierkunde" wurde diese Lebensquelle im Herzen[41] angenommen, von dem aus Bildung und Erhaltung der übrigen

---

[39] Vgl. Heinrich Schipperges, *Die Schulen von Chartres unter dem Einfluß des Arabismus*, „Sudhoffs Archiv" 40 (1956) pp. 202 ff.; Ders., *Einflüsse arabischer Medizin auf die Mikrokosmosliteratur des 12. Jahrhunderts*, „Antike und Orient im Mittelalter" (Miscellanea Mediaevalia 1, Berlin ²1971) pp. 144 f.

[40] Dies fand in der Unterscheidung von Seele und Körper als „interior" und „exterior homo" (Aug., *civ.* 13, 24 p. 410, 49–51 – in Anlehnung an 2. Cor. 4, 16; vgl. Isid., *etym.* 11, 1, 6) seinen Niederschlag. Vgl. Erich Dinkler, *Die Anthropologie Augustins* (Forschg. z. Kirchen- u. Geistesgesch. 4, Stuttgart 1934) bes. pp. 87 f.

[41] Vgl. etwa Albertus Magnus, *Quaest.* I, 54 p. 107, 28–32; *De animalibus* I, 3, 4 p. 206 – nachdem bereits um die Wende vom 12. zum 13. Jahrh. der englische Naturphilosoph Alfredus Anglicus – noch ohne Kenntnis der aristotelischen Tiergeschichte – die Bedeutung des Herzens für die Lebensprozesse des Organismus hervorgehoben hatte (vgl. Tilman Struve, *Die Anthropologie des Alfredus Anglicus in ihrer Stellung zwischen Platonismus und Aristotelismus*, „Archiv f. Kulturgesch." 55, 1973, pp. 366–390).

Körperglieder erfolgte. Diesem vom Herzen ausgehenden Bewegungs-
impuls begegnete auf der Seite der Glieder, denen wie allem Stofflichen ein
gleichsam von Natur aus innewohnender Mangel anhaftete, das Streben
nach einem Zustand der Vollkommenheit[42]. Da der Organismus somit erst
mit Hilfe des Herzens seine „perfectio" zu erlangen vermochte, ist ihm
eine fortwährende innere Dynamik eigen.

Aufgrund seiner universellen Verbindlichkeit für das menschliche Gemeinwesen war der Organismusvergleich nahezu unbegrenzt verwendbar.
Er diente nicht nur zur Begründung, Rechtfertigung oder Verteidigung
unterschiedlichster politischer und gesellschaftlicher Ordnungen; er lieferte
königlicher wie kirchlicher Partei auch die Argumente in dem während des
Mittelalters stets aktuellen Streit um die Priorität von „regnum" oder
"sacerdotium", Königtum oder Papsttum, „Staat" oder Kirche. Zu den
aus dem Organismusvergleich abgeleiteten Konstanten einer organologischen Staatsauffassung gehörte die Vorstellung von der Einheit des
Gemeinwesens. Als Garant dieser Einheit erschien der Herrscher, dem
nach dem Vorbild eines Zentralorgans als „Haupt" oder „Herz" die
Leitung des Staates zukam, während die Untertanen, insbesondere aber
die Angehörigen der adeligen Führungsschicht, sich ihm gegenüber in der
Stellung von „membra"[43] befanden. Hiernach hatte der Herrscher für das
funktionsgerechte Zusammenwirken aller Stände und sozialen Gruppen zu
sorgen, die jeweils die ihnen zukommenden Tätigkeiten zu verrichten
hatten, dabei aber stets auf das Ganze bezogen bleiben sollten. Wenn in
diesem Zusammenhang die Notwendigkeit einer Kontinuität der Regie-
rungstätigkeit betont wurde, die der gesteigerten Bedeutung des Herrschers als Koordinator aller staatlichen Funktionen Rechnung trug, dann
konnte hierbei auf die keine Unterbrechung zulassende Tätigkeit des
Herzens[44] verwiesen werden. Die Gliederung der Gesellschaft in Berufsstände hingegen orientierte sich am Prinzip organischer Differenzierung[45].
Aus der Einheit des Organismus resultierte auf der Seite der Bürger das

---

[42] Diesen Gesichtspunkt betonten August Nitschke, *Naturerkenntnis und politisches
Handeln im Mittelalter* (Stuttgarter Beitr. z. Gesch. u. Politik 2, Stuttgart 1967) pp. 125ff.;
Wolfgang Stürner, *Natur und Gesellschaft im Denken des Hoch- und Spätmittelalters*
(Stuttgarter Beitr. z. Gesch. u. Politik 7, Stuttgart 1975) pp. 79ff.

[43] Anrede der Fürsten als „membra" des „corpus imperatoris" häufig in Schreiben
Friedrichs II.: vgl. etwa MGH Const. 2, Nr. 171 p. 211, 31; Nr. 193 p. 237, 4 u. 238, 19;
Nr. 244 p. 333, 25; Nr. 267 p. 374, 34. Noch in der Goldenen Bulle Karls IV. erscheinen die
Kurfürsten als „membra imperii" (MGH Fontes iuris Germ. ant. 11, Weimar 1972, c. 2, 4
p. 55, 14). — Bezeichnung der Bischöfe als „dulcissima membra": Die Briefe Heinrichs IV.
Nr. 11 (MGH Deutsches Mittelalter 1, Leipzig 1937) p. 14, 11.

[44] Marsilius von Padua, *Defensor pacis* I, 15, 13 (ed. Richard Scholz, MGH Fontes iuris
Germ. ant. 7, Hannover 1932) pp. 93f.

[45] Tolomeo von Lucca, *De regimine principum* IV, 9 [= Fortsetzung des gleichnamigen
Fürstenspiegels Thomas' von Aquin] (ed. Joseph Mathis, Turin ²1971) p. 77a; Aegidius
Romanus, *De regimine principum* III, 1, 8 (ed. Hieronymus Samaritanius, Rom 1607) p. 420.

Gebot zu wechselseitiger Unterstützung und Hilfe, zu sozialer Solidarität, für den Herrscher dagegen die Verpflichtung zur Förderung des allgemeinen Wohles. Einer auf so vielfältige Weise organischen Bezügen verpflichteten Anschauung erschien schließlich ein Zustand äußerer Konsolidierung und sozialen Friedens gleichbedeutend mit der durch ein Gleichgewicht der Säfte gekennzeichneten Gesundheit[46] des Organismus. Dem Herrscher fiel hiernach die Aufgabe zu, durch seine moderierende Tätigkeit — gleichsam als „medicus rei publicae"[47] — das Staatswesen im Gleichgewicht zu halten.

In jener äußerlich durch den Investiturstreit markierten Phase zunehmender Konfrontation zwischen „regnum" und „sacerdotium", welche auf seiten des Königtums zu einer verstärkten Besinnung auf die Grundlagen weltlicher Herrschaft führte, lieferte der Organismusvergleich das ideologische Rüstzeug für den von der Publizistik beider Parteien mit Erbitterung geführten Kampf. Während sich die kirchliche Seite zur Begründung der von ihr verfochtenen Priorität der geistlichen Gewalt neben der traditionellen Zweischwerterlehre[48] und den Gleichnissen von Sonne und Mond oder Gold und Blei[49] vor allem auf die in der Vorherrschaft der Seele über den Körper zutage tretende Entsprechung stützte, versuchten die Verteidiger des Königtums gerade aus dem Gedanken der organischen Einheit und der Unterordnung aller Glieder unter ein Haupt ein Argument für die Unabhängigkeit der weltlichen Gewalt[50] zu gewinnen. Selbst wenn gegenüber der möglichen Gefahr einer Spaltung der „Ecclesia" in einen geistigen und einen körperlichen Herrschaftsbereich noch einmal die organische Verbundenheit von Seele und Körper, von königlicher und priesterlicher Gewalt, betont wurde[51], lief die Entwicklung doch auf die

---

[46] Aegid. Rom., *reg. princ.* III, 2, 3 p. 456; vgl. III, 2, 34 p. 549; III, 3, 23 p. 623; Engelbert von Admont, *De regimine principum* III, 19 (ed. J. G. Th. Huffnagl, Regensburg 1725) pp. 69f.; Nikolaus von Kues, *De concordantia catholica* III, 41 (593) (ed. Gerhard Kallen, Opera omnia 14, Hamburg 1963—68) p. 472.

[47] Joh. Saresb., *Policr.* IV, 8 p. 262, 8ff.; Thomas von Aquin, *De regimine principum* I, 2 (ed. Joseph Mathis, Turin ²1971) p. 3b; Tolom. Luc., *reg. princ.* IV, 11 p. 79b; Aegid. Rom., *reg. princ.* III, 2, 34 p. 549; Engelb. Adm., *reg. princ.* VII, 12 p. 209; Marsil. Pat., *Def. pacis* I, 15, 10 p. 93, 7—14; Nic. Cus., *conc. cath.* III, 41 (593f.) pp. 472f.

[48] Vgl. Wilhelm Levison, *Die mittelalterliche Lehre von den beiden Schwertern*, „Deutsches Archiv" 9 (1951) pp. 14—42; Hartmut Hoffmann, *Die beiden Schwerter im hohen Mittelalter*, „Deutsches Archiv" 20 (1964) pp. 78—114.

[49] Vgl. Otto von Gierke, *Das deutsche Genossenschaftsrecht* 3 (Berlin 1881) p. 525 Anm. 17 u. 526f. Anm. 20 mit zahlreichen Belegen; sowie Joseph Hergenröther, *Katholische Kirche und christlicher Staat in ihrer geschichtlichen Entwicklung* (Freiburg/Br. 1872) pp. 376ff.; Wolfgang Weber, *Das Sonne-Mond-Gleichnis in der mittelalterlichen Auseinandersetzung zwischen Sacerdotium und Regnum*, „Rechtsgeschichte als Kulturgeschichte", Festschr. f. Adalbert Erler (Aalen 1976) pp. 147—175.

[50] Vgl. die Belege bei Struve, *Organologische Staatsauffassung* (wie Anm. 30) pp. 99ff.

[51] Die Texte des Normannischen Anonymus (ed. Karl Pellens, Veröffentl. Inst. europ. Gesch. Mainz 42, Wiesbaden 1966) p. 198: „Necesse est enim, ut, si bene regantur corpora,

Ausgestaltung von Kirche und Staat zu zwei selbständigen „corpora"[52] hin, welche jeweils einem „caput" untergeordnet waren. Wilhelm von Ockham sah sich deshalb zu der Klarstellung veranlaßt, daß es – im Gegensatz zum natürlichen Organismus – sehr wohl möglich sei, wenn innerhalb des „corpus Christi" neben Christus als dem obersten Haupt noch besondere Häupter der als selbständige Körperschaften betrachteten Teile existierten[53].

Für die weitere Ausgestaltung der mittelalterlichen Theorien von Staat und Gesellschaft kam der aristotelischen Annahme eines allen Lebewesen innewohnenden bewegenden Prinzips[54] größte Bedeutung zu. Wurde hiermit doch die Vorstellung verbunden, daß die menschliche Gemeinschaft nur unter einheitlicher Leitung ihre Vollkommenheit zu erreichen vermöge. Dieser aus dem organischen Bereich abgeleitete Gedanke einer einheitlichen Leitung, der freilich in der Stellung Gottes im Kosmos, in der Herrschaft der Vernunft über die niedrigeren Seelenteile wie derjenigen des Herzens innerhalb des Körpers, ja selbst in der Existenz eines Bienenkönigs eine Parallele[55] besaß, galt der mittelalterlichen Anschauung als Rechtfertigung der monarchischen Regierung schlechthin. Je nachdem, ob der staatlichen Gemeinschaft lediglich ein irdischer Zweck oder aber das übernatürliche Ziel der Anschauung Gottes zugeschrieben wurde, konnte aus der Unterordnung der Glieder unter ein leitendes Organ sowohl die weltliche Monarchie, insbesondere die nationalstaatlichem Interesse dienende Erbmonarchie[56], wie andererseits die dem universellen Herrschaftsanspruch der Kirche Rechnung tragende päpstliche Monarchie[57] begründet werden. Zwischen diesen extremen Positionen versuchte Thomas von

---

bene regantur et animę et e converso . . . Veruntamen si rex haberet . . . principatum regendi corpora Christianorum, nonne etiam haberet principatum regendi templum Dei . . . ?"

[52] Vgl. Gerhart B. Ladner, *Aspects of Mediaeval Thought on Church and State*, „Review of Politics" 9 (1947) pp. 403–422, bes. 413 f.

[53] Wilhelm von Ockham, *Dialogus inter magistrum et discipulum* III tr. 1, 2 c. 1 (ed. Melchior Goldast, Monarchia sancti Romani imperii 2, Frankfurt 1668) p. 788.

[54] Vgl. Thom. Aquin., *reg. princ.* I, 1 p. 2 a–b; Tolom. Luc., *reg. princ.* III, 9 p. 48b; Aegid. Rom., *reg. princ.* III, 2, 3 p. 457; Dante, *Monarchia* I, 5, 3 (ed. Giorgio Ricci, Edizione nazionale 5, Mailand 1965) p. 145; Johannes Quidort von Paris, *De regia potestate et papali* c. 1 (ed. Fritz Bleienstein, Frankfurter Stud. z. Wiss. v. d. Politik 4, Stuttgart 1969) pp. 76 f.; Marsil. Pat., *Def. pacis* I, 15, 5 pp. 87 f.

[55] Thom. Aquin., *reg. princ.* I, 2 p. 3 b. Auf die Beispielhaftigkeit des Bienenstaates für das menschliche Gemeinwesen wird in der staatstheoretischen Literatur des Mittelalters – wie schon in der Antike – immer wieder hingewiesen; diesem Bereich sei eine besondere Studie vorbehalten.

[56] Aegid. Rom., *reg. princ.* III, 2, 3 pp. 456 ff. – Die „Eigenzwecklichkeit" des Staates im irdischen Bereich betonten, wenn auch unter anderen politischen Aspekten, auch Dante, *mon.* III, 15, 7 p. 273 und Joh. Paris., *reg. pot.* c. 18, p. 163.

[57] Tolom. Luc., *reg. princ.* III, 19 pp. 60b–61a; vgl. ebd. III, 10 p. 49b; Ders., *Determinatio compendiosa de iurisdictione imperii* c. 15 (ed. Mario Krammer, MGH Fontes iuris Germ. ant. 1, Hannover 1909) pp. 33 f.; Aegidius Romanus, *De ecclesiastica potestate* III, 2 (ed. Richard Scholz, Weimar 1929) p. 152.

Aquin zu vermitteln, indem er der Gemeinschaft des Staates zwar innerhalb des irdischen Bereichs Vollkommenheit zusprach, ihr aber gleichzeitig nur die Rolle einer Vorstufe[58] für das transzendente Ziel der
Anschauung Gottes zubilligte. Da das Verhältnis der Glieder zueinander
wie zum Ganzen jedoch verschiedene Deutungsmöglichkeiten zuließ,
konnten aus dem Organismusvergleich durchaus unterschiedliche politische Systeme abgeleitet werden. So versuchten Engelbert von Admont
und Dante, aus dem Vorrang des Ganzen gegenüber den Teilen die
Notwendigkeit einer die gesamte Menschheit umfassenden Universalmonarchie[59] zu begründen. Wurde dagegen die Verbundenheit der Glieder
gegenüber dem einen leitenden Organ betont, dann korrespondierte mit
diesem Organismusmodell eine Staatsform, in welcher die politische Reprä-
sentation der Gesamtheit stärker zur Geltung kam. Die konsequente
Übertragung des Prinzips kollektiver Leitung auf die Ordnungen von Staat
und Kirche führte im Ansatz zum Gedanken der Volkssouveränität und
des Konziliarismus[60].

Wenn somit auch die Kontinuität des Organismusvergleichs als konstitutives Element in den mittelalterlichen Theorien von Staat und Gesellschaft unbestritten sein dürfte, so bestehen andererseits nicht nur hinsichtlich seines äußeren Umfangs, sondern auch hinsichtlich der Art und Weise
seiner Durchführung beträchtliche Unterschiede. Ist doch der qualitative
Sprung von einer rein äußerlichen Parallelisierung der Stände und
„ordines" mit entsprechenden Gliedern und Organen des menschlichen
Körpers, wie sie in den mittelalterlichen Ständelehren bis hinein ins 12.
Jahrhundert praktiziert wurde, zu einer von der inneren Struktur des
Organismus ausgehenden „Physiologisierung"[61] des Staates, wie sie —
mehr oder weniger vollkommen — in den Theorien des 13. und 14.
Jahrhunderts versucht wurde, unverkennbar. Wenn Honorius Augustodunensis die „ordines" der Apostel und Propheten, der Mönche, Magister
und Priester, mit Augen, Ohren, Nase und Mund, diejenigen der Krieger
und Bauern dagegen mit Händen und Füßen[62] des „corpus Christi"

---

[58] Thom. Aquin., *reg. princ.* I, 14 pp. 17b–18a. Zu der von Thomas aufgestellten
„Hierarchie der Zwecke" vgl. Berges, *Fürstenspiegel* (wie Anm. 26) pp. 204 ff.

[59] Engelbert von Admont, *De ortu et fine Romani imperii* c. 15 (ed. Melchior Goldast,
Politica imperialia, Frankfurt 1614) pp. 763.; Dante, *mon.* I, 5, 4–8 pp. 145 f.

[60] Joh. Paris., *reg. pot.* c. 13, pp. 139 f.; konsequenter noch in der Durchführung Marsil.
Pat., *Def. pacis* I, 15, 2 p. 85 u. I, 15, 6 pp. 88 f. (Gesamtheit der Bürger = „legislator
humanus" als der der Seele entsprechende Teil des Staates).

[61] Auf diesen Unterschied verwies bereits Ernst Kantorowicz, *Kaiser Friedrich der
Zweite*, Erg. bd. (Berlin 1931) p. 93.

[62] Honorius Augustodunensis, *Expositio in cantica canticorum* I, 1 (Migne PL 172, 361
C); vgl. *Elucidarium* I, 27 (PL 172, 1128 D); weitgehende Übereinstimmung mit der
*Orthodoxa defensio imperialis* des Anonymus Farfensis (ed. Lothar von Heinemann, MGH
Lib. de lite 2, Hannover 1892) c. 3 p. 537, 1–5 (vgl. Struve, *Organologische Staatsauf-
fassung*, pp. 102 f.). Dahinter stand jenes Schema einer funktionalen Dreigliederung der

gleichsetzte, dann besaß diese Zuordnung vorwiegend spirituellen Charakter. Sie sollte dazu dienen, die Tätigkeit dieser „ordines" innerhalb der „Ecclesia" zu veranschaulichen. Die Sphäre des Politisch-Herrschaftlichen blieb hierbei freilich, trotz der Betonung des berufsständischen Prinzips, noch weitgehend ausgespart. Denn auch die Stände der Laien übten lediglich Funktionen der „Ecclesia" aus. Dem Organismusvergleich fiel hierbei vor allem die Aufgabe zu, das einträchtige Zusammenwirken der mannigfach untereinander abgestuften Glieder des „corpus Christi" zu belegen. Sehr anschaulich hat der Zisterzienser Isaak von Stella diesen Funktionszusammenhang geschildert: „Sicut . . . in hominis corpore, cum differentis actus sint membra, invicem tamen speciosissima necessitate se indigeant et officiosissima sibi charitate subveniant, sic et in Christi corpore, cum necessarii sibi sint singuli . . . omnes sibi sese in charitate communicent".[63] Von solch schematischer Parallelisierung war die organologische Staatskonzeption Johanns von Salisbury weit entfernt, obgleich sie gewisse Berührungspunkte zu einer Ämter und Organe einander gegenüberstellenden spätrömischen Offizienlehre erkennen läßt. Der Policraticus zeichnete sich vielmehr durch die konsequente Übertragung des organischen Gedankens auf die innere Struktur[64] des menschlichen Gemeinwesens aus. Besondere Bedeutung kam hierbei dem Gedanken einer Nachahmung der Natur[65] zu. Indem Johannes von Salisbury aus dem Organismusvergleich in erster Linie moralische Handlungsanweisungen ableitete, verharrte er freilich auf einer der Sicht der karolingischen Fürstenspiegel verwandten Position, wonach der Staat weniger als politische Gemeinschaft, sondern vielmehr als „Regiment"[66] verstanden wurde.

---

Gesellschaft in „oratores", „pugnatores" und „laboratores", wie es bereits bei Adalbero von Laon (vgl. hierzu künftig Otto Gerhard Oexle, Die funktionale Dreiteilung der ‚Gesellschaft' bei Adalbero von Laon, „Frühmittelalterl. Stud." 12, 1978, pp. 1–54) begegnete, wobei lediglich die Gruppe der „oratores" eine stärkere Differenzierung erfahren hat. Vgl. Yves Congar, Les laics et l'ecclésiologie des „ordines" chez les théologiens des XIe et XIIe siècles, „I laici nella ‚societas Christiana' dei secoli XI e XII", Atti della terza settimana internazionale di studio Mendola, 1965 (Miscellanea del centro di studi medioevali 5, Mailand 1968) pp. 83–117, bes. 109ff. – Vergleich der „Ecclesia" mit einem Gebäude oder Tempel: Honorius Augustodunensis, Gemma animae sive de divinis officiis c. 130f. u. 134 (Migne PL 172, 586 D).

[63] Isaak von Stella, Sermo 34 (Migne PL 194, 1801 D–1802 A).

[64] Näher ausgeführt bei Struve, Organologische Staatsauffassung (wie Anm. 30) pp. 129ff.; zu den Quellen dieser Sicht ebd. pp. 126ff.; sowie Max Kerner, Johannes von Salisbury und die logische Struktur seines Policraticus (Wiesbaden 1977) pp. 176ff.

[65] Joh. Saresb., Policr. IV, 1 p. 235, 13: „In quo quidem optimam uiuendi ducem (Cic., Lael. 5, 19) naturam sequimur"; vgl. ebd. VI, 21 pp. 59f. Der Gedanke der Nachahmung der Natur war bereits im Timaios-Kommentar des Calcidius (c. 23 p. 73, 10–12) angelegt und spielte offenbar im Umkreis der Schule von Chartres eine besondere Rolle (vgl. Wilhelm von Conches, Glosae super Macrobium, Cod. Bernensis 266, fol. 1[rb–va]; Bernardus Silvestris, Comm. super sex libr. Eneidos Virg. IV, pp. 15f.).

[66] Hans Liebeschütz, Chartres und Bologna. Naturbegriff und Staatsidee bei Johannes von Salisbury, „Archiv f. Kulturgesch." 50 (1968) p. 21; vgl. auch Ladner, Aspects (wie Anm. 52) pp. 405f.

Unter dem Einfluß der aristotelischen Annahme eines allem Organischen innewohnenden bewegenden Prinzips erhielt der Gedanke einer Nachahmung der Natur eine neue Dimension. Beschränkte sich die „imitatio" bei Johannes von Salisbury auf das rechte Erkennen der Abbildhaftigkeit aller irdischen Ordnung, so wurde nunmehr die aktive Nachgestaltung, ja die Konstruktion darunter verstanden. Die Gründung und Einrichtung des Staates kam geradezu einer Nachahmung des Schöpfungsaktes[67] gleich, bei welcher die menschliche Vernunft den Gliederungsprinzipien des Organismus folgte. Angesichts der dem Herrscher bei der Einrichtung des Staates zugeschriebenen Führungsposition war es nur folgerichtig, wenn jener nicht nur als „artifex architectus societatis"[68] bezeichnet, sondern geradezu als Übermensch, als „semideus"[69] vorgestellt wurde. Diese Nachgestaltung der Natur erstreckte sich vor allem auf die dem Herrscher gebührende Leitungsfunktion. In Entsprechung zu der dem Herzen, dem Haupt oder der Seele innerhalb des Organismus zukommenden dominierenden Stellung erschien der Herrscher als Lebensquelle[70] des Staates schlechthin. Seine hervorragende Rolle als Norm und Maßstab aller staatlichen Funktionen fand in der Vorstellung vom Herrscher als „lex animata"[71] auf anschauliche Weise Ausdruck. Gerade die Stellung des Herzens als „pars publica" sei es gewesen, so bemerkte Albertus Magnus, welche die Menschen seit alters veranlaßt habe, ihr Gemeinwesen „ad similitudinem corporis humani"[72] zu gestalten. Die aristotelische Anschauung, wonach das Herz zuerst von allen Organen gebildet werde, wurde sogar als Beweis dafür herangezogen, daß der durch den Herrscher (= Herz) repräsentierten weltlichen Gewalt die Priorität vor der den Bischöfen (= Haupt) verliehenen geistlichen Gewalt gebühre[73].

---

[67] Thom. Aquin., *reg. princ.* I, 13 p. 16 b; vgl. ebd. I, 14 p. 17a. Der Gedanke einer Nachahmung der Natur durch die menschliche Vernunft begegnet auch bei Engelb. Adm., *reg. princ.* I, 10 p. 26; I, 13 p. 32; *ort. c.* 1, p. 754; c. 15, p. 763; Marsil. Pat., *Def. pacis* I, 2, 3 p. 11; I, 15, 5 p. 87.

[68] Tolom. Luc., *reg. princ.* III, 11 p. 52b.

[69] Aegid. Rom., *reg. princ.* III, 2, 30 p. 537; III, 2, 32 p. 544; vgl. Engelb. Adm., *reg. princ.* I, 5 p. 17.

[70] Aegid. Rom., *reg. princ.* I, 2, 11 p. 78; Engelb. Adm., *reg. princ.* III, 21 p. 75; Marsil. Pat., *Def. pacis* I, 15, 6 pp. 88f. (Herz); Aegid. Rom., *reg. princ.* III, 2, 35 p. 550; Joh. Paris., *reg. pot.* c. 18, p. 165 (Haupt); Thom. Aquin., *reg. princ.* I, 12 p. 16a; Aegid. Rom., *reg. princ.* III, 2, 34 p. 548; Engelb. Adm., *reg. princ.* III, 16 p. 68 (Seele).

[71] Aegid. Rom., *reg. princ.* I, 2, 12 p. 79: „Est enim rex siue princeps quaedam lex, et lex est quidam rex siue princeps. Nam lex est quidam inanimatus princeps: princeps vero est quaedam animata lex."; vgl. auch Engelb. Adm., *reg. princ.* I, 10 p. 27; I, 11 p. 28. Auf die Bedeutung dieser Sicht wies bereits Walter Ullmann, *The Individual and Society in the Middle Ages* (Baltimore 1966) pp. 47f. hin.

[72] Albertus Magnus, *princ. mot. process.* c. 8 p. 68, 34–36 – unter Bezugnahme auf Cic., *inv.* 2, 56, 168.

[73] *Rex pacificus Salomon* (*Quaestio de potestate papae*) (ed. Caesar E. Bulaeus, Historia universitatis Parisiensis 4, Paris 1668) p. 941: „sicut cor prius creatur quam caput, sic prius

Unter Aufbietung des gesamten Apparates medizinisch-physiologischer
Kenntnisse der Zeit wurde versucht, auch die politische Sphäre des Staates
zu erfassen, indem etwa die königlichen Gesetze mit den vom Herzen
ausgehenden, alle Körperteile miteinander verbindenden Adern[74] oder mit
den im Haupt entspringenden Nerven[75] verglichen wurden. Wenn freilich
wie bei Nikolaus von Kues der geheime Rat mit den Zähnen, das
Consilium Majus mit dem Magen und der Gerichtshof mit der Leber
verglichen oder das Vaterland den Knochen, die der Vergänglichkeit
unterworfenen Menschen dem Fleisch gegenübergestellt wurden[76], dann
kam dies einem Rückfall in das Stadium mehr oder weniger schlüssiger
Parallelisierungen gleich.

Die überzeugendste Verwirklichung des Gedankens einer Nachahmung
der Natur verdankte die mittelalterliche Staatstheorie zweifellos Marsilius
von Padua. Indem dieser die von Aristoteles aus dem Zusammenhang des
Organismus entwickelte Annahme eines bewegenden Prinzips mit allen
sich hieraus ergebenden Konsequenzen auf den als Organismus vorge-
stellten Staat übertrug, gelang ihm eine tatsächlich das gesamte Staatswesen
mit seinen vielfältigen Institutionen und Funktionen erfassende Konzeption. Er vollzog damit eine gedankliche Verbindung, die weder von
Aristoteles selbst noch von einem seiner mittelalterlichen Kommentatoren
hergestellt worden war[77]. Als bewegende Ursache, als Seele des Staates
betrachtete Marsilius von Padua die Gesamtheit der Bürger, die er
wiederum mit dem menschlichen Gesetzgeber gleichsetzte. Dieser schuf
sich im Herrscher ein dem Herzen entsprechendes erstes staatliches
„Organ" („pars principans"), vom dem aus sodann die Bildung der
übrigen Teile des Staates, der Berufsstände, erfolgte. In Entsprechung zu
den im Herzen lokalisierten Werkzeugen der Seele, der Wärme und dem
Lebenshauch, bediente sich der Herrscher hierbei der Rechtsprechung und
der staatlichen Zwangsgewalt. Bei der Wahrnehmung seiner Funktionen

---

fuit iurisdictio temporalis in regibus quam fuerit iurisdictio spiritualis in sacerdotibus vel
pontificibus"; vgl. Aristot., gen. an. 2, 1 (735 a 14ff.); 2, 4 (740 a 18−20).

[74] Rex pacificus, p. 941: „Ab ipso . . . corde scilicet ab isto seculari principe procedunt
tanquam a principiis venae, idest leges, statuta et consuetudines legitimae, per quas quasi per
quasdam venas diuiditur et disponitur ad partes singulas totius corporis, hoc est communi-
tatis et reipublicae, substantia temporalis, sicut in humano corpore sanguis: sicut enim sine
corde non est in corpore vita, sic nec sine substantia temporali posset subsistere vita."

[75] Nic. Cus., conc. cath. III, 41 (588) p. 470: „Nervi vero . . . unam habent in cerebro
. . . connexionem communem et circumeunt omnes corporis artus diversarum iuncturarum
ad unitatem unius corporis stringendo. Et istae sunt leges imperiales . . . omnia concorditer
colligantes membra ad unum."

[76] Nic. Cus., conc. cath. III, 41 (591) p. 471 u. (594) p. 473.

[77] Vgl. Struve, Organologische Staatsauffassung (wie Anm. 30) pp. 17f., 258. Sie begegnet
bereits im 10. Jahrh. im islamischen Bereich bei dem Arzt und Philosophen Al-Fārābī (gest.
950), von welchem jedoch kein direkter Einfluß auf die mittelalterliche Staatstheorie nachgewiesen werden konnte (Struve, pp. 79f., 83ff.).

war er jedoch – so wie das Herz an die „virtus animae" – an das von der Gesamtheit der Bürger erlassene Gesetz[78] gebunden. Die aus dem Organismusvergleich abgeleitete Einheit der Regierungsgewalt ließ freilich keine andere Instanz neben oder über der weltlichen Regierung zu. Indem vielmehr auch der Geistlichkeit nur die Funktion eines staatlichen Organs zuerkannt wurde, gelang Marsilius die Grundlegung eines autonomen säkularen Staates.

Charakteristisch für den Organismusvergleich war seine grundsätzliche Offenheit[79]: seine Anwendbarkeit auf die verschiedensten gesellschaftlichen Ordnungen und Staatsformen. Selbst gegensätzliche politisch-ideologische Konzeptionen wie beispielsweise diejenigen des National-staates und der päpstlichen Monarchie konnten mit Hilfe desselben Organismusmodells begründet werden, – zuweilen sogar von ein und demselben Autor. Zwar diente der Organismusvergleich häufig genug dazu, die jeweils bestehende politisch-gesellschaftliche Ordnung ideologisch zu begründen. Andererseits ist den sich auf ihn gründenden Staatsentwürfen vielfach ein die Wirklichkeit transzendierendes, utopisches[80] Moment eigen. Wurde doch häufig genug in Reaktion auf zeitgenössische Mißstände das Bild eines erst noch zu verwirklichenden „Sollstaates" (Berges) entworfen, welcher künftige politische und verfassungsmäßige Entwicklungen antizipierte. Unverkennbar „konservative" Züge nahm der Organismusvergleich hingegen an, wo er zur Rechtfertigung gesellschaftlicher Ungleichheit diente. Bereits Aristoteles hatte in der Tatsache, daß es innerhalb des Organismus herrschende und dienende Teile gebe, einen Beweis für die Naturgemäßheit der Sklaverei[81] erblickt. Dem Mittelalter galt die sich als Strukturprinzip der Natur offenbarende „inaequalitas" als Rechtfertigung der Herrschaft des Menschen über Menschen[82] schlecht-hin. Auf der anderen Seite war es jedoch gerade der Organismusvergleich, welcher der mittelalterlichen Feudalgesellschaft die existentielle Bedeutung des Bauernstandes als der „Füße"[83] des Gemeinwesens – samt der sich hieraus für den Herrscher ergebenden Verpflichtung zu besonderer Fürsorge – vor Augen führte. Paradebeispiel für den politisch stabilisierenden Effekt, der mit dem Organismusvergleich erreicht werden sollte, ist die

---

[78] Marsil. Pat., *Def. pacis* I, 15, 5–8 pp. 87 ff.

[79] Diesen Gesichtspunkt betont auch Dohrn-van Rossum, *Politischer Körper* (wie Anm. 18) pp. 17, 29, 147.

[80] Hierüber Struve, *Organologische Staatsauffassung* (wie Anm. 30) pp. 318, 320 f.

[81] Aristot., *pol.* 1, 5 (1254 a 21 ff.).

[82] Tolom. Luc., *reg. princ.* III, 9 p. 48 b: „manifestum est, quod nomen ordinis inaequali-tatem importat, et hoc est de ratione dominii. Et ideo . . . dominium hominis super hominem est naturale"; vgl. ebd. II, 10 p. 30 a–b; IV, 7 p. 75 a; Engelb. Adm., *ort. c.* 1, p. 754.

[83] Joh. Saresb., *Policr.* V, 2 p. 283, 14–19; VI, 20 pp. 58 f.; vor ihm bereits Wilhelm von Conches, *Glosae super Macrobium* (Cod. Bernensis 266; fol. 1[rb–va]).

Fabel des Menenius Agrippa vom Magen und den Gliedern[84]. Die beab-
sichtigte Wirkung wurde hierbei dadurch erreicht, daß in einer Situation,
in welcher die bestehende Ordnung in Frage gestellt schien, die Solidarität
aller gesellschaftlichen Gruppen beschworen wurde. Besonders angesichts
äußerer Bedrohung und innerer Konflikte bestand das verständliche Interesse, die bestehende Ordnung unter Hinweis auf die Einheit des Organismus und die Harmonie der Teile zu bewahren. Politische und gesellschaftliche Krisen erschienen dieser Sicht zufolge als eine das Gemeinwesen bedrohende Krankheit, der im Interesse des Ganzen zu wehren sei.
In diesem Sinne wertete Friedrich II. die Erhebung seines Sohnes Heinrich
(VII.) von 1234 als einen „morbus intestinus"[85], zu dessen Abwehr die
Fürsten als „membra imperii" aufgerufen seien. Dennoch stand auch hier
der Organismusvergleich nicht einseitig im Dienste einer herrschaftlichen
Ideologie. Nikolaus von Kues etwa führte die tödliche Krankheit des
Reiches gerade auf die von den Fürsten betriebene Machtpolitik zurück,
wodurch jenes gleichsam zerfleischt werde[86]. Angesichts der Reformfeind-
lichkeit weiter Kreise der weltlichen und geistlichen Obrigkeit versuchte
ein zeitgenössischer Bearbeiter der sog. *Reformatio Sigismundi*, mit Hilfe
des Organismusvergleichs ein Widerstandsrecht der Untertanen zu begründen: „wil das haupt nit weren zwar, so müesent die glider dem haupt
widerstan und ain arzney tun, das der leib bestant".[87]

Eine vom organischen Gedanken ausgehende Sicht von Staat und
Gesellschaft entsprach dem Bedürfnis des mittelalterlichen Menschen nach
Einbindung in einen den einzelnen übergreifenden Ordnungszusammen-
hang. Auf eindrucksvolle Weise wird dies durch die Bemerkung Konrads
von Megenberg belegt, es sei widernatürlich, wenn der Mensch nicht
Haupt oder Glied eines Ganzen ist[88]. Dennoch blieb der Organismusvergleich im Mittelalter nicht allein auf diese Ordnungsfunktion beschränkt.
In einer Zeit, in welcher weite Bereiche des staatlichen Lebens noch vorwiegend von personalen Bezügen bestimmt waren, stellte er vielmehr eine
gedankliche Hilfe bei der Ausbildung einer transpersonalen Staatsvor-

---

[84] Kennzeichnung als Ausdruck einer ,sozial-konservativen' Staats- und Gesellschaftsauffassung: Robert von Pöhlmann, *Geschichte der sozialen Frage und des Sozialismus in der
antiken Welt* 2 (München ³1925) pp. 425 f.

[85] Friedrich II., *Encyclica de Heinrico rege* (MGH Const. 2, Nr. 193) p. 238, 21–25.

[86] Nic. Cus., *conc. cath.* III, 32 (507) p. 438; III, 30 (503) p. 436.

[87] Reformation Kaiser Siegmunds, Redaktion G (ed. Heinrich Koller, MGH Staats-
schriften d. späteren Mittelalters 6, Stuttgart 1964) p. 182, 41–43; vgl. hierzu künftig Tilman
Struve, *Reform oder Revolution? Das Ringen um eine Neuordnung in Reich und Kirche im
Lichte der „Reformatio Sigismundi" und ihrer Überlieferung*, „Zeitschr. f. d. Gesch. d.
Oberrheins" 126 (1978).

[88] Konrad von Megenberg, *De translatione Romani imperii* c. 13 (ed. Richard Scholz,
Unbekannte kirchenpolitische Streitschriften aus der Zeit Ludwigs des Bayern 2, = Bibl. d.
kgl. Preuss. Hist. Inst. in Rom 10, 1914) p. 297: „Nam omnis homo de iure aut est caput aut
aliud membrum tocius integralis."

stellung dar. Dank des Organismusvergleichs blieb der Staat für die mittelalterliche Anschauung jedoch niemals abstrakte Idee, sondern stets lebendige, erfahrbare Realität. Die organologische Betrachtungsweise brachte
darüber hinaus ein dynamisches, nach Veränderung verlangendes Moment
in die mittelalterliche Gesellschaft, indem der Gedanke eines harmo-
nischen Zusammenwirkens aller gesellschaftlichen Gruppen in Konkur-
renz zu älteren, herrschaftsständischen Ordnungsvorstellungen trat.

# DIE GESELLSCHAFTSSTRUKTUR
## UND IHRE BEGRÜNDUNG
## BEI JOHANNES VON SALISBURY,
## THOMAS VON AQUIN UND MARSILIUS VON PADUA

von Wolfgang Stürner (Stuttgart)

Der zum Investiturstreit führende Kampf der kirchlichen Reformbewegung um die „libertas ecclesiae", um die Befreiung des „sacerdotium" vom Einfluß des „regnum", förderte umgekehrt die Tendenz weltlicher Machthaber, ihre Herrschaft als einen eigenständigen Bereich aufzufassen, dem unmittelbar von Gott ganz spezifische Aufgaben zugewiesen worden seien; die Ziele wie die Methoden der Regierenden begannen sich im 12. Jahrhundert deutlicher als früher zu wandeln. Diese Entwicklung verlangte nach theoretischer Bewältigung, sie zwang dazu, sich mit dem Thema der rechten Ordnung des menschlichen Gemeinwesens neu zu beschäftigen, die Frage nach dem Sinn der Herrschaft, nach dem Verhältnis von Fürst und Untertan neu zu stellen. Der erste, der dies in einer umfangreichen Schrift tat, war Johannes von Salisbury. Sein wohl 1159 erschienener *Policraticus* sollte die Gattung der Staatsschriften ein Jahrhundert lang entscheidend beeinflussen, ehe Thomas von Aquin zwischen 1260 und 1265 die Anregungen, die er aus der Politik des Aristoteles zog, in dem von ihm selbst nicht vollendeten Traktat *De regno ad regem Cypri* verwertete. Marsilius von Padua schließlich entwickelte in seinem *Defensor Pacis* von 1324 Vorstellungen vom Staatswesen, die sich in wesentlichen Punkten von der mittelalterlichen Tradition abheben und in die Zukunft hineinweisen.

Von der Gesellschaftsstruktur, die den genannten Werken zugrunde liegt, soll im folgenden ausgegangen, es soll untersucht werden, wie ihre Verfasser diese Struktur jeweils begründen, womit sich die Stellung der einzelnen Glieder des Gemeinwesens, insbesondere die der herrschenden Stände, nach ihrer Meinung rechtfertigt.

## I. Johannes von Salisbury, *Policraticus*[1]

In einem berühmten und vielzitierten Satz definiert Johannes von Salisbury, der *Institutio Traiani*[2] folgend, das menschliche Gemeinwesen als einen „Körper, der durch die Wohltat des göttlichen Geschenks belebt, durch den Wink der höchsten „aequitas" bewegt und von der „ratio" gelenkt wird"[3]. Den Körpervergleich macht der Autor dann zur Grundlage seiner weiteren Darstellung, er zeichnet mit seiner Hilfe ein lebendiges Bild von den Ständen als den Gliedern des Gemeinwesens, von ihren Aufgaben und ihrem Zusammenwirken.

Den Platz der Seele und damit den höchsten Rang in der „res publica" Johanns nehmen die Geistlichen, die Diener Gottes ein. Die Aufgabe und Würde des Hauptes fällt dem Fürsten zu, der sich zwar dem Klerus, der Seele also, unterordnen muß, jedoch alle übrigen Stände bewegt und lenkt. Diese folgen – den verschiedenen Körperorganen gleich, die sich nach dem Haupt richten – seinem Spruch, die dem Herzen entsprechenden Mitglieder des Senats oder die Vertrauten des Fürsten ebenso wie die Beamten, Richter oder Soldaten und endlich die breite Masse der Bauern und Handwerker, die, den „pedes" vergleichbar, den ganzen Körper der Gemeinschaft tragen und ihm die feste Basis für sein Handeln geben[4].

---

[1] Zum Policraticus s. jetzt M. Kerner, *Johannes von Salisbury und die logische Struktur seines Policraticus*, Wiesbaden 1977, über seine einzelnen Redaktionsstufen und die Datierung der Endfassung (Sommer 1159) dort pp. 111–118, über seine verschiedenen „Sinneinheiten" pp. 132–188; vgl. W. Stürner, *Natur und Gesellschaft im Denken des Hoch- und Spätmittelalters*, „Stuttgarter Beiträge zur Geschichte und Politik" 7, Stuttgart 1975, pp. 119–131; W. Berges, *Die Fürstenspiegel des hohen und späten Mittelalters*, „Schriften des Reichsinstituts für ältere deutsche Geschichtskunde" 2, Stuttgart 1938, pp. 131–143 sowie pp. 42–52.

[2] Zur Herkunft der Institutio Traiani s. T. Struve, *Die Entwicklung der organologischen Staatsauffassung im Mittelalter*, „Monographien zur Geschichte des Mittelalters" 16, Stuttgart 1978, pp. 127–129, der an die Benutzung einer Vorlage aus der „etymologisch-glossatorischen Literatur der Spätantike" durch Johannes denkt; ähnlich M. Kerner (wie Anm. 1) p. 180f., vgl. pp. 176–181; vgl. S. Desideri, *La „Institutio Traiani"*, „Pubblicazioni dell'Istituto di Filologia Classica" 12, Genova 1958, sowie W. Berges (wie Anm. 1) p. 42f.; für die selbständige Verfasserschaft Johanns trat mehrfach H. Liebeschütz ein, zuletzt: *Chartres und Bologna, Naturbegriff und Staatsidee bei Johannes von Salisbury*, „Archiv für Kulturgeschichte" 50 (1968) p. 19f.; vgl. zur gesamten Diskussion M. Kerner, *Zur Entstehungsgeschichte der Institutio Traiani*, „Deutsches Archiv" 32 (1976) pp. 558–571.

[3] V 2, p. 282, 11–14 (Textgrundlage der folgenden Interpretation ist durchweg die Ausgabe des Policraticus von C. C. I. Webb, 2 Bde., London 1909). – Zu Johanns Stellung innerhalb der Geschichte der organologischen Staatsauffassung s. jetzt T. Struve (wie Anm. 2) bes. pp. 123–129 und 146–148.

[4] V 2, p. 282, 14–283, 22; die einzelnen Stände behandelt Johann dann in sehr unterschiedlicher Weise, am ausführlichsten den Fürsten (s. etwa IV passim, V 6–8 oder auch VIII 17–23), kürzer die Geistlichkeit (z. B. IV 3, V 5, V 16, p. 352, 22ff. oder VIII 23), die fürstlichen Berater und hohen Beamten (cor V 9; latera V 10; oculi, aures, lingua V 11–17) sowie die niedere Beamtenschaft und den Kriegerstand (VI 1–19, von VI 2 an ausschließlich über die milites), sehr knapp schließlich die Masse der Bauern und Handwerker (VI 20).

Wie der menschliche Körper ist das staatliche Gemeinwesen für Johannes offensichtlich etwas in sich Geschlossenes, dem ein Eigenleben, eine Eigengesetzlichkeit innewohnt, die der Mensch zu beobachten und zu erfassen vermag. Sein Gedeihen hängt davon ab, daß alle lebenswichtigen Funktionen erfüllt werden, d. h. daß jeder einzelne Stand das ihm angemessene, klar umgrenzte Wirkungsfeld, sein „officium" übernimmt und den ihm daraus erwachsenden Verpflichtungen nachkommt; so fügt er sich in den Gesamtzusammenhang der menschlichen Gesellschaft ein und dient − wie das Glied der körperlichen Gesundheit − dem Gemeinwohl. Dies Zusammenwirken der Stände geschieht freilich nicht zwischen Gleichberechtigten, auch der Staatskörper bedarf vielmehr eines hierarchischen Aufbaus, leitender und gehorchender Stände[5].

Welche Gründe bestimmen nun Johannes, gerade im Bau des menschlichen Körpers das Muster für die Struktur der Gesellschaft zu sehen? Als ein Mikrokosmos, ein verkleinertes Abbild des Universums, spiegelt der Körper, ganz wie das Universum selbst, den Willen der Natur wider. Die Natur aber gilt Johannes als die beste Führerin auf der Suche nach der rechten Lebensgestaltung, drückt sich in ihrem Tun doch unmittelbar der Wille Gottes aus: Gott schuf alle Kreatur, er legte in seine Geschöpfe die Ursachen für ihr Verhalten und die von ihnen ausgehenden Wirkungen; nur er allein vermag auch − im Wunder oder durch Gestirnszeichen etwa − verändernd in den gewohnten und der Vernunft durchschaubaren, weil gesetzmäßigen Ablauf der Naturprozesse einzugreifen. So läßt sich seine Weisheit und Güte geradezu mit der Natur gleichsetzen[6]. Das Gemeinwesen, dessen Ordnung sich nach dem von der Natur, etwa im mensch-

---

[5] Zum Begriff des officium: I 4, p. 31, 33−32, 2, p. 32, 16f., p. 34, 27−35, 1 sowie I 2, p. 19, 28−20, 2; I 3, p. 20, 13−25; V 4, p. 290, 16−24; VII 8, p. 121, 24−26; vgl. zur Offizienlehre Johanns W. Berges (wie Anm. 1) pp. 135 und 137. − Über die hierarchische Struktur des Gemeinwesens s. etwa IV 1, p. 235, 7−20, IV 3, p. 241, 5−8, V Prol., p. 280, 7−10, V 6, p. 298, 20−26, VI 25, p. 73, 11−31.

[6] Der Mikrokosmosvergleich: IV 1, p. 235, 13−15, vgl. dort den Hinweis von Webb auf Bernhardus Silvestris, den M. Kerner (wie Anm. 1) p. 178 und W. Berges (wie Anm. 1) p. 140 Anm. 1 aufnehmen; zur Natur als „optima (bene) vivendi dux" s. bes. I 4, p. 34, 27−35, 2, IV 1, p. 235, 13−15 und VI 21, p. 59, 30−60, 3, weitere Stellen mit der Bezeichnung nennt Kerner (wie Anm. 1) p. 172, vgl. zusätzlich V 17, p. 365, 9f.; die Natur als Ausdruck des göttlichen Willens, ihr gesetzmäßiger Ablauf: II 1, p. 66, 9−13, II 11, p. 85, 8−14, II 12, p. 85, 17−86, 13, II 21, p. 119, 9−16, III 8, p. 193, 7−25, V 11, p. 333, 31f.; Gottes Freiheit gegenüber der Natur, Wunder: II 11, p. 84, 6−17, II 12, p. 86, 21−25, II 13, p. 87, 3f., II 20, p. 113, 21−114, 9, II 24, p. 134, 15ff. − Zum Naturbegriff im Policraticus jetzt M. Kerner (wie Anm. 1) pp. 170−183, der zu Recht mit G. Post, *Studies in Medieval Legal Thought. Public Law and the State, 1100−1322*, Princeton 1964, pp. 517−520, vgl. 505f., und W. Berges (wie Anm. 1) pp. 44−47, gegen H. Liebeschütz (wie Anm. 2) pp. 13ff., bes. 19−21, auf die Bedeutung der Naturphilosophie der Schule von Chartres für den Policraticus hinweist; zur Naturvorstellung dieser Schule: W. Stürner (wie Anm. 1) pp. 32−42.

lichen Körper oder auch im Bienenstaat[7], gegebenen Vorbild richtet, verwirklicht demnach ganz gewiß den göttlichen Willen, es empfängt sein Leben in der Tat, wie Johannes sagt, als ein Geschenk von Gott selbst.

Wenn Johannes von diesem Gemeinwesen weiter feststellt, die höchste „aequitas" bewege es, so verdeutlicht er damit im Grunde nur noch einmal auf andere Weise dessen Einklang mit der sich im Kosmos offenbarenden Grundnorm, der Gott alle Kreatur unterworfen wissen möchte: Die „aequitas" ist reinster Ausdruck der ewigen Gerechtigkeit Gottes, ist sein Gesetz für seine Geschöpfe. Sie sichert deren harmonisches Zusammenwirken, indem sie alle gleich behandelt, d. h. für Gleiches die gleichen Bedingungen schafft und jedem das ihm Angemessene und Gebührende zuteilt[8]. In der „lex", dem Gesetz, das Gott in der Heiligen Schrift den Menschen als seine Erfindung, sein Geschenk an die Welt des Geschaffenen verkündet, wird der Inhalt seiner „iustitia", seiner „aequitas" bekannt. Alle weltlichen Gesetze haben nur Bedeutung und Gewicht, soweit sie dieses göttliche Gesetz zum Maßstab nehmen und die aus ihm abzuleitenden, ewigen Grundnormen zu beachten. Wer diese „vivendi formula" mißachtet, verläßt die den Menschen von Gott zugewiesene Lebensgrundlage und gefährdet zugleich den Zusammenhalt der Gesellschaft. Umgekehrt fügt die „lex Dei", indem sie jedem Stand seinen Pflichtenkreis zumißt, die Menschen zu einer wohlgeordneten und dauerhaften Einheit überwiegend statischen Charakters, sie sichert die Übereinstimmung ihres Lebens mit der ewigen, göttlichen Seinsordnung und wahrt so ihr Heil[9].

Freilich entspricht die Ordnung des menschlichen Zusammenlebens nicht wie diejenige der Natur notwendig, kraft einer inneren Gesetzmäßigkeit, dem Willen Gottes; der Mensch vermag sich aufgrund seiner Willensfreiheit für oder gegen Gott zu entscheiden[10]. Es stellt sich deshalb die Frage, unter welchen Voraussetzungen sich nach Johannes die den Absichten Gottes gemäße Gesellschaftsstruktur verwirklichen läßt.

---

[7] Der Bienenstaat als Vorbild der res publica: VI 21, p. 59—62, vgl. bes. p. 59, 32—60, 7 und p. 62, 1—4.

[8] Definition der aequitas: IV 2, p. 237, 11—16; vgl. dazu W. Berges (wie Anm. 1) pp. 47, 134 f. (zum Text Johanns p. 135, Anm. 1), vgl. unten Anm. 11; zur Herkunft der Definition außerdem M. Kerner (wie Anm. 1) pp. 83—85, 152 und 154, vgl. H. Liebeschütz (wie Anm. 2) pp. 24—27, E. Wohlhaupter, *Aequitas canonica. Eine Studie aus dem kanonischen Recht*, Paderborn 1931, pp. 45f., 51f.

[9] Definitionen der lex: IV 2, p. 237, 16—27 und VIII 17, p. 345, 11—14; zur Herkunft der Definitionen s. M. Kerner (wie Anm. 1) pp. 152, 154. Die Bibel als lex Dei s. etwa IV 4—7, die lex divina als Maßstab politischen Handelns bes. p. 245, 6—8, 10f., p. 251, 13f., p. 253, 1—4, p. 258, 27—259, 8, p. 259, 19—24 (vgl. dazu IV 2, p. 237, 10—12).

[10] Zur Willensfreiheit s. I 12, p. 52, 28—53, 9; II 20, p. 114, 20—23. 28—30; VIII 24, p. 417, 18—22; der Aspekt der menschlichen Willensfreiheit kommt bei G. Post (wie Anm. 6) pp. 517—520 wohl etwas zu kurz.

Das Wissen, so antwortet unser Autor, muß dem rechten Handeln vor-
ausgehen; es gilt, Gottes Gebote kennenzulernen und sie dann einzuhalten. Die „ratio", der Gottes Gnade an die Seite tritt, verhilft dem
Menschen zu dem Wissen, das er braucht[11]. Wie sie führt ihn die „philosophia" zur Erkenntnis der göttlichen Seinsgesetze und lehrt ihn das von
Gott geforderte Handeln. Das aber bedeutet, daß sie ihm gerade auch die
der göttlichen Seinsordnung entsprechende ständisch-hierarchische Struktur der Gesellschaft bewußt macht und den Pflichtenkreis der Glieder
dieser Gesellschaft umreißt: Sie weist den verschiedenen Aufgabenbereichen in der „res publica", den „officia", die je besonderen „virtutes"
zu, die das Handeln innerhalb dieser Bereiche bestimmen müssen, soll sich
das menschliche Gemeinwesen zu einem körpergleichen Ganzen fügen.
Wenn den einzelnen die seinem „officium" gemäßen „virtutes" als
„quoddam divinitatis vestigium" erfüllen und sein Tun prägen, verwirklicht er das Rechte und Gute, die gottgewollte Ordnung unter den
Menschen. Zugleich gewinnt seine eigene Seele Kraft und Beständigkeit,
echtes und vollkommenes Leben, denn Gott beherrscht und belebt sie
nun; er erlangt die „incolumitas vitae", nach Johannes das höchste und
wertvollste Gut schlechthin, schließt sie doch diesseitige Erfüllung ebenso
ein wie die Gewißheit, als Lohn der „virtus" das ewige Glück der „beatitudo", das Bürgerrecht im Reiche Gottes zu erwerben. Das von „ratio"
und „virtus" bestimmte Wirken sichert die gottgewollte Ordnung des
Staatskörpers und eben damit auch das Heil aller ihm lebendig verbun-
dener Glieder, die „salus publica"[12].

---

[11] Über die ratio: III 1, p. 173, 7–19, vgl. p. 172, 10–15; vgl. W. Berges (wie Anm. 1)
p. 132f. und p. 49, dort die treffende Definition der ratio als „Entdeckerin des ‚Adaequaten'",
d. h. des göttlichen Seinsgesetzes (vgl. p. 134); wenn Johannes von der aequitas sagt: „cuncta
coaequiparat ratione" (IV 2, p. 237, 14, vgl. oben p. 165 mit Anm. 8), so denkt er auch hier
vielleicht weniger an ratio in der Bedeutung von forma, Idee, Wesen, wie Berges (p. 135)
vorschlug — man würde auf „cuncta" bezogen dann doch „rationibus" erwarten —, sondern
an ratio als Vernunft: Die aequitas handelt der Vernunft entsprechend, also nach Grund-
sätzen, die der menschlichen ratio zugänglich sind. Das liefe in der Sache natürlich ebenfalls
darauf hinaus, daß sie jedem Ding den seinem Wesen gemäßen Platz zuteilte (vgl. unten
Anm. 12). — Zum Zusammenhang von Wissen und Handeln s. noch III 1, p. 173, 4–7, V 9,
p. 321, 11–13, VIII 25, p. 419, 1–4, p. 420, 3–11, p. 421, 14–18, p. 422, 27–30; vgl. M.
Kerner (wie Anm. 1) p. 188, der jedoch die Bedeutung der göttlichen Gnade, der der Mensch
nach Johannes (III 1, p. 172, 24–173, 19) sein Wesen als „creatura rationalis" verdankt,
etwas unterschätzt.
[12] Über die philosophia: VII 8, p. 119, 6–18; wie hier die philosophia definiert Johannes
IV 2, p. 237, 18 die lex Dei als „rerum divinarum et humanarum compos" (vgl. V 9, p. 319,
18f.), er sieht also offenbar zwischen dem göttlichen Gesetz und der dieses Gesetz erken-
nenden Philosophie einen ähnlichen Zusammenhang, wie er nach unserer Vermutung auch
zwischen aequitas und ratio besteht, vgl. Anm. 11; vgl. noch V 9, p. 319, 18–27. Zum
Zusammenhang von philosophia, officium, virtus, beatitudo und salus publica: III 1, p. 171,
6–8. 19–22, p. 171, 28–172, 10, p. 172, 30–173, 4, p. 173, 24–30, VII 8, p. 118, 10–27,
p. 120, 6–10, p. 120, 29–121, 3, p. 121, 21–26, p. 122, 3f., VIII 25, p. 420, 20–24, p. 422,
26–423, 25; vgl. III 9, p. 197, 14f., V 3, p. 287, 15–20, IV 12, p. 278, 31–279, 4, III 3,

Dieser Zusammenhang macht verständlich, daß Johannes seine eingangs zitierte Definition des Gemeinwesens mit der Feststellung abschließt, es stehe unter der Leitung der „ratio". Leider zeichnen sich jedoch die Menschen in der Regel gerade nicht dadurch aus, daß sie die allein sinnvolle Struktur der Gesellschaft im Denken erfassen und durch ihr Handeln in Realität umsetzen[13]. Umso entscheidender ist es, daß wenigstens diejenigen, die die „res publica" lenken, die notwendigen Einsichten und Fähigkeiten besitzen, daß also der maßgebende Einfluß auf das Gemeinwesen den Männern zufällt, die ihr Wirken an der „lex Dei" ausrichten und so dem Staatskörper wahres Leben schenken. Allein durch solches Wirken erhält die Herrschaft ihre Rechtfertigung.

Diese Grundüberzeugung bestimmt Johanns Aussagen über die Stände der Gesellschaft. Da die Geistlichen als echte Vorbilder erfüllter Lebensführung in Worten und Werken den Inhalt der Gebote Gottes am unmittelbarsten und lebendigsten sichtbar machen, liegt bei ihnen zu Recht im Grunde alle Macht über das Staatswesen, wirken sie zu Recht als lebensspendende Seele im Staatskörper: Die Fürsten, die ihre Ermahnungen beherzigen, werden in Wahrheit zu Gottes Dienern, zu Instrumenten der „aequitas"[14].

Aus der Hand der Kirche empfängt der Fürst den „gladius sanguinis" und damit die Verpflichtung, für die praktische Durchsetzung von Gesetz und Recht, für den realen Bestand der „res publica" zu sorgen[15]. Dieser Aufgabe kann auch er nur gerecht werden, wenn ihn die „sapientia" erfüllt und ihm deutet, was die „lex Dei" von ihm verlangt. Mehr noch: er sollte sich mit den ihm gegebenen göttlichen Geboten bis zur völligen Aufgabe seines eigenen Willens identifizieren, gewissermaßen zum Sklaven der „aequitas" werden, der einer äußeren Bindung an das Gesetz gar nicht mehr bedarf, weil er ohnehin ganz aus dessen Geist handelt. So vermag er

---

p. 177, 9–17. – Johannes sieht zwar, daß die res publica wie ein Körper bestimmten Gesetzen und Notwendigkeiten unterworfen ist; diese entsprechen jedoch den göttlichen Seinsgesetzen. Ein Widerspruch zwischen der ratio communis utilitatis und der aequitas oder lex (IV 2, p. 238, 2–9. 15–18) ist nicht denkbar, da sich jene durch diese erfüllt (vgl. allerdings zu einem Grenzfall IV 6, p. 253, 1–6); vgl. dazu M. Kerner (wie Anm. 1) p. 152f. und G. Post (wie Anm. 6) p. 259–261, die die Wahrung des göttlichen Rechts und die Verwirklichung des Gemeinwohls als zwei verschiedene Aufgaben des Gemeinwesens betrachten, sowie W. Berges (wie Anm. 1) p. 46–49, nach dem Johanns „res publica als naturrechtlicher Organismus sowohl aus einer immanenten ratio existiert und wirkt wie auch . . . dem allgemeinen Kausalitätsplan untersteht" (p. 48).

[13] III 4, p. 176, 21–30, III 8, p. 194, 3–15, p. 195, 5–9, III 9, p. 197, 22–198, 3, VIII 24, p. 412, 14–21, p. 413, 8–12, p. 414, 27f.

[14] IV 3, p. 239, 20–240, 6, IV 6, p. 251, 13–16, p. 251, 22–252, 5, p. 255, 1–8, V 2, p. 282, 14–22, V 4, p. 295, 21–28, V 5, p. 296, 5–7, VIII 23, p. 409, 31–410, 4, vgl. IV 3, p. 241, 14–242, 3; über die den geistlichen Stand gefährdenden Laster: V 16, p. 354, 6–11, VIII 23, p. 401, 12–17.

[15] Vgl. dazu IV 3, p. 239, 20–30, sowie IV 2, p. 236, 25–28, p. 238, 15–26, p. 239, 5–13.

als „divinae maiestatis imago" jedem das Seine zuzuweisen und die wahre „utilitas rei publicae" zu verwirklichen[16].

Auch wer immer sonst Leitungsfunktionen als Berater, Richter oder hoher Beamter in Johanns Staat innehat, der bedarf der Weisheit zur Erkenntnis des Gesetzes und der Tugend der Gerechtigkeit, die ihm die Kraft gibt, dem Willen des Gesetzes in seinem Amt zur Geltung zu verhelfen. Die Masse des Volkes hingegen, ohne Wissen um die Gesamt-struktur des Gemeinwesens und Gottes Absichten mit ihm, erlangt aktiven Anteil am Leben der Gemeinschaft nur im Gehorsam dem Herrscher und seinen Beauftragten gegenüber. Die Tugenden der „disciplina" und des „obsequium" ermöglichen es ihr, in verschiedenen, eng umgrenzten Aufgabenbereichen zum Nutzen des Ganzen und damit doch auch für Gottes Ordnung zu wirken, die „incolumitas vitae" zu gewinnen[17].

## II. Thomas von Aquin, *De regno*[18]

Auch Thomas vergleicht die „res publica" mit dem menschlichen Körper oder mit dem Kosmos, dessen Bau der Körper als „minor mundus" widerspiegelt: Wie hier so sollte in der menschlichen Gemein-schaft eine zentrale Leitung das Zusammenwirken der vielfältigen und ver-schiedenartigen Glieder im Rahmen einer klaren Ordnung sichern. Sie kann dies leisten, indem sie, von der „sapientia" und vor allem der „iustitia" geführt, jedem einzelnen seine Aufgabe, den ihm angemessenen Funktionsbereich, kurz: sein „officium" zuweist und sichert und das Tun aller zu einer wohlabgestimmten Einheit fügt[19].

---

[16] Über die Tugenden des Herrschers und ihre Folgen: IV 1, p. 235, 19−236, 11, p. 237, 1−6, IV 2, p. 238, 2−16, IV 6, p. 251, 1−12, p. 252, 6−254, 28, p. 256, 11−257, 3, IV 7, p. 258, 6f., IV 8, p. 264, 7−265, 4, IV 10, p. 267, 14−268, 31, IV 11, p. 269, 2−22, IV 12, p. 278, 28−279, 8, V 6, p. 299, 23−300, 22, p. 302, 2−7, vgl. VI 25, p. 73, 32f. (über die Folgen der Laster: IV 11, p. 270, 2−8, p. 275, 18−20, IV 12, p. 276, 9−23, V 6, p. 307, 11−19, V 7, p. 308, 4−6); zum Ganzen vgl. W. Stürner (wie Anm. 1) pp. 122−127.

[17] Über die Tugenden der Berater, Beamten und Richter vgl. etwa V 9, p. 318, 21−319, 12, p. 321, 11−17, V 11, p. 330, 19−331, 7; zur disciplina der Soldaten: VI 1, p. 2, 27−29, vgl. VI 7, p. 20, 19−21, 1; zum obsequium der Bauern und Handwerker: VI 20, p. 58, 21−23, p. 59, 9−13; vgl. zum Ganzen p. 59, 16−27; über die einzelnen Stände ausführlicher W. Stürner (wie Anm. 1) pp. 127−130 mit weiteren Belegstellen.

[18] Zum folgenden vgl. T. Struve (wie Anm. 2) pp. 150−165, W. Stürner (wie Anm. 1) pp. 146−154, jeweils mit weiteren Literaturhinweisen, sowie W. Berges (wie Anm. 1) pp. 113−121, 195−211. − Der Traktat wird zitiert nach S. Thomae Aquinatis Opuscula Omnia Necnon Opera Minora, hg. von J. Perrier, Bd. 1: Opuscula Philosophica (1949) pp. 220−275: De Regno sive De Regimine Principum ad regem Cypri (einschl. des Anfangs von Appendix I).

[19] Zur Struktur der res publica in Nachahmung der Natur s. bes. I 13, 40, p. 254f., I 14, 41−42, p. 256f.; vgl. I 2, 3, p. 223, I 3, 9, p. 227, I 4, 11, p. 228f., I 16, 48, p. 261; über sapientia (bzw. ratio) und iustitia des Herrschers I 10, 30, p. 246, I 11, 32f., p. 248, I 11, 37, p. 252, I 13, 30, p. 255, I 16, 48, p. 262, I 16, 49, p. 263.

Freilich setzt Thomas die Stellung der herrscherlichen Gewalt in der „res publica" nicht nur wie Johannes mit der des Hauptes im Körper gleich, sondern auch mit der des Herzens und sogar mit der der Seele oder deren vornehmstem Vermögen, der „ratio"[20]. Dem Körpervergleich scheint hier also nicht jene zentrale Bedeutung für das Verständnis der gesellschaftlichen Gesamtstruktur zuzukommen wie bei Johannes. Vor allem aber läßt sich durch ihn das Verhältnis der Kirche zum Herrscher nicht mehr erfassen: Nach Thomas gehören nämlich die Christen nicht nur der staatlichen Gemeinschaft an; als durch Christi Blut Erlöste sind sie zugleich Glieder des dieser übergeordneten „regnum Christi", in dem Christus selbst als König herrscht. Auf Erden liegt die Sorge für dieses Reich in den Händen des Papstes und der Geistlichen, denen alle Christen, auch die Könige und Fürsten, unterworfen sind[21].

Wie begründet Thomas seine Vorstellungen? Auch nach seiner Überzeugung muß das menschliche Handeln dem Beispiel der Natur folgen, da sie alles aufs beste gestaltet, sich in ihr der Wille Gottes selbst ausdrückt[22]. Dennoch kann die Natur nicht ohne weiteres als Vorbild für die Gestaltung des menschlichen Zusammenlebens dienen, schuf sie doch viele Lebewesen, die – von ihr mit allem Notwendigen ausgestattet – ganz sich selbst genügen und deshalb gar keine engere und dauerhafte Verbindung mit anderen eingehen. Am Anfang hat demnach eine Besinnung auf die besondere Eigenart des Menschen zu stehen. Sie macht zunächst deutlich, daß der Mensch, von seiner „ratio" geleitet, sein Leben und Handeln auf ein Ziel ausrichtet: Er strebt mit seinem Tun im Grunde immer danach, glücklich zu werden, d. h. die Ruhe der Erfüllung aller Wünsche zu erlangen; deshalb sucht er ständig das für ihn Vorteilhafte, seinen persönlichen Nutzen, sein „proprium bonum". Zugleich zeigt sich jedoch sofort, daß der einzelne auf sich allein gestellt keines seiner Bedürfnisse befriedigen könnte. Seine Natur weist den Menschen als ein „animal sociale et politicum" aus, sie bestimmt ihn unausweichlich zum Leben in der Gemeinschaft friedlich zusammenwirkender, sich helfend ergänzender Menschen der verschiedensten Berufe. In der „unitas pacis" fassen wir also das Ziel und Heil jeder Vielzahl von Menschen; allein das sich in ihr verwirklichende „bonum commune" umschließt und gewährleistet das Wohl des einzelnen. Es bedarf allerdings notwendig einer leitenden Gewalt, die diese Gemeinschaft organisiert und verhindert, daß sie in je nach ihrem persönlichen Nutzen trachtende Individuen auseinanderfällt[23].

---

[20] I 2, 4, p. 223f., I 3, 9, p. 227, I 13, 40, p. 254f., I 14, 41, p. 255; s. dazu T. Struve (wie Anm. 2) p. 152f.

[21] I 15, 44, p. 258, I 15, 46, p. 260.

[22] S. die in Anm. 19 genannten Stellen, vgl. noch I 14, 41, p. 255.

[23] Vgl. zum ganzen Zusammenhang I 2, 2–4, pp. 222–224, sowie I 2, 7, p. 225; daneben I 9, 26–27, p. 242f. (Streben nach Glück), I 8, 22, p. 239 oben (bonum proprium), I 3, 8, p. 226 (unitas pacis).

So ergibt sich für Thomas die geschilderte Struktur der „res publica"
zwangsläufig aus der natürlichen Anlage der Menschen. Von diesem Ansatz her wird verständlich, daß Thomas trotz der Kürze seines Traktats
wesentlich häufiger als Johannes auf die konkreten Bedürfnisse und
Bedingungen des Staatswesens eingeht, sich etwa über dessen territoriale
Größe und über die ihm günstigen geographischen Verhältnisse äußert
oder zum Teil sehr ausführlich die Funktionen der einzelnen Berufsstände,
die der Gemeinschaft durch sie erwachsenden Vorteile und Schwierigkeiten erörtert[24]. Die Hinweise auf das Muster des von Gott geschaffenen
Kosmos oder seines Abbildes, des menschlichen Körpers, begründen nun
nicht mehr die Existenz der „res publica" an sich; sie bekräftigen vielmehr
— wenngleich in besonders eindringlicher Weise — nur die Richtigkeit
einzelner Aussagen über deren Ausgestaltung: Sie bestätigen die Behauptung, daß eine Vielzahl, die zur Einheit geordnet sein soll, immer eine
Führungsgewalt über sich habe, oder daß diese Gewalt besser von einem
als von mehreren ausgeübt werde; mit ihrer Hilfe erläutert Thomas die
Aufgaben eines Herrschers[25].

Freilich birgt diese immanente, gewissermaßen natürliche Rechtfertigung des Staatswesens und seiner Struktur nicht die ganze Wahrheit. Eine
Untersuchung der auf Erden, auch innerhalb der staatlichen Gemeinschaft
erreichbaren Glücksgüter zeigt nämlich rasch, daß sie die von der menschlichen Natur erstrebte Erfüllung nicht zu gewähren vermögen, da jedes
irdische Gut entweder die Begierde nach seiner Vermehrung oder die
Sorge um seinen Erhalt weckt. Die wahre Glückseligkeit besteht vielmehr
allein in der ewigen Anschauung Gottes, in deren Genuß der Christ dank
Gottes Gnade durch die Erlösertat Christi nach dem Tode zu gelangen
hofft und die er als Glied des „regnum Christi" ersehnt[26].

Wie alle Geschöpfe strebt demnach auch der Mensch im Grunde zurück
zu seinem Ursprung, zu Gott; nur bei ihm jedenfalls findet er die
ersehnte Vollendung. Diese Erkenntnis stellt das Staatswesen in einen
neuen, umfassenderen Zusammenhang: Die staatliche Gemeinschaft führt
den Menschen an ein aufgrund seiner besonderen Natur zwar notwendi-
ges, aber doch nur vorläufiges Ziel; ihre eigentliche Bedeutung liegt darin,
Voraussetzung und Vorstufe für das Leben im „regnum Christi" zu
sein[27].

---

[24] Dazu s. vor allem II 1, 51—4, 60, pp. 264—275 (über die Kaufleute II 3, 56—58, p.
272f.); vgl. I 14, 42, p. 256f., I 16, 49—50, p. 262f., I 2, 7, p. 225.

[25] Über die auf ein Ziel ausgerichtete Vielzahl I 2, 4, p. 224 (unmittelbar davor wird der
gleiche Sachverhalt „rationabiliter" klar gemacht), I 13, 40, p. 254f.; die Monarchie als beste
Staatsform I 3, 9, p. 227 (davor rationale Argumente), I 4, 11, p. 228f.; die Aufgaben des
Herrschers I 13, 40, p. 254f., I 14, 41, p. 255f.

[26] Zum Wert von honor und gloria I 8, 22—24, pp. 238—241, über die irdischen Güter
allgemein I 9, 26—27, p. 243; Gott als letztes Ziel, regnum Christi: I 15, 43, p. 258 oben, I
15, 44, p. 258, I 15, 45—46, p. 259 unten—260, vgl. I 9, 27—28, p. 244.

[27] Vgl. dazu I 15, 45, p. 259, I 15, 47, p. 260, I 16, 48, p. 261f.

Ganz folgerichtig hängt die Stellung des einzelnen in der Gesellschaft davon ab, auf welches der möglichen Ziele menschlichen Glücksstrebens vom „bonum proprium" über das „bonum commune" bis zu den „bona coelestia" er sein Handeln richtet und mit welcher Intensität er dabei vorgeht[28]. Das aber heißt für Thomas zugleich: Seine Stellung richtet sich danach, in welchem Grade ihn die „virtus" erfüllt. Die „virtus" nämlich ordnet das Wirken des Menschen dem Ziel der „beatitudo" zu, durch sie schafft er das Gute, von ihr bewegt dient er dem Gemeinwohl, so daß Thomas das „vivere secundum virtutem" geradezu als das Ziel der Gemeinschaft bezeichnen und mit dem „bonum commune" gleichsetzen kann[29].

Die höchste Würde gebührt nach diesem Maßstab ohne Zweifel den Priestern und an ihrer Spitze dem Papst, denn Christus hat ihnen die Sorge für sein Reich anvertraut; als Werkzeuge der „virtus divina" selbst geleiten sie die Menschen zur höchsten Vollkommenheit der „fruitio Dei". Deshalb muß sich ihnen auch der Fürst unterwerfen. Diesen treibt zwar die Sehnsucht nach dem Bürgerrecht im himmlischen Reich und verleiht ihm jenes Übermaß an „virtus", dessen er bedarf, um das „bonum commune" zu organisieren, zu sichern und ständig weiter zu vervollkommnen; ein hervorragender Anteil an der „beatitudo coelestis" ist ihm als Lohn dieser mühevollen Arbeit denn auch sicher. Doch das Gemeinwohl, das die ihn anspornende „virtus humanae naturae" verwirklicht, ist nicht selbst Endzweck sondern nur eine Station auf dem Weg zur eigentlichen Vollendung des Menschen. Dennoch überragt der Herrscher weit seine Untertanen, die ihr Glück nur allzu schnell im persönlichen Nutzen, in der Jagd nach dem „proprium bonum" suchen und dauernd von seiner übermächtigen „virtus" zum Einsatz für das höhere Wohl der Gemeinschaft geworben werden müssen[30].

---

[28] Zur Rangfolge der genannten Ziele und ihrer Bedeutung für die Struktur der Gesellschaft I 16, 48, p. 261, vgl. I 15, 45, p. 259, sowie I 10, 29, p. 246. Die schematische Darstellung der „Hierarchie der Zwecke" bei W. Berges (wie Anm. 1) p. 206 behandelt einen Teilaspekt dieser Rangordnung, sie analysiert die Ziele, die sich dem „Einzelmenschen" in der Gemeinschaft erfüllen.

[29] Definition der virtus nach Aristoteles: I 9, 26, p. 242; s. auch I 10, 29–30, p. 246, I 16, 49, p. 262, sowie I 15, 44, p. 259, vgl. dazu W. Stürner (wie Anm. 1) pp. 148–150; zur virtus bei Thomas allgemein s. E. Heck, *Der Begriff der religio bei Thomas von Aquin. Seine Bedeutung für unser heutiges Verständnis von Religion*, München – Paderborn – Wien, 1971, pp. 64–107.

[30] Über die Geistlichkeit I 15, 45 (Schluß)–46, p. 259f., vgl. I 15, 44, p. 258, sowie I 16, 48, p. 261; über den Fürsten I 15, 45, p. 259, I 16, 48, p. 261f., I 10, 29–30, p. 245f., I 9, 27, p. 243 (bes. das Augustin-Zitat), vgl. daneben I 9, 25, p. 241f., I 9, 28, p. 244; über die Seltenheit der virtus I 8, 23–24, p. 240f., vgl. I 8, 22, p. 239 oben.

## III. Marsilius von Padua, *Defensor pacis*[31]

Wie seine Vorgänger bedient sich Marsilius von Padua zur Verdeut-
lichung seiner Vorstellungen von der Struktur der Gesellschaft des Organismusvergleichs. Im Lebewesen bringt eine bewegende Ursache, die
Seele, zunächst das Herz, das wichtigste und edelste Organ des Körpers,
hervor und stattet es mit natürlicher Kraft und Wärme aus. Mit deren
Hilfe bildet das Herz seinerseits die übrigen Körperteile und fügt sie zu
einem wohlgeordneten Ganzen. Entsprechend handelt im vollkommenen
Staatswesen die Gesamtheit der Bürger bzw. deren „pars valencior" als
schaffende, bestimmende und allem übergeordnete Gewalt. Sie setzt die
Regierung ein und verleiht ihr ihre Autorität und Handlungsvollmacht,
d. h. die Befugnis, Recht zu sprechen, Verordnungen zu erlassen und
durchzuführen. Außerdem gibt sie der Regierung im Gesetz die Norm,
nach der diese das Gemeinwesen zu formen, an die sie sich insbesondere
bei ihrer wichtigsten Aufgabe, der Sorge für die Berufsstände, zu halten
hat. Mit Aristoteles nennt Marsilius sechs Stände als unabdingbare Bestandteile des Staates, wobei er Richter, Geistlichkeit und Krieger zur
Oberschicht rechnet, während Bauern, Handwerker und Kaufleute zur
Unterschicht der breiten Volksmasse gehören. Die Regierung muß diesen
Ständen jeweils die aufgrund ihrer Begabung besonders für sie geeigneten
Menschen zuführen, ihre zahlenmäßige Stärke nach dem für das Ganze
sinnvollen Maß bestimmen, sie bei ihrem Tun unterstützen, Unheil von
ihnen abwenden und schließlich aus den so im rechten Verhältnis aufeinander abgestimmten Teilen die befriedete menschliche Gemeinschaft
fügen[32].

Das Auffallendste an dieser Ordnung des Gemeinwesens ist sicherlich,
daß die bei Johann von Salisbury oder Thomas von Aquin kaum als entscheidender Faktor begegnende „universitas civium" hier noch vor der
Regierung an der Spitze der gesellschaftlichen Hierarchie erscheint, während die Geistlichkeit wie jeder andere Stand Gesetz und Regiment und
damit letztlich dem alles bestimmenden Willen der Gesamtheit der Bürger
unterworfen wird.

---

[31] Zum Defensor pacis s. W. Stürner (wie Anm. 1) pp. 164–183, mit Literaturhinweisen;
vgl. daneben T. Struve (wie Anm. 2) p. 257–288, F. Prinz, *Marsilius von Padua*, „Zeitschrift
für bayerische Landesgeschichte" 39 (1976) pp. 39–77, M. Wilks, *Corporation and Representation in the Defensor Pacis*, „Studia Gratiana" XV, Rom 1972, pp. 251–292. – Im
folgenden wird zitiert nach: Marsilius von Padua, Defensor Pacis, hg. v. R. Scholz, „MGH
Fontes iuris Germ. ant." 7 (1932).
[32] Zum Organismusvergleich: I 15, 5–7, p. 87, 29–91, 1, zur Gesellschaftsstruktur vgl. I
15, 3, p. 86, 14–19, I 15, 4, p. 87, 2–19, I 15, 14, p. 94, 7–16; über die Berufsstände
insgesamt: I 5, 1, p. 20, 12–23, über einzelne Stände: I 5, 5–9, p. 22, 24–25, 17, bes.
ausführlich über die Priester: I 5, 10 – I 6, 9, p. 25, 18–33, 9, vgl. I 15, 8, p. 91, 3–29, I 15,
10, p. 92, 5–16, I 15, 12, p. 93, 16–23; zum Ganzen s. noch I 2, 3, p. 11, 17–12, 19.

Ebensowenig wie bei Thomas dient bei Marsilius der Hinweis auf das Vorbild der Natur dazu, den Staat und seine Struktur letztlich aus Gottes Willen zu rechtfertigen. Die Natur lehrt lediglich, wie sich verschiedene Teile zu einem vollkommenen Ganzen zusammenschließen lassen, denn sie führt ihre Geschöpfe und ihren Nachahmer, den Menschen, vom Unvollkommenen zu immer vollkommeneren Bildungen und sorgt sich gerade um die Bedürfnisse des Edlen und Vollkommenen in besonderer Weise[33]. Die Notwendigkeit für den gesellschaftlichen Zusammenschluß ergibt sich vielmehr auch für Marsilius aus dem Wesen der Menschen selbst.

Als Ausgangspunkt und Grundlage seines gesamten Werkes bezeichnet unser Autor die für ihn unbestreitbare Tatsache, daß allen Menschen ein natürliches Streben nach einem befriedigenden Dasein innewohnt. Dieses ersehnte Ziel des vollkommenen Lebens wird dort Wirklichkeit, wo nicht nur für das körperliche Wohlbefinden gesorgt, sondern auch gewährleistet ist, daß die Menschen ihre vielfältigen Gaben in dieser Welt uneingeschränkt entfalten können und zugleich für ihre auf das jenseitige Heil gerichteten Gedanken und Sehnsüchte Antwort und Gewißheit finden[34].

Der einzelne vermag einen solchen Zustand auf sich allein gestellt freilich nicht herbeizuführen. Ständig von inneren und äußeren Widrigkeiten bedroht, braucht er, um sich zu behaupten, und erst recht, um seine Lage zu verbessern, um also „zu leben und gut zu leben", die Hilfe seiner Mitmenschen und ihrer reichen Fähigkeiten. Seine Sehnsucht nach dem „bene vivere" weist ihn also mit Notwendigkeit auf das Zusammenleben im Staat[35].

Dieser Sachverhalt führt Marsilius zu Schlüssen, durch die seine Schrift ihr unverkennbar eigenes Gepräge gewinnt. Zunächst einmal hat nach seiner Meinung der staatliche Zusammenschluß der Menschen allein dem Zweck zu dienen, um dessentwillen er zustande kam, nämlich eben der Befriedigung des menschlichen Strebens nach der Vollkommenheit der diesseitigen „bona vita"; er trägt also seinen höchsten und letzten Sinn in sich selbst: Das „bene vivere" seiner Glieder ist seine „causa finalis perfecta". Damit erhält ein wohlgeordnetes Gemeinwesen konkret die

---

[33] Diese auf die Vervollkommnung ihrer Geschöpfe gerichtete Dynamik der Natur unterschätzt F. Prinz (wie Anm. 31) p. 72 doch etwas, wenn er die Natur bei Marsilius als „das Primitive, die biologisch-materielle Basis schlechthin" definiert: Die ihr beim Bau des Staates folgenden Menschen erreichen nicht bloß die Befriedigung ihrer „elementaren, biologischen Bedürfnisse", sondern vollkommenes und umfassendes Lebensglück (s. dazu u. S. 173). – Zum Naturbegriff: I 3, 2, p. 13, 8–10, I 7, 1, p. 34, 27–35, 1, I 13, 2, p. 70, 26–29, vgl. I 15, 5, p. 87, 20–28, I 2, 3, p. 11, 17–12, 1.

[34] Streben nach dem „bene vivere": I 4, 2, p. 16, 25–17, 3, I 13, 2, p. 70, 14–16; dessen Inhalt: I 4, 1, p. 16, 17–19, I 4, 3, p. 17, 11–13, I 5, 2, p. 20, 28–21, 2, vgl. noch I 1, 1, p. 1, 5–2, 7, I 4, 4, p. 18, 17–19, 13, III 3, p. 613, 2–8.

[35] I 4, 3, p. 18, 5–15.

Aufgabe, durch Spezialisierung und Arbeitsteilung alle jene Berufsstände
bereitzustellen, deren das menschliche Dasein bedarf, und für ihr gedeih-
liches Zusammenwirken in Ruhe und Frieden zu sorgen; umgekehrt haben
nur die „officia" in ihm eine Existenzberechtigung, deren Wirken dem
Endzweck des Staates nützt. Daraus folgt, daß die sechs Stände, auf die
Marsilius die Vielfalt der gesellschaftlichen Praxis mit Aristoteles reduziert, trotz der Aufteilung in solche der Ober- bzw. Unterschicht im
Grunde der Gemeinschaft in gleicher Weise unentbehrlich sind, jedenfalls
keinem von ihnen allein die Herrschaft zufallen darf[36].

Dies hat vor allem Konsequenzen für die Stellung der Kirche in der
Gesellschaft. Marsilius weiß, wie wir sahen, sehr wohl, daß echtes Glück
für Christen auch die Gewißheit um das Leben nach dem Tode ein-
schließen muß; er weist deshalb dem Stand der wahren, christlichen
Priester eine bedeutsame Rolle im Staate zu, zumal derjenige, der nach
ihren Lehren handelt, sich nicht nur ewige Seligkeit erwirbt, sondern
zugleich der beste Staatsbürger ist[37]. Dennoch erfüllen die Geistlichen mit
ihrem Tun eben nur eine Voraussetzung neben anderen, nicht minder
wichtigen, für die vollkommene Zufriedenheit der Menschen in der
umfassend ausgestalteten irdischen Gemeinschaft; sie müssen sich deshalb
wie jeder andere Stand in diese einfügen. Eine geistliche Vorherrschaft im
Staate oder etwa dessen Einbindung in ein übergreifendes, auf Gott
bezogenes Ordnungssystem läßt sich nach Marsilius nicht begründen – im
Gegenteil: Er sieht – dies lehrt besonders eindrücklich die Diccio secunda
seines Werkes – gerade darin die entscheidende Gefahr für den Frieden in
seiner Zeit, daß sich das Papsttum aus egoistischer Machtgier die „plenitudo potestatis" über das weltliche Regiment anmaßt[38].

Wem aber gebührt die Herrschaft im Staate? Ohne Zweifel denen, die
das Ziel des Staates mit der größten Zuverlässigkeit und Energie und
folglich mit den besten Aussichten auf Erfolg zu verwirklichen suchen.
Nun nimmt Marsilius mit Aristoteles und anders als Thomas an, daß
grundsätzlich jeder Mensch, da er wahres Glück nur in der menschlichen
Gemeinschaft zu erlangen vermag, mit seiner ganzen Kraft für deren

---

[36] I 3, 5 – I 4, 2, p. 16, 1–25, I 4, 5, p. 19, 13–27, I 5, 2, p. 20, 26–21, 5, I 6, 10, p. 33,
19–34, 6; vgl. I 4, 3 – I 5, 2, p. 18, 5 – 21, 5, I 12, 7, p. 68, 3–5.

[37] S. dazu Anm. 34 und 32 (über die Priester; bes. I 6, 8f., p. 32, 24–33, 4). – Ob man
wie F. Prinz (wie Anm. 31) p. 72 von einer Trennung von Natur und Gnade bei Marsilius
reden kann, erscheint demnach fraglich: Gewiß ist die weltliche Sphäre der lex divina gegenüber autonom; andererseits muß sie den Bereich des Transzendenten, der Gnade immerhin
berücksichtigen, in ihre Struktur integrieren. Man wird deshalb mit J. Heckel, *Marsilius von
Padua und Martin Luther. Ein Vergleich ihrer Rechts- und Soziallehre*, „Zeitschrift für
Rechtsgeschichte" 75, Kanon. Abt. 44 (1958) p. 276 eher sagen dürfen, die Theologie sei
Magd der politischen Philosophie, die christliche Kirche ein Glied des aristotelischen Staates
geworden, vgl. Heckel p. 279–281, 308f.

[38] I 19, 8–13, p. 131, 4–137, 16; über die Ziele der Diccio secunda: II 1, 3–5, bes. p.
140, 24–141, 21; zu Einzelheiten der Einordnung der Kirche in den Staat bei Marsilius s. T.
Struve (wie Anm. 2) p. 278–283.

immer vollkommenere Ausgestaltung arbeitet, daß ihn geradezu ein natürlicher Trieb hin zur „civilis communitas" lenkt[39]. Zwar verführen Torheit
und böser Wille einen einzelnen oder sogar eine Gruppe dennoch zuweilen
zu egoistischem und eigennützigem Handeln. Weil sich aber die Absicht
der Natur in der Regel auf das Vollkommene richtet, und die Naturge-
schöpfe deshalb in ihrer Mehrzahl keinesfalls etwas tun, was ihrer Art
schaden könnte, werden sich auch unter einer Menge von Menschen ganz
gewiß immer diejenigen als der Zahl nach weit überlegene Mehrheit
erweisen, die um der Erfüllung ihres Daseins willen das Staatswesen
bejahen und sich für seine Bedürfnisse einsetzen. Diese Mehrheit kann
zudem weit planvoller und entschlossener für die Gemeinschaft wirken als
jeder einzelne, jede Gruppe, und sei es selbst die Oberschicht der
„honorabilitas", ist doch das Ganze stets größer und machtvoller als alle
seine Teile, wächst doch mit der Zahl auch die Schärfe des Urteils und die
Kraft zum Handeln[40]. Das zeigt sehr eindrücklich die Geschichte der
Menschheit selbst, in der alle Unternehmungen, zu denen sich viele
Menschen verbanden, an denen sich etwa gar mehrere Generationen
beteiligten, eine unaufhaltsame Entwicklung vom Unvollkommenen zum
immer Vollkommeneren und endlich zum Ideal des „bene vivere" nahmen[41].

Die staatliche Gemeinschaft gelangt demnach dann am sichersten an ihr
Ziel, wenn die Gesamtheit der Bürger — oder doch ihre Mehrheit, ihre
„valencior pars", wie Marsilius gerne sagt — die Herrschaft ausübt. Ganz
folgerichtig laufen alle Vorschläge des Marsilius darauf hinaus, ihren
Willen zu umfassender und maßgebender Geltung im Staat zu bringen.
Vor allem soll sie die alles entscheidenden Rechte des Legislators wahr-
nehmen: Ihr ausschließlich das Gemeinwohl beachtender Spruch verleiht
den Gesetzen erst ihre Gültigkeit und schafft damit ebenso die Normen
für ein gerechtes und nutzbringendes Zusammenleben der Menschen, wie
den Rahmen für sämtliche Maßnahmen der Regierung. Diese Regierung
erlangt ihre Stellung ebenfalls allein durch die Wahl aller Bürger, die ihr
schließlich auch die für ihre Amtsführung notwendigen Vollmachten
verleihen[42].

---

[39] I 4, 3, p. 17, 23—18, 3, I 13, 2, p. 70, 17—21.

[40] Eigennutz einzelner: I 12, 5, p. 65, 13—16, I 12, 8, p. 68, 17—25, I 13, 5, p. 74, 13—22;
über die Natur s. Anm. 33; über die Mehrzahl: I 11, 3, p. 56, 23—25, I 12, 5, p. 65, 27—66,
17, I 13, 2, p. 70, 25—71, 8, p. 71, 20—27, I 13, 3, p. 72, 5—10, I 13, 4, p. 73, 1—74, 3 (hier
faßt M. Wilks (wie Anm. 31) p. 278 die „maiorum multitudo" des Aristoteles-Zitats als die
Mehrheit des Adels auf; er verkennt jedoch, daß Marsilius selbst im folgenden (p. 73, 5 ff.)
„maiorum" als neutralen Plural und die mit der valencior pars identische multitudo eindeutig
als zahlenmäßige Mehrheit deutet, vgl. I 15, 2, p. 85, 14—18), I 13, 6 f., p. 75, 6—17.

[41] I 11, 3, p. 54, 11—21, p. 55, 13—56, 25; I 3, 2—5, p. 13, 4—16, 7, bes. I 3, 5.

[42] I 12, 6, p. 66, 19—24, p. 67, 2—20, I 12, 7 f., p. 67, 25—69, 3, I 13, 3, p. 72, 10—21, I
13, 8, p. 76, 12—77, 21 (M. Wilks (wie Anm. 31) p. 281 unterschätzt den bestimmenden
Einfluß, den Marsilius' detaillierte Regelung den Vorschlägen und dem Votum der Gesamtheit der Bürger bzw. der von ihr gewählten Vertreter sichern will); I 15, 2, p. 85, 9—14, I 15,
3, p. 86, 14—19, I 16, 11, p. 100, 10—19, I 16, 19, p. 107, 10—13; I 15, 7, p. 90, 7—11.

So scheint Marsilius moderne demokratische Vorstellungen vorwegzunehmen, indem er der Gesamtheit der Bürger bzw. ihrer zahlenmäßigen Mehrheit die zentrale Stellung im Staate zuerkennt; der Begriff der „valencior pars", den er meist alternativ neben den der „universitas civium" stellt und ausdrücklich als ihm gleichbedeutend bezeichnet[43], wäre also rein quantitativ zu verstehen. Neben den bisher herangezogenen Passagen, die eindeutig für eine solche Interpretation sprechen, finden sich indessen einige Stellen, an denen Marsilius dem Ausdruck zusätzlich ganz klar einen qualitativen Sinn beigibt, wo er die Herrschaft also nicht nur an die größere Zahl, sondern daneben an den vornehmeren Rang, an die sozial herausgehobene Stellung der Bürger oder an ihre Klugheit bindet, und einmal überläßt er die Definition der „valencior pars" gar der Gewohnheit der einzelnen Staaten[44] — verständlich, daß diese Widersprüche zu einer bis heute andauernden Kontroverse in der Forschung geführt haben. Mögen sie sich nun aus der Aktualität der Schrift oder aber aus dem Wunsch des Verfassers nach Anpassung seiner Theorien an die vielfältige politische Realität erklären[45] — unverkennbar jedenfalls wird die Argumentation des *Defensor pacis* getragen von der Grundüberzeugung, der Mehrheit der Zahl sei vor einzelnen Ständen und Personen und selbst vor dem Herrscher das entscheidende Gewicht im Staate beizumessen, weil sie am kraftvollsten dessen höchstes Ziel, das irdische Wohl seiner Bürger, zu verwirklichen vermag. Darin aber, daß Marsilius die Befähigung und Berechtigung zur Herrschaftsausübung allein nach dem Einsatz für das immanente Ziel des Staats beurteilt und die Gesellschaftsstruktur konsequent und ausschließlich auf dieses Ziel ausrichtet, liegt ganz sicher eine wesentliche Bedeutung seines Werkes[46].

## IV. Zusammenfassung

Das Gemeinwesen, das uns Johannes von Salisbury schildert, folgt in seinem hierarchischen Aufbau, der jedem Stand einen festen Ort mit klar

---

[43] I 12, 5, p. 65, 4—12, p. 66, 2—4, vgl. I 13, 2, p. 71, 20—26, wo von der „valencior multitudo" die Rede ist.

[44] I 12, 3, p. 63, 22—25 (vgl. II 20, 2, p. 393, 19—22), I 12, 4, p. 64, 19—22. p. 65, 1f. (vgl. I 15, 2, p. 85, 18—24), I 16, 19, p. 107, 10—16.

[45] Zu diesen Möglichkeiten vgl. F. Prinz (wie Anm. 31) p. 74 mit Anm. 115 und M. Wilks (wie Anm. 31) p. 289f., vgl. 284f.; die ältere Literatur zur Kontroverse bei W. Stürner (wie Anm. 1) p. 168 Anm. 117.

[46] Verschiedentlich hat man die Haltung des Marsilius aus dem Einfluß des Averroismus zu erklären versucht, zuletzt F. Prinz (wie Anm. 31) 71f.; vgl. dazu T. Struve (wie Anm. 2) p. 260 mit Anm. 8. Aber hier scheint Skepsis angebracht: Weder die Lehre von der Ewigkeit der Welt noch der Monopsychismus finden sich bei Marsilius und die Trennung von Natur und Gnade ist gleichfalls nicht streng durchgeführt, s. o. S. 174 mit Anm. 37; allgemein muß man darauf hinweisen, daß das ganze Werk des Averroes schon spätestens seit 1240 im lateinischen Europa bekannt war und in den unmittelbar folgenden Jahrzehnten offenbar weit häufiger benutzt wurde als nach 1300, s. W. Stürner (wie Anm. 1) p. 216f. mit Anm. 74.

umrissenen Funktionen zuteilt, dem Vorbild des menschlichen Körpers oder allgemeiner: der Natur, weil so gewährleistet ist, daß seine innere Struktur, daß die Stellung seiner Glieder den Normen der „aequitas" als dem Grundgesetz der ganzen Schöpfung und damit dem Willen Gottes entspricht. In dieser Entsprechung liegt die Rechtfertigung für seine Ordnung. Wer den ihm innerhalb dieser Ordnung zustehenden Platz ausfüllt, den ihm daraus erwachsenden Pflichten nachkommt, der hat gewissen Anteil am wahren Leben im Diesseits wie im Jenseits. Ganz folgerichtig darf Herrschaft in Johanns Gemeinwesen nur derjenige ausüben, der die Gebote Gottes versteht, der begreift, was sie über das Gesamtgefüge der „res publica" und über die Rechte und Aufgaben ihrer Glieder sagen, und der vor allem in seinem Handeln als Werkzeug der „aequitas" den Inhalt der „lex Dei" verwirklicht, der also von der Tugend der Gerechtigkeit geleitet jedem das Seine und so zugleich allen ihr Heil sichert.

Nicht von einem gottgegebenen kosmischen Gesetz, sondern von der Eigenart des Menschen geht Thomas von Aquin aus, um den Aufbau der Gesellschaft zu begründen. Er schildert den Menschen als wesentlich dynamisch, sieht ihn gekennzeichnet durch das Streben nach völliger Befriedigung aller seiner Wünsche. Seine unvollkommenen natürlichen Anlagen erzwingen das friedliche Zusammenwirken vieler in der staatlichen Gemeinschaft; das Gemeinwohl umschließt auch das Glück des einzelnen. Doch die wahre Ruhe und Erfüllung findet das Sehnen der menschlichen Natur nicht auf Erden, sondern allein in Gott. Deshalb erhält für den Christen die Bürgerschaft des Reiches Christi die alles entscheidende Bedeutung, denn sie schenkt ihm die Gewißheit der ewigen Glückseligkeit. Die friedlich geeinte „res publica" aber erweist sich aus dieser umfassenden Sicht lediglich als eine, wenngleich notwendige Station auf dem Wege zum Heil. Herrschaft gebührt dem, der die Menschen ihrem eigentlichen, letzten Ziel am nächsten zu bringen vermag: Der Priester als Verwalter des „regnum Christi" steht über dem Fürsten, der seinen Untertanen nur die Vorstufe jenseitiger Erfüllung, die bestmögliche Entfaltung des irdischen Gemeinwohls beschert.

Der Staat des Marsilius von Padua endlich verdankt seine Existenz ausschließlich dem Streben der Menschen nach einem befriedigenden Leben, nach der vollkommenen Gestaltung ihres irdischen Daseins. In der Erfüllung dieser Sehnsucht besteht folglich sein einziger Zweck, nur der Verwirklichung dieses immanenten Zieles hat die Struktur der Gesellschaft zu dienen. Sie wird dies dann am vollkommensten tun, wenn die Menschen sie prägen, die mit höchster Einsicht und größter Intensität für die Vollendung der diesseitigen Lebensordnung zu wirken vermögen — das aber heißt für Marsilius: wenn die Gesamtheit der Bürger die Herrschaft ausübt. In ihre Hände legt er darum die entscheidenden Funktionen der Gesetzgebung und der Wahl der Regierung.

Der zusammenfassende Überblick über die Entwicklung des Staats-
denkens vom 12. bis zum 14. Jahrhundert, die wir anhand unserer drei
Beispiele nachzuzeichnen versuchten, zeigt, daß sich die Vorstellungen
von der angemessenen gesellschaftlichen Struktur mit den Zielen und
Aufgaben, die dem menschlichen Gemeinwesen zugedacht werden, und
damit im Grunde mit der jeweiligen Sicht vom Menschen wandeln; es
offenbart sich eine zunächst bescheidene oder durch den Zusammenhang
wieder abgeschwächte, schließlich aber doch durchbrechende Tendenz,
den Staat als eine eigenständige Größe zu erfassen und von seinen
transzendenten, konkret im Einfluß der Kirche sichtbaren Bindungen zu
befreien. Der in sich geschlossene Staatskörper Johanns von Salisbury
erhielt seine Rechtfertigung aus der Tatsache, daß er das im ganzen
Kosmos waltende, unveränderliche göttliche Gesetz widerspiegelte; ihn
regierte daher auch am besten derjenige, dessen Handeln vom Willen
dieses Gesetzes am tiefsten geprägt wurde. Sehr deutlich sah ein Jahrhundert später Thomas von Aquin schon die sich aus der menschlichen
Natur ergebende, gewissermaßen immanente Notwendigkeit des gesellschaftlichen Zusammenschlusses, um dessen eigenständigen Wert dann
aber doch — sogar noch entschiedener als Johannes — zu relativieren,
indem er ihn als Vorstufe auf eine höhere, in Gott gegründete Gemeinschaft bezog. Erst Marsilius anerkannte nur noch einen rein diesseitigen
Zweck des Staates und suchte dessen innere Ordnung ganz darauf auszurichten, mit der Konsequenz, daß die entscheidenden Befugnisse nun denen
zufielen, die sich am energischsten für das irdische Wohl der Gesamtheit
der Bürger einsetzten, eben dieser Gesamtheit selbst[47].
    Vielleicht liegt gerade darin der deutlichste Bezug der Staatsschriften zur
gleichzeitigen politischen Wirklichkeit, daß ihre Auffassungen von den
Zielen des menschlichen Gemeinwesens dort, wenngleich modifiziert,
wieder begegnen. Es sei hier nur an das seit dem 12. Jahrhundert deutlich
zunehmende Bemühen weltlicher Herrscher um einen zusammenhängen-
den, zentral verwalteten Machtbereich und an die gleichzeitige Inten-
sivierung der Gesetzgebung oder für das 13. Jahrhundert an die eigen-
willige, offenbar entscheidend vom Gedanken der Annäherung an Gott im
Kreuzzug bestimmte Politik Ludwigs des Heiligen erinnert. Das Streben
nach Befreiung der staatlichen Gemeinschaft von ihrer Einbindung in eine
höhere, übergreifende Ordnung schließlich zeitigte seine spektakulärsten
Folgen wohl im politischen Handeln Philipps IV. von Frankreich. Selten
genug allerdings führte die praktische Politik, wie Marsilius dies forderte,
zur vollen Herrschaft der „universitas civium"[48].

---

[47] Zu der in vielem parallelen Entwicklung der Naturvorstellungen vom 12. bis zum 14.
Jahrhundert s. W. Stürner (wie Anm. 1) zusammenfassend pp. 185 ff.
[48] Über den Zusammenhang von Marsilius' Theorie mit den Verhältnissen in den
italienischen Stadtstaaten s. N. Rubinstein, *Marsilius of Padua and Italian Political Thought
of His Time*, „Europe in the Late Middle Ages", hg. v. I. R. Hale, I. R. L. Highfield, B.
Smalley (London 1965) bes. pp. 45–49, 69–75.

# NATUR UND GESELLSCHAFT BEI
# JOHANNES VON SALISBURY

von Max Kerner (Aachen)

Zwischen 1156 und 1159 verfaßte Johannes von Salisbury — damals
Sekretär am Hof des Erzbischofs Theobald von Canterbury[1] — mit seinem
Policraticus eine Lehrschrift über Politik und Ethik, deren inhaltliche Ein-
schätzung von der Forschung immer wieder aufs neue diskutiert wird[2]. In

---

[1] Vgl. zu einer allgemeinen Orientierung über Leben und Werk des Johannes die Arbeiten von Schaarschmidt, Manitius, Webb, Huizinga, Liebeschütz, Brown, Misch und Kerner,
die bei T. Struve, *Die Entwicklung der organologischen Staatsauffassung im Mittelalter*,
„Monographien zur Geschichte des Mittelalters" 16, Stuttgart 1978, p. 123, Anm. 1
zusammengestellt sind. Vgl. weiter B. Smalley, *The Becket Conflict and the Schools. A Study
of Intellectuals in Politics in the Twelfth Century*, Oxford 1973, pp. 87—108 und E. Türk,
*Nugae curialium. Le règne d'Henri II Plantagenet (1145—1189) et l'éthique politique*,
„Centre de recherches d'histoire et de philologie de la IVᶜ section de l'école pratique des
hautes études" V, 28, Genève 1977, pp. 84—94. Eine erste bibliographische Information
bietet auch W. Totok, *Handbuch der Geschichte der Philosophie II, Mittelalter*, unter
Mitarbeit von H. Heiderich und H. Schoer, Frankfurt a. M. 1973, p. 206f. und E. B.
Graves, *A Bibliography of English History to 1485*. Based on „The Sources and Literature of
English History from the Earliest Times to about 1485" by Ch. Gross, Oxford 1975, p.
872f. — Zur Tätigkeit des Johannes am erzbischöflichen Hof in Canterbury schreibt C. N.
L. Brooke (Ed.), *The Letters of John of Salisbury. Volume I: The Early Letters (1153—
1161)*, London 1955, p. XXIX: „John of Salisbury held no title in Theobald's curia, and
there is nothing to connect him with office routine. His functions seem to illustrate the
archbishop's capacity for exactly gauging the talents of his clerks". Vgl. auch A. Saltman,
*Theobald Archbishop of Canterbury*, London 1956, pp. 169—175 und M. Kerner, *Johannes
von Salisbury und die logische Struktur seines Policraticus*, Wiesbaden 1977, pp. 71—77. —
Die Frage einer stufenweise sich vollziehenden Entstehung des Policraticus, nach der die
Schlußredaktion im Sommer 1159, der mutmaßliche Beginn Ende 1156 und mögliche
redaktionelle Zwischenstufen im Sommer 1157 und vielleicht zu Beginn 1159 (vgl. zu diesem
Termin Policr. VI, 18, ed. C. C. I. Webb, *Ioannis Saresberiensis episcopi Carnotensis Poli-
cratici sive de nugis curialium et vestigiis philosophorum libri VIII*, London 1909, t. II, p. 53,
12—15) liegen dürften, ist zuletzt von Kerner, *Log. Struktur* 111—118 behandelt worden.
[2] Bekanntlich ist man nicht nur in der Titeldeutung des Namens „Policraticus" unsicher
(vgl. dazu Kerner, *Log. Struktur* 102—107), sondern vor allem auch in der Gesamtbeurteilung dieser Schrift, die die einen als Fürstenspiegel ansehen, die anderen als apo-
logetische Streitschrift bezeichnen und eine dritte Gruppe als Enzyklopädie gelehrter
Miszellen betrachtet; vgl. zu einer ausführlichen Diskussion dieser Einschätzungen Kerner,
*Log. Struktur* 123—188. Zur Titeldeutung hat sich kürzlich auch W. Ullmann, *John of
Salisbury's Policraticus in the Later Middle Ages*, „Geschichtsschreibung und geistiges Leben
im Mittelalter. Festschrift zum 65. Geburtstag von Heinz Löwe", hrsg. von K. Hauck und
H. Mordek, Köln-Wien 1978, pp. 528f. u. 536, Anm. 2 geäußert; in Anlehnung an Webb
faßt Ullmann das Titelwort als „liber in usum civitates regentium" auf. Welche Schwierig-

dieser Diskussion spielt der Zusammenhang von Natur und Gesellschaft eine zentrale Rolle, da dieses Begriffspaar nicht allein auf eine politische Theorie verweist, die Mensch, Natur und Gesellschaft aufeinander bezieht, sondern auch die Frage impliziert, wie eine solche organologische Theorie[3] mit der politischen Realität zu verbinden ist. Sieht man Natur und Gesellschaft zunächst unter dem Gesichtspunkt einer politischen Theorie, dann ist für den Policraticus zu fragen, wie Johannes im einzelnen Aufbau und Zusammenhalt einer Gesellschaft am Vergleich mit einem Organismus aufgezeigt hat und auf welche geistigen Vorformen sich diese Analogie zurückführen läßt. Von der Beantwortung dieser Herkunftsfrage, für die man bisher auf ekklesiologische und kosmologische Traditionen verwiesen hat[4], hängt es ab, ob man — um mit Berges zu sprechen — seit dem Policraticus einen allmählichen Geltungsverlust der alten politischen Heilslehre feststellen und ein ahnendes Erfassen der naturhaften Eigenständigkeit staatlicher Gebilde bemerken kann[5]. Wie

---

keiten der Titelbegriff selbst einem Mann wie Coluccio Salutati bereitete, zeigt dessen von Ullmann notierte Bemerkung: „apud magistrum Johannem de Saberiis anglicum tractatu De nugis curialium et vestigiis philosophorum quem librum nescio qua ratione Policratum (sic) vocant". – Herrn Prof. W. Ullmann sei herzlich gedankt für sein Entgegenkommen, die genannte Abhandlung über den Policraticus im späteren Ma. bereits vor ihrer Veröffentlichung einsehen und heranziehen zu dürfen. Dank schulde ich auch dem Mitherausgeber der Löwe-Festschrift, Herrn Prof. H. Mordek, der sich um dieses Entgegenkommen bemüht hat.

[3] In einer solchen Theorie kann die leitende Stellung eines Zentralorgans (Haupt oder Herz; vgl. dazu etwa T. Struve, *Die Anthropologie des Alfredus Anglicus in ihrer Stellung zwischen Platonismus und Aristotelismus*, „Archiv für Kulturgeschichte" 55, 1973, pp. 366– 390) hervorgehoben oder die notwendige Funktion eines anderen Organs betont oder auch die Verbundenheit der Glieder gegenüber einem Zentralorgan herausgestellt werden. Daß bei dieser Theorie die jeweilige Vorstellung der zeitgenössischen Medizin über Aufbau und Funktion des menschlichen oder tierischen Organismus nicht außer acht bleiben darf und für eine adäquate Einschätzung des jeweiligen Organismusvergleichs wichtig ist, wird in einer angekündigten Arbeit von T. Struve („*Der Mensch und seine Organe in der Sicht der mittelalterlichen Naturphilosophie und Medizin. Ein Beitrag zu einer Anthropologie des Mittelalters*") behandelt werden. Für Struve, *Organolog. Staatsauffassung* 291 (vgl. oben Anm. 1) hat allerdings die organologische Staatsauffassung des Mittelalters insgesamt nichts gemein „mit (den) vitalistischen Vorstellungen, wie sie im 18. Jahrhundert aufkamen".

[4] Vgl. dazu Struve, *Organolog. Staatsauffassung* 123–129; vgl. auch unten p. 189.

[5] Vgl. dazu W. Berges, *Die Fürstenspiegel des hohen und späten Mittelalters*, „Schriften der Monumenta Germaniae historica" 2, Leipzig 1938, pp. 42 ff. u. 138 f. Träfe diese Auffassung von Berges zu, dann dürfte der Vergleich des Gemeinwesens mit einem Organismus auch mehr bedeuten als eine bloß bildhafte und damit beliebig austauschbare Anschauungsweise von oder daher einen konstitutiven Strukturzusammenhang von Natur und Gesellschaft andeuten. In der vorliegenden Untersuchung ist versucht worden, durch eine zwischen Vergleich und Modell differenzierende Terminologie den bei Johannes verschiedenen und nicht immer konsistenten Aspekten seiner Organologie gerecht zu werden. Vgl. allgemein zur Bedeutung des bildhaften Vergleichs in der für Johannes wichtigen Schule von Chartres H. Brinkmann, *Verhüllung („integumentum") als literarische Darstellungsform im Mittelalter*, „Der Begriff der Repraesentatio im Mittelalter. Stellvertretung, Symbol. Zeichen, Bild. Miscellanea Mediaevalia" 8, Berlin-New York 1971, pp. 318 ff. mit der dort (Anm. 4 u. 8)

immer man diese Provenienzfrage beantwortet, die volle Bedeutung der organologischen Auffassung des Johannes wird erst deutlich, wenn ihre Funktion für die Zeitgenossen, wenn ihr Verhältnis zur gesellschaftlichen Wirklichkeit erörtert wird. Es gilt deshalb, neben Eigenart, Stellenwert und Herkunft auch die Relevanz der Polcr.-Organologie zu prüfen und auf diese Weise Möglichkeiten und Grenzen einer wohl grundlegenden politischen Theorie des 12. Jahrhunderts zu erfassen.

An den Anfang der heutigen Fassung des Policraticus hat Johannes eine Kritik des höfischen Lebens[6] gesetzt, in der entsprechend dem Untertitel des Policraticus verschiedene Torheiten der Höflinge („nugae curialium") beschrieben und philosophisch angegriffen werden[7]. Als erste dieser Torheiten – und damit für Johannes offenkundig besonders wichtig – wird die Jagd behandelt, die gerade am Hof Heinrichs II. eine bedeutende Rolle spielte[8] und von diesem wie von seinem Kanzler Thomas Becket – dem Adressaten des Policraticus[9] – intensiv gepflegt wurde[10]. Aber gerade

---

verzeichneten weiterführenden Literatur; vgl. auch B. Stock, *Myth and Science in the Twelfth Century. A Study of Bernard Silvester*, Princeton/New Jersey 1972, pp. 11–62. Vgl. schließlich unten Anm. 45.

[6] Vgl. dazu ausführlich R. R. Bezzola, *Les origines et la formation de la littérature courtoise en occident (500–1200). Troisième partie: La société courtoise: Littérature de cour et littérature courtoise. Tome I: La cour d'Angleterre comme centre littéraire sous les rois angevins (1154–1199)*, Paris 1963, pp. 24–31, C. Uhlig, *Hofkritik im England des Mittelalters und der Renaissance. Studien zu einem Gemeinplatz der europäischen Moralistik*, „Quellen und Forschungen zur Sprach- und Kulturgeschichte der germanischen Völker" N. F. 56, Berlin 1973, pp. 27–54 und Türk, *Nugae curialium* 75–82 (vgl. oben Anm. 1).

[7] Vgl. zum vollständigen Titel die oben Anm. 1 zitierte Ausgabe von Webb. Johannes selbst hat sich in seinem Metalogicon (I, 4 u. I, 10) sowie in seinem Brief an Petrus Cellensis vom Herbst 1159 (Ep. 111) zu diesem Titel geäußert; vgl. dazu mit allen weiteren Einzelheiten Kerner, *Log. Struktur* 103 f.

[8] Dies bezeugt etwa Richard von Ely (ca. 1130–1198), der in seinem Dialog über das Schatzamt von den Forsten – die unter Heinrich II. von England nahezu ein Drittel des damaligen Königreiches ausmachten (vgl. dazu A. L. Poole, *From Domesday Book to Magna Charta*, Oxford 1951, p. 28 f.) – als den geheiligten Gemächern des Königs spricht, in denen sich dieser durch die Jagd von den Alltagssorgen erholen solle (*Dialogus de Scaccario* I, 11, ed. Ch. Johnson, „Nelson's Medieval Classics", London 1950, p. 60, 4–9). Erwähnt wird von Richard zudem die besondere Pflege der Jagdfalken am königlichen Hof (*Dialogus de Scaccario* II, 25, ed. Johnson 121 f.). Über die Falkenpflege ist uns auch ein Traktat des Adelhard von Bath erhalten, den dieser wahrscheinlich Heinrich II. widmete; vgl. dazu B. Helbling–Gloor, *Natur und Aberglaube im Policraticus des Johannes von Salisbury*, „Geist und Werk der Zeiten" 1, Zürich 1956, p. 36, Anm. 100. Die königliche Jagdliebe beweisen nicht zuletzt auch der besondere Schutz für den Königsforst und die schweren Strafen bei Wildfrevel und anderen Jagdvergehen; vgl. dazu K. Lindner, *Die Jagd im frühen Mittelalter*, „Geschichte des deutschen Weidwerks" 2, Berlin 1940, pp. 219–229.

[9] Vgl. ausführlich Kerner, *Log. Struktur* 96–101.

[10] Vgl. dazu D. Knowles, *Thomas Becket*, London 1970, p. 41 mit Hinweis auf die Becketvita des William FitzStephen; vgl. zu dem hohen Informationswert gerade dieser Biographie M. Cheney, *William FitzStephen and his Life of Archbishop Thomas*, „Church and Government in the Middle Ages. Essays presented to C. R. Cheney", edited by C. N. L. Brooke, D. E. Luscombe, G. H. Martin and D. Owen, Cambridge 1976, p. 142 f.

gegen diese höfische Form der Jagd wendet sich Johannes. Für ihn gehört
die Jagd als ein „officium rusticanum" in den Aufgabenbereich der
Bauern, die für die Nahrungsbeschaffung einer Gesellschaft zuständig
sind; für die Vertreter der öffentlichen Gewalt, für die „fortunati", wie
Johannes sagt, ist sie ein „officium alienum", da in einer Gesellschaft die
einzelnen Teile — wie in einem Organismus die verschiedenen Glieder —
unterschiedliche Aufgaben zu erfüllen haben. Wörtlich heißt es:

> „Ein und derselbe Körper hat viele Glieder und nicht alle dienen dem
> gleichen Zweck, sondern die einzelnen haben ihre jeweiligen Aufgaben.
> Du (angesprochen ist Thomas Becket), der du deine Aufgabe nicht dem
> Jäger überläßt, warum beanspruchst du dessen Offizium? Wirst du nicht
> jenen für unwürdig halten, der als Jäger die königliche oder geistliche
> Herrschaft anstrebt?"[11].

In einer organisch gestuften Gesellschaft kann also weder der Jäger die
Aufgaben eines Königs oder Bischofs noch der Hoheitsträger die eines
Jägers übernehmen. Da letzteres jedoch nach Auffassung des Johannes in
der höfischen Jagd geschieht, kommt es zu einer Störung der gesellschaftlichen Pflichtenordnung („confusio officiorum") und zu einer Entfremdung des Menschen („alienatio hominis"). Eine gerechte Aufgabenverteilung wird nach Johannes hier erst erreicht, wenn man die Natur als
Lebensführerin wählt[12]. Es ergibt sich demnach, daß Johannes seine Jagdkritik in einer Offizienordnung und diese wiederum im Aufbau eines
natürlichen Körpers verankert, um dann im Rahmen dieser grundsätzlichen Orientierung das Thema „Jagd" durch zahlreiches Material aus
Bibel, Mythologie und Antike, aber auch durch zeitgenössische Anspielungen weiter zu entfalten[13]. Aber gerade die letzteren — die „domestica
et luctuosa exempla" — zeigen ihm erneut, daß die Jagd immer dann zur
Mißachtung der natürlichen und göttlichen Ordnung führen muß[14], wenn
das private Vergnügen der allgemeinen Wohlfahrt vorgezogen, wenn das
Gemeinwohl nicht in einer natürlich organisierten Gesellschaft gesucht
wird. In diesem grundlegenden Zusammenhang von Naturauffassung und
Gesellschaftslehre muß demnach der organologische Vergleich gesehen
werden. Er gilt nicht als eine beliebige und austauschbare Metapher,
sondern als ein zentraler Maßstab der christlich-humanistischen Offizienlehre des Johannes und seiner daraus resultierenden moralischen Zeitkritik.

---

[11] Policr. I, 4, ed. Webb I, 32, 5–22; vgl. auch Policr. I, 1, ed. Webb I, 18f. und unten
Anm. 132.

[12] Policr. I, 4, ed. Webb I, 34, 27–35, 8.

[13] Vgl. dazu im einzelnen Kerner, *Log. Struktur* 165ff.

[14] Policr. I, 4, ed. Webb I, 30, 16–20. Diese scharfe Kritik hat Johannes wenig später
dadurch reduziert, daß er das Jagdvergnügen an dem von Terenz stammenden Sprichwort
„Ne quid nimis" gemessen sehen wollte; vgl. Policr. I, 4, ed. Webb I, 33, 28–34, 1. Eine
ähnliche Reduktion findet sich in der Hofkritik von Policr. V, 10, ed. Webb I, 325, 11–30.

Dieses Verständnis von Organologie wird allerdings nicht an allen Stellen des Policraticus in gleicher Weise deutlich. Man nehme etwa den Fürstenspiegel in Policr. IV. Die dortige Herrscherbelehrung geht von der Frage nach dem Unterschied zwischen einem Herrscher und Tyrannen aus und beantwortet diese Frage mit der Bindung des Herrschers an das Recht – einer Rechtsbindung, die Johannes mit legistischen und kanonistischen Argumenten theoretisch diskutiert und mit einer ausführlichen Deutung des biblischen Königsgesetzes aus dem Deuteronomium praktisch belegt[15]. Um diese umfangreiche Herrscherethik in ihrer herausgehobenen Form zu begründen, benutzt Johannes neben der theokratischen Formel „Herrscher als ‚imago Dei'"[16] auch ein organologisches Bild. Es heißt dort: Wie im menschlichen Körper als einem Mikrokosmos alle Glieder und Sinne dem Haupt unterworfen sind, so im Gemeinwesen die Untertanen dem Herrscher, was aufgrund der nachzuahmenden Natur den Vorrang des Herrschers rechtfertige, aber auch den Zusammenhalt des Ganzen betone[17]. Wie man sieht, dient der Organismusvergleich an dieser Stelle lediglich der Einleitung eines Fürstenspiegels, der selbst nicht organologisch konzipiert ist, sondern mit rechtstheoretischen und moralisch-praktischen Überlegungen arbeitet. Dadurch werden so wichtige Forderungen wie die der Unterordnung der weltlichen unter die geistliche Gewalt hier nicht mit der „anima-caput"-Analogie[18], sondern mit der kurialen Ausdeutung der Zweischwerterlehre („princeps" als „minister sacerdotii") begründet[19] oder die Forderung nach geistiger Bildung des Herrschers („rex litteratus") lediglich anhand von Deuteron. XVII, 19 („Der König soll das Gesetz lesen")[20] demonstriert, nicht aber an der Vorrangstellung des Hauptes als dem Sitz der Weisheit[21] illustriert. Erst in der Schlußpassage dieses Fürstenspiegels wird der organologische Bezug wieder zentraler; dort betont Johannes erneut die gegenseitige Abhängigkeit von Haupt und Gliedern, von Herrscher und Beherrschten, um dann

---

[15] Vgl. dazu ausführlich Kerner, *Log. Struktur* 135–148.

[16] Vgl. dazu auch Berges, *Fürstenspiegel* 30f. (vgl. oben Anm. 5) und Struve, *Organolog. Staatsauffassung* 140f.

[17] Policr. IV, 1, ed. Webb I, 235, 9–17. Vgl. zur Benutzung der Mikrokosmosformel im 12. Jh. M. D. Chenu, *La théologie au douzième siècle*, „Etudes de philosophie médiévale" 45, Paris 1966, pp. 34–43.

[18] Vgl. dazu unten pp. 186 u. 193.

[19] Vgl. dazu P. Gennrich, *Die Staats- und Kirchenlehre Johanns von Salisbury. Nach den Quellen dargestellt und auf ihre geschichtliche Bedeutung untersucht*, Gotha 1894, pp. 27f. u. 153ff. und H. Hoffmann, *Die beiden Schwerter im hohen Mittelalter*, „Deutsches Archiv für Erforschung des Mittelalters" 20 (1964) p. 94f.

[20] Vgl. dazu H. Grundmann, *Litteratus – illitteratus. Der Wandel einer Bildungsnorm vom Altertum zum Mittelalter*, „Archiv für Kulturgeschichte" 40 (1958) p. 50ff. und Struve, *Organolog. Staatsauffassung* 137f.

[21] Dieses Bild findet sich etwa in den Timaioserklärungen des Chalcidius oder des Wilhelm von Conches, wo es allerdings auf den Senat bezogen ist; vgl. dazu Struve, *Organolog. Staatsauffassung* 70 und 118.

unter dem Stichwort „quot officia, tot membra" die Anzahl der Aufgaben in einer Gesellschaft mit den vorhandenen Gliedern eines Herrschaftskörpers zu verbinden[22] – eine Korrelation, die in der inhaltlichen Aussage die naturgegebene Notwendigkeit aller Gesellschaftsteile herausstellt und in der Abfolge der Gesamtargumentation des Johannes die unmittelbare Überleitung zu seinem organologischen Hauptstück, zu den Policr.-Büchern V und VI, darstellt.

In diesem Mittelteil des Policraticus wird der ganze Organismus vom Kopf bis zu den Füßen und damit nicht allein einzelne Zentralorgane wie Haupt oder Herz als Analogie für die einzelnen Aufgabenbereiche benutzt. Als quellenmäßige Grundlage hat Johannes für diesen Gesamtvergleich die im Kern wohl spätantike Institutio Traiani Ps. Plutarchs[23] herangezogen und auf diese Weise der organischen Gliederung des Körpers eine im wesentlichen nachkonstantinische Ämterhierarchie[24] gegenübergestellt. Nach Plutarch – so sagt Johannes – ist die „res publica" als ein „corpus quoddam" anzusehen, das durch Gott belebt, durch die „aequitas" bewegt und durch die Vernunft gesteuert wird[25]. Im Sinne eines so gedachten Organismus habe Plutarch in seiner Lehrschrift an den Kaiser Trajan für das Gemeinwesen eine gesellschaftliche Organisation vorgeschlagen, nach der die Geistlichkeit der Seele, der Herrscher dem Haupt, der Senat dem Herz, die Höflinge der Brust, die Richter und Provinzvorsteher („praesides provinciarum") den Augen, Ohren und der Zunge, die Beamten und Soldaten den Händen, die Finanzverwalter („quaestores et commentarienses" = „comites rerum privatarum") dem Bauch und den Eingeweiden und schließlich die Bauern den Füßen entsprechen[26].

Wenn nun Johannes anhand dieser ps. plutarchischen Organologie in den Policr.-Büchern V und VI die einzelnen „officia rei publicae" breit

---

[22] Policr. IV, 12, ed. Webb I, 278, 31–279, 8.

[23] Vgl. zu einer inhaltlichen Kennzeichnung dieser Schrift S. Desideri , La „Institutio Traiani", „Pubblicazioni dell'Istituto di Filologia Classica" 12, Genova 1958, pp. 9–68 und K. Ziegler, Plutarchos von Chaironeia, Stuttgart ²1964, p. 187 f. Ihre Entstehungsgeschichte ist behandelt bei H. Liebeschütz, John of Salisbury and Pseudo-Plutarch, „Journal of the Warburg and Courtauld Institute" 6 (1943) pp. 33–39, ders., Mediaeval Humanism in the Life and Writings of John of Salisbury, „Studies of the Warburg Institute" 17, London 1950, pp. 23–26, ders., Das zwölfte Jahrhundert und die Antike, „Archiv für Kulturgeschichte" 35 (1953) p. 264 f., ders., Chartres und Bologna. Naturbegriff und Staatsidee bei Johannes von Salisbury, „Archiv für Kulturgeschichte" 50 (1968) p. 19 f. und M. Kerner, Zur Entstehungsgeschichte der Institutio Traiani, „Deutsches Archiv für Erforschung des Mittelalters" 32 (1976) pp. 558–571. Vgl. auch Struve, Organolog. Staatsauffassung VII u. 127 f. mit Anm. 19 a.

[24] Vgl. dazu Desideri, Inst. Traiani 20 f., 31 f. u. 50 f.

[25] Policr. V, 2, ed. Webb I, 282, 11–14. Vgl. zur „aequitas" bei Johannes zuletzt J. C. P. A. van Laarhoven, Iustitia bij John of Salisbury, „Nederlands Archief voor Kerkgeschiedenis" 58 (1977) pp. 16–37.

[26] Policr. V, 2, ed. Webb I, 282 f.

diskutiert[27] bzw. am Ende seines Policraticus in der Tyrannenlehre dieses Schema noch einmal kurz aufnimmt[28], dann geht es ihm weniger um eine vergleichende Verfassungsbeschreibung zwischen einer organisch gestuften Beamtenhierarchie der Spätantike und ihren hochmittelalterlichen Äquivalenten[29]. Abgefaßt werden soll nicht ein antikisierendes Handbuch über Aufbau und Funktionen der anglonormannischen Verwaltung, sondern eine moralische Lehrschrift, die den Mitgliedern der englischen Gesellschaft und insbesondere ihren führenden Vertretern für die jeweiligen Aufgabenbereiche anhand von biblischen und antiken Vorlagen mögliche moralische Gefahren aufweist und entsprechende Hilfen vermittelt. In diese Offizienlehre werden der Herrscher und seine Beamten, die Priester und die Soldaten genauso einbezogen wie die Vertreter der „humiliora negotia"[30]. In der bereits bekannten Weise von nur wenigen direkten Zeitbezügen[31], dafür aber von um so umfangreicheren christlich-humanistischen Ausführungen werden die einzelnen Offizien bzw. Organe vorgestellt. So wird beispielsweise der Herrscher, dem Johannes in Policr. IV bereits einen ausführlichen Fürstenspiegel gewidmet hatte, hier erneut durch Auszüge aus dem AT — dieses Mal aus dem biblischen Lehrbuch Job — zu gerechtem Handeln aufgefordert; so werden die Richter und Provinzvorsteher durch Exzerpte aus dem Codex Iustinianus auf bestimmte prozeßrechtliche Verfahrensweisen verwiesen bzw. vor Bestechlichkeit gewarnt und so werden schließlich die Soldaten durch Beispielgeschichten aus den Strategemata Frontins oder aus dem Militärhandbuch des Vegetius moralisch instruiert[32]. Neben dieser für Johannes typischen

---

[27] So die Aufgaben der Geistlichkeit in Policr. V, 3—5, die des Herrschers in Policr. V, 6—8, die des Senats in Policr. V, 9, die der Höflinge in Policr. V, 10, die der Richter und Provinzvorsteher in Policr. V, 11—17, die der Beamten und Soldaten in Policr. VI, 1—19 und schließlich die der Bauern in Policr. VI, 20. Auffallend kurz werden von Johannes die Finanzbeamten („quaestores", „commentarienses" und „rerum privatarum comites") behandelt; für sie — so Policr. V, 9, ed. Webb I, 322, 9—12 — gilt lediglich das für die königlichen Ratgeber Gesagte.

[28] Policr. VIII, 17, ed. Webb II, 348, 24—349, 3; vgl. dazu Kerner, *Log. Struktur* 195.

[29] Dies zeigt sich beispielsweise daran, daß Johannes vom königlichen Haushalt, vom Gerichtshof des Königs, von dessen Schatzamt ebensowenig spricht wie von den Aufgaben des Kanzlers oder Justitiars. Vgl. auch Policr. V, 15, ed. Webb I, 347f., wo Johannes den weltlichen Richtern („praesides provinciarum", „proconsules" und „iudices") die Unbestechlichkeit Eugens III. und anderer kirchlicher Vertreter (vgl. zu den Einzelheiten Kerner, *Log. Struktur* 181, Anm. 235b) als nachahmenswertes Beispiel vorstellt.

[30] Vgl. zu diesem Begriff Policr. VI, 20, ed. Webb II, 58, 21 und Policr. VIII, 17, ed. Webb II, 349, 2.

[31] Vgl. dazu oben p. 182 und Kerner, *Log. Struktur* 181f. u. 191f.

[32] Eine genaue Auflistung der Frontinstellen in Policr. VI findet sich bei J. M. Martin, *John of Salisbury and the Classics*, Cambridge/Massachusetts 1968 (ms. Diss. Harvard University), p. 82f. Die in Policr. VI auftretenden Übernahmen aus Vegetius führten im Spätmittelalter dazu, einzelne Exemplare des Policraticus in päpstlichen Bibliothekskatalogen als „Policraticus de curialium nugis et Vegetius de re militari" zu kennzeichnen; vgl. dazu M. Manitius, *Geschichtliches aus mittelalterlichen Bibliothekskatalogen*, „Neues Archiv der

Verbindung von Organologie und Offizienlehre, von Natur und Ethik,
ergibt sich als eine weitere Eigenart seiner Ausführungen, daß er innerhalb
seiner Organologie die einzelnen Aufgabenbereiche einer Gesellschaft
nicht erschöpfend behandelt. Dies läßt sich gut am Bild der Kirche im
Policraticus aufzeigen. Bemerkungen zu diesem Thema finden sich nur zu
einem geringen Teil in den organologischen Partien der Policr.-Bücher V
u. VI. Dort wird zwar von der Bestechlichkeit der Bischöfe und der
Archidiakone (Policr. V, 16)[33] oder von der Habsucht der römischen
Kirche (Policr. VI, 24)[34] gesprochen. Erwähnt wird auch die Vorrangstellung der „anima" und damit der Geistlichkeit[35]. Aber in den eigentlichen Kapiteln, die diese Rolle der „anima" behandeln (Policr. V, 3–5)[36],
ist lediglich auf den Schutz der geistlichen Personen, der kirchlichen
Gebäude und der gottesdienstlichen Handlungen — etwa in Form des
römischrechtlichen „privilegium fori" oder des kirchenrechtlichen „privilegium canonis" — verwiesen[37]. Damit stehen die scharfe Bischofs- und
Mönchskritik im Schlußteil des Policraticus bei der Behandlung der epi-
kureischen Untugenden von „avaritia" und „ambitio"[38] oder der breite,

---

Gesellschaft für ältere deutsche Geschichtskunde" 32 (1907) p. 707. Vgl. zu den römischrechtlichen Exzerpten Policr. V, 13/4 u. 16 sowie die Policr.-Edition von Webb, der im
einzelnen die Herkunft aus dem römischen Recht aufweist. Vgl. zur „imitatio" Jobs Policr.
V, 6, ed. Webb I, 300–307.

[33] Ed. Webb I, 353, 1–354, 19; vgl. zu den Einzelheiten G. Miczka, *Das Bild der Kirche
bei Johannes von Salisbury*, „Bonner Historische Forschungen", 34, Bonn 1970, pp. 169f. u.
181.

[34] Ed. Webb II, 67ff.; vgl. auch hier Miczka, *Bild der Kirche* 134f.

[35] Policr. V, 2, ed. Webb I, 282f.; vgl. dazu Kerner, *Inst. Traiani*, DA 32 (1976)
p. 569f. (vgl. oben Anm. 23) und Struve, *Organolog. Staatsauffassung* 125f. u. 139f.

[36] Ed. Webb I, 284–298. Daß in diesen Kapiteln das Thema der „anima" behandelt
werden sollte, belegt der Schlußsatz in Policr. V, 5, ed. Webb I, 298, 13f.: „Haec de his quae
in politica constitutione Plutarchi vicem animae obtinent".

[37] Vgl. zu den näheren Einzelheiten Miczka, *Bild der Kirche* 178f. Die für den privi-
legierten Gerichtsstand der Kleriker herangezogenen Stellen des Codex Iustinianus sind in
der Policr.-Ausgabe von Webb (I, 296f.) nachgewiesen. Das „privilegium canonis" — d. h.
die kirchenrechtliche Sicherung der Kleriker vor tätlicher Verletzung durch Strafandrohung
der Exkommunikation mit päpstlichem Absolutionsvorbehalt — ist dem Decretum Gratiani
entnommen und gibt c. 15 des Laterankonzils von 1139 wieder, worauf ebenfalls bereits Webb
hinwies.

[38] Miczka, *Bild der Kirche* 170–175 hat die Kritik des Johannes an den Bischöfen
(Policr. VII, 17ff., ed. Webb II, 160–181) und die als Norm gedachten und insbesondere
dem römischen Recht entnommenen Bestimmungen für die Bewerber um das Bischofsamt
(Policr. VII, 20, ed. Webb II, 182–190) ausführlich nachgezeichnet. Gleiches gilt für die
Mönchskritik in Policr. VII, 21–23, ed. Webb II, 190–210; vgl. Miczka, *Bild der Kirche*
185–203. Diese Kritik richtet sich u. a. gegen die klösterliche Zehntwirtschaft (vgl. dazu
auch G. Constable, *Monastic Tithes from their Origins to the Twelfth Century*, „Cambridge
Studies in Medieval Life and Thought", N. S. 10, Cambridge 1964, pp. 99–165) sowie gegen
die Exemtionsbemühungen der Orden beim Papst (vgl. dazu auch G. Schreiber, *Kurie und
Kloster im 12. Jahrhundert*, „Kirchenrechtliche Abhandlungen" 65/66, Stuttgart 1910, pp.
6–114). Der Tadel des Johannes richtet sich an Cluniazenser wie Zisterzienser, an die

an biblischen Vorlagen orientierte Traktat über das Hirtenamt bei der Behandlung der Tyrannenlehre[39] außerhalb eines direkten organologischen Bezugs. Dies zeigt an, daß der Zusammenhang von Natur und Gesellschaft im Policraticus nicht in einer alles umfassenden Systematik abgehandelt, sondern wesentlich als ein Werkstück verstanden wird, das sich Johannes in Anlehnung an die literarische Vorlage der Institutio Traiani und unter Hinzufügung eigener Überlegungen und weiterer Entlehnungen erarbeitet hat. Andererseits wird man trotz dieses Werkstattcharakters, der mit der stufenweise vollzogenen Entstehung und eiligen Schlußredaktion des Policraticus zusammenhängen dürfte, nicht bestreiten können, daß das Organismusmodell des Johannes eine zentrale Orientierung seiner Offizienlehre und damit ein wichtiges Element zum Gesamtverständnis des Policraticus bietet. Wenn es nämlich im Policraticus insgesamt darum geht, Entfremdung („alienatio") und Unordnung („confusio") in der gesellschaftlichen Pflichtenordnung etwa am falschen Verhalten der Höflinge[40], an der falschen Auslegung von Glückseligkeit durch die Epikureer[41] oder an den tyrannischen Formen von Herrschaft[42] aufzuweisen und dieser Verwirrung eine christlich-humanistische Verhaltensorientierung gegenüberzustellen, die – wie Johannes in Policr. I, 2 sagt – auf der „ratio naturae vel officii" ruht[43], also eine organologisch ausgerichtete Offizienlehre darstellt, dann dürfte die fundamentale Bedeutung des Organismusmodells im Policraticus deutlich werden. Fragt man vor diesem Hintergrund nach den wichtigsten Kennzeichen dieser Organologie, dann wird man feststellen müssen, daß sie nicht mehr allein auf eine Abgrenzung der geistlichen gegenüber der weltlichen Gewalt ausgerichtet ist, sondern alle Gesellschaftsgruppen, vor allem auch die sozialen Unterschichten, zu umfassen versucht[44]. Gerade dieser Ganzheitsaspekt ist es, der am Ende von Policr. VI, d. h. nach dem detaillierten und an die Institutio Traiani angelehnten Einzelvergleich nochmals besonders betont wird. Dort spricht Johannes unter Hinweis auf Macrobius bzw. auf Plato und Cicero von der Einrichtung des Gemeinwesens „ad similitudinem naturae"[45] – einer Ähnlichkeit, die er in Vergils Bienenstaat mit seiner

---

Templer genauso wie an die Johanniter; einbezogen werden auch die Regularkanoniker; ein Lob erhalten allein die Kartäuser und Grammontenser.

[39] Policr. VIII, 17, ed. Webb II, 349–358; vgl. dazu im einzelnen Miczka, *Bild der Kirche* 181 ff.

[40] Vgl. dazu zuletzt Türk, *Nugae curialium* 68–82 (vgl. oben Anm. 1).

[41] Vgl. Kerner, *Log. Struktur* 185–188.

[42] Vgl. ebenfalls Kerner, *Log. Struktur* 193–203.

[43] „Alienum profecto est, quod ratio naturae vel officii non inducit . . . Quae vero naturae sunt, peraeque sunt omnium; quae officii, singulorum", ed. Webb I, 19, 28–31.

[44] Vgl. dazu zuletzt Struve, *Organolog. Staatsauffassung* 130 f. u. 147.

[45] Policr. VI, 21, ed. Webb II, 59, 28–60, 3; vgl. dazu G. Post, *Studies in Medieval Legal Thought, Public Law and the State*, Princeton/New Jersey 1964, p. 517 f. Vgl. zur

Königsherrschaft und Arbeitsteilung (Policr. VI, 21)[46] genauso aufgezeigt sieht wie in der Fabel des Menenius Agrippa über das organisch notwendige Miteinander des Magens und der Glieder (Policr.VI, 24)[47]. Es geht ihm – wie er in Policr. VI, 25 ausführt – um die „coherentia capitis et membrorum"[48], um den Zusammenhalt und die wechselseitige Verbundenheit von Herrscher und Beherrschten. Über eine bloße Parallelisierung der einzelnen Offizien und Organe hinaus soll der Gedanke der allgemeinen Wohlfahrt und der Harmonie hervorgehoben werden, dem letztlich das Gemeinwesen aufgrund des konstitutiven Zusammenhangs von Natur und Gesellschaft zu dienen hat.

Die organologische Gesellschaftsauffassung des Johannes, die in ihrer Eigenart und ihrem Stellenwert beschrieben wurde, ist jetzt auf ihre Herkunft und Relevanz hin zu befragen. Auf jede der beiden Fragen hat die Forschung unterschiedliche, ja kontroverse Antworten gefunden. Erinnert sei an die Positionen von Berges und Liebeschütz, nach denen die Herkunftsbestimmung der Organologie im Policraticus darüber befindet, ob diese Schrift in der Nachfolge gregorianischer Kirchenpolitik und ihrer theoretischen Begründung steht[49] oder einen Neuansatz der politischen Ethik im Hochmittelalter darstellt und dabei naturrechtliche Elemente des politischen Aristotelismus vorwegnimmt[50]. Ähnlich abweichend sind auch die Auffassungen über die unmittelbare Bedeutung des Organismusvergleichs für das 12. Jahrhundert. Während die einen in der antikisierenden Analogie der Institutio Traiani die formenden Grundkräfte der hochmit-

---

Bedeutung der „similitudo" für das mittelalterliche Denken Struve, *Organolog. Staatsauffassung* 291f. mit Anm. 7 u. 8.

[46] Vgl. dazu im einzelnen Kerner, *Log. Struktur* 176 mit Anm. 219. Vielleicht gehört diese Vergilpassage mit zu der von Johannes herangezogenen Institutio Traiani Ps. Plutarchs; vgl. dazu Kerner, *Inst. Traiani*, DA 32 (1976) p. 566f. Vgl. allgemein zum Bienenstaat Vergils H. Dahlmann, *Der Bienenstaat in Vergils Georgica*, „Abh. Akad. Mainz, geistes- u. sozialwiss. Kl." 10, Mainz 1954, pp. 547–562. Eine genaue Untersuchung über den Einfluß dieser bienenstaatlichen Anschauung auf Spätantike und Mittelalter fehlt noch; einzelne Hinweise finden sich aber bereits bei J. Beranger, *Principatus. Etudes de notions et d'histoire politiques dans l'Antiquité grecoromaine*, „Université de Lausanne, Publications de la Faculté des Lettres" 20, Genève 1973, p. 311ff.

[47] Vgl. Näheres bei Kerner, *Log. Struktur* 181f.; vgl. allgemein zu dieser „zeitlosen Anekdote" (E. Meyer) Struve, *Organolog. Staatsauffassung* 30f. mit Anm. 94.

[48] Ed. Webb II, 73, 7.

[49] Vgl. dazu etwa Liebeschütz, *12. Jh. u. Antike*, AKG 35 (1953) p. 269, wo es heißt: „Versuchten wir doch zu zeigen, daß der Policraticus von 1159 nach seiner inneren Form an das Ende des Zeitalters der Kirchenreform gehört und nicht eigentlich die Epoche Barbarossas, mit deren Taten und Maßnahmen sein Verfasser so ernstlich befaßt ist"; vgl. auch ders., *Chartres u. Bologna*, AKG 50 (1968) p. 20 (vgl. oben Anm. 23).

[50] Vgl. vor allem Berges, *Fürstenspiegel* 46f. (vgl. Anm. 5). Ähnlich auch K. Bosl, *Die „Säkularisierung" von Herrschaftsauffassung und Staatsideologie in der Stauferzeit. Der Zusammenbruch des geistlichen Monopols – Theokratie und Feudalprinzip*, „Philologica Germanica" 3 (= Festgabe für O. Höfler), Wien-Stuttgart 1976, p. 99.

telalterlichen Welt verdeckt sehen[51] und deswegen von einem kaum vorhandenen Bezug zur politischen Realität sprechen[52] oder bestenfalls das mehr theoretische Bemühen um ethische Maßstäbe herausstellen[53], erblicken andere in dem bewußten Rekurs auf die Antike eine zeittypische Form, mit der Johannes seine gelehrte Umgebung in Canterbury, vor allem aber Thomas Becket als den unmittelbaren Adressaten des Policraticus, moralisch unterweisen und auf dem Wege dieser stark humanistisch geprägten Belehrung auch in ihrem politisch-praktischen Verhalten bestimmen wollte[54]. Vor dem Hintergrund dieser nur grob gekennzeichneten Forschungsmeinung sind Provenienz und Relevanz der Policr.-Organologie zu diskutieren.

Bei der Herkunftsfrage kann man ausgehen von der Auffassung Struves, der sich zuletzt zu diesem Thema geäußert und aufgezeigt hat, daß die organologische Gesellschaftskonzeption des Johannes keinen Neuansatz, sondern eine konsequente Fortsetzung von bereits Vorhandenem darstellt[55]. Konkret verwies Struve dabei auf die kosmologische Tradition der Schule von Chartres und auf ekklesiologische Vorbilder des 11. und frühen 12. Jahrhunderts. Beginnen wir mit der wirklichen oder vermeintlichen Provenienz aus der Chartrenser Tradition, bei der es um die Frage geht, ob die Gesellschaftslehre des Policraticus aus der dortigen Kosmologie abgeleitet werden kann, welche Gründe für und welche Überlegungen gegen eine solche Annahme sprechen.

Daß Johannes von Salisbury nicht nur in der Forschung[56], sondern bereits in dem frühen, von ca. 1170 stammenden Bibliothekskatalog des Christusklosters von Canterbury[57] der Schule von Chartres zugeordnet wurde, geht vor allem zurück auf seine von ihm selbst berichtete[58]

---

[51] So etwa J. Huizinga, *Geschichte und Kultur. Gesammelte Aufsätze*, herausgegeben und eingeleitet von K. Köster, Stuttgart 1954, p. 166f., wo allerdings nicht direkt auf die Institutio Traiani Bezug genommen, wohl aber in Auseinandersetzung mit Haskins die Wirkung klassischer Tradition allgemein diskutiert wird.

[52] Vgl. beispielsweise Uhlig, *Hofkritik* 41f. (vgl. oben Anm. 6).

[53] Vgl. dazu Struve, *Organolog. Staatsauffassung* 147f.

[54] Vgl. dazu Kerner, *Log. Struktur* 203f.

[55] Vgl. oben Anm. 4.

[56] Vgl. dazu etwa Brooke, *Early Letters* XIII−XVI (vgl. oben Anm. 1), C. R. Elrington, *John of Salisbury's Entheticus de dogmate Philosophorum. The Light it Throws on the Educational Background of the Twelfth Century*, London 1954 (ms. Magisterthese), pp. 113−123 und Kerner, *Log. Struktur* 24−53.

[57] Dieser heute fragmentarische Bibliothekskatalog am Ende einer Boethiushandschrift des 12. Jhs. (= Cambridge Ii, 3, 12; vgl. N. R. Ker, *Medieval Libraries of Great Britain. A List of Surviving Books*, London ²1964, p. 29f.) verzeichnet als jüngstes Werk den „Entheticus Johannis Carnotensis"; vgl. dazu M. R. James, *The Ancient Libraries of Canterbury and Dover*, Cambridge 1903, p. 12. Aufgrund der von James, *Ancient Libraries* XXXIIf. angesetzten Datierung von ca. 1170 wird man vielleicht annehmen dürfen, daß Johannes in Canterbury bereits vor seiner Erhebung zum Bischof von Chartres 1176 als „Johannes Carnotensis" bezeichnet wurde.

[58] Vgl. dazu mit weiterführender Literatur Kerner, *Log. Struktur* 7f.

Studienzeit bei Wilhelm von Conches in den Jahren 1138 bis 1141. Dieser
Wilhelm von Conches[59] gilt heute nicht nur als eine der interessantesten
Gestalten der wissenschaftlichen Renaissance des 12. Jahrhunderts, son-
dern vor allem als der wohl bedeutendste Vertreter der eigenartigen
Verbindung von Humanismus und Naturwissenschaft, die gerade in der
Schule von Chartres betrieben wurde[60] und die Wilhelm von Conches
trotz fehlender Belege für eine direkte Chartrenser Lehrtätigkeit[61] zu
einem wichtigen Vertreter eben dieser Schule macht. Die humanistische
Ausrichtung Wilhelms bestätigt Johannes in seinem Metalogicon, wo
Wilhelm als der größte Grammatiker nach Bernhard von Chartres[62] und
damit als ein Vertreter jener Richtung bezeichnet wird, die im Trivialfach
der Grammatik klassische Autorenlektüre und Ethik miteinander zu
verbinden suchte[63]. Den naturphilosophischen Aspekt im Denken Wilhelms betont nicht nur dieser selbst[64], sondern belegen vor allem seine
Schriften, die entweder Glossen zu den zentralen Quellentexten des
mittelalterlichen Platonismus – etwa zum Timaios in Übersetzung und
Kommentar des Chalcidius, zum Trostbuch des Boethius oder zum
Somniumkommentar des Macrobius – darstellen[65] oder große naturwis-

---

[59] Die wichtigste Literatur zu Leben und Werk Wilhelms hat zuletzt Struve, *Organolog.
Staatsauffassung* 116, Anm. 103 zusammengestellt.
[60] Vgl. zur Schule von Chartres die bio-bibliographische Zusammenfassung bei E. Jeau-
neau, *Note sur l'Ecole de Chartres*, „Studi Medievali (3ª serie)" 5, 2 (1964) pp. 821–865,
J. Chatillon, *Les écoles de Chartres et de Saint-Victor*, „Settimane di studio del centro
italiano di studi sull'alto medioevo" 29, 2, Spoleto 1972, pp. 796–804 und N. Häring,
*Chartres and Paris Revisited*, „Essays in Honour of A. Ch. Pegis", edited by J. R.
O'Donnell, Toronto 1974, pp. 269–317. Vgl. auch die Anm. 61 zitierte Arbeit von Dronke.
Die angeführte Kennzeichnung Wilhelms findet sich bei M. Grabmann, *Handschriftliche
Forschungen und Mitteilungen zum Schrifttum des Wilhelm von Conches und zu Bearbeitungen seiner naturwissenschaftlichen Werke*, „Sb. d. Bayr. Akad. d. Wiss., phil.-hist.
Abt." 10, München 1935, p. 3.
[61] Vgl. dazu R. W. Southern, *Medieval Humanism and Other Studies*, Oxford 1970,
p. 79f. und P. Dronke, *New Approaches to the School of Chartres*, „Anuario de estudios
medievales" 6 (1969) 121ff.
[62] Vgl. zu diesem zuletzt Southern, *Medieval Humanism* 78–81 und Häring, *Chartres
and Paris* 295–299; vgl. auch Kerner, *Log. Struktur* 14–18 u. 20 mit Anm. 96.
[63] Vgl. dazu ausführlich Ph. Delhaye, „*Grammatica*" et „*Ethica*" au XII^e siècle,
„Recherches de Théologie ancienne et médiévale" 25 (1958) pp. 59–110.
[64] Vgl. dazu T. Gregory, *La nouvelle idée de nature et de savoir scientifique au XII^c
siècle*, „The Cultural Context of Medieval Learning", edited by J. E. Murdoch and E. D.
Sylla, Dordrecht 1975, p. 195f.
[65] Vgl. dazu Grabmann, *Hs. Forschungen* 18–26 (vgl. oben Anm. 60), T. Gregory,
*Anima mundi. La filosofia di Guglielmo di Conches e la scuola di Chartres*, „Pubblicazioni dell'Istituto di filosofia dell'Università di Roma" 3, Florenz 1955, pp. 10–28 und die
verschiedenen Aufsätze Jeauneaus zur Timäus-, Boethius-, Macrobius- und Priscianglosse,
die vor einiger Zeit von Jeauneau in „*Lectio Philosophorum. Recherches sur l'Ecole de
Chartres*", Amsterdam 1973, pp. 193–370" zusammenhängend herausgegeben wurden.
Jeauneau hat zudem die Timäusglosse kritisch ediert und mit einer instruktiven Einleitung
versehen, die u. a. den Entstehungszusammenhang der einzelnen Schriften Wilhelms be-

senschaftliche Monographien sind wie die „Philosophia mundi" oder das „Dragmaticon"[66]. Innerhalb dieser platonistisch ausgerichteten Natur- philosophie — deutlich greifbar in der Plato- und Macrobiusglosse[67] — hat nun Wilhelm von Conches seinen Organismusvergleich entwickelt, indem er Kosmos, Mensch und Staat miteinander verband und in einer auf Chalcidius zurückgehenden Dreigliederung zunächst dem Senat, den Krie- gern und Händlern Haupt, Herz und Unterleib gegenüberstellte, um dann offenkundig von sich aus[68] dieses Dreierschema um eine vierte Stufe — um die Parallele der Bauern mit den Füßen — zu ergänzen. Wenn Johannes von Salisbury nach eigener Bekundung drei Jahre bei Wilhelm von Conches studiert hat, dann muß er bei diesem die platonistische Natur- philosophie und sicherlich auch den kosmologischen Organismusvergleich kennengelernt haben. In der Tat lassen sich bei Johannes manche An- klänge an diese Naturdiskussion finden, so etwa bei der wohl auf Wilhelm

---

schreibt und einen Vorschlag für deren Chronologie enthält; vgl. *Guillaume de Conches, Glosae super Platonem. Texte critique avec introduction, notes et tables* par E. Jeauneau, „Textes philosophiques du moyen âge" 13, Paris 1965, pp. 10—16. Vgl. zur handschrift- lichen Tradition der Boethiusglosse P. Courcelle, *La consolation de philosophie dans la tradition littéraire. Antecedents et postérité de Boece*, Paris 1967, p. 408ff.; einzelne Teile dieser Glosse sind publiziert bei Jourdain und Parent, vgl. dazu Jeauneau (Ed.), *Glosae super Platonem* 12, Anm. 2. Vgl. zu weiteren Glossen Wilhelms über Juvenal oder Martianus Capella Jeauneau (Ed.), *Glosae super Platonem* 12 mit Anm. 4f.

[66] Die „Philosophia mundi" gehört in die beginnende Lehrtätigkeit Wilhelms um 1125 (vgl. Dronke, *School of Chartres*, AEM 6, 1969, 129f.; vgl. oben Anm. 61); sie ist im 16. Jh. unter verschiedenen Autorennamen (Beda, Honorius Augustodunensis und Wilhelm von Hirsau) veröffentlicht worden, von denen Migne im 19. Jh. die beiden ersten wieder ab- druckte; allgemein benutzt wird heute die unter dem Namen des Honorius Augustodunensis laufende und bei Migne PL 172, 39—102 wiedergegebene Ausgabe, weil sie den vollständigen Text bietet; vgl. dazu mit allen Einzelheiten Grabmann, *Hs. Forschungen* 4ff. (vgl. oben Anm. 60). Eine Zusammenstellung von 67 Handschriften der „Philosophia mundi" findet sich bei A. Vernet, *Un remaniement de la Philosophia de Guillaume de Conches*, „Scrip- torium" 1 (1946/7) pp. 252—255. — Das „Dragmaticon" stellt eine Neubearbeitung der „Philosophia mundi" dar und dürfte aus der Zeit 1144/49 stammen; herausgegeben wurde es 1567 von Guilielmus Gratarolus in Straßburg. Auch für dieses Werk hat Vernet, *Guillaume de Conches*, „Scriptorium" 1 (1946/7) p. 255—258 einen umfangreichen Katalog von Hand- schriften zusammengetragen. Eine Edition des Prologs zum 6. Buch hat A. Wilmart, *Analecta Reginensia*, „Studi e Testi" 59, Città del Vaticano 1933, p. 263ff. erstellt. — Eine dritte systematische Schrift Wilhelms, die „Summa philosophiae" von 1136/41, wird nach C. Ottaviano, *Un brano inedito della „Philosophia" di Guglielmo di Conches*, „Collezione di testi filosofici inediti e rari" 1, Napoli 1935, pp. 1—18 und Grabmann, *Hs. Forschungen* 7—10 dem Wilhelm selbst zugeschrieben, von Gregory, *Anima mundi* 28—40 (vgl. oben Anm. 65) dagegen aufgrund inhaltlicher Divergenzen zur Timäusglosse lediglich einem Schüler Wilhelms zugesprochen. — Umstritten ist schließlich auch Wilhelms Verfasserschaft beim „Moralium dogma philosophorum" von 1149/52, einer Exzerptsammlung antiker Moralisten; vgl. dazu mit allen Einzelheiten Gregory, *Anima mundi* 19—26.

[67] Vgl. Jeauneau (Ed.), *Glosae super Platonem* 75 mit Anm. e.

[68] Vgl. dazu Struve, *Organolog. Staatsauffassung* 118f.

zurückgehenden Beschreibung der Naturlehre Platos[69], so bei der Erwähnung einer platonistischen Gerechtigkeitsdefinition Wilhelms[70] und so bei der Anspielung auf eine wahrscheinlich von Wilhelm stammende Elemententheorie[71]. Näher an dessen Organismusvergleich führen die Bemerkungen des Johannes in Policr. I, 3 über die politische Verfassung der Alten. Dort werden in die Aufgabenverteilung einer Gesellschaft nicht allein der Areopag und die „urbani et suburbani" einbezogen, sondern insbesondere auch die Bauern und Jäger außerhalb der Stadt[72]. Auch die erwähnte Mikrokosmosformel des Johannes[73], die das Gemeinwesen auf die makrokosmische Ordnung verwies[74], deutet die Nähe zu Chartres und Wilhelm von Conches[75] an. Ähnlich steht es mit dem Bild des Herrschers als der „arx rei publicae" — ein Bild, das auch bei Wilhelm von Conches zur Kennzeichnung des Hauptes und der es darstellenden Spitzeninstitution verwandt wurde[76].

Aber nicht allein über die Person Wilhelm von Conches' ist eine Beziehung der organologischen Gesellschaftsauffassung des Johannes zur Schule von Chartres nachzuweisen. Auch Bernardus Silvestris — Freund und Schüler Thierrys von Chartres, Verfasser einer bedeutenden Kosmographie und schließlich Kommentator des Martianus Capella und wahrscheinlich auch Vergils — kann hier genannt werden[77]. Denn dessen auf Macrobius und Fulgentius zurückgehende[78] Aeneisdeutung[79] läßt sich in bezeichnenden Einzelheiten wie etwa der etymologischen Erklärung des Namens Aeneas im Policraticus wiederfinden[80] und scheint auf eine gemeinsame Chartrenser Erfahrung zurückzugehen. Wenn nun dieser Bernardus Silvestris in seinem Aeneiskommentar ebenfalls von der „civi-

---

[69] Entheticus maior, vv. 937−1118, ed. R. E. Pepin, The „Entheticus" of John of Salisbury, A Critical Text, „Traditio" 31 (1975) pp. 166−172; vgl. auch Liebeschütz, Chartres und Bologna, AKG 50 (1968) p. 6ff. (vgl. oben Anm. 23).

[70] Vgl. Jeauneau (Ed.), Glosae super Platonem 58f. mit Anm. b.

[71] Vgl. dazu T. Silverstein, Elementatum. Its Appearance among the Twelfth-Century Cosmogonists, „Mediaeval Studies" 16 (1954) p. 156.

[72] Ed. Webb I, 20f.

[73] Vgl. dazu oben p. 183.

[74] Vgl. Struve, Organolog. Staatsauffassung 126.

[75] Vgl. ebenfalls Struve, Organolog. Staatsauffassung 120ff.

[76] Policr. V, 6, ed. Webb I, 298, 20−23 und Glosae super Platonem, c. 15, ed. Jeauneau 75, (8f.).

[77] Vgl. zu Leben und Werk des Bernardus Silvestris W. Wetherbee, The Cosmographia of Bernardus Silvestris. A Translation with Introduction and Notes, London 1973, pp. 20−25. Die Frage der nicht eindeutig gesicherten Autorschaft des Vergilkommentars ist behandelt bei Stock, Myth and Science 36, Anm. 42 (vgl. oben Anm. 5).

[78] Vgl. dazu F. J. E. Raby, Some Notes on Virgil, Mainly in English Authors, in the Middle Ages, „Studi Medievali" N. S. 5 (1932) p. 364f.

[79] Vgl. dazu mit weiterführender Literatur Kerner, Log. Struktur 40f.

[80] Vgl. G. Padoan, Tradizione e fortuna del commento all'Eneide di Bernardo Silvestre, „Italia medioevale e umanistica" 3 (1960) p. 234f.

tas" als einem „corpus" spricht und dabei den kosmologischen Organismusvergleich in der Viererstufung des Wilhelm von Conches wiederholt[81], dann könnte Johannes auch von hierher in seinem organologischen Denken beeinflußt worden sein. Es gibt demnach verschiedene lebensgeschichtliche Gemeinsamkeiten und manche inhaltliche Konvergenzen, die einen Einfluß der Schule von Chartres auf die Organologie im Policraticus nicht ausschließen, ihn sogar wahrscheinlich machen, wenn man hinzunimmt, daß ähnlich wie in Chartres die Rückführung der „vita civilis" auf die Natur und deren Nachahmung auch unter dem Namen Platos geschieht[82] und daß vor allem die Bauern und Handwerker genauso in diese natürliche Organisation einbezogen werden wie der Herrscher, eine organologische Einordnung, die für die Schule von Chartres konstitutiv zu sein scheint[83] und von Johannes über die bloße und mehr formale Parallelisierung hinaus zu einer Wesensaussage, d. h. zur Betonung der notwendigen Wechselseitigkeit aller Gesellschaftsteile benutzt wurde[84].

Gegen diese Ableitung der Gesellschaftslehre des Policraticus aus der kosmologischen Naturdiskussion der Schule von Chartres gibt es beachtenswerte Einwände, die im wesentlichen Liebeschütz formuliert hat[85] und die hier in ihrer wichtigsten Ausformung zu Wort kommen sollen. Da ist zunächst der ekklesiologische Aspekt des Organismusvergleichs im Policraticus zu nennen. Niemand wird bestreiten können und wollen, daß Johannes in unmißverständlicher Form das Gemeinwesen insgesamt und den Herrscher insbesondere der Geistlichkeit als der „anima" unterstellt hat[86]. Aber diese Unterordnung ist nicht so sehr im gregorianischen Sinne als kirchlich-institutionelle Vorherrschaft verstanden, sondern eher als Ausrichtung allen natürlichen wie gesellschaftlichen Lebens auf Gott als den entscheidenden Beweger[87]. Wenn Liebeschütz sich trotzdem für eine inhaltliche Verklammerung des Policraticus mit der kurialen Ekklesiologie ausgesprochen hat und diese in der ähnlichen Auffassung bei Robertus Pullus, dem Pariser Theologielehrer des Johannes, belegt sah[88], dann ist dagegen zu sagen, daß die politische Lehre des Policraticus insgesamt wie auch das dortige Organismusmodell von dem frühscholastischen Sentenzenbuch des Robertus Pullus abweichen. Erinnert sei nur an dessen

---

[81] *Commentum Bernardi Silvestris super sex libros Eneidos Virgilii*, ed. G. Riedel, Gryphiswaldae 1924, p. 15,24—16,9; vgl. dazu auch J. R. O'Donnell, *The Sources and Meaning of Bernard Silvester's Commentary on the Aeneid*, „Mediaeval Studies" 24 (1964) p. 242 f.

[82] Vgl. oben p. 191.

[83] Vgl. oben p. 191.

[84] Vgl. dazu Struve, *Organolog. Staatsauffassung* 130 f.

[85] So vor allem in seinen beiden Aufsätzen „12. Jh. u. Antike", AKG 35 (1953) pp. 261—269 und „Chartres u. Bologna", AKG 50 (1968) pp. 3—21 (vgl. oben Anm. 23).

[86] Vgl. oben p. 186.

[87] Policr. III, 1, ed. Webb I, 171, 19—23; vgl. auch Struve, *Organolog. Staatsauffassung* 139 f.

[88] Vgl. die oben Anm. 23 angegebenen Arbeiten von Liebeschütz.

hierokratische und allein dualistische Organologie[89] oder an dessen gela-
sianische Zweigewaltenlehre[90], die Johannes im Policraticus nicht kennt
und deren päpstlichen Urheber – Gelasius I. – er nicht ein einziges Mal
erwähnt[91]. Aufgrund dieser inhaltlichen Divergenzen wird noch ein
weiterer wichtiger Punkt in der Argumentation von Liebeschütz und
damit in der Frage der ekklesiologischen Ausrichtung der Policr.-Organo-
logie problematisch. Für Liebeschütz hatte nämlich Johannes selbst die
Institutio Traiani erfunden, um unter der erborgten Autorität Plutarchs
erstens die bei Robertus Pullus vorgegebene dualistische Konzeption von
„sacerdotium" und „regnum" in ihrer hierokratischen Ausprägung und
organologischen Begründung zu übernehmen, um zweitens die dort
genannte weitere ständische Abfolge der Krieger, Bauern und Kaufleute
mit in den Organismusvergleich einzubeziehen und um schließlich drittens
auf diese Weise alles dem grundsätzlichen Dualismus von geistlicher und
weltlicher Gewalt zu unterstellen bzw. alle Organologie am Ende zu
einem metaphorischen Ausdruck der kirchenpolitischen Idee der „libertas
ecclesiae" werden zu lassen[92]. Diese ekklesiologische Gesamtbeurteilung
der Policr.-Organologie dürfte neben allen inhaltlichen Bedenken[93] auch
schon deswegen zweifelhaft sein, weil die Institutio Traiani nach allem,
was man heute über ihre Entstehung sagen kann, sicherlich keine fiktive
Erfindung des Johannes selbst ist, eher schon eine Schrift, deren originaler
Kern wahrscheinlich eine spätantike und organisch gedachte Ämter-
beschreibung enthielt und im 4./5. Jahrhundert entstanden bzw. im frühen
Mittelalter um einige Zusätze, insbesondere um das ekklesiologische
Element, ergänzt worden sein dürfte[94]. Trifft diese Vermutung zu, dann
belegt gerade die Entstehungsgeschichte der Institutio Traiani, daß die
Organologie im Policraticus aufgrund dieser ps. plutarchischen Lehrschrift
als ihrer Hauptquelle insgesamt nicht von der Ekklesiologie her gedacht
ist, sondern einen eigenständigen Ansatz enthält, der mehr bedeutet als ein
metaphorisches Anhängsel an den herkömmlichen Dualismus und von
daher gut in die hier ähnliche Tradition von Chartres passen könnte[95].
Nun ist aber bis heute für Existenz und Verwendung der Institutio Traiani

    [89] *Robertus Pullus, Libri sententiarum* VII 7, Migne PL 186, 920C: procul dubio constat
tantum potestatem hanc illi praeferendam, quantum corpus anima est inferius. Imo sicut
corpus errat nisi regimine animae dirigatur, ita in praeceps propendent regna nisi moderamine
sacerdotum fulciantur". Vgl. zu diesem traditionellen Gewaltenverständnis F. Courtney,
*Cardinal Robert Pullen. An English Theologian of the Twelfth Century*, „Analecta Gregoriana"
64 Rom 1954, p. 261f.
    [90] *Robertus Pullus, Libri sententiarum*, VI, 56, Migne PL 186, 905 D–906D; vgl. dazu
auch Hoffmann, *Die beiden Schwerter*, DA 20 (1964) p. 93 (vgl. oben Anm. 19).
    [91] Vgl. dazu Kerner, *Log. Struktur* 147f.
    [92] Vgl. oben Anm. 49.
    [93] Vgl. dazu auch Struve, *Organolog. Staatsauffassung* 126f.
    [94] Vgl. Kerner, *Inst. Traiani*, DA 32 (1976) pp. 558–571.
    [95] Vgl. dazu auch Struve, *Organolog. Staatsauffassung* 116f.

in Chartres kein Anhaltspunkt gefunden worden, so daß am Ende der
Organismusvergleich eines Wilhelm von Conches oder Bernardus Silvestris eine für Johannes sicherlich grundlegende, aber eben nur aus-
lösende Anregung gebildet haben dürfte. Vielleicht hatte Johannes sogar
ganz konkrete Gründe, diese Anregung auf der kosmologischen Linie von
Chartres nicht weiter zu verfolgen. Wir wissen nämlich, daß sich Johannes
mit der Chartrenser Kosmologie kritisch auseinandergesetzt[96] und den
gerade von Wilhelm von Conches und auch von Bernardus Silvestris ent-
wickelten Naturbegriff angegriffen hat. Nach Auffassung dieser Chartrenser Physiker sollte Natur nicht mehr als bloße Anleitung für religiöse und
moralische Ziele, sondern als Objekt einer selbständigen und eigens zu
erfassenden Kausalität angesehen werden[97]. Daß etwa Wilhelm von Conches
dabei Unstimmigkeiten mit der biblischen Welterklärung bewußt in Kauf
nahm[98], dürfte wohl den besonderen Widerspruch des Johannes hervor-
gerufen haben, für den Naturerklärung, göttlicher Wille und das heißt für
ihn christliches Weltverständnis identisch bleiben müssen[99]. Diese Identität
schien ihm aber mit Sicherheit dann verletzt, wenn man wie in der
Chartrenser Astrologie menschliches Handeln und sogar göttliches Wirken
vom Gang der Gestirne abhängig machte[100].

Wie man sieht, geht es hier um eine Auseinandersetzung von zulässiger
und verwerflicher Rationalität[101], die damals in der unmittelbaren Chartrenser Umgebung des Johannes von Bernhard von Clairvaux und Wilhelm

---

[96] Vgl. dazu Berges, *Fürstenspiegel* 44f. (vgl. oben Anm. 5) und Helbling-Gloor, *Natur
u. Aberglaube* 11–31 (vgl. oben Anm. 8). Diese kritische Auseinandersetzung umfaßt den
größten Teil von Policr. II und vollzieht sich auf einer gelehrten Ebene, um mit Hilfe der
alten Schulautoren des Quadriviums – mit Julius Firmicius Maternus und Martianus Capella
– die Astronomie zu verteidigen und alle gefährlichen Neuerungen der Astrologie durch
theologische Argumente eines Augustinus oder Gregors d. Gr., aber auch Abaelards zu verhindern.

[97] Vgl. dazu mit weiteren Hinweisen Gregory, *Idée de nature* 193–218 (vgl. oben Anm.
64).

[98] Vgl. dazu Gregory, *Idée de nature* 195 ff.; vgl. auch unten Anm. 104.

[99] Vgl. dazu im einzelnen Helbling-Gloor, *Natur u. Aberglaube* 23 ff.

[100] Vgl. auch hier Helbling-Gloor, *Natur u. Aberglaube* 94–106 und Gregory, *Idée de
nature* 203 f.

[101] Vgl. zu dieser Auseinandersetzung etwa Wilhelm von Conches, der in seiner „Philosophia mundi" gegen jene Theologen angeht, die einer physikalischen Kausalbeschreibung
irgendwelche wundersamen Erklärungen vorziehen; dort heißt es: „Sed quoniam ipsi
nesciunt vires naturae, ut ignorantiae suae omnes socios habeant, nolunt eos aliquid
inquirere, sed ut rusticos nos credere nec rationem quaerere, ut jam impleatur propheticum:
Erit sacerdos sicut populus. Nos autem dicimus, in omnibus rationem esse quaerendam, si
autem alicui deficiat, quod divina pagina affirmat, sancto Spiritui et fidei est mandandum"
(Migne PL 172, 56 BC). Ganz anders Johannes, für den sich die unendliche Macht Gottes
nicht in das geringe menschliche Wissen pressen läßt (vgl. etwa Policr. II, 22, ed. Webb. I,
122 f.) und für den manche Versuche der Chartrenser Physiker gerade in diesem Sinne zu
sehen sind.

von St. Thierry gegen Peter Abaelard[102], aber auch gegen Wilhelm von Conches[103] ausgetragen wurde. Johannes hatte also gute Gründe, sein in Chartres begonnenes organologisches Denken nicht durch eine allzu deutliche Einbindung in die von ihm und anderen bekämpfte Chartrenser Kosmologie zu gefährden. Schließlich hatte selbst Wilhelm von Conches in seinem Dragmaticon von ca. 1145 erklärt, daß es bei der „institutio morum" keinen Widerspruch zur Autorität der Bibel und der Väter geben dürfe[104], und was wollte der Policraticus mit seiner Organologie anders sein als eine moralische Lehrschrift.

Kurz: Johannes scheint in Chartres den ersten und wohl auch entscheidenden Anstoß für sein Organismusmodell erhalten zu haben, dieses aber aufgrund der dort umstrittenen Naturdiskussion immer mehr aus dem kosmologischen Bezug gelöst und etwa durch eine vorsichtige Ekklesiologie erweitert und schließlich anhand der eher nach Canterbury als nach Chartres gehörenden Institutio Traiani entwickelt zu haben. Man wird demnach zwar von kosmologischen und ekklesiologischen Vorbildern der Policr.-Organologie sprechen dürfen, dabei aber gleichzeitig zugeben müssen, daß diese beiden Traditionsstränge an die organologische Hauptvorlage der Institutio Traiani erst nur heranreichen, diese aber keineswegs voll erfassen.

Es ist deshalb nach weiteren Einflüssen zu suchen. Schließlich lag zur Abfassungszeit des Policraticus der Studienaufenthalt des Johannes bei Wilhelm von Conches fast 20 Jahre und der bei Robert Pullus, wenn von diesem die ekklesiologische Anregung stammen sollte, gut 15 Jahre zurück. Bei diesen weiteren Quellen ist vor allem an das römische Recht und dessen legistische Bearbeitung im 12. Jahrhundert zu denken. Man weiß, wie breit römisch-rechtliche Übernahmen, auch aus der zeitgenös-

---

[102] Vgl. zu dem hier gemeinten Verfahren von Sens 1140 die kenntnisreiche Abhandlung von J. Miethke, *Theologenprozesse in der ersten Phase ihrer institutionellen Ausbildung: Die Verfahren gegen Peter Abaelard und Gilbert von Poitiers*, „Viator. Medieval and Renaissance Studies" 6 (1975) pp. 96–102. Der vermutete Zusammenhang mit Chartres ist nicht zuletzt auch dadurch gegeben, daß Bischof Gaufried von Chartres zwar nicht in seiner Legateneigenschaft am Konzil von Sens teilnahm, wohl aber dort eine wichtige Stellung besaß; vgl. dazu W. Janssen, *Die päpstlichen Legaten in Frankreich vom Schisma Anaklets II. bis zum Tode Coelestins III. (1130–1198)*, „Kölner Historische Abhandlungen" 6, Köln-Graz 1961, p. 28, Anm. 52.

[103] Vgl. dazu den Brief des Wilhelm von Saint Thierry an Bernhard von Clairvaux: „De erroribus Guilelmi de Conchis". Migne PL 180. 333–340; neu herausgegeben wurde dieser Brief von J. Leclercq, *Les lettres de Guillaume de Saint-Thierry a Saint Bernard*, „Revue Bénédictine" 79 (1969) pp. 382–391.

[104] Wörtlich heißt es: „In eis quae ad fidem catholicam vel ad morum institutionem pertinent, non est fas Bedae vel alicui sanctorum patrum (citra Scripturae sacrae auctoritatem) contradicere; in eis tamen quae ad philosophiam pertinent, si in aliquo errant, licet diversum affirmare. Etsi enim majores nobis, homines tamen fuere" (ed. Gratarolus 65f., vgl. oben Anm. 66).

sischen Glossatorendiskussion, gerade im Policraticus auftreten[105]. Wir
wissen auch, daß Johannes diese umfangreiche Rechtskenntnis mit hoher
Wahrscheinlichkeit insbesondere dem Römischrechtler Vacarius verdankte,
der durch Theobald von Canterbury um 1145 nach England gekommen
war, in Canterbury 1149 den Liber pauperum − einen Kommentar zum
justinianischen Codex und zu den Digesten − herausgegeben hatte[106] und
dort vielleicht ähnlich wie Johannes neben praktischen Aufgaben[107] auch
Lehrverpflichtungen zu übernehmen hatte[108]. Die juristische Ausrichtung
des erzbischöflichen Hofes in Canterbury[109] können zudem die Mönche
des dortigen Christusklosters belegen, die von Johannes als „legis ama-
tores" bezeichnet werden[110] und die nach Angabe ihres zeitgenössischen
Bibliothekskatalogs auch ein Exemplar der justinianischen Institutionen

---

[105] Vgl. dazu Brooke (Ed.), *Early Letters* XXI ff. (vgl. oben Anm. 1), Liebeschütz, *Chartres u. Bologna*, AKG 50 (1968) pp. 21−29 und Ullmann, *Policr. in the Later Ma.* 541 f.,
Anm. 83 (vgl. oben Anm. 2).

[106] Vgl. zur Lebensgeschichte des Vacarius jetzt R. W. Southern, *Master Vacarius and the
Beginning of an English Academic Tradition*, „Medieval Learning and Literature. Essays
presented to R. W. Hunt", edited by J. J. G. Alexander and M. T. Gibson, Oxford 1976,
pp. 257−286 und P. Stein, *Vacarius and the Civil Law*, „Church and Government in the
Ma." (vgl. oben Anm. 10), pp. 119−137. Eine gute Einführung findet sich auch in der
Edition des „Liber Pauperum" durch F. de Zulueta („Selden Society" 44, London 1927). −
Was die hier wichtige Vermittlerrolle des Vacarius angeht, so gibt es dafür verschiedene
Gründe: Vacarius ist der einzige zeitgenössische Glossator, den Johannes erwähnt und mit
dem er zusammen in den Zeugenreihen der Theobaldurkunden als „Magister" auftritt (vgl.
dazu unten Anm. 108); zudem hat Johannes in Policr. IV, 2 eine „aequitas"-Formel benutzt,
die mit der Summa Trecensis des Rogerius bzw. des Martinus Gosia zusammenhängt und
über Vacarius als Schüler oder Anhänger des Martinus zu Johannes gelangt sein könnte;
schließlich kannte Johannes die im Ma. seltenen Schlußbücher des Codex Iustinianus, für die
Vacarius der einzige zeitgenössische Legist ist, der diese nachweislich benutzte. Vgl. Näheres
zu diesen Einzelheiten bei Kerner, *Log. Struktur* 83−86. Für Ullmann (vgl. Anm. 105) ist
diese Vacariusthese „an attractive, though unsupported suggestion", er sieht deshalb in Burgundio von Pisa den entscheidenden Vermittler und verlegt damit das Rechtsstudium des Johannes wieder nach Italien. Nun hat dieser Burgundio zwar die griechischen Partien der Digesten
übersetzt (vgl. dazu P. Classen, *Burgundio von Pisa. Richter, Gesandter, Übersetzer*, „Sb. d.
Akad. Heidelberg, phil. hist. Kl. 4". Heidelberg 1974 pp. 39−50) und dem Johannes, der ihn
vermutlich kannte (vgl. dazu Kerner, *Log. Struktur* 80 f.), möglicherweise auch eine solches
Digestenstück vermittelt (vgl. etwa Policr. V, 15, ed. Webb I, 346, 10−23); andererseits aber
kann dies auch über Vacarius geschehen (vgl. Classen, *Burgundio* 44), so daß am Ende
immer noch mehr für als gegen die Vermittlerrolle des Vacarius spricht.

[107] Vgl. dazu jetzt Southern, *Master Vacarius* 258 f.

[108] Dafür könnte sprechen, daß er neben Johannes und anderen in den Theobaldurkunden
der 50er Jahre als „Magister" auftritt (vgl. auch Southern, Master Vacarius 282), daß er vor
1154 von König Stephan von Blois ein Lehrverbot erhielt (vgl. Policr. VIII, 22, ed. Webb II,
399, 4−10) und daß er uns schließlich neben dem „Liber Pauperum" noch ein weiteres
Lehrbuch zum römischen Recht, einen Kommentar zu den Institutionen, in Form einer
Schülermitschrift hinterlassen hat (vgl. dazu Stein, *Vacarius* 128 ff.).

[109] Vgl. dazu J. Petersohn, *Normannische Bildungsreform im hochmittelalterlichen England*, „Historische Zeitschrift" 213 (1971) p. 290 mit Anm. 97.

[110] Entheticus maior v. 1649 f., ed. Pepin, Traditio 31 (1975) p. 187 (vgl. Anm. 69).

besaßen[111]. Ist es nun ein bloßer Zufall, wenn in einer frühmittelalterlichen Einleitung zu diesen Institutionen einzelne Stufen spätantiker
Ämterhierarchie mit den Organen des menschlichen Körpers verglichen
werden („princeps" = Haupt, „illustres" = Augen, „spectabiles" =
Hände, „clarissimi" = Brust, „pedanei" = Füße)[112]? Auch Plato scheint
bei dieser Rechtsdiskussion eine Rolle gespielt zu haben. So überliefert
Johannes selbst in Policr. V, 7 ein „dictum Platonis", das einerseits ein im
12. Jahrhundert seltenes Textstück aus den Schlußbüchern des Codex
Iustinianus enthält und andererseits die Notwendigkeit einer wechselseitigen Verbundenheit von Haupt und Gliedern betont[113]. Einen ähnlichen Zusammenhang hat jüngst Kuttner für die bereits erwähnte platonistische Gerechtigkeitsdefinition („iustitia, quae plurimum prodest illi qui
minimum potest") beschrieben, die er nicht allein im Kontext der Ti-
maioskommentare eines Chalcidius oder eines Wilhelm von Conches
wiederfand, sondern eben auch bei den Glossatoren des 12. Jahrhunderts[114].

Wir können zusammenfassen: Obwohl direkte absicherungsfähige Belege für eine unmittelbare Wirkung bestimmter organologischer Bilder der
legistischen Debatte auf den Policraticus fehlen, so gibt es doch Ver-
mutungen, die einen solchen Einfluß nahelegen. Man darf nämlich nicht
übersehen, daß gerade das organologische Hauptstück des Policraticus
nicht allein mit breiten Auszügen aus dem römischen Recht[115] gefüllt,
sondern auch insgesamt stark an die römischrechtliche Terminologie[116]
angelehnt ist. Dies dürfte mehr als ein bloßer Zufall sein und darauf
hinweisen, daß neben der kosmologischen und ekklesiologischen Tradition
auch das römische Recht und dessen Bearbeitung im 12. Jahrhundert das
organologische Denken des Johannes beeinflußt haben. Wenn damit auch
für die wichtige Institutio Traiani immer noch keine eindeutige Herkunfts-
erklärung gefunden ist, so wird doch die Ausgangsfrage zu unseren
Provenienzüberlegungen[117] deutlicher als bisher zu beantworten sein.
Danach ist das Organismusmodell des Johannes im Gegensatz zur Auffassung von Liebeschütz mit Sicherheit mehr als eine bloß ekklesiologische

---

[111] Vgl. James, *Ancient Libraries* 12 (vgl. oben Anm. 57); vgl. auch Kerner, *Log. Struktur*
76f.

[112] Vgl. H. Fitting, *Juristische Schriften des früheren Mittelalters. Aus Handschriften meist
zum ersten Mal herausgegeben und erörtert*, Halle 1876, p. 148, 13—32. Fitting (p. 98) setzt
dieses Stück in die Zeit von Mitte 9. Jh. bis Ende 11. Jh.

[113] Vgl. dazu Kerner, *Log. Struktur* 179 mit Anm. 230a.

[114] Vgl. dazu S. Kuttner, *A Forgotten Definition of Justice*, „Studia Gratiana" 20 (1976)
pp. 96—99.

[115] Vgl. etwa Policr. V, 3—5, 13/4, 16 und VI, 25. Die genauen Entsprechungen zum
römischen Recht sind in der Policr.-Ausgabe von Webb aufgewiesen.

[116] Vgl. dazu etwa die unten Anm. 134 genannte Policr.-Stelle; vgl. auch Kerner, *Log.
Struktur* 179f. mit Anm. 233.

[117] Vgl. oben p. 188f.

Metapher; aus einem Begriff der Heilslehre hätten sich die Gesellschafts-
organologie des Johannes und der Gedanke des Gemeinwesens als einer
natürlichen Lebensform wohl kaum entwickeln lassen. Hier dürfte die
Kosmologie von Chartres den entscheidenden Impuls geliefert haben —
einen Impuls, den Johannes wegen der inhaltlichen Bedenken gegen den
allzu spekulativen und allzu rationalistischen Zug dieser Naturphilosophie
verdeckte und erst in Canterbury im Umkreis der dortigen Rechtsdiskussion wieder aufnahm bzw. in der wahrscheinlich dort gefundenen
ps. plutarchischen Lehrschrift an den Kaiser Trajan bestätigt fand.

Eigenart und Herkunft der Organologie im Policraticus haben zur
Genüge gezeigt, daß sich diese Schrift als ein gelehrter Traktat zu Fragen
der Moral und Politik versteht[118] und von daher in eine schulisch-
wissenschaftliche Debatte gehört, die damals am erzbischöflichen Hof in
Canterbury offenkundig stattfand[119]. Darauf weisen vor allem die dortigen
„eruditi" hin, zu denen nicht nur verschiedene „magistri" wie Vacarius
oder Johannes selbst zählen[120], sondern auch einzelne gelehrte Mönche
des dortigen Kathedralklosters gehören wie der damalige Subprior Brito[121]
oder der wohl theologisch ausgerichtete Odo, später Abt von Battle[122]. In
unserem Zusammenhang aber wird man insbesondere Thomas zu diesem
Kreis rechnen dürfen, der zwar seit 1154/55 als Kanzler mit anderen als
geistigen Aufgaben beschäftigt[123], andererseits aber als Auftraggeber des
Policraticus[124] augenscheinlich immer noch an diesem Kreis orientiert war.
Der Schulbetrieb von Canterbury, die dortige wissenschaftliche Diskus-
sion und vor allem die Widmung an Thomas Becket geben deshalb den
Rahmen ab, in dem Absicht und Bedeutung des Policraticus und seiner
Organologie für die unmittelbare Umwelt des Johannes gesehen werden
müssen. Dies läßt sich am besten an der Person Beckets demonstrieren.
Für ihn, der zum Zeitpunkt der Schlußredaktion des Policraticus im
Sommer 1159 mit einem großen Heer eigener Soldaten und Söldner das

---

[118] Vgl. dazu Kerner, *Log. Struktur* 189–193; vgl. auch C. Morris, *Zur Verwaltungsethik: Die Intelligenz des 12. Jahrhunderts im politischen Leben,* „Saeculum" 24 (1973) pp. 241–250.

[119] Vgl. Saltman, *Theobald* 165 ff. (vgl. oben Anm. 1), R. Foreville, *L'école du Bec et le „studium" de Canterbury aux XI^c et XII^c siècles,* „Bulletin philologique et historique du comité des travaux historiques et scientifiques 1955/56", Paris 1957, p. 370 ff. und dies., *Naissance d'une conscience politique dans l'Angleterre du 12^c siècle,* „Entretiens sur la Renaissance du 12^c siècle", sous la direction de M. de Gandillac et. E. Jeauneau, Paris 1968, pp. 179–208.

[120] Vgl. dazu Elrington, *Entheticus* 124–129 (vgl. oben Anm. 56).

[121] Vgl. zu diesem Brooke (Ed.), *Early Letters* 182, Anm. 10 und James, *Ancient Libraries* 7–12.

[122] *Entheticus maior* v. 1675 f., ed. Pepin, *Traditio* 31 (1975) p. 188 (vgl. Anm. 69). Vgl. auch den Hinweis Webbs in der Policr.-Ausgabe II, 505 auf ein mögliches theologisches Werk Odos.

[123] Vgl. dazu Knowles, *Becket* 30–49 (vgl. oben Anm. 6).

[124] Vgl. zuletzt Kerner, *Log. Struktur* 96–99.

südfranzösische Toulouse belagerte[125], könnten die breiten Ausführungen
über das Leben der Soldaten als der „manus armata" in Policr. VI[126] einen
guten Sinn ergeben. Dieses an Vegetius und Frontin orientierte Soldaten-
bild wird dem Thomas als einem „exercitatus in litteris"[127] wohl kaum als
eine kuriose Gelehrtenweisheit oder antikisierende Verschleierung der
Realität[128] vorgekommen sein, eher schon als eine humanistische Verhaltensorientierung, die mithalf, die Soldaten nicht zu einer „manus
manca" — wie Johannes in Anlehnung an Ps. Plutarch sagt[129] — werden
zu lassen. Deutlicher noch ist der Bezug auf Thomas in den hofkritischen
Partien des Organismusvergleichs. Aus den Becketviten, etwa der des
William FitzStephen, ist uns bekannt, wie sehr Becket den Luxus und
Zeitvertreib des höfischen Lebens schätzte und vor allem die höfische Jagd
liebte[130]. Für Thomas mußten deshalb die Bemerkungen in Policr. V, 10
über die Höflinge als die „latera potestatum", die sich glänzend kleiden,
vorzüglich speisen, oft der Bestechlichkeit erliegen und insgesamt von der
„formula naturae" abweichen würden[131], alles andere sein als eine realitätsferne Gelehrtenweisheit. Wenn sich Becket zudem in der geschilderten
Jagdkritik des Johannes vorwerfen lassen mußte, mit seiner Jagdleidenschaft die göttliche und natürliche Ordnung zu verletzen[132], dann ist
dieser Vorwurf um so brisanter, als wir wissen, wie gerade unter Heinrich
II. das königliche Jagdgebiet erweitert, der Schutz dieser Forsten durch
schwere Strafen gegen Wildfrevel erhöht und die wirtschaftliche Nutzung
des darin liegenden Kulturlandes durch die Bauern erschwert wurde[133].

---

125 Vgl. dazu Knowles, *Becket* 37 f.

126 Policr. VI, 2–19, ed. Webb II, 8–58.

127 Policr. Prol. I, ed. Webb I, 15, 21–24. Diese Einschätzung Beckets durch Johannes
wird auch deutlich, wenn er ihn in Policr. V. 12 (ed. Webb I, 335, 20 ff.) auffordert, für eine
bestimmte Alexanderanekdote mit ihm die Epitome Justins durchzusehen. Ähnlich auch
Policr. VI, 5, ed. Webb II, 16, 8–14.

128 So etwa R. W. Brüschweiler, *Das sechste Buch des ,Policraticus' von Ioannes Saresberiensis (John of Salisbury). Ein Beitrag zur Militärgeschichte Englands im 12. Jahrhundert,*
Zürich 1975, p. 118 u. p. 122.

129 Policr. VI, 19, ed. Webb II, 58, 13 f.

130 Vgl. dazu Knowles, *Becket* 39 ff.

131 Ed. Webb I, 323 ff.; dort heißt es zu Beginn: „Sed et in lateribus, his scilicet qui
principibus debent assistere, haec naturae formula servanda est" (ed. Webb I, 323, 3 f.).

132 Policr. I, 1, ed. Webb I, 19, 9–26: „Sic rationalis creatura brutescit, sic imago creato-
ris quadam morum similitudine deformatur in bestiam, sic a conditionis suae dignitate
degenerat homo, vanitati similis factus . . . Quid eo brutius, qui ex defectu rationis et
impulsu libidinis, dimissis propriis, aliena negotia curat, et non modo negotiis, sed et alienis
otiis iugiter occupatur? Quid eo bestialius, qui omisso officio, de media nocte surgit, ut
sagacitate canum, venatorum industria, studio commilitonum, servulorum fretus obsequio,
temporis et famae iactura, rerum laborisque dispendio, de nocte ad noctem pugnet ad
bestias?"

133 Vgl. dazu die oben Anm. 8 genannte Arbeit von Lindner.

Aber es ist sicherlich nicht Thomas allein, an den sich Johannes mit seiner Organologie und Offizienlehre wenden wollte. Gerade durch die Kanzlerschaft Thomas' war ein geeigneter Weg gegeben, über diesen auch den Herrscher und seine Beamten zu erreichen. An einigen Stellen des Policraticus wird dies auch direkt offenbar. Wenn Johannes beispielsweise bei seinen Bemerkungen über die Provinzvorsteher und Richter auf die Reiserichter seiner eigenen Zeit[134] verweist, diese mit Auszügen aus dem justinianischen Repetundenrecht vor Bestechlichkeit warnen will und dabei meint „utinam audiantur a nostris"[135], dann deutet dies an, wie er seine humanistisch ausgerichtete Darstellung und die zeitgenössische Wirklichkeit miteinander verbunden wissen wollte[136]. Sicherlich wirken dabei für uns heute manche seiner Begriffe lebensfremd und manche seiner Exzerpte überladen. Trotzdem wird man einem solchen Bemühen, das Erfahrungen und Bestrebungen der eigenen Zeit an einer wesentlich antiken Welt ausrichten und artikulieren wollte, nicht vorschnell Realitätsferne oder Verschleierung vorwerfen dürfen[137]. Denn dieses Bemühen, die moralische Orientierung aus und an der Antike gewinnen zu wollen, zeigt sich nicht allein bei Johannes, sondern ist typisch für die Ethik des 12. Jahrhunderts[138], ob man nun die Versuche nimmt, die antike Moralistik eines Cicero, Seneca oder Quintilian in Florilegien zusammenzutragen[139] oder diese in den Unterricht des Triviums bzw. der Philosophie[140] einzubeziehen. Will man den spezifischen Beitrag des Johannes und seiner Organologie in diesem Bestreben kennzeichnen, so wird man sagen müssen, daß er mit seinem Organismusmodell der Verbindung von Politik und Ethik eine theoretische Grundlage gegeben hat, die die mittelalterliche Ordnung zwar nicht säkularisierte[141], wohl aber dem weiteren

---

[134] Policr. V, 16, ed. Webb I, 352, 13–22; vgl. zu den römischrechtlichen Übernahmen aus Dig. 48, 11 und Cod. Iust. IX, 27 die genauen Verweise bei Webb.

[135] Ed. Webb I, 350, 22 f.

[136] Vgl. dazu mit weiteren Hinweisen Kerner, *Log. Struktur* 191 ff.

[137] Vgl. dazu oben Anm. 51 ff. u. 128.

[138] Vgl. ausführlich D. E. Luscombe (Ed.), *Peter Abelard's Ethics*, „Oxford Medieval Texts", Oxford 1971, pp. XV–XXIV.

[139] Vgl. dazu etwa das in der Autorschaft umstrittene (vgl. oben Anm. 66) „Moralium dogma philosophorum", das vor allem Auszüge aus Cicero und Seneca enthält; vgl. J. Holmberg (Hg.), *Das Moralium dogma philosophorum des Guillaume de Conches*, Upsala 1929. Vgl. zu weiteren moralisch ausgerichteten Florilegien des 12. Jhs. Delhaye, *,Grammatica' et ,Ethica'*, RThAM 25 (1958) pp. 85–90 (vgl. oben 63).

[140] Vgl. dazu Elrington, *Entheticus* 129–136 (vgl. oben Anm. 56).

[141] Vgl. dazu etwa J. Spörl, *Grundformen hochmittelalterlicher Geschichtsschreibung. Studien zum Weltbild der Geschichtsschreiber des 12. Jahrhunderts*, München 1935, pp. 98–109; ähnlich auch F. Heer, *Aufgang Europas. Eine Studie zu den Zusammenhängen zwischen politischer Religiosität, Frömmigkeitsstil und dem Werden Europas im 12. Jahrhundert*, Wien-Zürich 1949, pp. 363–374.

politischen Denken durch den aufgewiesenen Zusammenhang von Natur
und Gesellschaft wichtige Impulse vermittelte[142].

---

[142] Eine umfassende Geschichte über Einfluß und Verbreitung des Policraticus im späteren
Ma. und damit eine entsprechende Wirkungsgeschichte seiner Organologie ist noch nicht
geschrieben; vgl. dazu mit weiteren Literaturhinweisen Kerner, *Log. Struktur* 2, Anm. 7. Eine
gute Orientierung über dieses Thema findet sich in der oben Anm. 2 genannten Arbeit
Ullmanns. Danach lassen sich organologische Vorstellungen des Policraticus in den Fürstenspiegeln des 13. Jhs., etwa bei Vinzenz von Beauvais oder Gilbert von Tournai, dann in
juristischen Abhandlungen des 14. Jhs., so bei Lucas de Penna, und schließlich bei Humanisten des 14. und 15. Jhs. (vgl. oben Anm. 2) nachweisen. Wichtige Informationen zur Rezep-
tionsgeschichte des Policraticus finden sich auch bei Berges, *Fürstenspiegel* 291 ff. (vgl. oben
Anm. 5) und insbesondere bei A. Linder, *The Knowledge of John of Salisbury in the Late Middle
Ages*, „Studi Medievali (3ª serie)" 18,2 (1977) pp. 315–366.

# DIE MITTELALTERLICHEN GILDEN: IHRE SELBSTDEUTUNG UND IHR BEITRAG ZUR FORMUNG SOZIALER STRUKTUREN

von Otto Gerhard Oexle (Münster)

## I.

Thema dieses Bandes der ‚Miscellanea Mediaevalia' sind die Kategorien, Begriffe und Schemata, mit deren Hilfe die Menschen im Mittelalter sich soziale Strukturen begreiflich machten. Der vorliegende Beitrag variiert dieses Thema, insofern er nicht nach Kategorien der Erfassung sozialer Strukturen fragt, sondern nach der Formung und Gestaltung der Strukturen von bestimmten Auffassungen her. Diese Umkehrung der Fragerichtung erscheint begründet, weil in den bekannten Schemata der Deutung sozialer Wirklichkeit im Mittelalter[1] in der Regel die kulturellen und sozialen Führungsschichten zu Wort kommen, vor allem Angehörige des Klerus und des Mönchtums. Texte dieser Art gewähren zwar tiefe Einblicke in die soziale Wirklichkeit, da in allen Epochen die Wirklichkeit bestimmt wird von den Auffassungen über sie und von dem aus diesen Auffassungen und Deutungen resultierenden Handeln der Menschen[2]. Andererseits aber lassen die von Klerikern und Mönchen tradierten und konzipierten Schemata andere Schichten, etwa Bauern, Handwerker und Kaufleute, nicht zu Wort kommen. Wir erfahren, wie sie und ihre Arbeit beurteilt, geschätzt oder verachtet wurden. Wir erfahren aber nichts darüber, wie sie sich selbst in ihrem Handeln und ihrer sozialen Stellung interpretiert haben.

Nun gibt es natürlich im früheren und hohen Mittelalter keine als Texte überlieferte Selbstdeutungen von Bauern oder Handwerkern. Aber wir kennen die sozialen Gruppen, in denen sich solche Leute in Form von freien Zusammenschlüssen vereinigt haben: die mittelalterlichen Gilden[3]. Ausgehend von der Gilde als einem morphologisch klar umrissenen Typus sozialer Gruppen im Mittelalter stellen wir hier die Frage nach dem Selbst-

---

[1] Dazu O. G. Oexle, *Die funktionale Dreiteilung der ‚Gesellschaft' bei Adalbero von Laon. Deutungsschemata der sozialen Wirklichkeit im früheren Mittelalter*, „Frühmittelalterliche Studien" 12 (1978) pp. 1–54.

[2] Ebd. p. 7.

[3] Darüber O. G. Oexle, *Gilden als soziale Gruppen in der Karolingerzeit* (Vortrag, gehalten am 16. November 1977 vor der Kommission für die Altertumskunde Mittel- und Nordeuropas der Akademie der Wissenschaften in Göttingen); erscheint in: H. Jankuhn (Hg.), *Das Handwerk in Mittel- und Nordeuropa in vor- und frühgeschichtlicher Zeit*, „Abhandlungen der Akademie der Wissenschaften in Göttingen", Göttingen 1980.

verständnis dieser Gilden, das heißt nach den Normen, die das Zusammenleben der Gildemitglieder bestimmten, und wir fragen dann nach den Folgen, die sich daraus ergaben, daß viele Jahrhunderte lang zahlreiche Menschen nach diesen Normen lebten und aus ihnen Prinzipien individuellen und gemeinsamen Handelns gewannen.

II.

Eine Gilde sei hier definiert als eine geschworene Einung („conjuratio"), also eine durch gegenseitig geleisteten Eid entstandene Personenvereinigung „zu gegenseitigem Schutz und Beistand, zu religiöser und gesellschaftlicher Tätigkeit, sowie zur beruflichen und wirtschaftlichen Förderung ihrer Mitglieder"[4].

Für die derzeit in der mediävistischen Forschung allgemein anerkannte Auffassung, das Phänomen der Gilde stamme aus dem Bereich des Germanentums, gibt es — wie an anderer Stelle gezeigt wurde — keinerlei Beweise[5]. Die ältesten (vorerst) bekannten Gilden begegnen vielmehr im galloromanisch-fränkischen Gebiet in der ersten Hälfte des 6. Jahrhunderts; bei ihnen handelt es sich um Klerikergilden („conjurationes clericorum"). Gilden, in denen wir vorwiegend Laien finden, sind als Ortsgilden seit der zweiten Hälfte des 8. Jahrhunderts im Karolingerreich bezeugt. Diese karolingischen Ortsgilden sind den sozialen Gebilden Dorf, Pfarrei, Grundherrschaft zuzuordnen. Zu ihren Mitgliedern gehörten Männer und Frauen, Freie und Unfreie, aber auch Priester und Kleriker. Laiengilden, die als berufsspezifisch anzusprechen sind, gibt es erst seit dem Beginn des 11. Jahrhunderts in Form der ältesten Kaufmannsgilden auf dem Kontinent.

Selbstzeugnisse der Gilden in Gestalt von Statuten begegnen in England seit dem 10., auf dem Kontinent seit dem 11. Jahrhundert[6]. Für die Jahrhunderte davor muß die Frage nach der Selbstdeutung der Gilden aus

---

[4] Zu dieser Definition Oexle, *Gilden*. Vgl. G. Dilcher, Art. „*Conjuratio*", „Handwörterbuch zur deutschen Rechtsgeschichte" 1, Berlin 1971, Sp. 631—633; K. Kroeschell, *Art. „Einung"*, ebd. Sp. 910—912. Das Zitat im Text nach H. Stradal, *Art. „Gilde"*, ebd. Sp. 1687—1692, Sp. 1688. Das mit diesem Zitat gegebene zweite Element der Definition meint den alle Lebensbereiche umfassenden Charakter der Gilde (s. dazu unten im Text nach Anm. 10); er unterscheidet die Gilde von anderen Erscheinungsformen der „conjuratio".

[5] Darüber und zum Folgenden Oexle, *Gilden* (wie Anm. 3); hier auch die Auseinandersetzung mit der Forschung.

[6] Die englischen Statuten des 10. und 11. Jh. bei B. Thorpe (Hg.), *Diplomatarium Anglicum aevi Saxonici*, London 1865, pp. 605—614. Zur Datierung einiger dieser Texte N. R. Ker, *Catalogue of Manuscripts containing Anglo-Saxon*, Oxford 1957, Nrn. 194, 6, 22, 20. Die ältesten erhaltenen Statuten auf dem Kontinent sind jene der Kaufmannsgilden von Valenciennes (§§ 1—20) und S. Omer, s. unten Anm. 39. Zu erwähnen sind ferner die Statuten der städtischen „fraternitas" von Modena, 11. Jh. (?), bei G. G. Meersseman, *Ordo fraternitatis 1*, „Italia Sacra" 24, Roma 1977, p. 98s.

ganz anderen Zeugnissen beantwortet werden. Dies sind die Gildenverbote und Gildeneinschränkungen der weltlichen und geistlichen Obrigkeit, also Quellen aus dem Bereich königlicher, bischöflicher und synodaler Gesetzgebung. Die Erforschung der Gildengeschichte anhand von Gildeverboten führt gleichwohl zu wichtigen Ergebnissen, weil diese Verbote seit dem 8. Jahrhundert in eindrucksvoller Kontinuität immer wieder auf zwei Phänomene zielen, in denen unschwer zwei konstitutive Elemente des Lebens in den Gilden erkannt werden können: der Gildeeid[7] und das Gildemahl, das gemeinsame Essen und Trinken[8].

Eid und Mahl als konstitutive Faktoren[9] für soziale Gruppen sind dem modernen Menschen fremd. Er neigt deshalb dazu, sie in ihrer Bedeutung für die Sozialgeschichte älterer Epochen zu unterschätzen. Deshalb ist es nützlich, sich vorweg über zwei Grundannahmen des modernen Denkens klar zu werden, die in unserem Zusammenhang zu Fehlurteilen verleiten könnten. Einmal ist hinzuweisen auf die dichotomische Unterscheidung von Beruf und Privatsphäre, von Arbeit und Freizeit, wobei Freizeit und Privatsphäre das Beiwerk darstellen — ein Beiwerk allerdings, das die gesamten kulturellen und sozialen Betätigungen des Individuums, seine Religiosität, seine Freundschaften, seine Geselligkeit zu umfassen hat[10]. Zum anderen mißt modernes Denken dem Bereich des Ökonomischen eine vorangige, ja

---

[7] Verbote des Gildeeids von seiten der weltlichen Obrigkeit bereits im Kapitulare von Herstal (779), dem zahlreiche weitere Verbote im 8. und 9. Jh. folgten, vgl. Oexle, *Gilden* (wie Anm. 3). Aus dem 12. und 13. Jh.: Constitutio pacis von Roncaglia 1158 (MGH Const. 1, p. 246 c. 6–7); Verbot Friedrichs II. von 1219 (*Elenchus fontium historiae urbanae 1*, Leiden 1967, p. 194, Nr. 122 c. 38); Verbot Heinrichs (VII.) von 1231 (MGH Const. 2, p. 413 Nr. 299). Weitere Beispiele bei P. Michaud-Quantin, *Universitas*, „L'Église et l'État au Moyen Age" 13, Paris 1970, p. 225 s. und 240 s. Ein Verbot von seiten der geistlichen Obrigkeit bereits im Konzil von Orléans 538 (MGH Conc. 1, p. 80 c. 24), dazu Oexle, *Gilden* (wie Anm. 3). Aus dem 12. und 13. Jh. die Verbote von „conjurationes" im Dekret (c. 21–25 C. XI q. 1) und bei den Dekretisten und Dekretalisten (vgl. Michaud-Quantin p. 242 s.) sowie in der synodalen Gesetzgebung dieser Zeit: Rouen 1190 (G. Fagniez, *Documents relatifs à l'histoire de l'industrie et du commerce en France 1*, Paris 1898, p. 93 Nr. 119), Toulouse 1229, Valence 1248, Avignon 1282 (Mansi 23, Sp. 203 und 776; Mansi 24, Sp. 443 s.). Vgl. Michaud-Quantin, p. 226 ss. und 241 s., der auch auf die Bedingungen der zahlreichen südfranzösischen Verbote des 13. Jh. hinwies (p. 228 s.).

[8] Vor allem von kirchlicher Seite wurde das Gildemahl zur Begründung von Gildeverboten herangezogen, indem man auf angebliche oder wirkliche Mißstände bei den Mählern hinwies, auf Streit und Trunkenheit, womit man den Vorwurf heidnischer und obszöner Praktiken verband. So schon fränkische Bischöfe des 9. Jh., vor allem Hinkmar von Reims; dazu unten Abschnitt IV dieses Beitrags und ausführlich Oexle, *Gilden* (wie Anm. 3). Aus dem 13. Jh. die Bestimmungen der Synoden von Montpellier 1215, Arles 1234, Cognac 1238 (Mansi 22, Sp. 949 s.; Mansi 23, Sp. 339 und 494 s.).

[9] Zur Bedeutung dieser beiden Elemente bereits F. Kauffmann, *Altdeutsche Genossenschaften*, „Wörter und Sachen" 2 (1910), pp. 9–42, p. 20 und M. Cahen, *Études sur le vocabulaire du vieux-scandinave. La libation*, Paris 1921, p. 62.

[10] Dazu O. Brunner, *Land und Herrschaft*, Wien ⁵1965, bes. pp. 130 ss.; Ph. Ariès, *L'enfant et la vie familiale sous l'Ancien Régime*, Paris ²1973, p. 270 s. Vgl. auch K. Thomas, *Work and Leisure in pre-industrial Society*, „Past and Present" 29 (1964) pp. 50–62.

grundlegende Bedeutung zu. Eine Übertragung dieser Auffassungen auf
ältere Epochen führt zu fragwürdigen Ergebnissen. Die Bedeutung der
mittelalterlichen Gilden ist nur zu erkennen, wenn man sich die Gleich-
rangigkeit der Momente ‚Arbeit‘, ‚Religion‘ und ‚Geselligkeit‘ verdeutlicht
und zugleich die vollkommene gegenseitige Durchdringung aller dieser
Momente im Alltagsleben älterer Epochen erkennt[11]. Das heißt: alle
sozialen Phänomene waren rechtliche, religiöse, kulturelle und ökono-
mische Phänomene zugleich. Bei den Gilden und den einzelnen Elementen
des Lebens einer Gilde handelt es sich also, im Sinne von Marcel Mauss,
um „,totale‘ soziale Phänomene" („phénomènes sociaux ‚totaux‘")[12].

Im letzten Jahrhundert hat dies Otto v. Gierke noch gesehen und deshalb
festgestellt, daß die Gilden „zugleich religiöse, gesellige, sittliche, privat-
rechtliche und politische Ziele" hatten: „ihre Verbindung ergreift den
ganzen Menschen und erstreckt sich auf alle Seiten des Lebens"[13]. Und
treffend charakterisierte, in der Nachfolge Gierkes, Émile Coornaert die
Gilden als „engagées dans toutes les relations humaines, engageant les
hommes tout entiers"[14].

## III.

Bei der Gilde handelt es sich um eine Erscheinungsform der „conjuratio", der geschworenen Einung. Die „conjuratio" ist eines der wichtigsten
Elemente in der assoziativen Bewegung des Mittelalters[15]. Zu den „conjurationes" gehören auch die Kommunen[16]. Aber die Gilde ist wesentlich
älter als die Kommune.

---

[11] Vor allem bei der Erforschung der Handwerkergilden und Zünfte ist man, besonders
wiederum in der deutschen Forschung, allzu lange von einer vorrangigen Betrachtung der
wirtschaftlichen Ziele ausgegangen. Dies ist sozialgeschichtlich falsch. Vgl. dazu R. Ennen,
*Zünfte und Wettbewerb*, „Neue Wirtschaftsgeschichte" 3, Köln-Wien 1971, pp. 5 ss. Die
französische Forschung hat hier klarer gesehen, vgl. die unten Anm. 14 genannte Abhandlung von É. Coornaert sowie J. Heers, *L'Occident aux XIVe et XVe siècles. Aspects économi-
ques et sociaux*, „Nouvelle Clio" 23, Paris 1970, pp. 333 ss. Neuerdings dazu auch K. Köstlin, *Gilden in Schleswig-Holstein*, Göttingen 1976, pp. 34 ss.

[12] M. Mauss, *Essai sur le don* (1923/24), wieder abgedruckt in: Ders., *Sociologie et
anthropologie*, Paris [6]1978, pp. 143–279, p. 147 und 274. Dazu zuletzt R. König, *Émile
Durkheim zur Diskussion*, München-Wien 1978, pp. 278 ss.

[13] O. Gierke, *Das deutsche Genossenschaftsrecht 1: Rechtsgeschichte der deutschen
Genossenschaft*, Berlin 1868, p. 228 und 226.

[14] É. Coornaert, *Les ghildes médiévales (V[c]–XIV[c] siècles)*, „Revue historique" 199
(1948) pp. 22–55 und 208–243, p. 243. Vgl. auch die Bemerkungen von J. Deschamps, *Les
confréries au moyen âge*, Bordeaux 1958, p. 50 s. (ebenfalls im Anschluß an Gierke).

[15] Dies hat neuerdings Michaud-Quantin, *Universitas* (wie Anm. 7) pp. 233–245 besonders herausgearbeitet.

[16] Vgl. G. Dilcher, *Die Entstehung der lombardischen Stadtkommune*, „Untersuchungen
zur deutschen Staats- und Rechtsgeschichte. Neue Folge" 7, Aalen 1967, pp. 142 ss. Analoges
gilt für die nordalpinen Kommunen des 11. Jh., vgl. die unten Anm. 22 genannten Titel.

Der den „conjurationes" zugrunde liegende Eid ist der promissorische Eid, der Gelöbnis- oder Versprechenseid, der den Schwörenden für die Zukunft bindet und sein Handeln bestimmt[17]. Der Eid ist hier der „konstitutive, pflichtenbegründende Akt"[18]. Die Bedeutung des promissorischen Eides in der mittelalterlichen Sozialgeschichte kann kaum hoch genug eingeschätzt werden. Treffend hat Pierre Michaud-Quantin bemerkt: „L'engagement juré constitue un des éléments essentiels de l'organisation sociale au Moyen Age"[19]. Die Struktur der ‚Gesellschaft' im Mittelalter wird zu einem sehr großen Teil gebildet durch ein dichtes Netz geschworener Verpflichtungen, die die Beziehungen der Individuen untereinander schaffen und regeln[20]. Ein promissorischer Eid konnte ‚vertikale', also graduell gegliederte, und ‚horizontale', also paritätische Sozialbindungen begründen. Vertikale Bindungen entstanden zum Beispiel durch den Gefolgschaftseid, den Untertaneneid, den vasallitischen Eid, den Diensteid der Ministerialen. Paritätische Bindungen schuf der gegenseitig geleistete Eid („serment mutuel") in den „conjurationes"[21]. Dieser ist Grundlage der kommunalen Bewegung des 11. und 12. Jahrhunderts[22] und man findet ihn als konstitutives Element auch in der Gottesfriedensbewegung[23]. Hierher gehört der Sache nach auch der spätere Bürgereid[24].

Als die älteste bekannte Form des gegenseitig geleisteten promissorischen Eides ist der Gildeeid anzusehen. Er begegnet bereits bei den Klerikergilden des 6. und 7. Jahrhunderts[25]. Eine Gilde hatte „den letzten Grund ihres Verbundenseins im freien Willen der Verbundenen"[26]. Dies kam in dem gegenseitig geleisteten Eid zum Ausdruck. Der Eid ist, nach den Worten Max Webers, „eine der universellsten Formen aller Verbrüderungsverträge", d. h. aller Formen des Kontrakts[27]. Mit dem Eid

---

[17] A. Erler − U. Kornblum − G. Dilcher, Art. „Eid", „Handwörterbuch zur deutschen Rechtsgeschichte" 1, Berlin 1971, Sp. 861−870, hier Sp. 862 und 866ss.

[18] Dilcher, Art. „Eid" (wie Anm. 17), Sp. 868.

[19] Michaud-Quantin, Universitas (wie Anm. 7), Sp. 233.

[20] Zu diesen Eiden vgl. Dilcher, Art. „Eid" (wie Anm. 17), Sp. 866s. mit den dort angegebenen Titeln. Neuerdings R. Schmidt-Wiegand, Eid und Gelöbnis, Formel und Formular im mittelalterlichen Recht, „Vorträge und Forschungen" 23, Sigmaringen 1977, pp. 55−90.

[21] Über den gegenseitig geleisteten Eid grundlegend Michaud-Quantin, Universitas (wie Anm. 7), pp. 233−245.

[22] So zum Beispiel in Le Mans 1070 (s. unten Anm. 32). Dazu A. Vermeesch, Essai sur les origines et la signification de la commune dans le Nord de la France, „Études présentées à la Commission Internationale pour l'histoire des assemblées d'États" 30, Heule 1966, pp. 81ss.; J. Deeters, Die Kölner coniuratio von 1112, „Mitteilungen aus dem Stadtarchiv von Köln" 60 (1971) pp. 125−148, p. 138s.

[23] Dazu Th. Körner, Iuramentum und frühe Friedensbewegung (10.−12. Jahrhundert), „Abhandlungen zur rechtswissenschaftlichen Grundlagenforschung" 26, Berlin 1977, pp. 97ss.

[24] W. Ebel, Der Bürgereid, Weimar 1958.     [25] Dazu Oexle, Gilden (wie Anm. 3).

[26] Gierke, Rechtsgeschichte (wie Anm. 13), p. 221.

[27] M. Weber, Wirtschaft und Gesellschaft. Studienausgabe, Tübingen ⁵1972, p. 402. Über die geschworene Einung (conjuratio) als Vertrag: Kroeschell, Art. „Einung" (wie Anm. 4), Sp. 910s.

konstituiert sich eine soziale Gruppe gegenüber ihrer Umwelt. Der Eid bewirkt aber auch, und das ist noch bedeutsamer, eine Wandlung des Einzelnen und seines gesamten Verhaltens, „eine Veränderung der rechtlichen Gesamtqualität, der universellen Stellung und des sozialen Habitus"[28]. Deshalb hat jede „conjuratio" einen grundsätzlich oppositionellen, ja revolutionären Charakter[29]. Dies wiederum ist der Grund dafür, daß sich Verbote der Gilden als Verbote des Gildeneids in langer Reihe durch die mittelalterliche Geschichte ziehen. In diesen Texten werden die Wörter „conjuratio" und „conspiratio" in diffamierender Absicht oft synonym verwendet[30]. Der Eid schuf hier einen besonders wirkungsmächtigen Typus unter den „künstlichen Verwandtschaften", deren außerordentliche Bedeutung in der mittelalterlichen Geschichte jüngst Karl Hauck hervorgehoben hat[31].

Die durch den Gildeneid verbundenen Personen sind untereinander Gleiche, „pares"[32]. Auch wenn im frühen und hohen Mittelalter ein allgemeiner sozialpolitischer Begriff der Gleichheit unbekannt gewesen sein mag, so darf man doch nicht übersehen, daß das Prinzip der Gleichheit innerhalb konkreter sozialer Gruppen normgebend gewirkt hat.

Bemerkenswert ist diese Gleichheit auch im Blick auf die Mitgliedschaft von Frauen, die schon für die Ortsgilden des 9. Jahrhunderts nachgewiesen werden kann[33]. Die Mitgliedschaft von Frauen war in den mittelalterlichen Gilden offenbar keine Seltenheit; sie ist jedenfalls häufiger, als man zunächst anzunehmen geneigt ist[34]. Für die Bruderschaften hat

---

[28] Weber, *Wirtschaft und Gesellschaft*, p. 401.

[29] Dazu auch die Bemerkungen von Dilcher, *Stadtkommune* (wie Anm. 16), p. 86 und 151.

[30] Michaud-Quantin, *Universitas* (wie Anm. 7), pp. 129ss.; Oexle, *Gilden* (wie Anm. 3).

[31] K. Hauck, *Formes de parenté artificielle dans le Haut Moyen Age*, in: G. Duby – J. Le Goff (Hgg.), *Famille et parenté dans l'Occident médiéval*, „Collection de l'École Française de Rome" 30, Roma 1977, pp. 43–47, p. 43.

[32] Das läßt sich schon für das 9. Jh. nachweisen: Oexle, *Gilden* (wie Anm. 3). Die aus dem wechselseitigen Eid resultierende Gleichheit zeigt auch die Bildung der Kommune von Le Mans 1070, G. Busson – A. Ledru (Hgg.), *Actus pontificum Cenomannis in urbe degentium*, Le Mans 1901, p. 377s.

[33] Vgl. Oexle, *Gilden* (wie Anm. 3).

[34] Über eine burgundische Gilde um 1000, der Kleriker, Laien und „nobiles feminae matronae" angehörten: Meersseman, *Ordo 1* (wie Anm. 6), p. 85. Zur Mitgliedschaft von Frauen in englischen Gilden vgl. die Gildeliste von St. Peter/Exeter (um 1100) bei Thorpe, *Diplomatarium* (wie Anm. 6) p. 608–610. Bekannt ist das Phänomen von den dänischen Gilden des 12. und 13. Jh., vgl. z. B. die Statuten der Knudsgilde von Flensburg (c. 34, 36, 44, 45, 50 u. ö.) bei M. Pappenheim, *Die altdänischen Schutzgilden*, Breslau 1885, pp. 441–453; die Erläuterungen des Sachverhalts bei Pappenheim pp. 48ss. sind gequält, weil P. die Gilde aus der germanischen Blutsbrüderschaft ableitete und deshalb die Mitgliedschaft von Frauen nur „als ein der Gilde nicht wesentliches . . . Accedens" (p. 49) betrachten konnte, in dem sich kirchlicher Einfluß (!) zeige (p. 53s.). Die Mitgliedschaft von Frauen in der „fraternitas" der Kölner Drechsler ergibt sich aus c. 4 der um 1180 bestätigten Statuten: H. von Loesch, *Die Kölner Zunfturkunden 1*, „Publikationen der Gesellschaft für rheinische Geschichtskunde" 22, Bonn 1907, p. 34 Nr. 13.

Gabriel Le Bras festgestellt, daß der Ausschluß der Frauen die Ausnahme darstellt[35]. Was die Regel war, beweisen die Mitgliederlisten städtischer „fraternitates" schon für das 11. Jahrhundert[36].

Die auf den gegenseitig geleisteten Eid gegründete Gilde war ein geschworener Rechts- und Friedensbereich[37]. Bei allen „conjurationes" verpflichten sich die Schwörenden, untereinander eine bestimmte Rechts- und Friedensordnung einzuhalten und nach außen zu verteidigen[38]. Der Begriff des Friedens, der in Gildestatuten bedeutungsvoll erörtert wird[39], meint dabei zunächst die Abwesenheit von Gewalt. Deshalb spielt die Vermeidung, Lösung und Bestrafung von Streitigkeiten und Verfehlungen in den Gildestatuten stets eine große Rolle[40], deshalb wird das Tragen von Waffen im Gildehaus, aber auch das Mitbringen von Verwandten, Fremden, Dienern oder Kindern zur Gildeversammlung verboten[41]. Friede ist aber zugleich sehr viel mehr: Friede ist hier immer auch ein „sozialer Begriff", der „eine bestimmte Form des menschlichen Zusammenlebens", „ein Verhältnis gegenseitiger Verbundenheit in Tat und Gesinnung" kennzeichnet[42].

Dem entspricht es, daß die „conjuratio" Ursprung einer besonderen Form des Rechts wurde. Die geschworene Einung ist, wie erwähnt, ein Kontrakt zwischen einzelnen Rechtssubjekten. Daraus resultiert die ‚Willkürung' als ein rechtliches Gebilde eigener Art[43]. Der Begriff der ‚Willkür' meint das ‚gemachte', das gesetzte, das statuarische Recht. ‚Willkür' ist

---

[35] G. Le Bras, *Les confréries chrétiennes* (1940/41), wieder abgedruckt in: Ders., *Études de sociologie religieuse*, 2, Paris 1956, pp. 423–462, hier p. 440. Durch das Moment der Parität (s. oben Anm. 32) und durch die Mitgliedschaft von Frauen erscheint die Gilde in scharfem Gegensatz zu der „société masculine, sinon virile, et aristocratique", wie sie durch die Vasallität geschaffen wird; dies Zitat nach J. Le Goff, Le rituel symbolique de la vassalité (1976), wieder abgedruckt in: Ders., *Pour un autre Moyen Age*, Paris 1977, pp. 349–420, p. 381.

[36] Vgl. die Namenlisten der „fraternitas" aus Modena und der „societas sancti Mauricii" aus Tours (dieser Abdruck mit zahlreichen Fehlern und Versehen) bei Meersseman, *Ordo 1* (wie Anm. 6), p. 98s. und 101–105.

[37] Vgl. Dilcher, Art. „Conjuratio" (wie Anm. 4) und Kroeschell, Art. „Einung" (wie Anm. 4).

[38] Deeters, *Die Kölner coniuratio* (wie Anm. 22), p. 140.

[39] So etwa im ersten Abschnitt der Statuten der Kaufmannsgilde von Valenciennes: H. Caffiaux, *Mémoire sur la charte de la frairie de la halle basse de Valenciennes (XI^c et XII^c siècles)*, „Mémoires de la Société Nationale des Antiquaires de France" 38 (1877) pp. 1–41, § 1 p. 25. Über das Gebot der Friedensherstellung vor Eintritt in die Gilde § 17 p. 30. Vgl. ferner die Statuten der Gilde von S. Omer: G. Espinas – H. Pirenne, *Les coutumes de la gilde marchande de Saint-Omer*, „Le Moyen Age" 14 (1901) pp. 189–196, § 4 p. 193.

[40] Valenciennes §§ 5–7 p. 28; S. Omer §§ 8–12 p. 193s., § 15 p. 194. Vgl. auch die Statuten der englischen und dänischen Gilden (wie oben Anm. 6 und 34).

[41] Valenciennes § 4 p. 28; S. Omer §§ 5 und 7 p. 193, § 26 p. 196.

[42] W. Janssen, Art. „Friede", „Geschichtliche Grundbegriffe" 2, Stuttgart 1975, pp. 543–591, p. 543.

[43] Zum Folgenden W. Ebel, *Die Willkür*, „Göttinger rechtswissenschaftliche Studien" 6, Göttingen 1953. Die Zitate hier p. 7 und 64.

eine „Satzung mit Gesetzescharakter, als Recht mit örtlich (oder personell) begrenzter Geltung" (W. Ebel), in dem eine Personengruppe Angelegenheiten ihres Lebenskreises verbindlich regelt und sich zugleich dieser Regelung unterwirft. Es handelt sich um ein „Sonderrecht" der Gildemitglieder, dem sich Hinzutretende durch ihren Eid anschlossen. So konnte gewillkürtes Recht den Wechsel der Generationen überdauern. In seiner berühmten Beschreibung der Kaufmannsgilde von Tiel am Niederrhein, damals dem wichtigsten Platz im Handel zwischen Köln und London, hat der Mönch Alpert von Metz um 1020 mit scharfem Blick festgestellt, was ihm an diesen Kaufleuten unerhört erschien: „judicia non secundum legem set secundum voluntatem decernunt", in Rechtssachen halten sie sich nicht an das (objektive) Recht, sondern sie entscheiden nach Willkür, das heißt: nach ihrer eigenen Satzung[44]. Daß die Wendung „secundum voluntatem", nach Willkür, in der Gegenüberstellung von „lex" und „voluntas" eine zweite, diffamierende Bedeutung bekommt, ist natürlich Absicht des Autors. Dieses Gebilde der bewußten Rechtssetzung, des von Menschen gemachten Rechts, das uns hier in den Gilden entgegentritt, wurde — wie man weiß — eine wichtige Grundlage des modernen Rechts[45].

Geschworene Einungen haben auch ihre eigene Gerichtsbarkeit[46]. Die Gerichtsbarkeit der Gilden, bereits in karolingischer Zeit bezeugt[47], wahrte den Gildefrieden sowohl im Blick auf Verstöße gegen diesen Frieden als auch im Hinblick auf zivilrechtliche Streitigkeiten der Mitglieder untereinander[48].

Von großer Bedeutung war außerdem die Verteidigung der Friedens- und Rechtsordnung nach außen. Sie umfaßte zunächst die Verteidigung des einzelnen Mitglieds gegen Angriffe Dritter; hierher gehört die aus den

[44] Alpert von Metz, *De diversitate temporum* II, 20, hg. von A. Hulshof, „Werken uitgegeven door het Historisch Genootschap. Derde Serie" 37, Amsterdam 1916, p. 50. Vgl. K. Kroeschell, *Deutsche Rechtsgeschichte 1*, Reinbek 1972, p. 120 s. Dazu etwa auch das Verbot städtischer Konsuln in der Provence durch Friedrich II. 1226 (MGH Const. 2, p. 140 Nr. 108).

[45] Kroeschell, Art. „*Einung*" (wie Anm. 4), Sp. 912. Bei den ältesten erhaltenen Statuten von Kaufmannsgilden des 11. Jh. handelt es sich unstreitig um autonome Satzungen; dazu richtig Caffiaux, *Valenciennes* (wie Anm. 39), p. 11. Über die Willkür im Zunftrecht F. Dieling, *Zunftrecht*, „Heidelberger rechtswissenschaftliche Abhandlungen" 15, Heidelberg 1932, pp. 10 ss.

[46] Über die Gildengerichtsbarkeit einige Bemerkungen bei H. Krause, *Die geschichtliche Entwicklung des Schiedsgerichtswesens in Deutschland*, Berlin 1930, p. 20 s. Über die autonome Gerichtsbarkeit der Kommunen des 11. Jh. Vermeesch, *Essai* (wie Anm. 22) pp. 142 ss. und 153 ss.

[47] Darüber Oexle, *Gilden* (wie Anm. 3).

[48] Die Kompetenz des Gildegerichts für zivilrechtliche Streitigkeiten ergibt sich z. B. aus den §§ 2, 3 und 23 der Statuten von S. Omer (wie Anm. 39, p. 193 und 195). Anders P. Spieß, *Art. „Kaufmannsgilde"*, „Handwörterbuch zur deutschen Rechtsgeschichte" 2, Berlin 1978, Sp. 687—964, Sp. 689.

Statuten englischer und dänischer Gilden bekannte Rachepflicht der Gildegenossen[49]. Die Verteidigung der gesetzten Friedensordnung ist aber auch
umfassender ausgeübt worden. Ortsgilden des 9. Jahrhunderts kämpften
gegen Raub und Plünderung und organisierten sich zur Abwehr äußerer
Feinde, zum Beispiel der Normannen[50]. Sie dienten also der Sicherung
‚öffentlicher‘ Ordnung. Die nordfranzösischen Kommunen des 11. Jahrhunderts haben in vergleichbarer Situation analoge Aufgaben an sich
gezogen[51].

Oberstes Organ der Gilde ist die Gesamtheit der Mitglieder, die
Gildeversammlung, vielfach zusammengerufen von einer Glocke, in der
zugleich die „conjuratio" symbolisiert wird[52]. Die Versammlung wählt
den oder die Vorsteher und die Mitglieder des Gildegerichts[53]. Es begegnet hier also schon sehr früh die Rechtsfigur der Delegation[54], die in
diesem Fall nicht aus gelehrter Theorie, sondern aus konkreten Alltags-
situationen erwächst. Bemerkenswert an den Wahlen in der Gilde ist zum
einen die übliche Begrenzung der Amtsphase, die einen ständigen Wechsel
ermöglichte. Bemerkenswert ist zum anderen, was beim Vergleich mit
Königs-, Papst-, Bischofs- und Abtwahlen deutlich wird: daß die Wahlen
in der Gilde keinen transzendenten Charakter haben. Die Statuten der
Kaufmannsgilde von Valenciennes bestimmen, daß der Gewählte, wenn er
die Wahl ablehnt, mit der hohen Buße von fünf Schilling bestraft und bei
anhaltender Weigerung aus der Gilde ausgeschlossen wird[55]. Dies ist die
härteste mögliche Strafe; sie bedeutete in diesem Fall die Zerstörung der
Existenz. An dieser Schärfe der Sanktion wird der Charakter des ganzen
Wahlvorgangs sichtbar. Er bringt den Willen der Gildemitglieder zum
Ausdruck, er ist aber nicht Ausdruck eines höheren, des göttlichen
Willens, wie das bei einer Königs- oder Bischofswahl nach Auffassung der

[49] Vgl. die Statuten der Gilde von Cambridge (um 1000) bei Thorpe, *Diplomatarium*
(wie Anm. 6), p. 611; die Statuten der Knudsgilde von Flensburg (um 1200) c. 1, Pappenheim, *Schutzgilden* (wie Anm. 34) p. 441; ebenso in anderen dänischen Gildesatzungen.
[50] Dazu Oexle, *Gilden* (wie Anm. 3).
[51] Dazu Vermeesch, *Essai* (wie Anm. 22), p. 147s. und 153ss.; Deeters, *Die Kölner
coniuratio* (wie Anm. 22), p. 140s.
[52] Für die Kaufleutegilde von S. Omer hat diese Funktion die Glocke des Klosters, die
vom „custos Sancti Audomari" geläutet wird (Statuten, wie Anm. 39, § 22 p. 195). Zur
Bedeutung der Glocke bei „conjurationes" sehr anschaulich die ‚Carta pacis‘ der Kommune
von Valenciennes a. 1114 (MGH SS 21, pp. 605–610). Das Verbot des Läutens der Glocke
kommt demnach einem Verbot der „conjuratio" gleich, s. das Verbot der Kommune von
Cambrai durch Friedrich II. und Heinrich (VII.) 1226 (MGH Const. 2, p. 135 Nr. 106 und
p. 408s. Nr. 292/93). Zur Glocke als Gildesymbol auch Michaud-Quantin, *Universitas* (wie
Anm. 7), p. 149 und 297s.
[53] Vgl. Valenciennes (wie Anm. 39) §§ 12 und 13 p. 29 und S. Omer (wie Anm. 39) §§ 4
und 15 p. 193s.
[54] Vgl. Michaud-Quantin, *Universitas* (wie Anm. 7), p. 309s. und 324.
[55] Valenciennes (wie Anm. 39) § 14 p. 29. Eine ebenso scharfe Bestimmung in der
Satzung der Kommune von Valenciennes a. 1114 (MGH SS 21, p. 609).

Beteiligten der Fall ist[56]. Die Wahl in der Gilde war nicht mehr, freilich aber auch nicht weniger als ein Konsens der Mitglieder, die einem der Ihren Leitungsbefugnisse auf Zeit übertrugen.

## IV.

Die Statuten einer Gilde wurden beim gemeinsamen Mahl verlesen; denn das gemeinsame Essen und Trinken führte die Mitglieder regelmäßig zusammen — so bewirkte es eine stete Erneuerung der geschworenen Einung[57]. Die konstitutive Bedeutung des Gildemahls zeichnet sich in den Quellen in doppelter Weise ab: zum einen in der Ausführlichkeit, mit der in vielen Statuten dieses Thema behandelt wird, zum anderen in den eindringlichen Warnungen und Verboten in der kirchlichen Gesetzgebung und bei kirchlichen Autoren seit dem 8. Jahrhundert[57a].

Bei diesen kirchlichen Verboten ging es indessen nicht nur um das Essen und Trinken selbst, sondern auch um die mit dem Mahl verbundenen Formen der Geselligkeit, um Spiel und szenische Vorführungen, um das Erzählen und Singen von „fabulae" und „carmina rustica", Lieder in der Volkssprache, um das Tanzen und Maskentragen. In der Forschung werden diese Formen der Geselligkeit in den Gilden generell als Beweise für den „heidnisch-kultischen Charakter" der Gilden des früheren Mittelalters interpretiert[58]. Es wird sogar angenommen, daß noch die kirchlichen Verbote des 12. und 13. Jahrhunderts wirkliche Spuren vorchristlichen Heidentums in den Gilden bekämpft hätten[59]. Wie an anderer Stelle gezeigt werden konnte, halten solche Interpretationen der methodischen Kritik nicht stand[60]. Denn diese kirchlichen Verbote stehen in einem biblisch begründbaren, in der patristischen Zeit ausgeformten und seither tradierten Kontext negativer Einstellungen zum Essen und Trinken, zu

---

[56] Vgl. dazu die treffenden Feststellungen von H. Keller über die Wahlen in den italienischen Kommunen: *Die Entstehung der italienischen Stadtkommunen als Problem der Sozialgeschichte*, „Frühmittelalterliche Studien" 10 (1976) pp. 169–211, p. 179s. Ebenso auch Dilcher, *Stadtkommune* (wie Anm. 16), p. 149 und W. Ullmann, *The Individual and Society in the Middle Ages*, Baltimore 1966, p. 57s.

[57] J. Heers, *Fêtes, jeux et joutes dans les sociétés d'Occident à la fin du Moyen Age*, Montréal-Paris 1971, pp. 77ss. bes. pp. 86ss. Vgl. auch die pointierten Bemerkungen von G. Simmel, *Soziologie der Mahlzeit* (1910), wieder abgedruckt in: Ders., *Brücke und Tür*, Stuttgart 1957, pp. 243–250, p. 245.

[57a] Vgl. oben Anm. 8.

[58] So z. B. bei Coornaert, *Ghildes* (wie Anm. 14), pp. 31ss. und bei J. Dhondt, *Das frühe Mittelalter*, „Fischer Weltgeschichte" 10, Frankfurt a. M. 1968, pp. 118–121 und 303s.; ebenso R. Sprandel im „Handbuch der deutschen Wirtschafts- und Sozialgeschichte" 1, Stuttgart 1971, p. 128 (hier das Zitat im Text). Ein Überblick über die ausgedehnten Forschungskontroversen mit weiteren Nachweisen bei Oexle, *Gilden* (wie Anm. 3).

[59] Deschamps, *Confréries* (wie Anm. 14) pp. 59ss. und 79.

[60] Zum Folgenden Oexle, *Gilden* (wie Anm. 3).

profaner Geselligkeit, zu Spiel und Unterhaltung. Diese Verbote sagen deshalb vor allem etwas über die Wirksamkeit dieser Tradition, die das ganze Mittelalter hindurch und darüber hinaus eine höchst folgenreiche Geltung genoß. „Non orationibus, sed ebrietatibus serviunt", hatte Alkuin den Gilden seiner Zeit vorgeworfen[61]; darin ist impliziert der Vorwurf heidnischer Praktiken und einer fragwürdigen Moral. Er kehrt immer wieder: etwa wenn Alpert von Metz die Tieler Kaufleute der sittlichen Verworfenheit beschuldigt[62], wenn Anselm von Canterbury oder Giraldus Cambrensis Kleriker und Mönche vor der Teilnahme an Gildemählern warnen, wenn Robert de Courçon sich mit den Mählern der Magister und Studenten in Paris befaßt[63] – oder bei Martin Luther, der seine Verurteilung der Bruderschaften mit dem Hinweis auf deren „heidnisches, ja säuisches Wesen" begründete[64]. Erst wenn diese Urteile über Heidentum und „säuisches Wesen" der Gilden als Vorurteile mit ferner, traditionsbedingter Prägung erkannt sind und nicht als Aussagen über soziale Wirklichkeit mißverstanden werden, kann man einmal die profane kulturelle Bedeutung der Gilden sichtbar machen und können zum anderen die hinter der Gildebildung stehenden religiösen Momente erfaßt werden.

Die kulturelle Bedeutung der Gilden bestand darin, daß sie Träger von Gattungsformen der volkssprachigen ‚Literatur' waren, von Lied, szenischer Aufführung und Predigt[65]. Letztere eröffnet den Blick auf die Gilde als religiöse Vereinigung.

Das gemeinsame Essen und Trinken ist aufs engste verbunden mit Gottesdienst und Almosenspendung[66]. Deshalb sind häufig Gildestatuten und Namenlisten der Mitglieder in liturgischen Büchern aufgezeichnet worden[67]. Eine besondere Form des Gildemahls war

---

[61] Ep. Nr. 290 (MGH Epp. 4, p. 448).

[62] *De diversitate temporum* II, 20 (wie Anm. 44).

[63] Anselm von Canterbury ep. II, 7 (Migne PL 158, Sp. 1154s.); Giraldus Cambrensis, *Gemma ecclesiastica* II, 19, hg. von J. S. Brewer, „Giraldi Cambrensis opera" 2, London 1862, pp. 255ss., bes. 258ss.; Robert de Courçon: H. Denifle – Ae. Chatelain (Hgg.), *Chartularium universitatis Parisiensis 1*, Paris 1899, p. 79 Nr. 20. Die Interpretation dieses Textes bei Ariès, *La vie familiale* (wie Anm. 10), p. 269 und 278 übersieht die lange Tradition derartiger Verbote und Einschränkungen.

[64] Martin Luther, *Von den Bruderschaften* (1519) (WA 2, 1884, p. 754). Zur Relativierung der Reformation als Grenze in der Gildengeschichte Köstlin, *Gilden* (wie Anm. 11), pp. 63ss.

[65] Dazu die Hinweise von Deschamps, *Confréries* (wie Anm. 14), pp. 103ss. und von Heers, *Fêtes* (wie Anm. 57), pp. 88ss. und 141ss. Über Predigt durch Laien in den Gilden und Bruderschaften G. G. Meersseman, *Ordo fraternitatis 3*, „Italia Sacra" 26, Roma 1977, pp. 1273–1289.

[66] Vgl. z.B. die Statuten von Valenciennes (wie Anm. 39) § 4 p. 27s.

[67] Dazu die Angaben bei Ker (wie Anm. 6). Die Namenliste der „fraternitas" von Modena (wie Anm. 6) wurde in einem Nekrolog, die Liste der Gilde aus Tours (wie Anm. 6 und 36) in einem Sakramentar aufgezeichnet.

das Totenmahl[68]. Totenkult und Totenmahl bedeuteten nicht nur gegenseitigen Beistand über den physischen Tod hinaus, sondern wurzelten im Gedanken der wirklichen Anwesenheit der erinnerten Personen: in
der Nennung seines Namens im Kreis der Lebenden wird der Tote
gegenwärtig[69]. Deshalb bewirkt die Totenmemoria eine stete Erneuerung
und Selbstvergewisserung einer sozialen Gruppe. Mit anderen Worten: sie
ist bedeutsam für die Dauer der Gruppe in der Zeit und für ihr Wissen von
ihrer eigenen Geschichte. Daraus erklärt sich die modernen Historikern
oft so befremdliche Ausführlichkeit[70], mit der – gemessen am sonstigen
Inhalt – etwa in frühen Zunfturkunden des 12. Jahrhunderts oder in den
sogenannten ‚Statuten‘ des Robert de Courçon die Formen und Pflichten
des Totengedächtnisses geregelt werden[71].

Von allergrößtem Gewicht in der Geschichte der Gilden ist die Tatsache, daß schon seit der Karolingerzeit den vorwiegend aus Laien
gebildeten Gilden immer auch Kleriker und Priester angehörten. Die
Gilden hatten ihre eigenen religiösen Begehungen. Die Gilde bildet
deshalb eigentlich immer eine Parallele, ja sogar eine Alternative zur kirchlichen Pfarrei. Man könnte sagen: die Gilden waren Gemeinden, die auf
Konsens beruhten[72] und die dadurch im Kontrast standen zu den durch
kirchliche Einteilung und Anordnung geschaffenen Pfarreien. Treffend ist,
darüber hinaus, der Hinweis von Rolf Zerfaß, daß man in den Gilden,
„unabhängig vom überlieferten Sprengelsystem und durch Überwindung
der Passivität, zu der es den Laien verurteilte“, zumindest „ein Stück weit
die urchristliche Gemeindeidee“ verwirklicht hat[73]. Diesen Hinweis ernst
nehmen bedeutet, die Jahrhunderte dauernde Geschichte der Gilden zu
verstehen als Teil der Geschichte der religiösen Laienbewegung des Mittelalters.

Dabei stellt sich dann die Frage nach dem Verhältnis von Gilde und
Häresie. In einer erst noch durchzuführenden Untersuchung wäre zu
prüfen, in welchem Umfang bei häretischen Gruppen der Gildentypus als
Organisationsform verwendet wurde[74] oder in welchem Umfang zu-

---

[68] Über Gildemähler als Totenmähler in der Karolingerzeit Oexle, *Gilden* (wie Anm. 3).

[69] Darüber O. G. Oexle, *Memoria und Memorialüberlieferung im früheren Mittelalter*,
„Frühmittelalterliche Studien“ 10 (1976) pp. 70–95, bes. pp. 79ss.

[70] Dazu eine pointierte Bemerkung bei Michaud-Quantin, *Universitas* (wie Anm. 7),
p. 265 Anm. 78.

[71] Vgl. etwa die Urkunde der Kölner Drechsler, um 1180 (wie oben Anm. 34). Robert de
Courçon: wie oben Anm. 63.

[72] Vgl. Le Bras, *Confréries* (wie Anm. 35), p. 454, der die Bruderschaft als „une paroisse
consensuelle“ bezeichnet.

[73] R. Zerfaß, *Der Streit um die Laienpredigt*, „Untersuchungen zur praktischen Theologie“ 2, Freiburg i. Br. 1974, p. 208.

[74] Die Gruppe um den Ketzer Tanchelm 1112/15 in den Niederlanden wird in dem
Schreiben des Utrechter Domklerus als „fraternitas quaedam, quam gilda vulgo appellant“
bezeichnet (Ph. Jaffé, *Bibliotheca rerum Germanicarum 5*, Berlin 1869, p. 298). Diese
Bemerkung kann die Sozialstruktur der Gruppe bezeichnen, sie kann aber auch in rein diffa-

mindest Analogien in Zielsetzung und Struktur zwischen Gilden und häretischen Gruppen bestanden haben[75]. Vertreter der Orthodoxie und der Amtskirche haben jedenfalls immer wieder einen solchen Zusammenhang zwischen häretischen „conventicula" und Gilden hergestellt[76].

Geistige Norm der Gilden war die „fraterna dilectio", der Gedanke der christlichen Brüderlichkeit, die sich im gemeinsamen Mahl immer wieder erneuerte. Daß auch die geschworenen Einungen der Kommunen in dem Gedanken der Brüderlichkeit, der Liebes- und Friedensgemeinschaft wurzelten, hat Hagen Keller jüngst herausgearbeitet[77]. Bereits in den Klerikergilden des 6. und 7. Jahrhunderts war das Ziel: „caritas"[78]. Darunter verstand man sicherlich in erster Linie die dem Gildegenossen erwiesene, daneben aber auch die Außenstehenden gewährte „caritas". Die den Brüdern in der Gilde zu leistende Verpflichtung war umfassend[79]; sie galt in allen nur möglichen Situationen des Alltagslebens, vor allem in Notlagen wie Brand und Schiffbruch, Verarmung, Krankheit und Gefangenschaft, sie umfaßte Hilfe bei einer Pilgerfahrt[80] und vor Gericht, in allen Gefahren „innen landes og uden landes", wie es in den Statuten der Flensburger Knudsgilde heißt[81]. Die Orientierung am christlichen Brüderlichkeitsgedanken wird in Statuten oft ausgesprochen. Geradezu programmatisch erscheint sie in den Statuten der Kaufmannsgilde von Valenciennes, die den Namen „Caritas" trägt[82]; ganz unbefangen wird hier das umfassende Liebesgebot Jesu (hier in der Fassung nach Joh. 13, 34) auf diese eine bestimmte Gruppe von Menschen bezogen[83]. Zugleich aber fehlt nicht der Hinweis auf die Pflicht zur Mildtätigkeit gegenüber Nicht-Mit-

---

mierender Absicht gewählt worden sein. Sehr deutlich ist die Gildenstruktur bei den Flagellanten-Gruppen des 14. Jh., vgl. dazu die Hinweise bei A. Hübner, *Die deutschen Geißlerlieder*, Berlin-Leipzig 1931, pp. 13ss.

[75] Über die Analogien zwischen ‚Sekten' und ‚Bruderschaften' einige Bemerkungen bei Deschamps, *Confréries* (wie Anm. 14), pp. 180ss.

[76] Dazu Hinweise bei Zerfaß, *Laienpredigt* (wie Anm. 73), pp. 156ss. und 207ss. Sehr deutlich wird der Zusammenhang z. B. in dem Verbot der Flagellanten-„societates" und -„conventicula" durch Papst Clemens VI. vom 20. 10. 1349, s. P. Fredericq, *Corpus documentorum inquisitionis haereticae pravitatis neerlandicae 1*, Gent-s'Gravenhage 1889, pp. 199–201 Nr. 202.

[77] Keller, *Stadtkommunen* (wie Anm. 56), p. 204; Ders., *Einwohnergemeinde und Kommune: Probleme der italienischen Stadtverfassung im 11. Jahrhundert*, „Historische Zeitschrift" 224 (1977) pp. 561–579, bes. pp. 570ss.

[78] Dazu Oexle, *Gilden* (wie Anm. 3).

[79] Für die karolingischen Gilden vgl. Oexle, *Gilden*. Für die englischen und dänischen Gilden die Texte bei Thorpe (wie Anm. 6) und Pappenheim (wie Anm. 34).

[80] So in den Statuten der Gilde von Exeter (1. H. 10. Jh.), Thorpe, *Diplomatarium* (wie Anm. 6), p. 614.

[81] Pappenheim, *Schutzgilden* (wie Anm. 34), p. 441.

[82] Valenciennes (wie Anm. 39) § 1 p. 255. Zum Namen dieser Gilde vgl. § 6 p. 28. Zu Gilde = „caritas" allgemein Michaud-Quantin, *Universitas* (wie Anm. 7), p. 197.

[83] Kritik an diesem Sachverhalt enthält schon das Verbot der Klerikergilden von Orléans 538, dazu Oexle, *Gilden* (wie Anm. 3).

gliedern[84]. Soziale Hilfe gegenüber bedürftigen Dritten war schon den
karolingischen Gilden so selbstverständlich, daß Hinkmar von Reims den
Versuch unternehmen konnte, die Gilden seiner Erzdiözese durch Beschränkung u. a. auf ihren karitativen Tätigkeitsbereich einzugrenzen, sie
in den Pfarreien angeschlossene Wohltätigkeitsvereine zu verwandeln und
damit zu zähmen[85].

V.

Ausgehend von Gildeeid und Gildemahl sollte die Selbstdeutung der
Gilden und ihr Beitrag zur Formung sozialer Strukturen gezeigt werden:
die Gilde als geschworene Einung, als gewillkürter Rechts- und Friedensbereich, als religiöse Sondergemeinde, getragen vom Gedanken der Brüderlichkeit in einer merkwürdigen Verbindung von Altruismus und Grup-
penegoismus, von egalitärem Prinzip und Exklusivität. Im Zusammen-
treffen aller dieser Momente liegen die Ursachen für die außerordentliche
geschichtliche Wirksamkeit der Gilde über viele Jahrhunderte hinweg. Die
Struktur der Gilde als einer sozialen Gruppe war immer wieder ein geeignetes Instrument, mit dessen Hilfe der einzelne gemeinsam mit anderen
soziale, religiöse, wirtschaftliche und kulturelle Bedürfnisse verwirklichen
konnte. Deshalb zeichnen sich auch in der Geschichte der Gilden wesentliche Phasen und Strömungen der europäischen Geschichte ab.
    Den karolingischen Ortsgilden verwandt sind die englischen Gilden des
10. und 11., weitgehend die dänischen Gilden des 12. und 13. Jahrhunderts[86] sowie die Einwohnergilden, Nachbarschaften und ländlichen
Eidgenossenschaften späterer Jahrhunderte[87]. Die religiöse Laienbewegung
seit dem 11. Jahrhundert hat sich auch in der Entfaltung der vorwiegend
religiöse Ziele verwirklichenden Bruderschaften mit Gildecharakter manifestiert[88]. Die für das 11. und 12. Jahrhundert so bezeichnenden sozial-
und wirtschaftsgeschichtlichen Wandlungsprozesse führten zur Entstehung der Gilden von Kaufleuten und Handwerkern. Der Aufschwung von
Rechtswissenschaft, Theologie und Philosophie seit dem 12. Jahrhundert
kam in den „universitates" der Magister und Studenten zum Ausdruck.
Als sich im 14. Jahrhundert die wirtschaftliche und soziale Lage tiefgrei-

---

[84] Valenciennes (wie Anm. 39) § 4 p. 27 s. und § 11 p. 29; ebenso S. Omer (wie Anm. 39)
§ 28 p. 196.
    [85] Dazu Oexle, *Gilden* (wie Anm. 3).
    [86] Vgl. die oben Anm. 6 und Anm. 34 genannten Titel sowie G. Kraack, *Das Gildewesen
der Stadt Flensburg*, Flensburg 1969, pp. 17–22.
    [87] Darüber in neuerer Zeit z. B. P. Duparc, *Confréries du Saint-Esprit et communautés
d'habitants au moyen-âge*, „Revue historique de Droit français et Étranger" 36 (1958)
pp. 349–367 und 555–585; Michaud-Quantin, *Universitas* (wie Anm. 7), p. 263 s.; Heers,
*L'Occident* (wie Anm. 11), p. 336.
    [88] G. G. Meersseman, *Ordo fraternitatis*, 3 Bde., „Italia Sacra" 24–26, Roma 1977.

fend wandelte, entstanden die Gesellengilden[89]. Die überaus zahlreichen sonstigen Erscheinungsformen des Gildentypus im hohen und späten Mittelalter können hier nur eben genannt werden: die Elendengilden, die Pilger- und die Schützengilden, die Gilden der „pauperes" und Bettler, der Leprosen und Krüppel, der Spielleute und anderer Angehöriger diffamierter Berufe[90], die Gilden von Priestern, Diakonen, Klerikern und die Kalandsbruderschaften[91].

Die Gilde ist aber nicht nur ein Instrument, mit dem die Menschen jener Epochen Bedürfnisse verwirklichten und auf neue geschichtliche Situationen antworteten, sie ist nicht nur ein Indikator des geschichtlichen Prozesses, sondern sie ist in diesem auch ein bedeutsamer Faktor. Dazu einige Bemerkungen anhand der Kaufleutegilden und der Gilden von Magistern und Studenten.

Die reisenden Kaufleute des 11. Jahrhunderts — Alpert von Metz charakterisiert sie als harte und ungezügelte Menschen[92] — hatten ihre Heimat verlassen, sie waren Fremde in fremdem Land. Das Fremd-Sein ist soziologisch treffend beschrieben worden als „eine ganz positive Beziehung" und „besondere Wechselwirkungsform": der Fremde ist nämlich nicht der Wandernde, „der heute kommt und morgen geht", der Fremde ist vielmehr „der, der heute kommt und morgen bleibt"[93]. In dieser Situation des Fremd-Seins als des Kommens-und-Bleibens liegen für den einzelnen besondere Chancen, aber auch besondere Gefahren. Die Statuten der Kaufleute von S. Omer nennen um 1100 als Grund für die Gildebildung die Gefährdungen des Lebens und der Waren auf der Reise sowie das Sich-Verantworten-Müssen und den Zweikampf vor fremden Gericht[94]. Zu letzterem kam es häufig, vor allem wegen Schuldklagen, und diese waren lästig und gefahrvoll, weil damals der Zweikampf als Gottesurteil das übliche Beweismittel war. Die Kaufleute von Tiel hatten bereits

---

[89] Über die Entstehung der Gesellengilden im Spätmittelalter steht eine Dissertation von W. Reininghaus (Münster) vor dem Abschluß.

[90] Vgl. E. v. Moeller, *Die Elendenbrüderschaften*, Leipzig 1906; É. Lambert, *Le pèlerinage de Compostelle*, Paris-Toulouse 1959, pp. 15ss.; Th. Reintges, *Ursprung und Wesen der spätmittelalterlichen Schützengilden*, „Rheinisches Archiv" 58, Bonn 1963; über die Gilden von „pauperes" einige Hinweise bei E. Maschke, *Die Unterschichten der mittelalterlichen Städte Deutschlands (1967), wieder abgedruckt in: C. Haase (Hg.), Die Stadt des Mittelalters 3*, „Wege der Forschung" 245, Darmstadt 1973, pp. 345—454, pp. 448s. Über Gildenbildungen bei Angehörigen diffamierter Berufe bereitet M. Ristau (Münster) eine Dissertation vor.

[91] Vgl. H. Klein, *Die Entstehung und Verbreitung der Kalandsbruderschaften in Deutschland*, Diss. phil. Saarbrücken 1958 (Masch.); Michaud-Quantin, *Universitas* (wie Anm. 7), p. 90ss.; Meersseman, *Ordo 1* (wie Anm. 6), p. 113ss. und 169ss. Eine Dissertation von Th. Helmert (Münster) über den Großen Kaland am Dom zu Münster steht vor dem Abschluß.

[92] *De diversitate temporum* II, 20 (wie Anm. 44).

[93] G. Simmel, *Soziologie*, „Gesammelte Werke" 2, Berlin ⁵1968, p. 509.

[94] S. Omer (wie Anm. 39) § 1 p. 192.

am Beginn des 11. Jahrhunderts die Ablösung des Gottesurteils durch den
Eid erreicht[95]. In Valenciennes gebieten die Statuten den Mitgliedern der
Kaufmannsgilde, daß sie stets Waffen tragen sollen; und wenn sie zusammen aus der Stadt gegangen sind, solle überall, wo es notwendig ist,
der eine beim anderen bleiben und jedem muß geholfen werden, der die
anderen „en non de caritet" herbeiruft[96]. In S. Omer war am Ende des 11.
Jahrhunderts die Solidarität der Gilde so konkret gefaßt, daß jeder
Kaufmann an Einkäufen der anderen jederzeit teilhaben konnte, soweit es
sich um Handelskäufe im Wert von mindestens fünf Schilling und nicht
um Käufe zur Deckung des eigenen Lebensunterhalts handelte; ein Teil
der gekauften Waren mußte also auf Verlangen dem Gildegenossen zu den
gleichen Bedingungen abgegeben werden[97]. Hier zeigt sich ein charakteristischer Zug: die sozialen Unterschiede, die Differenzen von Reichtum
und sozialer Stellung zwischen den Mitgliedern einer Gilde werden nicht
eingeebnet, aber die Gilde sorgt dafür, daß solche Unterschiede nicht
zuungunsten der weniger gut gestellten Mitglieder ausschlagen, daß nicht
der Stärkere sie zum Nachteil des Schwächeren einsetzen kann. In
ähnlicher Zielsetzung hatten die Kaufleute von Tiel eine gemeinsame
Kasse, aus der der einzelne Darlehen „ad lucra" erhielt; die Gewinne
flossen in die gemeinsame Kasse zurück und dienten zur Finanzierung der
gemeinsamen Mähler[98]. Die Solidarität mit dem Gildegenossen hatte freilich auch ihre Kehrseite: die Rücksichtslosigkeit gegnüber Nicht-Mit-
gliedern. In S. Omer war am Ende des 11. Jahrhunderts die faktische
Monopolstellung der dort inzwischen ansässig gewordenen Kaufleute der
Gilde so stark, daß sie den Gildemitgliedern ein Handelsvorrecht gesichert
hatte; der Gildekaufmann konnte einen anderen Kaufmann, der nicht
Mitglied war, aus einem geschäftlichen Abschluß hinausdrängen[99]. Die Er-
reichung einer solchen Gruppensolidarität mit Monopolstellung an einem
bestimmten Ort ist ein Indikator für die Expansion des Handels im 11.
Jahrhundert, aber sie ist zugleich selbst ein treibendes Moment in diesem
Aufschwung gewesen. Unter quantitativem Aspekt wird diese Rolle der
Kaufmannsgilden sehr deutlich am Beispiel Kölns, wo die „fraternitas

---

[95] Alpert von Metz, *De diversitate temporum* II, 20 (wie Anm. 44). Über Privilegie-
rungen in dieser Sache im 11. und 12. Jh. E. Ennen, *Die europäische Stadt des Mittelalters*,
Göttingen ²1975, p. 107s.

[96] Valenciennes (wie Anm. 39) § 8 p. 28 und § 10 p. 29. „En non de caritet" bedeutet
hier sowohl „im Namen der ‚caritas'" als auch „im Namen der Gilde", s. oben Anm. 82.

[97] S. Omer (wie Anm. 39) § 3 p. 193; dazu richtig E. Mayer, *Deutsche und französische
Verfassungsgeschichte vom 9. bis zum 14. Jahrhundert 2*, Leipzig 1899, p. 238 und H. von
Loesch, *Die Kölner Kaufmannsgilde im zwölften Jahrhundert*, „Westdeutsche Zeitschrift.
Ergänzungsheft" 12, Trier 1904, p. 8s. mit Anm. 26.

[98] Alpert von Metz, *De diversitate temporum* II, 20 (wie Anm. 44). Zur Interpretation
der Stelle richtig von Loesch, *Kaufmannsgilde*, p. 5s.

[99] S. Omer (wie Anm. 39) § 2 p. 193. Zur Interpretation Mayer, *Verfassungsgeschichte 2*
(wie Anm. 97).

mercatorum gilde" in der Mitte des 12. Jahrhunderts, wie wir anhand einer Namenliste mit Neuzugängen berechnen können, etwa 200 bis 300 Mitglieder hatte, die aus zum Teil weit entfernten Orten zugezogen waren[100].

Fremde waren auch die Studenten in Bologna, die Magister und Studenten in Paris. Ihre Situation beschreibt anschaulich das Gesetz Friedrichs I. für Bologna. Dieser Text rühmt die Scholaren, weil sie um der Studien willen in die Fremde gezogen sind, sich selbst als Arme von den Reichen scheiden, ihr Leben allen erdenklichen Gefahren aussetzen und körperliche Angriffe ohne Grund hinnehmen müssen[101]. Nach ihrem Habitus stehen die Magister und Studenten des 12. Jahrhunderts wohl den unternehmenden und waffengewandten Kaufleuten am nächsten. Auch in ihrem Leben war der Konflikt ein wesentliches Element.

In einer fremden Großstadt wie Paris kam es, wie wir wissen, zu blutigen Auseinandersetzungen mit den Einheimischen[102]. Dazu trat in Paris der Konflikt mit dem bischöflichen Kanzler um die Erteilung der Lehrbefugnis und die Auswahl der zur Lehre Geeigneten. Hier schlossen sich die Magister zu einer geschworenen Einung mit Willkürrecht zusammen; sie verbanden sich durch einen Eid, wählten eine Satzungskommission und gaben sich Statuten. Papst Innozenz III. hat 1208/09 diese „societas" mitsamt Satzungsautonomie und Gerichtsbarkeit anerkannt[103]. Die epochale Bedeutung dieses Vorgangs zeigt sich besonders im Licht der Gildengeschichte, die ja – wie wir gesehen haben – auch eine Geschichte der ständigen Verbote geschworener Einungen von kirchlicher Seite ist. So gelang es den Magistern, dem Kanzler gegenüber die Autonomie ihrer „societas" einschließlich des Rechts der Kooptation durch Majoritätsbeschluß durchzusetzen[104]. Noch der plötzliche Um-

---

[100] Von Loesch, *Kaufmannsgilde* (wie Anm. 97), p. 36; danach Ennen, *Stadt* (wie Anm. 95), p. 108. Zur Herkunft vgl. A. Doren, *Untersuchungen zur Geschichte der Kaufmannsgilden des Mittelalters*, „Staats- und socialwissenschaftliche Forschungen" XII/2, Leipzig 1893, p. 205s.

[101] W. Stelzer, *Zum Scholarenprivileg Friedrich Barbarossas (Authentica „Habita")*, Deutsches Archiv 34 (1978) pp. 123–165, p. 165. Vgl. die Schilderung der Begegnung von Bologna (1155) im *Carmen de gestis Frederici I. imperatoris in Lombardia* hg. von I. Schmale-Ott, MGH SSrerGerm. 1965, pp. 16–18. Der Text zeigt sehr anschaulich die Probleme der Schuldenhaftung, denen die Fremden gegenüberstanden. Dazu Stelzer p. 163s.

[102] Vgl. Roger von Hoveden, *Chronica*, hg. von W. Stubbs, Bd. 4, 1871, p. 120s. und dazu die Urkunde von Philipp II. August von 1200, Denifle – Chatelain, *Chartularium* (wie Anm. 63), pp. 59ss. Nr. 1; Matthäus Paris, *Chronica majora*, hg. von H. R. Luard, Bd. 3, 1876, pp. 166ss. mit der Urkunde Ludwigs IX. von 1229, Denifle – Chatelain pp. 120ss. Nr. 66.

[103] Denifle – Chatelain, *Chartularium*, p. 67s. Nr. 8. Dazu G. Post, *Parisian Masters as a Corporation 1200–1246* (1934), wieder abgedruckt in: Ders., *Studies in Medieval Legal Thought*, Princeton 1964, pp. 27–60, p. 34ss.; Michaud-Quantin, *Universitas* (wie Anm. 7), p. 265.

[104] Denifle – Chatelain, *Chartularium*, pp. 75s. Nr. 16. Dazu A. B. Cobban, *The Medieval Universities: their development and organization*, London 1975, p. 81s.

schwung unter Papst Honorius III. im April 1221 zeigt die geschworene
Einung — jetzt freilich wird sie in traditioneller Manier als „conspiratio"
diffamiert. Was Innozenz gebilligt hatte, machte Honorius zum Vorwurf:
den Eid, die statutarische Willkür, die eigene Rechtsprechung „pro sue
voluntatis arbitrio", also nach Willkürrecht[105]. „Inceperunt omnia pro
arbitrio facere", so lautet auch hier der Hauptvorwurf, den wir in einem
anderen, analogen Zusammenhang bereits kennengelernt haben.

In Bologna hat etwa zur selben Zeit die Stadt eine endgültige Bindung
der „universitas" an den Ort erzwingen wollen. Die „societas" der
Studenten sollte dies durch ihre gewählten Vertreter mit einem Eid zu-
sichern. Verlangt war hier nichts Geringeres als die Preisgabe der vollen,
geschworenen Autonomie. In diesem Fall freilich hat Honorius III. von
Anfang an die „societas" der Studenten zur Einhaltung ihres gegenseitig
geleisteten Schwurs und zur Verteidigung ihrer Statuten aufgefordert und
sich der Stadt gegenüber schützend vor die „libertas scholastica", vor die
auf Eid gegründete genossenschaftliche Autonomie gestellt[106]. Freiheit ist
hier die Folge des Kontraktverhältnisses, „libertas scholastica" ist die
Freiheit der autonomen geschworenen Einung und die Freiheit des einzelnen, der sich mit anderen in dieser Gruppe zusammengeschlossen hat[107].

Die Erinnerung an diese Vorgänge ist in diesem Zusammenhang am
Platz nicht nur, weil die Gildenforschung die „universitates" und „societates" der Magister und Studenten vielfach außer acht gelassen hat[108],
sondern auch, weil die Erforschung der mittelalterlichen Universitäten,
vor allem in Deutschland, noch immer sehr stark geistes- und institutio-
nengeschichtlich orientiert ist[109] und weil die irrige Annahme, die Universitäten gehörten zu den „kirchlichen Gemeinschaften", immer wieder
geäußert wird[110]. Wir kennen die Bedingungen, denen die Universitäten
ihre Entstehung verdanken: die Rezeptionen des römischen Rechts und

[105] Denifle — Chatelain, *Chartularium*, p. 98s. Nr. 41. Vgl. Michaud-Quantin, *Universitas* (wie Anm. 7), p. 244. Analog zum Verbot der Glocke (s. oben Anm. 52) wird hier der
Gebrauch des Siegels verboten, Michaud-Quantin p. 302.

[106] Vgl. die Bullen Honorius' III. vom 27. 5. 1217 und vom 6. 4. 1220, abgedruckt von
H. Rashdall, *The Universities of Europe in the Middle Ages*, New Edition, Bd. 1, Oxford
1936, pp. 585ss. Dazu G. Rossi, „*Universitas Scholarium" e comune*, „Studi e Memorie per
la storia dell' Università di Bologna. Nuova Serie" 1 (1956) pp. 173—266, pp. 195ss.

[107] Dazu Michaud-Quantin, *Universitas* (wie Anm. 7), p. 268. Bei L. Boehm, *Libertas
scholastica und negotium scholare*, „Universität und Gelehrtenstand 1400—1800" (Deutsche
Führungsschichten in der Neuzeit 4), Limburg/Lahn 1970, pp. 15—61, bes. pp. 21ss. ist
dieser Inhalt des Begriffs „libertas scholastica" nicht erkannt.

[108] So z. B. Gierke, *Rechtsgeschichte* (wie Anm. 13) und Coornaert, *Ghildes* (wie Anm.
14).

[109] Vgl. dazu P. Moraw, *Zur Sozialgeschichte der deutschen Universität im späten Mittelalter*, „Gießener Universitätsblätter" 8/2 (1975) pp. 44—60, bes. pp. 55ss.

[110] So R. Sprandel, *Verfassung und Gesellschaft im Mittelalter*, Paderborn 1975, p. 244s.
Ähnlich für Paris J. Verger, *Les universités au Moyen Age*, Paris 1973, pp. 28ss. und 36.
Auch werden „studium" und „universitas" als ganz verschiedenartige Elemente in der Ent-
stehung der 'Universitäten' oft nicht genau genug unterschieden, wie z. B. die Debatte über

der aristotelischen Philosophie einerseits[111], andererseits die neuen Tätig-
keitsfelder für Menschen, deren Denken im Umgang mit diesen Texten
geschult worden war[112]. Dabei darf man aber nicht vergessen, welche
Rolle bei der Durchsetzung dieser neuen Momente in der europäischen
Geschichte die Organisationsform der geschworenen Einung gehabt hat.
Daß sie zur Verfügung stand ist schließlich der Grund dafür, daß es
Hochschulen zwar in vielen Kulturen gab, Universitäten jedoch ein spezi-
fisches Phänomen der europäischen Geschichte sind.

## VI.

Die „universitates" der Magister und Studenten erinnern uns also nach-
drücklich daran, daß die Wirkungen der mittelalterlichen Gilden bis in
unsere Gegenwart hinein reichen. Man könnte auch hinweisen auf die
Verbreitung der Gilden und Bruderschaften der Neuzeit[113], vor allem aber
auf die Bedeutung der Zünfte und Gesellengilden für den Gedanken der
Assoziation, der Vereins- und Versammlungsfreiheit und die Probleme
sozialer Sicherung in der Arbeiterbewegung sowie für die Entstehung von
Versicherungsvereinen, Krankenkassen und Produktions- oder Konsum-
genossenschaften[114]. Reale Kontinuität und Formung sozialer Wirklichkeit
auf Grund der Kontinuität von Denkformen und politisch-sozialen Kategorien sind hier eng verknüpft und oft nur schwer, wenn überhaupt zu
unterscheiden. Die Gilde war jahrhundertelang eine Form sozialer Organisation für die „vielen"; ihre sozialen, rechtlichen, religiösen Normen
haben die Alltagswelt nachhaltig geprägt. Daraus resultiert der Beitrag der
Gilden zur Formung sozialer Strukturen bis in unsere Gegenwart.

Im Blick auf die Forschung und im Blick auf unser Geschichtsbild kann
diese Feststellung allerdings nicht als selbstverständlich bezeichnet werden.
Es lohnt sich, zu fragen, warum sie es nicht ist.

die Zusammenhänge zwischen Kathedralschule und ‚Universität' in Paris zeigt; symptoma-
tisch dafür sind etwa die unscharfen Äußerungen von Cobban, *Universities* (wie Anm. 104),
pp. 78 ss.

[111] Vgl. den glänzenden Überblick bei F. Wieacker, *Privatrechtsgeschichte der Neuzeit*,
Göttingen ²1967, pp. 45 ss.

[112] Diesen Aspekt betonte mit Recht P. Classen, *Die Hohen Schulen und die Gesellschaft
im 12. Jahrhundert*, „Archiv für Kulturgeschichte" 48 (1966) pp. 155–180.

[113] Vgl. z. B. M. Agulhon, *Pénitents et Francs-Maçons de l'ancienne Provence*, Paris 1968;
Köstlin, *Gilden* (wie Anm. 11); R. Amtmann, *Die Bußbruderschaften in Frankreich*,
„Arbeiten aus dem Seminar für Völkerkunde der Johann Wolfgang Goethe-Universität
Frankfurt am Main" 7, Wiesbaden 1977.

[114] Darüber immer noch L. Brentano, *Die Arbeitergilden der Gegenwart*, 2 Bde., Leipzig
1871/72. Von den neueren Arbeiten sei genannt: É. Coornaert, *Les compagnonnages en
France du moyen âge à nos jours*, Paris ³1966; S. Fröhlich, *Die Soziale Sicherung bei Zünften
und Gesellenverbänden*, „Sozialpolitische Schriften" 38, Berlin 1976; Köstlin, *Gilden* (wie
Anm. 11), p. 212 ss.; W. Conze, *Sozialgeschichte 1800–1850*, in: „Handbuch der deutschen
Wirtschafts- und Sozialgeschichte" 2, Stuttgart 1976, pp. 426–494, pp. 470 ss.; H. Faust,
*Geschichte der Genossenschaftsbewegung*, Frankfurt a. M. ³1977.

In einer Abhandlung über den Begriff ‚Brüderlichkeit' hat der Neuzeithistoriker Wolfgang Schieder unlängst festgestellt: „Der moderne Begriff der Brüderlichkeit ist . . . ausschließlich als politischer, sozialer oder religiöser Gesinnungsbegriff geläufig, der sich nicht institutionell oder rechtlich fixieren läßt. Er enthält sogar eine ausgesprochene Spitze gegen jede Art von Herrschaft oder Recht. Dieser Tatbestand ist das Ergebnis einer modernen Entwicklung . . ."[115]. Die ältere Geschichte des Begriffs dagegen sei „durch die institutionelle Einbindung jeglicher brüderlicher Ideengemeinschaft gekennzeichnet". Der Bruderbegriff sei zwar als Gesinnungsbegriff entstanden, habe sich aber zunächst für viele Jahrhunderte gar nicht als solcher entfalten können, er sei vielmehr „mit seiner Entstehung gleichsam institutionell geronnen". Vor allem für die „mittelalterliche Verbrüderungsidee" sei charakteristisch, „daß sowohl die geistlichen wie die weltlichen bruderschaftlichen Verbindungen aller Art dahin tendierten, institutionell fixiert zu sein"; das brüderliche Gesinnungsbewußtsein im Mittelalter sei also „ständisch gegliedert" gewesen und habe die Schranken der „institutionellen Fixierung" nicht durchbrochen. Dieses Urteil übersieht die weitreichenden sozialgeschichtlichen Folgen der Formung sozialer Strukturen durch den Begriff der Brüderlichkeit[116]. Es übersieht auch, daß die hier als „ständische" Fixierung gescholtene Verwirklichung des „fraternitas"-Gedankens in konkreten Gruppen durch viele Jahrhunderte hindurch die Voraussetzung war für die Verbreitung des Brüderlichkeits-Gedankens als modernem Gesinnungsbegriff. Schließlich ist daran zu erinnern, daß die von bruderschaftlicher Gesinnung getragenen „conjurationes" des Mittelalters schon in ihren Fundamenten eben jene „ausgesprochene Spitze gegen jede Art von Herrschaft" hatten, deren Verknüpfung mit dem Gedanken der Brüderlichkeit Schieder für das „Ergebnis einer modernen Entwicklung" hält.

In einer exemplarischen Abhandlung hat 1972 Thomas Nipperdey den „Verein als soziale Struktur in Deutschland im späten 18. und frühen 19. Jahrhundert" behandelt[117]. Nipperdey sieht die Motive der Vereinsbildung und die darin erscheinenden Bedürfnisse und Tendenzen seit dem 18. Jahrhundert als etwas „offenbar Neues", das in der „herrschaftlich-korporativ organisierten alten Welt keine Erfüllung" gefunden habe. In der „alten Welt", von der sich die neue Assoziationsbildung seit dem 18. Jahrhundert abhebe, habe das „Gemeinde- oder Assoziationsprinzip" im

---

[115] W. Schieder, Art. „Brüderlichkeit", „Geschichtliche Grundbegriffe" 1, Stuttgart 1972, pp. 552—581; die im Text genannten Zitate hier p. 552, 554 und 559.

[116] Man vergleiche damit die pointierten Bemerkungen von Le Bras, Confréries (wie Anm. 35), p. 444 s.

[117] Th. Nipperdey, Verein als soziale Struktur in Deutschland im späten 18. und frühen 19. Jahrhundert. Eine Fallstudie zur Modernisierung I (1972), wieder abgedruckt in: Ders., Gesellschaft, Kultur, Theorie, „Kritische Studien zur Geschichtswissenschaft" 18, Göttingen 1976, pp. 174—205. Die folgenden Zitate hier p. 178 s.

Sinne einer freien Initiative der Mitglieder „keine oder kaum eine Rolle" gespielt: denn der einzelne lebte in dem „durch Haus, Korporation, Kirchengemeinde und eventuell noch die Nachbarschaft strukturierten Lebenskreis", und in dieser Welt seien Auffassungen und Verhalten der Menschen bestimmt gewesen von „Sitte und lang geübtem Brauch", nicht aber von Reflexion. Nipperdey sieht somit den Prozeß der Assoziationsbildung als einen Prozeß der Lösung von den Traditionen, als „Prozeß der Individualisierung" und stellt fest: „Voraussetzung und Komplement der Vereinsbildung ist sozial- wie geistesgeschichtlich gesehen ein neuer, auf Vernunft und Autonomie gegründeter Individualismus ... Der Individualismus also ist die Voraussetzung der Assoziation"[118]. Diesem Satz wird man zustimmen können, allerdings dabei die Frage hinzufügen, ob dieser Zusammenhang von „Assoziation" und „Individualismus" nur für die Moderne seit dem Ende des 18. Jahrhunderts gilt.

Diese Frage wäre unbedingt zu bejahen, wenn man einem jüngst veröffentlichten Beitrag des Soziologen Hans Bayer über die „Soziologie des mittelalterlichen Individualisierungsprozesses" folgen könnte[119]. In diesem Beitrag begegnet man der These von der zunehmenden Individualisierung des Menschen im Lauf des Mittelalters, verstanden als eine zunehmende „Reduktion des genossenschaftlichen Elements der archaischen Gemeinschaftskultur"[120]. Individualisierung wird hier unbefangen als „emanzipatorischer Prozeß" der „archaischen" Welt der mittelalterlichen „Genossenschaften", dem „archaischen Zustand der sozialen Gebundenheit" gegenübergestellt[121]. Diese Genossenschaften werden gesehen als Ausdruck einer „statischen, traditionsgeleiteten Gesellschaft", getragen „von einem konservativen Geist der Beharrlichkeit", geprägt durch die „Unveränderlichkeit und absolute Gültigkeit der gottgewollten Standesordnung", und erscheinen deshalb geradezu als Inbegriff der „erstarrten mittelalterlichen Welt"[122]. Schließlich heißt es lapidar: „Der Ordo der mittelalterlichen Gemeinschaftskultur ... steht ... jeglicher sozialer Emanzipation im Wege."[123]

Von der mittelalterlichen „Gemeinschaftskultur" ist allerdings oft auch in ganz anderer Weise die Rede. Der Mediävist Michael Seidlmayer hat einmal festgestellt[124], das spezifisch Mittelalterliche des Mittelalters sei „in seinem Charakter als einem lebendigen ‚Organismus'" zu sehen. „Das

---

[118] Ebd. p. 180.

[119] H. Bayer, *Zur Soziologie des mittelalterlichen Individualisierungsprozesses. Ein Beitrag zu einer wirklichkeitsbezogenen Geistesgeschichte*, „Archiv für Kulturgeschichte" 58 (1976) pp. 115–153.

[120] Ebd. p. 115. Vgl. pp. 118ss.

[121] Ebd. p. 120 und p. 118.

[122] Ebd. p. 120 und 126.

[123] Ebd. p. 142.

[124] M. Seidlmayer, *Das Mittelalter*, „Kleine Vandenhoeck-Reihe" 247/248, Göttingen ²1967, p. 8s.

heißt also: alle Einzelglieder der Gesellschaft sind organisch, jedes an seinem Platz, in ein großes Ganzes eingeordnet, sie stehen nicht bloß in mechanistischer Summierung der Individuen beziehungslos nebeneinander". Die „Führung des Lebens" habe demnach „bei korporativen, Mächten, bei Gemeinschaftsmächten" gelegen, „die ihre Herrschaft durch die Autorität von Sitte und Herkommen" ausübten, „also kraft einer geheiligten, unwidersprochenen Tradition", was freilich, wie Seidlmayer hinzufügte, „keine Vergewaltigung des Individuums, keine zwangsmäßige Uniformierung und Nivellierung zur Folge" gehabt habe.

Die beiden Auffassungen von der mittelalterlichen „Gemeinschaftskultur" als einer in Traditionen „erstarrten", das Individuum unterjochenden „ständischen" Ordnung einerseits, als einem „organischen", das Individuum bergenden Ganzen andererseits, sind — wie sich unschwer erkennen läßt — nur scheinbar konträr. In Wirklichkeit ergänzen sie einander, ja, sie bedingen einander geradezu, weil sie von ein und derselben Grundannahme ausgehen, daß nämlich in jedem Fall im Mittelalter das Verhältnis von Individuum und Gesellschaft oder Individuum und Gemeinschaft grundlegend anders war, als es in der Moderne ist. Im Mittelalter habe der Mensch im Zustand „sozialer Gebundenheit" gelebt, im Mittelalter sei das Individuum eben an die „Gemeinschaftsmächte" und ihre unwidersprochenen Traditionen gebunden gewesen[125]. Ein Unterschied in der Beurteilung resultiert dabei nur aus der Frage, ob diese Bindung des Individuums im Gegensatz zur „zwangsmäßigen Uniformierung und Nivellierung", zur Entwurzelung, Vereinsamung und Vermassung des Individuums in der Moderne bewundert oder aber als Gegensatz zur „Emanzipation" des Individuums in der Moderne verworfen werden soll. Ebenso unschwer ist zu erkennen, daß es bei dieser Kontroverse letztlich gar nicht mehr um die Erkenntnis des Mittelalters geht. Das Mittelalter ist hier eigentlich nur ein Demonstrationsobjekt, an dem eine der Grundfragen der Moderne behandelt wird, eben das Verhältnis von Individuum und Gesellschaft.

Die Debatte über dieses Problem hat ihre Wurzeln in der Phase der Entstehung der Moderne selbst, am Ende des 18. und Beginn des 19. Jahrhunderts, in dem Gegensatz ‚aufklärerischer' und ‚romantischer' Kategorien des politisch-sozialen Denkens, der auch hier in Erscheinung tritt. Ein zentrales Moment ‚romantischen' Denkens war die Kritik an der Sozialphilosophie der Aufklärung, in deren Mittelpunkt die Rechtsfigur des

---

125 In diesem Zusammenhang war von außerordentlicher Wirkung Jacob Burckhardts Charakterisierung der Entwicklung des Individuums in der Renaissance, im Gegensatz zur Einbindung des Denkens in „Glauben, Kindesbefangenheit und Wahn" während des Mittelalters: *Die Kultur der Renaissance in Italien*, „Gesammelte Werke" 3, Darmstadt 1955, p. 89. Zur Wirkungsgeschichte dieses Satzes K. Schmid, *Über das Verhältnis von Person und Gemeinschaft im früheren Mittelalter*, „Frühmittelalterliche Studien" 1 (1967) pp. 225—249, p. 237s.

Vertrags gestanden hatte. Die ‚romantische‘ Kritik am Vertragsschema orientierte sich an der Polarität von ‚Individuum‘ und ‚Gesellschaft‘/‚Gemeinschaft‘[126]. In Deutschland verschärfte sich diese Kritik noch, als gegen Ende des 19. Jahrhunderts ‚Gesellschaft‘ und ‚Gemeinschaft‘ auch in begrifflicher Antinomie endgültig unterschieden wurden und von nun an dem durch Kontraktverhältnisse bestimmten Begriff der ‚Gesellschaft‘ der Wertbegriff der „organischen“, ganzheitlichen ‚Gemeinschaft‘ entgegengesetzt werden konnte[127]. Mit dieser begrifflichen Antinomie als Hintergrund konnte man sich von nun an über die sogenannte „Gemeinschaftskultur“ des Mittelalters äußern — in offener Ablehnung oder in heimlicher Bewunderung.

Es gehört zu den Aufgaben des Historikers, solche sich wie von selbst anbietenden Schemata und Kategorien zur Erfassung geschichtlicher Strukturen zu erkennen, zu analysieren und sich zumindest ihrer unbewußten Wirksamkeit zu widersetzen. Er tut dies, indem er ihr Vorhandensein in seine Erkenntnis einbezieht.

Die Gilden des Mittelalters wurden hier als „conjurationes“, als geschworene, gewillkürte Einungen charakterisiert, die durch das freie Handeln von Rechtssubjekten entstanden. Gilden sind Kontraktverhältnisse[128]. Deshalb entzieht sich das Phänomen der Gilde einer durch ‚aufklärerische‘ oder ‚romantische‘ Schemata vorgeprägten Sichtweise und es widerlegt zugleich solche Schemata[129].

Dem ist hinzuzufügen, daß das im Mittelalter entstandene Rechtsgebilde und Sozialgebilde der „conjuratio“ mitsamt der Gilde als seiner ältesten Erscheinungsform spezifisch ist für die Geschichte des europäischen Okzidents. Berufsverbände, Zusammenschlüsse von Kaufleuten, Handwerkern und anderen Personen, gab es natürlich auch im antiken Griechenland, in Rom, in Byzanz, in China, im Islam. Aber es gab in diesen Kulturen keine geschworenen Einungen in unserem Sinne und keine Gilden[130]. Max Weber hat die berühmt gewordene Frage gestellt, warum „gerade auf dem Boden des Okzidents, und nur hier, Kulturerscheinungen auftraten,

---

[126] Dazu M. Riedel, *Art. „Gesellschaft, Gemeinschaft“*, „Geschichtliche Grundbegriffe“ 2, Stuttgart 1975, pp. 801–862, p. 828.

[127] F. Tönnies, *Gemeinschaft und Gesellschaft*, 1. Aufl. 1887. Zur Wirkung dieses Buches außer Riedel, *Art. „Gesellschaft, Gemeinschaft“*, pp. 854ss. auch Th. Geiger, *Art. „Gemeinschaft“*, in: A. Vierkandt (Hg.), *Handwörterbuch der Soziologie*, Stuttgart 1931, pp. 173–180, bes. p. 175s. Bedeutsam in seiner Kritik ist noch immer H. Pleßner, *Grenzen der Gemeinschaft*, Bonn 1924.

[128] Dazu bereits O. Hintze, *Weltgeschichtliche Bedingungen der Repräsentativverfassung* (1931), wieder abgedruckt in: Ders., *Gesammelte Abhandlungen 1*, Göttingen ³1970, pp. 140–185, p. 163s.

[129] Beide Schemata begegnen sehr deutlich in den Auffassungen über die Gilden der Gegenwart, dazu Köstlin, *Gilden* (wie Anm. 11), Vorwort.

[130] Über die Gilde als spezifisch okzidentale Erscheinung bereits sehr klar Hintze, *Repräsentativverfassung* (wie Anm. 128) p. 163s. Vgl. auch Weber, *Wirtschaft und Gesellschaft* (wie Anm. 27) pp. 431ss.

welche doch . . . in einer Entwicklungsrichtung von universeller Bedeutung und Gültigkeit lagen"[131]. Es ist dies — anders gewendet — die Frage, warum allein die Kultur des europäischen Mittelalters in der Neuzeit Weltkultur geworden ist, warum „sich auf europäischem Boden und nur hier Durchbrüche vollzogen, Formen sich ausgebildet haben, deren Auswirkung schließlich die ganze Erde ergriff"[132]. Wer sich mit der Geschichte der mittelalterlichen Gilden befaßt, wird auf diese Frage auch eine Antwort finden.

---

[131] Max Weber, *Gesammelte Aufsätze zur Religionssoziologie 1*, Tübingen 1920, p. 1.

[132] O. Brunner, *Das Problem einer europäischen Sozialgeschichte* (1954), wieder abgedruckt in: Ders., *Neue Wege der Verfassungs- und Sozialgeschichte*, Göttingen ²1968, pp. 80—102, p. 85.

# „MILITIA CURIALIS".
## DIE KRITIK AM GEISTLICHEN HOFDIENST
## BEI PETER VON BLOIS
## UND IN DER LATEINISCHEN LITERATUR
## DES 9.–12. JAHRHUNDERTS

von Rolf Köhn (Konstanz)

In seinen Briefen, Traktaten und Gedichten beschäftigt sich der französische Weltgeistliche Peter von Blois (um 1130–1211/12) wiederholt mit dem zeitgenössischen Hofleben, vor allem mit dem Hof der anglo-normannischen Könige[1]. Sein Brief an die Mitglieder der Hofkapelle Heinrichs II. – in der erhaltenen Fassung wohl 1183/84 geschrieben und später überarbeitet bzw. ergänzt[2] – nimmt innerhalb dieser Texte eine zentrale Stellung ein, denn er enthält eine ausführliche Schilderung des Alltags am englischen Königshof: Peter beschreibt hier die Zusammensetzung des königlichen Gefolges, geht auf Unterkunft und Verpflegung der Hofleute ein, schildert die Tätigkeit einzelner Gruppen von Hofleuten und die beherrschende Rolle des Königs als Mittelpunkt des Hoflebens. Er setzt sich vor allem mit der Stellung und den Aufgaben der Geistlichen am Hofe

---

[1] Aus der neueren Literatur zu Leben und Werk Peters von Blois seien genannt: R. W. Southern, *Medieval Humanism and Other Studies*, Oxford 1970, pp. 105–132: Peter of Blois: A Twelfth Century Humanist?; A. Granata, *Un problema ancora aperto: Pietro di Blois come difensore dei ‚pauperes'*, Contributi dell'Istituto di Storia Medioevale, Band 2: Raccolta di studi in memoria di Sergio Mochi Onory, „Pubblicazioni dell'Università Cattolica del Sacro Cuore. Contributi, serie terza: scienze storiche" 15, Milano 1972, pp. 429–437; G. Stollberg, *Die soziale Stellung der intellektuellen Oberschicht im England des 12. Jahrhunderts*, „Historische Studien" 427, Lübeck 1973, pp. 38–52: Die soziale Stellung Peters von Blois; E. C. Higonnet, *Spiritual Ideas in the Letters of Peter of Blois*, „Speculum" 50 (1975), pp. 218–244; P. Dronke, *Peter of Blois and Poetry at the Court of Henry II*, „Mediaeval Studies" 38 (1976), pp. 185–235; E. Türk, *‚Nugae curialium'. Le règne d'Henri II Plantegenêt (1145* [sic!]*–1189) et l'éthique politique*, „Centre de Recherches d'Histoire et de Philologie de la IV⁰ Section de l'Ecole pratique des Hautes Etudes. Série V: Hautes études médiévales et modernes" 28, Genève 1977, pp. 124–158: Pierre de Blois. – Meine eigenen Studien zu den Schriften und zur Biographie Peters von Blois (Phil. Diss., Konstanz 1973) werden gerade für den Druck vorbereitet, so daß ich daraus nur nach der Kapiteleinteilung zitieren kann.

[2] Peter von Blois, Ep. 14: *Petri Blesensis Bathoniensis in Anglia Archidiaconi Opera Omnia*, hg. v. J.-P. Migne, „Patrologia Latina" 207, Paris 1855, cc. 42–51. – Zur Datierung und Textgeschichte des Briefes vgl. Köhn, *Magister Peter von Blois* (wie Anm. 1), Teil I, Kap. 2 b (Die Erste Briefsammlung und ihre Fassungen) und Teil II, Kap. 5 und 6 (Kleriker und Kanzler bei Erzbischof Richard von Canterbury; Der Vertraute des Erzbischofs Balduin von Canterbury).

Heinrichs II. auseinander, also mit der königlichen Hofkapelle. Sie bildet innerhalb des Hofgefolges eine besondere Gruppe, weil die Hofkleriker der Amtskirche angehören, gleichzeitig aber wichtige Aufgaben in der Verwaltung des anglo-normannischen Königreichs erfüllen, z.B. in der Kanzlei und Diplomatie.

Wegen seiner Anschaulichkeit und Detailfülle gilt Peters Brief als wichtiges Zeugnis für den hochmittelalterlichen Königshof und für die Situation der königlichen Hofkapelle im späten 12. Jahrhundert. Er wird deshalb in der Forschung immer wieder zitiert und als Beispiel für die wirklichkeitsgetreue Beschreibung des anglo-normannischen Königshofes gelobt. Diese Hochschätzung erklärt sich aus der Tatsache, daß Peter von Blois eine Schilderung des Hoflebens gibt, die auf eigenen Erfahrungen beruht: Als Kleriker der Erzbischöfe Richard und Balduin von Canterbury (1175–1184 bzw. 1185–1190) kannte Peter den Hof Heinrichs II. durch mehrere Besuche. Auch sein Brief an die Mitglieder der Hofkapelle entstand nach einem Aufenthalt am Königshof: Von Ende Juni 1182 bis Mitte August 1183 befand sich Peter als Beauftragter seines Erzbischofs in Heinrichs Gefolge, um mit dem König über Angelegenheiten des Erzbistums zu sprechen[3].

Allerdings findet der Hof des englischen Königs und vor allem der Hofklerus Heinrichs II. Plantagenêt auch bei anderen Autoren des ausgehenden 12. Jahrhunderts gebührende Aufmerksamkeit. Zeitgenossen Peters von Blois wie Johann von Salisbury[4], Walter Map[5] und Giraldus Cambrensis[6] beschäftigen sich in ihren Werken immer wieder mit dem Leben am königlichen Hof und mit der Hofkapelle des Königs. Jedoch dürfen weder Peters Bemerkungen noch die Äußerungen seiner Zeitgenossen als unvoreingenommene Beschreibung des anglo-normannischen Königshofes angesehen werden, denn es geht den genannten Weltgeistlichen um eine kritische Auseinandersetzung mit dem Hofleben und den Höflingen. Sie

---

[3] Peter von Blois, Ep. 14: PL 207, cc. 42–43.

[4] C. Uhlig, *Hofkritik im England des Mittelalters und der Renaissance. Studien zu einem Gemeinplatz der europäischen Moralistik*, „Quellen und Forschungen zur Sprach- und Kulturgeschichte der germanischen Völker" N. F. 56, Berlin 1973, pp. 27–54; Türk, ,*Nugae curialium*' (wie Anm. 1), pp. 68–94; M. Kerner, *Johannes von Salisbury und die logische Struktur seines Policraticus*, Wiesbaden 1977, pp. 158–170. – Noch nicht gesehen habe ich K. Guth, *Johannes von Salisbury, 1115/20–1180. Studien zur Kirchen-, Kultur- und Sozialgeschichte Westeuropas im 12. Jahrhundert*, „Münchener theologische Studien. Reihe 1: Historische Abteilung" 20, St. Ottilien 1978.

[5] F. Seibt, *Über den Plan der Schrift ,De nugis curialium' des Magisters Walter Map*, „Archiv für Kulturgeschichte" 37 (1955), pp. 183–203; Stollberg, *Soziale Stellung* (wie Anm. 1), pp. 71–81; Uhlig, *Hofkritik* (wie Anm. 4), pp. 105–110; Türk, ,*Nugae curialium*' (wie Anm. 1), pp. 158–177.

[6] A. K. Bate, *Walter Map and Giraldus Cambrensis*, „Latomus" 31 (1972), pp. 860–875; Uhlig, *Hofkritik* (wie Anm. 4), pp. 55–66; Türk, ,*Nugae curialium*' (wie Anm. 1), pp. 95–124; L. Thorpe, *Walter Map and Gerald of Wales*, „Medium Aevum" 47 (1978), pp. 6–21.

verurteilen nämlich das Treiben der Hofleute als allzuweltlich und sie wenden sich besonders gegen solche Kleriker (und Mönche), die dem König bei der Verwaltung seines Reiches helfen, sich aber nicht um die Seelsorge der Gläubigen kümmern. Daß Geistliche im Dienst des Königs stehen und an seinem Hof leben, wird daher als Verstoß gegen die Pflichten des kirchlichen Amtes betrachtet.

Aus den Werken dieser und anderer Autoren des späten 12. Jahrhunderts kann man kein objektives Bild vom zeitgenössischen Hofleben erwarten, weil ihre religiös und moralisch ausgerichtete Hofkritik eher bewerten als beschreiben will. Noch weniger ist von ihnen eine unverfälschte Schilderung des geistlichen Hofdienstes zu erhoffen, denn die Mitglieder der königlichen Hofkapelle werden natürlich noch schärfer verurteilt als die Höflinge aus dem Laienstand.

Die Mediävistik hat sich mit Johann von Salisbury, Walter Map, Peter von Blois und Giraldus Cambrensis vor allem deshalb so intensiv beschäftigt, weil man in ihnen den Beginn der mittelalterlichen Hofkritik sah. Dabei wurde nicht bemerkt, daß die Hofkritiker des späten 12. Jahrhunderts in einer Tradition stehen, die bis ins Frühmittelalter zurückreicht. Die mittelalterliche Kritik am Hofleben und an der Hofgeistlichkeit setzt bereits in der ersten Hälfte des 9. Jahrhunderts ein und erreicht dann seit dem ausgehenden 11. Jahrhundert so großes Gewicht, daß sie zu einem ständigen Thema der lateinischen Literatur wird. Leider gibt es jedoch noch keine Arbeiten, die sich mit dieser Entstehung und Entfaltung der Hofkritik beschäftigen. Daher gehen noch neueste Veröffentlichungen von der Annahme aus, die mittelalterliche Hofkritik beginne erst in der Mitte des 12. Jahrhunderts, also mit Johann von Salisbury, Walter Map, Peter von Blois und anderen Autoren aus dem anglonormannischen Herrschaftsbereich[7].

Wenn ich mich im folgenden mit den Begriffen, Bildern und Topoi der Hofkritik Peters von Blois auseinandersetze, möchte ich keinen vollständigen Überblick geben, sondern mich vor allem auf Peters Formulierung ‚militia curialis' konzentrieren, weil sie ein Schlüssel zum Verständnis seiner Kritik am geistlichen Hofdienst ist. Gleichzeitig läßt sich an diesem Begriff, genauer an den Wörtern ‚militia' und ‚curialis' bzw. ‚curia', die Entwicklung der Hofkritik und der Kritik am geistlichen Hofdienst bis ins Frühmittelalter zurückverfolgen. Da solche begriffs- und toposgeschichtlichen Untersuchungen selbst bei der Beschränkung auf die lateinische

---

[7] J. W. Baldwin, *Masters, Princes, and Merchants. The Social Views of Peter the Chanter and His Circle*, 2 Bände, Princeton, N. J. 1970, Band 1, pp. 175–204: Service in the Court; R. V. Turner, *Clerical Judges in English Secular Courts: The Ideal Versus the Reality*, „Medievalia et Humanistica" n.s. 3 (1972), pp. 75–98; Stollberg, *Soziale Stellung* (wie Anm. 1); Uhlig, *Hofkritik* (wie Anm. 4), pp. 25–136: Hofkritisches Schrifttum des Mittelalters; Türk, *‚Nugae curialium'* (wie Anm. 1), pp. 53–184: Les ‚curiales' d'Henri II et la critique contemporaine.

Literatur des Früh- und Hochmittelalters mangels einschlägiger Lexika, Handbücher oder Überblicksdarstellungen nur schwer durchzuführen sind, enthält auch mein Überblick zwangsläufig einige Lücken[8]. Andererseits glaube ich doch, die entscheidenden Phasen bei der Ausbildung des Kanons hofkritischer Begriffe, Bilder und Topoi richtig erkannt und beschrieben zu haben. Wie bereits andere Mediävisten betonten, besteht die Hofkritik nach dem 12. Jahrhundert fast ausnahmslos aus der Wiederholung, Erweiterung und Abwandlung gegebener Formeln, was sich z. B. an der Tatsache belegen läßt, daß der Brieftraktat ‚De miseriis curialium' des Enea Silvio Piccolomini aus dem Jahr 1444 überwiegend auf Ep. 14 Peters von Blois beruht[9]. Die Beschränkung auf die Zeit vor dem 13. Jahrhundert ist auch angesichts der gegenwärtigen Forschungssituation gerechtfertigt, denn nahezu alle bisher erschienenen einschlägigen Arbeiten behandeln die Hofkritik seit dem 12. Jahrhundert, gehen also nicht auf Vorläufer, Parallelen oder Traditionen der Zeit davor ein. Wenn die volkssprachliche Hofkritik in diesem Zusammenhang völlig unberücksichtigt bleibt, geschieht dies nicht nur aus arbeitsökonomischen Gründen, sondern auch aufgrund der (noch unbewiesenen) Vermutung, daß sich Terminologie, Bildlichkeit und Topoi der volkssprachlichen Hofkritik erst unter dem Einfluß der mittellateinischen Literatur ausbildeten[10].

---

[8] Einschlägiges Quellenmaterial fand sich in verfassungsgeschichtlichen Darstellungen, vor allem bei G. Waitz, *Deutsche Verfassungsgeschichte*, 8 Bände in 9 Teilen, (vierte, dritte bzw. zweite Auflage), Berlin 1876–1896; Nachdruck: Graz 1953–1955 und J. Fleckenstein, *Die Hofkapelle der deutschen Könige*, 2 Bände, „Schriften der Monumenta Germaniae Historica" 16, Stuttgart 1959–1966. – Viele Belege enthalten natürlich auch die mittellateinischen Wörterbücher, so das *Glossarium mediae et infimae latinitatis*, hg. v. Ch. du Cange, fünfte Auflage, hg. v. L. Favre, 10 Bände, Paris 1883–1887; Nachdruck: Graz 1954 (Bd. 2, pp. 665–670: ‚curia', p. 670 seq.: ‚curialis/curiales'; Bd. 5, pp. 377–387: ‚miles/milites/militia'); das *Novum glossarium mediae latinitatis ab anno DCCC usque ad annum MCC*, hg. v. F. Blatt, Band [2]: M-N, Kopenhagen 1959–1969 (cc. 474–487: ‚miles', cc. 494–503: ‚militia') und das *Mediae latinitatis lexicon minus*, hgg. v. J. F. Niermeyer und C. van de Kieft, Leiden 1954–1976 (pp. 288–290: ‚curia', pp. 290 seq.: ‚curialis', pp. 676–678: ‚miles', pp. 680 seq.: ‚militia'). – Weil die Artikel ‚curia/curialis/curiales' und ‚miles/militia' des *Mittellateinischen Wörterbuchs* bis zum ausgehenden 13. Jahrhundert (hgg. v. der Bayerischen Akademie der Wissenschaften und der Deutschen Akademie der Wissenschaften zu Berlin, Band 1 ff., München 1959 ff.) noch nicht erschienen sind, habe ich dank des freundlichen Entgegenkommens der Münchener Redaktion die dort vorhandenen Zettelkästen (Sekundärliteratur, Quellenexzerpte und Verzeichnis der Belege) durchsehen dürfen. Dafür möchte ich auch an dieser Stelle noch einmal herzlich danken!

[9] Uhlig, *Hofkritik* (wie Anm. 4), pp. 175–190, besonders pp. 182–184; B. Widmer, *Zur Arbeitsmethode Enea Silvios im Traktat über das Elend der Hofleute*, Lettres latines du moyen âge et de la Renaissance, hgg. v. G. Cambier, C. Deroux und J. Préaux, „Collection Latomus" 158, Bruxelles 1978, pp. 183–206.

[10] Dazu ein Beispiel: Walther von der Vogelweide vergleicht in seinem Spruch 32, 27 (*Die Gedichte Walthers von der Vogelweide*, hg. v. K. Lachmann, 13. Auflage, hg. v. H. Kuhn, Berlin 1965, p. 43) die „hovebellen" des Herzogs von Kärnten mit Mäusen, die Schellen tragen und so auf sich selbst aufmerksam machen. Daß Höflinge als Hofhunde (‚canes palatini') bezeichnet werden, ist in der lateinischen Literatur des 11. und 12. Jahrhunderts

# I.

Obwohl sich Peter von Blois einmal auch sehr positiv über die Hofkapelle Heinrichs II. äußerte, wie man bei einer Lektüre von Ep. 150, dem Gegenstück zu Ep. 14, feststellen wird, und obwohl er sogar gegenüber Alexander III. die Ernennung von drei englischen Bischöfen zu obersten Richtern des Königs verteidigte[11], steht der dem geistlichen Hofdienst grundsätzlich sehr ablehnend gegenüber. Er verurteilt die Institution der Hofkapelle, gleichgültig ob sie im anglo-normannischen, sizilisch-normannischen oder französischen Königreich zu finden war[12]. Die Beteiligung von Geistlichen an der Verwaltung, Diplomatie oder Rechtsprechung eines Königs ist nach Peters Ansicht in jedem Fall ein schwerwiegender Verstoß gegen die Forderung der Kirche nach strikter Trennung zwischen kirchlichem Amt und weltlicher Machtausübung. Dem Weltklerus sind Liturgie und Seelsorge als eigentliche Aufgaben zugewiesen, nicht jedoch der Dienst in der Verwaltung eines Reiches. Nach seiner Meinung dürfen Kleriker nur dann an Verwaltungsaufgaben beteiligt werden, wenn es sich um den Bereich der Amtskirche handelt: Daher nimmt er den geistlichen Hofdienst für einen Bischof oder Erzbischof von seiner Kritik an der Hofgeistlichkeit aus[13].

Wenn Peter von Blois an mehreren Stellen seines Werkes von der Tätigkeit der Hofkleriker eines Königs oder eines (Erz)Bischofs spricht, verwendet er zur Beschreibung des geistlichen Hofdienstes keine feststehenden Begriffe, sondern verschiedene, meist synonyme Ausdrücke. In Ep. 14, einem Schreiben an die „clerici de capella domini regis", steht allerdings an einer Stelle die Formulierung ‚militia curialis‘, die als

häufig belegt: *Mittellateinisches Wörterbuch* (wie Anm. 8), Band 2, Lieferung 2, München 1969, cc. 163–166, hier c. 165 seq.; der Vergleich erscheint zuerst bei Boethius (*De consolatione philosophiae* I 4, 13) und er wird im Althochdeutschen mit „houeman" übersetzt (*Die althochdeutschen Glossen*, hgg. v. E. Steinmeyer und E. Sievers, Band 2, Berlin 1882, p. 67 l.4).

[11] Peter von Blois, Ep. 150 (PL 207, 439–442) bzw. Ep. 84 (PL 207, 259 B = PL 200, 1459–1461).

[12] Über den Hof von Palermo vgl. die zweite Fassung von Ep. 10 (PL 207, 27–32), Ep. 84 (PL 200, 1461 B) und *Canon episcopalis* (PL 207, 1110 A); über die Hofkapelle des Königs von Frankreich vgl. die erste, noch ungedruckte Fassung von Ep. 10 (Köhn, *Magister Peter von Blois* [wie Anm. 1], Teil I Kap. 2 b).

[13] Ep. 6 an den Grammatiklehrer Ralph von Beauvais: „Clericorum curialium vitam damnatissimam reputatis, et in ejus exsecrationem fere totam illam satyram Juvenalis expenditis: ‚Si te propositi nondum pudet' [Juvenal, Satiren 5,1]. Magister bone! si puerilium derivationum naenias, quibus insenuistis, memoriter retinetis, cum curia a cruore dicatur, clerici, qui cum praelatis ecclesiae conversantur, curiales non sunt; nec enim apud eos judicium sanguinis exercetur. Cumque institutio canonica curiales [Migne: clericos curiales] prohibeat promoveri, clericos pontificum frequentius elegit Dominus in sacerdotes sibi." (PL 207, 16 seq.). Die Etymologie ‚curia' von ‚cruor' und das Verbot, ‚curiales' zu Priestern zu weihen, stammen aus dem unechten *Constitutum Silvestri* bzw. aus den Dekretalen Pseudo-Isidors (vgl. unten Anm. 48 und 49).

Terminus technicus gemeint sein könnte, weil sie mit dem deutschen Wort ‚Hofdienst' übersetzt werden muß[14]. Ähnlich bezeichnet er die Mitglieder der königlichen Hofkapelle als ‚milites curiales', doch wird hier die Übersetzung schon schwieriger, weil Peter in den Hofklerikern mehr sieht als geistliche Diener des Königs[15]. Daß ‚militia curialis' und ‚milites curiales' Schlüsselbegriffe zum Verständnis von Peters Kritik an der Hofkapelle Heinrichs II. sind, wird deutlich, wenn man verwandte Wortbildungen wie ‚militia vitae curialis', ‚militare in curiis' und ‚ministeriales curiae' berücksichtigt[16]. Sie weisen nämlich auf Kategorien, mit denen Peter Stellung und Aufgaben der Kleriker am Königshof bezeichnet und bewertet. Leider kann aber die Übersetzung ins Deutsche entscheidende Gesichtspunkte dieser Ausdrücke nicht adäquat wiedergeben, denn ‚militia curialis' bedeutet mehr als ‚(geistlicher) Hofdienst' und ‚milites curiales' wird man kaum mit ‚Hofleute' oder ‚Hofgeistliche' übersetzen, auch wenn sie hier gemeint sind. Denn die Wörter ‚curia' und ‚curialis' (als Substantiv und Adjektiv) bzw. ‚militia', ‚militare' und ‚miles/ milites' dürfen nicht als Termini technici zur Bezeichnung des Hoflebens, der Hofkapelle oder des Hofdienstes betrachtet werden, weil Peter von Blois gleichzeitig auch allgemein verbreitete Begriffe wie ‚aula', ‚aulici', ‚aulica vita' bzw. ‚domus', ‚domestici' bzw. ‚palatium', ‚palatini' verwendet, ohne dabei einen erkennbaren Unterschied zu machen. Ja, er kennt sogar die eher technischen Begriffe ‚camera (regis)', ‚capella (domini regis)', ‚clerici capellae' und ‚cappellani', doch verwendet er sie nur selten[17]. Warum vernachlässigt er aber diese Termini technici und bevorzugt zur Bezeichnung des Hoflebens, der Hofkapelle und des Hofdienstes Wortverbindungen wie ‚militia curialis', ‚milites curiales' oder ‚militare in

---

[14] Ep. 14: „Saluto vos, et militiam vestram, ne dicam malitiam curialem. Alia militia est, ad quam Timotheo scribens Apostolus me invitat: ‚Milita', inquit, ‚militiam bonam habens fidem et conscientiam puram' [vgl. 1 Tim. 1, 18/19]. Ubi dicit, militiam bonam, patenter excludit militiam curialem, tanquam male sibi consciam, inhonestam, reprobam, perditam et damnatam." (PL 207, 51 A).

[15] Ep. 14: „Apponitur clerico, aut militi curiali panis non elaboratus, non fermentatus, confectus ex cerevisiae faecibus [. . .]" (PL 207, 47 C).

[16] Ep. 150: „In angustia corporis et mortis periculo constitutus scripsi vobis epistolam, in qua visus sum vitae curialis militiam, ne dicam malitiam vehementius dehortari." (PL 207, 440 A); Ep. 139: „Noveritis autem, quod ab ineunte aetate semper in scholis aut curiis militavi." (415 B); Ep. 14: „Nam, ut ad ministeriales curiae redeam: apud forinsecos janitores biduanam forte gratiam aliquis multiplici obsequio merebitur, sed usque in tertium non durabit [. . .]" (50 A/B). − Vgl. auch die synonymen Wendungen ‚militare in castris' (Ep. 14 und Widmungsbrief zum Compendium in Job: 47 A bzw. 797 B oder L'Hystore Job. An old French Verse adaptation of ‚Compendium in Job' by Peter of Blois, hg. v. J. Gildea, Band 1: Texts, Liège und Villanova, Penna. 1974, p. xxii l. 72 seq.) und ‚militare in obsequio regiae maiestatis' (Ep. 14: 46 A).

[17] Vgl. etwa Ep. 14: „Dilectis dominis et amicis omnibus clericis de capella domini regis [. . .]" (42 C) bzw. „[. . .] eratisque solatium et exsultatio mea in via, in camera, in capella" (43 A).

curiis'? Handelt es sich dabei um mehr oder weniger zufällige Bezeichnungen oder um bewußt gebrauchte Begriffe?

Will man die zitierten Wortverbindungen richtig verstehen und übersetzen, müssen einige Gesichtspunkte zur Methode begriffsgeschichtlicher Untersuchungen berücksichtigt werden. Zunächst sollten alle einschlägigen Textstellen im Gesamtwerk Peters von Blois gesammelt und inventarisiert werden, damit eine Übersicht über identische, vergleichbare oder unterschiedliche Verwendungen der Wörter vorliegt. Dann hat man den literarischen und biographischen Kontext jeder Textstelle festzustellen, denn Peter hat sich über den Hofdienst von Geistlichen z. T. widersprüchlich geäußert, wie Ep. 14 und Ep. 150 zeigen. Schließlich müssen zeitgenössische Parallelen und mögliche Vorbilder aus der lateinischen Hofkritik des Früh- und Hochmittelalters aufgespürt und nachgewiesen werden. Erst nach diesen Untersuchungsschritten ist eine philologisch zuverlässige und historisch getreue Übersetzung und Interpretation der aus ,curia' oder ,curialis' und ,militia', ,miles/milites' oder ,militare' zusammengesetzten Begriffe möglich, die Peter von Blois zur Beschreibung und Bewertung des Hoflebens, der Hofkapelle und des Hofdienstes von Geistlichen verwendet.

Gerade in den letzten Jahren sind mehrere Veröffentlichungen zur Hofkritik in den Schriften Peters von Blois erschienen, die es überflüssig machen, hier noch einmal Peters Ansichten zu referieren[18]. Leider bieten diese Arbeiten aber nur eine mehr oder weniger wörtliche Paraphrase der einschlägigen Textstellen, gehen also nur selten auf einzelne Begriffe, Bilder oder Topoi seiner Äußerungen ein: Über ,militia curialis' und verwandte Wortverbindungen findet man z. B. keine Auskunft. Warum Peter die Mitglieder der Hofkapelle Heinrichs II. ,milites Herlewini' nennt, den Königshof mit dem Meer vergleicht oder ,curia' von ,cruor' ableitet, wird in den genannten Untersuchungen überhaupt nicht oder nur unvollständig erklärt. Selbst der Vergleich mit zeitgenössischen Hofkritikern wie Johann von Salisbury, Walter Map oder anderen Autoren des anglo-normannischen Königreichs kommt über den Nachweis von Parallelen nicht hinaus, auch wenn sich dadurch mögliche Abhängigkeiten vermuten lassen. Bislang wurde nämlich zu wenig beachtet, daß die lateinische Hofkritik bis ins Frühmittelalter zurückreicht und keineswegs erst im 12. Jahrhundert mit Johann von Salisbury einsetzt[19].

## II.

Bevor nun ausführlicher von der Kritik am geistlichen Hofdienst im Werk Peters von Blois und von den Parallelen oder Vorbildern der hier

[18] Vgl. zuletzt Uhlig, *Hofkritik* (wie Anm. 4), pp. 99–105 und Türk, *,Nugae curialium'* (wie Anm. 1), pp. 124–158.
[19] Vgl. dazu Kapitel IV. und V. dieses Aufsatzes.

auftauchenden Begriffe, Bilder und Topoi die Rede sein soll, müssen die
einschlägigen Fachtermini erläutert werden, denn es dürfte nicht ohne
weiteres klar sein, was unter Begriffen wie ‚Hofkapelle‘, ‚Hofklerus‘ oder
‚geistlicher Hofdienst‘ zu verstehen ist. Eine Erläuterung dieser Termini
bereitet allerdings wenig Schwierigkeiten, weil sich inzwischen innerhalb
der Mediävistik genaue Definitionen durchgesetzt haben, die hier nahezu
unverändert übernommen werden.

Bei einer Definition der königlichen, päpstlichen oder (erz)bischöflichen
Hofkapelle muß man zwischen der dinglichen, räumlichen und perso-
nellen Komponente des Begriffs ‚capella‘ unterscheiden: In seiner dinglichen Bedeutung meint er das „gottesdienstliche Gerät, liturgische Ge-
wänder und ähnliches“; die räumliche Bedeutung bezeichnet den „Raum,
in dem der Gottesdienst, insbesondere der Gottesdienst des Herrschers,
stattfindet“; die personelle Bedeutung umfaßt die „Gesamtheit der dem
Hofe dienenden Geistlichen“[20]. Da sich dieser Aufsatz allein mit der Hofgeistlichkeit beschäftigt, kann die dingliche Bedeutung des Begriffs
‚capella‘ völlig unberücksichtigt bleiben, während Hofkirche und Hofgeistlichkeit in einem engeren Zusammenhang stehen, wie gleich zu zeigen
sein wird.

Eine Beschreibung der Aufgaben von Hofgeistlichen hat jüngst Hans
Martin Schaller am Beispiel des Hofes von Friedrich II. gegeben: „Die
Hauptaufgabe der Hofgeistlichen oder Hofkapläne bestand natürlich
darin, den Gottesdienst am Hofe des Herrschers zu zelebrieren. Daneben
erledigten sie aber die verschiedenartigsten Aufgaben im Dienst des Herrschers: sie arbeiteten als Diktatoren und Schreiber in der „Kanzlei“, die
zweifellos jahrhundertelang mit der Hofkapelle weitgehend identisch war;
sie waren mit Verwaltungsaufgaben betraut oder gingen als Diplomaten an
fremde Höfe. Unter den Hofkaplänen finden wir oft bedeutende Persönlichkeiten, die als Dichter, Künstler oder Gelehrte das geistige Leben eines
Hofes bereicherten. Die Hofkapelle war darüber hinaus das beste Sprung-
brett für eine höhere Karriere; viele wurden später Bischöfe und Erzbischöfe und bestimmten als solche maßgebend die Politik der Kirche und
des Reiches. Juristisch gesehen, bildete die Hofgeistlichkeit einen besonderen Personenverband. Dieser Verband, exemt gegenüber der kirchlichen
Hierarchie, immun gegenüber der staatlichen Verwaltung, frei von

---

[20] H. M. Schaller, *Kanzlei und Hofkapelle Kaiser Friedrichs II.*, „Annali dell'Istituto
storico italo-germanico in Trento – Jahrbuch des italienisch-deutschen historischen Instituts
in Trient“ 2 (1976; erschien 1978), pp. 75–116, hier p. 78f. in Anlehnung an die Definition
von H.-W. Klewitz, *Königtum, Hofkapelle und Domkapitel im 10. und 11. Jahrhundert*,
„Archiv für Urkundenforschung“ 16 (1939), pp. 102–156, hier p. 119 n. 1. – Ähnlich auch
die Definition bei J. Fleckenstein, Artikel ‚*Capella regia*‘, Handwörterbuch zur deutschen
Rechtsgeschichte, hgg. v. A. Erler und E. Kaufmann, Band 1, Berlin 1971, cc. 582–585, hier
c. 582 seq.

Steuern und Abgaben, war eine nach besonderem Recht lebende Gemeinschaft im Dienste eines Herrschers"[21].

Daß die Hofgeistlichkeit eines Herrschers einen eigenen Personalver-
band bildete, resultiert aus dem Eigenkirchenrecht des Herrschers an
seiner Hofkirche, die deshalb exemt und nicht der Diözesangewalt des
Bischofs unterworfen war. Diese exemte Stellung der Hofgeistlichkeit
schloß aber nicht aus, daß z. B. Mitglieder einer königlichen Hofkapelle
aus Einkünften von Pfarrkirchen versorgt wurden und Kanoniker an
Kollegiatstiften oder Domkapiteln waren: Schließlich dürfte das Vermögen
der Hofkirchen eines Herrschers kaum zur Versorgung aller Hofgeistlichen ausgereicht haben. Von dieser wirtschaftlichen Freistellung des
Hofklerus weitgehend unberührt blieb jedoch die persönliche Bindung
des Hofgeistlichen zu seinem Herrscher, mag dieser nun König, Papst
oder (Erz)Bischof gewesen sein. Daß die Hofkapelle nach dem Vasallitäts-
prinzip aufgebaut war, erkennt man schon an zeitgenössischen Bezeichnungen: Die Gesamtheit der zum Hofdienst verpflichteten Geistlichen
hieß ‚familia', der einzelne Hofkleriker nannte sich ‚familiaris' oder
‚commensalis' und der jeweilige Herr, dem Hofgeistliche dienten, wurde
mit dem Titel ‚senior' angeredet[22].

Entstehung, Aufbau und Aufgaben einer Hofkapelle können gut am
Beispiel der Hofkapelle der deutschen Könige demonstriert werden, weil
sich die Forschung der letzten Jahrzehnte nahezu ausschließlich auf die
Geschichte der karolingischen, ottonisch-salischen und staufischen Hofgeistlichkeit konzentriert hat. Obgleich die Institution der Hofkapelle
keineswegs auf das deutsche Königtum beschränkt und nicht nur im
Bereich der weltlichen Herrschaft verbreitet war, gibt es zur Entwicklung
der päpstlichen Kurie erst wenige Untersuchungen, von der Erforschung
der (erz)bischöflichen Hofgeistlichkeit nicht zu reden. So ist es einst-
weilen noch nicht erlaubt, von der Hofkapelle der deutschen Könige beispielsweise auf die Hofgeistlichkeit der anglo-normannischen Könige oder
gar auf den Hofdienst von Klerikern bei (Erz)Bischöfen zu schließen,
obwohl man weitgehende Gemeinsamkeiten im Aufbau und in den
Aufgaben der jeweiligen Hofkapelle unterstellen darf[23].

---

[21] Schaller, *Kanzlei und Hofkapelle* (wie Anm. 20), p. 79 seq.

[22] Fleckenstein, *Hofkapelle* (wie Anm. 8), Band 1, S. 30–37. – Vgl. auch unten Anm. 58.

[23] Aus der umfangreichen Literatur zur Geschichte der Hofkapelle der deutschen Könige
seien genannt: W. Lüders, ‚Capella'. *Die Hofkapelle der Karolinger bis zur Mitte des
neunten Jahrhunderts. ‚Capellae' auf Königs- und Privatgut,* „Archiv für Urkundenforschung" 2 (1909), pp. 1–100; S. Görlitz, *Beiträge zur Geschichte der Königlichen Hofkapelle
im Zeitalter der Ottonen und Salier bis zum Beginn des Investiturstreites,* „Historisch-
Diplomatische Forschungen" 1, Weimar 1936; H.-W. Klewitz, ‚Cancellaria'. *Ein Beitrag zur
Geschichte des geistlichen Hofdienstes,* „Deutsches Archiv für Geschichte des Mittelalters" 1
(1937), pp. 44–79; Klewitz, *Königtum, Hofkapelle und Domkapitel* (wie Anm. 20); H.-W.
Klewitz, *Kanzleischule und Hofkapelle,* „Deutsches Archiv für Geschichte des Mittelalters"
4 (1940/41), pp. 224–228; H. M. Schaller, *Die staufische Hofkapelle im Königreich Sizilien,*

In der beschriebenen Organisation und Funktion gehört die Hofkapelle
zu den Schöpfungen der karolingischen Könige. Es gab zwar schon bei
Westgoten und Merowingern einen Hof mit Geistlichen im Gefolge des
Königs, doch wird die Hofkapelle erst im späten 8. Jahrhundert faßbar.
Wie sich dann im 9. Jahrhundert der Ausbau der karolingischen Hofkapelle vollzog und wie sie im 10. Jahrhundert in die ottonische Reichskirche
integriert wurde, hat Josef Fleckenstein dargestellt[24]. Fleckensteins Buch
über die Hofkapelle der deutschen Könige arbeitet die zuerst von Hans-
Walter Klewitz vertretene These aus, daß die Kanzlei der Könige als Teil
ihrer Hofkapelle begriffen werden muß, daß also die ‚capella‘ die umfas-
sendere Institution war, in der die Kanzlei ihren Platz hatte. Es war auch
Klewitz, der als erster erkannt hat, welche Bedeutung die Zusammensetzung, Herkunft und Laufbahn der Hofgeistlichen eines Herrschers für
das Verständnis der jeweiligen Hofkapelle besitzt. Mit Klewitz' Untersuchungen setzt daher die intensive Erforschung des geistlichen Hofdienstes ein, die noch heute ein Schwerpunkt mediävistischer Forschung
ist[25].

Zu den bislang vernachlässigten Bereichen bei der Erforschung der Hofkapelle zählen nicht nur die Ausweitung und Vervollständigung der
Untersuchungen auf außerdeutsche Königreiche und auf entsprechende
Institutionen innerhalb der Amtskirche, sondern auch die mittelalterlichen
Bezeichnungen für den Hofdienst von Geistlichen. Obwohl die angeführten Veröffentlichungen umfangreiches Material für eine Erforschung der
meist lateinischen Begriffe enthalten, gibt es keine speziellen Arbeiten über
zeitgenössische Bezeichnungen der Hofkapelle, der Hofgeistlichkeit oder
des Hofdienstes. Diese Feststellung überrascht, weil die mediävistischen
Termini einerseits mittellateinische Begriffe aufnehmen (z. B. ‚cancellaria‘,
‚capella‘, ‚capellani‘), andererseits selbst zu Wortschöpfungen wie ‚geist-

---

„Deutsches Archiv für Erforschung des Mittelalters" 11 (1954/55), pp. 462–505; F. Haus-
mann, *Reichskanzlei und Hofkapelle unter Heinrich V. und Konrad III.*, „Schriften der
Monumenta Germaniae Historica" 14, Stuttgart 1956; Fleckenstein, *Hofkapelle* (wie Anm.
8); J. Fleckenstein, *Hofkapelle und Reichsepiskopat unter Heinrich IV.*, Investiturstreit und
Reichsverfassung, hg. v. J. Fleckenstein, „Vorträge und Forschungen" 17, Sigmaringen 1973,
pp. 117–140; Schaller, *Kanzlei und Hofkapelle* (wie Anm. 20). – Zur päpstlichen Kurie vgl.
Anm. 53 und 74, zur Hofgeistlichkeit von (Erz)Bischöfen vgl. Anm. 26.

[24] Fleckenstein, *Hofkapelle* (wie Anm. 8), Bd. 2: *Die Hofkapelle im Rahmen der
ottonisch-salischen Reichskirche.*

[25] Dennoch gibt es bislang für die Hofkapelle der französischen, englischen, aragonesi-
schen, sizilischen, ungarischen, böhmischen u.s.w. Könige keine ähnlich ausführlichen
Darstellungen wie für die Hofkapelle der deutschen Könige. Dies mag u. a. darauf zurückzuführen sein, daß die Mediävistik außerhalb des deutschen Sprachraums weniger verfassungs-
geschichtlich ausgerichtet ist. So arbeitet auch die angelsächsische Forschung mehr personen-
als institutionsgeschichtlich, so daß es zwar noch immer keine Gesamtdarstellung der Hofkapelle Heinrichs II. Plantagenêt gibt, aber prosopographische Vorarbeiten wie z. B. Ch.
Duggan, *Richard of Ilchester, Royal Servant and Bishop*, „Transactions of the Royal
Historical Society" fifth series 16 (1966), pp. 1–21.

licher Hofdienst' greifen, die in den Quellen keine Entsprechung finden und zudem mißverständlich sind – schließlich dienten Geistliche (und sogar Laien!) nicht nur an Königshöfen, sondern auch an der päpstlichen Kurie und an (erz)bischöflichen Höfen[26]. Daß die zeitgenössischen lateinischen Bezeichnungen für den Dienst von Geistlichen an weltlichen und kirchlichen Höfen mehr enthalten als eine sachliche Beschreibung der Stellung und Tätigkeit der Hofkapelle als ‚Gesamtheit der zum Hofdienst verpflichteten Geistlichen', soll im Folgenden am Beispiel des Begriffs ‚militia curialis' Peters von Blois gezeigt werden. Um Peters Ausdruck besser verstehen zu können, wird es aber notwendig sein, auch auf frühmittelalterliche Parallelen und hochmittelalterliche Vorbilder seiner Bezeichnung für den Hofdienst von Geistlichen einzugehen.

### III.

Für die Bezeichnung des Hofes, der Hofgeistlichkeit oder des Hofdienstes greift Peter von Blois zwar mit Vorliebe auf das Wort ‚curia' und mit ‚curialis' zusammengesetzte Wortverbindungen zurück, doch benutzt er daneben auch andere Begriffe, wie z. B. ‚aula', ‚aulicus', ‚domus (regis)', ‚domesticus', ‚palatium', ‚palatinus'. Weder Peter noch seine Zeitgenossen kennen einen einheitlichen Sprachgebrauch, es sei denn bei der Verwendung einiger Spezialbegriffe für besondere Institutionen am Hofe, wie etwa ‚camera', ‚capella' oder ‚scaccarium'. Abgesehen von diesen eher technischen Ausdrücken hat sich im Mittelalter meines Wissens auch keine feststehende Terminologie für den Bereich des Hofgefolges und der Hofverwaltung durchgesetzt. Die Fachterminologie der Mediävistik ist hier viel rigoroser, denn sie spricht von ‚Hofkapelle', ‚Hofgeistlichkeit' und ‚Hofdienst' und versucht dabei, die Vielfalt und Unbestimmtheit der Quellenbelege dem Begriffsschema der Verfassungsgeschichte anzupassen. Dies geschieht zweifellos zu Recht, weil eine Übernahme der lateinischen Begriffe zu neuen Kunstwörtern führen würde, die ihrerseits wieder übersetzt und interpretiert werden müßten. Andererseits können die mediävistischen Fachtermini nicht die unterschiedlichen Aspekte der mittelalterlichen Bezeichnungen aufgreifen, sonst dürfte man ‚aulici', ‚curiales', ‚domestici', ‚familiares' und ‚palatini' nicht unterschiedslos mit ‚Höflinge' oder ‚Hofleute' gleichsetzen.

---

[26] Während sich die angelsächsische Mediävistik bereits seit einigen Jahrzehnten mit der Hofgeistlichkeit englischer (Erz)Bischöfe des Hoch- und Spätmittelalters beschäftigt – man vgl. etwa C. R. Cheney, *English Bishops' Chanceries, 1000–1250*, „University of Manchester. Publications of the Faculty of Arts" 3, Manchester 1950 –, erschien erst jetzt eine Arbeit über die Hofgeistlichkeit der (Erz)Bischöfe des deutschen Reichs: S. Haider, *Das bischöfliche Kapellanat*, Band 1: *Von den Anfängen bis in das 13. Jahrhundert*, „Mitteilungen des Instituts für Österreichische Geschichtsforschung", Ergänzungsband 25, Wien, Köln und Graz 1977.

Wie schwierig Übersetzung und Interpretation der mittelalterlichen Bezeichnungen für das Hofleben, die Hofgeistlichkeit und den Hofdienst sein können, erfährt man beim Lesen von Peters Brief an die Mitglieder der Hofkapelle des anglo-normannischen Königs (Ep. 14: PL 207, 42–51). Hier verwendet er nämlich ganz verschiedene Begriffe, um die Hofgeistlichen zu charakterisieren. Während die Anrede „clerici de capella domini regis" (42 C) den offiziellen Titel (vielleicht auch nur die interne Selbstbezeichnung?) der Hofkapelle des Königs herausstellt, weist die Bezeichnung ‚curiales' auf die Zugehörigkeit zum Hofgefolge. Zum Gefolge des königlichen Hofs gehören nach Peter von Blois aber nicht nur die Mitglieder der Hofkapelle, sondern außer den adeligen Laien sogar der Troß, ja selbst die „histriones, candidatrices, aleatores, dulcorarii, caupones, nebulatores, ‚mimi', barbatores, ‚balatrones, hoc genus omne' [Horaz, Satiren I 2, 2]" (49 A).

Weil Ehrgeiz und Habgier nach Peters Überzeugung die eigentlichen Beweggründe dafür sind, daß Hofgeistliche die Unbequemlichkeiten und Gefahren des Hoflebens geduldig ertragen, dienen sie der „vanissima vanitas". Sie geben sich nämlich der falschen Hoffnung auf Reichtum und Ansehen hin, wenn sie scheinbar selbstlos im Hofdienst stehen, denn sie erlangen weder den verdienten Lohn noch die Gunst des Herrschers. Und schlimmer noch: Weil sich die Hofgeistlichen für den König aufopfern, verwirken sie sogar ihr Seelenheil, denn sie sind „martyres saeculi, mundi professores, discipuli curiae, milites Herlewini" (44 B), aber nicht Blutzeugen für ihren Glauben und Soldaten Christi[27].

Mit dieser Gegenüberstellung erreicht Peters Invektive gegen die Hofkapelle des anglo-normannischen Königs ihren ersten Höhepunkt: Dem Selbstverständnis der Hofgeistlichen, dem Pathos des Hofdienstes, wird eine religiös begründete Anklage entgegen gestellt. Weil der Hofdienst von Geistlichen eine Beschäftigung mit „saecularia negotia" darstellt, bringt das Hofleben den Seelen der Geistlichen den Tod. Während sich das einzelne Mitglied der königlichen Hofkapelle als ‚miles curialis' betrachtet, dient es doch in erster Linie dem eigenen Ehrgeiz und der eigenen Habgier. So ist die ‚militia curialis' in Wirklichkeit eine ‚malitia curialis' (51 A). Am Hof des Königs zu leben bedeutet daher: Durch das Hofleben zu sterben (44 D). Und mit dieser Kritik am Hofdienst der Geistlichen beendet Peter von Blois seinen Brief an die Hofkapelle des anglo-normannischen Königs.

Erst gegen Schluß seines Schreibens an die Hofgeistlichen Heinrichs II. führt Peter von Blois den Ausdruck ‚militia curialis' ein, der übrigens nur in diesem Brief erscheint, nicht in seinen anderen Schriften. Dennoch

---

[27] Zu den ‚milites Herlewini' vgl. H. M. Flasdieck, *Harlekin. Germanischer Mythos in romanischer Wandlung*, „Anglia. Zeitschrift für englische Philologie" 61 (1937), pp. 225–340, hier p. 250.

handelt es sich keineswegs um eine beiläufige Bemerkung ohne größeres Gewicht, sondern um einen zentralen Begriff des gesamten Briefes. Der Ausdruck ‚militia curialis' taucht auch nicht zufällig auf, denn er wird durch Formulierungen wie ‚militare in curiis', ‚curiales militant', ‚miles curialis' und verwandte Zusammensetzungen allmählich vorbereitet. Gleichzeitig gibt Peter jedem dieser Ausdrücke eine negative Bedeutung, indem er ständig neue Antithesen zum Dienstethos der Hofgeistlichen aufbaut, so daß schließlich die ‚milites Herlewini' den ‚milites curiales' und die ‚malitia curialis' der ‚militia curialis' gegenüberstehen.

Peters religiös begründete Kritik an der Hofkapelle des anglonormannischen Königs beruft sich u. a. auf zwei Zitate aus Briefen des Apostels Paulus an Timotheus, nämlich auf 1 Timotheus 1, 18–19 („Hoc praeceptum commendo tibi, fili Timothee, secundum praecedentes in te prophetias, ut milites in illis bonam militiam, habens fidem, et bonam conscientiam.") und 2 Timotheus, 2, 3–5 („Labora sicut bonus miles Christi Iesu. Nemo militans Deo implicat se negotiis saecularibus, ut ei placeat, cui se probavit."). Es ist keineswegs ein Zufall, daß Peter von Blois gerade diese beiden Bibelstellen in Ep. 14 zitiert (vgl. 51 A bzw. 43 B), um aus ihnen seine Argumente zur Ablehnung des geistlichen Hofdienstes zu entwickeln. Denn er benützt die Worte des Paulus nicht nur als Autoritäten zum Beweis seiner eigenen Ansicht, sondern übernimmt auch die Formulierungen ‚miles Christi', ‚Deo' bzw. ‚Christo militare' und ‚bona militia', um daraus eigene Ausdrücke wie ‚miles curialis' und ‚militia curialis' zu schaffen. Daß Peters Formulierungen neben diesen neutestamentlichen Stellen noch weitere, nicht auf die Bibel zurückgehende Vorbilder haben, soll hier nur kurz erwähnt, aber nicht näher untersucht werden[28].

Nun ist Peters Rückgriff auf die Vorstellung von der ‚militia Christi' keineswegs originell: Seitdem Adolf von Harnack die biblisch-patristischen und Hilarius Emonds die antik-philosophischen Wurzeln des christlichen Topos vom geistlichen Kriegsdienst beschrieben haben, kennt man Herkunft und Bedeutung dieses im Mittelalter weit verbreiteten Gedankens[29]. Doch ist Peter von Blois offensichtlich der erste (und auch

---

[28] Vgl. dazu Kapitel IV. und V. dieses Aufsatzes!

[29] A. von Harnack, *Militia Christi'. Die christliche Religion und der Soldatenstand in den ersten drei Jahrhunderten*, Tübingen 1905; H. Emonds, *Geistlicher Kriegsdienst. Der Topos der ‚militia spiritualis' in der antiken Philosophie*, Heilige Überlieferung. Ausschnitte aus der Geschichte des Mönchtums und des heiligen Kultes. Dem hochwürdigsten Herrn Abte von Maria Laach Dr. theol. et iur. h. c. Ildefons Herwegen zum silbernen Abtsjubiläum, hg. v. O. Casel, Münster i. W. 1938, pp. 21–50. (Harnacks Buch erschien zusammen mit Emonds' Aufsatz 1963 in Darmstadt als Nachdruck). – Aus der umfangreichen neueren Literatur zum Thema ‚militia Christi' sind wichtig: C. Erdmann, *Die Entstehung des Kreuzzugsgedankens*, „Forschungen zur Kirchen- und Geistesgeschichte" 6, Stuttgart 1935; Nachdruck: Darmstadt 1965, pp. 185–188; L. Hofmann, *‚Militia Christi'. Ein Beitrag zur Lehre von den kirchlichen Ständen*, „Trierer theologische Zeitschrift" 63 (1954), pp. 76–92; J. Auer, *‚Militia Christi'. Zur Geschichte eines christlichen Grundbildes*, „Geist und Leben" 32

einzige?) Autor, der zentrale Begriffe seiner Kritik am Hofleben und
am Hofdienst von Geistlichen aus dem Topos ‚militia Christi' ableitet und
den geistlichen Hofdienst in einen Gegensatz zum geistlichen Kriegsdienst
setzt. Die beiden Zitate aus den Briefen an Timotheus sind in diesem
Zusammenhang die entscheidenden Stellen innerhalb des Vulgata-Textes,
die den Gedanken der ‚militia Christi' nahezu wörtlich enthalten: Abgesehen von 1 Timotheus, 1, 18–19 und 2 Timotheus 2, 3–5 erscheint der
(spätere) Topos vom geistlichen Kriegsdienst nur noch an einer anderen
Stelle des Neuen Testaments, während ‚militia' im Alten Testament völlig
andere Bedeutungen hat und mit Ausnahme von Hiob 7, 1 („Militia est
vita hominis super terram.") unberücksichtigt bleiben kann[30].

Zum biblisch-patristischen Hintergrund von Peters Kritik am geistlichen
Hofdienst gehört auch der in Ep. 14 nur beiläufig erwähnte, in anderen
Schriften aber mehrfach ausgeführte Vergleich des Hoflebens mit dem
stürmischen Meer. Wenn er über seinen mehrmonatigen Aufenthalt am
Hof Heinrichs II. reuevoll bemerkt „Ductus equidem quodam spiritu
ambitionis me totum civilibus undis immerseram." (Ep 14: PL 207, 43 A),
spielt er auf diesen Vergleich an. Mehrmals zitiert er das Bild von den
Fluten des Hofes im Zusammenhang seiner Kritik an Hofgeistlichen. So
wirft er einem befreundeten Mönch vor, dieser habe sich durch seinen
Hofdienst in die „undae curiales" gestürzt (Ep. 107: PL 207, 330 C). In
anderen Briefen spricht Peter von „tumultuosi fluctus curiae" (Ep. 1 und
Ep. 150: PL 207, 1 B bzw. 441 B) oder von „ambitiosi fluctus curiarum"
(Ep. 131: PL 207, 386 B), um damit überzeugender vor den Gefahren des
Hoflebens zu warnen. Sein Vergleich geht natürlich auf den Vergleich der
Welt mit dem Meer zurück: Der Hof ist Inbegriff des Weltlichen und
Irdischen, daher ist das Leben am Hof wie eine Fahrt auf dem stürmischen
Meer[31]. Bei Peter von Blois und anderen Hofkritikern des Hochmittelalters
ist dieser Vergleich biblisch-patristischen Ursprungs, geht also nicht auf
antike Klassiker zurück[32]. In ihm drückt sich besonders deutlich die ab-

---

(1959), pp. 340–351; J. Johrendt, *Milites' und ‚Militia' im 11. Jahrhundert. Untersuchungen
zur Frühgeschichte des Rittertums in Frankreich und Deutschland*, Phil. Diss., Erlangen 1971,
pp. 216–228; A. Wang, *Der ‚Miles Christianus' im 16. und 17. Jahrhundert und seine
mittelalterliche Tradition. Ein Beitrag zum Verhältnis von sprachlicher und graphischer Bildlichkeit*, „Mikrokosmos. Beiträge zur Literaturwissenschaft und Bedeutungsforschung" 1,
Bern und Frankfurt/M. 1975, pp. 21–37.

[30] 2. Korintherbrief 10,4: „Nam arma militiae nostrae non carnalia sunt, sed potentia Deo
ad destructionem munitionum, consilia destruentes".

[31] Vgl. den Überblick bei H. Rahner, *Symbole der Kirche. Die Ekklesiologie der Väter*,
Salzburg 1964, pp. 272–303: Das Meer der Welt.

[32] Vgl. den noch ungedruckten Brief Nr. *30 Peters von Blois: „Asseris, te in omnibus
requiem quesivisse et in omnibus dolorem et laborem generaliter invenisse. Ubi, queso,
poterit inveniri quies in ‚hoc magno et spatioso mari' (Ps 103, 25), scilicet mundo, ubi
tamquam diluvio inundante fiunt ‚mirabiles elationes maris' (Ps 92, 4), turbines procellosi
deseviunt, circumfluunt torrentes iracundie, fluenta luxurie, voragines gule, abyssus avaritie,
amor superbie, cupiditatis ardor, dignitatum abusus, ceca ambitio, et inanus glorie appetitus?

lehnende Haltung des Christen zur Welt aus. Ähnliches meint Peter, wenn er den Hof als Labyrinth bezeichnet (Ep. 150 und Canon episcopalis: PL 207, 440 B bzw. 1107 B) oder vom „vinculum curiale" spricht, das den Hofgeistlichen gefangen hält (Ep. 14, Ep. 150 und Canon episcopalis: PL 207, 46A, 441 C bzw. 1110A). Noch deutlicher wird Walter Map, der Zeitgenosse Peters von Blois, denn er vergleicht den Königshof mit der Hölle und sieht wie Peter die Hofleute als Truppen im Dienst des Königs Herla[33].

## IV.

Es wäre allerdings falsch, wollte man Peters Kritik am geistlichen Hofdienst nur auf den Einfluß des biblisch-patristischen Gedankens der ‚militia Christi' zurückführen. Die Bezeichnung ‚militia curialis' muß auch auf dem Hintergrund der mittelalterlichen Kritik an der Hofkapelle und am Hofdienst gesehen werden.

Weil sich die Hofkapelle unter den karolingischen Königen ausbildete, gibt es natürlich erst für die Zeit nach dem 8. Jahrhundert Quellen, in denen der Hofdienst von Geistlichen erwähnt wird. Diese verstreuten Belege aus Urkunden, Geschichtswerken und literarisch-theologischen Schriften hat Fleckenstein zusammengestellt und ausgewertet[34]. Es ist daher überflüssig, noch einmal auf die einzelnen Textstellen einzugehen. Hier ist nur die Feststellung wichtig, daß im frühen Mittelalter und noch später fast ausschließlich Wörter aus dem antiken Latein zur Bezeichnung des Hofes, der Hofgeistlichkeit oder des Hofdienstes verwendet werden. Obwohl es sich bei der Institution der (königlichen) Hofkapelle um eine karolingische Neuschöpfung handelt, kam es nur selten zur Prägung von neuen Begriffen. Dies ging sogar soweit, daß ein einziges Wort zur Bezeichnung verschiedener Einrichtungen des Hofes diente. So gab es zwar die stadtrömische Institution der ‚curia' im Frühmittelalter nicht mehr, doch lebte das Wort weiter, indem es z. B. den Hof, die Palastgebäude, die Ratgeber eines Herrschers, den Hoftag oder den Gerichtshof bezeichnete. Ähnlich viele Bedeutungen besaß im Mittelalter das Wort ‚militia',

---

Si requiem vis habere, tibi exeundum est de mundo; et de mundo exiens semper mundum invenies. Certum in curiis non requies. In curiis hodie conversantur Jamnes et Mambre filii (cf. 2 Tim 3, 8), et heredes Achitophel (cf. 2 Reg 15, 17)." (Erfurt, Wiss. Allgemeinbibliothek, Ampl. fol. 71, f. 209 vb; E. Revell, *Some Unpublished Letters of Peter of Blois, Archdeacon of London*, Phil. Diss., Oxford, St Anne's College 1958, p. 98).

[33] *Walter Map: De nugis curialium*, hg. v. M. R. James, „Anecdota Oxoniensia. Mediaeval and modern series" 14, Oxford 1914, p. 4 und pp. 13–16. – Vgl. dazu Flasdieck, *Harlekin* (wie Anm. 27), pp. 250–252.

[34] Fleckenstein, *Hofkapelle* (wie Anm. 8), Band 1: *Grundlegung. Die karolingische Hofkapelle*.

denn es bezeichnete nicht nur den Kriegsdienst der Soldaten und einen
Verband von Bewaffneten, sondern auch das Hofamt, den Dienst eines
Vasallen, den Ritterstand, das Lehen eines Ritters oder einen Ritterorden.
Daß Peter von Blois zur Bezeichnung des geistlichen Hofdienstes auf den
Ausdruck ‚militia curialis' und verwandte Wortverbindungen verfiel, darf
angesichts der angeführten Bedeutungen von ‚curia' bzw. ‚curialis' und
‚militia', ‚miles' bzw. ‚militare' also nicht überraschen.

Dennoch gibt es unter den einschlägigen Quellen des Frühmittelalters
nur wenige Belege, die man mit Peters Formulierungen vergleichen kann.
Das liegt vor allem daran, daß sich das Wort ‚curia' als Bezeichnung für
den Hof eines Herrschers noch nicht gegen andere Bezeichnungen wie
‚aula' und ‚palatium' durchgesetzt hat: Erst seit dem 11. Jahrhundert ver-
drängt ‚curia' synonyme Bezeichnungen und wird so fast zum Terminus
technicus. Ganz anders verhält es sich mit dem Wort ‚militia' und verwandten Wörtern: Schon seit der Wende vom 8. zum 9. Jahrhundert erscheinen nämlich in den Quellen vereinzelte Belege, die Aufmerksamkeit
verdienen. So spricht die *Vita Ermenlandi seu Herblandi abbatis Antrensis*
des Donatus (8./9. Jh.) von der „militia regalis" und „militia palatina" des
späteren Abtes und meint damit dessen Dienst beim fränkischen König,
ohne genauer zu sagen, ob es sich um den Kriegsdienst oder Hofdienst
handelt[35]. Ähnlich vage bleiben die sogenannten Annalen Einhards, die
zum Jahr 796 von „optimates et aulici ceterique in palatio suo [gemeint ist
Markgraf Erich von Friaul] militantes" berichten, denn es wird kein
Hinweis auf die einzelnen Gruppen des markgräflichen Gefolges gegeben[36]. Möglicherweise ist hier die Palastwache gemeint, die 822 in Ardos
Lebensbeschreibung Benedikts von Aniane als „milites aulae regiae"
erwähnt wird[37].

Erst im *Epitaphium Arsenii,* der Gedenkschrift des Paschasius
Radbertus († um 859) auf Wala († 836), findet sich ein eindeutiger Beleg, weil dort die königliche Hofkapelle als „militia clericorum
in palatio, quos capellanos vulgo vocant" erscheint[38]. Diese Bezeichnung
bleibt jedoch für lange Zeit ein Ausnahmefall, obwohl man Quellen findet,
die den Hofdienst für einen Herrscher mit ‚militia' oder ähnlichen

---

[35] *MGH Scriptores rerum Merovingicarum,* Band 5: *Passiones vitaeque sanctorum aevi
Merovingici,* hgg. v. B. Krusch und W. Levison, Hannover und Leipzig 1910, p. 683 l. 12
und l. 23 bzw. p. 685 l. 33 seq.

[36] *Annales regni Francorum inde ab A. 741. usque ad A. 829. qui dicuntur Annales
Laurissenses maiores et Einhardi,* hg. v. F. Kurze, „MGH Scriptores rerum Germanicarum
in usum scholarum separatim editi" (6), Hannover 1895, p. 99.

[37] *MGH Scriptores,* Band XV/1, Hannover 1887, p. 211 l. 20.

[38] E. Dümmler, *Radbert's Epitaphium Arsenii,* „Philosophische und historische Abhandlungen der Königlichen Akademie der Wissenschaften zu Berlin aus den Jahren 1899 und 1900",
Abhandlung II, Berlin 1900, p. 66.

Wörtern umschreiben[39]. Soweit ich sehe, gibt es erst zu Beginn des 11. Jahrhunderts wieder vergleichbare Bezeichnungen: In Thangmars (?) Lebensbeschreibung Bernwards von Hildesheim ist nämlich von „nobiles clerici palatina militia certantes" die Rede, also zweifellos von den Geistlichen des königlichen Hofes; doch stellt diese Textstelle vielleicht eine Ergänzung des 12. Jahrhunderts dar[40]. Zwischen den Ausdrücken ‚militia clericorum in palatio' und ‚militia curialis' besteht nicht nur in der Bezeichnung, sondern auch in der Bewertung der Hofgeistlichkeit weitgehende Übereinstimmung. Ähnlich wie Peter von Blois in Ep. 14 kritisiert Paschasius Radbertus im *Epitaphium Arsenii* die Hofkapelle des Königs, teilweise allerdings mit anderen Argumenten, wie ein vollständiges Zitat der Textstelle zeigt: „Praesertim et militiam clericorum in palatio, quos capellanos vulgo vocant, quia nullus est ordo ecclesiasticus, denotabat plurimum, qui non ob aliud serviunt, nisi ob honores ecclesiarum et quaestus saeculi, ac lucri gratiam sine probatione magisterii, atque ambitiones mundi. Quorum itaque vita neque sub regula est monachorum, neque sub episcopo militat canonice, praesertim cum nulla alia tyrocinia sint ecclesiarum, quam sub his duobus ordinibus."[41] Weil die Mitglieder der königlichen Hofkapelle weder nach einer Mönchsregel noch nach den Statuten einer Kanonikergemeinschaft leben, bilden sie nach Meinung des Paschasius Radpertus innerhalb der Amtskirche keinen legitimierten Stand. Hinzu kommt, daß die Geistlichen aus Ehrgeiz und Habsucht am Hof des Königs dienen, also in der Hoffnung auf eine erfolgreiche Laufbahn in der Kirche, auf weltliches Ansehen und irdischen

---

[39] Vgl. Meginhard von Fulda, *Translatio s. Alexandri* (um 867 verfaßt), Kap. 4: „[. . .] commendavit, ut palatinorum [Glosse: vel aulicorum] consotius ministerium regis impleret" (B. Krusch, *Die Übertragung des H. Alexander von Rom nach Wildeshausen durch den Enkel Widukinds 851. Das älteste niedersächsische Geschichtsdenkmal*, „Nachrichten von der Gesellschaft der Wissenschaften zu Göttingen. Philologisch-historische Klasse", Jahrgang 1933, Berlin 1933, p. 427 l. 11 seq.); Hinkmar von Reims, *De ordine palatii* (882 geschrieben), Kap. 26: „[. . .] deinde in militia remanentibus certissimam fideliter serviendi fidem et constantiam ministrarent [. . .]" (*Hincmar. De ordine palatii*, hg. v. M. Prou, „Bibliothèque de l'École des Hautes Études. Sciences philologiques et historiques" 58, Paris 1885, p. 66 – hier Anm. 2 weitere Belege zu ‚militia'). – Vgl. auch die Belege unten in Anm. 57 und 58.

[40] *Vita s. Bernwardi episcopi Hildesheimensis auctore Thangmaro* (?), Kap. 4 (*Lebensbeschreibungen einiger Bischöfe des 10.-12. Jahrhunderts*, hg. v. übersetzt v. H. Kallfelz, „Ausgewählte Quellen zur deutschen Geschichte des Mittelalters. Freiherr vom Stein-Gedächtnisausgabe" 22, Darmstadt 1973, p. 280). Zur Entstehungsgeschichte der Lebensbeschreibung Bernwards vgl. R. Drögereit, *Die Vita Bernwardi und Thangmar*, „Unsere Diözese in Vergangenheit und Gegenwart. Zeitschrift des Vereins für Heimatkunde im Bistum Hildesheim" 28/II (1959), pp. 2–46. – Für die Echtheit der zitierten Stelle spricht allerdings, daß z. B. die *Vita Valentini Molismensis* (11. Jh.) von der „militia palatina", also vom geistlichen Hofdienst des späteren Heiligen berichtet: *Acta Sanctorum, Julii tomus secundus*, Antwerpen 1721, p. 41 A.

[41] Dümmler, *Radbert's Epitaphium Arsenii* (wie Anm. 38), p. 66.

Reichtum. Gerade in diesem Punkt stimmt Peters Kritik am geistlichen Hofdienst wieder mit den Ansichten des Paschasius Radbertus überein[42].

In der ersten Hälfte des 9. Jahrhunderts findet sich die heftige Kritik an der Hofkapelle des Königs nicht allein im *Epitaphium Arsenii*: Auch Heitos und Walahfrid Strabos *Visio Wettini* aus dem Jahr 824 bzw. um 826 sowie die Klage der Bischöfe über den Zustand der Kirche und des Reiches vom August 829 erheben den Vorwurf, daß die Hofgeistlichen besonders habgierig seien und bei der Besetzung von Bischofsstühlen bevorzugt würden[43]. Ihre Kritik richtete sich in erster Linie gegen Ludwig den Frommen und gegen dessen Festhalten an der Institution der Hofkapelle. Der Konflikt zwischen den Forderungen einer kirchlichen Reformbewegung, der ja auch Wala angehörte, und der Politik des Kaisers führte 829 zu einer Krise im Reich, doch widersetzte sich Ludwig den Wünschen nach einer weniger beherrschenden Stellung seiner Hofkapelle. Auf dem Hintergrund dieser Auseinandersetzungen müssen auch die oben zitierten Äußerungen des Paschasius Radbertus in seiner Gedenkschrift auf Wala gesehen werden[44].

Welch bestimmenden Einfluß die Kritik an der Hofkapelle Ludwigs des Frommen im weiteren Verlauf des 9. Jahrhunderts besaß, zeigt sich an der zunehmenden Kritik am Hof und an der Hofgeistlichkeit des Königs. Erwähnt seien hier ein Beschluß der Aachener Synode von 836, eine Bemerkung Rudolfs von Fulda († 865) und ein Brief Odos von Ferrières aus dem Jahr 840[45]. Besonders deutlich kommt diese Hofkritik in einer Sammlung kirchenrechtlicher Glossen aus der Mitte des 9. Jahrhunderts zum Ausdruck. Dort wird z. B. das Wort ‚curia' so kommentiert: „Curia est publicum placitum, ubi cruor effunditur, unde curiales carnifices et poenarum illatores." Und wenig später heißt es: „Curia dicitur, ubi cruor effunditur reorum, vel curia dicta a curandis vitiis, vel a cura rei publicae." In beiden Fällen sützt sich der anonyme Glossator bei der Definition des

---

[42] Vgl. Peter von Blois, Ep. 14 (PL 207, 42–51).

[43] Heito, *Visio Wettini*, Kap. 7 (*MGH Poetae latini aevi Carolini*, hg. v. E. Dümmler, Band 2, Berlin 1884, p. 270); Walahfrid Strabo, *Visio Wettini*, Vers 327–333 (D. A. Traill, *Walahfrid Strabo's Visio Wettini: Text, Translation, and Commentary*, „Lateinische Sprache und Literatur des Mittelalters" 2, Bern und Frankfurt/M. 1974, p. 194); *Episcoporum ad Hludowicum imperatorem relatio*, Kap. 12 (*MGH Legum sectio II: Capitularia regum Francorum*, hgg. v. A. Boretius und V. Krause, Band 2, Hannover 1897, p. 39).

[44] Vgl. Lüders, ‚*Capella*' (wie Anm. 23), pp. 60–64; Fleckenstein, *Hofkapelle* (wie Anm. 8), Band 1, pp. 44–112, hier p. 111 seq.; Prinz, *Klerus und Krieg* (wie Anm. 55), pp. 101–104.

[45] Aachener Synode von 836, § 22 (*MGH Legum sectio III: Concilia*, Band 2, hg. v. A. Werminghoff, Hannover 1906, p. 722); Rudolf von Fulda, *Vita Leobae abbatissae Biscofesheimensis*, Kap. 18 (*MGH Scriptores*, Band XV/1, Hannover 1887, p. 129); Odo von Ferrières, Ep. (*MGH Epistolae*, Band 6: *Epistolae Karolini aevi* (IV), hgg. v. E. Dümmler und E. Perels, Berlin 1902–1925, p. 32).

Begriffs auf Etymologien des Wortes ‚curia'[46]. Ob ‚curia' tatsächlich von ‚cruor' abgeleitet werden darf oder eher mit ‚curare' bzw. ‚cura' zusammenhängt, soll hier nicht erörtert werden[47]. Entscheidend ist nämlich die hofkritische Tendenz, die hinter diesen Etymologien steht.

Wenn ‚curia' als Gerichtshof beschrieben wird, der z. B. die Todesstrafe verhängt und vollstreckt, beschränkt der anonyme Glossator seine Interpretation auf einen einzigen Aspekt und geht bewußt darüber hinweg, daß der Hof eines Herrschers nicht allein als weltliches Gericht charakterisiert werden kann. Doch geht es den kanonistischen Glossen bei der Beschreibung des Hofes nicht um historische Objektivität, wie man an der Vorlage für die erste Etymologie sieht. Diese stammt nämlich aus dem 16. Kapitel des (unechten) *Constitutum Silvestri*: „Nemo enim clericus, vel diaconus, aut presbyter propter causam suam qualibet intret in curia quoniam omnis curia a cruore dicitur, et immolatio simulacrorum est. Quod si quis clericus in curia introierit, anathema suscipiat, nunquam rediens ad matrem ecclesiam. A communione autem non privetur propter tempus turbidum."[48] Mit Exzerpten aus der symmachianischen Fälschung gelangte auch Kapitel 16 spätestens Mitte des 9. Jahrhunderts in die pseudoisidorischen Dekretalen und damit war die Ableitung ‚curia' von ‚cruor' den Kirchenreformern des hohen Mittelalters sehr vertraut. Im 9. und 10. Jahrhundert hat diese Etymologie aber keine größere Verbreitung mehr gefunden[49].

Woher der anonyme Glossator die beiden anderen Ableitungen des Wortes ‚curia' bezog, ist nicht so eindeutig zu entscheiden. Offensichtlich gehen sie auf Isidor von Sevilla zurück, der in seiner Enzyklopädie folgende Erklärungen der Wörter ‚decurio' und ‚curia' bietet: „Decuriones dicti, quod sint de ordine curiae. Officium enim curiae administrant. Unde

---

[46] F. Maassen, *Glossen des canonischen Rechts aus dem karolingischen Zeitalter*, „Sitzungsberichte der philosophisch-historischen Classe der Kaiserlichen Akademie der Wissenschaften" 84, Jahrgang 1876, Wien 1877, pp. 235–298, hier p. 281 seq. und p. 284.

[47] Zur Methode und zum Erkenntnisinteresse mittelalterlicher Etymologien vgl. R. Klinck, *Die lateinische Etymologie des Mittelalters*, „Medium Aevum. Philologische Studien" 17, München 1970.

[48] PL 8, 840 A/B oder *Quellen zur Geschichte des Papsttums und des römischen Katholizismus*, sechste, völlig neu bearbeitete Auflage, hgg. v. C. Mirbt und K. Aland, Band 1, Tübingen 1967, p. 230.

[49] *Decretales Pseudo-Isidorianae et capitula Angilramni*, hg. v. P. Hinschius, Leipzig 1863; Nachdruck: Aalen 1963, p. 449 seq.: „Testimonium clerici adversus laicum nemo recipiat, nemo enim clericum quemlibet in publico examinare praesumat nisi in ecclesia, nemo enim clericus vel diaconus aut presbiter propter quamlibet causam intret in curiam, nec ante iudicem cinctum causam dicere praesumat, quoniam omnis curia a cruore dicitur et immolatione simulacrorum. Et si quis clericus accusans clericum in curiam introierit, anathema suscipiat." Für die erneute Rezeption dieser Dekretale und ihrer Etymologie von ‚curia' seit dem frühen 11. Jahrhundert vgl. die Belege in Anm. 59. Allgemein vgl. dazu H. Fuhrmann, *Einfluß und Verbreitung der pseudo-isidorischen Fälschungen. Von ihrem Auftauchen bis in die neuere Zeit*, 3 Teile, „Schriften der Monumenta Germaniae historica" 24, Stuttgart 1972–1974.

non est decurio, qui summam non intulit vel curiam participavit. Curiales autem idem et decuriones. Et dicti curiales, quia civilia munera procurant et exequuntur." (*Etymologiae* IX 4, 23–25) – „Curia dicitur eo quod ibi cura per senatum de cunctis administretur." (*Etymologiae* XV 2, 28)[50]. Isidors gelehrte Etymologien mögen ebenso unzutreffend sein wie die Etymologie des gefälschten *Constitutum Silvestri*, doch fanden sie bei den Hofkritikern des hohen Mittelalters noch viel mehr Beachtung, weil Wörterbücher wie das des Papias aus der Mitte des 11. Jahrhunderts der Autorität Isidors folgten und ‚curia' von ‚cura' bzw. ‚(pro)curare' ableiteten[51]. Besonders bekannt wurde der Zweizeiler „Curia curarum genetrix nutrixque malorum [besser: malarum], / Iniustos iustos, inhonestis equat honestos.", dessen Wortspiel auf der Annahme beruht, daß ‚curia' aus ‚cura' entstand[52]. Auch hier geht es also eher um Hofkritik als um Philologie. Und aus dieser Tatsache erklärt sich vielleicht zum Teil die sprachgeschichtliche Beobachtung, daß der Hof eines Herrschers seit dem 11. Jahrhundert überwiegend als ‚curia' bezeichnet wird und nicht so sehr als ‚aula', ‚domus' oder ‚palatium'[53].

Dagegen eignet sich der Begriff ‚militia' für eine abwertende Charakterisierung des Hofdienstes nicht, weil die Etymologie des Wortes keinen Ansatzpunkt für hofkritische Wortspiele oder Argumente bietet. Im Gegenteil: Der biblisch-patristische Gedanke der ‚militia Christi' verhalf dem Wort gerade im Zusammenhang mit Klerus und Mönchtum zu großer Hochschätzung. Sie zeigt sich an Begriffen wie ‚militia divina', ‚militia monasterialis', ‚militia cenobialis', ‚militia sacra' und ähnlichen Wendungen. Hier wird ‚militia' stets im übertragenen Sinn als Bezeichnung für die religiöse Lebensform der Weltgeistlichen und Mönche gebraucht. Wenn jedoch der Hofdienst oder Kriegsdienst von Mitgliedern der Amtskirche gemeint ist und ‚militia' daher im wörtlichen Sinn verwendet werden soll, ist in mittelalterlichen Quellen von der ‚militia saecularis', auch von der ‚militia mundana [oder: mundialis]' oder ‚militia terrena'

---

[50] *Isidori Hispalensis Episcopi Etymologiarum sive originum libri XX*, hg. v. W. M. Lindsay, 2 Bände, Oxford ³1962, (nicht paginiert). – Vor Isidor hatte bereits Priscian in seinen *Partitiones duodecim versuum Aeneidos principalium* IV 92 ‚curia' von ‚cura' abgeleitet (*Prisciani grammatici Caesariensis Institutionum grammaticarum libri XVIII*, hg. v. M. Hertz, Band 2, „Grammatici Latini" 3, Leipzig 1859, Nachdruck: Hildesheim 1961, p. 480 l. 10).

[51] *Papias, Vocabulista seu Elementarium doctrinae rudimentum*, Venedig 1496; Nachdruck: Torino 1966, p. 83.

[52] *Proverbia sententiaeque latinitatis medii aevi. Lateinische Sprichwörter und Sentenzen des Mittelalters in alphabetischer Anordnung*, hg. v. H. Walther, Teil 1, Göttingen 1963, Nr. 4757a.

[53] K. Jordan, *Die Entstehung der römischen Kurie. Ein Versuch*, „Zeitschrift der Savigny-Stiftung für Rechtsgeschichte" 59, kanonistische Abteilung 28 (1939), pp. 97–152 (ein selbständiger Nachdruck erschien 1962 in Darmstadt als Band XCI der Reihe ‚Libelli' und enthält einen Nachtrag) gibt pp. 108–122 eine begriffsgeschichtliche Untersuchung des Wortes ‚curia'.

eines Klerikers oder Mönchs die Rede[54]. Dabei bildet ‚militia spiritualis' als Bezeichnung für die Tätigkeit im innerkirchlichen Bereich den Gegenbegriff zu ‚militia saecularis', denn der Hof- oder Kriegsdienst gehört nach Meinung von Anhängern der Kloster- und Kirchenreform nicht mehr zu den Aufgaben eines Geistlichen oder Mönchs[55].

Abschließend läßt sich feststellen, daß ‚militia' im Frühmittelalter noch nicht als spezieller Begriff zur Bezeichnung des geistlichen Hofdienstes gebraucht wird. Wenn Paschasius Radbertus von der „militia clericorum in palatio" spricht[56], bleibt dieser Ausdruck bis zum 11. Jahrhundert ohne Parallele, denn es handelt sich um einen individuellen Sprachgebrauch in Anlehnung an zeitgenössische Bezeichnungen für einen Verband von Bewaffneten oder den Dienst von Vasallen. Aber noch im ausgehenden 10. und beginnenden 11. Jahrhundert wird ‚militia' vereinzelt gebraucht, um den Dienst von (adeligen) Laien am Hof eines Königs zu bezeichnen[57]. Zum Terminus technicus für den Hofdienst von Laien, Geistlichen oder Mönchen wurde das Wort dennoch nicht, obwohl die Tätigkeit von Hofleuten für einen Herrscher als Dienst beschrieben wurde und auch althochdeutsche Glossen ‚militia' mit ‚Dienst' übersetzen[58].

## V.

Während sich die Hofkritik des Frühmittelalters im Wesentlichen auf die Auseinandersetzungen um die Hofkapelle Ludwigs des Frommen

---

[54] Vgl. die Zusammenstellungen im *Novum glossarium mediae latinitatis* (wie Anm. 8), cc. 494–503 s.v. ‚militia'.

[55] Vgl. F. Prinz, *Klerus und Krieg im früheren Mittelalter. Untersuchungen zur Rolle der Kirche beim Aufbau der Königsherrschaft*, „Monographien zur Geschichte des Mittelalters" 2, Stuttgart 1971, pp. 1–35; L. Auer, *Der Kriegsdienst des Klerus unter den sächsischen Kaisern*, „Mitteilungen des Instituts für Österreichische Geschichtsforschung" 79 (1971), pp. 316–407, und 80 (1972), pp. 48–70, hier Teil I, p. 318 seq. und p. 360 seq.

[56] Dümmler, *Radbert's Epitaphium Arsenii* (wie Anm. 38), p. 66.

[57] Vgl. Hrotswitha von Gandersheim, *Pelagius*, Vers 216, *Gallicanus I*, XII 9 und *Primordia coenobii Gandeshemensis*, Vers 14 (*Hrotsvithae opera*, hg. v. H. Homeyer, München, Paderborn und Wien 1970, p. 139, p. 256 bzw. p. 450) und Walther von Speyer, *Vita et passio s. Christophori I*, Kap. 13 bzw. *II*, Buch IV Vers 20f. (*MGH Poetae latini medii aevi. Die lateinischen Dichter des deutschen Mittelalters*, Band 5, hg. v. K. Strecker und N. Fickermann, Berlin 1937–1939, p. 73 l.3 bzw. p. 41).

[58] *Die althochdeutschen Glossen*, hgg. v. E. Steinmeyer und E. Sievers, Band 1, Berlin 1879, p. 510 l.8: „Milicia dhionost". – Wenn Hofkapläne der fränkischen Könige in Quellen des 9. Jahrhunderts ‚ministri' oder ‚ministeriales' genannt werden, wie Fleckenstein, *Hofkapelle* (wie Anm. 8), Band 1, p. 147 seq. hervorhebt, gilt diese Bezeichnung sowohl dem vasallitischen Verhältnis zwischen Geistlichem und Herrscher als auch der Zugehörigkeit der Hofgeistlichen zu den (ursprünglich unfreien) Dienstleuten des Königs. Vgl. dazu K. Bosl, *Die Gesellschaft in der Geschichte des Mittelalters*, dritte, erweiterte Auflage, „Kleine Vandenhoeck-Reihe" 1231, Göttingen 1975, pp. 84–111: Die ‚Familia' als Grundstruktur der mittelalterlichen Gesellschaft.

konzentriert, setzt etwa Mitte des 11. Jahrhunderts eine neue Phase der Hofkritik ein, die allerdings nicht mehr zeitlich oder regional beschränkt bleibt. Sie ist eng mit der Kirchenreform verknüpft und in diesem Punkt besteht eine gewisse Ähnlichkeit mit der frühmittelalterlichen Kritik am geistlichen Hofdienst, die ja mit einem Programm zur Reform von Kirche und Königtum verbunden war. Allerdings sind die Ziele der Reformbewegung des 11. Jahrhunderts umfassender angelegt: Um der Verweltlichung der zeitgenössischen Amtskirche ein Ende zu bereiten, forderten die Kirchenreformer eine strikte Trennung zwischen weltlichem und kirchlichem Bereich. Daher wurden nicht nur Simonie und Nikolaitismus, sondern auch die Beteiligung von Bischöfen an der Königsherrschaft bekämpft. Im deutschen Reich richtete sich die kirchliche Reformbewegung vor allem gegen das ottonisch-salische Reichskirchensystem, das dem König weitgehenden Einfluß bei der Besetzung von Bistümern zugestand und die Bischöfe zu den wichtigsten Helfern bei der Verwaltung des Reiches machte. In enger Beziehung zum Reichskirchensystem stand die königliche Hofkapelle, weil die Hofgeistlichen als die Vertrauten des Königs durch den Dienst am Hof zu geeigneten Kandidaten für den Reichsepiskopat wurden. Und so ist es nicht überraschend, daß sich die Reformbewegung des 11. Jahrhunderts auch mit der Hofgeistlichkeit und dem geistlichen Hofdienst kritisch auseinandersetzte[59].

Bereits vor Ausbruch des Investiturstreits entstand mit dem Brieftraktat *Contra clericos aulicos* des Petrus Damiani († 1072) die erste Schrift eines Anhängers der Kirchenreform gegen die Hofgeistlichkeit[60]. Den „moderni episcopi" wirft Petrus Damiani vor, sie hätten in der Hoffnung auf eine erfolgreiche Laufbahn in der Amtskirche die „militia spiritualis" ihrer Seelsorge im Stich gelassen und sich an den Hof eines Herrschers begeben. Dort sei es ihre Absicht, durch Hofdienst, Schmeichelei oder Bestechung die Gunst des Herrschers zu erlangen, um so zu höheren kirchlichen Würden aufzusteigen. Für den Kirchenreformer sind diese Kleriker nicht nur Höflinge („curiales") und Sklaven dieser Welt („servi mundi"), weil ihnen persönlicher Ehrgeiz und materieller Gewinn mehr bedeuten als Seelsorge und Amtskirche, sondern auch simonistische Häretiker, weil sie gegen Entgelt ihre bischöfliche Würde aus der Hand eines Laien entgegennehmen. Als Beispiel für solche Hofgeistlichen führt Petrus Damiani einen ungenannten Bischof von Bologna an. Bei ihm handelt es sich um Adalfred, der vom Mitglied der Hofkapelle Heinrichs II. und Konrads II. zum

---

[59] Wie eng Reformbestrebungen innerhalb der Kirche und Hofkritik bzw. Kritik am geistlichen Hofdienst zusammenhängen, läßt sich an der Wirkungsgeschichte von Kap. 16 des *Constitutum Silvestri* (in der Fassung Pseudo-Isidors) seit dem frühen 11. Jahrhundert nachweisen: vgl. Kap. 57 des *Liber legis Langobardorum Papiensis dictus* (*MGH Leges*, Band 4, Hannover 1868, p. 540), Ivo von Chartres, *Panormia*, Buch IV, Kap. 30 (PL 161, 1189 C) und die im folgenden zitierten Werke von Anhängern der Kirchenreform.

[60] PL 145, 463–472. Vgl. auch Ep. II 1 (PL 144, 253–259).

Bischof aufstieg[61]. Auf ihn und seinesgleichen ist auch die Schlußbemerkung des Brieftraktates gemünzt: „[. . .] ii, qui Ecclesiae militando promoti sunt, vocantur ex more pontifices; ita qui famulando principibus fiunt, dicantur a curia curiales." (PL 145, 472 C). Spätestens hier wird deutlich, daß sich diese Kritik am geistlichen Hofdienst gegen die Hofkapelle der deutschen Könige richtet, obwohl Petrus Damiani im Traktat keinen Herrscher und keinen Prälaten mit Namen nennt.

Wie sehr Anhänger der Kirchenreform den Hof der deutschen Könige verurteilen, zeigt auch folgendes Zitat aus der Lebensbeschreibung des Bischofs Anselm von Lucca († 1086) über den Kanoniker Petrus, der vom Hofgeistlichen Heinrichs IV. zum Bischof von Lucca aufstieg: „Qui propter immensitatem malitiae suae factus est subito contumax praeco Heinricianae tyrannidis, et post aliqua fit etiam familiaris curiae iniquitatis, quam iusta quidem interpretatione a cruore dico cruriam, vel potius universae turpitudinis sentinam."[62] Die leidenschaftliche Ablehnung der königlichen Hofkapelle kommt hier wieder durch den Rückgriff auf die Etymologie ‚curia' von ‚cruor' zum Ausdruck. Sie dürfte dem unbekannten Verfasser der *Vita Anselmi episcopi Lucensis* durch die pseudo-isidorischen Dekretalen vertraut gewesen sein, jedoch kaum durch eine eigenständige Lektüre des gefälschten *Constitutum Silvestri* oder der oben zitierten kanonistischen Glossen aus der Mitte des 9. Jahrhunderts. Der diffamierende Charakter dieser Etymologie wird nicht nur an der Wortschöpfung „cruria" sichtbar, sondern an der eher wohlwollenden Art, wie der Anonymus über den Hof der Markgräfin Mathilde von Tuszien spricht, der ebenfalls als ‚curia' bezeichnet wird[63]. Allerdings handelt es sich bei Mathilde um eine eifrige Förderin der Reformbewegung und darin besteht eben der Gegensatz zu Heinrich IV.!

Daß ‚curia' mit ‚cruor' und ‚crudelitas' zusammenhängt, behauptet auch der unbekannte Autor des *Liber de unitate ecclesiae conservanda* (um 1092/93), als er den Hof des deutschen Königs und die königstreuen Mitgliedern des deutschen Episkopats erwähnt. Dabei beruft er sich einmal ausdrücklich auf das *Constitutum Silvestri*, das er in der Überlieferung Pseudo-Isidors zitiert[64].

Während sich der unbekannte Verfasser des *Liber de unitate ecclesiae conservanda* gegen die bischöflichen Helfer Heinrichs IV. wendet, greift ein anderer Vertreter der Kirchenreform, nämlich Kardinal Deusdedit, die Hofgeistlichkeit des Königs direkt an. In seinem *Libellus contra invasores*

---

[61] Fleckenstein, *Hofkapelle* (wie Anm. 8), Band 2, p. 194 n. 294.

[62] *Vita Anselmi episcopi Lucensis*, Kap. 9 (*MGH Scriptores*, Band XII, Hannover 1856, p. 16 l. 17–20).

[63] *Vita Anselmi* (wie Anm. 62), Kap. 8 (p. 16 l. 2–5).

[64] *Liber de unitate ecclesiae conservanda*, Buch I, Kap. 12, 16 und 33 (*MGH Libelli de lite imperatorum et pontificum saeculis XI. et XII. conscripti*, Band 2, Hannover 1892, p. 201, p. 231 bzw. p. 258).

*et symoniacos et reliquos scismaticos* (um 1093–1095 entstanden) bezeichnet er die Hofkapelle als Pflanzstätte der simonistischen Häresie, weil Geistliche vor allem deshalb an den königlichen Hof gehen, um später vom Herrscher zum Bischof ernannt zu werden. So entbrennt unter den Hofgeistlichen ein Wettstreit um die Gunst des Königs und um einen freien Bischofsstuhl: „[. . .] et ab aliis quidem ingens pecunia non solum regalibus, sed etiam aulicorum marsupiis infunditur, ut eorundem suffragia ad tam nefariam promotionem mereantur; ab aliis infinitae pecuniae dispendio plus decennio in saeculari curia deservitur, aestus, pluviae, frigora et cetera incommoda patientissime tolerantur; ab aliis autem vel sui pastoris vel cuius honorem ambiunt mors incessanter optatur; ab alio alii vehementer invidetur, dum quod sibi sperat, ab eo surripi posse putatur." Angesichts dieser Anstrengungen der Hofgeistlichen bemerkt Deusdedit bitter: „Immo proh dolor! in tantam Dei iniuriam interdum prosilitur, ut et servis et fornicariis dignitas ista prestetur."[65] Damit wiederholt er in polemischer Form den Vorwurf, den bereits Petrus Damiani ausgesprochen hatte: Ein Geistlicher, der seine Pflichten als Seelsorger aufgibt, um in der Hoffnung auf die Bischofswürde an den Hof des Königs zu gehen und dem Herrscher in der Verwaltung des Reiches zu helfen, ist ein simonistischer Häretiker[66].

Zur Untermauerung seiner Kritik an der königlichen Hofkapelle führt Deusdedit noch einige Bibelverse an, u. a. auch 2 Timotheus 2, 4 („Nemo militans Deo implicat se negotiis saecularibus"), doch beschäftigt er sich dann wieder mit den Auswüchsen des Hoflebens. Er prangert den Kleiderluxus und die Jagdleidenschaft der Höflinge an und hebt besonders hervor, daß die Geistlichen mehr Zeit am Hof verbringen als an ihren Kirchen oder Domkapiteln: So würden sie die ihnen anvertrauten Pfarrgemeinden kaum drei- oder viermal im Jahr sehen. Und das schlechte Beispiel dieser Hofgeistlichen verführe noch mehr Kleriker dazu, ihre Kirchen zu verlassen, an den Königshof zu gehen und dem Herrscher zu dienen[67].

Deusdedits Polemik gegen die Hofgeistlichkeit Heinrichs IV. geht in erster Linie auf die Forderung der Kirchenreform nach strikter Trennung zwischen Amtskirche und Königsherrschaft zurück. Bezeichnend dafür ist sein Hauptvorwurf: Wenn Kleriker der königlichen Hofkapelle zu Bischöfen erhoben werden, machen sie sich der Simonie schuldig und sind daher als Häretiker zu betrachten. Andererseits enthält seine Invektive bereits einen Anhaltspunkt dafür, daß die mittelalterliche Hofkritik auch moralisch begründet werden kann. Wenn Deusdedit nämlich Schmei-

---

[65] Deusdedit, *Libellus contra invasores et symoniacos et reliquos scismaticos*, Kap. 15 (*MGH Libelli de lite* [wie Anm. 64], Band 2, p. 314).

[66] Petrus Damiani, *Contra clericos aulicos* (PL 145, 468A).

[67] Deusdedit, *Libellus contra invasores* (wie Anm. 65), Kap. 15 (*MGH Libelli de lite* [wie Anm. 64], Band 2, p. 314 seq.).

chelei, Ehrgeiz, Habgier und Verschwendungssucht als die typischen Laster der Hofleute betrachtet, argumentiert er auf dem Hintergrund einer Tugendlehre, deren Wurzeln ebenso christlich-religiös wie antik-humanistisch sind.

Obwohl die moralphilosophisch begründete Hofkritik erst mit Johann von Salisbury einsetzt, findet man einige ihrer wiederkehrenden Argumente bereits in der 2. Hälfte des 11. Jahrhunderts, so in Briefen Meinhards von Bamberg und in der Hamburgischen Kirchengeschichte Adams von Bremen[68]. In beiden Fällen handelt es sich aber nicht um eine Polemik gegen den Hof des Königs und dessen Gefolge, sondern um eine Kritik an dem persönlichen Verhalten von Bischöfen im Kreis ihres Hofes: Während Meinhard die Vorliebe des Bischofs Gunther von Bamberg (1057–1065) für „fabulae curiales", nämlich für Heldensagen und Spielmannsdichtung, anprangert, gibt Adam eine breite Schilderung der verschwenderischen Laster des Erzbischofs Adalbert von Bremen (1043–1072). Gunther wie Adalbert finden ihre Vergnügungen in der Gesellschaft mit ihren Höflingen. Am (erz)bischöflichen Hof sorgen Spielleute und Gaukler für Unterhaltung; Würfelspiele und Gelage sind andere Formen des Zeitvertreibs. Umgeben von Schmeichlern, Traumdeutern und fahrendem Volk erkennen weder Adalbert noch Gunther, daß die durch ihr Hofleben ‚großen Schaden an Leib und Seele' nehmen. In den Schilderungen Adams von Bremen und Meinhards von Bamberg erscheint der Hof als der eigentlich Schuldige, während Bischof und Erzbischof eher nur Verführte sind. Daher zitiert Adam dann den berühmten Ausspruch des Lucan „Exeat aula, qui vult esse pius" (Pharsalia VIII 493 f.)[69]. Tugenden und Hofleben sind eben nicht miteinander vereinbar! Und selbst Geistliche sind durch höfische Vergnügungen leicht zu verführen, auch wenn sie nicht am Königshof leben.

Meinhards und Adams Angriffe auf verweltlichte Lebensformen ihres geistlichen Herrn sind ein Indiz für die Ausweitung der Hofkritik: Nun steht auch der (erz)bischöfliche Hof im Mittelpunkt der Auseinandersetzung, nicht nur der Hof des Königs. Diese Entwicklung setzt sich zwar im Verlauf des Investiturstreits nicht weiter fort, weil die Polemik der päpstlichen Reformpartei vorwiegend gegen königstreue (Erz)Bischöfe und die Hofgeistlichkeit gerichtet ist, doch macht die Kirchenkritik des 12. Jahrhunderts selbst vor der römischen Kurie nicht Halt. Angriffe auf

---

[68] Zu Meinhard: C. Erdmann, ‚Fabulae curiales'. Neues zum Spielmannsgesang und zum Ezzo-Liede, „Zeitschrift für deutsches Altertum und deutsche Literatur" 73 (1936), pp. 87–98 und MGH Epistolae, Die Briefe der deutschen Kaiserzeit, Band 5, hgg. v. C. Erdmann und N. Fickermann, Weimar 1950. – Zu Adam: Quellen des 9. und 11. Jahrhunderts zur Geschichte der Hamburgischen Kirche und des Reiches, hg. und übersetzt v. W. Trillmich und R. Buchner, „Ausgewählte Quellen zur deutschen Geschichte des Mittelalters. Freiherr vom Stein-Gedächtnisausgabe" 11, Darmstadt 1961, pp. 372–378 und p. 416.

[69] Quellen des 9. und 11. Jahrhunderts (wie Anm. 68), p. 376.

den Hof des Papstes werden nämlich zu einem ständigen Thema der lateinischen Literatur des Hochmittelalters, an dem sich Satiriker, Moralisten
und Reformanhänger gleichermaßen beteiligen[70].

Diese inhaltliche Ausweitung der Hofkritik verteilt sich allerdings nicht
immer auf verschiedene Autoren oder Werke, sondern kann auch in den
Schriften eines einzigen Verfassers nachgewiesen werden. Ein bezeich-
nendes Beispiel aus dem 12. Jahrhundert ist Gerhoch von Reichersberg,
der sich als entschiedener Verfechter der Kirchenreform sowohl gegen den
Hof- und Reichsdienst von Bischöfen wie gegen die Verweltlichung der
römischen Kurie wendet[71]. So verweist er in seinem *Libellus de ordine
donorum sancti Spiritus* (zwischen 1142—1143 entstanden) auf das Vorbild
Karls des Großen, der im Gegensatz zum zeitgenössischen Königtum den
Unterschied zwischen „militia spiritualis" und „militia saecularis" sehr
genau beachtet und daher auch keine Bischöfe zum Kriegs- und Hofdienst
herangezogen habe[72]. Andererseits beklagt Gerhoch in einer Fassung
seines *Commentarius in psalmum LXIV*, daß die „ecclesia Romana" als
„curia Romana" bezeichnet werde: „Nam, si revolvantur antiqua Romanorum pontificum scripta, nusquam in eis reperitur hoc nomen, quod est
curia, in designatione sacrosancte Romane ecclesie: quae rectius ecclesia,
quam curia nominatur, quia nomen curie, ut ante nos dictum est, a cruore
derivatur, sive a curis, ut ait quidam: ‚Curia curarum genitrix, nutrixque
malorum, / Iniustos iustis, inhonestos aequat honestis.'" Dabei scheut
sich Gerhoch also nicht, die diffamierend gemeinten Etymologien ‚curia'
von ‚cruor' bzw. ‚cura' mit dem päpstlichen Hof in Verbindung zu
bringen und sei es auch nur, um sich gegen die Bezeichnung ‚römische
Kurie' zur Wehr zu setzen[73].

Gerhochs Wunsch, allein der Hof eines weltlichen Herrschers möge
‚curia' genannt werden, ging jedoch nicht in Erfüllung. Im Gegenteil: Das
Wort setzte sich seit dem beginnenden 11. Jahrhundert so sehr durch, daß
es fast zum Terminus technicus für die Bezeichnung eines weltlichen oder
geistlichen Hofes wurde; gleichzeitig entwickelte es sich auch zum Synonym für ‚päpstlicher Hof'[74]. Diese Bedeutungserweiterung des Begriffs
‚curia' erschwerte allerdings die Definition, denn nun mußte erläutert

---

[70] Vgl. J. Benzinger, *‚Invectiva in Romam'. Romkritik im Mittelalter vom 9. bis zum 12.
Jahrhundert*, „Historische Studien" 404, Lübeck und Hamburg 1968, pp. 49—73 und H.
Schüppert, *Kirchenkritik in der lateinischen Lyrik des 12. und 13. Jahrhunderts*, „Medium
Aevum. Philologische Studien" 23, München 1972, pp. 75—90.

[71] Vgl. P. Classen, *Gerhoch von Reichersberg. Eine Biographie*, Wiesbaden 1960.

[72] *MGH Libelli de lite* (wie Anm. 64), Band 3, Hannover 1897, p. 277 seq.

[73] *MGH Libelli de lite* (wie Anm. 64), Band 3, Hannover 1897, p. 439 seq.

[74] Jordan, *Entstehung der römischen Kurie* (wie Anm. 53); R. Elze, *Die päpstliche Kapelle
im 12. und 13. Jahrhundert*, „Zeitschrift der Savigny-Stiftung für Rechtsgeschichte" 67,
kanonistische Abteilung 36 (1950), pp. 145—204; J. Sydow, *Untersuchungen zur kurialen
Verwaltungsgeschichte im Zeitalter des Reformpapsttums*, „Deutsches Archiv für Erforschung des Mittelalters" 11 (1954/55), pp. 18—73.

werden, ob das Wort den Hof eines Königs, Bischofs oder Papstes bezeichnen sollte.

Noch größere Schwierigkeiten bereitete die Definition von ‚curialis' bzw. ‚curiales', wie man z. B. bei dem Kanonisten Rufinus von Bologna nachlesen kann. Er unterscheidet in seiner um 1157–1159 verfaßten *Summa decretorum* zwischen einer allgemeinen, einer engeren und einer ganz engen Bedeutung des Wortes ‚curiales', als er die Frage erörtert, ob ‚curiales' in den Klerikerstand aufgenommen und zu Priestern geweiht werden dürfen. Allgemein seien als ‚curiales' alle Personen zu betrachten, „qui curie principum vel alicuius publice potestatis aliqua conditione alligati sunt". Und er zählt auf: „Horum alii sunt militantes, alii in foro decertantes, alii officiales, alii rationales, alii alio munere publice editionis detenti." Also rechnet er auch Advokaten, Gerichtsbeamte, Finanzräte und andere Vertreter römischer Behörden zu den ‚curiales' in der weiten Bedeutung des Wortes. Dann fährt Rufinus fort: „Speciali nomine illi dicuntur curiales, qui tantum curie officia procurant, sicut erant decuriones, dicti a curia. Specialiori nomine curiales dicebantur solummodo illi, qui a iudice condemnatum ultimo supplicio destinant: dicti curiales, quasi cruoriales, i. e. cruorem effundentes; nam curia a cruore nomen accepit, sicut Silvester papa dicit."[75]

Mit dem zeitgenössischen Wortgebrauch haben diese Definitionen natürlich kaum etwas gemein. Sie dienen allein zum Beweis der Ansicht, daß ‚curiales' nicht in den Klerikerstand aufgenommen und zu Priestern geweiht werden dürfen, es sei denn, sie wären in keiner Weise am Vergießen von Blut beteiligt gewesen. Der abschließende Hinweis auf das unechte *Constitutum Silvestri* gibt Rufinus dann die Möglichkeit, seine Antwort auf die eingangs gestellte Frage sowohl durch eine einschlägige Dekretale wie auch durch eine unmißverständliche Etymologie zu begründen: Geistliche, die im Hofdienst eines Herrschers stehen, laufen ständig Gefahr, an der Blutgerichtsbarkeit des Hofes beteiligt zu sein, obwohl das Kirchenrecht allen Klerikern die Mitwirkung an einem weltlichen Hochgericht verbiete. Um nicht gegen dieses Verbot zu verstoßen, müssen sich Geistliche also von weltlichen Höfen fernhalten und dürfen nie einer königlichen Hofkapelle angehören.

Die Überlegungen des Rufinus von Bologna besäßen keine größere Bedeutung, wenn sie nicht weitergewirkt hätten, so z. B. in den Summen des Huguccio von Pisa und Robert von Courçon[76]. Außerdem sind sie ein Beweis für die Geltung und das Ansehen des ‚Constitutum Silvestri' auch nach den Auseinandersetzungen des Investiturstreits: Die Etymologie ‚curia' von ‚cruor' diente ja nicht mehr dem Zweck der Fälscher des 5./6.

---

[75] *Rufinus von Bologna (Magister Rufinus): Summa decretorum*, hg. v. H. Singer, Paderborn 1902, Nachdruck: Aalen und Paderborn 1963, pp. 133–136.

[76] Baldwin, *Masters, Princes, and Merchants* (wie Anm. 7), Band 2, p. 118 seq. n. 25 (Huguccio) und p. 119 n. 28 (Robert).

Jahrhunderts, „eine Verurteilung der Kleriker durch die Kurie zu verhindern und den eigenen Gerichtsstand der Geistlichen zu wahren"[77], sondern der Polemik gegen eine Beteiligung von Mitgliedern der Amtskirche an der Königsherrschaft. Soweit die Hofkritik des 11. und 12. Jahrhunderts aus der Feder von Anhängern der Kirchenreform und Kanonisten stammt, beruhte sie in erster Linie nicht auf einer moralischen Entrüstung über das weltliche Leben der Höflinge, sondern vielmehr auf der Forderung nach strikter Trennung zwischen Amtskirche und Königsherrschaft. Um aber die Geistlichen und Bischöfe im Gefolge des Herrschers zu überzeugen, daß ihre Tätigkeit in der Verwaltung eines Königreiches gegen grundlegende Vorschriften des Kirchenrechts verstößt, muß die Sündhaftigkeit des Hoflebens herausgestellt werden. Und dabei kann selbst eine Etymologie hilfreich sein, wenn Argumente keine Überzeugungskraft mehr zu haben scheinen[78].

Daß die Wörter ‚curia' und ‚curialis' (als Adjektiv und Substantiv) im 12. Jahrhundert eine mehr oder weniger pejorative Bedeutung besitzen, muß als eine Folge der Hofkritik angesehen werden. Allerdings setzte sich dieser Vorgang nicht vollständig durch, wie man an der gegensätzlichen Bedeutung des Wortes ‚curialitas' sieht. Während Kritiker des Hoflebens und der verweltlichten Geistlichkeit wie Gillebert und Peter von Blois abwertend von der ‚curialitas' sprechen, erhält das Wort bei anderen Autoren des Hochmittelalters eine positive Bedeutung und bezeichnet das vollendete = höfische Verhalten eines gebildeten Menschen[79]. Spätestens hier wird deutlich, daß der Hof nicht nur Inbegriff des Irdisch-Sündhaften sein konnte, sondern auch Ideal einer höheren Stufe im Prozeß der Zivilisation des mittelalterlichen Europa[80]. Nun berief man sich sogar in Fürstenspiegeln auf den Kodex der höfischen Sitten, in der Hoffnung auf

---

[77] Jordan, *Entstehung der römischen Kurie* (wie Anm. 53), p. 113.

[78] Abschließend noch drei Beispiele aus der zweiten Hälfte des 12. Jahrhunderts: Rahewin (?), *Apollogeticum*, Vers 9f. und 17–19 (W. Wattenbach, *Mittheilungen aus zwei Handschriften der k. Hof- und Staatsbibliothek*, „Sitzungsberichte der philosophisch-philologischen und historischen Classe der k. b. Akademie der Wissenschaften zu München" 3, Jahrgang 1873, München 1873, pp. 685–747, hier p. 689 bzw. p. 689f.); Peter von Blois, *Dialogus inter dehortantem a curia et curialem*, Strophe 1 (Dronke, *Peter of Blois* [wie Anm. 1], p. 206); Nigellus de Longchamp, *Tractatus contra curiales et officiales clericos*, Vers 113–142 des einleitenden Gedichts (*Nigellus de Longchamp, dit Wireker*, Band 1: *Introduction. Tractatus contra Curiales et Officiales Clericos*, hg. v. A. Boutemy, „Université Libre de Bruxelles. Travaux de la Faculté de Philosophie et Lettres" 16, Paris 1959, p. 146 seq.).

[79] Gillebert, *De superfluitate clericorum*, Strophe 43 (R. B. C. Huygens, *Die Gedichte von Gillebert*, „Sacris Erudiri" 13 [1962], pp. 519–586, hier p. 536) und Peter von Blois, Ep. 84 (PL 200, 1461 B). Weitere Belege, sowohl in negativer wie positiver Wertung, im *Mediae latinitatis lexicon minus* (wie Anm. 8), p. 291 und bei P. Classen, *Die Hohen Schulen und die Gesellschaft im 12. Jahrhundert*, „Archiv für Kulturgeschichte" 48 (1966), pp. 155–180, hier p. 166 n. 32.

[80] N. Elias, *Über den Prozeß der Zivilisation. Soziogenetische und psychogenetische Untersuchungen*, zweite, um eine Einleitung vermehrte Auflage, 2 Bände, Bern 1969.

eine Ethisierung des nur oberflächlich christianisierten Adels und Königtums[81]. Somit erhielt der Hof ein doppeltes Gesicht: Einerseits war er der Ort verwerflicher Vergnügungen wie der Jagd mit Falken oder Hunden, andererseits konnte man nur am Hof vorbildliche Sitten lernen, beispielsweise im Verhalten gegenüber der Frau. Sollte sich also die Geistlichkeit vollständig von den weltlichen Höfen zurückziehen oder nicht doch die Chance nutzen, auf den Adel erziehend einzuwirken und die Königsherrschaft den Forderungen der christlichen Religion anzupassen[82]?

Wenn man die Hofgeistlichkeit unter diesem Gesichtspunkt betrachtete, konnte der Dienst am Hof eines Herrschers natürlich kein Verstoß gegen kanonische Vorschriften sein. Dann gewann der geistliche Hofdienst einen uneigennützigen und verdienstvollen Charakter, dann ließ er sich auch mit dem asketischen Ideal der ‚militia Christi' und dem Dienstethos des Ritterideals vergleichen. Durch Verwendung der Wörter ‚militia', ‚militare' und ‚miles' sollte diese Einstellung wohl begrifflich sichtbar werden. So gesehen leistete der Geistliche am Hofe eines Herrn seine ‚militia curialis' wie der Scholar im Unterricht bei einem Lehrer seine ‚militia scolaris'[83]. Und wenn Peter von Blois am Ende seiner Laufbahn als erzbischöflicher Kleriker erklärte „Noveritis autem, quod ab ineunte aetate semper in scholis aut curiis militavi". (Ep. 139: PL 207, 415 B), dann muß er im Hinblick auf seine bevorstehende Weihe zum Priester erst erläutern, daß seine ‚militia curialis' ihm großen Schaden an der Seele zugefügt habe, während seine ‚militia scolaris' zwar fruchtlos, doch religiös nicht weiter bedenklich gewesen sei. Denn zum aufopfernden Dienstideal eines Hofgeistlichen hatte er sich während seiner Zugehörigkeit zur ‚familia' des Erzbischofs von Canterbury ausdrücklich bekannt, ohne Rücksicht auf den nahezu gleichzeitig geäußerten Vorwurf, die ‚militia curialis' der Hofkapläne Heinrichs II. sei in Wirklichkeit eine ‚malitia curialis'[84].

---

[81] W. Berges, *Die Fürstenspiegel des hohen und späten Mittelalters*, „Schriften der Monumenta Germaniae Historica" 2, Stuttgart 1938; R. R. Bezzola, *Les origines et la formation de la littérature courtoise en Occident (500–1200)*, troisième partie: *La société courtoise, littérature de cour et littérature courtoise*, 2 Bände, „Bibliothèque de l'École des Hautes Études, IV^e section: sciences historiques et philologiques" 319–320, Paris 1963.

[82] Vor allem in Ep. 150 (PL 207, 439–442) hat Peter von Blois diese Gesichtspunkte zu Gunsten des geistlichen Hofdienstes angeführt, ihnen allerdings in Ep. 14 (PL 207, 46 C/D) auch widersprochen.

[83] Zur ‚militia scolaris' bei Peter von Blois vgl. Ep. 72, Ep. 115 und Ep. 148 (PL 207, 221 C, 344 A/B bzw. 437 A). – Daß die Schule eine Burg, Argumente Waffen und Disputationen Zweikämpfe seien, behauptete bereits Peter Abaelard in seiner Autobiographie (*Abélard. Historia calamitatum*, hg. v. J. Monfrin, „Bibliothèques des Textes Philosophiques", Paris ³1967, pp. 63–67).

[84] Peter von Blois, Ep. 52 an Erzbischof Richard von Canterbury: „Eapropter, quoties meam invitaverit operam vestrae necessitatis articulus, non recuso laborem, pro vestro honore paratissimus ire in carcerem et in mortem." (PL 207, 159 B). Dieses Schreiben entstand bald nach dem 24. Juni (1182), auf der Reise zum Hof Heinrichs II., der sich damals auf dem Kontinent befand.

## VII.

Vergleicht man abschließend die Kritik am geistlichen Hofdienst in der
lateinischen Literatur des 9.–12. Jahrhunderts mit Peters Kritik an der
königlichen Hofkapelle, stellt sich heraus, daß die Formulierung ‚militia
curialis‘ offensichtlich eine selbständige Schöpfung des Autors ist und
nicht aus einem älteren oder zeitgenössischen Text übernommen wurde.
Diese Feststellung erscheint wichtig, weil Peter von Blois einen großen
Teil seines literarisch-theologischen Werkes aus fremden Schriften kom-
piliert hat, sodaß man ihn ohne Übertreibung als Plagiator bezeichnen
kann. Für Ep. 14 hat sich jedoch dieser ‚Verdacht‘ noch nicht bestätigt[85].

Der notwendigerweise unvollständige Überblick über die früh- und
hochmittelalterliche Kritik an der königlichen Hofgeistlichkeit brachte
andererseits den Nachweis, daß die von Peter bevorzugten Begriffe, Bilder
und Topoi nicht ganz so einzigartig und unvergleichlich sind. Zunächst
stehen sie in einer Tradition, die bereits in der ersten Hälfte des 9.
Jahrhundert einsetzt und dann seit dem 11. Jahrhundert verstärkt wirksam
bleibt. Obwohl man Peter von Blois nicht die Kenntnis bestimmter Texte
nachweisen kann, steht doch fest, daß er mit den Gedankengängen der
Kritiker des geistlichen Hofdienstes vertraut ist: Er zitiert die verschiedenen Etymologien des Wortes ‚curia‘, verweist auf einschlägige Bibel-
und Klassikerzitate, spielt auf verbreitete Argumente gegen das Hofleben
und die Höflinge an. Seine Bezeichnung ‚militia curialis‘ erschließt sich
auch erst, wenn man die immanente Interpretation von Ep. 14 durch
Einbeziehung der hofkritischen Literatur des 9.–12. Jahrhunderts ergänzt.
Dann werden die Bedeutungsschichten der Wörter ‚curia‘ und ‚curialis‘
bzw. ‚militia‘, ‚militare‘ und ‚miles/milites‘ deutlich, die bei der Beschreibung und Bewertung des Hofdienstes und der Hofgeistlichkeit zu schil-
lernden Begriffen werden können, weil beide Wortgruppen bis zum
Hochmittelalter eine komplexe Entwicklung durchlaufen und vielfältig
verwendet werden.

Da beide Wortgruppen gleichzeitig recht unterschiedliche Assoziationen
wecken, verliert auch ‚militia curialis‘ viel von seiner vermeintlichen
Genauigkeit und Eindeutigkeit, obwohl andererseits feststeht, daß Peter
von Blois in Ep. 14 den Dienst von Geistlichen am Königshof verurteilt.

Jedenfalls ist ‚militia curialis‘ keine neutrale Bezeichnung, sondern eine
eher negative Bewertung des geistlichen Hofdienstes, die bewußt Elemente
der Hofkritik aufgreift und mit Begriffen aus dem Selbstverständnis der
Hofgeistlichen verbindet. Peters Formulierung verliert erst recht an Eindeutigkeit, wenn man weiß, daß er den Hofdienst von Geistlichen für die
Amtskirche ganz scharf von der königlichen Hofkapelle abhebt: Der Eifer
von Hofgeistlichen des Königs ist ‚vanissima vanitas‘, seine eigene Selbst-

---

[85] Daß man zur Beschreibung von Peters Kompilationstechnik den Vorwurf des Plagiats
nicht scheuen sollte, betont Southern, *Medieval Humanism* (wie Anm. 1), p. 126 zu Recht.

aufopferung für den Erzbischof von Canterbury dagegen eine Tugend.
Daß zwischen beiden Bereichen des geistlichen Hofdienstes Parallelen im
institutionellen Aufbau und in der administrativen Funktion bestehen, ist
Peter von Blois vielleicht bewußt, doch spiegelt sich diese Erkenntnis nicht
in der Wahl seiner Worte wider.

Als Außenstehender wäre Peter zur objektiven Beschreibung der königlichen Hofkapelle geeignet, doch verhindert seine Zugehörigkeit zur
‚familia‘ des Erzbischofs von Canterbury eine vorurteilsfreie Beobachtung.
Er teilt zwar viele interessante Details über das Alltagsleben am Hof
Heinrichs II. mit, doch sieht er das Hofleben mit den Augen eines literarisch gebildeten Klerikers, der den Forderungen der Kirchenreform des
12. Jahrhunderts nahesteht und von der kirchlichen Kritik an den Geistlichen der weltlichen Höfe überzeugt ist. So bilden Ep. 14 und verwandte
Stellen in Peters Werk einen Teil eines umfassenderen Prälatenspiegels, der
als Pendant zum Fürstenspiegel bezeichnet werden darf und ebenfalls aus
verschiedenen Schriften bzw. Textstellen zusammengesetzt werden muß[86].

‚Militia curialis‘ ist gewiß ein einprägsamer Begriff zur Bezeichnung des
geistlichen Hofdienstes, auch wenn sie sich nur bei Peter von Blois und
selbst bei ihm nur in Ep. 14 belegen läßt. Andererseits eignet er sich weder
für eine verallgemeinendere Interpretation der mittelalterlichen Kritik an
der Hofgeistlichkeit noch als Ausgangspunkt zur Rekonstruktion der
Hofkapelle der anglo-normannischen Könige im ausgehenden 12. Jahrhundert. Doch gibt er darüber Aufschluß, wie Peter von Blois als Mitglied
einer erzbischöflichen ‚familia‘, Anhänger der innerkirchlichen Reformbewegung und literarisch gebildeter Kleriker die Geistlichen an den zeitgenössischen Höfen sah[87].

---

[86] Vgl. Higonnet, *Spiritual Ideas* (wie Anm. 1), pp. 226–231.

[87] H. K. Schulze, *Mediävistik und Begriffsgeschichte*, Festschrift für Helmut Beumann
zum 65. Geburtstag, hgg. v. K.-U. Jäschke und R. Wenskus, Sigmaringen 1977, pp. 388–
405, hier p. 389: „Begriffsgeschichte [. . .] fragt folglich nach dem Selbstverständnis vergan-
gener Zeiten, wie es in den Begriffen zum Ausdruck kommt.“

# TERMINOLOGIE DES UNIVERSITÉS NAISSANTES

## Étude sur le vocabulaire utilisé par l'institution nouvelle

### par Olga Weijers (Den Haag)

Si l'on s'interroge sur la nature des catégories dans lesquelles une société classe ses structures propres, l'étude du cas d'une nouvelle institution sociale qui tend à s'y insérer ne peut être qu'instructive. La nouveauté même d'une telle institution contraint les reponsables d'inventer des catégories de notions nouvelles ou pour le moins d'adapter d'anciens concepts en vue d'une nouvelle utilisation. Le sens de la tradition, propre aux médiévaux, laisse supposer que la dernière méthode a joué un rôle plus important. L'étude des concepts anciens appliqués à un nouveau phénomène nous permettra de comprendre dans quel contexte celui-ci était placé par les contemporains; celle des concepts inventés pour les besoins de la cause nous montrera l'originalité de l'institution et des hommes qui la composent.

Un exemple typique d'une telle institution qu'on appelle encore de nos jours dans toutes les langues modernes qui me sont connues de son nom de naissance, est celui de l'Université. Il semble inutile de rappeler ici l'importance éclatante que l'Université a eue au cours des siècles comme facteur principal de l'enseignement et élément essentiel de la culture. Je me bornerai à un aspect bien précis de cette histoire passionnante: ses débuts et l'expression verbale rencontrée.

En fait, je me propose d'étudier les termes les plus importants par lesquels l'Université elle-même, ses institutions et les hommes qui la formaient sont désignés au moment où ce phénomène fit son entrée dans la société. Il ne s'agira pas d'une étude du vocabulaire développé de l'Université adulte, pour utile qu'elle puisse être. Je me bornerai à poser la question, à chaque mot utilisé pour indiquer un aspect de l'Université toute neuve, de savoir où l'on a puisé ce terme, quel contexte lui donnait son aptitude à signifier une chose nouvelle. Ainsi, par le truchement de l'histoire des mots, j'espère contribuer à l'histoire des mentalités en éclairant les conceptions des médiévaux qui appliquaient à l'Université et ses usages des vocables empruntés au droit, à l'église, à l'administration civile, et parfois des noms nouveaux.

Parmi ces termes je distingue deux groupes: celui qui a trait aux institutions et aux cérémonies d'une part et celui qui concerne les indications de personnes de l'autre. Outre ces deux groupes de mots qui retiendront notre attention ici, il y a évidemment un autre terrain à défricher, à savoir les

termes concernant l'enseignement lui-même. Ce n'est certainement pas par manque d'intérêt que je l'ai passé sous silence: des termes comme «reportatio», «questio disputata» etc., apporteraient une autre dimension à ce travail. D'autre part, il faut constater que l'enseignement bénéficiait d'une longue tradition et ne différait que partiellement, à l'Université, de l'étape précédente et contemporaine dans les écoles.

De toute façon, dans le cadre du thème de ce colloque, ce sont surtout les termes concernant les structures sociales qui nous intéressent. En plus, la nécessité de nous en tenir dans les limites d'une simple communication exigeait un choix. Le premier résultat de ces conditions fut d'éliminer le groupe des termes concernant la matière et les méthodes de l'enseignement. Ensuite, tout en élaborant le plan de cette recherche, je me suis rendu compte que pour une étude approfondie et complète de tous les termes spécifiques ayant trait à l'organisation et à la structure de l'Université, il faut l'espace d'une monographie. Je me suis résignée à ne retenir que les termes les plus courants et les plus connus, réservant les autres pour une phase ultérieure. Dans une monographie pourraient être incorporés en effet tous les termes spécifiques des deux terrains traités et en plus le troisième domaine éliminé ici. Ce ne sera qu'à ce moment-là que je pourrai tirer des conclusions ayant une certaine objectivité au sujet de l'ordre de grandeur des rapports existant entre les contextes d'origine des mots et subséquemment entre les cadres sociaux qui ont influencé les conceptions relatives à l'Université. L'étude présente est une exploration du terrain, suivie d'une conclusion provisoire.

La première étape de mes recherches n'a pas été compliquée. Il existe un bon nombre d'éditions de textes d'une part, d'études modernes de l'autre, qui permettent d'établir la liste des termes spécifiques sur le commencement des Universités. Je me suis limitée en principe aux trois premières Universités: Bologne, Paris, Oxford, parce que c'est l'origine de l'institution et de sa terminologie qui me préoccupe. La deuxième phase de mon travail aurait pu être très facile aussi, si les lexiques du latin médiéval avaient été terminés. Avec des lexiques complets de la latinité italienne, française et anglaise jusqu'en l'an 1200, la tâche de déterminer le contexte des termes choisis antérieur à la naissance des Universités serait légère. Il n'en fut pas ainsi. Mis à part le vieux DuCange et les quelques tomes parus du dictionnaire anglais et du *Novum Glossarium*[1], j'ai dû recourir au fichier du Comité français DuCange à Paris et à celui du Comité anglais à Londres[2]. Si

---

[1] DuCange, *Glossarium mediae et infimae latinitatis*, Paris 1937–8; *Dictionnary of Medieval Latin from British Sources*, ed. R. E. Latham, I (A–B), Oxford 1975; *Novum Glossarium*, ed. F. Blatt, Copenhague 1957ff. (L – ocyter). A noter que ce dictionnaire, à partir de la lettre M, est écrit par le Comité français Du Cange à Paris. Pour l'Italie nous ne possédons que le *Lexicum imperfectum*, ed. Arnaldi, Turin 1970, et le supplément édité par Smiraglia dans «Archivum Latinitatis Medii Aevi» 1967ff.

[2] Je remercie bien cordialement Mme A.-M. Bautier et M. R. Latham pour leur coopération amicale.

j'avais poussé cette étude plus loin dans le temps, j'aurais également dû aller à Munich pour y consulter le fichier du *Mittellateinisches Wörterbuch*, dont j'ai utilisé les premiers tomes parus (A−Co) avec profit[3].

Voici donc une première tentative d'étude d'un vocabulaire incomplet, mais représentant les termes principaux de la nouvelle institution que fut l'Université.

## I. Les institutions

### 1. *« studium (generale) »*, *« universitas »*

Les deux termes utilisés pour désigner l'institution même de l'Université, «studium» ou «studium generale» et «universitas», ont été sujet à une longue discussion. En 1885, Denifle, dans son étude célèbre *Die Entstehung der Universitäten des Mittelalters*, avait posé que le terme ordinaire pour indiquer l'Université était «studium» d'abord, moins souvent «studium generale» à partir de 1250 environ, et que le mot «universitas» n'a joué qu'un rôle mineur. Ce point de vue, bien qu'il fût repris en 1968 par Gordon Leff[4], a été corrigé depuis 1885 par un nombre d'auteurs récents. En fait, lorsqu'on lit les cartulaires et les autres sources de la première heure[5], on rencontre plus souvent le terme «universitas». L'exemple classique en est évidemment celui de l'Université de Paris, qui s'appelle dans les premiers documents authentiques «universitas magistrorum et scolarium». D'autre part, le terme »studium» se trouve dans des sources plus anciennes encore, à Bologne, ce qui ne peut nous étonner: les deux termes ne signifient pas à l'origine la même chose, comme nous le verrons, et ils continueront à indiquer deux aspects différents de l'Université, tout en étant employés pour la totalité de l'institution[6]. Le concept «studium» pour ‹école› existait déjà avant la naissance de l'Université, tandis que «universitas» désigne justement l'association des maîtres et des étudiants qui lui donnait corps.

Le mot «studium», attesté par Forcellini[7] dans son acception de «locus ubi studiis datur opera», signfiait vers la fin du XII[e]s. dans son sens concret ‹école›[8]. Dès le début du XIII[e]s., le mot gagnait en popularité et finit par

    [3] *Mittellateinisches Wörterbuch*, ed. O. Prinz/Th. Payr, Munich 1967ff.

    [4] G. Leff, *Paris and Oxford Universities* . . ., New York/London/Sydney 1968, p. 17.

    [5] Les principales collections de sources utilisées sont: *Chartularium Universitatis Parisiensis*, ed. Denifle/Chatelain, Paris 1889 (tome I); *Chartularium Studii Bononiensis*, Bologne 1909−19 et *Storia della Università di Bologna*, ed. A. Sorbelli, Bologne 1944; *Munimenta Academica* . . ., ed. H. Anstey, Londres (Rolls Series) 1868; *Statuta Antiqua Universitatis Oxoniensis*, ed. Strickland Gibson, Oxford 1931.

    [6] H. Rasdall, *The Universities of Europe in the Middle Ages*, ed. F. M. Powicke et A. B. Emden, Oxford 1936, I p. 15.

    [7] Forcellini, *Totius Latinitatis Lexicon*, Prati 1858−75.

    [8] Denifle ne connaissait pas de sources pour cette signification avant 1200. Mais cf. par exemple un serment d'un professeur de Bologne le 1 décembre 1189 (M. Sarti/M. Fattorini,

remplacer le terme ordinaire « scola » ou « scole ». Si plusieurs écoles étaient rassemblées dans une seule ville, on en désignait l'ensemble sous le nom de « studium »[9]. A partir de ce moment s'établit une distinction entre les « studia » tout court et les « studia generalia ». Les derniers sont généralement considérés comme des Universités, mais sur le sens exact du mot « generale » dans l'expression « studium generale » les opinions diffèrent. Selon Denifle et Rashdall, « generale » a trait aux étudiants et l'expression signifie l'endroit où l'enseignement est pour tous, pour ceux qui viennent de partout, à l'opposé des « studia » régionaux[10]. D'après l'étude de G. Ermini[11], le mot « generale » n'a rien à faire avec le fait que l'école était ouverte à tous, ni avec le nombre plus ou moins complet des disciplines, mais il désignait la qualité du pouvoir dont le « studium » dépendait, c'est-à-dire d'une « potestas generalis », le pape, l'empereur ou le roi. Un tel « studium generale » accordait normalement la « licencia ubique docendi » dont on parlera plus tard, à l'opposé des autres « studia », qui n'avaient pas le privilège d'accorder ce droit d'enseigner dans n'importe quelle autre Université. C'était le pouvoir universel qui donnait le titre « studium generale » et de ce fait le privilège d'accorder la « licencia ubique docendi »[12].

Pour notre sujet, il importe de constater que le mot « studium », bien que sa signification ‹lieu d'étude› comme concrétisation du sens classique ‹étude› vint en usage au moment de la naissance de l'Université et fût très souvent utilisée pour indiquer cette institution, est un terme de signification assez large qui indiquait aussi bien une école non-universitaire que l'Université sous son aspect de lieu d'enseignement. C'est l'adjectif « generale » qui lui donne une signification spéciale.

D'autre part, le terme « universitas » se rapporte à l'organisation interne de l'Université et signifie, comme il est généralement connu aujourd'hui, la corporation des étudiants (à Bologne) ou des maîtres et des étudiants (Paris et Oxford). Au cours du temps ce mot l'emporta de plus en plus sur « studium generale », surtout, me semble-t-il, parce qu'il définissait mieux le

---

*De claris archigymnasii Bononiensis professoribus . . .*, ed. C. Albicini/C. Malagola, Bologne 1896², p. 25): « quod . . . non regam scolas legum in aliquo loco nisi Bononie. Nec ero in consilio ut studium huius civitatis minuatur. » Cf. aussi *The Historians of the Church of York* (Rolls Series) I (1879) 281: « Scolasticus . . . cupiens ibidem . . . scolastice discipline studium regere »; Emo, *Chronicon*, ed. Weiland, M. G. H. SS 23 (1874) « studium commune litterarum ».

[9] P. Michaud-Quantin, *Universitas . . .*, Paris 1970, p. 54.

[10] Ainsi G. Leff, *op. cit.* p. 19.

[11] *Il concetto di « sudium generale »*, « Archivio guiridico » ser. V, 7 (1942) pp. 3—24.

[12] Rashdall, *op. cit.* I p. 9; le privilège de la « licencia » n'est cependant pas indispensable pour considérer une institution comme une Université: un exemple remarquable est Oxford, où l'on n'avait pas reçu de bulle et où l'on accordait pas la « licencia ubique docendi ». — D'autres « studia » très connus étaient les « studia sollemnia » de l'ordre des Prêcheurs, qui au niveau de l'ordre tout entier furent appelés parfois « generalia » sans pouvoir être considérés comme des Universités: P. Glorieux, *La faculté des arts . . .*, Paris 1971, p. 55; J. Verger, *Les Universités au Moyen Age*, Paris 1973, pp. 84—5.

caractère de l'institution, et il finit par être adopté dans toutes les langues modernes.

Au début le mot « universitas » est toujours accompagné par « scolarium » ou « magistrorum et scolarium » et désigne la totalité des membres de la corporation. C'est un terme juridique pour une corporation agissant comme personne morale. A Bologne, ce furent les étudiants qui se réunissaient pour obtenir d'une part de leurs professeurs un enseignement conforme à leurs exigences, d'autre part une position de sécurité à l'égard de la ville[13]. A Paris, les professeurs s'associaient pour défendre leurs droits et ceux des étudiants contre le pouvoir public et contre le chapitre. En tout cas, il s'agit d'une corporation comparable aux corps de métier.

Pour l'histoire du mot « universitas » nous avons l'excellente étude de Michaud-Quantin[14]. Elle nous apprend que « universitas » est chez les juristes le nom générique de la communauté, signification qui résulte naturellement du sens classique, repris au moyen âge, à savoir la notion d'un tout par opposition à ses parties, et appliquée au monde dans sa totalité mais aussi à des groupements humains. Il est inutile de résumer ici le travail riche et complet de Michaud-Quantin. On peut retenir, dans notre cas, que l'acception courante du mot dans le contexte de l'enseignement supérieur couvrait l'ensemble du personnel qui assure le fonctionnement d'un « studium », et que le contexte qui suggérait ce terme pour cet emploi précis était clairement celui des corporations ou confréries dans le sens juridique[15].

Pour en terminer avec ce premier chapitre on peut constater que l'expression « studium generale » était une expression populaire et non-juridique pour un établissement d'enseignement supérieur, ayant trait aux rapports de l'Université avec le monde extérieur en général, tandis que « universitas », signifiant le concept de corporation, circonscrivait la structure interne et la position légale. Le dernier terme l'emportait sur le premier comme dénomination spécifique de l'Université[16].

### 2. « licencia (ius) ubique docendi »

Le droit d'enseigner dans toutes les Universités a joué par la suite un rôle important dans la formation des Universités. Au XII[e]s., l'écolâtre conférait la licence d'enseigner dans les limites territoriales de son autorité ecclé-

---

[13] Il y avait d'ailleurs deux Universités à Bologne, celle des « Citramontani » et celle des « Ultramontani ».

[14] *op. cit.* (n. 9).

[15] G. Post, *Parisian Masters as a Corporation* 1200−1246, « Speculum » 9 (1934) pp. 423 ff.

[16] F. M. Powicke, *Bologna, Paris, Oxford: Three Studia Generalia*, « Ways of Medieval Life and Thought », Londres 1949, pp. 163−4; S. Stelling-Michaud, *Les Universités au moyen âge et à la Renaissance*, « XI Congrès International des Sciences Historiques, Rapports I », Stockholm 1960, p. 110; Verger, *op. cit.* p. 48.

siastique. A l'Université, les grades académiques sont accordés par les autorités universitaires, mais le «ius ubique docendi», valable dans toute la Chrétienté, est décerné uniquement par le pouvoir universel, le chancelier à Paris, l'archidiacre à Bologne[17].

Le terme «licencia (docendi)», qui a été à la base d'autres mots de cette racine: «licenciatus», «licenciandus», «licenciare», ne présente pas, pour notre étude, un très grand intérêt: sans la spécification «ubique», il existait déjà avant la naissance de l'Université dans le cadre de l'enseignement supérieur.

## 3. «natio»

Les «nationes», sociétés d'étudiants provenant d'une même région, n'avaient ni exactement le même caractère ni la même importance ni un nombre égal dans les trois premières Universités, bien que les raisons de leur origine fussent sans doute pareilles. Comme le constate Stelling-Michaud[18], les opinions de Denifle et Rashdall étant trop étroites et dépassées, il faut chercher leur origine dans la solidarité entre étudiants, imposée surtout par les conditions de vie.

Au début il y avait à Bologne, à côté des «nationes», des liens entre étudiants, une autre forme d'association, les «societates»[19], sorte de contrats entre un maître et ses étudiants, mais ce furent les «nationes» des étudiants qui s'allièrent pour défendre leur position et qui formèrent ainsi les deux Universités[20], contenant l'une quatorze, l'autre trois «nationes»[21]. A Paris, la formation des «nationes» se bornait à la Faculté des Arts et elles comprenaient aussi les maîtres. Il y avait à Paris quatre nations, tandis qu'à Oxford, où le public des étudiants était moins international, il n'y en avait que deux, les «Boreales» et «Australes»[22].

En ce qui concerne l'usage du mot «natio», Pearl Kibre donne au début de son étude[23] un aperçu de ses divers sens. Le mot était souvent utilisé pour ‹famille› ou ‹clan›, souvent aussi pour ‹région›, ‹province›, moins souvent, semble-t-il, pour ‹pays› ou ‹nation› dans l'usage moderne[24]. Il

---

[17] Pour Oxford voir note 12.

[18] *op. cit.* pp. 123−4.

[19] Sorbelli, *op. cit.* pp. 94 ff.

[20] Pour les nations à Bologne, cf. G. Cencetti, *Sulle origine dello Studio di Bologna*, «Rivista storica Italiana» Ser. VI vol. 5 (1940) pp. 248−58; Stelling-Michaud, *op. cit.* p. 124. Pour une vue d'ensemble de l'histoire des nations, P. Kibre, *The Nations in the Med. Univ.*, Medieval Acad. of America 1965[2].

[21] Les trois nations des «Citramontani» étaient subdivisées en «consiliariae», cf. Sorbelli, *op. cit.* pp. 195 ff.; Rashdall, *op. cit.* I p. 182; cf. note 95.

[22] S. Gibson, *op. cit.* pp. 84 ff. La ligne de séparation entre nord et sud était probablement la rivière Nene, cf. Leff, *op. cit.* p. 98.

[23] *op. cit.* pp. 3−4 avec les notes 6−7.

[24] Mais cf. *Novum Gloss.*, col. 1081−2: III peuple, IV appartenance à un groupe ethnique, nation, race (comme «natione Francus»), V pays, région, VI population.

pouvait connoter le pays d'origine[25] et c'est évidemment dans cette signification que le terme a été utilisé pour indiquer les différents groupes d'étudiants. Kibre se demande si cet usage du mot « natio » a été suggéré par le sens classique du pluriel « nationes », ‹gens en dehors de Rome› ou ‹étrangers›, mais il me semble que les significations de ‹pays d'origine› et ‹appartenance à un peuple›, transportées sur le groupement des gens originaires de ce pays, suffisent a expliquer le phénomène. Il faut en conclure que dans le cas de ce mot le contexte préparant son usage à l'Université relevait tout d'abord du vocabulaire général, tout en se référant aux rapports internationaux.

## 4. « facultas »

Les facultés étaient des subdivisions administratives de l'Université ayant trait à l'organisation de l'enseignement. En principe, il y en avait quatre: la faculté des arts et les trois facultés supérieures, théologie, droit et médecine, mais souvent les Universités en comptaient moins. A Paris, quatre facultés se formèrent dans les premières décades du XIII[e]s.

Au XII[e]s., le mot « facultas » pouvait signifier ‹art› ou ‹discipline›, par exemple « facultas grammaticae », la discipline de la grammaire[26]. D'autre part, le terme semble avoir été employé pour indiquer l'enseignement dans une telle discipline[27]. Il y a deux possibilités pour expliquer le développement du terme vers le sens technique de faculté: ou bien le sens ‹discipline› a été élargi à ‹discipline commune› d'un certain nombre de maîtres et ensuite appliqué à l'organisation de ces maîtres ayant une discipline commune[28], ou bien le sens ‹enseignement dans une discipline› a été transporté aux enseignants et leur organisation[29]. Dans le dernier cas, le sens de base est plutôt « potestas docendi » ou « libertas docendi », dans le premier « scientia », attesté au XII[e]s.[30], développé antérieurement du sens général et classique « vis » ou « potestas ». En tout cas, il faut chercher le contexte du terme sur le terrain de l'enseignement.

## 5. « collegium »

Bien que l'on rencontre fréquemment le mot « hospicium » dans les textes concernant notre sujet, je veux néanmoins l'exclure de cette étude. Le mot

---

[25] *Nov. Gloss.* « natio » IV.

[26] Denifle, *Die Entstehung der Univ. des Mittelalters bis 1400*, Berlin 1885, pp. 71–2; Etienne de Tournai, *Ep.* 274 p. 345 (ed. Desilve, Paris 1893): « facultates quas liberales appellant ».

[27] Powicke, *op. cit.* p. 169.

[28] Denifle, *op. cit.* pp. 71–2.

[29] Pour les deux cas, cf. une même transportation de la chose aux personnes concernées au mot « natio ».

[30] Denifle, *op. cit.* p. 71; Grabmann, *Gesch. der Schol. Methode* I, 255.

concerne uniquement le logement des étudiants qui avait trois formes principales: ou bien on logeait chez les professeurs, ou bien on louait une chambre chez des particuliers ou à l'auberge, ou bien un groupe d'étudiants louaient une maison, «hospicium» (ou ‹hall› à Oxford), et désignaient l'un d'entre eux comme responsable[31]. Ce phénomène, tout en étant intéressant pour la vie universitaire dans un sens large, ne relève pas de l'organisation même de l'Université[32].

D'autre part le mot «collegium» est plus lié à l'histoire de l'Université. Dès la fin du XII$^e$s.[33] des gens charitables fondèrent des instituts pour héberger les étudiants pauvres. Ils avaient des statuts et un ‹prieur›, souvent contrôlé par un ‹visiteur›, et ressemblaient beaucoup à des pensionnats, surtout lorsqu'au cours du XIII$^e$s. ils commencèrent à organiser des répétitions et des disputes qui revêtaient parfois des proportions importantes[34]. Ainsi, ils prenaient part à l'enseignement, ne fut-ce qu'indirectement.

Une autre espèce de «collegia», moins connue celle-ci, fut créée lorsque les professeurs à Bologne formèrent une corporation pour l'organisation des examens et de la collation des grades. Ainsi se formèrent les ‹collèges des docteurs›, «collegia doctorum», eux aussi ayant des statuts et un prieur[35]. Plus tard, ce genre de collèges se rencontre dans d'autres Universités aussi, par exemple le collège des docteurs en droit à Paris[36].

Cette dernière forme de collèges correspond directement au sens que le mot «collegium» avait dès l'Antiquité, à savoir «societas», «sodalitas», et plus spécifiquement «societas collegarum in uno honore positorum»[37]. Au XII$^e$s., comme l'explique Michaud-Quantin[38], le mot tendait à désigner d'abord une communauté religieuse ou, dans un sens moins spécialisé, un groupe de personnes réunies par des traits communs. Les juristes, s'appuyant sur Justinien, lui donnèrent un sens très précis, influencé par l'emploi courant pour les communautés religieuses, à savoir une collectivité dont les membres habitent ensemble[39]. Il est évident que la signification de «collegium» dans le cas des collèges fondés pour les étudiants correspond exactement à ce sens trouvé chez les juristes et que, comme pour «universitas», le contexte qui rendait le terme apte à l'usage dont il s'agit, fut le contexte juridique.

---

[31] Celui-ci s'appelait «principalis», Anstey, *op. cit.* p. 13.

[32] Le mot «hospicium» existait depuis longtemps dans le sens de ‹maison dans laquelle les hôtes sont accueillis› ou ‹maison où on habite›.

[33] A Paris, le Collège des Dix-Huit fut fondé en 1180.

[34] Verger, *op. cit.* pp. 71–2.

[35] Sorbelli, *op. cit.* pp. 178 ff.

[36] Ch. Thurot, *De l'organisation de l'enseignement* . . ., Paris 1850, p. 179.

[37] Formule avec laquelle les glossaires expliquent ce mot, cf. Michaud-Quantin, *op. cit.* p. 70.

[38] *op. cit.* pp. 70–5.

[39] *id.*, *op. cit.* p. 72.

## 6. « determinatio », « inceptio », « introitus » ou « principium », « conventus »

Les examens et les grades jouaient évidemment un rôle important dans la vie universitaire. Je m'en tiendrai aux principaux.

La « determinatio » était l'examen par lequel l'étudiant devenait un bachelier dans la faculté des arts en montrant qu'il était capable de donner un cours. A Paris mention en est faite pour la première fois comme un examen officiel en 1252[40]. A Oxford, ce n'était peut-être pas un examen proprement dit, mais plutôt l'occasion par laquelle l'étudiant recevait le droit de donner des cours et passait ainsi au baccalauréat[41]. Pour expliquer le terme il faut recourir à un autre sens de « determinatio », concernant, lui aussi, l'enseignement universitaire, à savoir la conclusion publique d'un professeur après une « disputatio ». « Determinare » dans ce sens veut dire donner la synthèse des arguments et déterminer, c'est-à-dire définir ou préciser, la conclusion finale de celui qui avait présidé la « disputatio »[42]. C'est par l'application de ce sens aux exercices des étudiants voulant devenir bacheliers que le mot « determinatio » allait désigner cette cérémonie[43]. Et le premier sens de « determinare » ou « determinatio », conclure une « disputatio », a un lien évident avec l'usage classique et médiéval de ces mots pour « diiudicare », décider ou terminer une dispute, souvent dans un contexte juridique[44].

L'« inceptio » fut la cérémonie par laquelle un bachelier entrait dans le corps des professeurs et recevait de ce fait le doctorat ou maîtrise. Il avait déjà obtenu à ce moment-là la « licencia docendi » et l'« inceptio » était plutôt une formalité sans valeur d'examen. Le candidat donnait un cours et présidait deux disputes, recevait les insignes de son nouveau grade et avait à donner un banquet à ses collègues et assistants[45]. Une partie de cette cérémonie, la leçon inaugurale, s'appelait d'abord « introitus », à partir de 1250 environ « principium ». Ces termes étaient aussi utilisés pour désigner l'introduction solennelle d'un bachelier commençant ses « cursus » de la Bible ou ses cours sur les quatre livres des *Sentences*[46]. Là aussi il s'agit d'une leçon inaugurale, mais qui ne fait pas partie d'une « inceptio ».

---

[40] Leff, *op. cit.* p. 149; Rashdall, *op. cit.* I pp. 450-2.

[41] Leff, *op. cit.* p. 158; Rashdall III p. 141.

[42] Denifle (*op. cit.* pp. 42-3) dit, curieusement, que « determinare » signifiait poser des thèses, et que la locution complète était « determinare questionem ». Je n'ai d'ailleurs pas trouvé d'exemples de ce sens avant l'ère des Universités.

[43] Rashdall I pp. 450-1.

[44] *Thes. L. L.* V¹, 804; *Lexicum Imperfectum* (cf. note 1) *s. v.*; *Rotuli Chartarum* (Record Commission Publications 1835) 69 b: « cum determinatione querelarum ».

[45] Verger, *op. cit.* pp. 65-6; Leff, *op. cit.* pp. 148, 157-8; Rashdall I pp. 284-6.

[46] P. Glorieux, *L'enseignement au M. A. Techniques et méthodes . . .*, « A. H. D. L. M. A. » 35 (1968) pp. 96 et 137; Leff, *op. cit.* p. 167; Dans les statuts de Bologne de 1317-47 (ed. C. Malagola, Bologna 1888, rubrica XX) « introitus » signifie la rentrée des étudiants: « in sequenti proximo festo post introytum scolarium in universitate ».

Le mot «inceptio» et les mots apparentés «incipere»[47], «inceptor», «incipiens», n'avaient pas, à ma connaissance, un sens spécifique avant d'être devenus les termes techniques pour le commencement de la carrière d'un maître. Le sens général étant «inchoatio» et «inchoare», ce développement est naturel. Le mot «introitus» d'autre part signifiait très souvent au XII[e]s. «principium missae», ce qui peut avoir suggéré l'emploi du terme pour une leçon inaugurale. Le terme «principium» qui allait remplacer «introitus» au cours du XIII[e]s., ne paraît pas avoir eu un sens spécial avant ce moment, bien que le concept d'un tel «principium» semble trouver son origine dans la pratique du droit romain[48].

La cérémonie qui s'appelait «inceptio» à Paris, à Oxford et dans les autres Universités du Nord, fut appelée à Bologne «conventus»[49]. Ce fut un examen public, une cérémonie solennelle par laquelle le candidat entrait au collège des docteurs. Le mot «conventus» signifiait très souvent au moyen âge les réunions rassemblant les religieux d'une même maison, mais était aussi utilisé pour indiquer une assemblée réunie dans un but bien précis, par exemple pour les conciles et synodes ou pour la réunion des habitants d'une ville[50]. C'est sans doute ce sens d'assemblée qui est passé de la réunion des docteurs à la cérémonie qui était son but.

Restent d'autres termes d'institutions et de cérémonies, par exemple la «congregatio» à Oxford, la «cathedra», la «birettatio» et d'autres insignes, le «rotulus», la «vacatio». Leur incorporation dans cette communication nous laisserait trop peu de temps pour le deuxième groupe de termes mentionné, les personnes peuplant les Universités.

## II. Les personnes

### 1. «magister», «doctor», «professor», «lector», «repetitor»

Les enseignants étaient le plus souvent désignés par les mots de «magister» et «doctor». Il semble que les trois noms «magister», «doctor» et «professor» étaient synonymes, bien que l'un fût préféré à l'autre selon les facultés et les Universités: ainsi, à Bologne, on rencontre moins souvent «magister» que «doctor», à Paris on utilise davantage «professor» que «doctor», à Oxford le titre de «doctor» indiquait principalement les pro-

---

[47] Le verbe «incipere», au moins, s'employait aussi pour le «principium» d'un bachelier, cf. Glorieux, *op. cit.* (n. 46) p. 137. On peut se demander si le titre que donne Glorieux à ce chapitre, «L'inceptio du cursor», est correcte.

[48] Leff, *op. cit.* p. 157; Rashdall I p. 227.

[49] Rashdall I pp. 224, 226—7. 284.

[50] Michaud-Quantin, *op. cit.* pp. 107—8; ce sens correspond d'ailleurs très bien à l'usage classique.

fesseurs de droit canonique, etcetera[51]. On les trouve aussi l'un à côté de
l'autre dans les mêmes textes sans différence de signification apparente[52].

Parmi les « magistri » il y a une distinction très courante entre les « magistri
regentes », ceux qui enseignent réellement, et les « magistri non regentes »,
ceux qui ont le droit d'enseigner mais ne le pratiquent pas. Parfois les premiers sont appelés « magistri actu regentes »[53], parfois aussi le mot « magister » est éliminé et ils sont appelés simplement « regentes » et « non regentes »[54].

Le mot « magister » ne demande pas de commentaire: il a toujours été le
terme courant pour désigner l'enseignant de tous les niveaux. « Regere »
était devenu au XII[e]s. un terme technique pour enseigner: dans sa forme
complète l'expression était « regere scolas » et le substantif indiquant l'activité d'un magister « regens » était « regentia »[55].

Dans l'Antiquité le mot « doctor » était beaucoup moins utilisé que celui
de « magister » ou « praeceptor »[56]. A partir du III[e]s. le titre était fréquemment attribué aux Pères de l'Eglise. Les expressions « doctores ecclesiae » et « doctores fidei » sont courantes et le titre semble convenir spécialement à saint Paul, appelé « doctor veritatis », « doctor mundi » (mais aussi
« magister gentium »). D'autre part, au moyen âge, le mot indiquait souvent
aussi les professeurs de droit (« legis doctor »)[57] et les professeurs en
général[58]. Le terme relève donc de l'enseignement, gardant peut-être au
moyen âge une certaine auréole du fait de son utilisation par les Pères de
l'Eglise. Pour cette raison, il fut peut-être employé avec une certaine
révérence (« tantus doctor », etc.).

Le terme « professor » était le moins fréquent[59]. Dans l'Antiquité il signifiait celui qui enseignait publiquement l'un des arts libéraux, donc professeur. Au moyen âge le mot est souvent employé dans le sens de celui qui
fait profession de (« catholicae fidei professores », « peregrinationis professores »), mais le sens de professeur restait également en usage[60].

---

[51] Rashdall I pp. 19—20.

[52] Mais cf. Denifle-Chatelain I pp. 67 ff. (1208—9) où « doctores » et « magistri » se trouvent
tous les deux, mais où le titre de « doctor » est suivi de la discipline (« doctoribus sacre pagine »,
« doctores liberalium artium »), tandis que le titre de « magister » s'utilise sans adjonction.

[53] P. ex. Anstey, *op. cit.* p. 17.

[54] *id., op. cit.* p. 38.

[55] Thurot, *op. cit.* p. 90.

[56] Pour l'usage classique de ce mot, voir A. Hus, *Docere et les mots de la famille de docere*,
Paris 1965, pp. 271—6.

[57] Le terme fut spécialement utilisé par les professeurs de droit à Bologne, cf. Rashdall
I p. 19.

[58] Pierre Damien, *Serm.* 39, P. L. 144, col. 711 B: « dum scholarum doctor existeret »;
Loup de Ferrières, *Epist.* (ed. Levillain, Paris 1927—35) 1, 1 p. 6 « doctorem grammatice ».

[59] D'après Sorbelli (*op. cit.* p. 167) c'était vers 1150 un titre général pour les enseignants.

[60] P. ex. Jean de Cornwall, *Eul. ad Alex. III*, P. L. 199, col. 1065 (XII[e]s.) « plerique
logicae professores molesti sunt interpretes verborum ».

Le mot «lector» s'est inséré plus tard dans l'histoire des Universités que les trois titres mentionnés. On le trouve dans la deuxième moitié du XIII$^e$s. à Bologne[61], où à partir de la première moitié du XIV$^e$s. on distinguait clairement entre les «professores» ou «doctores» et les «lectores», de rang inférieur et normalement encore des étudiants[62]. Le mot existait déjà auparavant dans les écoles des ordres religieux, où il restait d'ailleurs en usage dans les siècles qui suivirent la naissance de l'Université: dans les écoles des dominicains par exemple le maître était appelé «lector», assisté par un «sublector» et un «magister scolarium» pour la discipline et les exercices pratiques[63]. Cette situation ne peut étonner quand on pense au contexte historique du mot «lector»: pendant tout le moyen âge il avait comme première signification celui qui lit dans l'église, c'est-à-dire le second rang des clercs, inférieur à celui de diacre. A partir de là il s'est répandu aux offices d'enseignant dans les écoles des monastères et des cathédrales[64]. Son contexte est donc avant tout ecclésiastique, d'ordre hiérarchique d'abord (le clerc qui doit lire la Bible dans l'église), puis d'enseignement.

Un autre groupe d'enseignants d'un niveau inférieur aux professeurs fut celui des «repetitores» à Bologne[65]. Les répétitions en médecine et dans les arts n'étaient pas données par les professeurs eux-mêmes, mais par un assistant qui jouait donc un rôle comparable à celui des bacheliers dans les Universités du nord[66]. Le mot «repetitor», formé sans doute d'après «repetitio», n'existait pas encore dans le sens de celui qui répète ou fait répéter[67]. C'est donc une formation nouvelle créée pour indiquer une fonction nouvelle.

### 2. «scolaris», «studens», «clericus», «baccalaureus»

Le terme le plus courant pour désigner les étudiants était «scolaris», le mot classique désignant l'élève d'une école. Le mot est presque réservé à cette seule acception[68], tandis que «scolasticus», signifiant normalement le

---

[61] «doctores seu lectores»: A. Gaudenzi, *Gli antichi statuti del comune di Bologna intorno allo studio*, «Bulletino dell'Istituto storico Ital.» 6 (1888) p. 134.

[62] Sorbelli, *op. cit.* p. 175.

[63] Verger, *op. cit.* pp. 84—5; Denifle/Chatelain, *Chart.* I, 230 p. 254 «non intendentes per hoc statutum eos arctare quominus liceat eis inter fratres suos extraordinarios multiplicare sibi lectores.»

[64] *Nov. Gloss.* col. 73—4; *Thes. L. L.* VII$^{2-3}$ col. 1099ff.

[65] Rashdall I p. 249.

[66] On traitera des étudiants enseignants dans les Universités du nord, les bacheliers, dans le chapitre suivant.

[67] Dans un sens concret avec génitif explicatif chez Daniel de Beccles, *Urbanus Magnus* (ed. Smyly, Dublin 1939) p. 23 «Non sis verbosus nec verborum repetitor».

[68] Mais cf. Gauthier de Châtillon, *Carm.* 3, 6 p. 41 (ed. Strecker, Moral.-sat. Gedichte Walter von Châtillon, Heidelberg 1929) «primus ordo continet scolares gramaticos logicos et rethores» (‹scholar›).

«magister scolarum» dans les cathédrales, pouvait avoir aussi le sens d'élève[69].

Les termes «scolaris» et «studens» étaient synonymiques, mais le dernier était d'usage moins fréquent. Il est d'ailleurs plus intéressant, parce que, comme le verbe «studere», il ne semble pas avoir été souvent utilisé dans le sens spécifique d'étudiant ou élève avant la naissance de l'Université. Ce fait est d'autant plus étonnant qu'à l'époque classique «studens» pouvait très bien signifier étudiant, par exemple chez Pline et Quintilien[70]. Dans les sources du XIIᵉs. je n'ai trouvé que des expressions comme «sapientie studentes»[71], c'est-à-dire ceux qui se consacrent à la philosophie.

Un autre mot utilisé parfois dans le sens d'étudiant est «clericus». Le caractère clérical de la condition universitaire est bien connu. Les étudiants, même sans être entrés dans les ordres mineurs, jouissaient des immunités et des privilèges de l'ordre clérical. Ainsi, depuis le début du XIIIᵉs., le mot «clericus», d'abord surtout en opposition avec «laicus», c'est-à-dire «clericus litteratus» en opposition avec «laicus illitteratus», commençait à avoir la signification d'étudiant, homme instruit. Cette opposition, connue déjà au XIIᵉs.[72], se développait à tel point qu'à l'Université, au XIIIᵉs., le seul terme «clerici» suffisait pour désigner les étudiants[73].

Parmi les catégories d'étudiants, la plus connue est celle des bacheliers. Par le baccalauréat on entrait dans la deuxième phase principale de ses études, durant laquelle on n'était plus un simple auditeur, mais au contraire on avait le droit ou le devoir de donner des cours comme assistant du professeur. Cette institution existait depuis le début de l'Université. Au début, «baccalaureus» fut peut-être un terme populaire appliqué à tout étudiant proche du doctorat, ensuite il devint le terme technique indiquant la classe des étudiants ayant obtenu le droit de donner des cours[74]. Dans la faculté de théologie, les bacheliers se divisèrent plus tard en plusieurs grades, les «baccalarii biblici» ou «cursores», «sententiarii» et «formati» (tous ces termes étant aussi employés indépendamment comme substantifs), à savoir ceux qui faisaient la lecture de la Bible, ceux qui traitaient les *Sentences* de Pierre Lombard et les ‹bacheliers formés› qui participaient aux

---

[69] P. ex. Richer, *Hist.* II p. 68 (ed. Latouche, Paris 1937).

[70] Forcellini *s. v.* studens.

[71] Thierry de Chartres, *Comm. Boet. Trin.* II, 7 p. 93 (ed. Haring, «A.H.D.L.M.A.» 27 (1960)); cf., cependant, Gauthier de Châtillon, *Carm.* (voir n. 68) II, 1, 26 p. 12 «Ergo quia tot oppressis/In studendo parva messis/Redditur post aspera».

[72] P. ex. Etienne de Tournai, *Epist.* I p. 14 (ed. Desilve, Paris 1893) «Nec eos canonicos esse crediderim quorum et plures numero et prelatione maiores non clerici sed laici, non litterati sed sine litteris existunt».

[73] Rashdall III pp. 393ff.; Verger, *op. cit.* p. 81; H. Grundmann, *Vom Ursprung der Univ. im MA*, Darmstadt 1964³, p. 29; L. Boehm, *Libertas scholastica und Negotium scolare*, «Universität und Gelehrtenstand», ed. H. Rössler/G. Franz, Limburg/Lahn 1970, IV pp. 25 et 27.

[74] Rashdall I pp. 207, 220, 450.

disputes. Puisque nous nous limitons pour le moment aux débuts de l'Université, nous ne retiendrons pas ces subdivisions des bacheliers[75], si intéressantes qu'elles soient. Notons en passant que «biblicus», «cursor» et «sententiarius» sont des formations nouvelles créées d'après les termes bien connus «biblia», «cursus» et «sententiae».

En ce qui concerne le mot «baccalaureus» ou «baccalarius»[76], son origine a été souvent discutée. L'étymologie est incertaine, mais on suppose à présent qu'un mot de langue vulgaire, celte peut-être, a été à l'origine[77]. Avant l'utilisation à l'Université, aux XIe et XII[e]s., le mot désignait une classe de paysans ou de vassaux, probablement les jeunes paysans qui n'avaient pas encore leur propre terre et travaillaient au service d'autrui. D'après DuCange[78], il signifiait aussi les adolescents dans l'armée, pas encore à même de porter leur propre étendard et ainsi les adolescents qui n'étaient pas encore mariés[79]. Rashdall[80] conclut qu'au moment où le mot entra en usage à l'Université, d'abord peut-être comme un terme d'argot, ensuite comme une désignation officielle, il signifiait ‹adolescent›, ‹jeune homme› avec le sens spécial d'‹assistant› ou ‹apprenti›, comme le jeune paysan au service d'un «colonus». Cette explication me semble juste.

### 3. «rector», «cancellarius», «consiliarius», «procurator», «decanus»

Les personnes qui avaient la charge de l'administration de l'Université ne sont pas identiquées par le nom ou la fonction dans les trois Universités qui nous occupent. Prenons d'abord le cas du recteur, qui était à la tête de l'Université. La différence entre Bologne et Paris ou Oxford est due au fait qu'à Bologne il y avait deux recteurs parce qu'il y avait deux Universités[81]. Ils sont parfois appelés «rector citramontanus» et «rector ultramontanus». D'autre part, à Oxford, le recteur fut appelé «cancellarius», phénomène sur lequel on reviendra. On ne peut s'occuper ici des différences de détail quant à la durée du mandat ou l'étendue des pouvoirs du recteur. Constatons seulement qu'il était élu pour une période limitée (un mois, puis trois mois à Paris, un an à Bologne[82]) et qu'il était assisté d'un conseil

---

[75] Pour leur signification exacte, voir Glorieux, *op. cit.* (n. 46) p. 96; Thurot, *op. cit.* pp. 137ff.; Leff, *op. cit.* pp. 166−7; Verger, *op. cit.* p. 65; Rashdall I p. 477.

[76] Les formes de ce mot sont nombreuses: «bachalaureus», «baccalaris», «bachelarius» etc.

[77] *Mittellat. Wörterbuch* I (1967) col. 1303: «*fort. a gall.* *bakkano, ‹rusticus›*»; le glossaire du latin médiéval de la Catalogne consacre deux colonnes à l'étymologie et l'histoire de ce mot, *Gloss. med. lat. Cataloniae* I (1962) pp. 209−10: «de origin incierto, prob. celta».

[78] DuCange I col. 523−5.

[79] Le sens d'apprenti dans les sociétés d'artisans n'est attesté que dans des sources du XIVe et XVe s.

[80] Rashdall I pp. 207−8, n. 2.

[81] Voir note 13; Sorbelli, *op. cit.* pp. 158ff.

[82] Verger, *op. cit.* p. 52.

formé par les «consiliarii» ou «procuratores», les représentants des nations. A Paris et à Bologne, ce sont les nations qui sont à l'origine de l'existence du recteur. A Paris, les quatre nations de la faculté des arts choisirent un président qui fut aussi le chef de l'Université entière[83]. A Bologne, il existait vers la fin du XII[e]s. des corporations d'étudiants en droit qui choisirent un représentant officiel appelé «rector». Plus tard, lorsque l'organisation des deux Universités de Bologne se précisa, ce même titre fut donné non aux officiels des nations − qui étaient appelés alors «consiliarii» − mais à ceux des Universités.

Il semble que le titre de «rector», utilisé pour le chef temporaire d'abord d'une nation, a été emprunté à l'organisation de la municipalité ou des corporations de marchands et impliquait la concentration du pouvoir de la corporation dans les mains d'un même individu[84]. Il entra en usage dans ce contexte social grâce à l'étude du droit Romain au XII[e]s.[85]. On l'utilisait comme l'équivalent du mot italien ‹podestà› pour désigner le principal magistrat élu d'une ville, d'un groupe de villes ou d'une gilde. Puisque l'organisation des nations et des Universités se modelait sur celle des corporations de marchands, il était naturel qu'elle lui empruntât aussi le nom de son magistrat. Il est vrai que d'autres sens du terme «rector» correspondent, eux aussi, assez bien avec le contexte universitaire. Ainsi, l'expression «rector scolarum» pour maître qui enseigne ou «rector ecclesiae» ou «monasterii» auraient pu suggérer l'usage du mot pour le cas spécifique d'un professeur qui est à la tête des autres. Mais la structure de l'Université, basée sur les principes de la corporation et le nouvel emploi du terme par ces corporations dans son sens classique[86], la signification même du mot dans le contexte de la corporation, nous font penser qu'il faut en effet chercher l'origine du terme dans cet emploi juridique de la fin du XII[e]s.

A Oxford, le recteur de l'Université était le «cancellarius». A l'origine, le «cancellarius» était un fonctionnaire de l'évêque et non de l'Université. C'est en fait ce qu'il est resté à Paris: le représentant de la cathédrale qui contrôlait au nom de l'évêque les affaires de l'Université[87]. Cependant, à Oxford, où il n'y avait pas de cathédrale, il combinait les fonctions de chancelier et de recteur des autres Universités et il était élu parmi les professeurs, à l'instar d'un «rector» ailleurs[88]. Par conséquent, à Oxford le «cancellarius» était un fonctionnaire de l'Université, placé à la tête de cette institution par le pape[89]. Etant donné qu'à Bologne et Paris l'«archidia-

[83] Leff, *op. cit.* p. 52; Rashdall I p. 325.

[84] Rashdall I pp. 162−5; Kibre, *op. cit.* p. 6 (et note 17).

[85] Rashdall I p. 162.

[86] Forcellini *s. v.* «rector»: «qui regit vel administrat»; sous l'empire le mot était utilisé pour un gouverneur civil d'un province, Rashdall I p. 163, n. 1.

[87] A Bologne, cette fonction était exercée par l'«archidiaconus».

[88] Rashdall III pp. 40 ff.; S. Gibson, *op. cit.* pp. LXX ff.

[89] Par l'intermédiaire de l'évêque de Lincoln.

conus» et le «cancellarius» ne faisaient pas partie de l'Université, mais représentaient le contrôle de l'Eglise, ces fonctionnaires retiennent moins notre attention. D'autre part, il semble que le chancelier à Oxford fut créé à l'image du chancelier parisien qui, lui, empruntait son origine aux écoles cathédrales[90].

En ce qui concerne le contexte du terme «cancellarius», on le trouve dans le sens de secrétaire ou chef de la chancellerie aussi bien des autorités profanes qu'ecclésiastiques. Le mot qui chez les juristes de l'Antiquité signifiait déjà à peu près la même chose que «scriba»[91], devint au moyen âge un terme courant de l'administration. Vu l'origine du chancelier, il est évident que l'administration de l'Eglise fut la source directe du ‹chancellor› universitaire.

Outre le recteur, les principaux fonctionnaires de l'Université étaient les «consiliarii» à Bologne, les «procuratores» ailleurs. Les «consiliarii» furent les représentants des nations, à l'exception de la «natio germanica»[92], et leur fonction était plutôt celle de conseiller des recteurs que d'administrateur de leur nation[93]. Les recteurs et les «consiliarii» constituaient le conseil exécutif de l'Université[94]. Notons en passant que les «consiliariae» étaient des subdivisions des trois nations des «Citramontani», dont chacune choisissait un ou deux «consiliarii»[95]. Il est vraisemblable que le mot «consiliaria», section représentée par un «consiliarius», a été emprunté à ce dernier terme.

Le mot «consiliarius», en plus de son sens général de celui qui donne conseil, était déjà dans l'Antiquité un terme technique pour désigner un jurisconsulte, un conseiller d'une autorité supérieure (roi, préfet, magistrat)[96]. Au moyen âge, les membres d'un conseil, notamment des conseils administrant une ville, s'appelaient «consiliarii»[97]. Il est vraisemblable que ce dernier contexte ait fourni le terme appliqué aux fonctionnaires de l'Université, comme ce fut le cas du recteur[98].

A Paris et à Oxford, les principaux adjoints du recteur qu'au début on distinguait à peine de ce dernier[99], étaient les «procuratores». Ils étaient à l'origine les représentants élus pour défendre la cause des professeurs à la cour papale et auprès du chancelier. Pour la première fois en 1210−11 Innocent III accordait à la corporation des maîtres et des étudiants de Paris

---

[90] Rashdall, *loc. cit.* (n. 88) et I pp. 279 ff.
[91] *Thess. L. L.* III, 226.
[92] Celle-ci était représentée par deux «procuratores», Kibre, *op. cit.* p. 11.
[93] Kibre, *op. cit.* pp. 43−4.
[94] Rashdall I p. 183.
[95] Rashdall I p. 155−7, 182 ff.; selon Kibre (*op. cit.* p. 11), les «consiliariae» furent parfois appelées «nationes», elles aussi.
[96] *Thes. L. L.* IV, 438−9.
[97] Michaud-Quantin, *op. cit.* p. 139.
[98] Voir ci-dessus p. 271 f.; Rashdall I p. 163.
[99] Rashdall I p. 312; Kibre, *op. cit.* pp. 65−6.

le droit de nommer un procurateur et de l'envoyer à Rome[100]. Au cours de
la première moitié du XIII[e]s., les «procuratores» devinrent des officiers
réguliers représentant les nations et acquérant de la sorte d'autres tâches
d'administration, dont l'élection du recteur[101].

Le sens du mot «procurator» dans l'Antiquité était celui qui administre
les affaires de son maître, par exemple «procurator provinciarum». Au
moyen âge ce sens d'administrateur fut conservé tant dans le domaine de
l'Eglise que dans les contextes profanes[102]. En même temps, surtout au
XII[e]s., le terme prit le sens plus spécifique de «syndicus», c'est-à-dire
procurateur dans les cours de justice, le magistrat qui représentait une
corporation dans les procès[103]. Attendu que c'est de ces représentants
judiciaires que sont issus les procurateurs des nations, il est évident que ce
sens spécifique est à la base de l'usage universitaire[104].

D'autres officiers de l'Université, moins éminents toutefois, étaient les
doyens. Le «decanus» était la personne qui présidait l'assemblée des maîtres
de sa faculté après avoir été élu. Sa tâche consistait principalement à régler
l'organisation de l'enseignement dans la faculté[105]. A Paris, la faculté des
arts était divisée en nations représentées par les procurateurs, les facultés
supérieures étaient représentées par les «decani»[106]. Il y avait aussi des
«decani» dans les collèges, où ils avaient, selon le sens original du mot, la
supervision sur dix étudiants, comme le «vicenarius» était à la tête de vingt
étudiants[107].

Le premier sens mentionné, celui du président de l'assemblée des maîtres
en exercice d'une faculté, est probablement issu du contexte de l'Eglise. Si
l'on regarde le fichier des sources anglaises, ce sont les officiers ecclésiastiques qui abondent: moine aîné dans un monastère, chef d'un chapitre d'une
cathédrale, ‹dean› d'une église collégiale, etc.[108]. La signification de celui
qui préside un certain groupe, y est bien établie et fut sans doute facile à
transporter sur le terrain universitaire.

---

[100] Rashdall I p. 300 (et n. 3); Kibre p. 65; Post, *op. cit.* pp. 430 ff.

[101] Rashdall I p. 314; Verger, *op. cit.* pp. 34−5; Leff, *op. cit.* pp. 57, 100.

[102] P. ex. la définition de Gratien (II causa I quest. III c 8) «quilibet ecclesiasticarum
rerum administrator» et l'usage pour le magistrat d'une ville: *Gesta abbatum Fontanellensium*,
«M. G. H. Script. rer. Germ.» IV, 1 «rector quoque sive procurator urbis Parisiacae».

[103] Rashdall I p. 313 (et n. 2).

[104] Un collège pouvait aussi avoir des procurateurs, Glorieux, *op. cit.* (n. 46) I p. 197.

[105] Verger, *op. cit.* p. 50.

[106] Rashdall I p. 326; 411; à Bologne il y avait aussi des «decani», F. Ehrle, *I piu antichi
statuti* . . ., Univ. Bonon. Monumenta» I, Bologne 1931, p. 13 «De forma instituendi deca-
num . . . et vocetur magistrorum decanus qui ceteros magistros precedat in sedendo».

[107] Rashdall III p. 195, 205, 215.

[108] Voir aussi Blaise, *Lexicon Latinitatis Medii Aevi*, Turnhout 1975, p. 281. Le terme
était aussi en usage hors de l'Eglise, p. ex. pour désigner les procureurs d'une «villa»;
DuCange *s. v.* «decanus» 6; Udalricus, *Antiquiores consuetudines Cluniacensis monasterii*,
P. L. 149 col. 793 A (cf. col. 691 D) «villarum provisores quos pro more nostro decanos
appellamus».

### 4. «bedellus», «stationarius», «peciarius», «librarius»

Le personnel au service d'une Université est trop nombreux pour faire l'objet ici d'un examen détaillé, ce qui est regrettable, car une telle étude serait d'un grand intérêt historique aussi bien que philologique. Les «statutarii», les «taxatores», les «massarii» et les autres auront certainement leur place dans une version plus complète de cette contribution. Pour le moment, nous nous bornerons à l'exemple très connu du «bedellus» et au cas particulier des «stationarii», «peciarii» et «librarii».

Le mot «bedellus» a été conservé dans plusieurs langues modernes et sa fonction d'antan ne différait pas énormément de celle de l'appariteur moderne. Il était un des fonctionnaires les plus anciens et se trouvait dans chaque Université sans exception[109]. A Bologne, les deux «bedelli generales», un pour chaque Université, avaient pour tâche primaire d'annoncer tous les faits, données et événements concernant les cours, les livres à acheter, etc. Ils accompagnaient toujours les recteurs aux manifestations publiques[110]. Les «bedelli speciales» étaient les serviteurs des professeurs, avaient la responsabilité de l'école et des livres, assistaient aux répétitions, etc. A Paris, chaque nation avait généralement deux appariteurs, le «bedellus maior» et le «bedellus minor» ou «subbedellus». Le premier servait surtout le procurateur de la nation, était obligé d'assister à l'«inceptio», etc.[111].

Le mot «bedellus» dont on trouve aussi d'autres formes comme «bidellus» et «pedellus», est un mot de la langue vulgaire, peut-être formé d'après l'ancien teuton ‹bital›[112]. En ancien français on trouve ‹bedel› et en Anglo-Saxon ‹bydel›. Quoi qu'il en soit, «bedellus» signifiait un agent, un servant muni d'un certain pouvoir, ou plus strictement, un appariteur de tribunal qui convoquait les accusés, qui pouvait être présent dans les cours et qui exécutait les sentences des juges. Bien que les «bedelli» à l'Université fussent aussi appelés parfois «servientes»[113], donc serviteurs correspondant au sens large trouvé dans les sources médiévales, il faut considérer que les fonctions de l'appariteur universitaire montrent quelque ressemblance avec l'appariteur de tribunal: il convoquait les étudiants pour les examens auxquels il assistait, énonçait les décisions des maîtres. D'autre part, les «bedelli speciales»[114] étaient en fait des serviteurs, munis d'un certain pouvoir, d'un professeur. Il est difficile de distinguer nettement

---

[109] Rashdall I p. 192.
[110] Kibre, *op. cit.* p. 58; Sorbelli, *op. cit.* p. 163.
[111] Kibre, *op. cit.* pp. 75—6.
[112] Niermeyer, *Mediae Lat. Lexicon Minus*, Leiden 1976, p. 88; ou d'après le *Mittellat. Wörterbuch* (I, 1967, col. 1405) «*theod. vet. sup.* butil, bitil, *theod. vet. inf.* bödel»; F. Kluge/A. Götze, *Etym. Wörterbuch der dt. Sprache* 1963¹⁹ p. 115; toutes les variantes dans les langues vulgaires proviendraient du «westgerm. *budila-*».
[113] S. Gibson, *op. cit.* p. LXXVII.
[114] Voir ci-dessus.

entre les deux sens, puisque l'un est une variante plus spécifique de l'autre. Ainsi, on peut, semble-t-il, supposer que la signification dans son ensemble du mot «bedellus» le rendait apte à l'emploi qu'en faisait l'Université.

Les «stationarii» n'étaient pas des fonctionnaires de l'Université dans le sens strict du mot, mais ils étaient des clients privilégiés, liés par serments à l'Université et recevant de ce fait des privilèges. Ce furent les éditeurs et libraires qui fournissaient les livres inscrits sur la liste officielle de l'Université. A chaque Université il y en avait plusieurs reconnus et contrôlés par elle. Le système de la «pecia» qui était à la base de la reproduction des manuscrits universitaires a été mis en lumière par l'étude de J. Destrez[115]. Il favorisait en même temps la rapidité et le contrôle, parce que plusieurs copistes pouvaient transcrire simultanément les différentes «peciae» ou parties de l'«exemplar» (le texte standard), lesquelles étaient contrôlées par l'Université avant que le titre de l'ouvrage ne fut mis sur la liste des livres autorisés qu'on pouvait louer ou faire copier. On pouvait aussi louer des «peciae» séparées et les copier soi-même. Procurer un «exemplar», copier les «peciae», prêter les ouvrages ou les «peciae», les copier pour les clients, tout cela était l'affaire des «stationarii». Le contrôle était à Bologne la tâche des six «peciarii» qui devaient avoir été des membres de l'Université pendant un temps déterminé et avaient une jurisdiction complète relative à l'examen des «peciae» et la surveillance des «stationarii»[116]. A Paris, le contrôle était fait par une commission de quatre professeurs et quatre libraires nommés chaque année par l'Université[117]. A côté des «stationarii», il y avait à Paris des «librarii» qui vendaient des livres mais ne les copiaient pas[118].

Le mot «librarius» est le moins spécifique des deux: il existait depuis l'Antiquité dans le sens de copiste et, rarement, dans le sens de libraire[119]. Il est curieux de constater que ce mot tout en gardant pendant le moyen âge son sens premier de copiste, secrétaire, notaire, auteur et, parfois, responsable de la bibliothèque dans un monastère[120], a pris à côté des «stationarii» justement la signification de marchand qui vend ou prête mais ne produit pas de livres.

Le mot «stationarius», bien que moins courant, existait, lui aussi, déjà dans l'Antiquité, d'une part comme adjectif, d'autre part comme substantif signifiant par exemple un soldat qui est chef d'un poste («statio»). C'est en fait d'après le mot «statio» que «stationarius» dans le sens d'éditeur-libraire

---

[115] *La «pecia» dans les mss. univ. du XIIIᵉ et du XIVᵉ s.*, Paris 1935.

[116] Kibre, *op. cit.* pp. 55–6; Rashdall I pp. 189–90.

[117] Rashdall I pp. 421–2.

[118] Il faut distinguer entre les «stationarii» et les «librarii», bien que les deux fonctions fussent souvent exercées par la même personne. Ainsi, les «stationarii» étaient parfois appelés «librarii», parce qu'ils s'occupaient du commerce en même temps que de la reproduction des livres, Rashdall I p. 421; Destrez, *op. cit.* (n. 115) pp. 65–6.

[119] Forcellini cite une fois Sénèque, deux fois Aulu-Gelle pour ce dernier sens.

[120] Cf. DuCange *s. v.* et *Nov. Gloss.* I (1957) col. 126.

a été formé par analogie avec les autres cas de «stationarius» qui présentaient tous l'aspect de rester à une place fixe[121]. «Statio» signifiait entre autres une boutique, un endroit public où un marchand vendait, son commerce étant fixé sur place, à l'opposé du marchand itinérant[122]. Un tel marchand, possédant une «statio», s'appelait «stationarius»[123], comme le mot anglais ‹stationer› nous le rappelle encore.

De la même façon, «peciarius» a été formé d'après le mot «pecia» pour désigner ceux qui devaient contrôler la qualité des «peciae» copiées par les éditeurs. Selon Destrez[124], «pecia» était un terme de tannerie ou de parcheminerie, signifiant la peau préparée en vue de l'écriture et par extension le morceau de parchemin le plus grand possible, plié de façon à former un cahier de huit pages. Que le mot «pecia» signifiait dans l'industrie des livres ‹l'unité de cahiers dont la réunion constitue l'«exemplar»›[125], est en effet indiscutable. Mais on se demande s'il faut chercher son origine dans la tannerie. La solution semble plus simple. «Pecia» signifiait depuis la fin de l'Antiquité un morceau d'un objet, un fragment d'un tissu. Ce sens a été conservé au moyen âge et se trouve notamment dans la *Lex salica* des temps mérovingien et carolingien. Ensuite, il a été appliqué à la terre pour en indiquer des lopins[126]. En ce qui concerne son étymologie d'ailleurs, il vient probablement de l'ancien français *pettia qui doit avoir signifié ‹morceau› et il survit sous la forme de ‹pièce› en français moderne[127]. Il est tout naturel d'appeler un morceau d'un manuscrit «pecia», comme on le faisait avec un morceau de terre, de lin ou d'un autre objet.

## Conclusion

Les remarques suivantes ne méritent guère le nom de conclusion et sont de toute façon provisoires. Nous avons traité à peu près trente termes qui ne peuvent être considérés comme le vocabulaire complet de l'Université au XIII[e]s. D'autre part, ils représentent une partie de ce vocabulaire qui se rapporte au sujet de ce colloque et qui peut servir comme exemple. C'est ainsi qu'il faut interpréter cette conclusion: lorsqu'il s'agira de la moitié des mots traités, par exemple, il ne faut pas transporter ce chiffre à l'ensemble

---

[121] P. ex. des agents du fisc qui dirigent un poste, Etienne de Tournai, *Summa* (ed. J. F. von Schulte, Giessen 1891) IV p. 201 «stationarios vocat procuratores seu rationales fisci stationibus illis prepositos».

[122] Cf. DuCange *s. v.*

[123] Lyndwood, *Prov.* (ed. 1679) p. 285 «stationariis, id est his in quorum statione libri sunt expositi ad vendendum».

[124] *op. cit.* pp. 5—6.

[125] Destrez, *op. cit.* p. 6.

[126] Niermeyer, *op. cit.* (n. 112) p. 779.

[127] Walde/Hofmann, *Lat. Etym. Wörterbuch*, Heidelberg 1954, II p. 269; Meyer/Lübke, *Rom. Etym. Wörterbuch* 6450.

du vocabulaire universitaire, mais il faut simplement constater que pour la sélection des termes à la base de cette étude, on peut tirer telle ou telle conclusion.

Pour commencer, remarquons que l'élément classique représenté par ce groupe de mots est certainement important. Onze des termes avaient déjà dans l'Antiquité un sens comparable: «collegium» dans le sens de collège de docteurs, «magister», «doctor», «professor», «scolaris», «studens», «rector», «cancellarius», «consiliarius», «procurator», «librarius». Mais ceci ne veut pas dire qu'au début du XIIIᵉs. on ait recouru au vocabulaire classique. Il s'agit d'une tradition médiévale qui continue l'héritage classique, utilisant les mêmes termes pour des choses parfois identiques («magister», «scolaris»), parfois comparables («consiliarius», «procurator»)[128]. En plus, seize des termes, à peu près la moitié, sont des mots qui existaient déjà dans l'Antiquité mais dans un sens différent: «studium», «universitas», «licentia», «natio», «facultas», «collegium» dans le sens de collège, «determinatio», «inceptio», «introitus», «principium», «conventus», «(magister) regens», «lector», «clericus», «decanus», «stationarius». Il n'en résulte pas qu'au début du XIIIᵉs. on ait utilisé des mots puisés dans l'Antiquité dans un nouveau sens; en fait, il s'agit ici de la tradition médiévale qui, tout en utilisant les mots de l'héritage classique, les a appliqués à d'autres concepts et choses, phénomène typique du latin médiéval et qui prouve que cette langue était bien vivant. D'autre part, cinq des mots ne sont pas classiques: l'expression «studium generale» (bien que composée de deux mots classiques), «repetitor», «baccalaureus», «bedellus», «peciarius». Deux d'entre eux, les deux d'origine vulgaire, ont été empruntés à l'usage médiéval («baccalaureus», «bedellus»), les trois autres ne se trouvent pas avant la naissance de l'Université («studium generale», «repetitor», «peciarius»)[129].

En synthèse on peut dire que le vocabulaire classique sert de base à notre collection de mots. Le plus souvent il avait été appliqué à de nouveaux usages, parfois il avait été légèrement adapté ou avait gardé son sens d'origine. Et il laisse de la place à des formations nouvelles. Pour les utilisateurs des mots étudiés cette situation peut être le signe d'un sens de la tradition — qu'il ne faut pas exagérer, car auraient-ils pu faire autrement tout en apprenant le latin au moyen des textes classiques? —, et de suffisamment d'indépendance et d'esprit d'invention pour former des mots nouveaux si le monde qui les entoure ne leur fournit pas des termes existants.

---

[128] Il n'y a que le mot «studens» qui peut suggérer un emprunt direct à la littérature classique, voir ci-dessus p. 270.

[129] Un cas spécial d'une formation nouvelle est présenté par le mot «stationarius», sans doute formé d'après «statio», boutique, bien que «stationarius» existât déjà dans d'autres sens (voir p. 276f.).

L'étude des contextes qui ont directement influencé l'utilisation des termes par l'Université, est plus significative pour les conceptions concernant cette institution. Autrement dit, quels étaient les terrains où, vers la fin du XIIᵉ s., les mots étudiés étaient employés dans un sens qui pouvait être appliqué au besoin universitaire. Il y a trois domaines qui se dégagent clairement: l'enseignement, l'église et le droit public. Le premier, ce qui ne peut guère nous étonner, a fourni sept des termes: «studium», «licencia docendi», «facultas», «magister», «doctor»[130], «professor», «scolaris». L'Eglise en prend cinq à son compte: «lector»[131], «clericus», «cancellarius», «decanus», «introitus». Le droit public, en particulier l'administration des villes et des gildes, est responsable des cinq mots suivants: «universitas», «collegium», «rector», «consiliarius», «procurator». Reste un nombre de mots dont le contexte, à la fin du XIIᵉs., est moins spécifique. Parmi eux, il y a «bedellus» et «determinatio» qui ont un rapport évident avec le droit pénal, il y a «natio» qui relève de rapports internationaux, il y a «conventus» qui était suggéré par les assemblées de l'Eglise ou des villes et qui évoque aussi l'administration. Il n'est pas exagéré de dire que le droit prend une place importante parmi les facteurs qui ont influencé notre vocabulaire. Cela s'explique en partie par la nouvelle popularité dont a joui le droit romain au XIIᵉs. Ces études ont influencé la société du XIIᵉs., en particulier le monde de l'administration. Les conseils des villes et des corporations y empruntaient des termes comme «rector», «consiliarius», etc.

Il est évident que les gens qui étaient à l'origine de l'Université, lorsqu'ils pensaient à son administration, pensaient en catégories relativement nouvelles elles aussi, à savoir celles de l'administration des villes et gildes. Les gildes étaient après tout les seules corporations qui existaient déjà à l'époque et le parallèle entre les associations des maîtres et des étudiants d'une part, et celles des gens de métier de l'autre n'était que trop évident. Ainsi, l'Université se modela, en ce qui concerne son administration sur le modèle des corporations récentes et analogues.

Le fait que pour les médiévaux le phénomène de l'Université se rangeait, comme organisation, dans le cadre des corporations témoigne d'une mentalité différente de la nôtre: le travail intellectuel était parfaitement comparable aux autres métiers. Les intellectuels exerçaient un métier et avaient autant que les marchands de laine ou les orfèvres le besoin et le droit de s'unir dans une corporation, comme ils estimaient normal de se faire payer par leurs étudiants. Ils se voyaient comme des marchands de science, comparables à tous les autres marchands de la ville dont ils faisaient partie intégrante et ils suivaient le mouvement général des citoyens exerçant un

---

[130] qui avait une nuance relevant de l'Eglise, voir p. 268.
[131] qui appartient partiellement à l'enseignement de l'Eglise, voir p. 269.

métier: l'organisation en corporations. Ce n'est que plus tard que l'Eglise fit
d'eux des privilégiés en leur accordant des prébendes.

Pour finir résumons que les trois catégories sur lesquelles s'édifia la
nouvelle structure sociale qui se créa aux environs de 1200, étaient la vieille
tradition de l'enseignement, modifiée si nécessaire et adaptée à des formes
nouvelles, le monde ecclésiastique, dans une mesure moins importante
qu'on n'aurait pu le croire, et le domaine du droit et de l'administration.

# ANTHROPOLOGIE UND SOZIALE STELLUNG DER FRAU NACH SUMMEN UND SENTENZENKOMMENTAREN DES 13. JAHRHUNDERTS

von Elisabeth Gössmann (Tokyo)

Wenn man nach Kategorien zur Erfassung der sozialen Strukturen des Mittelalters fragt, darf die patriarchalische Ordnung im Verhältnis der beiden Geschlechter, welche die allgemeine Struktur des sozialen Lebens ausmacht, dabei nicht übersehen werden. Die Begründung für diese Sozialstruktur liefern in einer für das 13. Jahrhundert repräsentativen Weise die Kommentare zu den Sentenzenbüchern des Petrus Lombardus sowie die theologischen Summen. Anläßlich ganz bestimmter Fragestellungen wie Schöpfung des Menschen als Mann und Frau, Gottebenbildlichkeit, Sündenfall, Tugend- und Sakramentenlehre, werden Aussagen gemacht, die ein deutliches Licht auf die Zusammenhänge werfen, die zwischen der philosophisch-theologischen Anthropologie einerseits und den sozialen und rechtlichen Bestimmungen über das Mann- Frau-Verhältnis andererseits bestehen.

In bezug auf Thomas von Aquin und sein Verständnis des weiblichen Menschseins liegen bereits mehrere Arbeiten vor, die sich zum Teil die schwierige Aufgabe stellen, das Überholte an der Thomasischen Anthropologie herauszuschälen und die aus einem vergangenen biologischen Weltbild gezogenen Folgerungen zu eliminieren[1]. Andere Untersuchungen verfahren bis in die jüngste Gegenwart apologetisch, indem sie Thomas als Kirchenlehrer so zu interpretieren versuchen, daß seine anthropologischen Aussagen auch heute noch als akzeptabel erscheinen[2]. Zu den übrigen wichtigen Autoren des 13. Jahrhunderts, die ich in dieses Referat einbeziehen möchte, liegen jedoch, soweit mir bekannt, noch keine Einzeluntersuchungen ihrer Anthropologie der Geschlechter vor[3].

---

[1] So vor allem A. Mitterer, *Mann und Weib nach dem biologischen Weltbild des hl. Thomas und dem der Gegenwart*, „Zeitschr. für kath. Theol." 57 (1933) pp. 491–556 und *Mas occasionatus*, „Zeitschr. für kath. Theologie" 72 (1950) pp. 80–103.

[2] So z. B. G. M. Manser, *Die Frauenfrage nach Thomas v. Aquin*, Olten 1919; A. Nussbaumer, *Der hl. Thomas und die rechtliche Stellung der Frau. Eine Abwehr und Richtigstellung*, „Divus Thomas" 11 (1933) pp. 63–75; 138–156. A. Hufnagel, *Die Bewertung der Frau bei Thomas v. Aquin*, „Theol. Quartalschr." 156 (1976) pp. 133–147.

[3] Zur *Summa Halensis* vgl. jedoch das Kap. „Der Mensch als Mann und Frau", in E. Gössmann, *Metaphysik und Heilsgeschichte. Eine theologische Untersuchung der Summa Halensis*, München 1964, pp. 215–229.

Dieses Referat möchte die Aussagen des Thomas von Aquin im Zusammenhang mit den anthropologischen Erörterungen seiner Zeit darstellen, wobei sich Ähnlichkeiten, aber auch Unterschiede zu franziskanischen Auffassungen zeigen werden. Ich will versuchen, mich ohne alle
Animosität um ein historisches Verstehen der einschlägigen mittelalterlichen Texte zu bemühen, was nicht so einfach ist, wenn man bedenkt,
daß die vorliegende Literatur zum Thema Frau bei Thomas von Aquin
größtenteils voll von Animositäten ist. Ein erheiterndes Beispiel aus einer
— allerdings schon vor 45 Jahren geschriebenen — Stellungnahme von
A. Nussbaumer zu der sehr sachlich gehaltenen Arbeit von Hildegard
Borsinger über die *Rechtsstellung der Frau in der katholischen Kirche*[4]
möchte ich hier nicht vorenthalten: „Es fällt schwer . . ., zu den Ausführungen und Auslassungen von Fräulein Dr. Borsinger über die großen
Kirchenlehrer keine Satire zu schreiben. Nur die Rücksichtnahme auf eine
wissenschaftliche Vertreterin des schwachen und zarten Geschlechtes
rechtfertigt eine sachliche Auseinandersetzung mit einer Schrift, die so
oberflächlich und pietätlos wie die genannte an den Doctor angelicus her-
anzutreten wagt. Eine Richtigstellung der in dieser . . . Dissertation ver-
tretenen Ansichten von der thomistischen Lehre über die Frauenfrage ist
immerhin auch notwendig, damit nicht etwa die Frauen und Töchter nach
der Lektüre . . . der Schrift zu glauben versucht sind, sie hätten daraus
einen blassen Hochschein von der Lehre des hl. Thomas . . . über die
rechtliche Stellung der Frau . . . gewonnen. Ein Zufall hat den Schrei-
benden mit der Schrift der Dr. Borsinger bekannt gemacht und ihn
zugleich erkennen lassen, daß ihre Darstellung der Frauenfrage unter der
Damenwelt nicht ohne Einfluß bleibt."[5]
    Nun, die Damenwelt hat reagiert, aber leider auch nicht immer in der
Weise des historischen Verstehens. Ich denke hier besonders an die seit

---

    [4] Borna-Leipzig 1930, pp. 49—53. Auch H. Borsinger beurteilt die Geschlechteranthro-
pologie des Thomas v. Aquin noch unter der Voraussetzung, daß er als überzeitlich gültige
Autorität zu achten ist, also ohne ein historisches Verständnis der Texte. Sie polemisiert
jedoch nicht gegen ihn, sondern wo sie ihm nicht zustimmen kann, versucht sie eine Wider-
legung oder sagt schlicht, in der betr. Frage sei Thomas abzulehnen. Daß man um 1930 noch
nicht ohne scharfen Widerspruch so schreiben konnte, zeigt die Erwiderung von Nussbaumer.
    [5] A. Nussbaumer, a.a.O. 63f. — Vgl. auch G. M. Manser, a.a.O. 5: „Sie (sc. die
folgenden kurzen Zeilen) sind nicht mit der unbescheidenen Absicht geschrieben, der herrschenden Zeitströmung, welche die Frau allüberall in das öffentlich-politische Leben und
Getriebe hineinwerfen will, wirksam entgegenzutreten. Dazu ist es ohnehin zu spät . . .
Retten wir im gegenwärtigen Wirrwarr, was noch zu retten ist. Ohne und gegen unsern
Willen wird man die erhabene Priesterin des Hauses aus ihrem angestammten Heiligtume
herausreißen." — Sehr mutig, allerdings gestützt durch die Ausführungen von Mitterer, ist
das Kap. Der Unterschied von Mann und Weib bei H. Meyer, *Thomas v. Aquin. Sein System
und seine geistesgeschichtliche Stellung*, Bonn 1938, pp. 233—235. Allerdings macht er in der
2. Auflage (1961), vielleicht veranlaßt durch die Lektüre von Manser, einige Rückzieher. Vgl.
dazu A. Hufnagel, a.a.O. p. 133 Anm. 1.

mehr als einem Jahrzehnt vor allem in Amerika ausgebildete feministische Theologie[6], die sich auch der Thomastexte bedient, um daraus ihre Verdammungsurteile über die vom Christentum beeinflußte Unterdrükkung der Frau herzuleiten. Diese Vertreterinnen der feministischen Theologie sehen jedoch nicht, daß sie keineswegs die ersten sind, die Kritik üben, sondern daß bereits in den scholastischen Texten selbst ein ständiger Prozeß der Kritik im Gange ist, gerade auch was die Anthropologie der Geschlechter betrifft.

Nach dieser Vorbemerkung zu den − einander diametral entgegengesetzten − Zeugnissen neuerer Scholastik−Rezeption nun endlich medias in res! Der Unterschied der Geschlechter wurde im 13. Jahrhundert im körperlichen, vor allem im sexuellen Bereich gesehen, und seelische Differenzen galten als sekundär, durch die körperlichen verursacht, für den Mann von positiver, für die Frau von rein negativer Art. Die biblischen Stellen über das Mann-Frau-Verhältnis wurden mit aristotelischen Begriffen interpretiert bzw. im aristotelischen Lichte gelesen, aber auch die augustinisch-neuplatonische Denkweise trug Wesentliches bei zur Ausbildung der hochscholastischen Anthropologie der Geschlechter. Die männliche Daseinsweise wird für die volle Verwirklichung des Menschseins gehalten, die weibliche dagegen für eine verminderte oder abgeschwächte. Keine Einschränkungen gelten jedoch für die Frau im Hinblick auf ihr religiöses und geistliches Leben. Hier kann sie dem Mann nicht nur ebenbürtig, sondern auch überlegen sein. Denn Mann und Frau sind, wie es heißt, in gleicher Weise von Christus erlöst und haben infolgedessen auch in gleicher Weise die Möglichkeit, ihr Menschsein kraft der Gnade spirituell zu entfalten. Darin zeigt sich wohl die wichtigste korrigierende Hinzufügung, durch welche die Theologie der Hochscholastik sich von dem mehr oder weniger unkritisch übernommenen antiken Menschenbild unterscheidet. Allerdings ergeben sich aus dieser Korrektur keine Konsequenzen für die rechtliche Bestimmung des sozialen Lebens, weder in der profanen, noch in der kirchlichen Gemeinschaft. Hier bleibt die Frau generell „in statu subiectionis".

Bei der Suche nach den Denkkategorien, die, auf das Mann-Frau-Verhältnis angewandt, zur Begründung bzw. Rechtfertigung der untergeordneten Stellung der Frau führen, bieten die Erörterungen der Summen und Sentenzenkommentare zur Gottebenbildlichkeit des Menschen einen wichtigen Fundort. Geht es doch hier darum, die beiden Bibelstellen Gen. 1, 27, wonach Mann und Frau in gleicher Weise nach dem Bild Gottes geschaffen sind, und 1 Cor. 11, 7, wo die Frau im Gegensatz dazu nur als „gloria viri" bezeichnet wird, miteinander in Einklang zu bringen. Wilhelm von Auxerre schreibt um 1215 in seiner *Summa Aurea*, Paulus habe

---

[6] Als Beispiel sei an dieser Stelle nur genannt: Mary Daly, *Kirche, Frau und Sexus*, Freiburg 1970, pp. 62−68.

aus 3 Gründen die Gottbildlichkeit der Frau als hinter der des Mannes zurückstehend erklärt, 1. „quia vir immediate factus est ad imaginem et similitudinem dei, mulier vero mediante viro". 2. „quia vir perspicaciorem intellectum habet naturaliter quam mulier et secundum ordinem naturae mulier debet ei subici". 3. „quia sicut ab uno deo sunt omnia, ita ab uno homine sunt alii homines, et mares et feminae"[7]. Die deutlichere Gottähnlichkeit des Mannes und damit seine Vollkommenheit als menschliches Wesen beruht also nach dieser Denkweise auf seiner unmittelbaren Erschaffung durch Gott, seiner naturhaft bedingten geistigen Überlegenheit gegenüber der Frau und vor allem auf der in der Folgezeit weiter ausgebauten Ursprungsanalogie, nach welcher, wie alles Geschaffene von Gott, so die gesamte Menschheit aus dem ersten Menschen stammt.

Seit dem Sentenzenkommentar des Albertus Magnus etwa wird die Vereinbarung zwischen den beiden Bibelstellen in der Weise gesucht, daß man Gen. 1, 27 primär auf die Mann und Frau in gleicher Weise zukommende Gottbildlichkeit der in der einen Seelensubstanz des Menschen aus einander hervorgehenden Seelenkräfte bezieht, wie sie von Augustinus in *De Trinitate* herausgearbeitet ist, und in 1 Cor. 11, 7 jene Ursprungsanalogie ausgedrückt findet, die nur dem Mann und nicht der Frau zugesprochen werden kann[8]. Die *Summa Halensis* äußert noch ganz unverhohlen das große Erstaunen des Mittelalters darüber, daß im 1. Kap. der Genesis im Anschluß an die Worte „Ad imaginem Dei creavit illum" sogleich die Worte folgen: „Masculum et feminam creavit illos", zumal man doch schon seit Augustinus daran gewöhnt war, die Gottbildlichkeit nur im menschlichen Geist vorzufinden, „ubi sexus nullus est"[9], während man das Mann- und Frausein als primär körperlich bedingt vom Imago-Sein des Menschen streng abhob. Was hat also beides miteinander zu tun? Die *Summa Halensis* sieht den Sinn der Aufeinanderfolge beider Genesis-Aussagen darin, jeden Zweifel über die Gottbildlichkeit auch des weiblichen Menschen auszuschließen: „Licet secundum alteram et alteram

---

[7] Wilhelm v. Auxerre, *Summa Aurea*, ed Pigouchet, Paris 1500, Unveränderter Nachdruck Frankfurt 1964, fol. 58 v.

[8] Albertus Magnus, *In II Sent*. dist. XVI C a. 4, ed. A. Borgnet, T. 27, Paris 1894, 289 f. Utrum aequaliter vir et mulier sint ad imaginem Dei. Im „Quod non videtur" wird 1 Cor. 11, 7 angeführt, im „Contra" Gen. 1, 27. „Solutio. Levis est haec quaestio. Dicendum, quod imago attenditur dupliciter: scilicet in interioribus potentiis mentis, vel in convenientia in ratione principii naturae. In interioribus iterum dupliciter, scilicet in distinctione, et ordine, et aequalitate, et consubstantialitate potentiarum: et sic mulier est aeque imago sicut et vir. Vel in vigore et nobilitate potentiarum comparatarum ad actum secundum naturam sexus: et sic vir magis est ad imaginem, quam mulier. Si autem attenditur in ratione principii respectu naturae universalis: hoc contingit quatuor modis, scilicet universaliter et effective et materialiter: et sic solus Adam est ad imaginem. Vel effective et materialiter tantum: et sic omnes viri sunt ad imaginem tantum. Vel materialiter et universaliter respectu omnium propagatorum, et non effective: et sic Eva sola est ad imaginem. Vel materialiter et non universaliter respectu propagatorum: et sic omnis mulier est ad imaginem."

[9] Augustinus, *De Trin*. XII, 7, 12, PL 42, 1005.

rationem accipiatur esse ad imaginem et sexum distingui, nihilominus hic facta est mentio de distinctione sexus, ut ostendatur quod distinctio imaginis non sit propria masculi, sed utriusque."[10] Der Aspekt der Gleichheit wie der der Unterlegenheit der Frau scheinen also einander die Waage zu halten.

Immer größeres Gewicht im Hinblick auf das soziale Leben gewinnt jedoch die Ursprungsanalogie. Im noch ungedruckten Sentenzenkommentar des Robert Kilwardby wird sie folgendermaßen ausgedrückt: „Unus Deus unum fecit hominem, ut sicut ex eo omnia sunt, sic ex isto omnes homines essent."[11]

Bei Bonaventura wird vollends deutlich, daß zwar die Gottbildlichkeit der menschlichen Seelenkräfte, in der Mann und Frau einander gleich sind, als die belangvollere angesehen wird, aber die Ursprungsanalogie, die nur dem Mann zukommt, eine bestimmte Anwendung auf das soziale Leben impliziert:

„Imago quantum ad suum esse principaliter consistit in anima et eius potentiis, et in his potissime, prout habent ad Deum converti, et quantum ad hoc, non est distinctio masculi et feminae, servi et liberi . . .

Quantum autem ad bene esse sive ad clariorem expressionem, consistit magis in anima, secundum quod ad corpus habet ordinem . . . Et quoniam ex parte corporis est sexuum distinctio, et secundum sexuum distinctionem maior est repraesentatio sive quantum ad rationem praesidendi, sive quantum ad rationem principandi, qua vir est caput mulieris, et vir est principium mulieris, . . . quantum ad hunc . . . modum excellentiori modo reperitur imago in sexu masculino quam feminino."[12]

Zur „ratio principandi" kommt also hier die „ratio praesidendi". Zwischen dem Ursprungsein des ersten Menschen als Mann und seiner Herrscherlichkeit wird ganz selbstverständlich die Verbindung hergestellt. Thomas von Aquin scheint dies noch zu überbieten, wenn er 1 Cor 11 als Bestätigung dafür ansieht, daß der Mann „principium mulieris et finis" ist, „sicut Deus est principium et finis totius creaturae."[13] Den Mann als

---

[10] *Summa Halensis* = Alexander von Hales, *Summa Theologica*, ed. Quaracchi 1924–1948, Tom. II, n. 302 sol.

[11] Robert Kilwardby, *Comm. in II Sent.* Cod. Vat. Ottob. Lat. 161, fol. 40r.

[12] Bonaventura, *Opera omnia*, ed. Quaracchi 1882–1902, *Comm. in II Sent.* dist. XVI a.2 q.2, Tom. II, 403f. Utrum imago principalius sit in masculo quam in femina. Im „Quod sic" wird wieder 1 Cor. 11, 7 angeführt, im „Sed contra" Gen. 1, 27. – Vgl. Thomas v. Aquin, *Summa theologiae* I, q. 93 a.4.

[13] *Summa theologiae* I q.93 a.4 Utrum imago Dei inveniatur in quolibet homine: „Ad primum ergo dicendum quod tam in viro quam in muliere invenitur Dei imago quantum ad id in quo principaliter ratio imaginis consistit, scilicet quantum ad intellectualem naturam. Unde Gen. 1, 27, cum dixisset, ad imaginem Dei creavit illum, scilicet hominem, subdidit: masculum et feminam creavit eos: et dixit pluraliter eos, ut Augustinus dicit, ne intelligatur in uno individuo uterque sexus fuisse coniunctus. – Sed quantum ad aliquid secundario imago Dei invenitur in viro, secundum quod non invenitur in muliere: nam vir est principium mulieris et finis, sicut Deus est principium et finis totius creaturae."

Ursprung und Ziel der Frau hinzustellen, klingt in der Tat nach einer radikalen Überbewertung des männlichen Menschseins und ist auch so aufgefaßt und scharf kritisiert worden[14]. Man muß jedoch beachten, daß es sich bei Thomas um eine Analogie der Proportionalität im Rahmen des neuplatonischen Denkschemas von emanatio und reductio handelt, in dem die Frau die Seite der Kreatur vertritt. Auffällig ist aber, daß Bonaventura, bei dem dieses Denkschema noch vorherrschender ist als bei Thomas, sich der Ausweitung der Ursprungsanalogie auch im Hinblick auf den finis enthält.

Es ergibt sich aber allemal, daß die Überordnung des männlichen Geschlechtes generell gedacht ist, da sie nicht etwa nur für die Zweierbeziehung der Ehe, sondern für die gesamte Menschheit als Naturordnung behauptet wird. Ob die prätendierte Überlegenheit des männlichen Intellektes dabei als Voraussetzung oder als Bestätigung für diese Ordnung angeführt wird, ist in den einzelnen Texten schwer zu erkennen, es bleibt offensichtlich in der Schwebe und offenbart auf ganzer Linie ein Denken, das von einem einzigen Prinzip ausgeht. Der christliche Schöpfungsglaube braucht ohne Zweifel dieses Ein-Prinzip des transzendenten Schöpfergottes, wie es in langen Kämpfen gegen gnostisch-manichäische Anfechtungen herausgearbeitet worden ist. Der Abbildlichkeit zuliebe wird darüber hinaus aber auch innerweltlich an einem Ein-Prinzip festgehalten. Der Mensch – als Mann – repräsentiert für augustinisch-mittelalterliches Denken den Schöpfergott besser, als dies die Zweiheit von Mann und Frau vermag. Es kann kein echtes Zweiprinzip gedacht werden, und wo eine Zweiheit auftaucht, muß eines auf das andere als das Mächtigere und Beherrschende zurückgeführt werden. Daher steht z. B. in der *Summa Halensis* am Beginn der Schöpfungslehre das folgende Zitat aus Augustinus, *De genesi ad litteram*: „Dei providentia . . . subdidit primitus omnia sibi, deinde creaturam corporalem creaturae spirituali, irrationalem rationali, terrestrem coelesti, femineam masculinae, minus valentem valentiori, indigentiorem copiosiori."[15]

Eine wesentliche Denkkategorie, die hinter der mittelalterlichen Sozialstruktur steht, sie zugleich begründet und rechtfertigt, ist also diese Art des Deduzierens aus dem Ein-Prinzip, das nur hierarchische Über- und Unterordnung zuläßt. Das Denken aus einem Zwei-Prinzip, welches Dynamik einschließt, Handeln ermöglicht, Entwicklungen einleitet, keine ontologischen Hierarchien, sondern Spannungen im Rahmen eines Gleichgewichts schafft, konnte sich im Mittelalter noch nicht entwickeln[16]. Mit

---

[14] Vgl. H. Borsinger, a. a. O. p. 50; M. Daly, a. a. O. p. 65 f. J. M. Aubert, *La Femme. Antiféminisme et Christianisme*, Paris 1975, pp. 86–88.

[15] *De genesi ad litteram* VIII, 23, 44, PL 34, 390, zitiert in Tom. II, n. 89, II.

[16] Vgl. dazu Hannah Arendt, *Vita activa oder vom tätigen Leben*, Stuttgart 1960, p. 15 f.: „Das Handeln ist die einzige Tätigkeit der Vita activa, die sich ohne die Vermittlung von Materie, Material und Dingen direkt zwischen Menschen abspielt. Die Grundbedingung, die

der ratio principandi liegt auch die ratio praesidendi allein auf Seiten des Mannes als dem innerweltlichen Wirkprinzip, was die Geschichte wie auch das soziale Leben betrifft. Die zunehmend stärker herausgearbeitete Ursprungsanalogie des Adam zu Gott dem Schöpfer läßt die Rückführung des Zweiprinzips — das erste Menschenpaar — auf das Einprinzip — der erste Mann — besonders deutlich in Erscheinung treten[17].

Wenngleich die mittelalterliche Exegese mit der eben dargestellten Interpretation von Gen 1, 27 und 1 Cor 11, 7 im Sinne der Gleichheit sowie der Verschiedenheit von Mann und Frau als „imago Dei" primär den Literalsinn dieser Schriftstellen zu erfassen glaubte, so bewegte sie sich doch mit der dem Mann zugeschriebenen Ursprungsähnlichkeit, die in die Form einer Proportionalitätsanalogie gekleidet ist, bereits auf einer allegorischen Ebene. Es wird aber auf der franziskanischen Seite, und zwar besonders deutlich bei Bonaventura, ausdrücklich noch eine allegorische Interpretation von 1 Cor 11, 7 geboten: „Vir accipitur metaphorice pro superiori parte rationis, et mulier pro inferiori, sicut exponit Augustinus[18] . . . Vir enim, quia fortis est et praesidet mulieri, superiorem portionem rationis significat, mulier vero inferiorem."[19] Diese allegorische Interpretation von 1 Cor 11, 7, nach welcher der Mann als imago et gloria dei der augustinischen ratio superior und die Frau als gloria viri der augustinischen ratio inferior verglichen wird, verfestigt noch in besonderer Weise die Auffassung von der naturhaften Unterschiedenheit der beiden Geschlechter im

---

ihr entspricht, ist das Faktum der Pluralität, nämlich die Tatsache, daß nicht ein Mensch, sondern viele Menschen auf der Erde leben und die Welt bevölkern . . . Hiermit stimmt die Bibel in gewissem Sinne überein, sofern in einer der Versionen der Schöpfungsgeschichte Gott nicht den Menschen erschuf, sondern die Menschen: und schuf sie einen Mann und ein Weib. Dieser im Plural erschaffene Mensch unterscheidet sich prinzipiell von jenem Adam, den Gott aus einem Erdenkloß machte, um ihm dann nachträglich ein Weib zuzugesellen . . . Hier ist die Pluralität den Menschen nicht ursprünglich zu eigen, sondern ihre Vielheit ist erklärt aus Vervielfältigung. Jede wie immer geartete Idee vom Menschen überhaupt begreift die menschliche Pluralität als Resultat einer unendlich variierbaren Reproduktion eines Urmodells und bestreitet damit von vornherein und implicite die Möglichkeit des Handelns. Das Handeln bedarf einer Pluralität, in der zwar alle dasselbe sind, nämlich Menschen, aber dies auf die merkwürdige Art und Weise, daß keiner dieser Menschen je einem anderen gleicht, der einmal gelebt hat oder lebt oder leben wird."

[17] Das Problem, daß im 1. und 2. Kap. der Genesis zwei verschiedene Berichte über die Erschaffung des Menschen einander folgen, von denen der erste auf die aus männlichen und weiblichen Individuen bestehende Menschheit abhebt und erst der zweite die Adam- und Eva-Erzählung bietet, welche die Interpretation von der „principalitas" des Adam erlaubt, löste das 13. Jahrhundert — wie es vor Bekanntwerden der Methode der Quellenscheidung nicht anders möglich war — auf folgende Weise: „Illud quod dicitur de masculo et femina (sc. Gen. 1, 27), per anticipationem dictum est, non quia tunc simul facti sint in operibus sex dierum, sed ut ostenderetur quod tam masculus quam femina, cum condebantur, ad imaginem Dei condebantur, quam imaginem non accipiebat mulier a viro, sed uterque a Deo". *Summa Halensis*, a. a. O. Tom. II n. 315.

[18] Vgl. *De Trin.* XII, 7, 10. 12; *De genesi ad litteram* III, 22, 34.

[19] dist. XVI a. 2 q. 2 ad 1.2, a. a. O. Tom. II, 404.

Sinne des Herrschens und Beherrschtwerdens. Der augustinischen Analogie von „ratio superior" = „vir" und „ratio inferior" = „mulier" geht jedoch, historisch gesehen, noch eine andere voraus, die im Mittelalter neben der augustinischen auftritt, nämlich der Vergleich des Mannes mit dem νοῦς und der Frau mit der αἴσθησις. Wie M.-Th. d'Alverny in ihrer Arbeit zum Bild der Frau bei den Philosophen und Theologen des 12. Jahrhunderts nachgewiesen hat, ist es Philon v. Alexandrien, der diesen Vergleich, ebenfalls im Rahmen der Imago-Lehre, zuerst gebraucht[20]. Obwohl man in der langen Überlieferungsgeschichte solcher Vergleiche niemals ganz vergessen hat, daß jedes menschliche Individuum sowohl über νοῦς, als auch αἴσθησις bzw. „ratio superior" und „ratio inferior" verfügt, wirkte sich doch ein solches Denken für die Frau negativ aus, da aus dem Vergleich allzu leicht eine Identifizierung wurde (im Sinne von Frau = Sinnenwesen, Mann = Vernunftwesen) und die Realität des Menschseins in den Hintergrund trat bzw. die bestehende soziale Ordnung als naturgegeben erschien. Denn wie die αἴσθησις der Lenkung durch den νοῦς bedarf, so ganz selbstverständlich auch das weibliche Geschlecht der Lenkung durch das männliche.

Einschließlich dieser auf franziskanischer Seite besonders beachteten allegorischen Interpretation kann man die Lehre der Sentenzenkommentare und Summen von der Gottebenbildlichkeit der Geschlechter als den Konzentrationspunkt alles dessen verstehen, was die Schöpfungslehre über das Mann- Frau- Verhältnis im Sinne der aequalitas wie der Über- und Unterordnung ausführt. „Facta enim est (sc. mulier) de parte viri," heißt es in der *Summa Halensis*, „ut ostenderetur quod sicut originem sumpsit ex viro, ita debeat esse viro subdita secundum conditionem naturae. . . . Ad illud quod quaeritur quare de latere, . . . dicendum quod in hoc innuitur quod non tantum est subiectio mulieris ad virum, sed etiam quaedam paritas innuitur."[21]

---

[20] Marie-Thérèse d'Alverny, *Comment les théologiens et les philosophes voient la femme*, in: *La Femme dans les Civilisations des Xe−XIIIe Siècles*, Actes du colloque tenu à Poitiers les 23−25 septembre 1976, Poitiers 1977 p. 19. Vgl. auch die hier angegebenen Quellen.

[21] a.a.O. Tom. II, n. 315 ad 5; ad 6. Vgl. auch Bonaventura, *Comm. in II Sent.* dist. XVIII a.1 q.1, Unde fuerit productum corpus mulieris, a.a.O. Tom. II, 431f. Bonaventura sieht die Angemessenheit der Erschaffung der Frau aus der Seite des Mannes einmal darin, daß so der „ordo inter virum et mulierem in humana specie" angedeutet wird, zum andern aber wesentlich in der Symbolik. „Quia vero illa coniunctio (sc. viri et mulieris) dat viro quietationem, ideo producta est (sc. mulier) de viro dormiente. Rursus, quia vir dat mulieri fortitudinem et sustentationem, hinc est quod mulier dicitur esse facta de osse. Et quia in omnibus his est quaedam aequalitas mutuae societatis, ideo formata est mulier . . . de latere." Auch hier macht Bonaventura auf die zahlreichen Möglichkeiten allegorischer Interpretation der Genesisstelle von der Erschaffung der Frau aus dem Mann aufmerksam. Es werde hier angedeutet das Verhältnis von „Deus et anima", von „Christus et ecclesia", (Geburt der Kirche „de latere Christi" bei der Kreuzigung), von „ratio superior et ratio inferior". „Sicut enim vir est fortior, et mulier est infirmior, sic superior portio et inferior; et sicut mulier ex viro, sic inferior portio est ex conversione spiritus ad haec inferiora. Dum autem ad haec

Interessant sind auch die Ausführungen der *Summa Halensis* über die Erschaffung der Frau im Paradies. Es wird betont, daß sie wegen dieses vorzüglichen Ursprungsortes nicht etwa dem Mann etwas voraushabe, sondern daß damit eine gewisse Kompensierung ihrer seinsmäßigen Schwäche erreicht werden solle. „Illa, quae non fuit praedita tantis bonis quantis fuit vir et ita minus habilis ad bonum, ex aliquibus praerogativis extrinsecus praestitis magis habilitaretur ad bonum, ut defectus ex parte naturae ex donis superadditis suppleretur."[22] Hier zeigt sich deutlich, daß die Frau in den irdischen Lebensordnungen ihrer naturhaften Zweitrangigkeit entsprechend eingestuft wird und diese nie transzendieren kann, daß es aber für sie eine gnadenhafte Überwindung der seinsmäßigen Begrenzung gibt, die jedoch nur für das geistliche Leben etwas zu besagen hat. Die Gnade vermag zu kompensieren, was die Natur der Frau vorenthalten hat, aber nur für den individuellen Bereich.

Mit der Frage, zu welcher Art von Hilfe die Frau nach dem Genesistext dem Manne beigegeben sei, wird in den Sentenzenkommentaren und Summen das Problem ihres Daseinssinnes angeschnitten. Hierzu wird sowohl in der *Summa Halensis* wie in der *Summa Theologiae* des Thomas von Aquin wiederum Augustinus in *De genesi ad litteram* zugrunde gelegt, und zwar mit dem Gedanken, daß die Frau zu keiner anderen Hilfe als zu der des Kindergebärens dem Mann beigegeben sei, denn für die Bearbeitung der Erde wäre der Mann dem Mann eine bessere Hilfe[23]. In dieser Einengung des Daseinssinnes des weiblichen Menschen auf Mutterschaft und Familienaufgaben, wobei die aristotelische Lehre vom Mann als „principium activum" und der Frau als „principium passivum" eingearbeitet ist[24], zeigt sich deutlich, daß die Autoren des 13. Jahrhunderts die Frau, abgesehen von der Ausnahmeform des klösterlichen Lebens, in der sie eine Transzendierung der Beschränkungen des Frauseins erblicken, nur als Ehefrau und Mutter kennen und berücksichtigen, obwohl das soziale

---

inferiora convertitur, cessat a vigilantia contemplationis et quodammodo efficitur infirmior semetipso et tendit ad mollitiem mulieris." Vgl. auch Thomas v. Aquin über die Erschaffung der Frau aus dem Mann *Summa theologiae* I q. 92 a.2 r: „Conveniens fuit . . . ut in hoc quaedam dignitas primo homini servaretur, ut . . . esset ipse principium totius suae speciei, sicut Deus est principium totius universi." Vgl. auch Thomas v. Aquin, *Comm. in L. II Sent.* dist. XVIII q.1 a.1.

[22] a.a.O. Tom. II n. 461 ad 2. Es handelt sich jedoch hier um einen der beiden Traktate, die nach dem Tode Alexanders zur *Summa Halensis* hinzugefügt wurden. Vgl. dazu E. Gössmann, a.a.O. 219.

[23] Vgl. *De genesi ad litteram* IX, 5, 9 PL 34, 396, zitiert in der *Summa Halensis*, a.a.O. Tom. II n. 463; zugrundegelegt auch von Thomas, *Summa Theologiae* I q. 92 a.1 r: „. . . non quidem in adiutorium alicuius alterus operis, ut quidam dixerunt, cum ad quodlibet aliud opus convenientius iuvari possit vir per alium virum quam per mulierem."

[24] Vgl. *Summa Halensis*, a.a.O. Tom. II n. 263 sol., auch Tom. I n. 295 ad 5; n. 298 ad 4. Thomas v. Aquin, *Summa Theologiae* I q. 92 a 1 r u. öfter, z.B. IIa IIae q. 26 a.10: der Vater als „principium agentis" sei mehr zu lieben als die Mutter, wenngleich individuelle Gesichtspunkte den Vorzug haben können.

Leben auch damals schon, wenngleich in geringem Ausmaß, andere Lebensformen der Frau zeigte.

Der generell für das weibliche Geschlecht behauptete status subiectionis ist also trotz seiner allgemeinen Geltung, konkret doch im Hinblick auf die Ehe und Familie gedacht, wenngleich sich gerade hier in einer nicht zu entwirrenden Weise „paritas" und „subiectio" der Frau durchdringen. Die „paritas" von Mann und Frau bezieht sich auf das „officium generationis", wie die *Summa Halensis* deutlich sagt[25], also die Pflicht, Kindern das Leben zu schenken und sie zu erziehen. Damit soll eine nicht geringere, wenn auch andersartige Inpflichtnahme des Mannes als der Frau ausgedrückt werden, keineswegs aber eine Gleichstellung von Mann und Frau in ihrem individuellen Leben. Denn dafür gilt, daß der Mann „caput mulieris" ist[26]. Bonaventura betont, daß im Zusammenleben von Mann und Frau trotz der Führungsaufgabe des Mannes „quaedam aequalitas mutuae societatis" in der gegenseitigen Angewiesenheit beider auf einander vorhanden ist[27], und Thomas von Aquin gibt eine Aristotelesstelle dafür an, daß in der „species humana" über das Aufziehen von Kindern hinaus auch ein Wert in der Gemeinsamkeit der „vita domestica" liege, wo Mann und Frau, zwar unter der Autorität des Mannes, doch jeweils eigenständige Werke auszuführen haben[28].

Wenn man bedenkt, daß die Lehre vom Urstand in den Summen und Sentenzenkommentaren, wie wir heute sagen, sehr stark utopischen Charakter hat, indem sie das Bild eines heilen Menschen entwirft, wie er für den eschatologischen Zustand erwartet wird, dann gewinnen Fragen wie „Utrum mulier debuerit produci in prima rerum productione" oder „Utrum in primo statu feminae natae fuissent" ungeheuer an Bedeutung. Hinter diesen Fragen verbergen sich auch wesentliche Korrekturen am vorchristlichen und frühchristlichen Menschenbild, die zu übersehen, unverzeihlich wäre. Sowohl die *Summa Halensis*, als auch Thomas von Aquin, weisen die Meinung östlicher Kirchenväter zurück, wonach die Frau nur in Voraussicht des Sündenfalls überhaupt geschaffen worden sei. „Hoc nullo modo est concedendum, sed est contra catholicos et latinos expositores", heißt es in der *Summa Halensis*[29], und Thomas schreibt in diesem Zusammenhang, auch wenn er sich gegen die Autorität eines Gregor von Nyssa wenden muß: „Hoc non dicitur rationabiliter"[30]. Für ihn steht fest, daß die „diversitas sexus . . . ad perfectionem humanae

---

[25] a. a. O. Tom. II n. 464 r.

[26] Vgl. Thomas, *Summa Theologiae* I q. 92 a. 2, wo die „socialis coniunctio" zwischen Mann und Frau so beschrieben wird, daß der Mann weder von der Frau beherrscht, noch die Frau dem Mann „serviliter subiecta" sein darf.

[27] *Comm. in II Sent.* dist. XVIII, q. 1 r und ad obi.

[28] *Summa Theologiae* q. 92 a. 2 ad 3.

[29] a. a. O. Tom II n. 463 ad 9.

[30] *Summa Theologiae* I q. 98 a. 2 r.

naturae" ist[31], womit er die aristotelische Auffassung von der Frau als mas
occasionatus, die ihm vielleicht zu sehr angelastet worden ist[32], im wesentlichen überwindet. Die Schöpfungstheologie der großen Scholastiker des
13. Jahrhunderts kann also weder das aristotelische, noch das unter
gnostisch-manichäischem Einfluß stehende altchristliche Menschenbild
ohne scharfe Korrektur bestehen lassen. Freilich bleibt auch bei Thomas
die Auffassung von der graduell verschiedenen Vollkommenheit der
menschlichen Natur in Mann und Frau bestehen, aber als Theologe setzt
er sie in Beziehung zur Vollkommenheit der gesamten Schöpfung und
deutet so, was im Vergleich zu einem anderen als Mangel erscheint, wie
das weibliche Menschsein im Verhältnis zum männlichen, im Hinblick auf
das Ganze doch wieder positiv: „Sicut autem ad perfectionem universi
pertinent diversi gradus rerum, ita etiam diversitas sexus est ad perfectionem humanae naturae."[33]

Übrigens ist es bemerkenswert, daß die franziskanische *Summa Halensis*
der aristotelischen Lehre von der Frau als mas occasionatus mit weit mehr
Distanz gegenübersteht als Thomas[34]. Aristoteles, der außerhalb der
Tradition der christlichen Offenbarung steht, bedarf hier keiner benigna
interpretatio, wie sie bei den griechischen Kirchenvätern immerhin versucht wird, sondern es wird zum Ausdruck gebracht, daß er für Aussagen
über den Schöpfungszustand des Menschen nicht zuständig sei[35].

Bei Bonaventura dagegen wird die aristotelische Lehre über die Frau
schon erheblich ernster genommen, wenn es heißt: „Philosophus non vult
dicere quod femina sit praeter naturae intentionem, sed quod virtus
naturae aliquem defectum habet in productione mulieris respectu pro-
ductionis viri; ille autem defectus non repugnat ordini naturae, sed potius
salvat."[36] So ist auch für Bonaventura, ähnlich wie für Thomas, zwar das
männliche Geschlecht, in sich betrachtet, „melior" als das weibliche, aber
die „salus naturae" insgesamt bedarf beider Geschlechter in ihrer speziellen Funktion, und dies ist für Bonaventura der Grund dafür, daß nach
seiner Annahme auch im Urstand ebensoviele Frauen wie Männer geboren
wären.

Thomas gibt bekanntlich dem Aristoteles partiell Recht mit seiner Auffassung von der Frau: „per respectum ad naturam particularem femina est
aliquid deficiens et occasionatum". Aber er hebt dies auf im Hinblick auf

---

[31] *Summa Theologiae* I q. 99 a. 2 r.

[32] Vgl. die Diskussion um diesen Begriff in der in Anm. 1–6 angegebenen Literatur.

[33] *Summa Theologiae* I q. 99 a. 2 r.
Vgl. auch *Comm. in II Sent.* dist. XVIII q. 1 a. 1. Zum Problem der lateinischen Übersetzung der aristotelischen Bezeichnung vgl. A. Hufnagel, a. a. O. 139. Interessant ist, daß
Thomas in der *Summa contra gentiles* die aristotelische Lehre von der Frau als mas
occasionatus nicht erwähnt.

[34] Vgl. a. a. O. Tom. II n. 463 ad 7.

[35] Vgl. dazu E. Gössmann, a. a. O. p. 221 f.

[36] *Comm. in II Sent.* dist. 20 a. 1 q. 6 ad 1, a. a. O. 485 f.

die von Gott gelenkte Gesamtheit des Naturablaufs: „Sed per comparationem ad naturam universalem, femina non est aliquid occasionatum, sed est de intentione naturae ad opus generationis ordinata. Intentio autem naturae universalis dependet ex Deo, qui est universalis auctor naturae."[37]

Diese Lehre von der Frau als mas occasionatus, die sich, wie Mitterer nachgewiesen hat[38], allein auf die biologische Erscheinungsweise der Frau bezieht, die im Vergleich zur männlichen als Kümmerform angesehen wurde, da der biologische Beitrag der Frau zum Entstehen eines Kindes noch unentdeckt war, könnten wir bei unserem Thema getrost unberücksichtigt lassen, wenn sich daraus nicht auch weiterreichende Folgerungen ergeben hätten. Die Autoren des 13. Jahrhunderts sind nämlich der Meinung, daß zwar die Seele des Mannes wie die der Frau mit der gleichen Ausstattung von Gott geschaffen ist, daß sich jedoch die Seele der Frau in ihrem weiblichen Körper wegen dessen Schwäche weniger gut entfalten kann. „Dispositiones spiritus, existentes in corpore, concomitantur dispositiones corporis cui unitur . . . Ideo spiritus sive anima, unita corpori muliebri, infirmior est illa quae unitur corpori virili: anima enim fortius et melius viget in corpore meliori", heißt es in der *Summa Halensis*[39] und ähnlich auch bei Bonaventura[40] und Thomas[41].

Diese von den Autoren des 13. Jahrhunderts angenommene seelische Schwäche der Frau erklärt ihre prätendierte generelle geistige Unterlegenheit, hindert aber nicht, daß sie sowohl mit Hilfe von „gratia gratis data" wie auch „gratia gratum faciens", wie man sich ausdrückt, „ad opera virilia" aufsteigen kann[42]. Die gnadenhafte Unterstützung der seinshaft schwächeren Konstitution muß folglich bei der Frau entsprechend stärker sein, wenn sie zu einer religiös-ethischen Gleichwertigkeit mit dem Mann gelangen will. Solche Ausführungen finden sich zwar auch im Hinblick auf alle Frauen etwa zum Sakrament der Firmung, gelten jedoch insbesonders für die jungfräulich lebenden Frauen des Ordensstandes. „Imbecillitas mulieris ratione corporis vel sexus non impedit quin mulier viro aequiparari possit in meriti dignitate, cuiusmodi manifestatio satis evidens est in vita et passione sacrarum virginum", heißt es wiederum in der *Summa*

---

[37] *Summa theologiae* I q. 92 a. 1 ad 1; q. 99 a. 2 ad 1.

[38] Vgl. *Mas occasionatus*, a. a. O.

[39] a. a. O. Tom. II n. 467 r.

[40] vgl. *Comm. in II Sent.* dist. XXI a. 1 q. 3 ad 1, a. a. O. 497: „Licet in viro et muliere reperiatur imago aeque expresse, quantum est de natura ipsius animae; quia tamen anima, quamdiu est in corpore, complexionem corporis imitatur, ex ratione debilitatis complexionis et sexus contrahit anima quandam effeminationem; et propterea, quantum est ex parte naturae, nisi adsit fortitudo maioris gratiae, facilius incurvatur ad malum sexus femineus."

[41] IIa IIae q. 156 a. 1 ad 1: „Quia femina secundum corpus habet quandam debilem complexionem, fit ut in pluribus quod etiam debiliter inhaereat quibuscumque inhaeret, etsi raro in aliquibus aliter accidat." Thomas gibt also hier Ausnahmen zu.

[42] Vgl. z. B. *Summa Halensis*, a. a. O. Tom. II n. 467 ad 1, dazu E. Gössmann, a. a. O. pp. 223 f.

*Halensis*[43]. Die jungfräuliche Frau hat zu dieser gnadenhaften Erhebung auf die Ebene des Mannes nach der Auffassung des 13. Jahrhunderts anscheinend eher die Möglichkeit als die mehr an ihre naturhafte Schwäche körperlicher und geistiger Art gefesselt bleibende Ehefrau und Mutter.

In den – insbesondere franziskanischen-Interpretationen der Versuchungsszene im Paradies finden wir einen Kulminationspunkt alles dessen, was das 13. Jahrhundert zur Schwäche der Frau zu sagen weiß. Hier setzt auch wieder das allegorische Denken ein. Die in Gen. 3 erzählte Ursituation der Versuchung, wo Schlange, Frau und Mann beteiligt sind, wird psychologisch ausgewertet für das Zustandekommen einer sündhaften Tat im menschlichen Individuum. Im Symbolzusammenhang gesprochen: die hier mit der „sensualitas" verglichene Schlange versucht die Frau zu verführen, indem sie die „ratio inferior" im menschlichen Individuum zu einer Handlung antreibt. Die Frau verführt den Mann, wenn die „ratio inferior" auch die „ratio superior" dazu bringt, der Sünde zuzustimmen, wodurch erst das „peccatum gravissimum et mortalissimum" entsteht. Also hat die „Frau" im Menschen nach dieser psychologisch-allegorischen Denkweise die entscheidende Mittlerfunktion beim Zustandekommen einer schweren Schuld, und das Bild von der Frau als einer gefährlichen Verführerin, der keinerlei Verantwortlichkeit im sozialen Leben zuzutrauen ist, kann sich verfestigen[44].

Die persönlich belastendere, wenn auch, da die Frau nur das „principium passivum" darstellt, für das Zustandekommen der Erbsünde belanglose Beteiligung der Frau beim Sündenfall führt nun zu einer erheblichen Ausweitung der Lehre von ihrem „status subiectionis". Das 13. Jahrhundert kennt nämlich eine doppelte „subiectio mulieris", aus der Schöpfungsordnung und als Sündenstrafe.

„Mulier fuit indicta duplici subiectioni, sc. reverentiae – et hoc quantum ad statum innocentiae et quantum ad statum culpae . . . et subiectioni servitutis, et hoc quantum ad statum culpae . . . Haec autem subiectio sive servitus debet intelligi", fügt die *Summa Halensis* noch hinzu, indem sie sich von rigoroseren Auffassungen absetzt, „de subiectione oboedientiae"[45]. Der terminus „subiectio servitutis" befindet sich also in der Diskussion um das Ausmaß der erbsündlich bedingten Unterordnung der Frau.

Für Thomas ist es selbstverständlich, daß die „subiectio mulieris", die er für den Umstand postuliert – denn er ist der Meinung, daß auch „in statu innocentiae homo homini dominari potuisset" – mit servitus nichts

---

[43] a. a. O. Tom. II n. 468 ad 1.

[44] Thomas bringt diese Deutung im Anschluß an Augustinus in knapper Form in *Comm. in II Sent.* dist. XXI q. 2 a. 1, Sed contra. Zur *Summa Halensis* vgl. E. Gössmann, a. a. O. pp. 226–228 mit Stellenangaben. Zu Bonaventura vgl. *Comm. in II Sent.* dist. XXI a. 2 q. 1, a. a. O. 496 f. Vgl. auch M. Th. d'Alverny, a. a. O. p. 29.

[45] a. a. O. Tom. II n. 464 r.

zu tun gehabt hätte. Die „gubernatio" des geistig überlegenen Mannes gegenüber der Frau gehört aber für Thomas zum Bild des heilen Menschen, denn: „Socialis autem vita multorum esse non posset, nisi aliquis praesideret, qui ad bonum commune intenderet"[46]. Auch für Thomas bedeutet die Unterordnung der Frau als Sündenstrafe jedoch eine Verschärfung der schöpfungsmäßigen „subiectio", sofern er in bezug auf diese nicht nur von „gubernatio", sondern von einer „dominatio viri" spricht[47].

Aus dieser zweifachen Unterordnung der Frau ist es zu erklären, daß alle ihre Beziehungen zum Leben der überfamiliären Gesellschaft durch den Mann vermittelt sind. Für Thomas gilt jedenfalls, daß den Frauen „non competit simpliciter esse cives"[48]. Jedoch hat seine Ehelehre nicht nur repressive, sondern unter der Voraussetzung eines hierarchisch-patriarchalischen Menschenbildes durchaus wohlwollende und auf Gerechtigkeit bedachte Züge, so wenn er z. B. von der „amicitia" zwischen Mann und Frau spricht[49], wenn er die „socialis vita matrimonii" vom Verhältnis Vater und Sohn sowie Herr und Sklave abhebt und im Hinblick auf die „domestica communitas" davon spricht, daß zwischen Mann und Frau „non est . . . simpliciter politicum iustum, sed iustum oeconomicum", und wenn er sich für einen besonderen Schutz der Frau gegen die Ungerechtigkeit einer Vertreibung durch den Mann einsetzt, indem er die Lehre von der Unauflöslichkeit der Ehe ausbaut[50].

Was die Autoren des 13. Jahrhunderts in bezug auf eine den Familienrahmen überschreitende Tätigkeit der Frau anerkennen, bezieht sich eigentlich nur auf einzelne Frauen, die als Ausnahme betrachtet werden, obwohl ihr „status subiectionis" eigentlich keine Ausnahme gestattet. Aber die Beispiele der im Alten und Neuen Testament genannten Frauen veranlassen zur Auseinandersetzung mit solchen Themen. In der *Summa Halensis* jedoch zeitigt sie nur negative Ergebnisse. Was das Alte Testament über die Richterin Debora sagt, heißt es hier, ist im Neuen Testament nicht nachzuahmen. Denn ein menschlicher Richter muß für den göttlichen transparent sein, aber der Frau kommt keine Zeichenfunktion für das Göttliche zu. Allein die Gabe der Prophetie wird auch für die christliche Ära noch anerkannt, jedoch ins Nicht-Amtliche, Private abgedrängt. „Gratia prophetiae non dat auctoritatem mulieri super virum nec mutat legem subiectionis, qua iure divino tenetur mulier esse sub viro."[51] Mit Gruppen von anderen in ihrer Rechtsfähigkeit beschränkten Personen wie Ehrlosen, Kindern, Sklaven und Armen wird der Frau die

---

[46] Vgl. *Summa theologiae* I, q. 96 a. 4.
[47] Vgl. IIa IIae q. 164 a. 2 r.
[48] Ia IIae q. 105 a. 3 ad 1. Vgl. dazu G. Manser, a. a. O. p. 17. H. Borsinger, a. a. O. p. 52.
[49] Vgl. *Summa contra gentiles* III, c. 123.
[50] Vgl. IIa IIae q. 57 a. 4 r.
[51] a. a. O. Tom. IV n. 414 ad 5. Die *Summa Halensis* zeigt sich in diesen Bestimmungen beeinflußt vom *Decretum Gratiani* c. 15 q. 3.

Zeugnisfähigkeit bei Gericht abgesprochen[52]. Nur für das Ehe- und Vermögensrecht wird eine Ausnahme gemacht, wenn ihr persönlich ein Unrecht widerfahren ist[53]. Selbstverständlich gehört die Frau im allgemeinen zu den „simplices", und ein höheres Wissen in Glaubensdingen wird ihr normalerweise nicht zugetraut.

Gegenüber diesen restringierenden und repressiven Aussagen einer franziskanischen Summa zeigt sich Thomas trotz der auch von ihm angenommenen Voraussetzung erheblich frauenfreundlicher. In der IIa IIae sowie im Supplementum und an den entsprechenden Stellen des Sentenzenkommentars wird die Frage der Erlaubtheit des Lehrens für die Frauen erörtert, sowie auch die Gründe für die Unmöglichkeit, daß die Frau das Sakrament des Ordo empfangen kann. Die biblischen Frauen finden dabei reichlich Berücksichtigung. Die restringierenden Stellen im Corpus Paulinum bilden aber die Grenze, die Thomas nicht überspringen kann.

Thomas macht nun bei der „gratia sermonis sapientiae et scientiae" die Unterscheidung zwischen privat und öffentlich. Vom öffentlichen Lehramt schließt er die Frauen aus, und zwar „propter conditionem feminei sexus qui debet esse subditus viro". Hier heißt es ausdrücklich, daß Männer, die einen untergeordneten Status haben, „ex commissione" ihres Vorgesetzten ein öffentliches Lehramt ausüben können, „quia non habent huiusmodi subiectionem ex naturali sexu."[54] An solchen Stellen zeigt sich deutlich, daß der „status subiectionis" der Frau zwar in der Ehe den primären Raum der Verwirklichung findet, aber nicht auf diese beschränkt ist. Die Prophetie als „illuminatio mentis a Deo" transzendiert jedoch nach Thomas die Grenzen des Geschlechts, sie ist nicht geringer in der Frau als im Mann, aber in ihrer Ausübung bleibt die Frau an die Grenzen des Geschlechts gebunden. Frauen können sie nur „administrare secundum privatam doctrinam, non autem secundum publicam"[55].

---

[52] vgl. a.a.O. Tom. IV n. 439m.

[53] vgl. a.a.O. Tom. IV n. 439 ad 2.

[54] vgl. IIa IIae q. 177 a.2 r.

[55] IIa IIae q. 177 a.2 ad 3.

Auch Heinrich von Gent geht in seiner quaestio „Utrum mulier possit esse doctor seu doctrix eius (sc. theologiae)" nicht wesentlich über Thomas hinaus. Er unterscheidet ein „docere ex officio" und ein „docere ex beneficio". Zum ersteren gehört nach ihm die „docendi constantia", die „exequendi efficacia", die „auctoritas docentis" und die „vivacitas sermonis". Aber diese Bedingungen sind nach ihm bei der Frau nicht erfüllt: „Contraria his quatuor inveniuntur in mulieribus, propter quod mulier ex officio docere non potest . . . Quia constantiam praedicandi non habet infirmior sexus et ad exequendum infirmior est, mandatur viris officium evangelizandi. Mulier vero praedicandi seu docendi constantiam non habet, quia de facili a veritate seducitur . . . Mulier secundo exequendi officium doctoris non habet efficaciam, quia sexus fragilitatem patitur, qui non sufficit in publico discurrere et laborare . . . Mulier tertio doctoris auctoritatem habere non potest propter sexus conditionem qui non habet exequendi libertatem, quia sub alterius debet esse potestate . . . Mulier quarto vivacitatem sermonis non habet ad mortificandum, sed magis provocandum peccata."

Daß die Frau wegen ihres „status subiectionis" unfähig ist zum Empfang der Priesterweihe, hat nach Thomas vor allem eine zeichenhafte Relevanz. Denn in „sexu femineo" kann nicht „aliqua eminentia gradus" bezeichnet werden, was für einen Sachwalter Christi jedoch notwendig ist[56]. Thomas betont aber, daß die Beschränkung durch das Geschlecht nicht in allen Fällen auch notwendig eine persönliche Minderwertigkeit der Frau gegenüber dem Mann mit sich bringt. Er anerkennt also Ausnahmen von der generellen geistigen Überlegenheit des Mannes. „Et quia secundum rem in his quae sunt animae, mulier non differt a viro, cum quandoque mulier inveniatur melior quantum ad animam viris multis, ideo donum prophetiae et alia huiusmodi potest recipere, sed non ordinis sacramentum."[57] Die alttestamentliche Richterin Debora wird von Thomas seltsamerweise entsakralisiert, indem er sie als eine Art weltliche Fürstin einordnet, „sicut et nunc possunt mulieres temporaliter dominari."[58]

Dieser letzte Zusatz, für den an sich das System des Thomas keinen Raum läßt, klingt wie eine Konzession an die Faktizität regierender Frauen im Mittelalter. In bezug auf diese geschichtliche Tatsache ist jedoch an anderen Stellen von der „corruptio urbanitatis" die Rede. „Corruptio urbanitatis est quando ad mulierem dominium pervenit."[59]

Abschließend sei noch kurz auf einige eschatologische Auffassungen hingewiesen, mit denen die Autoren des 13. Jahrhunderts sich auseinanderzusetzen haben. Die in der *Summa Halensis* vorgetragene zeigt sich als absurde Konsequenz der Einengung des Daseinsinnes der Frau auf die Mutterschaft. Es handelt sich um folgenden Gedankengang: Unter der

---

Wie bei *Thomas*, ist also die Frau aufgrund ihres „status subiectionis" von der öffentlichen Funktion des Lehramtes ausgeschlossen, was durch zahlreiche Bibelzitate, vor allem aus dem Corpus Paulinum, belegt wird, und es bleibt ihr nur das „docere ex beneficio et charitatis fervore, . . . hoc privatim, et in silentio, et non in publico". Aber auch diese private Lehrtätigkeit soll die Frau anderen Frauen und Mädchen zuwenden und nicht Männern. Nur auf eine „specialis gratia" wird zurückgeführt, daß die „virgo beata . . . Apostolos in silentio docuit". Nicht so deutlich wie Thomas spricht Heinrich v. Gent bei den Frauen von einer Gabe der Prophetie, die jedoch nur privat ausgeübt werden könne, vielleicht weil er es als Widerspruch empfand, ein Charisma auf das Private einzugrenzen. Vgl. Henry of Ghent, *Summae Quaestionum ordinariarum*, a. 11 q. 2, Reprint of the 1520 Edition, Franciscan Institute Publications 5, St. Bonaventure N. Y., Louvain, Paderborn 1953, fol. LXXVII v– LXXVIII r.

   [56] Vgl. *Summa theologiae*, Suppl. q. 39 a. 1 r. Vgl. zum Problem Frau und ordo bei Thomas v. Aquin H. van der Meer, *Priestertum der Frau? Eine theologiegeschichtliche Untersuchung*, Freiburg 1969, pp. 131–142 und die dort angegebenen Stellen. Vgl. ferner E. Krebs, *Vom Priestertum der Frau*, „Hochland" 19 (1922) pp. 196–215, G. May, *Priestertum der Frau?*, „Trierer Theol. Zeitschrift" 1974, pp. 181–186 und die dort angegebene Literatur.

   [57] *Summa Theologiae*, Suppl. q. 39 a. 1 ad 1. Vgl. auch *Comm. in IV Sent.* dist. XXV q. 2 a. 1.

   [58] *Summa theologiae*, Suppl. q. 39 ad 2 et 3.

   [59] Vgl. *Summa theologiae*, Suppl. q. 19 a. 3 ad 4. Vgl. H. van der Meer, a. a. O. p. 138 f. mit weiteren Stellenangaben.

Voraussetzung, daß die Menschen im Urstand verblieben wären und durch natürliche Zeugung der „numerus electorum" erfüllt gewesen wäre, hätte es keiner Frauen mehr bedurft. Also wäre es sinnwidrig, wenn unter dieser letzten Generation noch das unvollkommene Geschlecht vertreten wäre. In der Konsequenz dieser Auffassung liegt es, daß die letzten Menschen nur Männer sein würden[60].

Angesichts solcher im Mittelalter anzutreffender Meinungen ist es nicht zu verwundern, daß Thomas in der *Summa contra gentiles* eigens darauf hinweisen muß, daß Frauen auch als Frauen auferstehen und nicht etwa, weil der „status resurrectionis" keine Unvollkommenheit mehr kennt, als Männer. „Non est tamen aestimandum quod in corporibus resurgentium desit sexus femineus, ut aliqui putaverunt . . . Nec infirmitas feminei sexus perfectioni resurgentium obviat."[61]

---

[60] Vgl. a.a.O. Tom. II n. 504 C a, b, c, ad 3.

[61] *Summa contra gentiles* IV, 88.
Schon bei den Kirchenvätern war der Gedanke aufgetaucht, daß es im künftigen Äon keinen Unterschied der Geschlechter geben werde. Für Hieronymus vgl. H. van der Meer, a.a.O. 98. Auch das neuplatonische Denkschema von „emanatio" und „reductio" legte, wie Scotus Eriugena erweist, die Rücknahme des weiblichen Menschseins nahe.
Abschließend möchte ich betonen, daß es mir weder um eine Sammlung antifeministischer Stellen, deren es etwa bei Vinzenz v. Beauvais viele gibt, noch um die Bekundung frauenfreundlicher Äußerungen ging, woran das 12. Jahrhundert reicher sein dürfte als das 13., sondern allein um den Zusammenhang zwischen philosophisch-theologischer Geschlechteranthropologie und Bestimmungen über das soziale Leben der Frau in den wenigen von mir zitierten Summen und Sentenzenkommentaren des 13. Jahrhunderts. Eine vollständige Behandlung des Themas hätte den hier zur Verfügung stehenden Raum weit überschritten. Ob ein gewisser Rückschritt im 13. gegenüber dem 12. Jahrhundert auf die – wie auch immer geartete – Aristoteles-Rezeption zurückzuführen ist, bliebe noch zu prüfen.

# ETHISCHER PRAKTIZISMUS ALS EINE KATEGORIE ZUM BESCHREIBEN DES BEWUSSTSEINS DER PHILOSOPHEN IM AUSGEHENDEN MITTELALTER

von Juliusz Domański (Warszawa)

Unter dem Namen „ethischer Praktizismus" verstehe ich eine bestimmte Art und Weise, die Philosophie zu begreifen. Nach dieser Begreifensweise ist die Philosophie nicht nur ein bloßes Wissen von den wichtigsten und endgültigen Dingen, sondern auch eine besondere, ethisch bestimmte Lebensweise, die nicht etwa automatisch jenes Wissen begleitet, sondern von Philosophen mit Mühe und Fleiß herausgearbeitet werden muß. Sie setzt konsequent die eigenartigen, nicht nur intellektuellen, sondern auch psychisch-ethischen bzw. charakterologischen Eigenschaften des Philosophen voraus, die insgesamt eine „philosophische Persönlichkeit" bilden. Die beiden Bestandteile des praktizistischen Philosophiebegriffs — eine „Theoria", die sich im Wissen von der endgültigen Wirklichkeit, und eine „Praxis", die sich im besonderen ethischen Sich-Verhalten vollzieht — sind einander untrennbar und bilden insgesamt eine stufenartige Struktur, in der das Ethisch-Praktische meistens als eine Konsequenz und Vollendung des Intellektuell-Theoretischen aufgefaßt wird. Wo dagegen entweder der ethisch-praktizistische Bestandteil fehlt oder keine strukturierende Verbindung zwischen ihm und dem intellektuell-theoretischen nachspürbar ist, da haben wir einen rein theoretischen bzw. wissenschaftlichen Begriff der Philosophie[1].

---

[1] Der Termin „Praktizismus" (polnisch „praktycyzm") wurde in der polnischen Fachliteratur der letzten Jahre in bezug auf die spätmittelalterliche Philosophie gebraucht. Vgl. z. B. S. Swieżawski, *Dzieje filozofii europejskiej w XV wieku* (Geschichte der europäischen Philosophie im 15. Jahrhundert), Bd. 1—2, Warszawa 1974, nach dem Sachregister s. v. „praktycyzm". Zur sachlichen Beschreibung des Begriffs auch J. Rebeta, *Komentarz Pawła z Worczyna do „Etyki nikomachejskiej" Arystotelesa z 1424 roku. Zarys problematyki filozoficzno-społecznej* (Der Kommentar Paulus de Worczyn' zur „Nikomacheischen Ethik" des Aristoteles aus dem Jahre 1424. Grundriß der philosophisch-sozialen Problematik), Wrocław 1970, pp. 199—216. Für den methodischen Versuch, den Begriff des Praktizismus auch außerhalb der spätmittelalterlichen Philosophie näher zu bestimmen, J. Domański, *Erazm i filozofia. Studium o koncepcji filozofii Erazma z Rotterdamu* (Erasmus und Philosophie. Eine Studie über den Philosophiebegriff bei Erasmus von Rotterdam), Wrocław 1973, besonders pp. 58—59; ders., *„Scholastyczne" i „humanistyczne" pojęcie filozofii* („Scholastischer" und „humanistischer" Begriff der Philosophie), „Studia Mediewistyczne" 19, 1 (1978). Ohne sich des Termins „Praktizismus" zu bedienen, wird die ethisch-praktizistische Auffassung der Philosophie in der Antike in folgenden Aufsätzen dargestellt: H. von Arnim, *Leben und Werke des Dio von Prusa*, mit einer Einleitung: *Sophistik, Rhetorik, Philosophie*

Daß diese Beschreibung und diese Einteilung keine bloße Erfindung, sondern eine historische Tatsache ist, kann nicht nur an den spätantiken Definitionen der Philosophie, die in den neuplatonischen Aristoteles-kommentaren in die „theoretischen", „praktischen" und „gemischten" eingeteilt sind[2], sondern auch an der Struktur von den meisten antiken Doktrinen und — was für unseren Zweck vom besonderen Gewicht ist — an den antiken Darstellungen einzelner Philosophen exemplifiziert werden[3]. Es genüge hier, nur beispielsweise an Sokrates' Rolle in Platos Dialogen zu erinnern. Mit allerlei Sonderheiten seines nicht nur intellek-tuellen, sondern auch ethisch-charakterologischen Verhaltens — Ironie, Trotz, Widerspenstigkeit, einzelnen edlen und erhabenen Taten, die sich zugleich den allgemeinen Meinungen und Bewertungen entgegenstellten und dazu auch meistens einen halbscherzhaften Charakter zu haben scheinen — wurde er für alle antiken Generationen zum Philosophen κατ' ἐξοχήν. Eben derartige Sonderheiten, derartige Grillen, die man gelegent-lich und gerade in bezug auf Sokrates ἀτοπία nannte[4], haben sich später als der einzigartige Charakterzug des Philosophen verallgemeinert, be-sonders bei den antiken Doxographen, deren klassisches Beispiel für uns das Kompendium des sog. Diogenes Laertios darstellt.

Ist die bisher beschriebene Auffassung der Philosophie und des Philo-sophen letzten Endes platonischen Ursprungs, so scheint das aristotelische Ideal des βίος θεωρητικός von jener Auffassung in mehreren Punkten abzustechen. Wenn es auch die besonderen ethisch-charakterologischen Eigenschaften in sich einschließt, liegt jedoch bei Aristoteles der Schwer-

---

*in ihrem Kampf um die Jugendbildung*, Berlin 1898; A.-M. Malingrey, „*Philosophia*". *Etude d'un groupe de mots dans la littérature grecque, des Présocratiques au IV-e siècle après J.-C.*, Paris 1961. Aus der neueren Literatur: J. Möller, *Die moralische und politische Bedeutung der Philosophie*, „,Virtus politica'. Festgabe zum 75. Geburtstag von Alfons Hufnagel", hrsg. von J. Möller und H. Kohlenberger, Stuttgart 1974, besonders p. 16. Von ganz besonderer Bedeutung ist P. Hadot, *Exercices spirituels*, „Ecole Pratique des Hautes Etudes, Ve Section — Sciences Religieuses, Annuaire" 84 (1976), pp. 25—70, eine grundlegende Studie über den echten Geist der antiken Philosophie, wo die „exercices spirituels" einen viel weiteren Bereich als der „ethische Praktizismus" haben, weil sie auch allerlei intellektuelle Tätigkeiten der Philosophen umfassen. Daher sticht die folgende Darstellung von der Hadotschen in zwei Punkten ab: 1. in der Bewertung des aristotelischen metaphilosophischen Denkens, 2. in der Bewertung der ausgehenden Scholastik und des Frühhumanismus. Nach Hadot (pp. 68—69): „Les historiens de la philosophie [. . .] considèrent la philosophie, *conformément à une conception héritée du Moyen Age et des temps modernes* [Hervorhebung von mir], comme une démarche purement théorique et abstraite" und: „C'est seulement avec Nietzsche, Bergson et l'existentialisme que la philosophie redevient consciemment une manière de vivre et de voir le monde, une attitude concrète".

[2] *Comment. in Arist. Graeca*, XVII 2, pp. 77f.; IV 3, p. 3 und 11; weitere Belege bei F. Überweg, K. Prächter, *Die Philosophie des Altertums*, München 1928, pp. 1—6.

[3] Vgl. J. Domański, „*Scholastyczne*" i „*humanistyczne*" *pojęcie filozofii*, pp. 8—24.

[4] Plat. *Conv.* 215 a (Alkibiades spricht den Sokrates an, bevor er den Sokrates zu charakterisieren beginnt): οὐ γάϱ τι ῥᾴδιον τὴν σὴν ἀτοπάν [. . .] εὐπόϱως καὶ ἐφεξῆς καταϱιθμῆσαι.

punkt nicht am „atopischen" Charakter des Philosophen. Die Ethik
andererseits ist bei Aristoteles – als eine „praktische" Wissenschaft (die
Benennung wurde zum erstenmal gerade bei Aristoteles zum technischen
Terminus[5]) – von den theoretischen Gebieten der Philosophie methodisch
abgetrennt und bildet weder eine Folge noch eine Vorbereitung zur
Theoria. Trotz dem viel zitierten Spruch aus dem 2. Buch der *Nikomachischen Ethik*, der Zweck der Ethik sei nicht Wissen, sondern Gut-
Werden[6], beschränkt sich die aristotelische Ethik auf die exakte Beschrei-
bung der Tugenden und der Laster, ohne sich zu bemühen, die ersten zu
beleben und die letzten auszurotten. Zugleich ist sie keine besondere Ethik
der Philosophen, d. h. keine nur von ihnen realisierbare und realisierte
Ethik. Durch den Begriff der ἕξις ἐν μεσότητι οὖσα scheint sie zum
Objekt vielmehr den Menschen im allgemeinen als eine besondere Art von
Menschen zu haben. Allen diesen Eigenschaften zufolge darf man den
Aristotelismus als ein Beispiel vom theoretischen Philosophiebegriff auffassen.

Die praktizistische Weise, die Philosophie zu begreifen, die sich in der
hellenistischen und besonders römischen Epoche noch radikalisiert und
verallgemeinert hatte, wurde von den antiken christlichen Denkern – und
zwar im Namen des ebenfalls praktizistisch aufgefaßten und „Philosophie"
genannten Christentums – etwa seit dem Anfang des 3. Jahrhunderts
untergraben. „Wenn auch die griechische Philosophie – sagt Clemens von
Alexandrien – die Wahrheit nicht in ihrer ganzen Größe erfaßt und außerdem nicht die Kraft hat, die Gebote des Herrn zu erfüllen, so bereitet sie
doch wenigstens den Weg für die im höchsten Sinne königliche Lehre,
indem sie irgendwie zum Nachdenken veranlaßt, die Gesinnung beeinflußt
und zur Aufnahme der Wahrheit geneigt macht."[7] Der Mangel an „Kraft,
die Gebote des Herrn zu erfüllen", der in dieser christlichen Verteidigung
der Philosophie nur hypothetischerweise ihren Gegnern eingeräumt ist,
wurde später, im 4. und 5. Jahrhundert, bei einem Gregor von Nazianz
oder Johannes Chrysostomas, zu einer ständigen Topik[8]. Den Philoso-

---

[5] Arist. *Metaph*. 6, 1, 1025 b 25; 2, 993 b 20–21; *Eth. Nic*. 1. 1–3, 1094 a 1–1096 a 10,
besonders 1094 b 4–7, und andere Stellen bei H. Bonitz, *Index Aristotelicus*, s. v., 630 b
14–30. Vgl. jedoch Plat. *Polit*. 259 c ff.

[6] Arist. *Eth. Nic*. 2, 2, 1103 b 27–28.

[7] Clem. Alex. *Strom*. 1, 16, PG 8, 796; Übersetzung ist die von der *Bibliothek der
Kirchenväter*, hrsg. von O. Bardenhewer, Th. Schermann und C. Weymann, zitiert nach: A.
Warkotsch, *Antike Philosophie im Urteil der Kirchenväter. Christlicher Glaube im Wider-
streit der Philosophen. Texte in Übersetzungen*, München 1973, pp. 143. Für die Idee selbst
vgl. G. Bardy, „*Philosophe*" *et* „*philosophie*" *dans le vocabulaire chrétien des premiers siècles*,
„Revue d'Ascetique et Mystique" 25 (1949), pp. 97–108.

[8] Vgl. J. Szymusiak, *Grzegorz Teolog. U źródeł chrześcijańskiej myśli IV wieku* (Gregor
der Theologe. Die Quellen des christlichen Denkens im 4. Jahrhundert), Poznań 1965,
pp. 109–119; L. Meyer, *Saint Jean Chrysostome, Maître de perfection chrétienne*, Paris 1938,
pp. 185–228; A.-M. Malingrey, „*Philosophia*", pp. 263–338.

phen — so lautet damals die fast allgemeine Überzeugung — wurde es vom
göttlichen Logos gegeben, einige mit den christlichen identische Wahrheiten über Gott, Menschen und Welt zu entdecken, sowie auch manche
den christlichen übereinstimmende ethische Lebensregeln, nicht aber —
was nur bei den echten Christen der Fall ist — jenen Wahrheiten und jenen
Regeln gemäß zu leben, wie es Theodoret von Kyros in der *Graecarum
affectionum curatio* systematisch ausgelegt hat[9]. Eine derartige Auffassung
des Verhältnisses zwischen Philosophie und Christentum wurde nicht nur
durch die christliche Lehre von der Erbsünde und von dem für das Heil
des Menschen unentbehrlichen speziellen Gottesgnade begründet, sondern
auch durch die Tatsache, daß eben die philosophische ἀτοπία, die dank
der sehr verbreiteten Tradition sowie auch dank den immer noch lebenden
heidnischen Philosophen gut bekannt war, mit den ersten christlichen
Lebensregeln keineswegs zu vereinbaren war. So hat sich die erste Theoretisierung des praktizistischen Philosophiebegriffs innerhalb des Christentums durchgesetzt. Man hat der Philosophie eine nur vorbereitende Rolle
in bezug auf das Christentum zugegeben, und zwar im doppelten Sinne:
erstens in der allgemeinen historischen Perspektive, in der sie die Griechen
zum Evangelium hin vorbereitet hatte; zweitens auf der pragmatischen
und programmatischen Ebene der christlichen Mission, wo sie zu einem
rein instrumentalen Wissen wurde, mit allerlei theoretischen und ebenfalls
instrumentalen Wissenschaften gleichgesetzt.

Nach den sehr komplizierten Auseinandersetzungen des frühmittelalterlichen christlichen Denkens mit der antiken philosophischen Tradition
— wir sind nicht imstande, sie hier zu verfolgen, wollen aber kurz
bemerken, daß die ethisch-praktizistische Auffassung der Philosophie
nicht ganz z. B. in der sog. Renaissance des 12. Jahrhunderts fehlte[10] — ist
eine zweite und noch radikalere Theoretisierung des Philosophiebegriffs
infolge der Aufnahme des Aristotelismus im 13. Jahrhundert eingetreten.
Der aristotelische Theoretismus und Szientismus hat sich damals mit der
patristischen Verneinung des ethisch-praktizistischen Wertes der Philosophie sowie auch mit der patristischen Idee ihrer bloß vorbereitenden Rolle
auf eigenartige Weise vereint. Die Philosophie, die an den Fakultäten der
freien Künste samt den übrigen Wissenschaften gelehrt wurde und tatsächlich eine Vorbereitung zu den höheren Fakultäten — darunter auch
zur Theologie — bildete, wurde in erster Linie als Auslegung der aristotelischen Schriften, also als eine rein wissenschaftliche Tätigkeit, aufgefaßt
und ausgeübt. Die allgemein gut bekannte Trennung der „philosophischen" und der „theologischen" Gebiete bedeutet auch die Abtrennung
des rein Theoretischen und Wissenschaftlichen von dem Theoretischen
und zugleich Ethisch-Praktizistischen. Das erste wurde den Philosophen,

---

[9] Theodoretos von Kyros, *Graec. affect. cur.*, Sermo 12, PG 83, 1124–1152.
[10] Vgl. J. Domański, „*Scholastyczne*" i „*humanistyczne*" *pojęcie filozofii*, pp. 71–77.

das zweite den Theologen als Christen zuteil. Als Thomas von Aquin den Unterschied zwischen zwei Arten der „sapientia" als einer und derselben Erkenntnis der göttlichen Dinge in der II-a II-ae näher bestimmen will, sagt er: „Sapientia secundum nos non solum consideratur, ut est cognitiva, sicut apud philosophos, sed etiam ut est directiva humanae vitae."[11] In derselben II-a II-ae kann als Begründung dieser Theoretisierung der „sapientia philosophorum" folgender Spruch aus der Quaestio „Utrum homo possit velle et facere bonum absque gratia" gelten: „. . . magis est natura humana corrupta per peccatum [sc. originale] quantum ad appetitum boni quam quantum ad cognitionem veri"[12]. Kein Wunder also, daß am Anfang des 14. Jahrhunderts Aegidius Romanus in seinem *De partibus philosophiae essentialibus ac aliarum scientiarum differentia ac divisione tractatus* als „essentielle" Bestandteile der Philosophie nur die Metaphysik, die Physik und die Mathematik anerkannte[13]. Kein Wunder auch, daß in derart doktrinaler Atmosphäre kein besonderes Interesse für die ethisch-praktizistischen Eigenschaften der einzelnen Philosophen bestehen konnte, auch nicht im negativen bzw. kritischen Sinne, wie es in der patristischen Epoche so lebendig gewesen war. Das im 12. Jahrhundert von Heinrich Aristipp übersetzte Kompendium des Diogenes Laertios scheint keine Aufnahme bei den Scholastikern des 13. Jahrhunderts gefunden zu haben und sollte erst im 14. Jahrhundert, dank der von Walter Burleigh gemachten Umarbeitung, in gänzlich veränderten Umständen, lebhaftes Interesse erwecken[14].

---

[11] Thomas Aquinas, *Summa theologiae*, II-a II-ae, quaest. 19, art. 7, contra.

[12] Ebenda, quaest. 109, art. 2, ad 2.

[13] Aegidius Romanus, *De partibus philosophiae essentialibus ac aliarum scientiarum differentia ac divisione tractatus*, Lipsiae ca 1490, f. a1v−a2v.

[14] Vgl. F. Überweg, B. Geyer, *Die patristische und scholastische Philosophie*, Berlin 1915, p. 585. − Es ist jedoch zu betonen, daß die hier beschriebene Weise, die Philosophie selbst sowie auch ihr Verhältnis zum Christentum aufzufassen, nur das hervortreten ließ, was als wichtigster Charakterzug der christlichen Hochscholastik angesehen werden darf. Von diesem Charakterzuge aber stechen sowohl manche Elemente des metaphilosophischen Denkens innerhalb der christlichen Scholastik als auch die gesamten metaphilosophischen Theorien der damaligen Averroisten ab. Innerhalb der christlichen Rezeption des Aristotelismus können uns als Beispiel des Bewußtseins, daß auch die philosophische Ethik eine ethisch-praktizistische Stellungnahme gegenüber den ethischen Problemen verlangt, einerseits die frühen Ethikkommentare des 13. Jahrhunderts dienen (dazu G. Wieland, *Ethica docens − ethica utens*, „VI. Internationaler Kongress der Mittelalterlichen Philosophie: ‚Sprache und Erkenntnis im Mittelalter'. Kurzfassungen der Referate", hrsg. von J. P. Beckmann, Bonn 1977, p. 100), andererseits die metaphilosophische Theorie des Roger Bacon, die sich dadurch abzeichnet, daß Roger die Ethik als Ziel und Gipfel der Metaphysik auffaßt, zumal aber sie der christlichen Theologie gleichsetzt, worin er von der oben beschriebenen hochscholastischen Haupttendenz kaum abweicht. Zur Roger Bacons Ethik siehe z. B. E. Garin, *Medioevo e Rinascimento. Studi e ricerche*, Bari 1961, pp. 21−24; G. Wieland, *Ethik und Metaphysik. Bemerkungen zur Moralphilosophie Roger Bacons*, „‚Virtus politica'. Festgabe zum 75. Geburtstag von Alfons Hufnagel", pp. 147−173; J. Domański, „*Scholastyczne*" *i* „*humanistyczne*" *pojęcie filozofii*, pp. 83−85. Als Beispiel der averroistischen Konzeption

Die veränderten Umstände bedeuten zunächst den Kritizismus des 14. Jahrhunderts, der das frühere Ideen- und Wertsystem zu sprengen begann. Die Veränderung vollzog sich in verschiedenen − scholastischen und außerscholastischen − Zentren und auf verschiedenen Gebieten des damaligen Geisteslebens[15]. In den folgenden Ausführungen möchte ich versuchen, die Wiedergeburt der praktizistischen Auffassung der Philosophie und des Philosophen an wenigen Beispielen, die sich streng auf die bisher angedeuteten Punkte beschränken, darzustellen. Ich beanspruche dabei weder eine systematische Darstellung noch eine kohärente (im kausalen und genetischen Sinne) Exemplifizierung. Meine Absicht ist vielmehr, manche Tendenzen, die in den metaphilosophischen Reflexionen des 14. Jahrhunderts zum Vorschein kamen und in der bisherigen diesbezüglichen Literatur kaum berücksichtigt wurden[16], hervortreten zu lassen.

Es ist eine gut bekannte Tatsache, daß Wilhelm Ockham der Ethik und nicht der Metaphysik die höchste Sicherheit zuerkannte und daß diese Subjektivisierung der philosophischen Erkenntnis sich nicht weniger dem Objektivismus der klassischen Scholastik entgegensetzte als der Ockhamsche Nominalismus ihrem Konzeptualismus[17]. Vom gleichen Gewicht scheint auch die von Johannes Buridanus geprägte Definition des Objektes der Ethik gewesen zu sein. Auch sie war gegen den aristotelisch-scholastischen Konzeptualismus gerichtet, indem sie nicht mehr den statischen Begriff der Tugenden und Laster, sondern den dynamisch aufgefaßten „homo felicitabilis" zum Objekt der Ethik erklärte[18]. All diese Innovationen aber, soweit sie radikal waren, sind immer noch innerhalb des aristotelischen Theoretismus und Szientismus geblieben. Wichtiger gewesen zu sein scheinen − von unserem Standpunkt aus gesehen − die außerscholastischen intellektuellen und moralisch-reformatorischen Strömungen des 14. und 15. Jahrhunderts, die entweder den antiken ethisch-praktizistischen Bestandteil des Philosophie- und Philosophenbegriffs wiederherzustellen versuchten oder sich der scholastischen Spekulation entgegen-

der Philosophie und des Philosophen können wir *De summo bono sive de vita philosophi* des Boethius von Datien nennen: *Opusculum magistri Boetii de Dacia De summo bono sive de vita philosophi*, hrsg. von M. Grabmann, „Mittelalterliches Geistesleben. Abhandlungen zur Geschichte der Scholastik und Mystik", Bd. 2, München 1936, pp. 202−216; dazu J. Domański, *„Scholastyczne" i „humanistyczne" pojęcie filozofii*, pp. 81−83.

[15] Vgl. E. Gilson, *La philosophie au moyen-âge des origines patristiques à la fin du XIVe siècle*, Paris 1962, pp. 638ff.; ders., *History of Christian Philosophy in the Middle Ages*, New York 1955, pp. 489, 498−499.

[16] Das betrifft sowohl die oben (Anm. 1) erwähnten Aufsätze als auch den grundlegenden Aufsatz von M.-D. Chenu, *Les „philosophes" dans la philosophie chrétienne médiévale*, „Revue des Sciences Philosophiques et Théologiques" 26 (1937) pp. 27−40, wo das Hauptthema sich auf das Verhältnis Philosophie − Theologie und Vernunft − Glaube beschränkt.

[17] E. Gilson, *History of Christian Philosophy*, pp. 489−495.

[18] J. B. Korolec, *Les principes de la philosophie morale de Jean Buridan*, „Mediaevalia Philosophica Polonorum" 21 (1975), pp. 53−72.

stellten. Zunächst möchte ich auf den Frühhumanismus und auf die „devotio moderna" Aufmerksamkeit lenken.

In der Schrift *De sua ipsius et aliorum ignorantia* greift Petrarca — nicht ohne eine gewisse Ironie, die die philosophische, insbesondere sokratische Bedeutung der Ignoranz-Idee auszuspielen weiß — die aristotelische, rein wissenschaftliche Ethik folgenderweise an: „Omnes morales [. . .] Aristotelis libros legi, quosdam etiam audivi, et antequam haec tanta detegeretur ignorantia, intelligere aliquid visus eram, doctiorque his forsitan nonnumquam, sed non — quia decuit — melior factus ad me redii et saepe mecum et quandoque cum aliis questus sum illud rebus non impleri, quod in primo Ethicorum philosophus idem ipse praefatus est, eam scilicet philosophiae partem disci, non ut sciamus, sed ut boni fiamus". Während die Analyse der Tugenden — fährt er fort — sich ganz erfolglos erweist, kann die Analyse der Laster nur eine Neigung zu ihnen hervorbringen. Zur Verbesserung dagegen verhelfen ihm die lateinischen („nostri") Cicero, Seneca und Horaz, die sich nicht mit den exakten Definitionen und Einteilungen der Tugenden befassen, sondern durch die Augenscheinlichkeit der Beschreibung und durch die Paränese sowohl auf den Intellekt wie auch auf die Affekte zu wirken wissen[19]. Petrarcas „meliorem fieri" — ohne irgendeine Entlehnung aufzuweisen — stimmt merkwürdigerweise mit der Buridanischen Idee „homo felicitabilis" überein: beide weisen die rein deskriptive, jedes affektiven und persönlichen Elementes beraubte ethische Wissenschaft zurück und verkündigen die praktisch realisierbare und von konkreten Menschen verschiedenartig realisierte Ethik. Eine derartige Konzeption der Ethik hat mehrere humanistische Doktrinen des 15. Jahrhunderts beeinflußt, unter anderem die berühmte Idee Giovanni Picos vom Menschen als „sui ipsius plastes et fictor". Sie hat auch ihre Vollendung im frühen 16. Jahrhundert bei Erasmus von Rotterdam gefunden, wie es z. B. die berühmte Stelle aus *Convivium religiosum* bezeugt, wo Erasmus Cicero, Vergil und andere derart „sancti pagani" erwähnt, unter denen dem Sokrates eine besondere Rolle zuteil wird: Erasmus stellt sie alle den aristotelisierenden Scholastikern entgegen, „non quod illos [die Scholastiker] in totum damnem, sed quod ex his [den antiken Philosophen und moralisierenden Schriftstellern] sentiam me reddi meliorem, quum ex illorum lectione surgam nescio quomodo frigidius affectus erga veram virtutem, sed irritatior ad contentionem"[20].

Daß übrigens das Petrarkische „meliorem fieri" sowohl nach Petrarcas eigener als auch nach seiner Zeitgenossen Meinung zum Wesen des

---

[19] Petrarca, *Prose*, a cura di G. Martellotti, Milano 1955, p. 52; vgl. M. Marcel, *Marsile Ficin (1433—1499)*, Paris 1959, pp. 67—69.

[20] *Erasmi Roterodami Opera omnia, recognita et adnotatione critica notisque instructa,* ordinis primi volumen tertium: *Colloquia familiaria*, ed. L.-E. Halkin, F. Bierlaire, L. Hoven, Amsterdam 1972, p. 251, l. 614 — p. 252, l. 630; vgl. ebenda, p. 254, l. 697—712.

Philosophen gehörte, zeugt Giovanni Boccaccios „elogium Petrarcae" im
14., der Verteidigung der Dichtung gewidmeten Buch der *Genealogia
deorum gentilium*, wo jener als ein ganz auf die praktizistische Weise
aufgefaßte Philosoph gerühmt wird: „[. . .] cuius cum omnis pateat
philosophiae sinus, [. . .] tanta morum maiestate, tanta suavis eloquentiae
facundia, tanta etiam urbanitate et composita senectute est, ut de eo, quod
apud Senecam philosophum de Socrate legitur, dici possit: auditores
scilicet eius plus ex moribus quam ex verbis traxisse doctrinae"[21].

Die „devotio moderna" − soweit man ihre Stellung gegenüber dem
ethischen Praktizismus an der *Imitatio Christi* des Thomas a Kempis
exemplifizieren darf − zeichnet sich sowohl mit der Betonung des
ethischen Besser-Werdens als auch mit der Zurückhaltung gegenüber der
scholastischen Gelehrsamkeit ab, wodurch sie an die gleichen Elemente
des Petrarkischen Praktizismus erinnert, ohne sich jedoch des Terminus
„Philosophie" als ihres Losungswortes zu bedienen. Wenn z. B. Thomas
sagt: „Alta verba non faciunt sanctum et iustum, sed virtuosa vita efficit
Deo carum"[22], richtet er sich gegen den scholastischen Szientismus auf
gleiche Weise wie der oben zitierte Text Petrarcas. Wenn er auffordert:
„Noli altum sapere, sed ignorantiam tuam fatere"[23], steht er der Petrarkischen Ignoranz-Idee ganz nahe, obwohl keine Spur von der Petrarkischen Ironie sich aus der *Imitatio* heraus lesen läßt. Wenn er aber
anderswo sagt: „Melior est profecto humilis rusticus, qui Deo servit,
quam superbus philosophus, qui se neglecto cursum caeli considerat"[24], so
ist in dieser negativen Bewertung des Philosophen nur die Dauerhaftigkeit
des scholastischen Philosophiebegriffs zu sehen, der die Gelehrsamkeit
und Fachwissenschaft in sich enthält und dem die „devotio moderna" das
ethisch-praktizistische, allgemein erreichbare Ideal des christlichen Lebens
entgegenstellt. Denn seitdem die radikale Theoretisierung des Philosophie-
und Philosophenbegriffs sich einmal durchgesetzt hatte, konnte man nicht
anders als infolge der Wiedergewinnung des antiken Philosophiebegriffs
zum Bewußtsein kommen, daß „Philosophie" und „Philosoph" auch eine
andere, mit der verwirklichten Ethik identische Bedeutung haben.

Eine solche Wiedergewinnung hat sich auch dadurch durchgesetzt, daß
die Gelehrten im 14. Jahrhundert − wohl zum erstenmal seit der antiken
Epoche − anfingen, die Persönlichkeiten antiker Philosophen zu studieren
und sie als einen wichtigen Bestandteil des Philosophiestudiums anzusehen. Das neu erweckte Interesse für das Philosophisch-Biographisch-
Anekdotische knüpfte manchmal an die in einigen religiösen Orden zum

---

[21] Zitiert nach: *Ioannis Bocatii Περὶ γενεαλογίας deorum libri quindecim cum annota-
tionibus Ioannis Mycilli*, Basileae 1532, pp. 380−381.

[22] Thomas a Kempis, *De imitatione Christi*, cap. 1 (hrsg. von J. Pohl, Bd. 2, pp. 5−6).

[23] Ebenda, cap. 2 (Pohl, Bd. 2, p. 8).

[24] Ebenda, cap. 1 (Pohl, Bd. 2, p. 7).

prädikatorischen Zweck kultivierte Populärliteratur an. Das ist der Fall des englischen Franziskaners aus dem 13. Jahrhundert, John of Wales. Er hat ein *Compendiloquium* verfaßt, eine Sammlung von Biographien, Sprüchen und Taten der Philosophen, die als Lebensmuster zur Nachahmung dienen sollten. An dieses *Compendiloquium* knüpfte Walter Burleigh an, als er sein Werk *De vita et moribus philosophorum*, wahrscheinlich aufgrund der oben erwähnten, von Heinrich Aristipp im 12. Jahrhundert verfertigten Übersetzung des antiken bio- und doxographischen Werkes des Diogenes Laertios, verfaßte. Es ist nicht ganz klar, welchen Zweck und welche Bestimmung Burleighs Kompilation hatte, insbesondere ob sie als Resultat seines Universitätsunterrichtes entstand und für das Philosophiestudium bestimmt war oder vielmehr mit Burleighs erzieherischer Tätigkeit als „tutor" des Erben von Edward dem III., des späteren „the Black Prince", zusammenhing. Jedenfalls hat Burleighs biographisch-doxographisches Werk, das viele anekdotische Besonderheiten der philosophischen ἀτοπία in sich einschloß, eine riesige Verbreitung und Popularität in allen Ländern Europas gewonnen und wurde mit dem gleichartigen antiken, manchmal aber auch frühmittelalterlichen Stoff in den Handschriften kombiniert[25]. Am Anfang des 15. Jahrhunderts hat der humanistisch ausgebildete Mönch Ambrogio Traversari das Kompendium des Diogenes Laertios aufs neue aus dem Griechischen übersetzt[26].

Die weiteren, humanistischen Etappen dieser Aneignung der antiken anekdotischen, moralisch musterhafte Persönlichkeiten antiker Philosophen darstellenden Schriftstellerei bildeten u. a. Studien der Humanisten des Quattrocento, wie die Übersetzungen von Plutarchs *Apophtegmata* von Francesco Filelfo und Raffaele Maffei in der 2. Hälfte des 15. Jahrhunderts, wie die Sprüchsammlung von Filippo Beroaldo il Vecchio und seine berühmte *Oratio proverbialis*[27]. Hierzu gehören auch zwei Übersetzungen von Epiktets *Enchiridion*, das sowohl als Beispiel des ethisch-praktizistischen Begreifens als der entsprechenden Ausübung der Philosophie gelten kann: die erste, 1450 von Francesco Perotti, einem Schüler Bessarions, gemacht, die zweite von Angelo Poliziano 1479 als Druck herausgegeben[28]. Schon früh fingen die italienischen Humanisten an, das Leben des Sokrates gründlich zu studieren. Leonardo Bruni, der zumal, wohl als der erste unter den Humanisten, die Wichtigkeit der platonischen Briefe gerade für eine „persönliche" Kenntnis von Plato selbst zu betonen

---

[25] Vgl. J. O. Stigall, *The Manuscript Tradition of the 'De vita et moribus philosophorum' of Walter Burley*, „Mediaevalia et Humanistica" 11 (1957), pp. 44—75.

[26] Vgl. R. Sabbadini, *Le scoperte dei codici latinie greci ne' secoli XIV e XV. Nuove ricerche*, Firenze 1914, pp. 9—10, 16, 137.

[27] E. Garin, *Ritratti di umanisti*, Firenze 1967, pp. 113— 114; M. Cytowska, *Erasme et Beroaldo*, „Eos. Commentarii Societatis Philologae Polonorum" 65 (1977) 2, pp. 265—271.

[28] T. Sinko, *Literatura grecka* (Griechische Literatur), Bd. 3, T. 1, p. 134.

wußte[29], hat dem Leben und der Persönlichkeit des Sokrates große Aufmerksamkeit gewidmet[30]. Um die Mitte des 15. Jahrhunderts schrieb Giannozzo Manetti eine vergleichende Biographie von Sokrates und Seneca, in der er sich besonders mit der bürgerlichen Tätigkeit beider Philosophen befaßte[31]. Eine biographisch-charakterologische Studie über Sokrates und eine andere über Plato hat später auch Marsilio Ficino geschrieben[32].

Als Beispiel für all diese Tendenzen kann uns schon am Anfang des 15. Jahrhunderts der Pariser Universitätskanzler und Theologe Johannes Gerson gelten. Es ist gut bekannt, daß er unter dem Einfluß des Frühhumanismus, insbesondere Petrarcas und Coluccio Salutatis, stand und zumal in der scholastischen Problematik und Methode seiner sowie früherer Zeiten bewandert war[33]. Die gleiche Duplizität wie seine teilweise humanistisch, teilweise scholastisch stilisierten Schriften weisen auch seine metaphilosophischen Bemerkungen in dem uns hier interessierenden Bereich auf. Ich möchte auf zwei charakteristische Stellen aufmerksam machen, aus denen hervorgeht, daß Gerson immer noch unter dem Einfluß der traditionellen, oben charakterisierten Trennung des christlichen Ethisch-Praktizistischen und des heidnischen Theoretisch-Wissenschaftlichen stand, sich aber des ethisch-praktizistischen Wertes der philosophischen ἀτοπία bewußt war und diesen Wert anerkannte.

Die eine Stelle befindet sich im *Dialogus Sophiae et Naturae de caelibatu sive de castitate ecclesiasticorum*, wo Sophia die christliche Weisheit, Natura die Philosophie personifiziert. Auf die Behauptung der Natura, mehrere Philosophen und mehrere christliche Weisen haben sich, obwohl sie verheiratet waren, bis zu dem „prophetiae spiritus" erhoben, antwortet die Sophia folgenderweise: „Non tollimus omnem ab uxoratis cognitionem veritatis, illam specialiter, quae lucet in speculativo intellectu, qualem tui vel solam curiosius investigant, amantes veritatem magis ut lucentem quam ut redarguentem mores perversos, quos non ita deserere curaverunt. Propterea traditi sunt velut ingrati in reprobum sensum, et obscuratum est insipiens cor eorum, et in stultum finem deducti sunt. Datur altera condicio, non declarativa aut speculativa ut praecedens, sed in experimento existens et affectu, quam nemo novit nisi accipiat. [. . .] Quam ego sapientiam confero secundum nomen meum, quod plus sumitur a sapore, qui est gustatio spiritus affectualis, quam a sapere, quod respicit

[29] E. Garin, *Medioevo e Rinascimento*, p. 103 (nach den codices Florentini: Magl. VIII 1924 und Laur. lat. 76, 57); vgl. R. Marcel, *Marsil Ficin*, p. 118.

[30] R. Marcel, „*Saint" Socrate, patron des humanistes*, „Revue Internationale de Philosophie" 5 (1951) pp. 135–143.

[31] Ebenda, p. 138.

[32] Ebenda, pp. 140–142; R. Marcel, *Marsil Ficin*, pp. 625–628.

[33] E. Gilson, *La philosophie au moyen-âges*, pp. 746–747.

intellectum"[34]. Wir finden hier alle Elemente des patristischen sowie auch des scholastischen Modells des Verhältnisses zwischen Philosophie und Christentum: die Philosophen haben sich dank den natürlichen Kräften ihres „intellectus" bis zum „prophetiae spiritus" erhoben, sie liebten aber die Wahrheit ihres Glanzes und ihrer Pracht, nicht ihres ethisch-asketischen Wertes wegen; diesen Wert sich praktischerweise anzueignen, sei nicht vom Menschen selbst abhängig, er müsse das – man versteht: von Gottes Gnaden – erhalten; das sei aber nur dank der christlichen Weisheit möglich, die im Gefühl bestehe, und nicht durch die Philosophie, denn sie wisse nicht, die Grenzen der Vernunft zu überschreiten. Trotzdem aber scheint die zitierte Gersonsstelle nicht weit von der Petrarkischen Aufforderung „meliorem fieri" entfernt zu sein. Auch Petrarca betonte das affektive Moment und stellte es dem rein intellektuellen und kognitiven entgegen. Auch für ihn lag das Wichtigste im Ethisch-Praktizistischen, in jenem „melior fio", was genau dem Gerson'schen „mores pravos corrigere" entspricht. Nur meinte Petrarca, es sei mit der Hilfe der ethisch gesinnten Philosophen und Dichter möglich, die über eine dazu geeignete, überzeugende und aufs Gefühl auswirkende Kraft verfügten.

Daß aber auch Gerson geneigt war, eine ähnliche Wirkungskraft den Philosophen und nicht nur den Christen einzuräumen, und daß er zugleich wußte, inwieweit die philosophische ἀτοπία in dieser Hinsicht nützlich sein kann, das erweist sich aus der zweiten Stelle, die ich hier analysieren möchte. In seiner Schrift *De parvulis ad Christum trahendis* betont Gerson die Notwendigkeit, die didaktischen und erzieherischen Mittel der Kapazität der Kinder anzupassen, und weist auf zwei Muster derartiger Anpassung hin. Das eine erblickt er in der Evangeliumsstelle, wo Christus die Kinder zu sich einlassen läßt; als das zweite dient ihm eine Anekdote aus Sokrates' Leben. „[. . .] si recogitemus, sagt er, quod nihil est in operibus Christi vacuum et sententiarum maiestate carens, iudicabimus, ipsum non mediocrem rem intendisse, dum vocabat parvulos ad se, cohibens discipulos charissimos prohibentes eos. [. . .] Vincitur hoc insigni exemplo Christi nostri humanitas illa humilis in Socrate a philosophis laudata: qui non erubescebat post curas publicas laxare animum ludendo cum parvulis, arundine etiam cruribus supposita"[35]. Im Gegensatz zum vorigen Zitat drückt sich hier nicht, wie dort, die Entgegenstellung des rein theoretischen Philosophischen und ethisch-praktizistischen Christlichen aus, sondern vielmehr die Überlegenheit Christi über Sokrates auf derselben ethisch-praktizistischen Ebene. Durch den Vergleich wird sowohl Christo, wenn auch nur sehr diskret, eine Art von

---

[34] Ioannes Gerson, *Dialogus Sophiae et Naturae de caelibatu ecclesiasticorum*, „Operum pars secunda", Basileae 1518, f. 38 T.

[35] Ioannes Gerson, *De parvulis ad Christum trahendis*, consideratio quarta, „Operum pars secunda", Basileae 1518, f. 35 C.

ethisch-praktizistischer ἀτοπία zugeschrieben als auch der Tat des Sokrates ein ethisch-praktizistischer Wert. Während aber die ἀτοπία Christi durch die kaum angedeutete Reaktion der Schüler angesichts der ernsthaften Tat Christi zum Ausdruck kommt, wird der ethisch-praktizistische Wert der Tat des Sokrates, die sonst alle Eigenschaften des Scherzes und des Witzes aufweist, dadurch betont, daß sie als etwas Lobenswürdiges von den Philosophen gerühmt wurde. Auf diese Weise kommt Gersons Bewußtsein aller sittlichen und charakterologischen Besonderheiten der philosophischen Persönlichkeit zum Vorschein. Dieses Bewußtsein ist zunächst als Erfolg der spätmittelalterlichen Studien über das Biographisch-Anekdotische in antiker Doxographie anzusehen.

Die ethisch-praktizistischen Tendenzen, die von derartigen Einflüssen unabhängig gewesen zu sein scheinen, lassen sich an einigen Beispielen aus der polnischen Scholastik des 15. Jahrhunderts illustrieren, die sich — aus verschiedenen Gründen, auf die wir nicht eingehen können — mit starken praktizistischen Tendenzen abzeichnet[36]. Zunächst ein Beispiel aus ziemlich später Zeit: nämlich die zirka 1490 verfaßte Einleitung des Krakauer Albertisten Iacobus de Gostynin in seinem Kommentar zur aristotelischen *Physik*[37].

Obwohl der zu erläuternde Stoff selbst dem Verfasser gar keine Gelegenheit bot, sich über das Wesen der Philosophie und den Charakter des Philosophen in praktizistischer Weise zu äußern, hat Jakob in seiner Einleitung, indem er die Philosophie im allgemeinen definierte, eine sehr interessante, radikal praktizistische metaphilosophische Doktrin formuliert. Nachdem er zwei übliche, wie er sie nennt, Definitionen der Philosophie zitiert hat — eine aristotelischer Herkunft, nach der sie als „divinarum rerum humanarumque cognitio, secundum quod per naturalem rationem investigari possunt" ihrem Wesen („essentia") nach, und eine andere, stoischen Ursprungs, mit der sie als „divinarum humanarumque rerum cognitio cum studio bene vivendi" ihrem Zwecke und ihrer Form nach („secundum definitionen finalem et formalem simul") beschrieben wird — versucht Jakob einerseits das „studium bene vivendi", das er nicht etwa als ein wissenschaftliches, theoretisches Studium der Ethik, sondern bestimmt als eine effektiv und persönlich ausgeübte ethische Praxis auffaßt und mit platonischer μελέτη θανάτου (bei Jakob heißt es gerade „studium mortis ad perfectionem virtutis, id est [. . .] studium mortificandi carnalia desideria") gleichsetzt, andererseits die „divinarum humanarumque rerum cognitio" nach ihrem gegenseitigen Verhältnis zu einander zu bestimmen. Als „res divinae" begreift er all das,

---

[36] Vgl. W. Seńko, *Les tendances préhumanistes dans la philosophie polonaise au XVe siècle*, Wroclaw 1973.

[37] Der Text ist von R. Palacz herausgegeben, „Materiały do Historii Filozofii Średniowiecznej w Polsce" 2/13 (1971) pp. 88—103.

was vom menschlichen freien Wirken unabhängig ist, und dement-
sprechend als „res humanae' alles, was von derartigem Wirken abhängt.
Zu den „res divinae" gehört also — außer Gott selbst — alles, was von
Gott geschaffen ist, darunter auch der Mensch als biologisches Wesen,
während er als ethisches Wesen „res humana" ist und von seinem freien
Wirken abhängt[38]. Weiter ist die Einteilung der Philosophie nach diesem
Einteilungsprinzip des Seienden in der Weise vorgenommen, daß der erste,
kognitiv-theoretische Bestandteil des Philosophiebegriffs nur eine Vorstufe
bildet und der zweite Bestandteil ihre notwendige Ergänzung und Vollendung: „philosophia ordinatur in vitam moralem sicut in finem"[39].
Daher auch eine dementsprechende Definition des Philosophen: „Philosophus est homo divinarum humanarumque rerum cognitionem habens
tramitemque bene vivendi tenens"[40]. Es wird von ihm verlangt, „quod illa
quae didicit et cognovit per philosophiam convertat in vitam bonam et
finem bonum [. . .], quod vivat secundum rectam rationem". Der Philosoph, sagt Jakob, wenn er tatsächlich ein Philosoph ist, kann nicht anders
als rechtlich leben („philosophus, secundum quod philosophus, numquam
male vivit"), und wer nicht rechtlich lebt, wenn er auch ein philosophisches Wissen hätte, darf nicht als Philosoph angesehen werden („vir
sciens in vita malus non meretur dici philosophus")[41].
    Die metaphilosophische Theorie des polnischen Albertisten scheint
ihren ethischen Praktizismus — vielmehr als von dem Kölner Albertismus
— von der im polnischen Denken nachspürbaren Idee entlehnt zu haben,
daß der Philosoph (gelegentlich heißt er auch „magister artium") gerade
als Philosoph — und das bedeutet manchmal: nach dem Vorbild antiker
Philosophen — verpflichtet ist, ethisch einwandfrei zu leben. Seit den
ersten Dezennien der im Jahre 1400 erneuerten Krakauer Universität läßt
sich diese Idee sowohl in den Universitätsreden als auch in den wissenschaftlichen Schriftten der polnischen Professoren wiederfinden. Der erste
Rektor der erneuerten Universität, Stanislaus de Scarbimiria, Jurist von
seiner Ausbildung her, praktischer Theologe und Prediger nach seiner
hauptsächlichen Tätigkeit, rühmt 1420 einen neu promovierten „licentia-
tus in artibus", Ioannes Elgot, als einen Menschen, der „per disciplinam
laudabiliter vivens mores cum scientia componeret. [. . .] Scivit enim —
quia philosophus et magister est in artibus — quod etiam antiqui philosophi suos discipulos mores bonos imbuere cum omni disciplina
satagebant"[42]. Es ist wohl nützlich zu wissen, daß dieses Lobprinzip zu

---

[38] Ebenda, pp. 88—92.
[39] Ebenda, p. 92.
[40] Ebenda.
[41] Ebenda, p. 93.
[42] Cod. der Jagellonischen Bibliothek 1272, f. 162v, zitiert nach: M. Kowalczyk,
*Krakowskie mowy uniwersyteckie z pierwszej połowy XV wieku* (Krakauer Universitätsreden
aus der ersten Hälfte des 15. Jahrhunderts), Wrocław 1972, p. 112, n. 28.

einem allgemein in Krakau gebrauchten Topos wurde. Einige Jahre später hat es auch Ioannes Elgot selbst auf einen von ihm promovierten Nicolaus Spicimira übertragen[43]. Schon früher, im Jahre 1412, hat Lucas de Magna Cosmin (Koźmin) in der Senecanischer Terminologie entlehnten Lobrede auf das Bakkalaureat eines Ioannes Voldner de Tarnovia und zumal auf das Magisterium eines Stanislaus de Ujście nur denjenigen als echten Philosophen anerkannt, „qui et recte intelligit et ea, quae intelligit, ad finem ordinat et rectum finem prosequendo recte vere moraliter vivere reperitur"[44]. Das letzte Beispiel erinnert an Iacobus de Gostynins beinahe achtzig Jahre später formulierte metaphilosophische Theorie. Als echter Vorgänger Jakobs soll uns aber vielmehr der berühmte Krakauer Polyhistor Ioannes de Glogovia gelten. In den achtziger Jahren hat er seinem Kommentar zu *De anima* einen knappen Entwurf der gleichen metaphilosophischen Theorie vorausgeschickt, – einen Entwurf, der zum Teil auch wörtlich mit den Jakobschen Ausführungen identisch ist[45].

---

[43] Ebenda, p. 100.

[44] Cod. der Jagellonischen Bibliothek 2215, f. 252r—252v, zitiert nach: J. Rebeta, *Komentarz Pawła z Worczyna do „Etyki nikomachejskiej" Arystotelesa*, p. 37, n. 89. – Die Krakauer Lob- und Ermunterungsreden („animationes promovendorum") aus der ersten Hälfte des 15. Jahrhunderts scheinen in ihren Anspielungen auf die Muster der antiken Philosophen von einer früheren Tendenz abzuhängen, die in den Prager Universitätsreden schon in den siebziger Jahren des 14. Jahrhunderts – und zwar unter dem Einfluß von *De vita et moribus philosophorum* des Walter Burleigh – zu Tage kam und natürlich auch später lebendig verblieb. Vgl. *Magistri Iohannis Hus Quodlibet. Disputationes de quolibet Pragae in facultate artium mense Ianuario anni 1411 habitae enchiridion*, ed. B. Ryba, Pragae 1948, Praefatio, pp. XVII—XVIII, sowie auch in einzelnen Lob- und Ermunterungsreden auf die „magistri Pragenses", z.B. pp. 31—33 („M. Iacobus de Sobieslawia velud Socrates"); pp. 34—35 („M. Petrus de Policz velud Plato") und passim.

[45] Ioannes de Glogovia, *Quaestiones librorum De anima magistri Ioannis Versoris per magistrum Ioannem Glogoviensem almae Universitatis studii Cracoviensis* [. . .] *pro iuniorum in philosophiae studiis institutione emendatum* [sic!], Cracoviae 1514, f. A. IIr—v: „[. . .] philosophia secundum Isidorum in libro etymologiarum diffinitur sic: ‚Philosophia est divinarum humanarumque rerum cognitio, cum studio bene vivendi coniuncta'. In qua diffinitione cognitio ponitur pro genere. Cum autem dicitur ‚divinarum humanarumque rerum', tangitur obiectum philosophiae. Pro quo notandum: Res dicitur divina tribus modis. Primo pro essentia, et sic solus Deus dicitur divinus. Secundo aliquid dicitur divinum, quia versatur circa res divinas, ut circa Deum et Intelligentias, et sic metaphysica, similiter theologia dicitur divina; sic etiam metaphysicus dicitur divinus. Tertio modo aliquid dicitur divinum, quia non est libere operabile a nobis. Unde res divina est, quae habet alia principia et alias causas a nobis libere agentibus: isto modo caelum, Intelligentiae et omnia entia naturalia dicuntur res divinae in proposito. Illa enim habent aliam causam quam intellectum nostrum, constant enim a natura vel ab instituente naturam, ut a Deo. Sic similiter res dicitur humana duobus modis. Primo per essentiam, quia habet humanitatem, et sic homo dicitur res humana. Secundo res dicitur humana causative, quia causatur ab homine, et sic res humana est res non habens alias causas et alia principia a nobis libere agentibus, ut sunt entia rationis, quorum principium est intellectus speculativus; sic similiter virtutes morales et earum vitia dicuntur res humanae. Horum enim principium est voluntas, quae est potentia libera. Unde tertio Ethicorum dicitur: ‚Nos sumus domini et rectores nostrarum operationum a principio usque ad finem'. Dicitur ultimo in diffinitione philosophiae ‚cum studio bene vivendi

Wollen wir all die in den bisher angeführten spätscholastischen und
frühhumanistischen Beispielen zerstreuten Tendenzen in einem kohärenten
Begriff des Philosophen zusammengefaßt finden, so können wir uns auf
Erasmus von Rotterdam berufen. Für ihn ist ein echter Philosoph nicht ein
im philosophischen Wissen gewandter Gelehrter, sondern erst ein „philosophisch" lebender Weise: „[. . .] ingens philosophus (est), non qui
Stoicorum aut Peripateticorum dogma pulcherrime teneat, sed qui philosophiae rationem vita ac moribus exprimat, qui proprius philosophiae finis
est"[46]. Ein solches ethisch-praktizistisches Ideal stellen nach Erasmus'
Meinung die echten heidnischen Philosophen auf gleiche Weise wie die
christlichen Heiligen dar: im *Adagium Sileni Alcibiadis* nennt er Sokrates,
Diogenes Kyniker, Epiktet einerseits und Johannes den Täufer, die
Apostel, den hl. Martin, den hl. Franziskus von Assisi und selbst
Christum andererseits als Beispiele „silenischer" Natur ihrer Lehre und
ihres Verhaltens, die nichts anderes als Beispiele der philosophischen
ἀτοπία sind[47]. Die Gleichsetzung der philosophischen und der christlichen ἀτοπία, von denen Erasmus – sowohl in den *Adagien* und in den
hauptsächlich an Plutarch und Diogenes Laertios entlehnten *Apophtheg-
mata* als auch anderswo – die erste meisterhaft auszumalen und ihr
Verhältnis zu christlichen Tugenden darzustellen wußte, bildet den
Grund, auf dem er seine Idee des Christentums als „philosophia Christi"
aufgebaut hat, und bedeutet zugleich eine humanistische Überwindung der
patristischen und späteren Verneinung des ethisch-praktizistischen Wertes
der antiken Philosophie[48] – eine Überwindung, von der wir im oben
Gesagten versuchten, sowohl humanistische als spätscholastische Präze-
denzen aufzuweisen. Es ist nur noch hinzuzufügen, daß in Erasmischer

---

coniuncta'. Per hoc immittitur [wohl „innuitur" zu lesen], quod philosophia et eius studium
ordinatur in vitam moralem sicut in finem. Dicitur enim secundo Ethicorum: ‚Non enim
studemus virtutes, ut sciamus, sed ut boni efficiamur'. Recte ergo Plato dixit philosophiam
esse studium mortis ad perfectionem virtutis, id est, philosophia studium mortificandi
carnalia desideria. Correllarie sequitur primo, quod philosophia, ut hic est distincta, capitur
communiter pro apprehensione et cognitione cuiuslibet entis, non curando, an sit ens reale
vel rationis, a nobis causatum vel a natura. Correllarie sequitur secundo, quod philosophus
est homo divinarum humanarumque rerum cognitionem habens et tramitem bene vivendi
retinens. [. . .] Sequitur correllarie tertio, quod ad esse philosophi requiruntur duo. Primo,
quod habeat scientiam rerum divinarum et humanarum. Secundo, quod vivat bene moraliter.
Philosophus enim ut philosophus semper sequitur dictamen rectae rationis. Ergo ut sic
numquam male vivit. Sequitur correllarie quarto, quod cognitio rerum absque bona vita
morali non dicitur philosophia et homo habens cognitionem rerum sine vita morali non
dicitur philosophus. Sequitur correllarie quinto et ultimo, quod hoc nomen ‚philosophus' est
nomen virtutis et solis virtuosis convenit".

[46] *Erasmi Opus epistolarum*, ed. P. S. Allen, H. M. Allen, H. W. Garrod, *Epist.* 531,
l. 225–231.

[47] *Erasmi Roterodami Opera omnia*, ex recensione Ioannis Clerici, Lugduni Batavorum
1703–1706, Bd. 2: *Adagia*, 3, 1, 1 (= *Adag.* 2001), col. 771A–772B.

[48] Vgl. J. Domański, *Erazm i filozofia*, pp. 181–183.

Auffassung der echten Philosophen der Widerspruch zwischen „philosophi" und „vulgus" betont wird und daß es kein Widerspruch zwischen
„docti" und „indocti" ist, sondern zwischen denen, die ihr Leben nach
den „vera", und denen, die es nach den „falsa bona" richten[49]. In diesem
Zusammenhang kommt auch bei Erasmus die platonische Idee der Philo-
sophenregierung zum Vorschein, für die er eine Analogie im Alten
Testament auffindet und die sich bei ihm manchmal in eine Idee der absoluten Unabhängigkeit des Philosophen gegenüber dem Herrscher umwan-
delt[50].

Zum Schluß noch einige Worte über „Philosophie" und „Philosophen"
als Kategorien zur Erfassung sozialer Strukturen. Darf die Benennung
„Philosoph" als Ausdruck einer sozialen Struktur im Mittelalter gelten?
Aufgrund meiner Ausführungen ist die Frage wohl folgenderweise zu
beantworten.

Wird in der Hochscholastik der Philosoph als reiner Forscher aufgefaßt,
so ist seine soziale Zugehörigkeit klarer und eindeutiger als in dem Fall,
in dem man als sein besonderes Kennzeichen das ethische Leben und die
ethisch — im Sinne der ἀτοπία — gestaltete Persönlichkeit annimmt. Denn
während ihm im ersten Fall ein ganz bestimmter Platz unter den Intellektuellen, genauer: unter den Scholaren, zuteil wird, ist das, was als
besonderes Kennzeichen des Philosophen im zweiten Fall gilt, eine
allgemeine Menschenpflicht, nämlich nach ethischer Richtigkeit zu leben.
Wodurch also unterscheiden sich die Philosophen von den übrigen Mitmenschen? Die radikal praktizistische Antwort lautet: dadurch, daß sie
ein derartiges Leben tatsächlich führen, während es für die übrigen
Menschen immer eine zu erfüllende Aufgabe bleibt. Dadurch auch, daß sie
sich mit den übrigen Menschen im ständigem Streit befinden. Einerseits
werden sie so zu allgemeinen Erziehern und Vorbildern eines echt
menschlichen Lebens, andererseits aber stellen sie sich den übrigen Menschen entgegen, denn das von ihnen verwirklichte Lebensideal wird im
allgemeinen Bewußtsein als etwas Außergewöhnliches, gerade als eine
ἀτοπία aufgefaßt. Wie wir gesehen haben, kommt dieser Widerspruch
sowohl in der frühhumanistischen als auch in der spätscholastischen praktizistischen Auffassung des Philosophen kaum zum Vorschein. Dagegen
ist er klar bei Erasmus von Rotterdam zu finden, wo er den gleichen
Widerspruch des antiken Philosophie- und Philosophenbegriffs widerspiegelt.

---

[49] Ebenda, pp. 87—90.
[50] Ebenda, pp. 82—87.

# SOZIALE GRUNDLAGEN DES PRAKTIZISMUS UND NATURALISMUS AN DER KRAKAUER UNIVERSITÄT IM 15. JAHRHUNDERT

von Mieczysław Markowski (Kraków)

Der Praktizismus oder ein gewisser Pragmatismus und der Naturalismus sind charakteristisch für die herrschende Doktrin an der Krakauer Universität im 15. Jahrhundert. Was die Dominante der ersten Strömung an dieser Lehranstalt anbetrifft, sind sich die Forscher der letzten Jahre im Prinzip darüber einig. Dasselbe läßt sich jedoch nicht von dem Naturalismus sagen, der nach Erforschung der Geheimnisse der Naturwelt strebt. Es scheint, daß ebenso der Naturalismus wie der Praktizismus ihre Quellen in der Lage der philosophisch-theologischen Weltanschauung besitzen, die nach der großen Verdammung in Paris und Oxford im Jahre 1277 entstand und im Laufe des 14. Jahrhunderts in Europa infolge der wirtschaftlich-gesellschaftlichen Wandlungen entwickelt wurde. An Bedeutung verlor nicht nur das Ideal der großen metaphysisch-theologischen Synthesen, das während der Zeit der goldenen Scholastik bevorzugt wurde. Die Metaphysik, die im dritten Viertel des 13. Jahrhunderts als Gipfel des philosophischen Denkens galt, geriet allmählich in eine große Krise, in der sie bis heute verbleibt. Das geschah in großem Maße infolge des Kontaktverlustes mit den wirklich existierenden Dingen. Unter dem Einfluß des Avizennismus wurde nicht nur die Metaphysik essentialisiert (was schon Heinrich von Gent so triftig ausgedrückt hat) aber auch die Grammatik, aus welcher die sog. grammatica speculativa resultiert. Der Theologie wurde der wissenschaftliche Charakter abgesprochen. Anstatt spekulative Theologie zu treiben, fing man an, die sog. devotio moderna zu propagieren. Via moderna, die als Reaktion gegen die via antiqua des 13. Jahrhunderts entstand, stellte sich als Ziel für wissenschaftliche Forschungen das Erdenglück des konkreten Menschen („homo felicitabilis" wie es in lapidaren Worten Johannes Buridanus genannt hat) und das Kennenlernen der Welt zu seinem Wohlergehen. Diese Tatsachen verursachten, daß: „Praktische Fragen in den Vordergrund treten. Das Einzelne wird in seinem Werte entdeckt."[1] Auf diese Weise — die Sache ganz kurz gefaßt — wurden die Strömungen des humanistischen Praktizismus und Naturalismus geboren, die in den Meinungen der Vertreter von via moderna und

---

[1] Ph. Böhner, É. Gilson, *Christliche Philosophie*, Paderborn 1954, p. 607.

via communis wie auch in Renaissancegedanken zum Vorschein gekommen sind.

Diese Strömungen, die in der Wissenschaft des 14. Jahrhunderts in West- und Mitteleuropa zu beobachten sind, fanden anfangs keinen Widerschein auf dem polnischen Boden. Der Mangel an einer akademischen Lehranstalt in Polen war offenbar daran schuld. Merkwürdig jedoch ist, daß sie keinen gebührenden Ausdruck an der von Kasimir dem Großen am 12. Mai 1364 gestifteten Universität in Krakau gefunden haben. Das an demselben Tage von dem Krakauer Stadtrat erlassene Diplom, das der Universität Freiheit sicherte (Privilegium consulum super Studium), bezeugt nur, daß das Krakauer Bürgertum diese Lehranstalt unterstützt hat[2]. Die große Persönlichkeit des Königs und sein Streben nach Schaffung eines mächtigen, zentralisierten und volksvereinigten Staates haben dem Bürgertum oder den Geistlichen keinen bedeutenden Einfluß auf das zukünftige wissenschaftliche Gepräge der neugegründeten Universität gelassen. Sie wurde nach dem Vorbild der Universitäten in Bologna und Padua gegründet, nicht nach dem Vorbild der zu dieser Zeit noch kosmopolitischen Pariser Universität oder nach der Prager Universität, die sich damals nach demselben Muster rasch entwickelte. Dies kann bedeuten, daß die Wandlungen, die in Westmitteleuropa vorkamen, für Polen unerwünscht waren. Das große Übergewicht der Rechtslehrstühle, vor allem für das römische Recht, die besser und ausschließlich vom Staat unterstützt wurden, zeigt, daß der Hauptzweck der von Kasimir dem Großen gegründeten Universität die Ausbildung tüchtiger Beamter für die Staatsverwaltung und bewanderter Rechtsberater für die Diplomatie war.

Die im Jahre 1400 erneuerte Krakauer Universität stützte sich auf ein anderes organisatorisches und wissenschaftliches Muster. Diesmal diente als Vorbild die nahe Prager Universität, die, ähnlich wie viele andere mitteleuropäische Universitäten, an das Modell der Pariser Universität angeknüpft hat. Es war dabei entscheidend, daß die verfallene Krakauer Universität nicht von dem König Ladislaus Jagiello allein erneuert wurde. Er schaffte es mit der bedeutenden Hilfe und unter ernsthaftem Einfluß der Geistlichkeit, die größtenteils ihre Ausbildung in Prag genoß und aus verschiedenen Ständen stammte. Aus diesem Grunde läßt sich die Genese des wissenschaftlichen Bildes des in Krakau erneuerten Studium Generale nicht nur in bezug auf fremde Vorbilder und politische, wirtschaftliche und doktrinale Wandlungen in Europa erklären. Ihre Erklärung muß man in den gesellschaftlichen Bedingtheiten des Landes und des Krakauer Milieus suchen, vor allem aber in den neuen und selbständigen gesellschaftlichen Korporation, die damals universitas magistrorum et scho-

---

[2] *Codex diplomaticus Universitatis Studii Generalis Cracoviensis.* Continet privilegia et documenta quae res gestas Academiae eiusque beneficia illustrant, Cracoviae 1870, pars I, p. 1; vgl. J. Dabrowski, *Czasy Kazimierza Wielkiego,* „Dzieje Uniwersytetu Jagiellońskiego w latach 1364—1764", Kraków 1964, Bd. I, p. 28.

larium war. Heutzutage, wo man den Arbeiten aus dem gesellschaftlichen Grenzgebiet große Wichtigkeit beilegt, besitzt dieser Forschungs-
aspekt eine besondere Bedeutung auch für die Krakauer Universitätsgesellschaft. Forschungen auf diesem Gebiet wurden schon oft unternommen[3].
Der spezifische Charakter der vorhandenen Universitätsquellen aus dieser
Zeit bewirkt jedoch, daß die Forschungserfolge noch immer unbefriedi-
gend sind und es noch keine volle Synthese gibt. Es scheint, daß dabei der
soziale Stand der Jugend und der aus ihr stammende wissenschaftliche Kader
wie auch die theoretischen Prinzipien der Universitätsorganisatoren, Selbst-
bestimmung ihrer einflußreichen Professoren, Stiftungsquellen und Ziele des
gesellschaftlichen Mäzenatentums im Bereich der Kapitalstiftung, in Betracht gezogen werden müssen. Es ist selbstverständlich, daß in dem kurzen
Artikel nur die wichtigsten Fragen aus der sehr komplizierten, gesell-
schaftlich-wissenschaftlichen Problematik und einige Beispiele erörtert
werden können.

Die soziale Abstammung der zur mittelalterlichen Gesellschaft inkor-
porierten Personen spielte keine große Rolle, da alle Mitglieder im Prinzip
gleich behandelt wurden. Aus diesem Grunde ist es manchmal schwer und
in manchen Fällen sogar unmöglich, die Standeszugehörigkeit der Studenten vor der Immatrikulation festzustellen. Es ist charakteristisch, daß
im 15. Jahrhundert unter den Studenten der Krakauer Universität die
Geistlichkeit nur einen kleinen Prozentsatz bildete. Unter denen gehörte
nur ein kleiner Teil den Orden an[4]. Die Dominikaner studierten Theologie
erst in den fünfziger Jahren des 15. Jahrhunderts[5]. Früher wurden sie in
ihren eigenen Klosterschulen im In- oder Ausland ausgebildet. Für die
Diözesanpriester reichte die Ausbildung in der Kathedralschule. Die Uni-
versitätsstudien waren jedoch nötig für die Geistlichen, die um Kirchenwürden rangen oder sich der Universitätskarriere widmen wollten. Unter-

---

[3] A. Karbowiak, *Studia statystyczne z dziejów Universytetu Jagiellońskiego 1433/4–
1509/10.* „Archiwum do dziejów literatury i oświaty w Polsce", Kraków 1910, Bd. XII,
p. 1–82; B. Kürbisówna, *Mieszczanie na Uniwersytecie Jagiellońskim i ich udział w kształto-
waniu świadomości narodowej w XV w.*, „Studia staropolskie", Wrocław 1957, Bd. V,
p. 7–79; A. Fastnacht, *Pochodzenie społeczne studentów Uniwersytetu Jagiellońskiego z
diecezji przemyskiej w latach 1400–1642*, „Rocznik Zakładu Narodowego imienia Osso-
lińskich", Wrocław 1957, Bd. V, p. 195–232; W. Urban, *Losy wychowanków Akademii
Krakowskiej w drugiej połowie XVI i pierwszej połowie XVII wieku. Studium statystyczne*,
„Studia z dziejów młodzieży Uniwersytetu Krakowskiego w dobie Renesansu", Kraków
1964, p. 133–199; I. Kaniewska, *Młodzież Uniwersytetu Krakowskiego w latach 1510–
1560. Studium statystyczne*, „Studia z dziejów młodzieży Uniwersytetu Krakowskiego w
dobie Renesansu", Kraków 1964, p. 1–89; A. Wyczański, *Struktura społeczna Uniwersytetu
Krakowskiego w XVI w. Próba sondażu*, „Polska w świecie. Szkice z dziejów kultury polskiej", Warszawa 1972, p. 227–250.

[4] A. Karbowiak, *Studia statystyczne...*, p. 73; B. Kürbisówna, *Mieszczanie...*, p. 37.

[5] M. Markowski, *Spis osób dopuszczonych do wykładów i do katedry na Wydziale
Teologii Uniwersytetu Krakowskiego w XV w.*, „Materiały i studia Zakładu Historii Filozofii
Starozytnej i Średniowiecznej", Wrocław-Warszawa-Kraków, Bd. IV, p. 169.

wissenschaftliche Forschung zum Ziel[26]. Unter den Stiftern außerhalb der Universität gehört der erste Rang sicherlich der Geistlichkeit. Ähnlich wie die Professoren stammten die Geistlichen größtenteils nicht aus dem Adel. Dank der Ausbildung waren sie materiell unabhängig. Mit ihren Schenkungen wollten sie Personen aus den niedrigen Ständen die Berufserwerbung und den sozialen Aufstieg erleichtern. Die bürgerliche Laiengruppe besetzte die dritte Stelle in den Spenden für die Universität, und die Laien aus dem Adel den letzten Platz[27].

Interessant ist auch die gesellschaftliche Struktur der Stifter derjenigen neuen Lehrstühle, die besonders zur Entwicklung des Praktizismus und Naturalismus an der Krakauer Universität im 15. Jahrhundert beigetragen haben. Der Krakauer Bürger und der ehemalige Baccalaureus in Prag, Johannes Stober, stiftete im Jahre 1405 den Lehrstuhl für Mathematik und Astronomie[28]. Die Pflege dieser Wissenschaften ging parallel mit den in derselben Zeit verfaßten Statuten für die Fakultät der Freien Künste, und führte in Zukunft zur Dominanz des Naturalismus im Krakauer Universitätsmilieu. Zum Bürgerstand gehörte auch der Domherr in Sandomierz und Probst der hl. Annakirche in Krakau, Thomas aus Lelów, Nowko genannt. Im Jahre 1404 stiftete er den Lehrstuhl für Grammatik und Rhetorik[29]. Dieser Lehrstuhl hatte wahrscheinlich zum Hauptzweck die Ausbildung der Fachkräfte. Wenn man aber in Betracht zieht, daß die Rhetorikvorträge damals oft moralisierende Funktion hatten, müssen wir annehmen, daß dieser Lehrstuhl in einem gewissen Grade auch der Entwicklung des Praktizismus im Krakauer Universitätsmilieu diente. Das bestätigt am besten das Beispiel von Johannes aus Dabrówka, der als Professor von Nowkos Lehrstuhl, im Jahre 1433, den Kommentar zur *Chronik* von Vinzentius Kadłubek zu schreiben begann[30]. Auch der Lehrstuhl für Astrologie, gestiftet im Jahre 1453 als das letzte Vermächtnis von dem aus dem Bauernstand stammenden Krakauer Astronomie- und Medizinprofessor Martinus Rex aus Żurawica[31], sollte, ähnlich wie die Mathematik- und Astronomielehrstühle, die Kader der Laiengesellschaft bereichern und dem Naturalismus dienen.

---

[26] J. Michalewicz, *Fundacje kapitałowe Uniwersytetu Krakowskiego XV—XVIII w.*, Kraków 1967, p. 436, 453 (Maschinenschrift).

[27] Ibidem, pp. 438, 439, 440.

[28] Z. Kozłowska-Budkowa, *Odnowienie Jagiellońskie Uniwersytetu Krakowskiego (1390—1414)*, „Dzieje Uniwersytetu Jagiellońskiego w latach 1364—1764", Kraków 1964, Bd. I., p. 52.

[29] Ibidem.

[30] M. Zwiercan, *Komentarz Jana z Dabrówki do „Kroniki" mistrza Wincentego zwanego Kadłubkiem*, Wrocław-Warszawa-Kraków 1969, p. 87.

[31] M. Kowalczyk, *Przyczynki do biografii Henryka Czecha i Marcina Króla z Żurawicy*, „Biuletyn Biblioteki Jagiellońskiej" 21 (1971) p. 89.

Aus den angeführten Beispielen ergibt sich, daß der Praktizismus und Naturalismus, die beiden Strömungen, die zu Anfang des 15. Jahrhunderts an der Krakauer Universität eingeführt wurden, nicht nur fremdes Gepräge hatten, sondern im Gegenteil tief in der heimischen gesellschaftlichen Struktur der Intellektuellen wurzelten. Ihren Kern bildeten die Bürger, unterstützt von den nicht zahlreichen Personen aus dem Bauernstand und dem Kleinadel. Die Diözesangeistlichkeit bewies dabei vorwiegend größere Aktivität als die Laien.

1. Rex
(Fol. 107ra)

2. Regina
(Fol. 108vb)

3. Alphilus (Fol. 111^ra)   4. Miles (Fol. 112^va)

5. Rochus (Fol. 116^ra)

dessen waren sie unentbehrlich für die Vertreter des Laienstandes. Sie dienten der Berufsausbildung und dem sozialen Aufstieg für die niedrigeren Stände.

Wenn wir den sozialen Stand der Studenten der Krakauer Universität in Betracht ziehen — was ihre Zugehörigkeit zur Adels-, Bürger- oder Bauernklasse anbetrifft — muß bemerkt werden, daß im 15. Jahrhundert die Bürger den Kern der Universitätsgesellschaft bildeten (ca 50%)[6]. Am zahlreichsten dabei war die Jugend aus den Städten Kleinpolens, aber vor allem aus Krakau, das den Einkünften aus Handel und Handwerk zufolge, eine reiche Stadt war und große politische und kulturelle Bedeutung besaß. Die Krakauer Universität verlor ihren bürgerlichen Charakter erst am Ende des 16. Jahrhunderts[7], als die adlige Jugend zahlreicher zufloß[8]. Die elende soziale Lage der Bauern bewirkte es, daß die Vertreter des Bauernstandes sehr selten studierten (kaum 10%).

Die Aktivität der Studenten aus dem bürgerlichen Stand machte sich auch in Eroberung von akademischen Titeln der Artistenfakultät bemerkbar[9]. Die Adelsjugend suchte vor allem eine rein äußere Ausbildung, weniger formelles Erlangen des Baccalaureus- und Magistergrades der Freien Künste. Und wenn es doch der Fall war, so handelte es sich um weitere Studien auf einer der drei höheren Fakultäten. Jurastudium, das den Weg zu Kirchenwürden und Staatsposten bahnte, war bevorzugt. Die Adelsjugend war selten in der Theologie- und Medizinfakultät vertreten, obwohl für sie die Studien einige Erleichterungen besaßen[10]. Der Jugend aus dem Bürgertum und Bauerntum indessen verhalfen die akademischen Studien vor allem zum Berufserwerb, wenn auch als Stadtschreiber oder Lehrer in den Pfarr- oder Kathedralschulen. Es war für sie schon ein sozialer Aufstieg. Ein noch größerer Aufstieg war es für sie, wenn einige von ihnen eine politische, kirchliche oder Universitäts-Karriere erlangten. Es wundert also nicht, daß unter den pädagogischen Kadern der Krakauer Universität im 15. Jahrhundert die Professoren aus dem Bürgerstand in der Überzahl waren. Dieses Übergewicht war besonders bemerkbar unter den Magistern der Freien Künste, die nicht nur die Intelligenz des Landes bildeten und der Gesellschaft die Fachkräfte lieferten, sondern auch einen angesehenen Einfluß auf das Lehrprogramm und die didaktische Arbeit der Krakauer Universität ausgeübt haben. Ihr soziales Bewußtsein bestimmte die theoretischen Grundlagen für wissenschaftliche und doktrinale Grund-

---

[6] B. Kürbisówna, Mieszczanie . . ., p. 73; A. Fastnacht, Pochodzenie społeczne . . ., p. 203.

[7] I. Kaniewska, Młodziez . . ., p. 34; A. Wyczański, Struktura społeczna . . ., p. 231.

[8] W. Urban, Losy wychowanków . . ., p. 142–143.

[9] Statuta nec non Liber promotionum philosophorum ordinis in Universitate studiorum Jagellonica ab anno 1402 ad annum 1849, ed. J. Muczkowski, Cracoviae 1849.

[10] M. Markowski, Spis osob . . ., p. 167–174; idem, Les manuscrits des listes de docteurs en médecine à l'Université de Cracovie entre 1400 et 1611, "Mediaevalia Philosophica Polonorum" 20 (1974) pp. 129–136.

kategorien. Feste Grundlagen für die Naturalismus- und Praktizismus-
entwicklung an der Krakauer Universität schufen Stanislaus aus Skalbmierz, Erazmus aus Neisse, Albertus aus Młodzów und Franziskus aus
Brieg, die in den zwischen den Jahren 1404–1406 entstandenen Statuten
für die Facultas Artium relativ viel Zeit für die Naturphilosophie und die
praktische Philosophie bestimmten[11]. Obwohl die Statuten im Laufe der Zeit
oft verändert wurden, haben sie in diesem Fall durch das ganze 15. Jahrhundert hindurch keine Veränderung erlitten.

Naturalismus und Praktizismus wurden im Krakauer Universitätsmilieu
des 15. Jahrhunderts durch den Kern der intellektuellen Gruppe von
bürgerlicher und bäuerlicher Herkunft gefestigt. Mit ihnen wirkte der
niedere Adel zusammen. Einer der ersten Krakauer Philosophieprofessoren,
Bartholomäus aus Jasło, äußerte die Meinung, daß die Universität in erster
Beziehung den dieszeitlichen Bedürfnissen des Menschen dienen sollte[12].
Der erste Rektor der erneuerten Krakauer Universität, Stanisłaus aus
Skalbmierz, behauptete nach Aristoteles, daß der Mensch ein soziales und
zum Leben im Staate bestimmtes Wesen sei[13]. In seiner Inauguralrede, die
dem didaktischen Programm der Krakauer Universität Richtlinien gab,
äußerte er seine echte Sorge um das Wohl des Menschen[14]. Lukas aus
Koźmin Wielki im Jahre 1412 vertrat in seiner Promotionsrede über die
Eigenschaften des richtigen Philosophen die Meinung, daß sogar die theoretischen Kenntnisse den praktischen Bedürfnissen des lebendigen Menschen dienen sollen[15]. Im ersten Viertel des 15. Jahrhunderts überwogen

11 *Statuta...*, p. XII–XIII.

12 „Ex istis volens considerare perpendere posset, quantum donum seu beneficium sit
Studium, in quo traditur et aquiritur sapiencia, non solum que ad salutem anime est
necessaria, ut ex predictis et multis aliis ostendi posset, sed eciam traditur in ipso sapiencia
pro utilitate corporis temporali." Bartholomaeus de Jasło, *Oratio-Beatus qui non fuerit
scandalizatus*, cms BJ 2192, f. 115v. Vgl. M. Kowalczyk, *Odnowienie Uniwersytetu
Krakowskiego w świetle mów Bartłomieja z Jasła*, „Małopolskie Studia Historyczne" 6
(1964) p. 35.

13 „Homo diversis facultatibus et virtutibus adoratus, qui de sua natura est animal polli-
ticum et civile." Stanislaus de Skalbmierz, *Oratio-De throno Dei procedunt fulgura, voces,*
cms BJ 191, cms BJ 723, p. 720; cms BJ 723, p. 417. Vgl. M. Wiszniewski, *Historia literatury polskiej,*
Kraków 1843, Bd. IV, p. 250.

14 Vgl. M. Markowski, *Metodologiczne Grundlagen der offiziellen Universitätsbeschlüsse
und Erklärungen der Professoren an der Krakauer Universität im XV. Jahrhundert,* „Studia
Mediewistyczne" 17 (1977) pp. 12–16.

15 „Facere enim docet philosophia non tantum scire aut dicere. Quod autem omnes
speculative consideraciones arcium liberalium ad rectificacionem morum et vite direccionem
adaptari possim... Et ista qualibet speculacione potest aliquid recte videndi... elici et deduci,
circa quod verus philosophus precipue studiosus esse debet, quia tota rectitudo humane
cognicionis ordinatur ad iusticiam recte operacionis ... unde ille est verus philosophus, qui
recte intelligit et ea, que intelligit, ad finem ordinat." Lucas de Wielki Koźmin, *Oratio,* cms
BJ 2215, f. 252r–252v. Vgl. J. Rebeta, *Komentarz Pawła z Worczyna do „Etyki Nikomachejskiej" Arystotelesa z 1424 roku. Zarys problematyki filozoficzno-społecznej,* Wrocław-
Warszawa-Kraków 1970, p. 37. M. Kowalczyk, *Krakowskie mowy uniwersyteckie z pierwszej
połowy XV wieku,* Wrocław-Warszawa-Kraków 1970, pp. 77, 158.

im Krakauer Universitätsmilieu die Kommentare zur *Nikomachischen Ethik* im Vergleich mit den Kommentaren zu Aristoteles' *Metaphysik*[16]. Paulus aus Worczyn, der Schöpfer der Krakauer Ethiktheorie nach den Grundlagen des Praktizismus, wollte sogar die Überlegenheit der Moral-philosophie über die theoretische Philosophie samt Metaphysik bewei-sen[17]. Ähnlich wie Johannes Buridanus und seine Schule schätzte er den Wert der materiellen Güter für den in der Familie und im Staate lebenden Menschen hoch ein[18]. Damit befassen sich vor allem Ethik[19] und Politik[20]. Der vieljährige Philosophie- und Theologieprofessor und Vizekanzler der Krakauer Universität Franziskus aus Brieg behauptete im Jahre 1425 daß, wenn es an den Universitäten keine Astronomen und Mathematiker gäbe, die Gesellschaft die Universitäten nicht achten würde[21]. Johannes aus Ludzisko entwickelte im Jahre 1447, in seiner in der Anwesenheit des Königs Kasimir des Jagiellonen gehaltenen Rede, die Idee von der ange-borenen Gleichheit und Freiheit aller Menschen[22], die früher schon u. a. von Bartholomeus aus Jaslo angedeutet wurde[23].

16 J. Rebeta, *Komentarz Pawla z Worczyna* ... , p. 38.

17 „Ethica tractat de virtutibus in communi magis necessariis, ut civiliter vivat, quam ut aliter vivat." Paulus de Worczyn, *Quaestiones super I–X libros „Ethicorum" „Aristotelis*, cms BJ 720, f. 2r. Vgl. J. Rebeta, *Komentarz Pawla z Worczyna* ... , p. 181–182.

18 „Nota, pure philosophice loqui est loqui secundum racionem humanam, circumscripta fide. Item nota, duplicia sunt bona, scilicet exteriora, que perficiunt corpus vel que sunt de bene esse corporis, ut divicie; alia sunt interiora, que perficiunt animam interius, ut virtutes et earum operaciones. Item nota, circa istam materiam sunt opiniones contrarie. Sed tamen Birdanus et communiter moderni dicunt, quod non, et ad hoc eciam sonat Philosophus et Seneca, ut patebit... Sciendum, sicut dicunt, circa materiam istius questionis sunt con-trarie opiniones propter raciones contrarias, factas et consimiles. Sed quid tamen sit proba-bilius? Birdanus dicit, quod circumscripta fide non est consonum recte racioni abrenunciare omnibus bonis, et hoc idem videtur esse de intencione Philosophi et Senece." Paulus de Worczyn, *Quaestiones* ... , cms BJ 720, f. 105r. Vgl. J. Rebeta, *Komentarz Pawla z Worczyna* ... , p. 179.

19 „Respondetur secundum Biridanum et communiter modernos, quod subiectum eius est homo in ordine ad ea, que sibi conveniunt, ut est liber, vel homo secundum quod est felici-tabilis." Paulus de Worczyn, *Quaestiones* ... , cms BJ 720, f. 5v. Vgl. J. Rebeta, *Komentarz Pawla z Worczyna* ... , p. 163.

20 „Pollitica considerat de bono humano inquantum est bonum genus vel civitatis, ethica vero inquantum est bonum unius solum, modo melius et divinius est procurare bonum com-mune quam unius solum." Paulus de Worczyn, *Quaestiones* ... , cms BJ 720, f. 14v. Vgl. J. Rebeta, *Komentarz Pawla z Worczyna* ... , p. 197.

21 „Si in universitatibus non essent astronomi et alii mathematici, possent de facili ab ex-traneis vilipendi, que vilipensio derogat earundem honori." Cms BUW r I Q 380, f. 79v. Vgl. M. Kowalczyk, *Krakowskie mowy uniwersyteckie* ... , pp. 70, 83, Anm. 21.

22 „Quis enim advertens bene non mirabitur maxime, qui prius simile per talem fieri non viderat, cum ipsa Universitas pauperes cum divitibus, ignobiles cum principibus in unum col-ligens illos quasi equare videbitur, ymmo plures pauperes divitibus, iuvenesque senibus pre-ferens, interdum agricolas fabrosque ac sutores ac ceteros similes principum lateribus co-equabit." Bartholomaeus de Jaslo, *Oratio-Beatus qui non scandalizatus in me*, cms BJ 2192, f. 114v. Vgl. M. Kowalczyk, *Odnowienie Uniwersytetu Krakowskiego* ... , p. 35.

23 „Omnes homines natura genuit libros et aequales." Jan de Ludzisko, *Oratio*, „Codex epistolaris saeculi decimi quinti", Bd. III, „Monumenta medii aevi historica", Cra-

Aus diesen beispielsweise zitierten Aussagen hervorragender Professoren der Krakauer Universität ergibt sich, daß der Praktizismus und der Naturalismus an dieser Lehranstalt durch die ganze erste Hälfte des 15. Jahrhunderts hindurch propagiert wurden. Obwohl in der zweiten Hälfte dieses Jahrhunderts die obengenannten Strömungen an Bedeutung verloren, fehlt es auch in dieser Zeit nicht an Beispielen des Zusammenhanges der Wissenschaft mit dem Leben. Das beweisen der im Jahre 1472 von Johannes Stanko bearbeitete große Katalog der polnischen Flora und Fauna, die von Johannes Długosz geführten Forschungen über die Erdkunde Mitteleuropas, die von Adam aus Bohymia getriebenen Schürfarbeiten nach Mineralienrohstoffen[24], vor allem aber die großartige Entwicklung der Astronomie[25].

Die durch König Ladislaus Jagiełło erneuerte Universität unterschied sich von der Stiftung Kasimirs nicht nur was die Organisation, sondern auch was die Ausstattung anbelangt. Die Kirche hat nämlich mehr gespendet als die Jagiellonendynastie. Die Universität besaß das Patronatsrecht für bestimmte Kirchenbenefizien. Die materielle Obhut der beiden offiziellen Institutionen reichte jedoch nicht aus. Zu Hilfe kam das gesellschaftliche Mäzenatentum, das die Finanzmängel beseitigte. Diese Tatsache zeugt nicht nur von dem lebhaften Interesse der polnischen Gesellschaft für die Entwicklung der Krakauer Universität, sondern unterscheidet sie auch von den anderen höheren Lehranstalten. Es ist kennzeichnend, daß ihre gesellschaftlichen Einkommensquellen nicht nur auf Geldkapital begrenzt waren, sondern daß auch einzelne Stiftungen für bestimmte Zwecke, wie z. B. die Gründung der neuen Lehrstühle, zu Hilfe kamen. Große Bedeutung hat in unseren Erwägungen die Frage, von welchen gesellschaftlichen Gruppen die Schenkungen zugunsten der Krakauer Universität stammten. Die Antwort ist geradezu überraschend: die Geldstiftungen der Universitätsprofessoren selbst waren größer als die der ganzen Gesellschaft außerhalb der Universität. Die Schenkungen der Professoren, die ihre Anhänglichkeit zur Alma Mater bewiesen, hatten vor allem die Besserung der materiellen Existenz des jüngeren und zukünftigen didaktischen Kader wie auch das Schaffen angemessener Umstände für

cowiae 1894, Bd. XIV, Nr. 8. Vgl. K. Grzybowski, *Rozwoj mysli panstwowej na Universytecie Krakowskim w pierwszej połowie w. XV*, "Dzieje Universytetu Jagiellonskiego w latach 1364–1764", Kraków 1964, Bd. I, p. 141, Ann. 141. W. Senko, *Z badań nad historia mysli spoleczno-politycznej w Polsce w XV wieku*, "Filozofia polska XV wieku", Warszawa 1972, p. 56.

24 Vgl. H. Barycz, *Dzieje nauki w Polsce w epoce Odrodzenia*, Warszawa 1967, p. 23, 26.

25 Vgl. M. Markowski, *Szczyt rozkwitu i międzynarodowego promieniowania krakowskiej szkoly astronomicznej*, "Historia astronomii w Polsce", Wrocław-Warszawa-Kraków-Gdańsk 1975, p. 107–126.

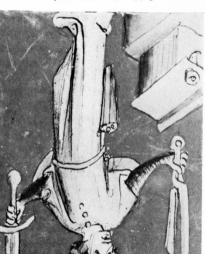

8. Notarius (Fol. 122rb)

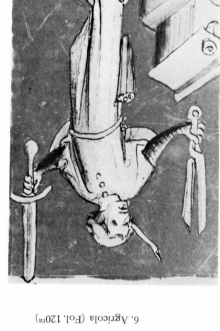

9. Mercator (Fol. 124vb)

6. Agricola (Fol. 120ra)

7. Faber (Fol. 121rb)

POPULARES

POPULARES

10. Medicus (Fol. 126^va)

11. Tabernarius (Fol. 128^rb)

12. Custos civitatis (Fol. 129^vb)

13. Ribaldus cum meretrice (Fol. 131^rb)

# DIE MITTELALTERLICHE GESELLSCHAFT IM LICHTE
## DES SCHACHSPIELS

von Anežka Vidmanová (Praha)

Um die Wende des XII. Jahrhunderts hat das Schachspiel aufgehört, Privileg und sozusagen Standespflicht der Ritter zu sein und es verbreitete sich immer häufiger unter den Unadeligen. Für dieses, als typisch intellektuelles Spiel, interessierten sich vor allem die Kleriker. Sie konnten sich dieses Spiels jedoch nicht erfreuen, da man es für eine Art des verbotenen Würfelspiels hielt[1]. Das Streben nach dem Beweis, daß das Schachspiel nicht nur für die Ritter geeignetes Kampfspiel ist, sondern daß es auch zu moralischen Zwecken benutzt werden kann und daß es also auch für die Kleriker geeignet ist, war — außer der damals herrschenden Tendenz zu allegorischen und moralischen Interpretationen von allem Möglichen und Unmöglichen — höchstwahrscheinlich der Hauptgrund dafür, warum einzelne Schachfiguren mit den Mitgliedern der zeitgenössischen Gesellschaft verglichen wurden. Der erste Impuls ging allein von den Namen der Hauptfiguren des Schachspiels aus: „rex", „regina"; hinzu tritt die Identifizierung des Springers mit dem Ritter — „miles"; schließlich suchte man auch eine Erklärung für die entstellte arabische Benennung des Läufers und des Turmes — „alphilus (-es)" oder „alphinus" und „rochus", die für die meisten Europäer unverständlich war.

Während noch der Autor der Pseudo-Ovidianischen *Vetula*, die in den Jahren 1222—1266/8 entstanden ist, das Schachspiel mit dem Bild des Himmelsgewölbes und die einzelnen Figuren mit Sonne, Mond und Planeten verglich[2], begann der unbekannte Autor der sog. *Moralitas de scaccario*[3], die Schachfiguren mit den Ständen zu vergleichen. Das Werk wird entweder dem Papst Innocenz III. (1198—1216) oder dem um das Jahr 1303 verstorbenen Franziskaner Johannes Gualiensis (Johann von

---

1 H. J. R. Murray, *A History of Chess*, Oxford 1913, vor allem pp. 394—442; Č. Zíbrt, *Dějiny hry šachové v Cechách od nejstarších až po naš věk, Studie kulturně-historická*, Praha 1888.

2 Pseudo-Ovidius, *De vetula*, hrsg. von P. Klopsch, Leiden und Köln 1967, V. 578—635, pp. 215—217, zur Datierung p. 78.

3 Herausgegeben auf Grund englischer Handschriften, vor allem der ältesten Brit. Mus. Harl. 2253 aus den Jahren 1307—1327, von Murray im zitierten Buch, pp. 559—561. Sicher ist sie noch in mehreren Handschriften erhalten; so folgt sie unmittelbar nach dem Werk des Jakob von Cessole in der Handschrift IV D 25 der Prager Universitätsbibliothek (heute Staatsbibliothek der ČSSR, weiterhin UB), Fol. 259^va—260^ra aus dem XV. Jh., und zwar mit Rubriktitel „Excerpta cuius (!) sermonis de scacario".

Wales)⁴ zugeschrieben, beiden jedoch irrtümlicherweise. Der Autor der Moralität bleibt bisher unbekannt, ihr Herausgeber hat mittels einer Analyse der Termini hinreichend bewiesen, daß diese in England noch vor der Hälfte des XIII. Jahrhunderts entstanden sein muß.

In dieser Moralität stellt das Schachbrett die Welt dar, seine weißen Felder das Leben und die Gnade, die schwarzen den Tod und die Schuld. Das Schachbrett ist von der Familie des Schachspiels bewohnt:

„rex, rochus, alphinus, miles, regina, pedinus''.

Aus den Namen dieser Schachfiguren und aus ihren Bewegungen auf dem Schachbrett deduzierte der unbekannte Autor die Charakteristik der einzelnen Stände, die die Figuren darstellen sollen: Der König bewegt sich und schlägt nach allen Seiten, denn alles, was dem König beliebt, hat die Gültigkeit eines Gesetzes. Die Königin bewegt sich diagonal und schlägt alles mittelbar, denn das Frauengeschlecht ist geizig, und es bemächtigt sich aller Dinge auf ungerechte und raubgierige Weise. Der Rochus stellt den Richter dar: er zieht durch das ganze Land in gerader Linie zum Zeichen, daß er alles gesetzlich leitet; er soll sich nicht durch Gaben und Geschenke vom geraden Weg der Gerechtigkeit abbringen lassen. Am interessantesten ist die Charakteristik des Ritters: „Miles tres punctos pertransit, duos directos in signum quod milites et terreni domini possunt iuste capere redditus sibi debitos et iustas emendas secundum exigentia delicti, set tercium punctum obliquat cum tallagia et exactiones iniustas extorquent a subditis.''⁵ Die Alphini sind Bischöfe. Der Autor der Moralität war ihnen offensichtlich nicht gewogen; er wirft ihnen vor, daß ihre Würde nicht von Gott wie bei Moses stammt; ihre Beförderung können sie nur der königlichen Anordnung, ihren Bitten und Bestechungen verdanken. Die Alphini bewegen sich diagonal über drei Felder, weil die Verderbtheit fast aller Prälaten von Haß, Liebe, Gaben oder Gunst kommt. Der Pedinus ist ein armer Teufel. Er bewegt sich in gerader Linie, denn, wenn er arm und schlicht bleibt, lebt er stets richtig; er schlägt diagonal zum Zeichen, daß er sein Vermögen nur durch Meineid, Bestechung oder Lüge erwirbt.

Die rauhen Worte über die Prälaten schließen die Autorschaft des Papstes Innocenz III. aus. Der Herausgeber hat die Person des Johann von Wales in Erwägung gezogen unter dem Vorbehalt, daß er diese Moralität in seiner Jugend außer dem Rahmen seines Communiloquiums geschrieben haben mußte. Diese vermutliche Autorschaft stürzt sich jedoch nur darauf, daß die Moralität in einigen Handschriften und alten Drucken des Communi-loquiums (Teil I, Dist. X, cap. 7) eingetragen ist. Offensichtlich ist es eine Kopisteninterpolation. Die zehnte Distinktion handelt nämlich „De in-formacione populi laborantis'' und ihr siebentes Kapitel „De amonicione

---

⁴ P. Glorieux, Répertoire des maîtres en théologie de Paris au XIIIᵉ siècle, II, Paris 1933, pp. 114–118, Nr. 322.
⁵ Murray, p. 560.

lusrum''; an diese Stelle konnte also die Moralität vom Schachspiel leicht eingeschoben werden. Daß es sich um eine Interpolation handelt, beweist nicht nur die Tatsache, daß sie in vielen Handschriften des *Communiloquiums* fehlt, sondern vor allem, daß sie mit seiner Grundauffassung im Widerspruch steht. In dem *Communiloquium* wird der Staat nach antikem Muster mit dem menschlichen Körper verglichen, dessen Gliedmaßen und Organe einzelne Stände darstellen: „Et quoniam res publica . . . est velud quoddam corpus compaginatum ex membris, princeps ergo vel dominans obtinet locum capitis, prepositi iudices admodum aurium et oculorum, senatus sive collecio sapientum consiliariorum admodum cordis, milites protegentes admodum manuum, laborantes sive agricole solo inherentes admodum pedis, prout ait Plutarchus in libro, qui intitulatur Instruccio Troyani.''[6] Den Vergleich der Stände mit den Körperteilen finden wir in dem ganzen Buch, auch der zweite Teil handelt „De conneccione predictorum membrorum, scilicet principis ad subditos et converso''. Es ist also ausgeschlossen, daß Johann von Wales durch die Einschiebung der Moralität vom Schachspiel seine Konzeption des *Communiloquiums* hätte beeinträchtigen wollen.

Es ist jedoch höchstwahrscheinlich, daß Johann von Wales die Moralität vom Schachspiel gekannt hat. Er setzt nämlich die moralistische Interpretation der Schachfiguren fort, jedoch mit einigen Änderungen und Weiterführungen, in seinem *Breviloquium de virtutibus antiquorum principum*: Das Schachspiel soll Joachim, ein Mitgefangener und Berater des Evilmerodach, erfunden haben, um den grausamen Herrscher Evilmerodach, den Sohn Nabukadnezars, zu bekehren und dabei nicht ums Leben zu kommen. Die Bewegungen der einzelnen Schachfiguren und ihre Identifikation mit den Mitgliedern der zeitgenössischen Gesellschaft bot ihm die Möglichkeit, den König unauffällig über die Pflichten des Herrschers zu belehren.

Die Zeit, in der Johann von Wales das *Breviloquium* verfaßt hat, kann mittels eines unlogisch in die Auslegung der Königin eingeschobenen Abschnitts bestimmt werden, daß nämlich der Erbkönig besser ist als ein gewählter[7]: „Est autem a sinistris collocata et ad tante glorie excellenciam assumpta per graciam, que regi donata est per naturam. Nam melius est reges habere per primogeniture successionem quam per populi eleccionem et nobilium voluntatem. Sepe enim diversis causis inter se discordes fiunt nobiles, propter quod necesse est eleccionem corrumpi, aut propriis voluntatibus inherentes in regem non meliorem aut digniorem eligere, sed potenciorem, inmitem, violentum, protervum aut scelestem'' (Fol. 86'). Johann,

---

6 Das *Communiloquium* zitiere ich nach der Prager Handschrift UB V B 4 aus dem J. 1373. Der betreffende Teil befindet sich auf Fol. 3ᵃ.

7 Da das *Breviloquium* ebenso wie das *Communiloquium* in keiner modernen Edition vorliegt, zitiere ich es nach den Prager Handschriften UB I F 9, Fol. 85ʳ–88ᵛ und UB VIII A 19, Fol. 174ᵃ–176ᵇ.

der, wie sein Zuname zeigt, aus Wales stammte, trat in Worcester dem Franziskanerorden bei, und ungefähr in den Jahren 1260–1270 war er Lektor in Oxford. In dieser Zeit schrieb er wahrscheinlich sein *Breviloquium*, und den angeführten Abschnitt verfaßte er aus Abneigung gegen Simeon von Leicester, der damals durch den Willen des Adels anstatt des schwachen legitimen Königs Heinrich III. regierte. Es scheint also, daß Joachims Ratschläge an Evilmerodach eigentlich für Heinrich III. bestimmt gewesen sind. Auffallend ist, daß von den Pflichten des Herrschers nur ganz allgemein gesprochen wird, und daß alles, was vom König gesagt wird, aus der Stellung des Königs auf dem Schachbrett zu entnehmen ist: „In cuius exercicio thabula primo requiritur, in qua multi campi continentur. Que comparari potest regno tuo, in quo castra, civitates et opida plurima sunt constructa. In quorum omnium medio tu princeps es constitutus, ut proseqaris iusticiam, violenciam coherceas, leges iustas statuas et defendas bonos mores, castiges malos, oppresosos gubernes, populum affabiliter tractes" (Fol. 86r-v).

Von den Pflichten der anderen Stände spricht Johann schon etwas ausführlicher. Die Königin soll weise, keusch und moralisch, von adeliger Abstammung, Amme der Kinder, rechtschaffen in Sitte und Wort und ruhigen Wesens sein. Ihre Lebensführung hat allen Frauen als Vorbild zu dienen. Die Alphili sind keine Bischöfe – im *Breviloquium* war die Identifizierung mit dem Geistlichen aus inhaltlichen Gründen ganz unmöglich – sondern Richter und Berater des Königs. Sie sollen gerecht, weise und aufrichtig sein. Sie haben den König zu beraten, in seinem Namen nützliche Gesetze für den Staat zu erlassen, das ganze Königreich in guten Sitten zu unterrichten, sich guter Prozesse anzunehmen und richtige Entscheidungen zu fällen. Sie sollen keine Rücksicht auf Verwandtschaftsbande oder Personen nehmen, Gaben und Geschenke verschmähen, Geizigkeit und Haß vermeiden. Sie sollen sich der Mediation ergeben, um klug und weise alles das zu regeln und zu ordnen, was andere durch ihrer Hände Arbeit erworben haben. Die geharnischten, mit Gold geschmückten Ritter stellen den Stand der Adeligen dar. So wie sie nach außen mit dem Harnisch geschmückt sind, so sollen sie alle durch keusche Sitten überragen. Zu ihren Tugenden sollen gehören: Bedachtsamkeit – „prudentia", Treue – „fidelitas", Freigebigkeit – „liberalitas", Frömmigkeit – „pietas", Tapferkeit – „fortitudo", Barmherzigkeit – „misericordia". Die Ritter haben das Volk zu beschützen und leidenschaftlich auf die Gesetze zu achten. Die Rochi sind die Vertreter und Botschafter des Königs. Weil der König nicht zugleich im ganzen Königreich persönlich anwesend sein kann, handeln die Rochi im Namen seiner Autorität und geben allen Untertanen den königlichen Willen bekannt. Zu ihren Tugenden gehören: Gerechtigkeit – „iusticia", Frömmigkeit – „pietas", Demut – „humilitas", Geduld – „paciencia", freiwillige Armut – „voluntaria paupertas" und Freigebigkeit – „liberalitas". Die Rochi sind sehr wichtig, weil nach ihrem

Verhalten der König bewertet wird. Die Pedini bedeuten im allgemeinen „singulorum officialium et artificum genera" (Fol. 87ᵛ). Namentlich werden nur vier genannt; es wird vorausgesetzt, daß sie auf dem Schachbrett symmetrisch plaziert sind. Die ersten zwei Plätze nehmen Tuchmacher und Schmiede ein. Große Aufmerksamkeit wird dem Bauer auf dem dritten Platz gewidmet, weil „necesse est autem pre omnibus officiis culture terre insistere, quia ex ea nascuntur nobis subsidia vite; terra namque est mater omnium" (Fol. 87ᵛ). Der Bauer soll Gott kennen, ihm Dank entgegenbringen und den Zehnten von dem, was er Bestes besitzt, abgeben. Zu seinen Pflichten gehören außer den Feldarbeiten das Pflanzen und Pfropfen der Bäume, das Anlegen und der Verschnitt der Weingärten. Als letzter Vertreter der Pedini steht im Breviloquium an vierter Stelle der Notar. Seine Hauptpflicht ist, das ihm anvertraute Amt „fideliter" auszuüben. „Fidelis amicicia, honestatis continencia, fidelitas, verborum veritas" sollen ihm eigen sein. Vor allem soll er sich nichts von dem aneignen, was der Gemeinde gehört. Seiner Gemeinde kann er ebenso nützlich wie schädlich sein. Weil er Eintragungen über die Gerichtsakten macht, hat er auf die Gesetze zu achten, wahrheitsgetreu und gerecht zu sein und alle Gaben abzulehnen. Er hat ständig die Gemeindestatuten durchzulesen, und falls er darin etwas gegen Gott oder Gesetze findet, hat er sofort das Volk und den Herrscher zu benachrichtigen, damit es berichtigt werden kann. Darauf folgt ein charakteristischer Seufzer, der die Datierung des *Breviloquiums* in das unruhige Jahrzehnt 1260–1270 bestätigt: „Sed, heu, hodie, qui plura de re publica noverint, pretermisso Dei timore infirmiores et insciores populares seducunt et ad coniuraciones et inepta collegia atrahunt atque concorditer viventes ad sediciones pocius quam ad amicicias aliciunt. Nullum hodie tam nocivum est collegium quam notariorum aut consulum, in quibus invenitur voluntatum discidium, accepcio personarum et inexplebilis munerum apetitus" (Fol. 88ᵛ).

Das Breviloquium von Johann von Wales erfreute sich wegen der vielen die vier Haupttragenden dokumentierenden Geschichten und wegen der moralistischen Prägung großer Beliebtheit in ganz Europa[8]. Es ist also kein

[8] Zu den 23 Handschriften des *Breviloquiums*, die Glorieux, a. a. O., anführt, können aus tschechoslowakischen Bibliotheken folgende Handschriften hinzugefügt werden (Fehler der Kataloge berichtige ich stillschweigend nach dem wirklichen Zustand): Prag, UB VIII A 19, Fol. 174ʳ–191ᵛ (XIV./XV. Jh.), X E 12, Fol. 1ʳ–33ᵛ (XV. Jh.), X H 5, Fol. 212ᵛ–232ᵛ (XV. Jh.); Prag, Bibliothek des Domkapitels (heute im Archiv der Prager Burg, weiterhin Cap.) A 69/1, Fol. 181ʳ–194ᵛ (zweite Hälfte des XV. Jh.), wo durch den Rubriktitel das Kapitel von der Erfindung des Schachspiels hervorgehoben wird („Incipit Breviloquium de virtutibus antiquorum principum et philosophorum, alias de ludo scacorum"); Prag, Bibliothek des Nationalmuseums (weiterhin NM) X D 5, Fol. 1ʳ–33ᵛ (um 1400); Znojmo (Znaim), Stadtarchiv MS III 306. Das *Breviloquium* bildet sehr oft eine Fortsetzung der zweiten Redaktion der Burleyschen *Vite philosophorum*. So kann man die handschriftliche Überlieferung noch um folgende Handschriften vermehren: Prag, UB I F 9, Fol. 84ʳ–119ᵛ (XIV./ XV. Jh.), III C 15, Fol. 63ʳ–79ʳ (XV. Jh.), IV A 15, Fol. 37ʳ–59ᵛ (XV. Jh.), IV C 1, Fol. 50ʳ–74ᵛ (Ende des XIV. Jh.), VII E 13, Fol. 93ʳ–131ᵛ (J. 1415), VIII A 25, Fol. 40ʳ–64ᵛ

Wunder, daß sich Jakob von Cessole ausgiebig auf das Breviloquium stützte, als er um das Jahr 1300 seinen vierteiligen Traktat *Liber de moribus hominum et officiis nobilium sive super ludum saccorum* schrieb[9], in dem die Parallele zwischen dem Schachspiel und der mittelalterlichen Gesellschaft ihren Höhepunkt erreicht hat. Jakob hat seinen Traktat auf das Drängen seiner Mitbrüder verfaßt, wobei er sich auf seine Predigten gründete. Zu dieser Zeit wird er wahrscheinlich schon Mitglied des Dominikanerklosters in Genua gewesen sein, wo sein Aufenthalt im Jahr 1317 und 1322 urkundlich bewiesen ist. Die Zeit seiner Ankunft nach Genua ist jedoch unbekannt. Er wird wahrscheinlich aus dem Kloster desselben Ordens in Asti gekommen sein, wo er Mönch geworden war[10]. Von der

(Ende des XIV. Jh.), X H 7, Fol. 63v–94v (XV. Jh.), XII B 14, Fol. 122v–139v (XV. Jh.), XII B 20, Fol. 23v–36v (XIV./XV. Jh.), XIII G 18, Fol. 42v–70v (J. 1469); Prag, Cap. G 21, Fol. 52v–83v (erste Hälfte des XV. Jh.), G 29, Fol. 220v–240v (zweite Hälfte des XV. Jh.), G 37, Fol. 131v–155v (erste Hälfte des XV. Jh.); Prag, NM X D 5, Fol. 1r–31v (XIV./XV. Jh.), XIII F 8, Fol. 13v–50v (XIV. Jh.); Prag, Bibliothek des Strahover Klosters (heute Denkmal des nationalen Schrifttums) DB V 52, pp. 9–127 (XV. Jh.); Třeboň (Wittingau) Staatsarchiv A 14, Fol. 158v–193v (XV. Jh.); Brünn, UB R 415 (D/K I. b. 4), Fol. 1r–28v (zweite Hälfte des XV. Jh.); Olmütz, Bibliothek des Domkapitels (heute im Staatsarchiv in Opava, Zweigstelle in Olmütz) C. O. 240, Fol. 68v (Anfang des XV. Jh.), C. O. 284, Fol. 1r–23v (J. 1422), C. O. 429, Fol. 276v–302v (Anfang des XV. Jh.); Opava (Troppau), Schlesische Studienbibliothek RB-3, Fol. 183v–203v (XV. Jh.); eine Handschrift, deren Signatur mir leider unbekannt geblieben ist, befindet sich in Bratislava. Auch außerhalb der Tschechoslowakei sind Handschriften des *Breviloquiums* in Verbindung mit der zweiten Redaktion der Burleyschen *Vite* erhalten, von denen mehrere böhmischer Herkunft sind.

[9] Ein vorläufiges Verzeichnis von etwa 80 Handschriften dieses Werkes findet man bei A. van der Linde, *Geschichte und Literatur des Schachspiels*, Band I, Berlin 1874, Beilage II, pp. 34–112(i); auf weitere 14 Handschriften in der Vaticana macht Kaeppeli im unten (Anm. 10) angeführten Artikel, p. 156, Anm. 23 aufmerksam. Da Linde, p. 111 aus den böhmischen Beständen nur eine Handschrift der Prager Universitätsbibliothek anführt, stellen wir hier alle bisher bekannten böhmischen Handschriften dieses Traktats zusammen: Prag, UB IV C 1, Fol. 75v–95v (XIV. Jh.), IV D 25, Fol. 245ra–259va (XV. Jh.), IV E 26, Fol. 15v–26v (XIV./XV. Jh., inkomplett), V D 8, Fol. 39ra–52va (J. 1462), VIII A 19, Fol. 48va–67ra (XIV./XV. Jh.), X C 24, Fol. 1ra–21vb (XIV./XV. Jh.), XII B 20, Fol. 73rb–94vb (XIV./XV. Jh.), XIV E 9, Fol. 97ra–128ra (XIV. Jh.), Cap. G 42, Fol. 105v–139v (zweite Hälfte des XIV. Jh.); die Handschrift H 26 ist jetzt verloren; Prag, NM XIV F 13 (XIV. Jh.); Brünn, UB Mk 29, Fol. 83v–113v (XV. Jh.), R 427, Fol. 59v–99v (XV. Jh.), NR 83 (früher Nova Ris Nr. 6), Fol. 160v–183v (XV. Jh., inkomplett). Brünner Handschrift Mk 108, Fol. 115v–119v, in der irrtümlich Jakobs Werk erblickt wurde, bringt nur einige Sätze über die Schachfiguren unter Anekdoten über antike Herrscher und Philosophen. Ebenso hat der *Tractatus de ludo scacborum* in der Prager Handschrift NM XVI A 8, Fol. 346v–348v (Anfang des XV. Jh.), mit Jakobs Werk nichts zu tun, sondern bildet eine genaue Parallele zu der Dresdener Handschrift L 7 und zu der Olmützer Handschrift C. O. 200 aus dem Anfang des XV. Jh. Die Dresdener Handschrift wurde in Prag von "Laurencius filius Jacobi de Brunna" im J. 1408–9 niedergeschrieben; einen ausführlichen Bericht über die Dresdener Handschrift siehe bei Herschel, *Historia satyrica*, "Serapeum", 17 (1856), pp. 97–103. Derselbe Text muß sich in der Vatikaner Handschrift 1960 befinden, auf die Murray, p. 501 aufmerksam macht.

[10] Thomas Kaeppeli, *Pour la biographie de Jacques de Cessole*, "Archivum fratrum praedicatorum" 30 (1960), pp. 149–162. Leider konnte ich die Arbeiten von M. A. Brut und A. Anderegg benutzen, die Kaeppeli, pp. 152–3, Anm. 12 zitiert.

Tatsache, daß er sich in seinem Traktat auf das *Breviloquium* stützte, ist natürlich nirgends die Rede, deshalb blieb dies bisher unbemerkt. Vom ersten Kapitel an besteht jedoch zwischen der Schrift von Jakob und der von Johann ein so enger Zusammenhang, daß bei den Exzerpten manchmal nicht zu erkennen ist, ob der Ausgangspunkt im *Breviloquium* oder im Traktat von Jakob zu suchen ist. Das gilt beispielsweise für den einseitigen Abschnitt über die Erfindung des Schachspiels in der Prager Handschrift Cap. G 29, Fol. 131ʳ mit dem Incipit „Ludus namque saccorum propter Wilmerodach filium Nabuchodonosor est inventus" und dem Explicit „Iniustum enim est, ut aliis dominari velis, cum tibi ipsi imperare non possis". Alles, was von Johann von Wales von der Königin, vom Miles, Alphilus und Rochus im *Breviloquium* gesagt wird, finden wir auch bei Jakob, nur mit dem Unterschied, daß dieser am Anfang jedes Artikels die äußere Beschreibung der Figuren in der charakteristischen Form des jeweiligen dargestellten Standes beifügt und den Text durch eine Menge von Geschichten erweitert, die mittels verschiedener Beispiele das Verhalten und vor allem die Tugenden der einzelnen Stände aufhellen. Der Zusammenhang zwischen den beiden Schriften ist so eng, daß Jakob sogar den unorganischen Abschnitt über die Vorteile einer Erbmonarchie in demselben Kapitel übernommen hat, und zwar in folgendem Wortlaut: „Nam melius est reges habere per successionem geniture prime quam per eleccionem et principum voluntatem. Sepe enim principes diversis causis intervenientibus discordes fiunt et dissidentibus voluntatibus necesse est aut eleccionem tardari, aut propriis utilitatibus attendentes personam regis in eleccione non meliorem aut digniorem eligere, sed utiliorem propriis commodis effectare. Qui vero per ordinem prime geniture ad dignitatem regalem ascendunt, necesse educatos esse bonitate et moribus ac multis actibus, quibus rex genitor informatur" (Fol. 108ᵛᵇ—109ʳᵃ)[11]. Die Art, wie Jakob das

---

11 Eben auf Grund dieses Abschnitts, in dem Murray, p. 539 eine Anspielung auf das Reichsinterregnum der Jahre 1254—1273 erblickte, wurde Jakobs Werk zwischen die Jahre 1275—1300 datiert. Durch den Umstand, daß aus dem *Breviloquium* übernommen ist, wird ja diese Datierung geschwächt; den Ursprung von Jakobs Werk müssen wir jetzt mit Kaeppeli etwa bis zum Jahre 1300 verschieben. Es ist aber kaum denkbar, daß Jakob diesen Abschnitt nur mechanisch übernommen hat; daß er ihn nicht ausgelassen hat, hat seinen Grund wohl in den schlechten Erfahrungen seiner oberitalienischen Heimat mit den Kurfürstenwahlen der römischen Könige. Dieser Abschnitt wurde ja oft durch die momentane politische Situation des betreffenden Landes beeinflußt, ob es sich um das *Breviloquium* oder um Jakobs Buch handelte, wie aus den tschechischen Übersetzungen und Bearbeitungen dieser Werke zu sehen ist. Es enthält ihn nämlich die erste Übersetzung des *Breviloquiums* ins Tschechische, das heißt *Knihy o čtyřech cnostech základních*, die in der zweiten Hälfte des XIV. Jh. entstand, als nach Karl IV. sein Sohn Wenzel IV. ohne irgend welche Schwierigkeiten den Thron besteigen konnte (Prager Handschrift UB XIX B 9, Fol. 50ʳᵃ—54ᵛᵇ); ebenso ist er in einer etwas jüngeren Übersetzung des *Breviloquiums* enthalten, die auch noch vielleicht aus dem XIV. Jh. stammt, nämlich in *Knížky o čtyřech cnostech stežejných* (hrsg. von Fr. Šimek, *Staročeský překlad spisu Jana Guallensis O čtyřech stežejných cnostech*, „Věstník Královské české společnosti nauk" 1951, Kl. philos.-hist.-philol. I, pp. 16—21). Demgegenüber ließ

*Breviloquium* bearbeitet hat, ist gut ersichtlich z. B. am Artikel von den Alphili, die auch bei ihm die königlichen Richter und Berater, keineswegs die Geistlichen darstellen:

*Breviloquium* (Fol. 86r)

„Horum officium est regi consulere, leges rei publice utiles de mandato principis condere, totum regnum bonis moribus informare, causas iustas fovere, recta consilia dare, secundum allegatas sentencias promulgare, a rectitudine nullatenus deviare, personarum accepcioni declinare, munera spernere, avariciam fugere, odium excludere, carnis originem non attendere, contemplacioni insistere; ut, que alii operantur manu, ipsi mente pertractent et sapiencia sua ordinent et disponant."

*Ludus scaccorum* (Fol. 111ra-rb)[12]

„Horum officium est regi consulere, leges de principis mandato condere totumque regnum moribus informare, causas iustas fovere, secundum vere, allegata sentencias diffinire, consilia equa et recta sine personarum accepcione postulantibus ostendere

contemplacioni intendere, ut, quod alii operantur manu, et ipsi mente et sua sapiencia disponant et ordinent."

Selbständig, ohne sich auf das *Breviloquium* zu stützen, verfaßte Jakob den Artikel vom König, der im *Breviloquium* zu kurz und zu allgemein abgefaßt war. Der König soll von allen der schönste und edelste sein wie durch seine Tugenden, so durch seine Bekleidung und sein Auftreten. Um ihn sollen nur Adelige sein, er selbst soll freundlich, gerecht, wahrheitsliebend und freigebig sein, er hat die gegebenen Versprechen zu halten und in ordentlicher Ehe zu leben. Der König soll sein Reich vollkommen in seiner Gewalt haben, damit hier weder Herren noch Ritter, weder Kaufleute noch Bürger, weder Bauern noch Handwerker zugrunde gehen. In der Königskrone, die deshalb schwer ist, weil der königliche Stand schwierig und mühevoll ist, sind vier Edelsteine eingefaßt, die die vier mit den im

---

Thomas von Štítné, der seine tschechische Bearbeitung von Jakobs Schrift um 1400 niederschrieb, als man sich keine Illusionen mehr darüber machen konnte, daß der Erbkönig Wenzel IV. ein guter Herrscher und ein würdiger Nachfolger seines Vaters wäre, die Passage vom Vorteil der erblichen Monarchie weg (hrsg. von Fr. Šimek, Tomáš ze Štítného, *Knížky o hře šachové a jiné*, Praha 1956, pp. 371–378). Noch markanter ist die Weglassung eben nur dieser wenigen Sätze in der Übersetzung der zweiten Redaktion der Burleyschen Lebensbeschreibungen mit dem hinzugefügten *Breviloquium* (vgl. die Zusammensetzung paralleler Stellen in meiner Abhandlung *Burleyovy životy starých filosofů a jejich české překlady*, „Rozpravy Československé akademie věd" 72 (1962), Heft 7, p. 61); dadurch kann man diese Übersetzung zwischen die Jahre 1419 (Todesjahr Wenzels IV.) und 1436, als es endlich seinem Bruder Sigismund gelang, den böhmischen Thron zu besteigen, datieren.

12 Da die Ausgabe von F. Vetter, *Das Schachzabelbuch Kunrats von Ammenhausen. Nebst den Schachbüchern des Jakob von Cessole und des Jakob Mennel*, Frauenfeld 1892 (Bibliothek älterer Schriftwerke der deutschen Schweiz), derzeit in der Prager Universitätsbibliothek unzugänglich ist und da außerdem der Text in der Prager Handschrift Cap. G 42, wie ich schon früher feststellen konnte, bessere Lesungen als die Vetter'sche Ausgabe bietet, zitiere ich Jakobs Werk nach dieser Handschrift. Die noch ältere Ausgabe von Kopke (*Jacobus de Cessolis*, Brandenburg 1879), die Murray, p. 538, zitiert, habe ich leider nicht in die Hand bekommen.

*Breviloquium* identischen Hauptfiguren symbolisieren: „iusticia, prudencia, temperancia, fortitudo".

Am wenigsten hängt Jakob von Johann in der Auffassung der Pedini ab, die die Populares darstellen sollen. Jakobs Figuren bedeuten acht volkstümliche Berufe, die eine Vereinigung mehrerer Handwerke oder Beschäftigungen bilden. In seiner Beschreibung der betreffenden Figur achtet Jakob sorgfältig darauf, daß jede mit den für ihre Arbeit typischen Werkzeugen ausgerüstet ist. Seine Beschreibung ist so anschaulich, daß es z. B. dem Illuminator der Prager Handschrift Cap. 42 genügte, sich an Jakobs Beschreibung zu halten, um lebensgetreue Abbildungen der einzelnen Berufe anfertigen zu können. (Ihrer Anschaulichkeit wegen bringen wir die Reproduktionen in der Beilage.[13])

Ähnlich wie Johann faßt Jakob den Ackerbau als Hauptbeschäftigung des Volkes auf. Bei ihm nimmt der Bauer den ersten Platz rechts ein; im übrigen wird die Interpretation des *Breviloquiums* übernommen:

*Breviloquium* (Fol. 87ᵛ)

„…agricultura reducitur ad cultores terre, quorum primus legitur fuisse Cayn Ade primogenitus. Necesse autem pre omnibus officiis culture terre insistere, quia ex ea nascuntur nobis subsidia vite. Terra namque est mater omnium, quia sicut ex ea omnes vite sumpsimus inicium et in fine nostri corporis erit domicilium, sic nobis viventibus labore nostro reddit nutrimentum.

Agricola Deum debet cognoscere, ut a quo bona temporalia recipit, quibus sibi vita donata sustentatur, ei graciarum accio fiat, decimas rerum in melioribus offerat, ne velud alter Cayn respuatur."

*Ludus saccorum* (Fol. 120ʳᵃ⁻ʳᵇ)

„Cultorem terre primum legimus fuisse Caym Ade primogenitum. Necesse autem fuit hominem terre culture insistere,
ut quia terra mater est omnium, quia ex ea omnes formacionis sumpsimus inicium et illam habebimus in fine vite domicilium, debuit nobis viventibus nostro labore reddere nutrimentum. Debet ergo agricola Deum congnoscere, legalitatem habere, mortem contempnere, labori insistere. Cognoscere Deum necesse est, ut a quo temporalia bona recepit, quibus sibi vita donata sustentatur, ut fiat accio graciarum. Decimas rerum offerant (!) aligtaque (?) meliora, ne velud alter Caym respuatur."

Der Bauer ist natürlich auch bei Jakob zugleich Gärtner und Weinbauer, überdies führt Jakob ausdrücklich auch seine Betätigung als Hirt an, die Johann vergessen hat. An alle diese Haupttätigkeiten des Bauern erinnert seine Beschreibung. Jakobs Bauer ist ein Mensch, der in der rechten Hand eine Hacke hält, mit der er den Boden bearbeitet, in der linken Hand hält

13 Für die Verfertigung der Photokopien danke ich Eva Karenová. Die Miniaturen hat A. Podlaha, *Soupis památek historických a uměleckých. Knihovna kapitulní v Praze.* Praha 1903, pp. 179–180, Fig. 204–215, beschrieben und die meisten von ihnen veröffentlicht; ganz kurz erwähnt sie J. Krása, *Rukopisy Václava IV.*, Praha 1974², p. 255, wobei er ihre physiognomisch reich gesonderte, bis karikierende Typen hervorhebt.

er einen Stock, mit dem er seine Herde beherrscht, hinter dem Gürtel hat er eine Sichel oder ein Gartenmesser zum Verschneiden der Weinreben und Bäume.

Den zweiten Platz, vor der Figur des Ritters, nimmt bei Jakob der Schmied ein, weil seine Erzeugnisse besonders von den Rittern benützt werden. Gemeint sind jedoch nicht nur Schmiede, sondern alle diejenigen, die mit Metall arbeiten. In der rechten Hand hält er deshalb einen Hammer, in der linken ein Beil, und hinter seinem Gürtel steckt eine Mörtelkelle. Er stellt also den Beruf des Schmiedes, Goldschmiedes, Münzprägers, Schiff-bauers, Holzhauers und Erbauers von Häusern, Mauern und Türmen dar. Alle diese Handwerker müssen vor allem treu, klug und stark sein, weil ihnen nicht nur das Metall, sondern auch das Leben der Menschen anver-traut wird.

Auf dem dritten Platz, vor dem Alphiles, steht die Figur des Notars, in der auch Johanns Tuchmacher impliziert wird. Deshalb stellt ihn Jakob als einen Menschen mit einer Schere in der rechten Hand, mit einem großen breiten Schwert in der linken, mit einem Etui mit Pergamenturkunden hinter dem Gürtel und mit einer Feder hinter dem Ohr dar. Jedes von diesen Instrumenten bedeutet mehrere Beschäftigungen. Das Schreibgerät repräsentiert den Notar. Seine Charakteristik hat Jakob wiederum aus dem *Breviloquium* übernommen, einschließlich des Seufzers über die gegen-wärtige Verderbtheit der Notare und einschließlich der Feststellung, daß sie für die Gemeinde entweder die besten oder die schlimmsten sein können. Wegen der Schere gehören hierher alle Handwerker, die mit Haaren aller Art arbeiten: Tuchschneider, Schneider, Färber, Tuchmacher, Barbiere. Das Schwert erinnert an die Gerber, Riemer, Kürschner, Metzger und Schlächter. Diese haben sich vor allem sorgfältig und gewissenhaft um ihr Handwerk zu kümmern.

Die auf dem Schachbrett an vierter Stelle, vor dem König, stehende Figur stellt den Kaufmann dar. Dieser hält in der rechten Hand eine Waage, in der linken ein Viertel, und hinter seinem Gürtel steckt ein Geldsack. Er ist Repräsentant der Kaufleute aller Art, der Bankiers und Geldwechsler. Sie alle sollen vor allem nicht geizig sein, sie haben ihren Verpflichtungen nach-zugehen und das ihnen anvertraute Vermögen immer makellos zurückzu-geben. Vor dem König stehen sie deshalb, weil sie der königlichen Kasse jederzeit zur Verfügung stehen sollen und für die Besoldung der Soldaten verantwortlich sind.

Vor der Königin befindet sich die Figur des Arztes und Quacksalbers. Er sitzt auf einem Lehrstuhl, in der rechten Hand hält er ein Buch, in der linken ein Gefäß mit Salbe, und hinter seinem Gürtel stecken kleine Messer zur Behandlung der Wunden und Geschwüre. Er vertritt alle freien Berufe einschließlich der Juristen und überdies noch die Apotheker und Hersteller der Riechstoffe. Diese Menschen sollen sittlich, reif und der Zunge mächtig sein, sie haben in den Büchern Belehrung zu suchen und unnütze Streitig-

keiten und Disputationen zu vermeiden. Auch sollen sie niemals ruhm-
süchtig sein.

Die sechste Figur lädt mit ihrer ausgestreckten rechten Hand alle Pilger
zu sich, in der linken Hand hält sie einen Becher und ein kleines Brot;
hinter dem Gurt steckt ein Schlüsselbund. Sie repräsentiert die Schankwirte
und Kuratoren der Eigentümer. Ihre Pflicht beruht in der Besorgung guter
Nahrung. Zu den Gästen sollen sie höflich sein und ihr Eigentum sorgfältig
beschützen. Sie müssen jede Gefräßigkeit vermeiden, um nicht selbst zu
verzehren, was für ihre Gäste bestimmt ist.

Die siebente Figur repräsentiert den Wächter. In der rechten Hand hält
sie deshalb einen großen Schlüssel, in der linken eine Elle, und hinter dem
Gurt ist ein Schubsack. Sie stellt die städtischen Wächter und Gemeinde-
beamten dar. Diese sollen wachsam sein und das allgemeine Wohl bewahren. Vor allem müssen sie ein reines Gewissen haben.

Als letzter der volkstümlichen Berufe steht vor dem linken Rochus ein
Taugenichts und Spieler. Jakob beschreibt ihn als Struwelpeter, der in
seiner rechten Hand eine kleine Münze hält, in der linken ein paar Würfel,
und hinter dem Gurt steckt ein Sack voll Briefe. Er repräsentiert die
Schwelger und diejenigen, die ihr Vermögen vergeudet haben, die Spieler
und Dirnen, aber auch die Spione, Läufer und Kuriere. Diese letzteren
haben ihre Sendung so schnell wie möglich zu erledigen, und sollen, falls es
nicht ausdrücklich anders befohlen ist, alles andere außer acht lassen.

Wie aus dem Titel der Schrift in der Einleitung ersichtlich ist, legte Jakob
größeren Wert auf die Interpretation der höheren Figuren, obzwar er hier
nicht originell war. Sehr überraschend ist die Tatsache, daß er die Geistlichen ganz weggelassen hat, wie die Weltgeistlichen, so die Mönche. Es
ist schwer zu beurteilen, ob das nur unter dem Einfluß des *Breviloquiums*
geschah, oder ob Jakob diesen Stand als sein Zugehöriger absichtlich außer
acht gelassen hat, um bei seinen Vorgesetzten nicht anstößig zu wirken.
Vielleicht hängt es damit zusammen, daß er markant die aktiven Berufe den
kontemplativen vorzog, was daraus ersichtlich ist, daß er alle freien Berufe
zu dem praktischsten, dem des Arztes, zählte. Die Leser vermißten jedoch
den Stand der Geistlichen, und so wurde er von einigen Übersetzern und
Abschreibern hinzugefügt, indem sie aus den Richtern und königlichen
Beratern, die ebenso wie bei Johann auch bei Jakob von den Alphili dargestellt werden, wieder Geistliche gemacht haben, wie es in der ersten
Moralität über das Schachspiel der Fall war.

Der eigentliche Beitrag von Jakob beruht vor allem in der Interpretation
der die Populares darstellenden Figuren. Wenn er auch hier an das *Breviloquium* anknüpft, wählt er aus der Skala der volkstümlichen Berufe diejenigen aus, mit denen die Adeligen öfter in Berührung kommen, sei es als
ihre Vorgesetzten – deshalb steht hier an der ersten Stelle der Bauer; bei
Jakob wie bei Johann wird betont, daß seine Arbeit die Grundlage der
Gesellschaft bildet –, oder als vorrangige Konsumenten ihrer Erzeugnisse

und Dienste, wie dies z. B. in der Beziehung des Adels zum Schmied und Notar der Fall ist. Da Jakob für alle volkstümlichen Berufe nur acht Figuren zur Verfügung standen, war er bestrebt, daß jeder Beruf eine Gruppe verwandter Beschäftigungen darstellt. Weil er dazu jedoch äußere Mittel benutzte — ausschlaggebend ist, was jede Figur in der rechten und linken Hand und hinter dem Gurt hat —, vereinigte er manchmal bedeutend unterschiedliche Berufe, wie z. B. den Notar und Barbier, die in der mittel-alterlichen Hierarchie an den entgegengesetzten Enden des gesellschaft-lichen Ranges standen. Es scheint also, daß Jakob bei der Auswahl der Handwerke nicht deren Wichtigkeit oder gesellschaftliche Bedeutung in Betracht nahm, sondern die Tatsache, welche volkstümliche Beschäftigung mit dem Darsteller des Adels zu verbinden wäre, denn vor der den Adeligen repräsentierenden Figur stand die betreffende Figur des Popularis. Deshalb gibt es bei Jakob eine Reihe von Beschäftigungen überhaupt nicht. So fehlen z. B. alle Verarbeiter der landwirtschaftlichen Produkte einschließlich der Müller und Bäcker. Das deutet an, daß Jakob vor allem solche Handwerke wählte, deren Produkte der Feudalherr nicht von seinem eigenen Grund-besitz bekam, sondern die er selbst kaufen mußte. Von diesen Berufen fehlen jedoch auch noch etliche. Wenn wir Jakobs Handwerker mit denen, „qui venales artes mechanicas exercebant" im fünften Kapitel der *Trojani-schen Chronik* des Guido von Columna aus dem Jahre 1287[14] vergleichen, stimmen lediglich „tabernarii" und „mercatores" überein. Die anderen 38 Handwerker Guidos, die sich vor allem mit der Herstellung von Luxus-ware befassen, fehlen bei Jakob völlig. Guido von Columna bearbeitete die lateinische *Trojanische Chronik* etwa um zehn bis fünfzehn Jahre früher als Jakob sein Traktat, und beide lebten in Italien. Deshalb können wir in Jakobs Handwerkern keinesfalls eine Widerspiegelung der italienischen Wirklichkeit gegen Ende des XIII. Jahrhunderts sehen. Es handelt sich um eine freie Auswahl einiger Beschäftigungen. Jakob hat zwar seinem Werk den Titel *De moribus hominum et officiis nobilium* gegeben, es ging ihm jedoch in erster Linie um „mores" und nicht um „officia". In seine Schachfiguren wollte er keineswegs die ganze Gesellschaft hineinzwängen, er wählte lediglich das aus, was „ad honorem et solacium nobilium maxime ludum sciencium" beitragen konnte, wie es im Schlußwort des Traktats steht.

Obzwar Jakob für den Adel und vom Standpunkt des Adels aus schrieb, fand sein Buch den größten Anklang im Milieu der Universitäten und Städte. Es war moralistisch orientiert, brachte eine Menge Beispiele, es entsprach genau dem Geschmack der europäischen Kleriker im XIV. Jahr-hundert (aber auch noch im XV. und XVI. Jahrhundert, wie aus den Ab-schriften und alten Drucken ersichtlich ist), und es reichte sich zu den

---

14 Guido de Columna, *Historia destructionis Troie*, ed. N. E. Griffin, Cambridge (Mass.) 1936.

anderen ähnlich orientierten Schriften, die sich alle gegenseitig beeinflußten. So gründet sich z. B. auf Jakobs Buch ein Bild, das in der späteren Fassung der *Gesta Romanorum* im Kapitel 178 „De omnium divitiarum matre providentia"[15] derjenige hat malen lassen, der den König belehren sollte, wie er sich selbst und sein Reich regieren soll. Demgegenüber haben zwei andere Kapitel der späteren Fassungen der *Gesta Romanorum*, das Kapitel 166 „De ludo schacorum"[16] und das nur in den englischen Handschriften vorkommende Kapitel „De Antonio imperatore"[17] Jakobs Konzeption fast gänzlich aufgegeben und eine neue[18] gebildet, in der nur wenig vom Schachspiel als Bild der Gesellschaft erhalten geblieben ist. Im städtischen Milieu ist aus dem Traktat Jakobs schließlich und endlich bloß ein „belletristisches" Werk geworden.

[15] *Gesta Romanorum* von H. Oesterley, Berlin 1873, pp. 579–582.

[16] Oesterley, pp. 549–553.

[17] Murray, pp. 561–562.

[18] Acht Felder auf je vier Seiten des Schachbretts stellen acht Menschentypen dar. Es sind: Männer und Frauen, Gatten und Gattinnen, Laien und Kleriker, Reiche und Arme. Das Spiel wird von sechs Menschen gespielt. Der erste ist pedinus, der den Armen darstellt, der zweite ist alfinus, der beredsam und geizig ist und sich nach Geld sehnt, der dritte ist Ritter, der die in Üppigkeit und Überfluß lebenden Adeligen darstellt, der vierte ist rochus, der Wucherer und falsche Kaufleute nachbildet, der fünfte ist Königin als Repräsentantin der Jungfrauen und der sechste ist König, dem alle gehorchen und dienen sollen.

# MISCELLANEA MEDIAEVALIA

Veröffentlichungen des Thomas-Instituts der Universität Köln
Hrsg. von Paul Wilpert; ab Band 7 hrsg. von Albert Zimmermann

## Antike und Orient im Mittelalter

Vorträge der Kölner Mediaevistentagungen 1956–1959
Unter Mitarbeit von Willehad Paul Eckert.
2. Auflage. Groß-Oktav, XVI, 274 Seiten. 1971.
Ganzleinen DM 68,— (Band 1)

## Die Metaphysik im Mittelalter

Ihr Ursprung und ihre Bedeutung
Vorträge des 2. Internationalen Kongresses für mittel-
alterliche Philosophie, Köln, 31. 8.–6. 9. 1961.
Im Auftrag der Société internationale pour l'étude
de la philosophie médiévale (S.I.E.P.M.).
Unter Mitarbeit von Willehad Paul Eckert
Groß-Oktav, XXII, 795 Seiten. 1963.
Ganzleinen DM 84,— (Band 2)

## Beiträge zum Berufsbewußtsein des mittelalterlichen Menschen

Unter Mitarbeit von Willehad Paul Eckert
Groß-Oktav, XII, 360 Seiten. 1964.
Ganzleinen DM 56,— (Band 3)

## Judentum im Mittelalter

Beiträge zum christlich-jüdischen Gespräch
Unter Mitarbeit von Willehad Paul Eckert
Groß-Oktav, XII, 484 Seiten. 1966.
Ganzleinen DM 98,— (Band 4)

## Universalismus und Partikularismus im Mittelalter

Groß-Oktav, VIII, 320 Seiten, Frontispiz und 2 Bildtafeln. 1968.
Ganzleinen DM 82,— (Band 5)

## Lex Sacramentum im Mittelalter

Für den Druck besorgt von Rudolf Hoffmann
Groß-Oktav, VIII, 237 Seiten. 1969.
Ganzleinen DM 64,— (Band 6)

Preisänderungen vorbehalten

WALTER DE GRUYTER · BERLIN · NEW YORK

# MISCELLANEA MEDIAEVALIA

Veröffentlichungen des Thomas-Instituts der Universität Köln
Hrsg. von Paul Wilpert; ab Band 7 hrsg. von Albert Zimmermann

## Methoden in Wissenschaft und Kunst des Mittelalters

Für den Druck besorgt von Rudolf Hoffmann
Groß-Oktav. VIII, 358 Seiten. 1970.
Ganzleinen DM 98,– (Band 7)

## Der Begriff der repraesentatio im Mittelalter

Stellvertretung, Symbol, Zeichen, Bild

Für den Druck besorgt von Gudrun Vuillemin-Diem
Groß-Oktav. VIII, 390 Seiten, Textabbildungen und 6 Kunstdrucktafeln. 1971.
Ganzleinen DM 120,– (Band 8)

## Antiqui und Moderni

Traditionsbewußtsein und Fortschrittsbewußtsein im späten Mittelalter

Für den Druck besorgt von Gudrun Vuillemin-Diem
Groß-Oktav. XVI, 274 Seiten, 2 Abbildungen. 1974.
Ganzleinen DM 148,– (Band 9)

## Die Auseinandersetzungen an der Pariser Universität im XII. Jahrhundert

Für den Druck besorgt von Gudrun Vuillemin-Diem
Groß-Oktav. VIII, 400 Seiten. 1976.
Ganzleinen DM 128,– (Band 10)

## Die Mächte des Guten und Bösen

Vorstellungen im XII. und XIII. Jahrhundert über ihr Wirken in der Heilsgeschichte

Für den Druck besorgt von Gudrun Vuillemin-Diem
Groß-Oktav. VIII, 548 Seiten. 1977.
Ganzleinen DM 188,– (Band 11)

Preisänderungen vorbehalten

WALTER DE GRUYTER · BERLIN · NEW YORK